专家课堂

以专家的高度，
给您面对面的指导和帮助

XIANDAI GONGLU YU TIELU GONGCHENG SHIGONG CELIANG

现代公路与铁路工程施工测量

韩山农 著

人民交通出版社股份有限公司
China Communications Press Co.,Ltd.

内 容 提 要

本书结合施工生产一线的案例，详细介绍了现代公路与铁路工程施工测量的操作技术和程序计算技术。全书共十七章，包括工程施工测量概论，测量的准备工作，导线点、水准点的复测和加密，放样数据的计算，放样技术，线路路基施工测量，公路工程底基层、基层、路面施工测量及交(竣)工测量，公路平交口、匝道位置放样技术，涵洞工程、桥梁工程、排水沟(边沟)工程、改路工程、乡村公路改建工程施工测量，铁路线路施工放样数据计算，工程测量常见问题等。本书内容翔实、图文并茂、语言通俗易懂、数据真实可靠。

本书可作为从事公路与铁路建设的测量技术人员的实用工具书，亦可作为公路与铁路建设监理、施工等技术人员及有关院校路桥专业师生的参考书。

图书在版编目(CIP)数据

现代公路与铁路工程施工测量 / 韩山农著. --北京：人民交通出版社股份有限公司，2015.6

ISBN 978-7-114-12035-0

Ⅰ.①现… Ⅱ.①韩… Ⅲ.①道路工程—施工测量②铁路工程—施工测量 Ⅳ.①U415.1②U212.2

中国版本图书馆 CIP 数据核字(2015)第 021260 号

书　　名：现代公路与铁路工程施工测量
著 作 者：韩山农
责任编辑：王　霞　陈力维
出版发行：人民交通出版社股份有限公司
地　　址：(100011)北京市朝阳区安定门外外馆斜街 3 号
网　　址：http://www.ccpress.com.cn
销售电话：(010)59757973
总 经 销：人民交通出版社股份有限公司发行部
经　　销：各地新华书店
印　　刷：北京鑫正大印刷有限公司
开　　本：787×1092　1/16
印　　张：36.75
字　　数：894 千
版　　次：2015 年 6 月　第 1 版
印　　次：2015 年 6 月　第 1 次印刷
书　　号：ISBN 978-7-114-12035-0
定　　价：85.00 元

谨以此书献给

辛勤工作在线路工程施工现场的测量工程师

初上岗的实习生及有关技术人员

韩山农

前言 QIANYAN

作者的《公路工程施工测量》(书号:ISBN 978-7-114-05269-3)一书,2004 年 9 月由人民交通出版社出版发行以来,深受广大读者喜爱。1 版 1 次印刷 5000 册,不到半年销售一空。此后又多次印刷发行,均告售罄,现已绝版。这次再版是应广大读者建议,根据读者多年来的反馈意见及作者亲临公路施工现场的实践经验重新撰写。谨以此书献给辛勤工作在公路与铁路施工一线现场的测量员及有关技术人员。

全书共十七章。详细介绍了现代线路施工测量放样的操作技术和程序计算技术,与第一版相比,增写了现行出版的有关公路施工测量书籍和教材中没有阐述的公路平交口、匝道、桥涵、高架桥等施工放样技术和计算技术。书中资料真实可靠,不仅实用性强,而且可操作性强。既可应用于高级公路施工测量,又可应用于县、乡等低等级公路施工测量。

书中内容取自公路施工生产一线,案例来源于施工现场。书中图例是真实现场再现,案例都经过了实践检验。其中测量程序阵容小、语句短,现场输入容易,操作方便 ,计算快捷准确。且全书图文并茂,语言通俗,易读易懂。只要具备一定的测量专业知识,就能按之操作应用。本书是从事公路与铁路建设的测量技术人员必备的实用工具书,尤其是路桥专业院校毕业初上岗的实习生必备的工具书,同时,又是从事公路与铁路建设的监理、施工等技术人员的参考书,还是有关院校路桥专业师生的参考书。

关于书名,由于作者的《公路工程施工测量》自出版发行以后,社会上有多部同样书名发行,为了与彼区别,同时本书可以为现代公路、铁路建设服务,所以作者的再版书名定为《现代公路与铁路工程施工测量》。

本书在撰写过程中,适逢炎夏酷暑,又历以寒冬腊月,作者年迈事繁,幸得老伴彭满秀,儿了韩剑、韩锋,儿媳余晶晶,女儿韩梅,女婿邱大林的悉心关怀、精心照顾,终得本书顺利完稿。值此出版之际,对他(她)们表示衷心感谢。

由于作者年事已高,能力、水平有限,书中难免有不当之处,敬请读者不吝斧正!以使我国现代线路工程施工测量放样技术和计算技术不断发展完善!衷心地希望线路工程施工测量的同行们把自己的宝贵经验贡献社会,促进我国现代线路工程施工测量技术的发展进步!衷心地希望工作在线路施工测量一线的同行,能够把作业中碰到的典型案例、资料分享给我,QQ号:970292928,电话号码:13177751665,邮寄地址:江西省赣县梅林大街经委院内十栋 204 号。

最后,作者借本书出版发行之机,发一《侵权公告》,向社会曝光那些侵害《公路工程施工测量》一书版权的抄袭剽窃者!

作　者

侵 权 公 告

经读者举报，且经我查实，自《公路工程施工测量》由人民交通出版社（书号：ISBN 978-7-114-05269-3），2004 年 9 月出版以来，有多个出版社、作者（本书编委会）未经本人许可，抄袭、剽窃了我的著作！剽窃件既不注明抄自何书，不注明出处！竟连书后“参考文献”也不注明原著及作者！其手法相当拙劣，其行为非常严重，其后果影响很大！给我造成负面影响；并严重地损害了本人的声誉！为了杜绝剽窃之举再度发生，我郑重公告：

一、我的著作《公路工程施工测量》，受国家法律保护！我的著作《公路工程施工测量》的篇幅、章节、文字叙述、图表案例、排版顺序等，不经我许可、同意，是绝不允许他人肆意抄袭、剽窃，或歪曲、篡改的！

二、侵权者应立即停止对我的著作《公路工程施工测量》的侵权行为。

三、在媒体上向我公开赔礼道歉，承认侵权事实、侵权错误。消除对我和我的著作造成的负面影响。

四、立即与我联系，协议侵权赔偿问题、协议精神损害抚慰金赔偿问题。

为了有效地防止、打击抄袭、剽窃行为，现行剽窃者的剽窃事实公告社会。请广大读者、网友监督其行为，并声援我讨回公道！

一、书名：市政工程管理人员职业技能全书《测量员》

作者：本书编委会

出版社：华中科技大学出版社

书号：ISBN 978-7-5609-4788-4

版次：2008 年 7 月第 1 版

印次：不详

侵权事实：第十三章第七节“道路施工测量”一节，从第 278 页至 307 页共计 29 页，约 4 万 7 千字。除将我著作中“公路”二字改编为“道路”以外，其余的每个字，每句话，每一页都是剽窃，抄袭我的著作《公路工程施工测量》（北京：人民交通出版社　书号：ISBN 978-7-114-05269-3　2004.9）的。另外，还剽窃，抄袭了我的著作中示意图 18 幅，表格 3 个。

二、书名：建筑施工现场管理人员的一本通系列丛书《测量员一本通》

作者：本书编委会

出版社：中国教材工业出版社

书号：ISBN 978-80227-382-5

版次：2006 年第 1 版　2008 年 9 月第 2 版

印次：2011 年 3 月第 2 版第 4 次

销售：数万册

侵权事实：第十二章第五节“道路施工测量”一节，从第 288 页至 322 页共计 35 页约 4 万 7

千字。除将我著作中“公路”二字改编为“道路”以外，其余的每个字，每句话，每一页都是剽窃，抄袭我的著作《公路工程施工测量》(北京：人民交通出版社　书号：ISBN 978-7-114-05269-3　2004.9)的。另外，还剽窃，抄袭了我的著作中示意图18幅，表格2个。

侵权时间长达七年！

三、书名：公路工程现场管理人员一本通系统丛书　《公路测量一本通》

作者：本书编委会

出版社：中国建材工业出版社

书号：ISBN 978-7-80227-521-8

版次：2009年1月第1版

印次：2011年3月第3次

销售：不详

侵权事实：第十一章第一节“公路工程施工测量概述”，从第233页到237页；计5页；第三节“公路工程施工测量复测与加密”、第四节“公路工程施工测量放样”、第五节“路基施工测量”；从第250页到287页；计37页。共约5万2千字。每个字，每句话，每一页都是剽窃，抄袭我的著作《公路工程施工测量》(北京：人民交通出版社　书号：ISBN 978-7-114-05269-3　2004.9)的。另外，还剽窃，抄袭了我的著作中示意图20幅，表格3个。

四、书名：市政施工现场管理人员一本通系列丛书《市政测量员一本通》

作者：本书编委会

出版社：中国建材工业出版社

书号：ISBN 978-7-80227-725-0

版次：2004年4月第1版

印次：2010年4月第1次

销售：不详

侵权事实：第十二章第七节“道路施工测量”(不含‘五’道路立交匝道的测设)，从第307页到第341页；计34页；共约4万2千字。除将我著作中“公路”二字改编为“道路”以外，其余的每个字，每句话，每一页都是剽窃，抄袭我的著作《公路工程施工测量》(北京：人民交通出版社　书号：ISBN 978-7-114-05269-3　2004.9)的。另外，还剽窃，抄袭了我的著作中示意图18幅，表格3个。

五、书名：水利水电工程现场管理人员一本通系列丛书《测量员一本通》

作者：本书编委会

出版社：中国建材工业出版社

书号：ISBN 978-7-80227-453-2

版次：2008年11月第1版

印次：2008年11月第1次

销售：不详

侵权事实：第十七章第五节“道路施工测量”，从第373页到第403页；计31页；共约4万字。除将我著作中“公路”二字改编为“道路”以外，其余的每个字，每句话，每一页都是剽窃，抄袭我的著作《公路工程施工测量》(北京:人民交通出版社　书号:ISBN 978-7-114-05269-3　2004.9)的,另外,还剽窃,抄袭了我的著作中示意图18幅,表格3个。

六、书名:工程测量与施工放线一本通系列丛书《水利水电工程测量与施工放线一本通》

作者:本书编委会

出版社:中国建材工业出版社

书号:ISBN 978-7-80227-579-9

版次:2009年6月第1版

印次:2009年6月第1次

销售:不详

侵权事实:第十三章第一节“道路测量”(不含‘一中线测量’),从第218页到第239页;计17页;共约3万字。除将我著作中“公路”二字改编为“道路”以外,其余的每个字,每句话,每一页都是剽窃,抄袭我的著作《公路工程施工测量》(北京:人民交通出版社　书号:ISBN 978-7-114-05269-3　2004.9)的,另外,还剽窃,抄袭了我的著作中示意图12幅,表格3个。

七、书名:工程测量与施工放线一本通系列丛书《市政工程测量与施工放线一本通》

作者:本书编委会

出版社:中国建材工业出版社

书号:ISBN 978-7-80227-578-2

版次:2009年6(7)月第1版第1次

印次:2009年9月第3次

销售:不详

侵权事实:第十章第一节“概述”二,从第139页至第140页;计1页,约700字。第八节“道路施工测量”,从176页到210页,共计27页,47000字,除将我著作中“公路”二字改编为“道路”以外,其余的每个字,每句话,都是剽窃,抄袭我的著作《公路工程施工测量》(北京:人民交通出版社号:ISBN 978-7-114-05269-3　2004.9)R 。

八、书名:工程测量与施工放线一本通系列丛书《公路工程测量与施工放线一本通》

作者:本书编委会

出版社:中国建材工业出版社

书号:ISBN 978-7-80227-577-5

版次:2009年7月第1版

印次:2009年7月第1次

销售:不详

侵权事实:第十一章第一节“道路工程施工测量概述”、第四节“道路工程施工测量复测和加密”、第五节“道路工程施工测量放样”、第六节“路基施工测量”、第七节“底基层、基层及路面施工测量”。从第201页到第247页;计34页;共约5万9千字。除将我著作中“公路”二字改编为“道路”以外,其余的每个字,每句话,每一页都是剽窃,抄袭我的著作《公路工程施工测量》(北京:人民交通出版社　书号:ISBN 978-7-114-05269-3　2009.9)的。另外,还剽窃,抄袭了我的著作中示意图20幅,表格4个。

九、书名：交通职业教育指导委员会推荐教材　中等职业院校公路施工与养护专业教学用书　全国技工学校通用教材　《公路工程测量》

作者：梁启勇(主编)

出版社：人民交通出版社

书号：ISBN 978-7-114-07430-1

版次：2009 年 1 月第 1 版

印次：2011 年 2 月第 3 次印刷

销售：不详

侵权事实：第三篇“公路施工测量”：模块一、模块二、模块三、模块四，从第 172 页到第 254 页，共计 83 页，6 万多字；“课程入门指导”书中第 6 页，1 千多字。另篡改 3 万多字。绝大部分文字作品，图形示意，都是剽窃、抄袭、篡改我的《公路工程施工测量》(北京：人民交通出版社　书号：ISBN 978-7-114-05269-3　2004. 9)！有低级剽窃，逐句、逐段抄袭！也有改头换面抄袭！另外，还抄袭示意图 19 幅，抄袭、剽窃时间长达四年(2009～2013)。

目录 MULU

第一章

现代线路工程施工测量概论

第一节　现代线路工程施工测量的定义及依据

一、现代线路工程施工测量的定义

现代线路是现代公路和铁路的简称。所谓现代线路工程施工测量，不是指线路勘察阶段（初测、定测），或线路设计阶段中的测量工作，而是在线路施工全过程中，利用现代测量技术和现代仪器设备，以及现代计算工具和程序计算技术，依据国家颁发的有关线路施工技术规范和经过批准的线路施工设计文件、图纸，在线路施工过程中指导施工队伍进行线路铺筑和构造（桥梁、涵洞等）建设，按设计图纸上的图形，建设成地面上的实物。

本书中的现代线路施工是指线路及线路构造物施工中采用现代大型机械，如挖掘机、铲车、压路机、平地机、装载车、大型吊车等进行的施工。本书重点讲述的就是在这些现代大型机械施工中的测量工作。

二、现代线路工程施工测量的主要依据

(1)交通运输部制定的《公路工程施工技术规范》(JTG F10—2006)中有关“测量”的条款规定（详见附录一）。

(2)业主提供的公路工程施工设计文件图表。

为了提高公路工程施工技术水平、保证施工质量，交通运输部颁布了有关公路路基、路面施工技术规范（以下简称《规范》），主要有：

①《公路路基施工技术规范》(JTG F10—2006)；

②《公路路面基层施工技术规范》(JTJ 034—2000)；

③《公路路基路面现场测试规程》(JTG E60—2008)。

我国的公路修建，必须按照这些规范规定的条款进行。其中，公路修建过程中的测量工作，必须遵照这些规范中有关“测量”的条款执行。

公路工程施工测量是公路工程建设中的一项重要工作。在公路工程建设的全过程中，都

要进行一系列的施工测量工作。

公路工程施工测量的质量，直接关系着公路修建的质量。只有遵照相关规范中有关“测量”的条款规定，公路工程施工测量的质量才能得到保证。

规范规定“公路施工必须按批准的**设计文件**进行”。

公路施工设计文件是由业主提供给施工单位的。这些设计文件中有关施工测量的有：

①公路平面总体设计图；

②路线纵断面图；

③路基横断面图；

④线路路面结构图（路面横断面结构图）；

⑤路基设计表；

⑥直接曲线及转角表；

⑦竖曲线要素表；

⑧导线点坐标表；

⑨水准点成果表；

⑩逐桩坐标表；

⑪边沟（排水沟）设计表；

⑫路基防护工程（路堑及路堤）设计图；

⑬公路结构物（盖板涵、箱涵、通道、圆管涵、倒虹吸、排水沟、防护坡、截水沟、桥梁等）施工图等。

公路施工测量就是根据业主提供的上述图表和数据，结合现场地形条件，依据国家公路工程施工的相关规范进行施工测量工作。

关于铁路工程施工规范及设计资料，本书略述。从事铁路工程施工的现场测量工程师，应按照铁路工程施工的相关规范及设计图纸进行施工测量。

第二节　线路工程施工测量的任务、工作内容及流程

一、线路工程施工测量的任务

公路与铁路工程属于线形工程。所谓线路线形，简言之就是线路的面貌形象，由直线和曲线以及路面宽度、路堑、路堤等平面与高程要素组成。

线路工程施工是在一条狭长地带进行的，线路长度短则数公里，长则成百上千公里，宽则几米、几十米，故对测量技术的需求有其特殊性。

为了确保线路线形，在线路施工过程中，施工测量工程师必须按照线路设计文件提供的线路点位的平面坐标和高程，应用导线测量技术和水准测量技术以及放样技术来实现。

因此，线路工程施工测量的任务可以概括为：

(1)应用导线测量方法复测和加密线路平面控制施工导线点,用“坐标法”等放样方法来控制线路的平面线外观——直线、曲线。

(2)应用水准测量方法复测和加密线路高程控制水准点,用水准测量放样方法来控制线路的纵向坡度和横向路拱坡度——高低起伏。

(3)应用上述的平面导线点、高程水准点,用“坐标法”和“水准放样法”把设计图上的线路构造物(桥涵等)放样到实地。

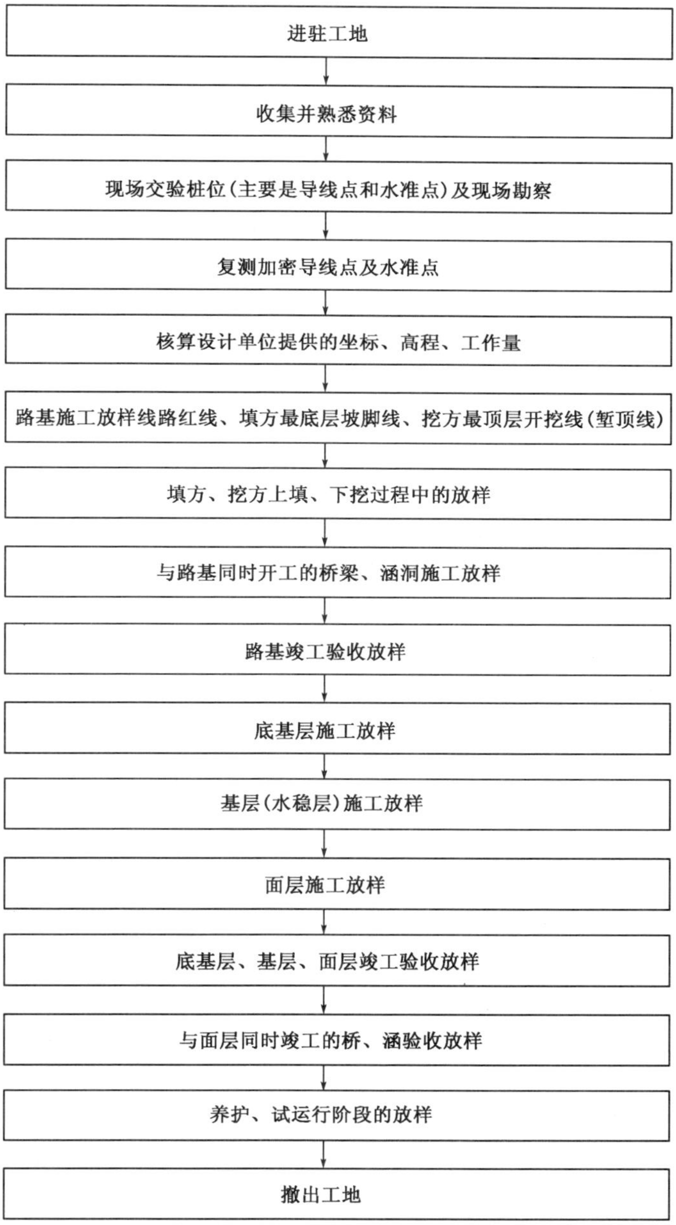

进驰工地
↓
收集并熟悉资料
↓
现场交验桩位(主要是导线点和水准点)及现场勘察
↓
复测加密导线点及水准点
↓
核算设计单位提供的坐标、高程、工作量
↓
路基施工放样线路红线、填方最底层坡脚线、挖方最顶层开挖线(堑顶线)
↓
填方、挖方上填、下挖过程中的放样
↓
与路基同时开工的桥梁、涵洞施工放样
↓
路基竣工验收放样
↓
底基层施工放样
↓
基层(水稳层)施工放样
↓
面层施工放样
↓
底基层、基层、面层竣工验收放样
↓
与面层同时竣工的桥、涵验收放样
↓
养护、试运行阶段的放样
↓
撤出工地

图 1-1　公路工程施工测量的流程图

二、线路工程施工测量的工作内容

线路工程施工测量贯穿于线路工程施工全过程，施工前、施工中、施工结束后都要进行施工测量。

根据线路工程施工程序及进度，线路工程施工测量的工作内容如下。

1. 在施工前

(1)根据业主、设计单位提供的导线点，在施工标段现场，结合线路实地情况复测加密线路施工导线点。

(2)根据业主、设计单位提供的水准点，在施工标段现场，结合线路实地情况复测加密线路施工水准点。

2. 在施工过程中

(1)根据施工标段的导线点，在现场施工过程中，用“坐标法”等放样方法放出线路中桩、边桩等平面点位，以监控线路线形。

(2)根据施工标段的水准点，在现场施工过程中，用“水准放样”方法标定线路点位高程，以监控施工中挖、填高度和线路纵向高低及横向坡度。

(3)根据施工进度，按照现场施工员调度，放样线路构造物桥涵等平面和高程位置。

3. 在施工结束后

根据相关规范规定的质量标准和道路设计的要求，用经纬仪、全站仪、水准仪、塔尺、钢尺等仪器工具，检测路基路面构造物各部分的宽度、高程、横坡及中线偏差等。

三、公路工程施工测量的流程

公路工程施工测量工作是根据公路工程施工进度、按照现场施工的需求来进行的。实践中，公路工程施工测量的流程如图 1-1 所示。

第三节　线路工程施工测量对现场测量技术人员的要求

对于从事线路工程施工测量技术人员来说，准确的施工测量是保证线路施工顺利进行的关键。这就要求测量人员不仅能适应线路施工专业的特殊性，同时自身必须具备下列素质。

(1)必须具备一定的测量专业知识和实际操作能力，能独立处理线路施工中遇到的有关测量方面的问题；在任何艰苦复杂的条件下，都能保证线路施工进度和质量要求。

(2)具备一定的路桥施工知识和排水、防护工程施工知识，能够协助现场施工员处理路桥、涵洞、通道、排水沟、边坡防护工程等施工中遇到的一些问题。

(3)线路工程施工大部分是在野外进行的，条件、环境都比城市艰苦，要求测量人员身体健康，能适应野外生活，适应各种恶劣气候条件，能够在艰苦环境下坚持工作，有敬业奉献精神。

(4)要敢于负责，并勇于承担责任，忠诚守信，对于施工中出现的虚假、以次充好等不良行为，要敢于制止，以确保线路工程的质量。

(5)必须具备高度的责任心。线路工程施工测量是线路施工的基础，测量工作过程中的任何一点疏忽和差错，都将影响施工的进度和质量，造成返工等损失。因此现场施工测量员必须要有高度的责任心，工作中要胆大心细，经常并及时校核，发现问题及时纠正。切不可知错不报、不改，造成事故隐患甚至给工程带来大的损失。

(6)现代线路工程施工，机械化程度高，施工速度、进度都很快，因此要求现场施工测量人员必须及时放样。为此，现场测量员必须会熟练操作先进的全站仪及水准仪，并能熟练地使用可编程的小型便携式计算器，例如卡西欧 f_x-5800、f_x-9750 计算器等。

(7)现代线路施工测量员的"武器"是全站仪、水准仪及其配件棱镜杆、标尺、脚架等，测量员应像爱护眼睛一样爱护它们。高温下雨要打伞；迁站要装箱，严禁肩扛；养成定期送检，及时检验，用后保养的好习惯。严禁自行拆卸全站仪。

第四节　公路工程施工测量中常用术语、符号、单位

路面宽度　为行车道、路缘带、变速车道、爬坡车道、硬路肩和紧急停车带的宽度之和。符号，B；单位，m。

路基宽度　为行车道与路肩宽度之和；当设有中间带、变速车道、爬坡车道、紧急停车带时，尚应包括这些部分的宽度。符号，B；单位，m。

单幅道公路沥青路面的宽度　沥青面层与土路肩(或路缘石内边缘)交界的两边缘之间的水平距离。

水泥混凝土路面的宽度　为水泥混凝土路面板边缘之间的水平距离。

有路缘石、中央分隔带道路的路面宽度　为两侧路缘石靠路面一侧的边缘之间的水平距离。

车道宽度　为车道两边缘之间的水平距离。

中央分隔带宽度　为中央分隔带两侧路缘石外边缘之间的水平距离。

路基横坡　指路槽中心线与路槽边缘两点之间的高程差与水平距离的比值，以百分率表示。

路面横坡　无中央分隔带时指路拱两侧直线部分的坡度；有中央分隔带时指路面与中央分隔带交界处及路面边缘与路肩交界处两点之间的高程差与水平距离的比值。以百分率表示；符号，i。

路面中线偏位　指路面实际中心线偏离设计中心线的距离。符号，ΔCL；单位，cm。

纵坡　为线路纵断面相邻两变坡点之间高程差与其距离的比值，以百分率表示。

纵坡长度　为线路纵断面两相邻变坡点之间的距离。单位，m。

纵断面高程　指线路纵断面各里程桩的高程。符号，H；单位，m。

中桩高程　线路中线各里程桩的高程。单位，m。

边桩高程　是与线路中桩在同一横断面上左右边桩的高程。单位，m。

平整度　指路面各层表面经压实成型的平整程度。它是以规定的标准量规，间断地或连续地量测出的路表面的凹凸情况，即不平整度。符号，σ；单位，mm。

平曲线　为平面曲线的简称。线路总量不断从一个方向转到另一个方向，为了使车辆平稳安全地行驶，必须用曲线连接起来，这种连接不同方向线路的曲线，称为平曲线。平曲线包

括圆曲线和缓和曲线两种，圆曲线是具有一定曲率半径的圆弧。

缓和曲线 为线路直线与圆曲线之间的过渡曲线，称为缓和曲线。符号，*IO*、*IS* 等；单位，m。

平曲线超高 为了保证汽车在小半径弯道上行驶的稳定性，保证行车安全，应在曲线上设置超高。超高横坡度按计算行车速度、半径大小，结合路面种类、自然条件等情况确定。目前规定最大超高横坡度一般为 6%，一级公路和平原微丘二级公路的最大超高可至 8%；冰冻地区和地形陡峻的明弯，一级公路和平原微丘二级公路不宜于大于 5%，其他各级公路不宜于大于 4%。

当有缓和曲线时，全超高横断面设置在主曲线范围内，超高缓和长度等于缓和曲线长度。

竖曲线 线路纵断面总是由一个坡度改变成另一个坡度，坡度变化点称为变坡点（转坡点）。汽车在此处行驶是不安全的。为了使汽车平稳通过，在坡段间变坡点处应用曲线顺适地连接起来，这条连接两相邻地段的曲线称为竖曲线。连接两相邻坡度线的竖曲线素，是圆曲线或抛物线。目前我国公路上采用的是二次抛物线连接。

竖曲线有凸形和凹形两种形式。顶点在曲线之上者为凸形竖曲线，顶点在曲线之下者为凹形竖曲线。

路床 指路面结构层底面以下 80cm 范围内，承受由路面传来荷载的路基部分。路床是路面的基础，在结构上分为上路床（0～30cm）和下路床（30～80cm）。

路堤 为高于原地面的填方路基。路堤在结构上分为上路堤和下路堤，上路堤是指路面顶面以下 0.8～1.5m 范围内的填方部分，下路堤是指上路堤以下的填方部分。

路堑 为低于原地面的挖方路基。

填石路堤 为用粒径大于 37.5mm 且含量超过总质量的 70%的石料铺筑的路堤。

土石路堤 指石料含量占总质量 30%～70%的土石混合材料修筑的路堤。

第五节 本书中的一些约定

(1)单位：书中数字标有 cm、mm 外，其余数字单位均为 m。

(2)符号：→表示方向，箭头方为前进方向。

(3)符号：A□════----□B / A ————------→ B， 表示单向观测，A 照准 B。

A□════════□B / A ————————→ B， 表示双方观测，A 照准 B，B 也照准 A。

(4)5800P，表示 CASIO f_x-5800P 计算器。

(5)9750GII 表示 CAS10 f_x-9750GII 计算器。

(6)5800P/9750GII，表示上述两种型号的计算器都可用。

(7)书中所有程序以 5800P 计算器编写，一般情况下也适用 9750GII 计算器。在进行 9750GII 编辑时，应将 5800P 下述语句作如下修改。

①额外变量：xy 及非对称 xy 程序中。

5800P	9750GII
4→DimZ	4→Dim List 4
Z[1]	List 4[1]
Z[2]	List 4[2]
Z[3]	List 4[3]
Z[4]	List 4[4]

②坐标增量计算(xy 程序及非对称 xy 程序)。

	5800P	9750GII
前直线段：	XZ1=":W+I	"XZ1=":W+List Ans[1]
	"YZ1=":K+J	"YZ1=":K+List Ans[2]
前缓积曲线段：	Rec(X,F)	Rec(X,F)
	Z[1]+I→X	List 4[1]+List Ans [1]→X
	Z[2]+J→Y	List 4[2]+List Ans [2]→Y
	Rec (Z,F+90G)	Rec(Z,F+90G)
	"XF1=":X+I	"XF1=":X+List Ans[1]
	"YF1=":Y+J	"YF1=":Y+List Ans[2]
圆曲线段：	Rec(X,F)	Rec(X,F)
	Z[1]+I→X	List 4[1]+List Ans [1]→X
	Z[2]+J→Y	List 4[2]+List Ans [2]→Y
	Rec (Z,F+90G)	Rec(Z,F+90G)
	"XY=":X+I	"XY=":X+List Ans[1]
	"YY=":Y+J	"YY=":Y+List Ans[2]
后缓和曲线段：	Rec(X,F+GN+180)	Rec(X,F+GN+180)
	Z[3]+I→X	List 4[3]+List Ans [1]→X
	Z[4]+J→Y	List 4[2]+List Ans [2]→Y
	Rec (Z,F+GN+180−90G)	Rec(Z,F+GN+180−90G)
	"XF2=":X+I	"XF2=":X+Aist Ans[2]
	"YF2=":Y+J	"YF2=":Y+List Ans[2]
后直线段：	Rec(H−D,F+NG)	Rec(H−D,F+NG)
	"XZ2=":X+I	"XZ2=":X+List Ans[1]
	"YZ2=":X+J	"YZ2=":Y+List Ans[2]

即上述语句中的坐标增量：

在5800P 中用 ΔX=I，ΔY=J；

在9750GII 中用 ΔX=List Ans[1]，ΔY=List Ans[2]。

在极坐标法程序(JZBF)中5800的I表示边长，J表示方位角，在9750GII中I应修改为：List Ans[1]→I，J应修改为：List Ans [2]→J。

③导线计算程序(DXJS)。

5800P	9750GII
a. 12→DimZ	12→Dim List 1
b. c→2[2N−1]	c→List 1[2N−1]
c. 2[2N−1]+F→Z	List 1[2N−1]+F→Z
d. M+Z[2N−1]+F→M	M+List 1[2N−1]+F→M
e. M→2[2N−1]	M→List 1 [2N−1]
f. D→Z[2N]	D→List 1 [2N]
g. "X=":D cos(Z[2N−1])→X	"X=":D cos(List 1[2N−1])→X
"Y=":D sin(Z[2N−1])→Y	"Y=":D sin(List 1[2N−1])→Y
h. X→Z[2N−1]	X→List 1[2N−1]
Y→Z[2N]	Y→List 1[2N]
i. √((([2N−1])²+(Z[2N])²)→D	√((List 1[2N−1])²+(Lin1 [2N])²)→D
j. "V=":Z[2N+1]+DG→V	"V=":List 1[2N−1]+DG→V
"U=":Z[2N]+DH→U	"U=":List 1[2N]+DH→U
k. X→Z[2N−1]	X→List 1[2N−1]
Y→Z[2N]	Y→List 1[2N]

④单一导线严密平差程序(DXYMJS)。

5800P	9750GII
a. 30→DimZ	30→Dim List 1
b. S→Z[H]	S→List 1[H−1]
c. F→Z[H−1]	F→List 1[H−1]
d. LF+Z[H−1]→U	LF+List 1[H−1]→U
e. Rec(Z[H],U)	Rec(List Z[H],U)

f. "I=":I	"I=":List AnS [1]
"J=":J	"J=":List AnS [2]
g. cos(U)→Z [H−2]	cos(U)→List 1 [H−2]
sin(U)→Z [H−2]	sin(U)→List 1 [H−2]
h. V+Z[H−4]→V	V+List 1[H−4]→V
V→Z[H−4]	V→List 1[H−4]
W+Z[H−5]→W	W+List 1[H−5]→W
W→Z[H−5]	W→List 1[H−5]
I. (UU+(UZ[H]÷1000)²)	(UU+(UList 1[H]÷1000)²)
(KZ[H−2]+ZZ[H−3])→W	(K List 1[H−2]+Z List 1[H−3])→W
J. Rec(W+Z[H],V+LF+Z[H−1])	Rec (W+List 1 [H],V+LF+List 1[H −1]
"I=":I	"I=":List Ans[1]→I
"J=":J	"J=":List Ans[2]→J
K. Q(KZ[H−5]−ZZ[H−4]÷ (20G)→P	Q(K List[H−5]−Z List[H−4]÷ (20G)→P

⑤复测支导线程序(FCDXJS2)。

5800P	9750GII
n→Dim Z	n→Dim List 1
T→Z[2N−1]	T→List 1[2N−1]
M→Z[2N−1]	M→List 1[2N−1]
S→Z[2N]	S→List 1[2N]
"X=":X+Z[2N]cos(Z[2N−1]) →X	"X=":X+List 1[2N]cos(List,1[2N−1]) →X
"Y=":Y+Z[2N]sin(Z[2N−1]) →Y	"Y=":Y+List 1[2N]sin(List[2N−1]) →Y

⑥支导线(引点)坐标计算程序(ZDXJS)。

5800P	9750GII
P01(C−A,D−B)	P01(C−A,D−B)
"I=":I	"I=":List Ans [1]→I
J=J	List Ans[2]→J

⑦单一水准路线计算程序(SZJS)。

5800P	9750GII
C→Z[2N－1]	C→List 1[2N－1]
K→Z[2N]	K→List 1[2N]
"H＝":VZ[2N]→H	"H＝":V List 1[2N]→H
"T＝":Z[2N－1]＋H→T	"T＝": List 1[2N]＋H→T

⑧单结点水准网平差程序(SZJDJS)的子程序。

5800P	9750GII
16→Dim Z	16→Dim List List
C→Z[2N]	C→List 1[2N]
L→Z[2N－1]	L→List 1[2N－1]
"V＝":WZ[2N－1]→V	"V＝":W List 1[2N－1]→V
"I＝":Z[2N]＋V→I	"I＝": List 1[2N]＋V→I

⑨复测支水准计算程序(FCSZJS)。

5800P	9750GII
n→Dim Z	n→Dim List 1
B→Z[2N－1]	B→List 1[2N－1]
"Q＝":Q＋Z[2N－1]→Q	"Q＝":Q＋ List 1[2N－1]→Q

⑩5800P/9750GII 程序中变量语句。

5800P	9750GII
"A"? A 或"A"? →A	"A"? →A
"B"? B 或"B"? →B	"B"? →B

第二章

现代公路工程施工测量的准备工作

第一节　公路施工设计图表收集及研究

施工单位现场测量员可根据所承建的标段来收集有关测量方面的设计图表，这是测量员进驻工地后第一件要做的重要事情。

这些设计文件图表是由专业设计部门设计的，并由业主提供给施工单位。施工现场测量员可向施工单位下设的工程项目部资料室收集。

测量员在收集到本施工标段的设计文件图表数据后，应及时、全面熟悉这些设计文件图表和数据。

所谓全面熟悉设计图表，就是对所收集到的图、表、数字、文字、符号、图例、比例尺、单位逐项逐条地认真阅读、理解、分析，对于不明白的地方请教项目部有关技术人员，弄明白设计文件的意图、要求，做到心中有数，以便顺利进行施工测量工作。

一、全面熟悉“公路平面总体设计图”

图 2-1 是××高速公路第××标段“公路平面总体设计图(局部)”，分析该图如下。

(1)从该图能了解公路平面总体线形，可得到：线路为直线曲线组合；曲线元素的图上位置；千米、百米里程桩号、交点、导线点、水准点图上位置；构造物盖板涵、通道等的图上位置；路堑、路堤的图上位置等。

(2)从图上“曲线要素表”可得到：圆曲线要素，如转角、半径、切线长、曲线长、外距等数据，交点桩号和交点编号。

(3)从图上“导线点坐标表”可得到：导线点名，纵横坐标值，距离和方位角。

(4)从图上可以了解到该段新建公路沿线的地形、地物，以及挖方、填方段的大致情况。

(5)从图上可以了解到支线(改道线路)与主线关系，以及支线线形外貌等。

二、全面熟悉“路线纵断面图”

图 2-2 是××高速公路第××标段“路线纵断面图”(局部)。分析该图可得到：

(1)线路中线纵向高低起伏情况以及中线纵向原地形高低起伏情况。

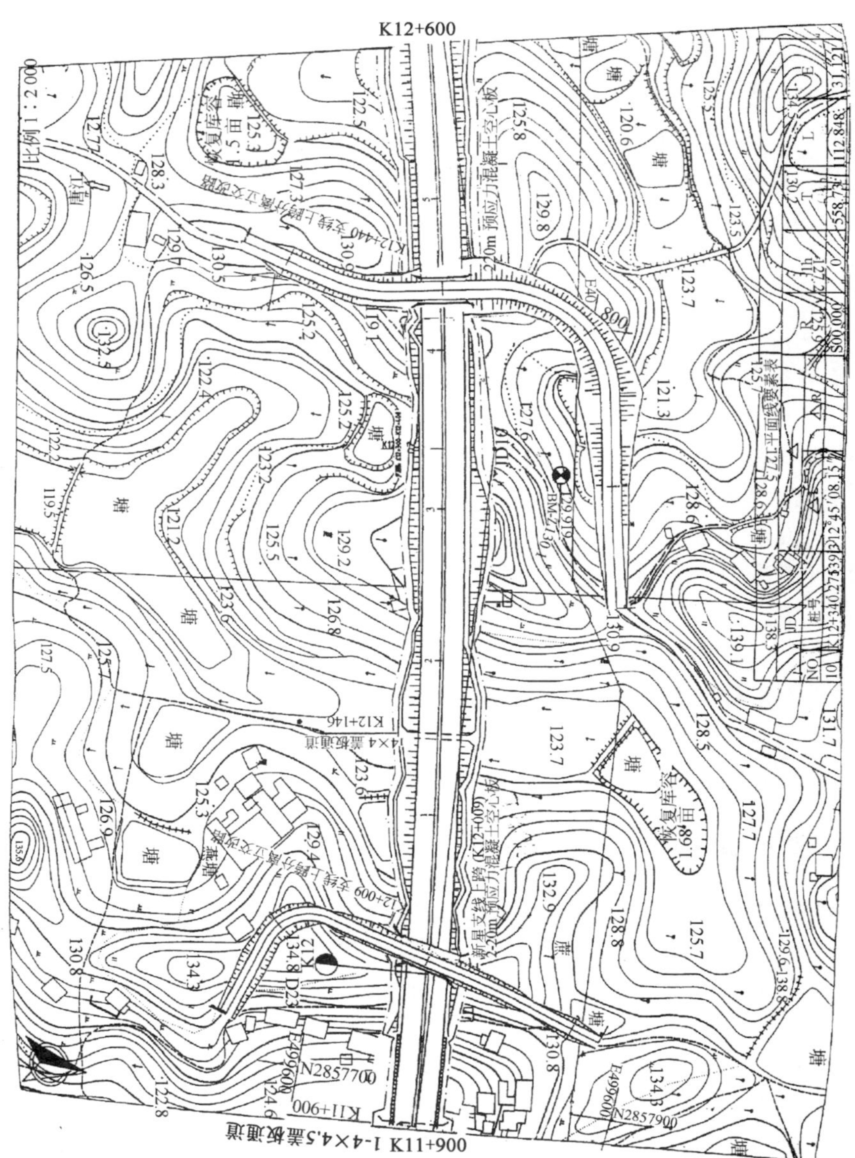

图2-1 公路平面总体设计图

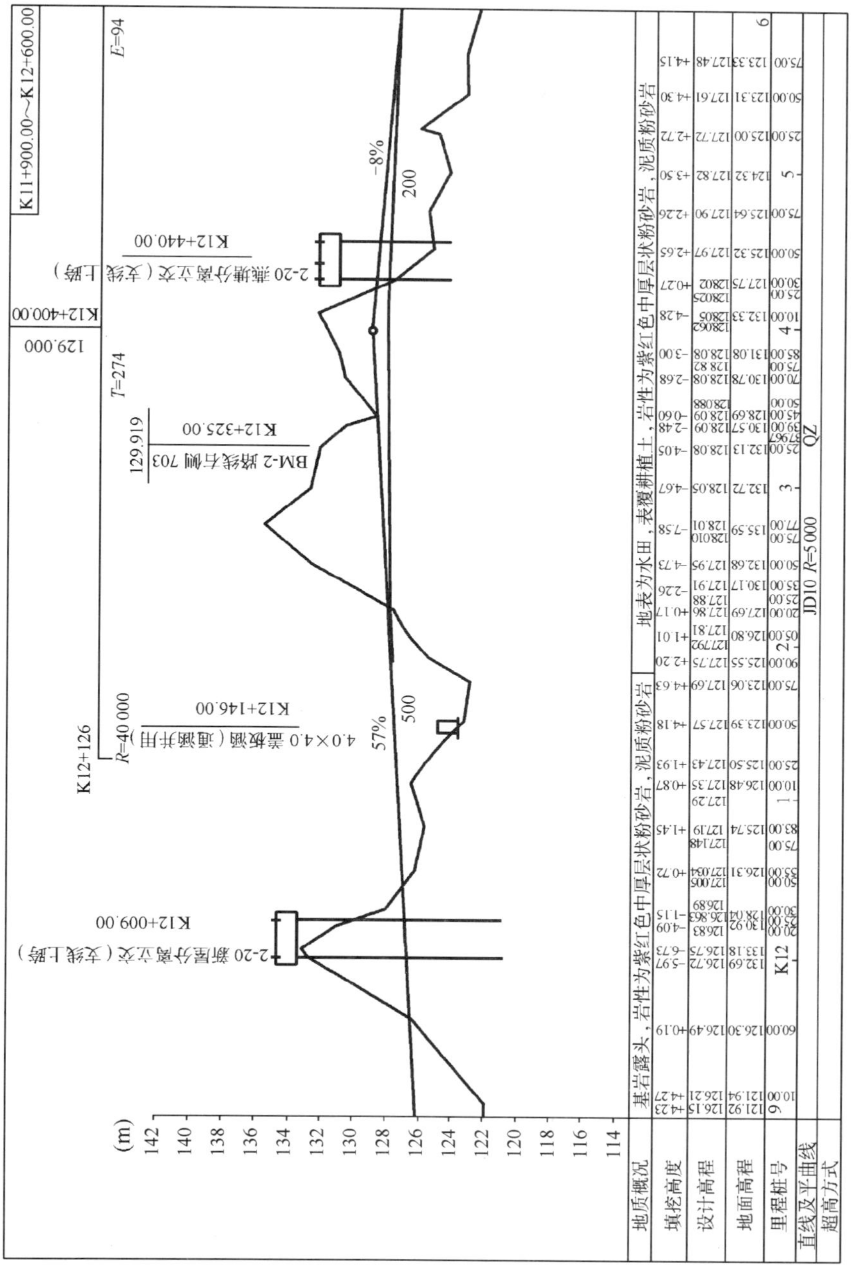
K11+900.00~K12+600.00
2-20 新屋分离立交（支线上跨）
K12+009.00
4.0×4.0 盖板涵（通涵共用）
K12+146.00
BM-2 路线右侧 703
129.919
K12+325.00
2-20 燕塘分离立交（支线上跨）
K12+440.00
K12+126
R=40 000
K12+400.00
129.000
T=274
E=94
57%
500
-8%
200
(m)
地质概况
填挖高度
设计高程
地面高程
里程桩号
直线及平曲线
超高方式
JD10 R=5 000
QZ

图2-2　路线纵断面图

(2)线路中线里程桩号及相应的地面高程、设计高程、填挖高度、地质概况、直线及平曲线、超高方式、超高段起终点里程桩号、超高曲线半径、最大超高段及最大超高横坡度、缓和曲线长度、左右转角等。

(3)竖曲线形式(凸或凹)、竖曲线要素。

(4)线路中线纵坡、变坡点里程桩号及高程。

(5)线路沿线构造物、涵道等里程桩号。

三、全面熟悉"路线纵断面图"上竖曲线、超高缓和曲线的形式

1. 竖曲线的形式及要素

图 2-3 为凹形竖曲线示意图,图 2-4 为凸形竖曲线示意图。图上 R 为竖曲线半径(m),T 为竖曲线切线长度(m),E 为竖曲线外距(m),H 为变坡点高程(m),K 为变坡点里程桩号(m)。

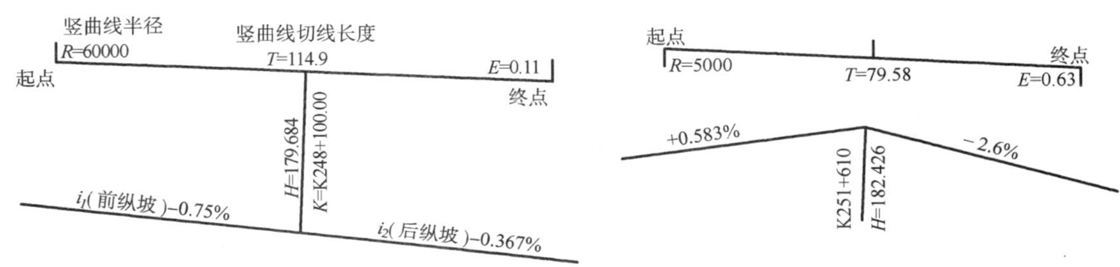

图 2-3 凹形竖曲线

图 2-4 凸形竖曲线

竖曲线有凸形和凹形两种形式,判断竖曲线形式有下述两种方法。

(1)图示法:顶点在曲线之上者为凸形竖曲线,顶点在曲线之下者为凹形竖曲线。

(2)计算法:以相邻坡段纵坡之差为依据,当 i_1-i_2 为正值时,属凸竖曲线;当 i_1-i_2 为负值时,属凹竖曲线。

【算例 2-1】 在图 2-3 中:

$$i_1-i_2=(-0.75\%)-(-0.367\%)=-0.004$$

说明图 2-3 为凹形竖曲线。

【算例 2-2】 在图 2-4 中:

$$i_1-i_2=0.583\%-(-2.6\%)=0.032$$

说明图 2-4 为凸形竖曲线。

2. 超高缓和曲线的形式及要素

图 2-5 为超高缓和曲线在"路线纵断面图"上的表达形式。图中 R 为圆曲线半径,JD16 为交点点号,$\Delta=-44°22'57''$为偏角(左偏为负,右偏为正),$L=70.0$(m)为缓和曲线长度(有的设计图也用 IS、IO 表示缓和曲线长度)。直缓(ZH)至缓圆(HY)为前缓和曲线长度,圆缓(YH)至缓直(HZ)为后缓和曲线长度。

从图 2-5 可知，在缓和超高段，线路弯道超高横坡度是逐渐变化的；在前超高缓和段，超高横坡度逐渐由小变大（图中由 2.0％逐渐变大到最大超高 5.0％）；在后超高缓和段，超高横坡度逐渐由大变小（图中由最大超高5.0％逐渐变小到 2.0％）。在全超高段（主曲线范围内，HY 至 YH），超高横坡度是一设定值（本例超高横坡度设定值为 5.0％，即该超高段的最大超高横坡度）。由于在曲线上设置了超高，弯道处的路面明显向一侧倾斜，即线路左右两边一侧高，一侧低。在计算曲线超高段高程时，必须注意路面哪边高哪边低。

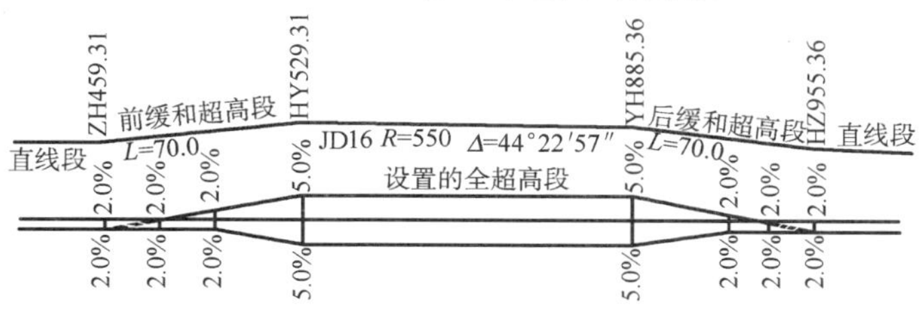

图 2-5　超高缓和曲线示意图

四、全面熟悉“路基横断面图”

图 2-6 是××高速公路××标段 K128＋600.000 路堑横断面图（挖方横断面图）。分析该图可得到：

（1）路面以上挖方概况。

（2）路面上原地形两侧的高低情况。

（3）中桩挖方高度，边桩挖方高度按比例尺可从图上量取，据此和坡度比可定出初挖时堑顶的实地位置。

（4）路面中央有分隔带，路边外是排水沟、碎落台。

（5）从图上可确定中桩至坡脚的距离，边坡比以及挖方面积等。

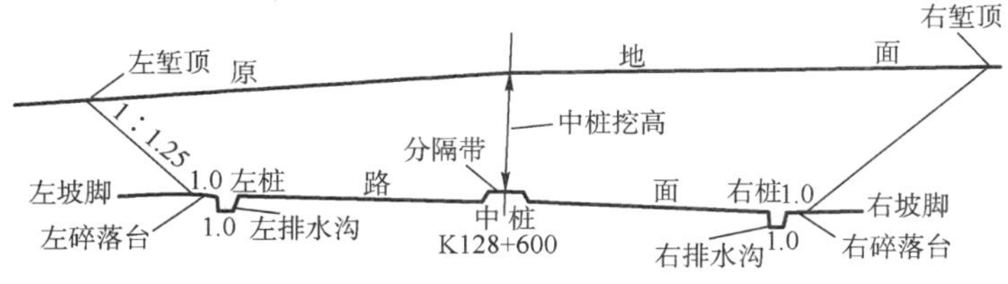

图 2-6　挖方横断面图（比例 1∶200）

同理，可分析图 2-7 填方横断面图。

路基横断面图，除上述两种情形外，还有填挖混合横断面图。分析时，应具体对待。

五、全面熟悉“路面横断面结构图”

图 2-8 是××高速公路“路面横断面结构图”。分析该图可知主线路面结构层各层厚度及

填料要求、中央分隔带宽度、路缘带宽度、行车道宽度、硬路肩宽度、土路肩宽度、路拱坡度、土路肩坡度等。

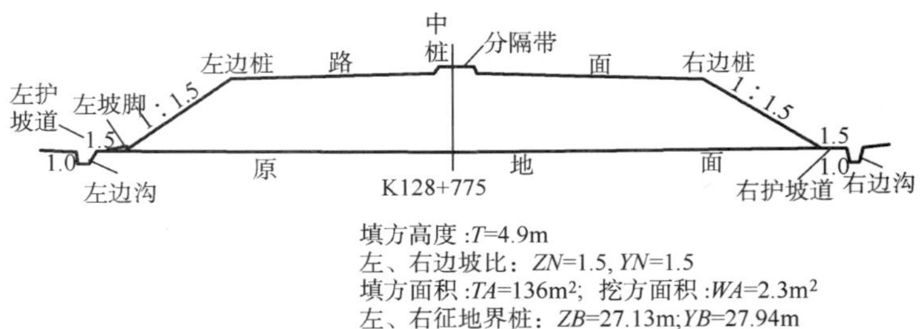

图 2-7 填方横断面图(比例尺 1∶200)

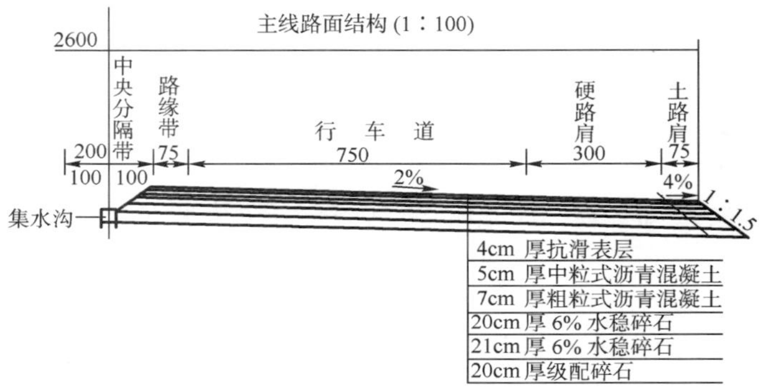

图 2-8 路面横断面结构图(尺寸单位:cm)

依据此图可计算以下内容。

(1)路面宽度 B:

$$B=\left(\frac{1}{2}\text{中央分隔带}+\text{路缘带}+\text{行车道}+\text{硬路肩}+\text{土路肩}\right)\times 2$$

$$=(1.0+0.75+7.50+3.00+0.75)\times 2=26.000\text{m}$$

(2)根据路面宽以及各结构层厚度、边坡比,可计算各结构层施工时的宽度。

①计算路基施工时的宽度。

由图可知,坡度比为 1∶1.5,路面各结构层总厚度 h 为:

$$h=4+5+7+20+21+20=77\text{cm}$$

则路基施工宽度 B'为:

$$B'=(13.00+0.77\times 1.5)\times 2=14.155\times 2=28.31\text{m}$$

②计算底基层施工时的宽度。

已知,坡度比为 1∶1.5,路面至底基层面厚度 h'为:

$$h'=77-20=4+5+7+20+21=57\text{cm}$$

则底基层半幅路宽 $B_{底}/2$:

$$B_{底}/2=13.00+0.57\times1.5=13.855\text{m}$$

或(用此检核计算)：

$$B_{底}/2=B'/2-0.20\times1.5=13.855\text{m}$$

底基层坡脚为底基层宽 $B_{底}/2$ 延长：

$$0.20\times1.5=0.300\text{m}$$

同理，可计算基层面施工时宽度。

(3)根据路面中桩设计高程，可计算路面各结构层的施工(放样)高程。

①计算路基中桩设计高程。

从“路线纵断面图”或“路基设计表”可知 K128+600 路面中桩设计高程 $H_{中面}=118.02\text{m}$，又从图 2-8 可知，路面各结构层厚 0.77m，则 K128+600 路基中桩施工设计高程为：

$$H_{基}=H_{中面}-h=118.02-0.77=117.25\text{m}$$

②计算底基层中桩设计高程。

同理，计算底基层 K128+600 中桩设计高程为：

$$H_{底}=H_{中面}-h'=118.02-0.57=117.45\text{m}$$

或用 $H_{底}=H_{基}+$底基层厚度计算，以作校核：

$$H_{底}=H_{基}+0.20=117.25+0.20=117.45\text{m}$$

六、全面熟悉“路基设计表”

表 2-1 是××高速公路××标段 K12+110 至 K12+693 间的“路基设计表”。分析该表可得到：

(1)每一横断面各里程桩号。

(2)每一横断面各里程中桩的地面高程，设计高程和填、挖高度。

(3)路面左、右路幅宽度和中央分隔带宽度。

(4)路面边缘、硬路肩外边缘、行车道外边缘、中央分隔带边缘的设计高程。

(5)变坡点桩号及高程，纵坡度及纵坡坡长。

(6)竖曲线要素 R、T、E 和凹凸形式等。

七、全面熟悉“埋石点成果表”

“埋石点成果表”包括“导线点成果表”和“水准点成果表”。通过分析，结合实地勘察，可知该施工标段有哪些已知导线点、水准点可以采用，以便拟订复测方案及确定进一步加密施工导线点、施工水准点的方案。

“导线点成果表”样式详见表 2-2，分析该表可得到：

(1)施工标段内导线点的点名。

(2)该导线点横、纵坐标(x、y 值)。

(3)相邻导线点间平距及导线边的方位角。

表 2-1

路基设计表

桩号	平曲线	变坡点高程桩号及纵坡坡度坡长	竖曲线	地面高程(m)	设计高程(m)	填挖高度(m)		路基宽(m)			路基边缘(A点)、硬路肩外边缘(B点)、行车道外边缘(C点)、中央分隔带边缘(D点)设计高程(m)							
						填	挖	左路幅	中央分隔带	右路幅	左路幅				右路幅			
											A	*B*	*C*	*D*	*D*	*C*	*B*	*A*
1	2	3	4	5	6	7	8	9	10	11	12	13	14	15	16	17	18	19
K12+110.00				126.48	127.35	0.87		12.00	2.00	12.00	127.10	127.13	127.18	127.35	127.35	127.18	127.13	127.10
+125.00				125.50	127.43	1.93		12.00	2.00	12.00	127.18	127.21	127.26	127.43	127.43	127.26	127.21	127.18
+150.00				123.39	127.57	4.18		12.00	2.00	12.00	127.32	127.35	127.40	127.57	127.57	127.40	127.35	127.32
+175.00				123.06	127.69	4.63		12.00	2.00	12.00	127.43	127.46	127.53	127.69	127.69	127.53	127.46	127.43
+190.00			+126	125.55	127.75	2.20		12.00	2.00	12.00	127.50	127.53	127.58	127.75	127.75	127.58	127.53	127.50
+205.00			起点	125.80	127.81	1.01		12.00	2.00	12.00	127.56	127.58	127.64	127.81	127.81	127.64	127.58	127.56
+220.00				125.69	127.86	0.17		12.00	2.00	12.00	127.61	127.64	127.70	127.86	127.86	127.70	127.64	127.61
+235.00		$i=5.7\%$		130.17	127.91		2.26	12.00	2.00	12.00	127.65	127.68	127.75	127.91	127.91	127.75	127.68	127.65
+250.00			凸	132.68	127.95		4.73	12.00	2.00	12.00	127.70	127.72	127.79	127.95	127.95	127.79	127.72	127.70
+277.00			$R=4000$ $T=274$	135.59	128.01		7.58	12.00	2.00	12.00	127.75	127.79	127.85	128.01	128.01	127.85	127.79	127.75
+300.00			$E=9.4$	132.72	128.05		4.67	12.00	2.00	12.00	127.79	127.82	127.89	128.06	128.05	127.89	127.82	127.79
+135.00				132.13	128.08		4.05	12.00	2.00	12.00	127.82	127.86	127.92	128.08	128.08	127.92	127.86	127.82
+339.00				130.57	128.09		2.48	12.00	2.00	12.00	127.83	127.86	127.93	128.09	128.09	127.93	127.86	127.83
+345.00				128.69	128.09		0.60	12.00	2.00	12.00	127.83	127.86	127.93	128.09	128.09	127.93	127.86	127.83
+370.00				130.76	128.08		2.68	12.00	2.00	12.00	127.82	127.86	127.92	128.08	128.08	127.92	127.86	127.83

续上表

桩号	平曲线	变坡点高程桩号及纵坡坡度坡长	竖曲线	地面高程(m)	设计高程(m)	填挖高度(m)		路基宽(m)			路基边缘(*A*点)、硬路肩外边缘(*B*点)、行车道外边缘(*C*点)、中央分隔带边缘(*D*点)设计高程(m)							
						填	挖	左路幅	中央分隔带	右路幅	左路幅				右路幅			
											A	*B*	*C*	*D*	*D*	*C*	*B*	*A*
1	2	3	4	5	6	7	8	9	10	11	12	13	14	15	16	17	18	19
+385.00				131.08	128.08		3.00	12.00	2.00	12.00	127.82	127.86	127.92	128.08	128.08	127.92	127.86	127.82
+410.00				132.33	128.05		4.28	12.00	2.00	12.00	127.79	127.82	127.89	128.05	128.05	128.89	127.82	127.79
+430.00				127.75	128.02	0.27		12.00	2.00	12.00	127.76	127.79	127.86	128.02	128.02	127.86	127.79	127.76
+450.00				125.32	127.97	2.65		12.00	2.00	12.00	127.71	127.75	127.81	127.97	127.97	127.81	127.75	127.71
+475.00				125.64	127.90	2.26		12.00	2.00	12.00	127.64	127.68	127.74	127.90	127.90	127.74	127.68	127.64
+500.00				124.32	127.82	3.50		12.00	2.00	12.00	127.57	127.60	127.65	127.82	127.82	127.65	127.60	127.57
+525.00		$\frac{129.00}{K12+400}$ $i=-8\%$ $L=900$		125.00	127.72	2.72		12.00	2.00	12.00	127.46	127.50	127.56	127.72	127.72	127.56	127.50	127.46
+528.00				126.19	127.71	1.52		12.00	2.00	12.00	127.46	127.49	127.54	127.71	127.71	127.54	127.49	127.46
+550.00				123.31	127.61	4.30		12.00	2.00	12.00	127.36	127.39	127.45	127.61	127.61	127.45	127.39	127.36
+575.00				123.33	127.48	4.15		12.00	2.00	12.00	127.22	127.25	127.32	127.48	127.48	127.32	127.25	127.22
+620.00			$\frac{+674}{终点}$	122.21	127.20	4.99		12.00	2.00	12.00	126.95	126.97	127.04	127.20	127.20	127.04	126.97	126.95
+650.00				123.30	126.99	3.69		12.00	2.00	12.00	126.74	126.76	126.82	126.99	126.99	126.82	126.76	126.74
+675.00				124.64	126.80	2.16		12.00	2.00	12.00	126.54	126.57	126.64	126.80	126.80	126.64	126.57	126.64
+693.00				126.83	126.66		0.17	12.00	2.00	12.00	126.40	126.43	126.50	126.66	126.66	126.50	126.43	126.40

导线点成果表

表 2-2

点名	坐标 X(m)	坐标 Y(m)	方位角 (° ′ ″)	边长 (m)	高程 (m)	备注
GD01	2861422.809	510321.910				GPS 点
			309 45 36	262.521		
GD02	2861590.710	510120.102				GPS 点
			280 41 15	609.144		
D03	2861703.676	509521.525				
			234 10 59	593.774		
D04	2861356.200	509040.040				
			255 31 15	669.414		
D05	2861188.827	508391.887				
			215 27 04	542.528		
D06	2860746.878	508077.218				
			275 34 02	303.030		
D07	2860776.276	507775.617				GPS 点
			231 39 39	736.818		
GD08	2860319.216	507197.692				GPS 点
			263 44 36	630.100		
GD09	2860250.547	506571.345				
			234 45 24	350.666		
D10	2860058.195	506284.952				
			242 19 41	293.858		
D11	2859772.401	505759.020				
			286 34 10	477.044		
D12	2859908.444	505301.785				
			211 23 05	351.211		
D13	2859608.619	505118.880				
			271 53 39	195.760		
D14	2859615.89	504923.227				
			255 13 13	563.320		
GD15	2859471.384	504378.545				GPS 点
			252 05 34	620.821		
GD16	2859280.496	503787.799				GPS 点
			238 18 46	485.833		
D17	2859025.297	503374.389				
			232 32 44	246.934		
DF7-12	2858875.457	503178.792				
			259 00 46	446.700		
DF7-11	2858790.320	502740.280				
			233 39 16	666.792		
DF7-10	2858395.143	502203.207				
			240 32 18	505.709		
GD18	2858146.414	501762.894				GPS 点

了解了这些概况后，还要到实地勘察其所在位置、桩点完好程度，道路中线通视情况，导线之间互相通视情况等。

“水准点高程成果表”样式详见表 2-3。分析该表可得到：

①施工标段内水准点的点名及高程。

②水准点所在位置及相对路线位置。

③了解了这些情况后，还要到实地勘察校核，现场交桩，以方便施工(放样)使用。

水准点高程成果表

表 2-3

序号	水准点编号	水准点所在地	相对路线位置	高程(m)
1	BMH7-11	杨坑村曾令桂家屋角处刻原连接线成果资料	线外	130.094
2	BM-16	杨坑村横坑小组朱长兵朱长征家门口刻	K0+610 左侧 170m	136.726
3	BM-15	杨坑村豆腐窝横坑小组朱运窝家门口刻	K0+500 左侧 100m	142.896

续上表

序号	水准点编号	水准点所在地	相对路线位置	高程(m)
4	BM-14	杨坑村靠椅形小组江崇贵家门口的压水井旁刻	K1+325 左侧 90m	133.387
5	BM-13	车头村燕风岗小组肖承通屋角处刻	K2+225 右侧 70m	119.278
6	BM-12	车头村黄宗滨家门前的排水沟顶面上刻	K3+580 左侧 160m 左右	114.372
7	BM-11	塘屋村委会枫树下赖清亮家门口刻	K4+475 左侧 110m 左右	130.942
8	BM-10	塘屋六组谢土煌家门前的压水井旁刻	K5+250 右侧 130m	122.678
9	BM-9	腊树下新层前的水渠顶上刻	K6+475 左侧 80m	113.27
10	BM	大塘村细坑孜曾行海家窗口下刻	K7+250 左侧 70m	121.285
11	BM S= BMF-44-1			114.686
12	BM-7	龙江第四小组陈林、陈柏俩兄弟围墙门口刻	K9+056 左侧 6-7m	118.557
13	BM-6	××连接线的起点处	K9+525 左侧 25m	128.061
14	BM-5	左村花排岭村民小组王隆烂屋角处刻	K10+050 左侧 24m	123.253
15	BM-4	距 D-20 前进方向约 20m 的山脚下坟墓上刻	K10+825 左侧 12m	127.031
16	BM-3	横板桥村后背的山坡的坟墓上刻	K11+625 左侧 110m	123.845
17	BM-2	燕窝村的公路旁新建的屋角处刻	K12+325 右侧 70m	129.919
18	BM-1	木塘小学旁的荷花幼儿园大门口刻	K13+615 右侧 120m	127.088
19	BM1-1	唐江镇黄参树	K14+150 右侧 60m	134.486
20	BM1-2	黄参树袁屋黄塘小组李慧琪屋后的平台上刻	K15+250 左侧 15m	118.498
21	BM1-3	××公路木材厂屋和木材厂的挡墙上刻	距终点 K16+305 左侧 200m 左右	115.085
22	BMH-7-2	原平田乡横江村梁和平家门口刻	线外	110.705
23	BMF-47		互通附近	114.744

八、全面熟悉“直线曲线及转角表”

表 2-4 是××高速公路××标段“直线曲线及转角表”。通过对其分析可得到以下内容。

(1)该施工标段的交点编号、交点里程桩号、交点间距、交点边方位角、转角(左转角或右转角,以左偏为负,右偏为正)及交点的 x、y 坐标值。

这些要素以及交点所在圆曲线半径是计算线路上任意一点坐标的已知条件,必须彻底弄清楚。

表 2-4

直线曲线及转角表

交点位置			交点间距(m)	计算方位角(°′″)	曲线间直线长(m)	转角(°′″)	曲线要素值(m) 切长长度 T_1 T_2	半径 R_1 R_y R_2	回旋线参数 A_1 A_2	曲线长度 LS_1 L_y LS_2	曲线总长	外距	曲线主点位置 第一回旋线起点		第一回旋线终点或圆曲线起点		圆曲线中点		圆曲线终点或第二回旋线起点		第二回旋线终点	
9	桩	K10+526.912											桩		桩	K9+472.299	桩	K10+511.921	桩	K11+551.543	桩	
	N	2957864.0000				右 23 37 48.34	1054.613 1054.613	5041.533		2079.244	2079.244	109.124	N		N	2858344.1342	N	2857969.2724	N	28578001.4948	N	
	E	501026.0000											E		E	501964.9780	E	E500997.2653	E	499973.3008	E	
10	桩	K12+340.275											桩		桩	K11+781.544	桩	K12+337.967	桩	K12+894.389	桩	
	N	2857753.0000	1843.345	266 32 51.91	230.001	左 12 45 8.15	558.731 558.731	5000.000		1112.845	1112.845	31.121	N		N	2857786.6449	N	2857722.3356	N	2857597.0768	N	
	E	499186.000											E		E	499743.7170	E	499191.3123	E	498649.4665	E	
11	桩	K14+887.020											桩		桩	K13+672.791	桩	K14+853.279	桩	K166+033.768	N	
	N	2857041.0000	2551.361	253 47 43.76	778.402	左 32 59 37.16	1214.228 1214.228	4100.000		2360.976	2360.976	176.020	N		N	2857379.8507	N	2856892.8791	N	2856121.8605	N	
	E	496736.0000											E		E	497901.9892	E	496831.0968	E	495942.5687	E	
0	桩	K16+307.041											桩		桩		桩		桩		桩	
	N	2855915.0000	1487.501	220 48 6.60	273.273								N		N		N		N		N	
	E	495764.0000											E		E		E		E		E	

(2)该施工标段是直线或是曲线，或是直线曲线都有。必须清楚直线起、终点里程桩号和x、y坐标值，或圆曲线ZY、QZ、YZ的里程桩号及x、y坐标值和曲线要素(半径、切线长、曲线长、外距等)。

(3)缓和曲线起点、终点里程桩号x、y坐标值等。

九、全面熟悉“逐桩坐标表”

“逐桩坐标表”是公路中线每隔一定距离中桩的x、y坐标值及方位角一览表。通常情况下，该表所给出的桩号坐标是“路基横断面”中桩的坐标。为了方便施工，施工测量员还要根据施工要求计算出每隔10m、20m或25m(路基为25m，底基层、基层为10～20m)的中桩及左右边桩的x、y坐标，编制成放样“逐桩坐标表”，以方便使用。

“逐桩坐标表”样式详见表2-5。

逐桩坐标表　　表2-5

桩　　号	坐标(m)		方向角(°　′　″)
	x	y	
K11+750.00	2857788.545	499775.204	266°32′51.9″
+775.00	2857787.040	499750.249	226°32′51.9″
+795.00	2857785.817	499730.287	266°23′36.8″
+824.00	2857788.909	499701.349	266°03′40.5″
+830.00	2857783.494	499695.364	265°59′33.0″
+845.00	2857782.423	499680.402	265°49′14.2″
+870.00	2857780.538	499655.473	265°32′02.8″
+890.00	2857778.941	499635.537	265°18′17.8″
+910.00	2857777.265	499615.608	265°04′32.7″
+960.00	2857772.723	499565.815	264°30′10.1″
K12+000.00	2857768.732	499526.014	264°02′40.0″
+005.00	2857768.211	499521.041	263°59′13.7″
+020.00	2857766.617	499506.126	263°45′54.9″
+030.00	2857765.530	499496.186	263°42′02.4″
+055.00	2857762.725	499471.343	263°24′51.0″
+083.00	2857759.436	499443.537	263°05′36.0″
+110.00	2857756.117	499416.742	262°47′02.1″
+125.00	2857754.221	499401.864	262°36′43.3″
+150.00	2857750.934	499377.080	262°19′32.0″
+175.00	2857747.533	499352.312	262°02′20.7″
+190.00	2857745.433	499337.460	261°52′01.9″
+205.00	2857743.389	499322.614	261°41′43.1″
+220.00	2857741.100	499307.774	261°31′24.3″

续上表

桩　　号	坐标(m)		方向角 (°　′　″)
	x	y	
+235.00	2857738.867	499292.941	261°21′05.5″
+250.00	2857736.589	499278.115	261°10′46.7″
+277.00	2857732.377	499251.446	260°52′12.9″
+300.00	2857728.675	499228.746	260°36′24.1″
+325.00	2857724.533	499204.091	260°19′12.7″
+339.00	2857722.160	499190.294	260°09′35.2″
+345.00	2857721.131	499184.383	260°05′27.7″
+370.00	285716.767	499159.767	259°48′16.4″
K12+385.00	2857714.091	499145.008	259°37′57.6″
+410.00	2857708.530	499120.427	259°20′46.2″
+430.00	2857705.793	499100.779	259°07′01.2″
+450.00	2857701.978	499081.147	258°53′16.1″
+475.00	2857697.098	499056.627	258°36′04.8″
+500.00	2857692.096	499032.133	258°18′53.5″

综上所述，经过对各种图表的分析，一定要掌握如下要点：

(1)路面宽度、路基施工宽度、底基层施工宽度、基层施工宽度等。

(2)线路纵坡度、横坡度、填方边坡坡度、挖方边坡坡度等。

(3)变坡点的桩号里程、高程。

(4)竖曲线要素，如半径、切线长度、外距、相邻坡段的纵坡度等。

(5)圆曲线要素，如半径、切线长度、曲线长度、外距以及直圆(ZY)、曲中(QZ)、圆直(YZ)的桩号及 x、y 坐标值。

(6)缓和曲线起点(ZH)、终点(HZ)的桩号及 x、y 坐标值，前、后缓和曲线长度，以及超高段的起终点桩号和全超高段设定的最大超高横坡度。

(7)施工段的已知导线点，水准点编号，x、y 坐标数据及 H 高程数据，以及实地位置、可利用程度等。

(8)施工段的线形，即直线、曲线，还是直曲结合等。

(9)施工段全长，施工段起点、终点里程桩号及实地位置。

(10)施工段内挖方、填方段起点和终点里程桩号及实地位置。

(11)路面结构层各层的厚度。

(12)施工段内交点桩号、坐标、交点间距、交点边(切线)方位角、线路转角等。

(13)施工段线路中桩逐桩的桩号及其坐标值。

(14)施工段线路中桩的地面高程、设计高程及其填、挖高度等。

现场施工测量员只有掌握了这些数据，才能在施工现场顺利地开展工作，指导线路施工顺利进行，保证线路施工的质量。

第二节　控制点现场交验

现场测量员在收集到导线点、水准点成果表后，应及时会同业主测量工程师、项目部测量工程师、监理测量工程师到施工现场实地核查控制点位。要求每点必到，实地查验的内容如下：

(1)核查导线点实地点位及完好程度，可否利用。

(2)核查水准点实地点位及完好程度，可否利用。

(3)核查这些控制点成果表上的点名与实地点位是否相符。

(4)相邻控制点是否通视，其密度能否满足施工现场放样需要，以及与相邻标段控制点通视情况。

现场交验结束，应须将交桩情况做好记录，并签字存档。

第三节　现　场　勘　察

在施工队伍进驻施工工地后，施工测量员应全面熟悉设计图表文件。在此基础上，应会同项目部测量工程师、监理测量工程师到施工现场勘察核对。其主要包括以下内容。

(1)搞清施工标段路线起点里程桩和终点里程桩的实地位置以及该标段四周的地貌概况，以确定取土、弃土运输便道的位置及制订临时排水措施等。

(2)对照路线设计纵断面图及横断面图查看是否与沿线地形地貌相符合，对有误的横断面或漏测横断面应改测或补测。

(3)搞清施工标段内挖方及填方起点里程桩和终点里程桩的实地位置；弄清挖、填方地段。

(4)查看设计图表提交的导线点、交点、水准点等控制性桩点的实地位置，进行现场实地交桩。主要看这些点位的完好程度，相邻点位互相通视情况，及其密度能否满足施工现场放样需要。应将交桩情况做好记录，并签字。如发现桩点有误，应会同监理复测后确认。

(5)查看公路设计定测时的中线桩点位实地情况，以及圆曲线和缓和曲线的起、终点的实地完好情况，为恢复桩位做准备。

(6)考察施工标段沿线应加密的施工导线点、施工水准点的实地位置，并拟订将其联测到已知导线点、已知水准点的方案。

(7)考察施工标段沿线的盖板涵、圆管涵、通道、桥梁等附属构造物实地位置，考虑并拟订放样方案。

经过实地勘察，如发现施工现场存在与设计图文件不符的内容，应及时向项目部及监理报告，并根据施工现场实况，拟订施工测量方案。

第四节　逐桩坐标表核算

为了保证平面位置放样正确，避免放样错误，通常情况下，设计文件会要求施工单位核算“逐桩坐标表”。这一工作应在收集资料后便着手进行。

核算逐桩坐标表的手算工作量大而繁琐，速度慢且易出错。实践中，现场测量员多采用便携式可编程计算器，用程序来计算。

作者推荐卡西欧 f_x—4800P/4850P/5800P/9750GⅡ型计算器，并推荐作者编写的以下程序。

(1)单交点计算线路任一点中边桩坐标程序，文件名：XY。详见第五章第三节“八”。

(2)多交点计算线路任一点中边桩坐标程序(即线路坐标计算全线通程序)，文件名：XL-XY-TS。详见第五章第三节“九”。

(3)单交点计算非对称线路任一点中边桩坐标程序，文件名：XLFDCXYJS。详见第五章第三节“十”。

对于新手来说，作者建议在核算中桩坐标的同时，一并计算出左右边桩的坐标，这将方便现场放样。但是，有施工经验的测量员，多是现场现算现放点位坐标。

第五节　线路中桩设计高程核算及边桩设计高程计算

为了保证高程位置放样正确，避免放样错误，通常情况下，设计文件会要求施工单位核算线路中桩设计高程。这一工作，应在收集资料后，便着手进行。

核算线路中桩设计高程时，与上节核算逐桩坐标表一样，数据量大，不利于手算，推荐使用卡西欧计算器，并使用作者编写的如下程序。

(1)直竖联算程序，文件名：ZFLS。详见第五章第三节“三”。

(2)线路高程计算全线通程序，文件名：XL-GC-TS。详见第五章第二节“四”。

作者建议，在核算线路纵向中桩设计高程的同时，一并算出边桩的设计高程。需要提醒注意的是，当计算到超高段时，则应事前使用“超高段高程计算程序”第五章第二节“五”计算出“横坡度”。

第六节　线路工程施工测量的仪具准备

一、公路工程施工测量的仪器

(一)全站仪

全站仪是现代公路施工平面控制测量必备的先进仪器。它既能测角、测距，又能测坐标，放样设计点位，它速度快且精度高，质量可靠，完全能满足现代机械化公路施工进度和精度要求。

目前，我国公路施工现场用的全站仪有以下几种。

(1)国产品牌如武汉中纬(徕卡国产)(ZTS)，苏州一光(RTS、OTS)，科力达(KTS)，常州大地(DTM)，南方(NTS)，北京博飞(BTS)，天津欧波，广州中海达等。

(2)进口品牌如日本拓普康(GTS、GPT)，日本索佳(SET)，日本尼康(DTM)，日本宾得(R)，瑞士徕卡(TC、TCR、TCA)等。

其型号不一，精度不等，操作各异，价格差大。施工单位可根据所承建的公路等级、设计精度要求、现场条件来选择所需要的全站仪。

作者曾在广东省“中山市东部快线工程”工地，负责现场施工测量，主要放样高架桥桥墩桩基设计点位。使用了两台全站仪，一台旧的日本拓普康 GPT7000 型全站仪，一台是新购买的日本索佳 SET230RK 全站仪。测角精度前者为 $\pm 1''$，后者为 $\pm 2''$，测距精度为 $\pm 2\text{mm} + 2\text{ppm} \cdot D$。价格大概为十几万元。但是由于仪器经销商提供的棱镜是国产常州的，与仪器不配套，致使测距精度不稳定，后经检测并重新设置加常数，才得以提高测距精度。

一般情况下，施工测量员进驻工地后应全面熟悉将要使用的全站仪：

(1)收集该仪器的说明书。

(2)在说明书指导下，了解仪器各部件名称和使用方法。

(3)在说明书指导下，对照实物，逐步掌握测角、测距、测坐标、测高程、设计点坐标放样的按键方法和操作步骤。

平时应多练习、多操作，牢记按键方法与步骤，在开工放样前能熟练地使用全站仪。

对于没有“说明书”的全站仪，可参照自己操作过的全站仪的操作方法与步骤，对照实物，逐渐摸索；也可请教使用过的同事，或经销部门维修仪器的工程师。

实践证明，操作全站仪并不难。不管何种型号的全站仪，只要多动手、动脑、动口，就能很熟练地使用它。

值得提醒的是，在开工前，具体说应在复测导线前，一定要将全站仪及其附件棱镜、棱镜杆、基座等送仪器质量检验部门检定，取得质检证书并存档备查。

没有经过质检部门检定的测绘仪器，规范规定，是不能用于生产中的。

在施工放样过程中，如发现全站仪有异常情况，例如管状气泡整不平、测角 2C 值变大、测距误差大、放样点偏离等现象，应先自检，如确属仪器本身问题，应送仪器检修部门处理。操作人员不可随意拆卸仪器。

如果仅管状(长)气泡老整不平，这是因为水准管轴不垂直于竖轴，可按以下方法校正。

(1)在圆气泡居中情况下整平，使管状气泡平行于一对脚螺旋的连线，此时使气泡居中。

(2)旋转仪器照准部 180°，若气泡偏离 1 格以上，则转动平行于管状气泡的两个脚螺旋，使气泡改正偏离的一半。

(3)用改针拨动管状气泡一端的校正螺旋，使气泡居中。

(4)反复进行步骤(2)和(3)，直至仪器整平，气泡在任何位置都居中。

(5)若经反复校正，气泡仍偏离大于 1 格以上，则送仪器检验部门校正。

(二)全站仪的附件

1. 单棱镜组

包括单棱镜、占板、带光学对点器的基座(见第二章图 2-4)。

单棱镜组是全站仪测量导线必备的附件(见第二章图 2-8 全站仪三联架法测量导线)。

2. 双叉式对中杆配单棱镜

包括单棱镜、占板、双叉式对中杆(见第二章图 2-5)。

双叉式对中杆配单棱镜是全站仪测角、测距、测坐标、测高程、点放样等必备的附件。

3. 可伸缩脚架(木质或铝质)

架置全站仪或单棱镜组的基座。

4. 电池和充电器

需要再三强调以下几个方面。

(1)棱镜和全站仪必须配套，棱镜的加常数应和仪器的加常数一致。如用其他厂家的棱镜，则需在用全站仪测距前，将全站仪的加常数重新设置为棱镜的加常数。若用的棱镜与全站仪不配套，且不知该棱镜的加常数，则可按作者《测量员便携手册》一书中介绍的方法测定后重新设置仪器的加常数[详见《测量员便携手册》第三章第三节“四”4)全站仪测距]。

(2)双叉式对中杆下尖端对准点位中心，拧紧手把，调整圆气泡居中后，对中杆应固定，不能有松动摇晃现象，且对中杆上占板竖线、棱镜中心、杆身中线、对中杆下尖端应在同一铅垂线上。若有下述情形，则要处理。

①对中杆本身弯曲时，此杆不能用，应调换。

②手把拧紧后，对中杆与支撑架不能固紧，还会松动摇晃，则要查明原因，修好再用。

③施测中，若发现对中杆下尖端、棱镜中心不在同一垂线上，且偏差 3～5mm 以上，则可按下述方法校正。

a. 选一平地，架好对中杆。要求支撑脚架踩牢，圆气泡居中。

b. 在对中杆 90°方向各架置一台全站仪(或经纬仪)。要求仪器精确整平，且距对中杆 20m 以外。

c. 两架仪器同时照准对中杆下尖端。固定度盘，拧紧望远镜制动螺旋，缓慢旋转望远镜微动螺旋，自下向上细心观察望远镜竖丝偏离对中杆中线的距离，及偏离棱镜中心距离。

d. 另安排 1 人听从仪器观测者指挥，调整对中杆，当对中杆中心线与两台仪器竖丝重合时，两台仪器观测者同时喊“好”，立即停止调整。此时，观察圆气泡偏离中心位置。

e. 调整圆气泡居中。此过程中两台仪器观测者要一直照准对中杆中心。

f. 重复上述 c、d、e 步操作，当对中杆中心线位于两台仪器竖丝上，且圆气泡又居中时，则认为已调整好。一般情况下，对中杆中心线偏离仪器竖丝 3mm 以内，则此杆可以使用。

(3)单棱镜组的基座在施测前应检查下述内容。

①基座整平后，基座的管状(长)气泡应在任一位置都居中。若此条件不满足，则要校正。校正方法同全站仪长气泡的校正。

②基座整平后，占板竖线、棱镜竖轴、基座对点器中心、地面点应在同一垂线上。检验方法如下。

a. 将基座脚架置于地面点上，对中粗平，即地面点位于基座光学对点器圆圈中心且基座的圆气泡居中。

b. 精平，即基座的长气泡在任一位置都居中。

c. 通过基座光学对点器观察地面点是否仍在对点器圆圈中心。若偏离在1～3mm 以内，则上述条件满足。若偏离大于 3mm，则可调整光学对点器，使地面点位于对点器圆圈中心。

(三)水准仪

水准仪是现代公路施工高程控制测量必备的先进仪器。它既可测高程，又可放样设计点

高程，是所用测高程仪器中精度最高且操作简单、使用方便、价格便宜的仪器。

水准仪类型有微倾水准仪、自动安平水准仪和电子水准仪。目前我国公路施工现场常用的水准仪是自动安平水准仪，电子水准仪价格贵应用不普遍，微倾水准仪也在使用着。

现场常用的自动安平水准仪，国产的有苏州一光（NAL、DS）、天津欧波（DS）、南京1002厂（S3）、北京博飞（AL、DZS）等。

进口的有瑞士徕卡（NA、GPM）、日本索佳（PL、B）、日本拓普康（AT－G）等。

例如，作者在上述“中山市东部快线工程”工地，用了两台水准仪。一台是天津自动安平水准仪，精度±3mm/km；一台是日产拓普康自动安平水准仪，精度±2mm/km。将它们用于四等水准测量和桥墩桩柱高程测量，精度可满足设计规范要求。

另外，作者在京福高速公路江西境内南城段进行施工测量时用的是一台天津产微倾水准仪，精度可满足四等水准测量精度。

实践中，公路施工中点位高程测量常采用“向前法”[关于“向前法”水准测量方法，详见作者《公路工程施工测量》（北京：人民交通出版社，2005）和《测量员便携手册》（北京：人民交通出版社）]。由于前后视距不等长，所以对水准仪“i角”要求较高。在施工测高中，当发现远距离和短距离施测同一点的高程较差超过5mm以上时，应对所用水准仪进行“i”角检验、校正。

1. i角的检验校正

i角检验的目的：使水准管轴平行于望远镜的视准轴，使不同距离测得的同一点高程小于3mm。

i角检验、校正方法如下。

（1）安置仪器于A、B中间位置，A、B标尺相距30～50m（视场地情况而定），读数分别为a_1、b_1，见图2-9。

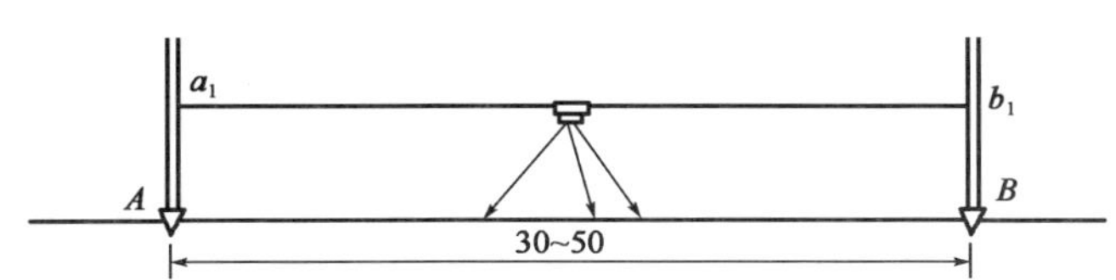

图2-9 i角检验，仪器置于A、B中间位置（尺寸单位：m）

（2）将仪器移至距A约2m处，读数分别为a_2、b_2，见图2-10。

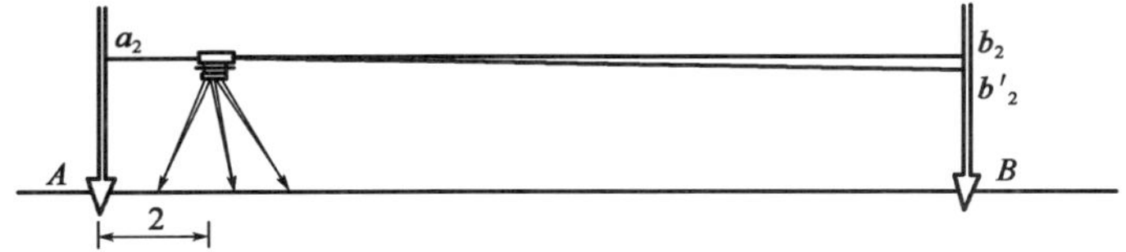

图2-10 i角校核，仪器置于距A点2m处（尺寸单位：m）

（3）计算。

$$b'_2 = a_2 - (a_1 - b_1)$$

如果$b'_2 = b_2$，说明视线水平，无需校正；

如果 $b'_2 \neq b_2$ 且 $|b'_2 - b_2| > 3\text{mm}$，说明要进行校正。

(4)校正方法。

①对于自动安平水准仪：仪器瞄准 B 标尺，取下目镜罩，用改针调整(拨动)分划校正螺钉，使视距中丝读数为 b'_2；重复以上检校步骤，直至 $|b'_2 - b_2| < 3\text{mm}$。

②对于微倾水准仪：仪器瞄准 B 标尺，用微倾螺旋使视距中线读数为 b'_2，此时水准管气泡不居中(两个半气泡不吻合)，用改针调整水准管校正螺旋，使水准管气泡居中(两个半气泡吻合)。重复以上检校步骤，直到 $|b'_2 - b_2| < 3\text{mm}$。

2. 圆气泡的检验校正

另外，还应注意圆气泡的检验校正。作业中，在照准不同方向标尺读数时，常发生圆气泡偏离中心较大的情况，此时则应在作业前进行圆气泡的检验校正。

圆气泡检验校正的目的是使圆水准轴平行于竖轴，这样在仪器转动到不同方位时圆气泡都能居中，方便观测读数。

自动安平水准仪是自动给出水平视线的仪器，只要圆气泡居中，仪器的视准轴就会自动处于水平位置。因此，只需检校圆气泡，不需考虑管状气泡。

对于微倾水准仪，圆气泡的检验与校正方法如下。

检验方法：

(1)用脚螺旋使圆气泡居中。

(2)将仪器绕竖轴旋转 180°，若气泡偏离，则需校正。

校正方法：

(1)旋转脚螺旋，使气泡向中心移动偏距的一半。

(2)用拨针拨动圆水准器底下的三个校正螺旋，使气泡居中。

以上操作反复数次，直到仪器转动到任何方向气泡都居中为止。

值得提醒的是：在开工前，具体说应在复测水准路线前，一定要将水准仪送仪器质量检验部门检定，并取得质检部门证书存档备查。

请记住，没有经过质检部门检定的水准仪，规范规定，是不能用于生产中的。

(四)水准仪的附件

(1)木质或铝质可伸缩性脚架，架置水准仪。

(2)3m 双面(黑红两面)水准标尺一对，常数：4687、4787。标尺材质应为木质或玻璃钢质，要求尺边装有圆气泡。可用于四等水准测量。

(3)3m 或 5m 铝质塔尺两根，双面刻划，最好是一面的最小刻度为 1cm，另一面的最小刻度为 0.5cm，分米注记。可用于五等水准测量、线路桩位高程测量等。

(4)尺垫一对，用于临时转点用。

二、公路工程施工测量的量具

(1)30m 或 50m 钢卷尺。

(2)30m 或 50m 皮卷尺。

(3)3m 或 5m 小钢尺。

(4)通信联络工具:对讲机。

(5)计算工具:具有可编程的科学计算机。例如:卡西欧 f_x—4800P、f_x—4850P、f_x—5800P/9750GⅡ(目前 f_x—4800P/4850 厂家虽已停止生产,但原使用者还在用)、广州 E500 等。

(6)坡度尺(控制边坡)。

三、公路工程施工测量的材料

(1)竹(或木)桩:根据施工标段路线长度、桩点间距、桥墩桩柱个数,计算竹(或木)桩用量,开工前就应加工好备用。

(2)钢签:根据需要准备一定数量的钢签,水稳层(基层)施工时用于定桩挂线。

(3)钢钉:混凝土路面、桩头、柱头、水稳层等放样时用。

(4)铁钉:做点位标志。

(5)记号笔(油性)、粉笔、涂改液(修正液)等。

(6)石灰:用于堑顶、坡脚、修坡等放线用。

(7)色漆或自动喷漆。

(8)细绳、草球。

(9)红布或红塑料袋。

(10)铁锤。

(11)凿子等。

第七节 其他准备

一、施工进度一览图

1."路基施工挖填进度一览表图"的绘制

路基施工时,为了及时掌握和了解施工进度情况,便于监控挖填工作量,可自绘一张较大比例尺的"路基施工挖填进度一览图"。

"路基施工挖填进度一览图"的绘制,实际上就是"路线纵断面图"的放大。其绘制方法步骤如下(图 2-11)。

(1)绘制数据的取用:绘制"路基施工挖填进度一览图"的数据是里程和高程,其数据取自"路线纵断面图"或"路基设计表"。

(2)绘制比例尺的选用:绘制"路基施工挖填进度一览图"的横坐标是里程,纵坐标是高程。里程比例尺根据施工标段路线的长度和图纸长度,一般选用 1∶1000;因为高程比例尺要明显表示挖填方高度宜用大比例尺,一般采用 1∶50 或 1∶100。

(3)绘制实际地面线:根据"路线纵断面图"或"路基设计表"中桩的里程和地面高程,在图上按纵、横比例尺,依次交绘出各中桩的地面位置,再用直线将相邻点一个个连接起来,绘出实际地面线。为了使绘出的实际地面线位于图上适中位置,首先应合理选定纵坐标的起始高程。

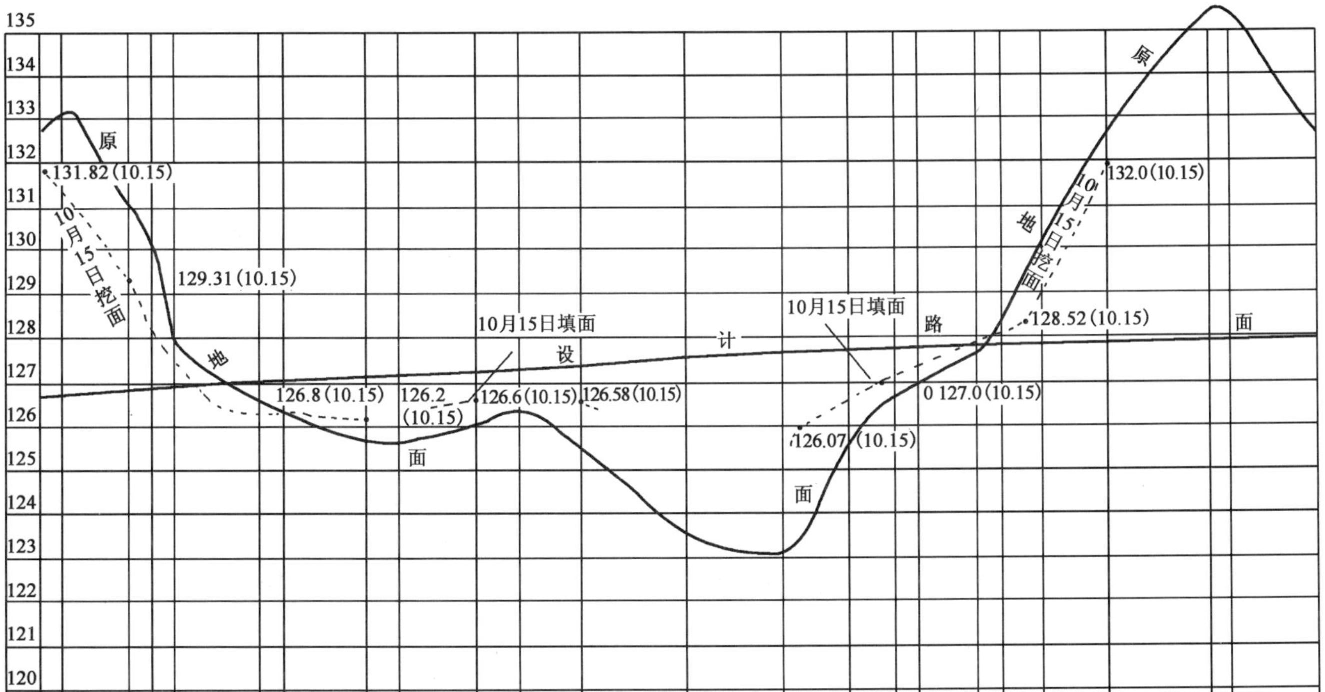

桩号	设计高程	挖−填+
K12+000	126.72	−5.97
+005	126.749	−6.43
K12+030	126.834	−4.09
+025	126.863	
+030	126.891	−1.15
+050	127.005	
+055	127.034	+0.72
+075	127.148	
+083	127.193	+1.45
K12+100	127.29	
+110	127.347	+0.87
+125	127.433	+1.93
+150	127.568	+4.18
+175	127.687	+4.63
+190	127.752	+2.20
K12+200	127.792	
+209	127.810	+0.10
+220	127.864	+0.17
+225	127.880	
+235	127.911	−2.26
+250	127.953	−4.73
+275	128.010	
+277	128.014	−7.58
K12+300	128.052	−4.76

注：1.本例为××高速公路K12＋000～K13＋000路基施工作业段局部（K12＋000～K12＋300）挖填现状；

2.本例里程桩号比例尺为1∶1 000，高程比例尺为1∶100；

3.图中实线为原地貌，虚线为挖、填现状。

图2-11　路基施工挖、填进度一览图

(4)绘制设计的路面中线纵坡线：根据“路线纵断面图”或“路基设计表”中桩的里程和设计高程，用(3)的方法，展绘出设计的线路纵坡线。

2.“路基施工挖填进度一览图”的使用

将绘制的“路基施工挖填进度一览图”张贴在办公室墙壁上，施工测量员只需每天或数天把挖、填后的实测高程展绘在图上，路基的施工进度情况便可一目了然。

对于底基层、水稳层、沥青面层(或水泥路面层)的“施工进度图”，可按施工标段长度，选定合理的比例尺绘制成图 2-12 的形式。图中的“$\frac{260}{8.14}$”字样，表示 8 月 14 日铺筑底基层左幅 260m。应随着工程进展，及时填绘。

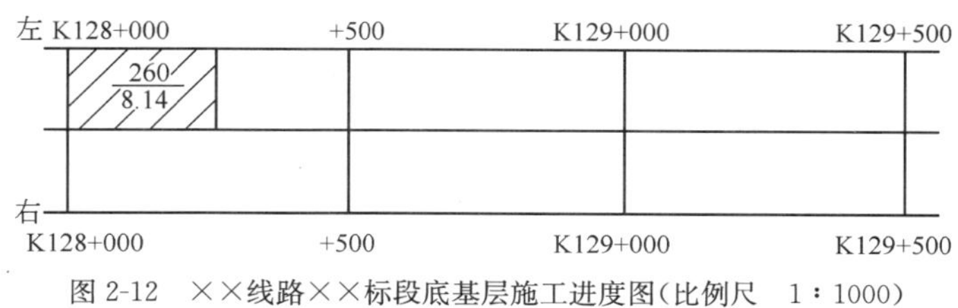

图 2-12　××线路××标段底基层施工进度图(比例尺　1∶1000)

二、施工标段控制点图

1.“施工标段控制点图”的绘制

路基施工时，为了方便施工测量放样工作的进行，可绘制“施工标段控制点图”。

所谓“施工标段控制点图”，就是展绘有施工标段平面控制点(即导线点及交点)，高程控制点：(即水准点)，以及施工线路中线桩位点的图纸。

“施工标段控制点图”的绘制，可按下述方法步骤进行(图 2-13)。

(1)绘制数据的取用：绘制“施工标段控制点图”的数据是坐标和高程。其数据取用自“导线点坐标表”、“水准点成果表”、“逐桩坐标表”、“直线曲线及转角表”。

(2)绘制坐标的选用：“施工标段控制点图”的坐标，应采用设计图样的坐标系统。

(3)绘制比例尺的选用：根据施工标段长度选用比例尺。一般情况下，施工段长 500m，宜采用 1∶500 比例尺；1～2km 宜用 1∶1000 比例尺；2km 以上宜用 1∶2000 比例尺。

(4)绘制坐标方格网：可用丁字尺展绘坐标方格网。展绘坐标网前，首先应合理选取坐标网西南角的坐标原点，以便把施工段所用导线点、交点、线路起终点、水准点都展绘于图上。

(5)展绘点位：可用三棱尺或三角板展绘导线点、交点、线路中桩点(直线部分可 50m 展一点)、曲线主点(ZY、QZ、YZ 等)。水准点可用全站仪测出其坐标来展绘；水准点没有坐标的，可根据点位在线路里程桩左右两侧距离估绘。

图上若要展现线路全貌，可计算左、右边桩坐标来展绘。

2.“施工标段控制点图”的使用

绘制的“施工标段控制点图”张贴在办公室墙壁上，图上用直线把相邻导线点连接起来，并把每个导线点控制范围标出来，把每个水准点控制范围标出来。施工测量员依据此图可对施工段的放样目标充分了解。放样前可据此充分做好放样数据的准备。外业放样时可直达测站，不跑冤枉路。

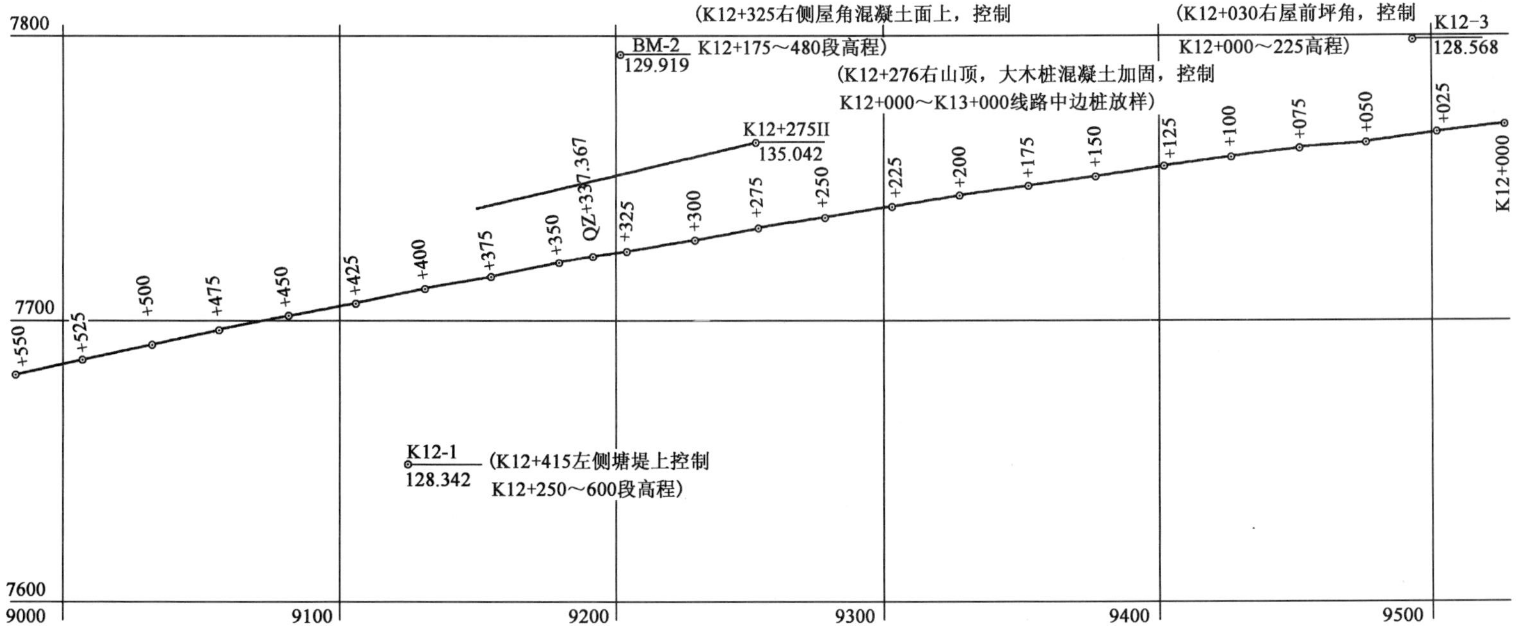

注：1.本例为××高速公路K12＋000～K13＋000段路基施工段局部（K12＋000～K12＋500）"施工标段控制点图"；
2.比例尺为1：1 000。

图2-13　施工标段控制点图

三、施工天气一览图

为了统计不良天气对工程进度的影响，为施工总结做准备，应对施工天气逐日记录。亦可绘制“施工天气一览图”，将每日天气情况用图例符号表示在图上，既醒目又明白。“施工天气一览图”样式参见图 2-14。

天气 日期 月份	1	2	3	……	30	31
1	☼	◑	⁘		●	●
2						
……						
11						
12						

图例：雨-⁘　雪-✳　晴-☼　阴-●　多云-◑

图 2-14　××高速公路××标段路基施工天气一览图

四、施工日志

施工日志是施工全过程的重要记录。其内容有：施工单位名称、标段范围、日期、天气、工作内容、机械台班、车辆运输台班、人工台班、测量工作项目、工程进度以及大事记等。

第三章

公路工程施工导线点的复测和加密

第一节　公路工程施工控制点概述

公路工程施工控制点包括平面控制导线点和高程控制水准点。

导线点是公路施工过程中控制公路线形平面位置的重要依据，水准点是公路施工过程中控制公路路线高程的主要依据。

导线点的任务是把设计图上的“公路线形”放样到实地，水准点的任务是把设计图上“公路路线的高程”放样到实地。施工队伍则是根据这个“放样”进行施工。

第二节　导线点的复测

《规范》规定：施工单位必须根据设计资料认真做好导线复测工作。

施工单位所采用的导线点是由业主提供的，它是公路设计勘测定测阶段布设的。一般来说，从路线勘察设计到路基正式开工，间隔时间都较长，在这期间路线勘察设计阶段所布设的导线点、交点等难免损坏丢失。为了保证公路施工质量，满足施工需要，必须对业主提供的导线点数据进行复测。

导线点的复测必须按照《公路路基施工技术规范》(JTG F10—2006)中的有关条款规定的复测方法、复测仪器、复测精度等执行(规范有关条款详见附录一)。

导线点复测工作由工程项目部组织测量工程师、监理测量工程师、施工队现场测量员“导线复测小组”进行。

一、实地校对导线点位

实地校对导线点位是根据设计单位提供的导线点成果表，在线路实地逐点校对：

(1)资料上的点名与实地点位是否一致。

(2)实地点位完好程度，可利用程度。

(3)相邻导线点间相互通视情况。

(4)导线点通视线路中边线情况。

实地校对导线点位中，当发现导线点已被破坏、移动或找不到时，可考虑补点，补点应考虑

以下几点：

(1)补点不强调必须恢复原位。

(2)补点应与相邻导线点通视。

(3)从利用价值、方便放样考虑，补点应通视线路中边线桩位，利于今后中边桩放样。

实践证明，公路勘察设计阶段所布设的导线点位，放样利用率一般都较低。复测导线补点时，应从实际出发，把点位尽可能地补在能够通视线路中边线的地方。但是，应强调的是：补点应在原导线线路上，即补点应与其他原导线点是同一条导线，并且是同一坐标系统。

二、导线复测的一般规定

(1)复测导线的坐标系统必须采用原导线的坐标系统。

(2)复测导线的起、终点应与原导线一致。

(3)复测导线的等级应与原导线一致，一般情况下：

①高速公路、一级公路采用一级导线。

②二级及二级以下公路采用二级导线。

③三级及三级以下公路采用三级导线。

(4)导线复测应采用红外测距仪或其他满足测量精度的仪器，仪器使用前应进行检验、校正。

(5)复测导线时，必须和相邻施工段的导线闭合，并满足同等级精度要求。

(6)《公路路基施工技术规范》(JTG F10—2006)(以下简称《规范》)规定，各级公路平面控制测量的等级应符合表3-1的规定。

(7)《规范》规定：各级导线测量的精度应符合表3-2的规定。

平面控制测量等级 表3-1

公路等级	平面控制网等级
高速公路、一级公路	一级小三角、一级导线、四级GPS控制网
二级公路	二级小三角、二级导线
三级及三级以下公路	三级导线

导线测量技术要求 表3-2

等级	附合导线长度(km)	平均边长(m)	每边测距中误差(mm)	测角中误差(″)	导线全长相对闭合差	方位角闭合差(″)	测回数	
							DJ_2	DJ_6
一级	10	500	17	5.0	1/15000	$\pm10\sqrt{n}$	2	4
二级	6	300	30	8.0	1/10000	$\pm16\sqrt{n}$	1	3
三级	—	—	—	20.0	1/2000	$\pm30\sqrt{n}$	1	2

三、导线复测的外业工作

导线复测的外业工作主要是测角和测距。

(1)水平角的测量(测角)

①仪器：应使用不低于J_6级经纬仪(全站仪，经纬仪配测距仪)。

②测角方法:应用测回法。附合导线测量左角闭合导线测量内角。

测角方法详见本章第三节。

(2)导线边长测量(测距)

现阶段导线的边长测量,一般都采用先进的测距仪——红外测距仪来完成的。全站仪和经纬仪配测距仪都具备这种功能。测距时,在测站点(导线点)安置仪器,用望远镜照准另一导线点上安置的棱镜,只要在测距模式按键操作,显示屏即显示出两点间距离。不仅可直接测两点间平距,也可测两点间斜距。为了将斜距 $d_{斜}$ 改算成平距 $D_{平}$,尚须测得竖直角 α,则水平距离按下式计算:

$$D_{平} = d_{斜}\cos\alpha \tag{3-1}$$

目前国内外生产的红外测距仪型号很多,它们的基本工作原理和结构大致相同,但具体操作却有差异。因此,在使用前应认真仔细阅读仪器使用手册。

对于低等级导线边长测量,可选用:

①钢尺量距。

②经纬仪视距尺测量距离。

③其他测距方法。

四、导线复测的内业计算工作

复测导线的内业计算,就是用导线的近似平差方法重新计算复测导线点的坐标,以便与设计单位提供的原导线点坐标进行比较,以检查设计单位所提供的导线成果是否满足公路施工精度要求。

复测导线的平差计算方法详见本章第三节。

当复测导线点计算结果与原导线点数据比较,其较差符合上述坐标相对闭合差(1/10000)精度时,则设计单位提供的导线点成果可作为公路施工阶段的起算数据。

当其较差超限,则应先检查内业计算是否正确,若计算无误,则应进行外业检查,再复测一次,再重新计算;当确认原成果有误时,应及时报告监理和业主。

第三节　导线点的加密

《规范》规定:原有导线点不能满足施工需要时,可增设满足相应精度要求的附合导线点。

公路施工实践证明,公路勘察设计阶段所布设的交点,导线点位在其分布和数量上都不能满足施工现场的需要。因此,施工单位必须根据所施工标段的实际需要和实际地形来加密施工导线点(也称临时导线点)。

加密施工导线点的目的是为了便于线路平面位置的放样,并保证施工精度。公路施工实践告诉我们,在公路施工过程中,需要多次重复恢复路线中桩及边桩。因为施工中每天都有可能破坏这些桩位,这就需要在挖、填一定高度后,重新放桩以保证路线线形。在施工标段,布设合理的导线点位,能够方便而准确地恢复中桩和边桩。

一、加密施工导线点的原则

(1)公路工程施工测量与其他测量工作一样,也必须遵循由高级到低级的原则,即必须从设计单位提供的导线点引测施工导线点。

(2)施工导线点的坐标系统必须与设计单位提供的导线点的坐标系统一致。

(3)施工导线起、终点必须是设计单位提供的导线点,其测定结果的限差,应符合规范要求。

(4)施工导线的测量精度必须满足施工放样精度。公路施工放样精度是依据《规范》规定的验收限差确定的。《规范》规定的质量标准见表 3-3。

土(石)方路基施工质量标准　　表 3-3

项　次	检 查 项 目	规定值或允许偏差	
		高速公路、一级公路	其他公路
1	中线偏位(mm)	50	100
2	宽度(mm)	不小于设计值	

(5)施工导线点的密度应满足施工放样的需要。实践证明,放样点距控制点越远,放样越不方便,且误差也越大。放样时应一站到位,放样视距不宜超过 500m。

二、施工导线点的选点要求

(1)通视良好。实践中,施工导线点位一般都选在路堑堑顶的适当位置,以及路线结构物附近不易受施工干扰处。所布设的导线点既要保证导线点间能够通视,又要保证能够通视路线上中桩、边桩及坡脚桩,以便于放线,不需转站。

(2)点位桩要埋设牢固,便于保护。公路施工实践告诉我们,从施工开始到工程竣工,施工导线点使用频繁,而且施工路层每一结构面时都要反复使用。因此所布设的施工导线点位桩一定要埋设牢固,并要妥善保护。用大木桩固定桩位时,要打深打牢,并要用水泥加固。桩顶上设一铁钉,以便设站对中用。

(3)施工导线点位的密度应能满足施工现场放样需要。为便于施工放样和保证放样的精度,施工导线点间距宜在 400～800m,应视线清晰、视野开阔。放样视距宜控制在 500m 内。

(4)点位桩编号要醒目,易识别。点位桩号前应冠以公路里程,例如,K128+600 左-II,一看便知是位于 K128+600m 左侧的 II 号点,用于 K128+600 前后线路放样。

三、施工导线点的测设

1. 施工导线点的测设方案

选择施工导线点的测设方案,应考虑如下因素。

(1)施工标段已知导线点的利用及其相互间的通视情况,前后相邻标段导线点分布情况(利于选用与相邻导线点连测的方案)。

(2)施工标段的地形特征及障碍物影响通视情况。

(3)施工放样点的需求。

适用于公路工程加密施工导线点的方案有以下几种。

(1)附合导线,见图 3-1。

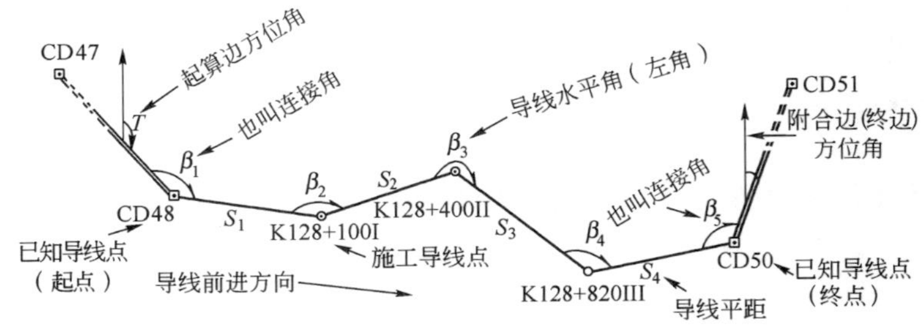

图 3-1　附合导线示意图

(2)闭合导线,见图 3-2。

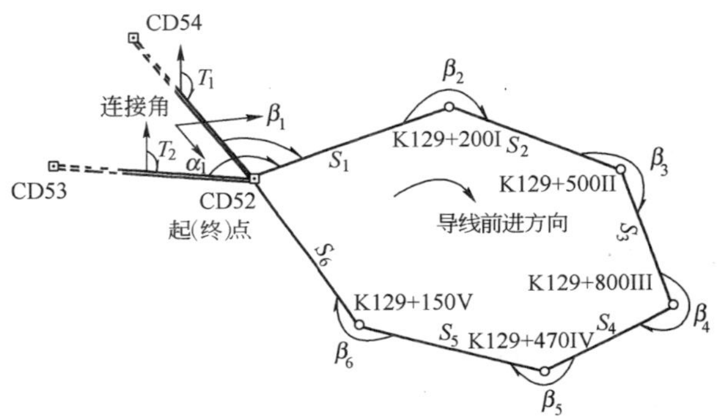

图 3-2　闭合导线示意图

(3)支导线,见图 3-3。

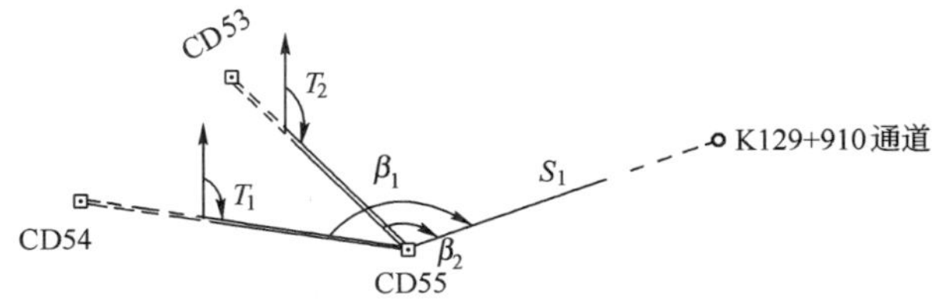

图 3-3　支导线示意图

选择施工导线点方案的条件如下。

(1)当施工标段有两组起算数据时,可考虑选用附合导线。

(2)当施工标段只有一组起算数据时,可考虑选用闭合导线。

(3)当特殊需要,例如涵洞等线路构造物的放样时,可考虑选用支导线。

所谓一组起算数据,即一条导线边两个导线点的坐标已知。两组起算数据即两条不相邻的导线边四个导线点的坐标已知。

2.施工导线点的测设方法

导线测量实际上就是测量相互连接折线的夹角和边长，简言之就是测角和测距。

图 3-1 是一条附合导线，图 3-2 是一条闭合导线，图 3-3 是一条支导线。只要用全站仪或经纬仪配测距仪测出图中 β 角和各边的边长 S，然后通过计算，便可求得各导线点的坐标。

在图 3-1 中，CD47～CD48 是一条已知导线边，其坐标和方位角已知；CD50～CD51 是另一条已知导线边，其方位角和坐标已知，此为两组已知数据。施工导线由 CD48，经 K128＋100I、K128＋400II、K128＋820III 附合到 CD50，所以称为附合导线。只要用全站仪"两点间水平角的测量"方法测出导线各角 β_1、…、β_5，用"距离方法"测出导线边 S_1、…、S_4 的平距(如测斜距，则要测竖直角改算为平距)，然后通过计算便可求得施工导线点 K128＋100I、…K128＋820III 各点坐标。

在图 3-2 中，CD52～CD53 为已知导线边，其坐标和方位角已知；导线由 CD52 发展，经 I、II、III、IV、V 导线点又闭合到 CD52 已知导线点，所以称为闭合导线。为了保证精度，若 CD52 通视 CD53，又通视 CD54，则可测连接角 α_1、β_1，但由连接角 α_1、β_1 分别计算的方位角 T_1 应相等。这样可校核导线方位角传算的正确性。

闭合导线的角度、距离测量方法同上述附合导线。

图 3-3 为支导线，即不附合、不闭合到已知导线点的导线。在图 3-3 中，由已知导线点 CD55 向通道支出一点 K129＋910 通道点，不附合又不闭合，只要测出角 β 和距离 S，就可计算出支点的坐标。这种导线的缺点是无检验条件。为了保证精度，可采取下述两种措施。

(1)若测站通视两个已知导线点，应测两个连接角(图 3-3 中 β_1 和 β_2)，这样由两个夹角算出的同一边方位角应相等，以此进行校核。例：

$$T_{CD55\sim K129+910}=T_{CD53\sim CD55}+\beta_2-180^\circ=T_{CD54\sim CD55}+\beta_1-180^\circ$$

(2)对同一线路采取两次往测或是一往一返测量。实践作业中常采用往测左角，返测右角，这样，$\beta_{往左}+\beta_{返右}$ 应等于 360°，而且 $S_{往}$ 应等于 $S_{返}$，以此来检验，避免错误。

作业中，我们把这种往返测同一支导线方法，叫作复测支导线。

复测时，可以是同一线路[图 3-4a)]；也可是两条线路，但起算边和最终边应是同一条边[图 3-4b)]。

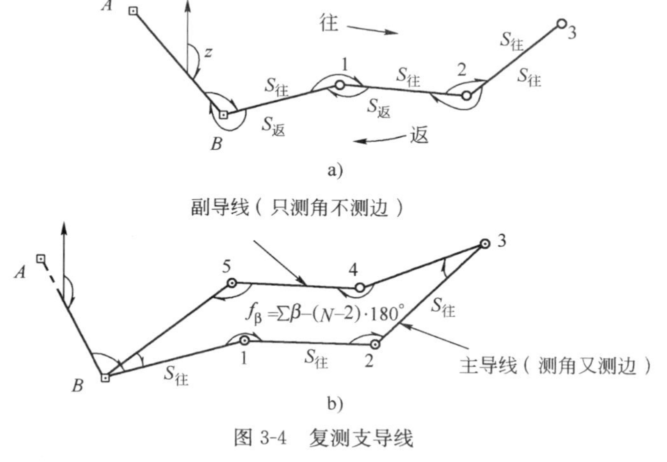

图 3-4　复测支导线

实际作业中，为了减少作业工作量，达到既提高工效又能达到检验的目的，对于由两条线路组成的复测支导线，在往测线路上既测角又测边；而在返测线路上只测角不测边。这样在测角上就有一个内角和的条件可以检查。内业计算时先对角度进行平差，然后根据平差角和边长，沿往测线路计算各点的坐标。这种形式，我们称为主副导线闭合环。其中测角又测边的导线叫主导线，只测角不测边的导线叫副导线。

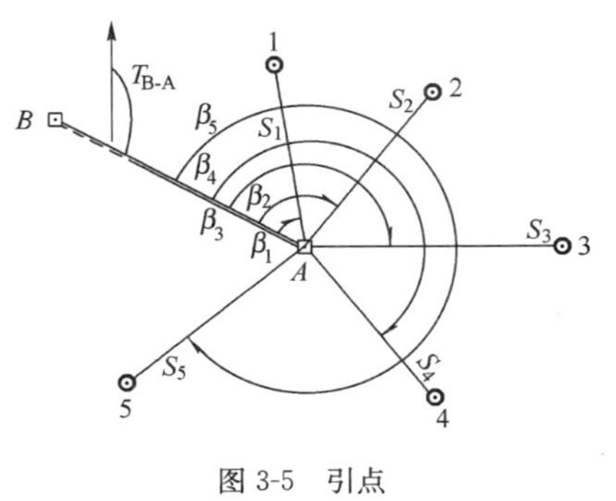

图 3-5 引点

公路施工过程中，常用“引点法”在线路构造物附近增设临时施工导线点。这个点布设在施工现场附近不易被破坏的地方，就近放样，非常方便。

所谓“引点”，即由已知导线发展一个一条边的支导线。它可以从同一已知点同时支出一条边的若干个点。只要测出已知边与支点边的夹角和已知点至支点的边长，就可计算出支点的坐标。引点的概念如图 3-5 所示。

四、一个导线点(测站)上的测量工作

导线测量在一个导线点(测站)上的测量工作主要内容见表 3-4。

导线测量在一个导线点上的工作内容 表 3-4

序号	步骤	工作内容
1	置仪器于测站上	对中，正平
2	观测	测量水平角(照准目标，读取水平角、竖直角)，简称读数；测量导线边长，简称测距
3	量高	量仪(器)高，量觇(标)高

导线测量的工作顺序是：**对中→整平→照准→读数→测距→量高。**

第四节 复测(加密)导线的实施

一、复测(加密)导线的器具

(一)复测(加密)导线的仪器

(1)全站仪。

(2)经纬仪配测距仪。

(3)经纬仪。

选用何种仪器，应以公路等级、导线等级来选定。

(二)复测(加密)导线的工具

(1)单棱镜组：由单棱镜和基座(带光学对点器)组成，见图 3-6。

(2)双叉式中杆配棱镜，见图 3-7。

图 3-6 单棱镜组

上述单棱镜组、双叉式中杆配棱镜用于对中和

照准,单棱镜组用于一级导线,双叉式中杆配棱镜用于二级及二级以下导线。

(3)30m 或 50m 钢卷尺,用经纬仪测设低等级导线时,用钢尺量导线边长。

(4)对讲机,用于导线测量外业作业中的相互联络。

(5)可编程式的科学计算器,例如卡西欧 f_x—4500、f_x—4800、f_x—4850、f_x—5800、5x—9750GⅡ型计算器等,用于导线测量内业计算。

(三)复测导线仪器的脚架

(1)与复测导线选用的仪器配套的脚架一个。

(2)与单棱镜组配套的脚架两个。

如图 3-8 所示的铝脚架可用于复测导线时架置单棱镜组,木脚架可用于复测导线时架置全站仪。

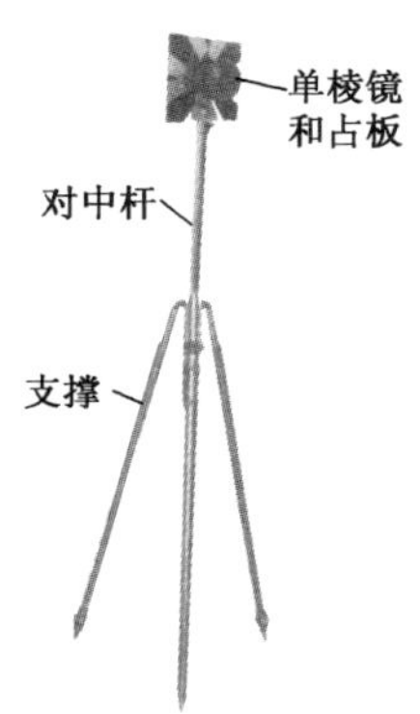

图 3-7　双叉式中杆

图 3-8　架置单棱镜组的铝脚架

(四)复测导线的记录表

复测导线外业测角、测距记录数据,是公路施工测量重要的资料之一。因此,必须记录在业主下发的专用表格上,不可随便乱记。

表 3-5 是广东中山东部快线工程业主下发的"全站仪测角、测距记录表",该表一页只能记一个测站的观测数据。

表 3-6 是泉州至南宁高速公路江西境内兴国连接线业主下发的"水平角、距离观测记录表",该表是普通测量中导线测量常用的记录格式,一页可记几个测站。

现场施工测量员应选用自己施工段的业主下发的导线测量记录表格,不可随意记录在别的表格上。

二、复测(测站)导线的外业工作

复测加密导线的外业工作:测角和测距。

1.测角方法

(1)测回法。测回数按仪器精度及导线等级取用。附合导线测左角,闭合导线测内角。

(2)左右角法。若测两测回,第一测回测左角,第二测回测右角。若测一测回,采用两个"半测回法",第一个半测回测左角,第二个半测回测右角(详见《测量员便携手册》.北京:人民交通出版社)。

全站仪测角、测距记录表

表 3-5

施检表(2)　　　　　　　　　　　　　　　　　　　　　　　　　　　编号：

工程名称	中山市东部快线 2 标	测量部位	K52＋000～K55＋000	施工单位	中国建筑股份有限公司	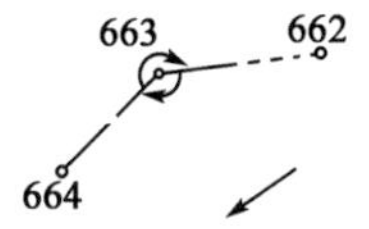 663 662 664
网名或路线	I659－I660～I666－I667	等级	一级附合导线	仪器型号	GTS 7001 全站仪	
测量站	663	气压		天气	阴	
仪高		气温		成像	清晰	
测站高		加常数		乘常数		

镜站	水平角					垂直角				测距(m)				平均距离(m)	镜高(m)	高程(m)
	盘左(° ′ ″)	盘右(° ′ ″)	2C(″)	方向角(° ′ ″)	平均值(° ′ ″)	盘左(° ′ ″)	盘右(° ′ ″)	指标差(″)	垂直角(° ′ ″)	1	2	3	4			
662	0 00 00	179 59 56	4	179 59 58	0 00 00					320.790	320.791	320.790	320.790	320.790		
664右	179 59 54	359 59 51	3	179 59 52	179 59 54					227.244	227.243	227.244	227.244	227.244		
664	0 00 00	180 00 07	7	0 00 04	0 00 00					227.244	227.245	227.244	227.244	227.244		
662左	180 00 06	0 00 11	5	180 00 08	180 00 04					320.790	320.790	320.791	320.790	320.790		
自检意见	符合一级导线技术要求						监理意见									

测量：　　　计算：　　　复核：　　　总工程师：　　　项目经理：　　　测量日期：

水平角、距离观测记录表　　　　表 3-6

工程名称：×××

施工单位：×××　　　　第(2)合同段

监理单位：×××　　　　仪器型号：南方

测站名	照准点	盘左读数 (° ′ ″)	盘右读数 (° ′ ″)	2C (″)	半测回方向值 (° ′ ″)	角度平均值 (° ′ ″)	距离 (m)
GY95	GY94	0 00 00	180 00 06	6	0 00 03	0 00 00	
	K6+1	215 01 44	35 01 48	4	215 01 46	215 01 43	164.628
	GY94	90 00 02	270 00 06	4	90 00 04	0 00 00	
	K6+1	305 01 44	125 01 48	4	305 01 46	215 01 42	164.629
K6-1	GY95	0 00 04	180 00 05	1	0 00 04	0 00 00	
	K6-2	159 54 31	339 54 32	1	159 54 32	159 54 28	168.323
	K6-2	0 00 06	180 00 08	2	0 00 07	0 00 00	168.323
	GY95	200 05 38	20 05 41	3	200 05 40	200 05 33	

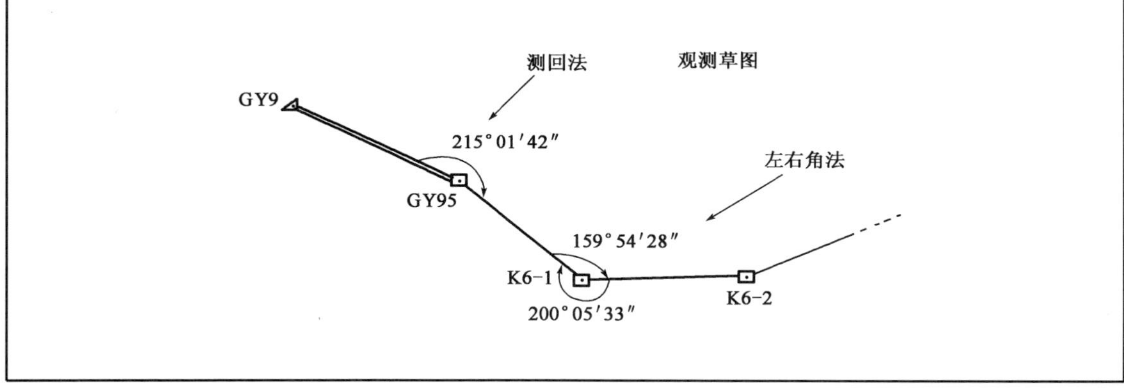

测量：　　　　记录：　　　　复核：　　　　日期：

注：为了介绍测角方法，本表 GY95 测站采用“测回法”观测记录；K6-1 测站采用“左右角法”观测记录。实践作业中，一条导线应采用同一种测角方法。

2. 测距方法

一二级复测导线，采用全站仪往返各三次测量导线边长。三级导线采用全站仪往返 1 次测量导线边长。

三、复测(加密)导线的作业组织

复测导线由复测小组完成。复测小组由 5 人组成：

观测员操作仪器，指挥小组其他成员作业，1 人。

记录员记录观测员的测角、测距读数，计算水平角值及测距中数，1 人。

架基座棱镜员在后视导线点、前视导线点上架置基座和棱镜，供观测员照准读数，2 人。

辅助人员主要给仪器打伞，兼搬运仪器，1 人。

全组成员分工协作，听从观测员指挥，统一行动。

四、复测(加密)导线的实施

不同等级的公路采用不同等级的导线复测(加密)方法。

高速、一级公路的一级导线的复测(加密)，宜采用全站仪三联架法。

二级公路的二级导线的复测(加密)，宜采用全站仪双叉式中杆三联架法。

三级及三级以下公路的三级导线的复测(加密)，宜采用 J_6 级测角精度的全站仪单杆三联架法，或用 J_6 级经纬仪钢尺量距法。

本书介绍的是全站仪三联架法复测(加密)一级导线。全站仪双叉式中杆三联架法复测(加密)二级导线可仿照三联架法进行，只要将照准目标单棱镜组换成双叉式中杆就可以了。

1. 全站仪三联架法测量复测导线的方法步骤

全站仪三联架法测量导线的概念见图 3-9。

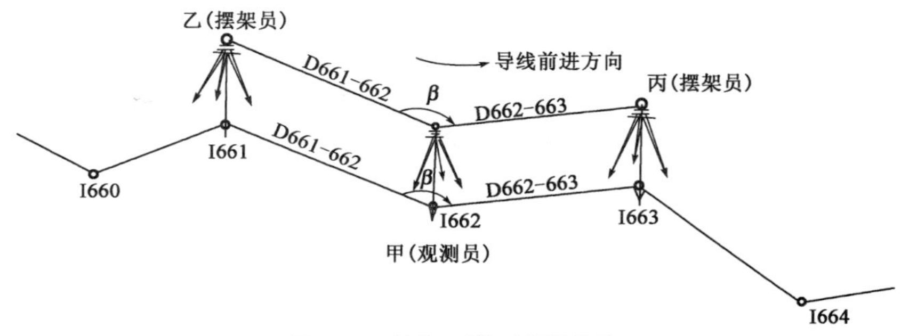

图 3-9 全站仪三联架法测量导线

图中，I660、I661、I662、I663、I664 是广东中山东部快线工程二标附合导线 5 个(业主设计单位移交给施工队的导线点)需要复测的导线点。

为了叙述方便，作如下约定，观测员简称为甲，架基座棱镜员简称为乙、丙。

采用全站仪三联架法测量导线的方法步骤如下：

(1)乙持单棱镜组及脚架设站于后视导线点 I661。

(2)丙持单棱镜组及脚架设站于前视导线点 I663。

(3)甲持全站仪及脚架设站于待测导线点 I662。

注：乙、丙的设站包括对中，整平，将棱镜朝向仪器方向。甲的设站包括对中，整平，观测(测角及测距)。

(4)乙、丙设站完成，即用对讲机通报给甲，并报告自己设站处的导线点名。

(5)甲接收乙、丙报告后，即测 β 角和前、后导线边距离 $D_{661-662}$ 和 $D_{662-663}$。测角和测距的操作方法详见《测量员便携手册》。

(6)测角、测距完成，做好记录，一个导线点上的观测结束；然后迁站，其中丙前进至 I664 设站，甲前进至 I663 设站，乙前进至 I662 设站。

(7)甲开始 I663 导线点上的观测工作。其他各站逐次前进，仿上作业。

综上所述，所谓三联架法测量导线，就是在三个脚架上架置三个基座，设站于三个导线点上，分别用三个基座对中、整平。这种方法对中精度高，测角照准方向准，测距误差小，测量的导线精度高。

2. 全站仪三联架法测量导线注意事项

(1)全站仪应经过测量仪器检定部门检定。

(2)基座应经过测量仪器检定部门检定。

(3)单棱镜应与全站仪配套。若不配套，测距前应测定棱镜加常数，并重新设置仪器的加常数。

(4)架基座棱镜员设站应精确对中整平并将镜头朝向观测员。

(5)观测员设站应精确对中整平并观测读数准确。

(6)记录员应及时计算 $2C$、半测回方向角、角平均值、往返测距较差、测距中数等，并计算、记录正确。

(7)为了方便观测，可草绘一外业导线略图(图 3-10 和图 3-11)。观测时，可从图知：哪个点是后视导线点；哪个点是前视导线点；哪个是测站点。观测结束，可将观测角、距离抄写于草图相应位置上，方便导线计算。

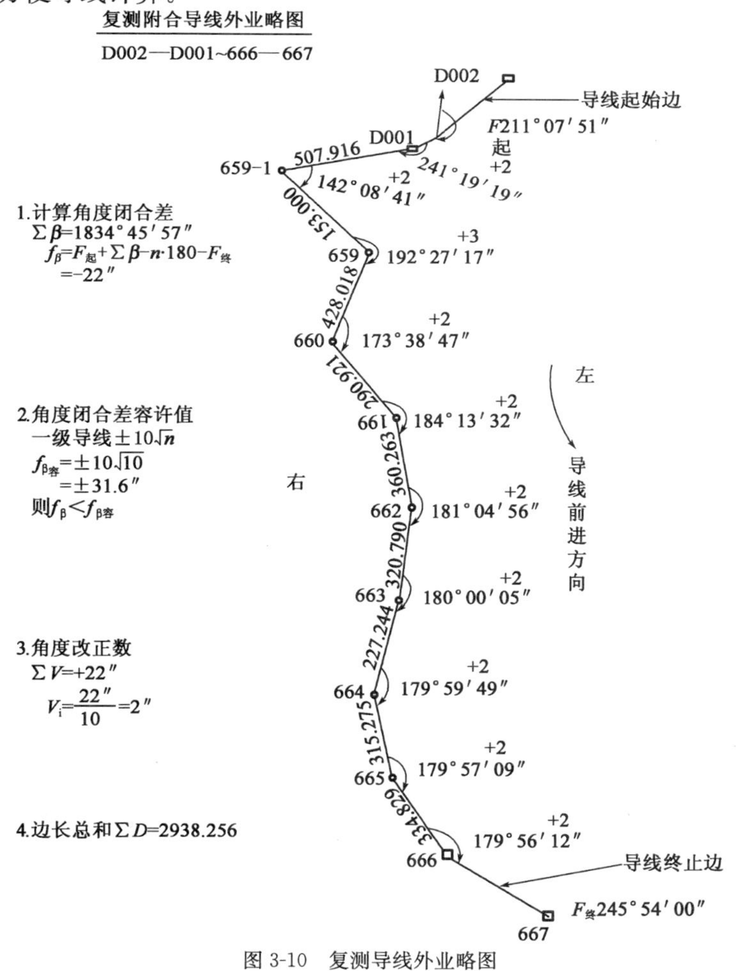

图 3-10　复测导线外业略图

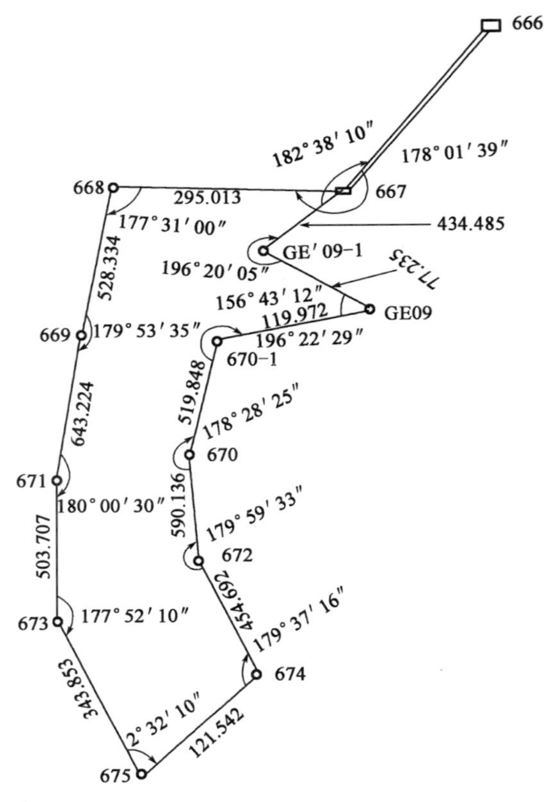

图 3-11　I666—I667 闭合导线草图

第五节　复测(加密)导线的计算

所谓施工导线的计算，就是依据起算数据(一个点的坐标，一条边的方位角)和观测要素(导线水平角、边长)，通过平差计算，求得导线边的方位角和导线点的平面坐标 x、y 值，从而获得公路施工沿线基本平面的控制测量成果。

由于观测角和边长不可避免地存在测量误差，所以计算结果就有角度闭合差和纵、横坐标闭合差，用这种带有误差的坐标增量计算出来的导线点坐标也必然存在误差。为了消除这些误差，就要对观测角和坐标增量进行改正，这种改正工作就叫作导线测量平差计算。

导线平差计算有严密平差和近似平差两种方法。公路施工导线测量采用近似平差方法。

所谓导线测量近似平差，是将角度闭合差平均分配于各观测角，然后用平差角和导线边长(平距)计算坐标增量，再对坐标增量进行改正，最后求得各导线点的最后坐标。

导线平差的目的，就是为了消除测角，测边误差，并在平差后使测量结果的精度有一定的提高。

用于公路工程现场施工测量导线近似平差的计算工具，在过去传统的计算中用的计算工具有：

(1)六位函数表或六位对数表。

(2)算盘等。

现在,这些计算工具已成为历史,取代它们的是先进的计算工具:

(1)普通函数型计算器。

(2)可设程序的先进的科学计算器,例如 f_x—5800P 型计算器等。

本节详述卡西欧 f_x—5800P/9750GⅡ计算器程序计算导线测量平差计算技术。

一、导线近似平差计算的方法步骤

公路施工标段复测(加密)的导线,一般情况下,采用近似平差方法计算。实践中,导线近似平差计算,可按下述方法步骤进行。

第一步:准备导线平差计算表。

通常情况下,业主都会提供此表样表。如果业主没有提供样表,应采用经监理认可的导线平差计算表。否则,会造成返工现象。

第二步:准备观测要素。

导线观测要素包括:

(1)导线每点的水平角,通常情况下取用左角。

(2)导线每边的边长。

这些数据取自导线测量时外业的记录手簿。要求:对记录手簿要进行 200%检查,即记簿者检查一遍,计算者再检查一遍。确认无误后方可取用。

注意:抄取水平角时,应对水平角进行平差。

对测回法,水平角平差值为:

$$\beta_{平} = \frac{\beta_1 + \beta_2}{2} \tag{3-2}$$

式中:β_1、β_2——第一、二测回水平角值;

2——观测测回数。

对左、右角法,水平角平差值:

$$V = (\beta_{左} + \beta_{右}) - 360° \tag{3-3}$$

$$\beta_{左平} = \beta_{左} + (-\frac{V}{2}) \tag{3-4}$$

$$\beta_{右平} = \beta_{右} + (-\frac{V}{2}) \tag{3-5}$$

式中:$\beta_{左}$、$\beta_{右}$——导线前进方向的同一导线点的左水平角、右水平角;

V——$\beta_{左}$、$\beta_{右}$ 角观测误差;

$\beta_{左平}$、$\beta_{右平}$——左、右角平差值。

此时:

$$(\beta_{左平} + \beta_{右平}) - 360° = 0$$

抄取导线边长时,返取用往、返边长平均值,即:

$$D_{平} = \frac{D_{往} + D_{返}}{2} \tag{3-6}$$

式中：$D_{平}$——往测导线边长时三次读数中数；

$D_{返}$——返测导线边长时三次读数中数。

把左水平角抄至导线平差计算表的观测角列，把导线边长抄至导线平差计算表的边长列。所抄数据必须复核，保证所抄数据正确无误。

第三步：准备起草要素。

导线近似平差计算起算数据时：

(1)附合导线是两组已知数据，即起始边的方位角和起始点的 x、y 坐标值；附合边(也叫终止边)的方位角和终止点的 x、y 坐标值。

(2)闭合导线是一组已知起算数据，即起、终点为同一点的 x、y 坐标值，起、终为同一边的方位角。

(3)复测支导线亦只有一组起草数据，即起始边的方位角和起始点的 x、y 坐标值。

施工导线近似平差的起算数据，从业主提交的“导线成果表”中抄取。如果导线成果表中只给出了 x、y 坐标值，则要进行坐标反算，求出方位角和边长。

注意：(1)从导线成果表中抄取的起算数据，必须正确无误。

(2)把起算数据抄至导线平差计算表的右上角“起算数据”列。

(3)应养成复核习惯，保证所抄数据正确无误。

第四步：绘制导线外业草图(图 3-12)。

导线外业草图是导线外业观测和导线近似平差计算的辅助工具。

外业观测时，它可指导观测员照准前、后方向点号，并方便记录。导线近似平差计算时，它可以直观地看出导线的传算形式，判断左、右角，方便观测角和进行方位角平差，并可与“导线平差计算表”计算互相验证。

第五步：对观测角进行平差计算。

第六步：计算导线边方位角。

第七步：计算坐标增量及坐标增量闭合差。

第八步：对坐标增量进行平差计算。

第九步：计算导线精度评定值。

第十步：计算导线点坐标平差值。

第十一步：编制施工导线点成果表。

第十二步：上报监理测量工程师审批。

二、导线近似平差计算基本公式

1. 角度闭合差的计算公式

(1)附合导线角度闭合差的计算公式

$$f = T_{起} + \sum\beta_{左} - n \cdot 180° - T_{终} = T_{起} - T_{终} + \sum\beta_{左} - n \cdot 180° \tag{3-7}$$

或

$$f = T_{终计} - T_{终已} \tag{3-8}$$

式中：$T_{起}$、$T_{终}$——附合导线已知起始边、终止边的方位角；

$T_{终已}$——附合导线已知附合边(终止边)的方位角；

X：3582.292
Y：4728.409
2G04
起算边
F已：86°48′08″
起点 GB56
352°48′02″
-0.7
D：479.358
F：259°36′10″
-0.7
24°27′04″
GB56-1
D：614.423
导线边长
F：104°03′14″
GB56-2
170°54′43″
-0.7
左观测角
D：288.108
F：94°57′57″
153°29′06″
-0.7
GB56-3
D：198.054
F：68°27′03″
GB56-4
253°35′10″
-0.7
D：302.549
终点 GB54
F：142°02′13″
-0.7
167°28′04″
终止边
F已：129°30′12.8″
F计：129°30′17″
GB53
导线前进方向
角闭合差：f_β=4.2″
角改正差：V=-0.7″
图中：
单向观测；
双向观测；
计算方位角
图 3-12　附合导线草图

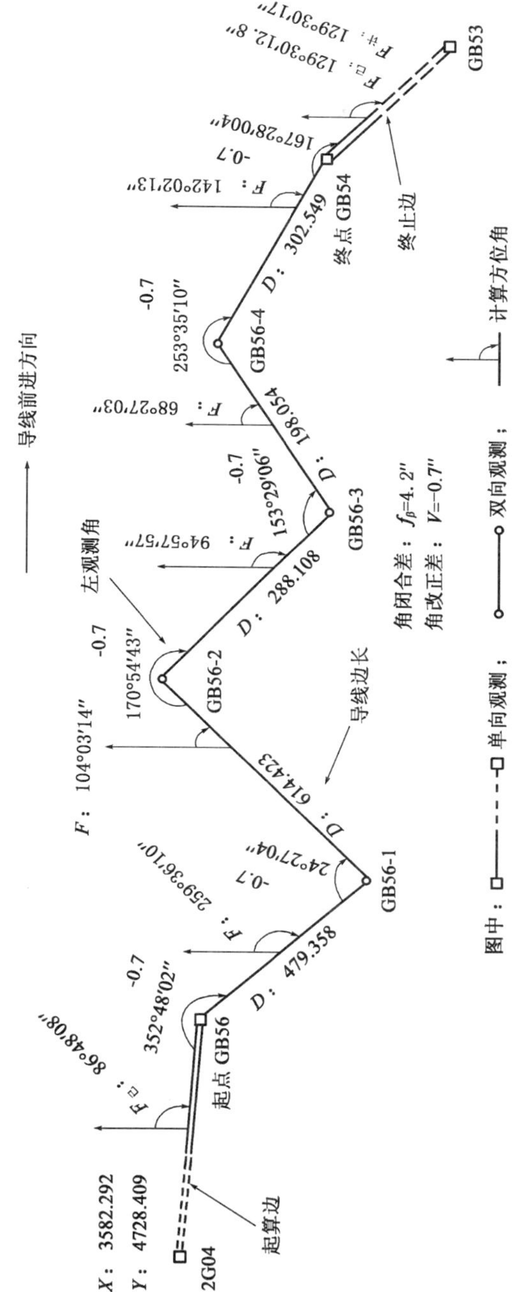

$T_{终计}$——附合导线终止边计算的方位角：$T_{终计}=T_{计}+\sum\beta_{左}-n\cdot180^\circ$；

$\sum\beta_{左}$——附合导线所有观测角(左角)之和；

n——附合导线观测角个数。

(2)闭合导线的角度闭合差计算公式

内角闭合差

$$f=\sum\beta_{内}-(n-2)\cdot180^\circ \tag{3-9}$$

外角闭合差

$$f=\sum\beta_{外}-(n+2)\cdot180^\circ \tag{3-10}$$

式中： $\sum\beta$——闭合导线实测的 n 个内角(或外角)总和；

n——测角个数；

$(n-2)\cdot180^\circ$——闭合导线内角理论值；

$(n+2)\cdot180^\circ$——闭合导线外角理论值。

2.观测角改正数 V_β 的计算公式

导线测量近似平差法计算观测角改正数是将角度闭合差 f 以相反的符号平均分配到各观测角中，并遵守短边的夹角多分配，长边的夹角少分配的原则，即：

$$V=-\frac{f}{n} \tag{3-11}$$

则

$$\sum V=-f \tag{3-12}$$

3.观测角平差值计算公式

$$(\beta_i)=\beta_i+V \tag{3-13}$$

式中：(β_i)——观测角平差值；

β_i——观测角值。

4.导线边方位角计算公式(适用于左角)

$$T_{i\sim(i+1)}=T_{(i-1)\sim i}+\beta_i-180^\circ \tag{3-14}$$

当 $T_{i\sim(i+1)}+\beta_i<180^\circ$，则用下式计算：

$$\begin{aligned}T_{i\sim(i+1)}&=T_{(i-1)\sim i}+\beta_i+360^\circ-180^\circ\\&=T_{(i-1)\sim i}+\beta_i+180^\circ\end{aligned} \tag{3-15}$$

式中：$T_{i\sim(i+1)}$——导线前一边的方位角(即所求边的方位角)；

$T_{(i-1)\sim i}$——导线后一边的方位角(即已知边的方位角)；

β_i——导线点的水平角(即观测角)。

当计算结构大于 360°时，减去 360°，即导线前一边的方位角等于后一边(以导线前进方向后视，面向前进方向为导线前一边，背向导线前进方向为后一边)的方位角加上导线点的左角减去 180°时；不够减 180°时，则加 360°；计算结果大于 360°时，则减 360°。

5.坐标增量计算公式

纵坐标增量 Δx

$$\Delta x=D\cdot\cos T \tag{3-16}$$

横坐标增量 Δy

$$\Delta y = D \cdot \sin T \tag{3-17}$$

式中：D——导线边长（平距）；

T——该导线边方位角。

6. 坐标增量闭合差的计算公式

(1)对于附合导线

$$f_x = \sum \Delta x_{计} - \sum \Delta x_{理} = \sum \Delta x_{计} - (x_{终} - x_{起}) \tag{3-18}$$

$$f_y = \sum \Delta y_{计} - \sum \Delta y_{理} = \sum \Delta y_{计} - (y_{终} - y_{起}) \tag{3-19}$$

式中：$x_{终}$、$y_{终}$——附合导线终止点的坐标值；

$x_{起}$、$y_{起}$——附合导线起始点的坐标值；

$\sum \Delta x_{计}$——整条导线计算的纵坐标增量之和，即 $\sum \Delta x_{计} = \Delta x_1 + \Delta x_2 + \cdots + \Delta x_n$；

$\sum \Delta y_{计}$——整条导线计算的横坐标增量之和，即 $\sum \Delta y_{计} = \Delta y_1 + \Delta y_2 + \cdots + \Delta y_n$；

$\sum \Delta x_{理}$、$\sum \Delta y_{理}$——导线纵横坐标的理论总和，其值等于导线终点与起点的坐标差值，即 $\sum \Delta x_{理} = x_{终} - x_{起}$，$\sum \Delta y_{理} = y_{终} - y_{起}$。

(2)对于闭合导线

其纵、横坐标增量的理论值应为：

$$\sum \Delta x_{理} = 0 \tag{3-20}$$

$$\sum \Delta y_{理} = 0 \tag{3-21}$$

则纵、横坐标增量的计算值总和即为坐标增量闭合差：

$$f_x = \sum \Delta x_{计} \tag{3-22}$$

$$f_y = \sum \Delta y_{计} \tag{3-23}$$

7. 坐标增量改正数 V_x、V_y 的计算公式

导线测量近似平差法计算坐标增量改正数 V_x、V_y 是按边长比例将增量闭合差反号分配到各增量中。导线任一边的增量改正数：

$$V_x = -\frac{f_x}{\sum D} \cdot D_i \tag{3-24}$$

$$V_y = -\frac{f_y}{\sum D} \cdot D_i \tag{3-25}$$

因此

$$\sum V_x = -f_x \tag{3-26}$$

$$\sum V_y = -f_y \tag{3-27}$$

8. 导线点坐标平差值计算公式

$$(x) = x + \Delta x + V_x \tag{3-28}$$

$$(y) = y + \Delta y + V_y \tag{3-29}$$

9. 导线测量的精度评定计算公式

(1)方位角闭合差允许值（角度闭合差允许值）

一级导线：$\pm 10\sqrt{n}$；

二级导线：$\pm 16\sqrt{n}$；

三级导线：$\pm 30\sqrt{n}$。

式中：n——导线观测角个数。

(2)附(闭)合导线的测角中误差

$$m''' = \pm\sqrt{\frac{1}{N}\left(\frac{f^2}{n}\right)} \tag{3-30}$$

式中：f——附(闭)合导线的角度闭合差；

n——计算 f 时的测站数，即观测角个数；

N——附(闭)合导线的个数。

(3)复测支导线的测角中误差

$$m''' = \pm\sqrt{\frac{1}{N}\left(\frac{T^2}{n_1 + n_2}\right)} \tag{3-31}$$

式中：T——两次测量的方位角之差；

n_1、n_2——复测支导线第一次和第二次测量的角数；

N——复测支导线的个数。

(4)导线全长绝对闭合差(坐标增量闭合差)

$$f_s = \sqrt{f_x^2 + f_y^2} \tag{3-32}$$

(5)导线全长相对闭合差

$$\frac{1}{T} = \frac{f_s}{[D]} = \frac{1}{\frac{[D]}{f_s}} \tag{3-33}$$

式中：$[D]$——导线边长的总和。

(6)导线全长相对闭合差允许值

一级导线：1/15000；

二级导线：1/10000；

三级导线：1/2000。

(7)导线测角中误差允许值

一级导线：5″；

二级导线：8″；

三级导线：20″。

在进行导线近似平差计算时应注意以下几点。

(1)当计算的方位角闭合差(角度闭合差，下同)小于规范规定的方位角闭合差允许值时，才可继续往下算；若超限，则应检查原因。实践中，检查的顺序是：检查计算→检查数据(观测角取用，起算方位角取用)→检查手簿→外业重测。

(2)当计算的相对闭合差分母大于规范规定的相对闭合差分母时，才可进行坐标增量改正计算；若计算的相对闭合差分母小于规范规定的相对闭合差分母，则应检查原因。实践中，检查的顺序是：检查计算→检查数据(平差后的方位角，导线边长)→检查手簿→外业重测。

三、导线平差计算程序[1]

(一)导线近似平差分步计算程序

1. 文件名:DXJS(导线计算)

2. 程序清单

```
"P="? P:"A="? A:"B="? B:"I="? I:"J="? J:"K="? K:"L="? L↵
                                                    (已知起算数据)
12→DimZ↵                          (添加额外变量:n=12=2(P+2),P=4)
P+2→P:0→N:A→M↵
10√(P)÷3600→W↵                (角度闭合差允许值计算。10″:按导线等级设置)
"W=":W◢DM◢                                      (角度闭合差允许值)
LBI 0↵
N+1→N↵
"C"? C↵                                          (外业观测角(左))
C→Z〔2N-1〕:C+M→M↵                                    (方位角计算)
If M>180:Then M-180→M:Else M+180→M:IfEnd↵
M>360⇒M-360→M↵
"M=":M▶DMS◢                 (平差前计算的方位角。若不显示,则删除此行)
If N<P:Then Goto 0:IfEnd↵
M-B→F↵                                            (方位角闭合差计算)
"F=":F▶DMS◢                                           (方位角闭合差)
If AbS(F)≤W:Then-f÷→F:Else Goto E:IfEND↵
"F="F:▶DMS◢                                           (观测角改正值)
0→N:A→M↵
LbI 1↵
1+N→N↵
Z〔2N-1〕+F→↵
"Z=":Z▶DMS◢
M+Z〔2N-1〕+F→M↵
If M>180:Then M-180→M:Else M+180→M:IfEnd↵
m>360⇒M-360→M↵
```

[1] 本程序适用 f_x—5800/9750GⅡ计算器,以下简称 5800P/9750。

```
"M=":M▶DMS◢                                         (平差后的方位角)
M→Z〔2N−1〕↵
If N<P:Then Goto 1:If End ↵
0→N:0→M:0→G:0→H:P−1→P ↵
LbI 2 ↵
N+1→N ↵
"D"? D↵                                             (导线边长)
D→Z〔2N〕:M+D→M ↵
"X=":Dcos (Z〔2N−1〕)→X ◢
"Y=":Dsin (Z〔2N−1〕)→Y ◢                            (平差前坐标增量计算)
G+X→G:H+Y→H ↵
X→Z〔2N−1〕:Y→Z〔2N〕↵
If N<P:Then Goto 2:If End ↵
G+I−K→G:H+J−L→H ↵                                  (坐标增量闭合差计算)
"G=":G ◢ }
"H=":H ◢ }                                          (坐标增量闭合差)
√((G²+H²))→T ↵
"T=":T ◢                                            (导线全长绝对闭合差)
M÷T→Q ↵
"Q=":Q ◢                                            (导线全长相对闭合差分母)
If Q>15000:Then−G÷M→G:−H÷M→H:Else Goto E:
If End ↵                                            (15000:一级导线相对闭合差分母)
0→N:I→X:J→Y ↵
LbI 3 ↵
"N=":N+1→N ◢                                        (导线点序号)
"D=":√(((Z〔N−1〕)²+(Z〔2N〕)²))→D ◢                 (导线边长若不要显示,删掉◢符号)
"DG=":DG ◢ }
"DG=":DH ▶ }                                        (坐标增量改正值计算)
"V=":Z〔2N−1〕+DG→V ◢"U=":Z〔2N〕+DH→U ◢}           (坐标增量平差值)
"X=":X+V→X ◢ }
"Y=":Y+U→Y ◢ }                                      (平差后坐标值)
X→Z〔2N−1〕:Y→Z〔2N〕↵
If N<P:Then Goto 3:If End ↵
LbI E
```

程序中，程序执行中显示的字符意义如下：

P——未知点点数；

A——起始边正 方位角；

B——终止边正方位角；

I、J——起点 X、Y 坐标值；

K、L——终点 X、Y 坐标值；

C——导线点观测角值(左角)；

D——导线边边长；

W——角度闭合差允许值；

M——第 1 次显示，为平差前计算的方位角，第 2 次显示，为平差后计算的方位角；

E——第 1 次显示，为方位角闭合差，第 2 次显示，为观测角改正值；

Z——改正后的观测角；

X、Y——第 1 次显示，为改正前坐标增量，第 2 次显示，为平差后导线点的坐标值；

G、H——坐标增量闭合差；

T——导线绝对值误差；

Q——导线全长相对闭合差分母；

N——导线点序号，N=1，表示第 1 个未知点；

DG、DH——坐标增量改正值；

V、U——改正后的坐标增量；

LbI E——程序重新开始执行。

3. 程序功能及注意事项

(1)本程序可分步计算附合导线未知点的坐标平差值。

(2)程序执行时，只要输入附合导线起、终边方位角，起、终点的坐标，导线外业观测的左角，以及导线边长，就可逐一计算出导线各未知点坐标的平差值。

(3)程序执行时，可分步显示：角度闭合差允许值，观测角实测闭合差，观测角改正数，平差前、后方位角，平差前坐标增量，坐标增量闭合差，坐标增量改正数，改正后的坐标增量，导线点坐标平差值，导线全长绝对闭合差，导线全长相对闭合差分母等。其显示数据与手算导线平差计算同步，亦与监理要求上报的资料同步。

(4)程序中要求输入左观测角。如测右角，需输入：左角＝360°－右角。

(5)程序执行前，应将下述几行进行修正。

①10$\sqrt{(P)}$÷360→W ↵，此行按一级导线方位角闭合差允许值设置，计算时应按照导线的实际类型和级别修正。

②If Q＞15000；……↵，此行按一级导线相对误差设置，计算时应按照导线的实际等级修正。

③12→DimZ ↵，此行按 4 个未知点设置，计算前应按公式 $n=2(p+2)$修正。

(6)本程序还可分步计算闭合导线未知点的坐标平差值。此时应将闭合导线改为附合导线形式进行平差计算。在将闭合导线改为附合导线时，应注意导线两端点的连接角的取用。

所谓导线连接角，其实就是导线点的转折角，只不过它是导线已知边(起始边、终止边)与未知边之间的夹角，起到已知点与未知点连接的作用，所以叫连接角(详见图 3-13)。

(7)该程序根据覃辉老师 f_x-4800 型计算器程序改编。改编的 5800P 计算器程序语句短，容易输入，不易出错。原 f_x-4800 程序，只显示最后导线点平差结果，改编后的 5800P 程序，可分步显示业主导线平差计算表中所要求的数据，可与业主表格要求同步，实践中更为实用。

(二)单一导线严密平差计算程序

该程序由刘楚彦、张京礼编辑，发表在《CASIO f_x—5800P 可编程计算器测绘计算实用程序》(广州：华南理工大学出版社，2008)一书上，本书对原程序进行了适当改编，使之在实践中更为实用。

改编后的程序，只要输入起始边方位角、导线的边长、转折角(左观测角)、终止边方位角、测距中误差、测角中误差、起点和终点的坐标，计算器就会自动处理有关的各项数据，输出全部导线点的平差坐标值。

1. 文件名：DXYMJS(导线严密计算)

2. 程序清单

(1)主程序

```
"B"? B:B→N ↵                                  (导线边数)
0→Z:30→Dimz ↵                                 (额外变量)
"F"? F ↵                                      (起始边方位角)
LbI 0 ↵
"S"? S ↵                                      (导线的边长)
Z+S→Z:6N→H:S→Z〔H〕
prog "FJJ"↵                                   (子程序(1))
"F1=":F▶DMS ◢                                 (平差前的方位角)
F→Z〔H−1〕:DSZ N ↵              (DSZ:递减按[FUNCTION][3][▼][▼][1]键)
Goto 0 ↵
prog "FJJ"↵
"A"? A ↵                                      (终止边方位角)
F−A→F ↵
"F2=":F▶DMS ◢                                 (方位角闭合差)
"M"? M:"C"? C ↵          (M,测角中误差允许值;C,测距中误差允许值)
206265→÷(KK)→Q ↵
−F÷(B+1)→F ↵
"F3=":F▶DMS ◢                                 (观测角第一次改正数)
B→N:0→L:0→M:0→0:0→P:0→R:0→S:0→V:0→W ↵
LbI 1 ↵
```

```
L+1→L:6N→H ↵
LF+Z〔H−1〕→U ↵                                   (第一次改正后方位角)
"U=":U▶DMS ◢
Rec (Z〔H〕,U)↵                                    (坐标增量计算)
"I=":Iv
"J=":J ◢
CC+(CZ〔H〕÷10000)²→a:cos(u)→Z〔H−2〕↵
I→Z〔H−4〕↵
V+I→V:R+V→R ↵                                     (改正前的ΔX)
M+Acos(U)²→M:sin(u)→Z〔H−3〕↵
J→Z〔H−5〕↵
W+J→W:S+W→S ↵                                     (改正前的ΔY)
O+Asin(U)²→O:P+Acos(U)sin(U)→P ↵
DSZ N ↵
Goto 1 ↵
C→U ↵
"X"? X:"Y"? Y:"D"? D:"E"? E ↵                    (起、终点坐标)
X+V−D→A:Y+W−E→C ↵                                (坐标增量闭合差计算)
"A=":A ◢ }
"C=":C ◢ }                                        (坐标增量闭合差)
"AC=":√(AA+CC) ◢                                  (导线全长绝对闭合差)
"T=":Z÷√(AA+CC) ◢                                 (导线全长相对闭合差分母)
−R÷(B+1)→D:−S÷(B+1)→E ↵
D→V:E→W:VV→R:WW→S:VW→T:B→N ↵
Lbl 2 ↵
6N→H:V+Z〔H−4〕→V:V→Z〔H−4〕:W+Z〔H−5〕→W:W→
Z〔H−5〕:R+VV→R:S+WW→S:T+VW→T ↵
DXZ N ↵
Goto 2 ↵
M+QS→M:O+QR→O:P−QT→P:KQ→Q:MO−PP→N:(CP−AQ)÷N→
K:(AP−CM)÷N→Z:Q(EK−DZ)÷(20G)→V:(V+F)²→R ↵
B→N:X→A:Y→B:0→L:0→O ↵
Lbl 3 ↵
6N→H ↵
"N=":L+1→L ◢                                      (导线点的计算序号)
```

```
LbI  0↵
(UU+(UZ〔H〕÷1000)²)(KZ〔H−2〕+ZZ〔H−3〕)→W:O+WW→O↵
Rec (W+Z〔H〕,V+LF+Z〔H−1〕)↵
"I=":I◢ }
"J=":J◢ }                                   (改正后的坐标增量)
"XN=":X+I→X◢ }
"YN=":Y+J→Y◢ }                               (坐标平差值)
Prog "FS2"↵
"SN=":I◢                                     (平差后的距离)
"FN=":J▶DMS◢                                 (平差后的方位角)
X→A:Y→B↵
Q(KZ〔H−5〕−ZZ〔H−4〕)÷(20G)→P:V+P→V:R+(P+F)²→R↵
DSZ N↵
Goto 3 3↵
√(R÷3)→M↵
"M=":M▶DMS◢                                  (测角中误差计算值)
"C=":√(O÷3)◢                                 (测距中误差计算值)
"OK"
```

(2)子程序 1

文件名:FJJ

```
180→G↵
"L"? L↵(左观测角)
F+L→F↵
If F≤G:Then F+G→F:Else F−G→F:If End↵
F≥2G⇒F−2G→F                                  (方位角计算)
```

(3)子程序 2

文件名:FS2

```
pol(X−A,Y−B)↵                                (平差后方位角、边长反算)
If J<0:Then J+360→J:Else J→J:If End
```

程序执行中显示的字符意义如下:

B——导线的边数;

F——起始边方位角；

S——导线的边长；

L——导线的左观测角；

A——终止边的方位角；

M——测角中误差允许值；

C——测距仪标称误差，如 2+2ppm；

X、Y——起点的坐标；

D、E——终点的坐标；

F=——第一次显示为平差前方位角，第二次显示为 *FW*=、*F*=方位角闭合差，第三次显示为观测角第 1 次改正数；

A——纵坐标增量闭合差；

C——横坐标增量闭合差；

AC=——导线全长绝对误差；

T=——导线全长相对误差分母；

N=——导线未知点序号；

XN=、YN=——导线未知点平差后的坐标；

SN=——平差后的导线边长；

FN=——平差后的方位角；

M=——测角中误差计算值；

C=——测距中误差计算值。

3.程序功能及注意事项

(1)本程序按最小二乘法原理，对单一曲折的附合导线或闭合导线进行严密的平差计算，并可估算观测值的精度。适合于四等需要严密平差的一级光电测距导线的平差计算工作。

(2)该程序用于闭合导线时，外业观测工作中应观测连接角 1 和 2，如图 3-13 所示，改成附合导线形式进行平差计算。

(3)主程序中，DimZ 命令前的自变量，应按实际导线边数的 6 倍设置。例如，导线边数为 5，则设置成：30→DimZ。

(4)原程序在执行过程中，只显示方位角闭合差 *FW*；导线全长相对闭合差 *T*；导线点平差后坐标 *XY*、*YN* 以及平差后的距离和方位角 *SN*、*FN*。这样显示，不能满足业主下发的导线平差计算表的要求。因此，本书中对原程序进行了适当改编，改编后的程序有如下优点。

①语句短，容易输入，向计算器输入程序时不易出错。

②程序执行过程中，可与业主、监理要求同步。

该程序运行后可显示：

F1=——平差前方位角；

F2=——方位角闭合差；

F3=——观测角第一次改正数；

U=——第一次改正后方位角；

I、J——第一次显示为改正前的坐标增量，第二次显示为改正后的坐标增量；

A=——X 闭合差；
C=——Y 闭合差；
AC=——导线全长绝对误差；
T=——导线全长相对误差分母；
N=——导线未知点计算序号；
XN、YN——导线未知点平差后的坐标值；
SN——导线平差后的边长；
FN——导线平差后的方位角。

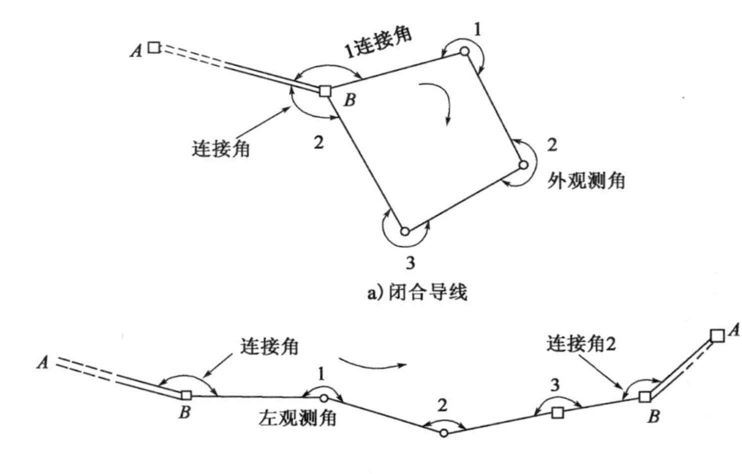

图 3-13　导线连接角示意图

(三)复测支导线计算程序

1. 复测支导线计算程序 1

(1)文件名

FCDXJS1(复测导线计算 1)

(2)程序清单

```
LbI 0 ↵
"Z"? Z:"P"? P:"Q"? Q:"W"? W ↵                    (已知起始边方位角、观测角)
If Z+P>180:Then Z+P−180→E:Else Z+P+180→E:If End ↵
"E=":E▶DMS ◢                                        (未知边方位角计算)
If E+Q>180:Then E+Q−180→F:Else E+Q+180→F:If End ↵
"F=":F▶DMS ◢                                        (未知边方位角计算)
If F+W>180:Then F+W−180→T:Else F+W+180→T:If End ↵
```

```
"T=":T▶DMS◢                                   (未知边方位角计算)
"M"? M:"N"? N:"C"? C:"D"? D:"L"? L↵            (已知坐标边长)
M+Ccos(E)→X↵
N+Csin(E)→Y↵
X+Dcos(F)→A↵
Y+Dsin(F)→B↵
A+Lcos(T)→V↵
B+Lsin(T)→U↵
"X=":X◢                                       (未知导线点坐标值,下同)
"Y=":Y◢
"A=":A◢
"B=":B◢
"V=":V◢
"U=":U◢
Goto 0
```

程序中：

Z——起始边方位角；

P、Q、W——观测角；

E=、F=、T=——计算的导线边方位角；

M、N——导线起始点的纵、横坐标；

C、D、L——导线边长；

X、Y、A、B、V、U——导线点 x、y 坐标值。

(3)程序功能及注意事项

①本程序可一次性计算复测支导线三个未知点的坐标，及三条边的方位角。

②在输入起始边方位角时，应输入起始边的正方位角。

2. 复测支导线计算程序 2

(1)文件名

FCDXJS2(复测导线计算 2)

(2)程序清单

```
"P"? P:"F"? F:"B"? B:"C"C↵
n→DimZ↵                                       (n=P×2,例如 P=3 则 n=6)
P→P↵
0→N:F→M↵
LbI 0↵
N+1→N↵
```

```
"T"? T ↵
T→Z〔2N−1〕:T+M→M ↵
If M>180:Then M−180→M:Else M+180→M:IfEnd ↵
"M=":M▶DMS ◢
M→Z〔2N−1〕↵
If N<P:Then Goto 0:IfEnd ↵
0→N ↵
LbI 1 ↵
N+1→N ↵
"S"? S ↵
S→Z〔2N〕↵
If N<P:Then Goto 1:IfEnd ↵
0→N:B→X:C→Y ↵
LbI 2 ↵
"N=":N+1→N ◢
"X=":X+Z〔2N〕cos(Z〔2N−1〕→X ◢
"Y=":Y+Z〔2N〕sin(Z〔2N−1〕)→Y ◢
If N<P:Then Goto 2:IfEnd ↵
"OK"
```

程序中：

P——未知导线上点个数；

F——已知起算边正方位角；

B——复测支导线起点的 X 坐标；

C——复测支导线起点的 Y 坐标；

T——复测支导线左观测角；

S——复测支导线点间距离；

N=——未知导线点序号；

X=、Y=——未知导线点坐标。

(3)程序功能及注意事项

①本程序可计算复测支导线点坐标。

②程序执行前应将第二行语句：n→DimZ 重新设置。语句中的 n 等于复测支导线未知导线点数的 2 倍，如 $P=3$，则 $n=3\times2=6$，即 6→DimZ。

(四)支导线坐标计算程序(引点坐标计算程序)

1. 文件名

ZDXJS(支导线计算)

2.程序清单

```
"A"? A:"B"? B:"C"? C:"D"? D↵
Pol (C－A,D－B)↵
"I=":I ◢
If J<0:Then J+360→J:Else J→J:If End ↵
"J=":J▶DMS ◢
LbI 0 ↵
"P"? P:"S"? S↵
If J+P>180:Then J+P－180→K:Else J+P+180→K:If End ↵
"K=":K▶DMS ◢
"X=":C+Scos(K)◢
"Y=":D+Ssin(K)◢
Goto 0
```

程序中:

A、B、C、D——已知导线边(即后视定向边)两端点 X、Y 坐标;

I——已知导线边两端点间距离;

J——已知导线边正方位角;

P——已知导线边与各支点边之间夹角;

S——测站点与各支点间平距;

X、Y——支点的纵、横坐标值。

3.程序功能及注意事项

(1)本程序可计算支点的坐标。

(2)当由一个测站支设 n 个支点时,程序中 A?、B?、C?、D? 为定值常量;计算下一个支点时,不需重新输入这些数据。此时只要输入下一个支点夹角 P?、边长 S?,就可计算出该支点的纵、横坐标值 X、Y。

四、导线平差计算案例

(一)导线平差计算方法选择的依据

对一个施工标段进行导线平差计算时,可根据本施工段公路等级、导线等级按表 3-7 选择导线平差计算方法。

当一个施工标段布设两条或两条以上同精度的导线时,导线平差计算应采用同一种方法,不应两种方法混用。

(二)导线平差程序的选用及修改

导线挖平差计算可选用 5800P/9750GⅡ分步计算程序——DXJS 程序。

导线严密平差计算可选用 5800P/9750GⅡ严密平差计算程序——DXYMJS 程序。

导线平差计算方法选择的依据

表 3-7

公路等级	导线等级	测角中误差	导线全长相对闭合差	方位角闭合差	测回数		导线平差方法
					DJ2	DJ6	
高速公路、一级公路	一级	5.0″	1/15000	$\pm10\sqrt{n}$	2	4	近似平差或严密平差
二级公路	二级	8.0″	1/10000	$\pm16\sqrt{n}$	1	3	近似平差
三级公路及三级以下公路	三级	20.0″	1/2000	$\pm30\sqrt{n}$	1	2	近似平差

注：n 为测站数。

程序执行前，应按前述第三节中“程序功能及注意事项”的要求，对程序进行修改。否则，程序执行中，不能正常运行。

(三)附合导线挖平差计算案例

1. 案例背景

本案例来自江西省德兴至南昌高速公路建设 B4 合同段，由张家口路桥建设集团有限公司项目部测量室布设的 4 条施工加密附合导线中的一条。

导线等级：一级。

测角方法：测回法观测左角两测回。

测距方法：全站仪测距功能往返各三次读数。

测量仪器：日本尼康 DTM-402 型全站仪。

2. 采用 5800P/9750“DXJS”程序进行附合导线平差计算的方法步骤

(1)准备导线平差计算表格

要求：使用业主下发的表格。

如表 3-8 所示，“导线点计算成果表”是业主下发的表格，编号 ZJ104。

(2)准备观测要素

①观测角(左)。

②导线边长。

要求：应从经过 200％检查后的外业观测记录表上抄取。取用的数据一定要正确无误。

观测要素的记录原则。

①记录于“导线点计算成果表”相应列下，如在表 3-8 第 2 列抄观测角；在第 5 列抄导线边长。

②利用“外业观测草图”进行导线方位角闭合差计算时，可将观测角抄在相应的导线点旁，如图 3-12 所示。

(3)准备起草要素

①起始边方位角及起始点坐标。

②终止边方位角及终止点坐标。

要求：应从复测过的“导线点计算成果表”上抄取。取用的数据一定要正确无误。

起算数据的记录原则。

①记录于“导线点计算成果表”相应列及相应点号下，如起始边方位角 86°48′08″应抄在表 3-8 中点号 2G04～GB56 及第 4 列第 2 行；终止边方位角 129°30′12.8″应抄在表 3-8 中点号 GB54～GB53 及第 4 列第 8 行。

②起算点坐标 X＝3648.912、Y＝5920.823 应抄在表 3-8 中点号 GB56 及第 8 列第 2 行。终止点坐标 C＝3222.499、Y＝6702.710 应抄在表 3-12 中点号 GB54 及第 8 列第 7 行。

③利用“外业观测草图”进行导线方位角闭合差计算时，起、终边方位角及起、终点坐标应在草图相应位置，详见图 3-12。

(4)绘制观测草图

附合导线外业观测草图样式如图 3-12 所示。导线草图是导线外业观测和导线平差计算的辅助工具。

绘制的导线草图上，应在相应位置正确抄录有关数据：

①已知起始边点号、坐标、方位角。

②已知终止边点号、坐标、方位角。

③加密导线点的点号、观测角、边长。

④标明导线前进方向。

(5)用 5800P“DXJS 程序”进行导线平差计算

①程序执行操作流程。开机，搜寻“DXJS”文件名→按程序要求，输入相应数据→按程序显示的计算结果抄录在“导线草图”或“导线点计算成果表”中相关栏目里。

②程序执行操作方法步骤如下。

按[AC]键，开机，清除上次关机时屏幕上保留的内容。

按[FILE][▼][▲]键，选用文件名：DXJS。

按[EXE]键，显示P＝?，输入未知导线点数：4。

按[EXE]键，显示 A＝?，输入起始边 2G04～GB56 方位角：86°48′08″。

按[EXE]键，显示 B＝?，输入终止边 GB54～GB53 方位角：129°30′12.8″。

按[EXE]键，显示 I＝?，输入起点 GB56X 坐标：3648.912。

按[EXE]键，显示 J＝?，输入起点 GB56Y 坐标：5920.823。

按[EXE]键，显示 K＝?，输入终点 GB54X 坐标：3222.499。

按[EXE]键，显示 L＝?，输入起点 GB54Y 坐标：6702.710。

按[EXE]键，显示 W＝0°0′24.5″(角度闭合差允许值)。

按[EXE]键，显示 C?，输入连接角：352°48′02″。

按[EXE]键，显示 M＝259°36′10″(计算的 GB56GB56-1 边平差前方位角，抄写在导线草图上)。

按[EXE]键，显示 C?，输入 GB56-1 点观测角：24°27′04″。

按[EXE]键，显示 M＝104°03′14″(计算的 GB56-1～GB56-2 边平差前方位角，抄写在导线草图上)。

按[EXE]键，显示 C?，输入 GB56-2 点观测角：170°54′43″。

按[EXE]键，显示 M＝94°57′57″(计算的 GB56-2～GB56-3 边差前方位角，抄写在导线草图上)。

表 3-8

江西省交通厅德兴至南昌高速公路建设项目(附合)导线点计算成果表(近似平差)

ZJ104

承包单位:张家口路桥建设集团有限公司　　合同段:B4　　气温:　℃

监理单位:江西科力咨询监理有限公司　　本表编号　　气压:　HPa

点号	观测角(° ′ ″)	正数	方位角(° ′ ″)	边长(m)	坐标增量 ΔX(m)	坐标增量 ΔY(m)	改正后坐标增量 ΔX(m)	改正后坐标增量 ΔY(m)	坐标 X(m)	坐标 Y(m)	点号
2G04									3582.292	4728.409	2G04
			86 48 08								
GB56	352 48 02	−0.7							3648.912	5920.823	GB56
			259 36 09.3	479.358	-86.512^{4}	-471.487^{-4}	−86.508	−471.491			
GB56-1	24 27 04	−0.7							3562.404	5449.332	GB56-1
			104 03 12.6	614.423	-149.199^{5}	596.033^{-5}	−149.194	596.028			
GB56-2	170 54 43	−0.7							3413.210	6045.360	GB56-2
			94 57 54.9	288.108	-24.936^{2}	287.027^{-2}	−24.934	287.025			
GB56-3	153 29 06	−0.7							3388.276	6332.385	GB56-3
			68 27 00.2	198.054	72.748^{2}	184.210^{-1}	72.750	184.209			
GB56-4	253 35 10	−0.7							3461.026	6516.594	GB56-4
			142 02 09.5	302.549	-238.529^{2}	186.118^{-2}	−238.527	186.116			
GB54	167 28 04	−0.7							3222.499	6702.710	GB54
			129 30 12.8								
GB53									2920.758	7068.705	GB53

辅助计算:

1. 角闭合差 $f=4.2''$
2. 角改正数 $V=-0.7''$
3. 角闭合差允许值 $f_{允}=\pm10\sqrt{6}=24''$
4. 测角中误差 $m=\pm1.7''$
5. 测角中误差允许值 $m_{允}=\pm5''$
6. $\sum D=1882.492$
7. $\sum X_{计}=-426.428$
8. $\sum X_{已}=-426.413$
9. $f_x=-0.015$
10. $\sum Y_{计}=781.901$
11. $\sum Y_{已}=781.887$
12. $f_y=0.014$
13. 导线全长绝对闭合差$=\pm0.021$
14. 导线全长相对闭合差计$=1/91632$
15. 导线全长相对闭合差允$=1/15000$

注:增量右上角数字为增量改正数,单位:mm

监理意见:

监理工程师:　年　月　日

记录:　　计算:　　复核:　　日期:　年　月　日

按EXE键，显示 C?，输入 GB56-3 点观测角：153°29′06″。

按EXE键，显示 M=68°27′03″(计算的 GB56-3～GB56-4 边平差前方位角，抄写在导线草图上)。

按EXE键，显示 C?，输入 GB56-4 点观测角：253°35′10″。

按EXE键，显示 M=142°02′13″(计算的 GB56-4～GB54 边平差前方位角，抄写在导线草图上)。

按EXE键，显示 C?，输入连接角：167°28′04″。

按EXE键，显示 M=129°30′17″(计算的 GB54～GB53 边平差前方位角，抄写在导线草图上)。

按EXE键，显示 F=0°0′04.2″(计算的方位角闭合差)。

按EXE键，显示 F=−0°0′00.7″(计算的观测角改正数)。

按EXE键，显示 Z=352°48′01.3″(计算的 GB56 点平差角)。

按EXE键，显示 M=259°36′09.3″(GB56～GB56-1 边平差方位角)。

按EXE键，显示 Z=24°27′03.3″(GB56-1 点平差角)。

按EXE键，显示 M=104°03′12.6″(GB56-1～GB56-2 平差方位角)。

按EXE键，显示 Z=170°54′42.3″(GB56-2 点平差角)。

按EXE键，显示 M=94°57′54.9″(GB56-2～GB56-3 平差方位角)。

按EXE键，显示 Z=153°29′05.3″(GB56-3 点平差角)。

按EXE键，显示 M=68°27′00.2″(GB56-3～GB56-4 平差方位角)。

按EXE键，显示 Z=253°35′09.3″(GB56-4 点平差角)。

按EXE键，显示 M=142°02′09.5″(GB56-4～GB54 平差方位角)。

按EXE键，显示 Z=167°28′03.3″(GB54 点平差角)。

按EXE键，显示 M=129°30′12.8″(GB54～GB53 平差方位角)。

至此，导线观测角平差、方位角平差计算结束。从以上计算可知，平差后的 GB53～GB54 边的方位角 M=129°30′12.8″，等于终止边已知的方位角 129°30′12.8″，说明上述计算正确。程序可继续执行下去，接着进行坐标增量平差计算。

按EXE键，显示 D?，输入 GB56～GB56-1 导线边长：479.358。

按EXE键，显示 X=−86.512(GB56～GB56-1 边平差前 ΔX)。

按EXE键，显示 Y=−471.487(GB56～GB56-1 边平差前 ΔY)。

按EXE键，显示 D?，输入 GB56-1～GB56-2 导线边长：614.423。

按EXE键，显示 X=−149.199(GB56-1～GB56-2 边平差前 ΔX)。

按EXE键，显示 Y=596.033(GB56-1～GB56-2 边平差前 ΔY)。

EXE键，显示 D?，输入 GB56-2～GB56-3 导线边长：288.108。

EXE键，显示 X=−24.936(GB56-2～GB56-3 边平差前 ΔX)。

EXE键，显示 Y=287.027(GB56-2～GB56-3 边平差前 ΔY)。

EXE键，显示 D?，输入 GB56-3～GB56-4 导线边长：198.054。

EXE键，显示 X=72.748(GB56-3～GB56-4 边平差前 ΔX)。

EXE键，显示 Y=184.210，(GB56-3～GB56-4 边平差前 ΔY)。

EXE键,显示 D?,输入 GB56-4～GB54 导线边长:302.549。

EXE键,显示 X=－238.529(GB56-4GB54 边平差前 ΔX)。

EXE键,显示 Y=186.118(GB56-4～GB54 边平差前 ΔY)。

EXE键,显示 G=－0.01534(ΔX 坐标增量闭合差)。

EXE键,显示 H=－0.01366(ΔY 坐标增量闭合差)。

EXE键,显示 T=0.0205(导线全长绝对闭合差)。

EXE键,显示 Q=91632(导线全长相对闭合差分母,分子为 1)。

至此,导线平差前的坐标增量及坐标增量闭合差、导线精度计算结束。若计算的 *Q* 大于允许的相对误差分母,则程序可继续执行下去,进行坐标增量改正数计算、增量改正计算和导线点坐标平差值计算。

EXE键,显示 N=1(导线平差点序列号,下同)。

EXE键,显示 D=479.358(导线边长,可不显示。程序序号后删掉◢即可,下同)。

EXE键,显示 DG=0.004(ΔX－186.512 的改正数)。

EXE键,显示 DH=－0.004(ΔY－471.487 的改正数)。

EXE键,显示 V=－86.508(改正后 ΔX,下同)。

EXE键,显示 U=－471.490(改正后 ΔY,下同)。

EXE键,显示 X=3562.404(序号 1,即 GB56-1 点 X 平差值)。

EXE键,显示 Y=5449.333(序号 1,即 GB56-1 点 Y 平差值)。

EXE键,显示 N=2。

EXE键,显示 D=614.423。

EXE键,显示 DG=0.005。

EXE键,显示 DH=－0.005。

EXE键,显示 V=－149.194。

EXE键,显示 V=596.028。

EXE键,显示 X=3413.210(序号 2,即 GB56-2 点 X 平差值)。

EXE键,显示 Y=6045.361(序号 2,即 GB56-2 点 Y 平差值)。

EXE键,显示 N=3。

EXE键,显示 D=288.108。

EXE键,显示 DG=0.002。

EXE键,显示 DH=－0.002。

EXE键,显示 V=－24.934。

EXE键,显示 U=287.025。

EXE键,显示 *X*=3388.276(序号 3,即 GB56-3 点 X 平差值)。

EXE键,显示 *Y*=6332.386(序号 3,即 GB56-3 点 Y 平差值)。

EXE键,显示 N=4。

EXE键,显示 D=198.054。

EXE键,显示 DG=0.0016。

EXE键,显示 DH=－0.001。

EXE键，显示 V=72.749。

EXE键，显示 U=184.208。

EXE键，显示 X=3461.025（序号 4，即 GB56-4 点 X 平差值）。

EXE键，显示 Y=6516.594（序号 4，即 GB56-4 点 Y 平差值）。

EXE键，显示 N=5。

EXE键，显示 D=302.549。

EXE键，显示 DG=0.002。

EXE键，显示 DH=−0.002。

EXE键，显示 V=−238.526。

EXE键，显示 U=186.116。

EXE键，显示 X=3222.499（序号 5，即终止点 X 平差值）。

EXE键，显示 Y=6702.710（序号 5，即终止点 Y 平差值）。

按两下EXE键，程序重新显示 P=?，又开始执行计算。

至此，程序执行结束。程序计算结果见表 3-8。

计算的终止点 X、Y 值，等于已知的 X、Y 值，说明平差计算正确。按SHIFT AC键关机。

（6）编制施工导线点成果表

此表若业主、监理没有下发样表，可自己根据习惯编制。

由于施工导线点成果表表中数据，是外业进行平面位置放样的依据，所以表中数据必须填写正确无误。

实践中，该表应包括下述内容：

①导线点名及其 X、Y 坐标值。

②该导线点与邻点间边长及方位角。

③该点在实地位置。

（四）闭合导线近似平差计算案例

1. 案例背景

本案例来自江西省兴国县滨江西道路延线工程，按城市Ⅱ级次干道标准设计，相当于公路等级二级。由于业主只提供了一组起算数据，施工单位据此并根据施工段地理环境，采用了闭合导线形式，加密施工段沿线导线点。

导线等级：二级。

测角方法：左、右角法各半测回，观测角取测站平差值；关于左、右角法（即两上半测回法）测角方法及观测角测站平差，详见作者《测量员便携手册》（北京：人民交通出版社）第三章第二节“四”中相关内容。

测距方法：全站仪测距功能往返各三次读数。

测量仪器：南方测缓全站仪。

导线形式：闭合导线，如图 3-14 所示。

导线全长：约 2km，加密导线点 6 个。

2. 导线平差计算

由于本案例属二级公路二级导线，故选用导线近似平差计算程序计算。

采用 5800P/9750GⅡ导线近似平差程序(DXJS 程序),计算方法步骤同上述附合导线。程序执行操作方法步骤亦同上。平差计算结果见表 3-9。

这里应特别提醒注意的是:

(1)程序“DXJS”执行前,应将下述几行作如下修正。

①程序中"10 √P÷360→W ↵",按二级导线方位角闭合差允许值修改为:

16√(P)÷3600→W ↵

②程序中"If Q>15000:If End"↵,按二级导线相对误差修改为:

If Q>10000:……If End ↵

③程序中"12→DimZ ↵",按 6 个未知导线点修改为:

16→DimZ ↵

(2)用“DXJS 程序”计算闭合导线时,应将闭合导线改成附合导线。

本例是闭合导线,外业作业草图如图 3-14 所示。根据其改成的附合导线如图 3-15 所示。

在改成附合导线时,应注意导线起、终点的连接角用左角。

左角的判断方法如下:面向导线前进方向,左手一侧的观测角为左角,右手一侧为右角。

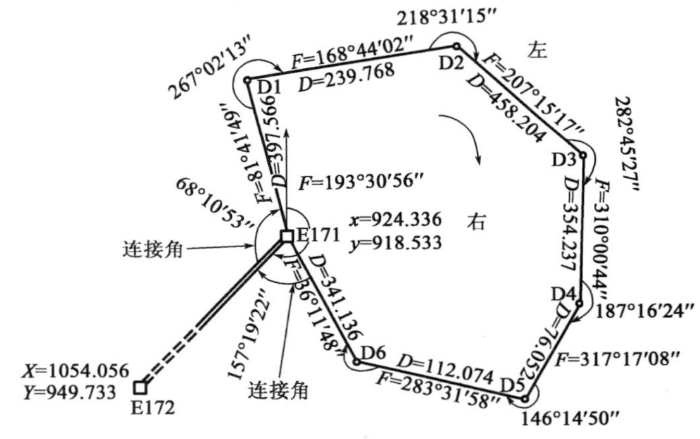

图 3-14 兴国滨江江西延线工程闭合导线示意图

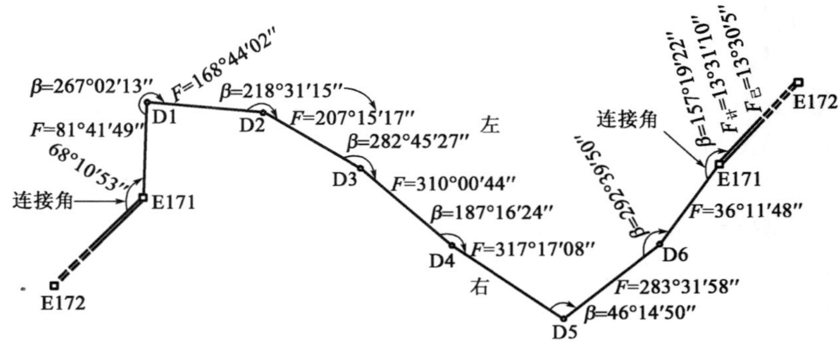

图 3-15 把图 3-13 改成附合导线示意图

注:F 为平差前方位角;β 为左观测角。

表 3-9

(闭合)导线点计算成果表(近似平差)

ZJ104

承包单位:赣州飞远路桥建设集团有限公司　　合同段:兴国县滨江西　　气温:　℃

监理单位:江西四通咨询监理有限公司　　本表编号:　　气压:　HPa

点号	观测角 (° ′ ″)	改正数	方位角 (° ′ ″)	边长(m)	坐标增量 ΔX(m)	坐标增量 ΔY(m)	改正后坐标增量 ΔX(m)	改正后坐标增量 ΔY(m)	坐标 X(m)	坐标 Y(m)	点号
E172									1054.056	949.733	E172
			193 30 56.00								
E171	68 10 53	−1.75							924.336	918.553	E171
			81 41 47.25	397.566	−16 57.415	2 393.398	57.399	393.400			
D1	267 02 13	−1.75							981.735	1311.953	D1
			168 43 58.50	239.768	−10 −235.147	1 46.847	−235.157	46.848			
D2	218 31 15	−1.75							746.579	1358.801	D2
			207 15 11.75	458.204	−19 −407.339	2 −209.823	−407.358	−209.821			
D3	282 45 27	−1.75							339.221	1148.980	D3
			310 00 37.00	354.237	−14 227.748	2 −271.320	227.733	−271.3187			
D4	187 16 24	−1.75							566.954	877.662	D4
			317 16 59.50	76.052	3 55.877	0 −51.592	55.873	−51.591			
D5	146 14 50	−1.75							622.827	826.070	D5
			283 31 47.50	112.074	−5 26.220	1 −108.964	26.215	−108.963			
D6	292 39 50	−1.75							649.0429	717.107	D6
			36 11 35.75	341.136	−14 275.307	2 201.444	275.293	201.446			
E171	157 19 22								924.336	918.553	E171
			13 30 56.00								
E172											E173

辅助计算:

1. 角闭合差 $f_{\beta}=14''$
2. 角改正数 $V=-1.75$
3. 角闭合差允许值 $f_{\beta允}=\pm45''$
4. 测角中误差 $m_{\beta}=\pm4.9''$
5. 测角中误差允许值 $m_{\beta允}=\pm8''$
6. $\sum D=1979.037$
7. $\sum\Delta X_{计}=-0.010$
8. $\sum\Delta X_{已}=0.0$
9. $f_x=0.080$
10. $\sum\Delta Y_{计}=-0010$
11. $\sum\Delta Y_{已}=0.0$
12. $f_y=-0.010$
13. 导线全长绝对闭合差=±0.081
14. 导线全长相对闭合差计=1/24436
15. 导线全长相对闭合差允=1/10000

注:增量右上角数字为增量改正数,单位:mm

监理意见:

监理工程师:　年　月　日

记录:　　日期:　年　月　日

(五)复测支导线计算案例

1. 案例背景

本案例选自广东省南雄至江西省大余某国道Ⅲ标一条复测支导线。该标段在施工一改路工程时,采用复测支导线加密施工平面控制点。

导线等级:三级。

测角方法:左、右角法各半测回,观测角取测站平差值。

测距离方法:全站仪测距功能往、返各三次读数。

测量仪器:北光博飞 BTS-3082C 型全站仪。

导线形式:复测支导线,草图见表 3-10。

导线全长:约 600m,加密导线点 3 点。

复测支导线计算表 表 3-10

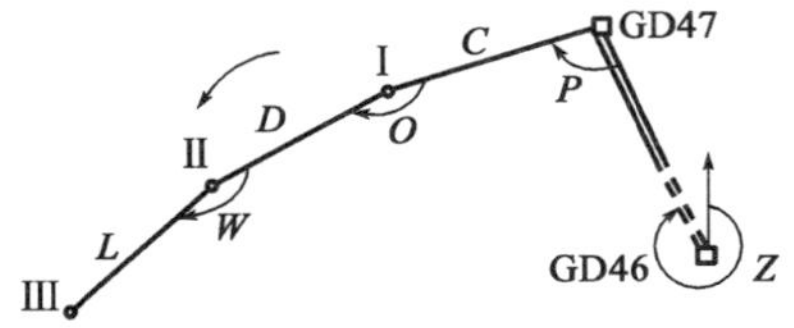

草图	起算数据	点名	X(m)	Y(m)	方位角	边长(m)
GD47, C, I, P, D, O, II, W, L, III, GD46, Z	起算数据	GD46	422.809	32.910	309.4536	262.521
		GD47	590.710	120.102		

点号	观测角 (° ′ ″)	方位角 (° ′ ″)	边长(m)	坐标增量 X(m)	坐标增量 Y(m)	坐标 X(m)	坐标 Y(m)
GD46						422.809	321.90
		309 45 36					
GD47	64 42 15					590.710	120.102
		192 27 51	196.278				
	149 33 24					399.058	77.740
		162 01 15	201.548				
	155 33 39					207.352	139.952
		137 34 54	187.508				
						68.926	266.433

2. 导线计算

选用 5800P/9750GⅡ复测支导线计算程序(FCDXJS 程序)计算。计算结果见表 3-10。

程序执行操作方法步骤如下。

(1)按[AC]键,开机,清除上次关机时屏幕上的内容。

(2)按[FILE][▲][▼]键,选用文件名:FCDXJS。

(3)按[EXE]键,显示 Z? 输入起始边方位角:300°45′36″。

(4)按[EXE]键,显示 P?,输入连接角:62°42′15″。

(5)按[EXE]键,显示 Q?,输入观测角:149°33′24″。

(6)按EXE键,显示 W?,输入观测角:155°33′39″。

(7)按EXE键,显示 E=192°27′51″(导线第 1 边方位角)。

(8)按EXE键,显示 F=162°01′15″(导线第 2 边方位角)。

(9)按EXE键,显示 T=137°34′54″(导线第 3 边方位角)。

(10)按EXE键,显示 M?,输入起始点 GD47 的 X:590.710。

(11)按EXE键,显示 N? 输入起始点 GD47 的 Y:120.102。

(12)按EXE键,显示 C?,输入 C 导线边长:196.278。

(13)按EXE键,显示 D?,输入 D 导线边长:201.548。

(14)按EXE键,显示 L?,输入 L 导线边长:187.508。

(15)按EXE键,显示 X=399.058(支导线第 1 点纵坐标值)。

(16)按EXE键,显示 Y=77.740(支导线第 1 点横坐标值)。

(17)按EXE键,显示 A=207.352(支导线第 2 点纵坐标值)。

(18)按EXE键,显示 B=139.952(支导线第 2 点横坐标值)。

(19)按EXE键,显示 V=68.926(支导线第 3 点纵坐标值)。

(20)按EXE键,显示 U=266.433(支导线第 3 点横坐标值)。

至此,程序执行结束。若继续计算另一条复测支导线,按EXE键;若需要停止计算,按SHIFT AC/ON键,关机。

上述案例在采用 5800/9750GⅡ“FCDXJS2 程序”计算时,只要按程序提示操作。

(1)P?,输入复测支导线未知导线点数:3。

(2)F? 输入已知起算边正方位角:309°45′36″。

(3)B?,输入起始点 X=590.710。

(4)C?,输入起始点 Y=120.102。

(5)T?,按提示每输入一个左观测角,就可计算一个方位角;

T?,输入 62°42′15″,计算得方位角 M=192°27′51″;

T?,输入 149°33′24″,计算得方位角 M=162°01′15″;

T?,输入 155°33′39″,计算得方位角 M=137°34′54″。

(6)S?,按提示输入:196.278、201.548、187.508,则程序计算得:

N=1:X=399.058,Y=77.740;

N=2:X=207.352,Y=139.952;

N=3:X=068.926,Y=266.433。

当显示“OK”,程序执行结束。

读者可按前述提示,用“FCDXJS2”程序练习计算。

(六)支点(引点)坐标计算案例

1. 案例背景

本案例是广东省中山市东部快线工程榄横路右幅桥的桩柱施工。在向基坑内放桥柱底中心点位时,为了方便放样,采用日本拓普康 7001 型全站仪,用点法在基坑附近测设部分施工导线点。其算例数据及用5800P支导线计算程序(ZDXJS程序)计算的结果见表3-11。

支导线(引点)坐标计算表 表3-11

起算数据	点名	X(m)	Y(m)	方位角(° ′ ″)	边长(m)
	667	1239.866	8071.203	65 54 01	304.287
	666	1364.115	8348.967		

点号	观测角(° ′ ″)	方位角(° ′ ″)	边长(m)	ΔX(m)	ΔY(m)	X(m)	Y(m)
666-1	174 54 25	60 48 26	149.132			1436.854	8479.157
666-2	181 37 29	67 31 30	89.145			1398.194	8431.341
666-3	351 31 15	237 25 16	51.945			1336.144	8305.196

2.程序执行操作方法步骤

(1)按AC键,开机,清除上次关机时屏幕上保留的内容。

(2)按FILE▲▼键,选用文件名:ZDXJS。

(3)按EXE键,显示A?,输入后视导线点667的X:1239.866。

(4)按EXE键,显示B?,输入后视导线点667的Y:8071.203。

(5)按EXE键,显示C?,输入测站点666的X:1364.115。

(6)按EXE键,显示D?,输入测站点666的Y:8348.967。

(7)按EXE键,显示I=304.287(导线起算边边长)。

(8)按EXE键,显示J=65°54′01″(导线起算边方位角)。

(9)按EXE键,显示P?,输入第一个支点的观测角:174°54′25″。

(10)按EXE键,显示S?,输入第一个支点的边长:149.132。

(11)按EXE键,显示K=60°48′26″(第一个支点的方位角)。

(12)按EXE键,显示X=1436.854(第一个支点的X值)。

(13)按EXE键,显示Y=8479.157(第一个支点的Y值)。

(14)按EXE键,显示P?,输入第二个支点的观测角:181°37′29″。

(15)按EXE键,显示S?,输入第二个支点的边长:89.145。

(16)按EXE键,显示K=67°31′30″(第二个支点的方位角)。

(17)按EXE键,显示X=1398.194(第二个支点的X值)。

(18)按EXE键,显示Y=8431.341(第二个支点的Y值)。

以下循环计算,只要按EXE键,即显示:P?、S?,就可计算下一点的K、X、Y值。

(七)导线严密平差计算案例

(1)案例及程序计算方法步骤同本节“三”。计算结果见表3-12。

(2)程序执行操作方法步骤如下。

①按AC键,开机,清除上次关机时屏幕上保留的内容。

②按FILE▼▲键,选用文件名:DXYMJS。

③按EXE键,显示B?,输入导线边数:5。

④按EXE键,显示F?,输入导线起始边方位角:86°48′08″。

⑤按EXE键,显示S?,输入导线边长:479.358。

⑥按EXE键,显示L?,输入导线观测角(连接角):352°48′02″。

⑦按EXE键,显示F1=259°36′10″(计算的GB56～GB56-1导线边平差前方位角;抄写在导线草图上,下同)。

⑧按EXE键,显示S?,输入导线第二边边长:614.423。

⑨按EXE键,显示L?,输入观测角:24°27′04″。

⑩按EXE键,显示F1=104°03′14″(计算的导线第二边平差前方位角)。

⑪按EXE键,显示S?,输入导线第三边边长:288.108。

⑫按EXE键,显示L?,输入观测角:170°54′43″。

⑬按EXE键,显示F1=94°57′57″(计算的导线第三边平差前方位角)。

⑭按EXE键,显示S?,输入导线第四边边长:198.054。

⑮按EXE键,显示L?,输入观测角:153°29′06″。

⑯按EXE键,显示F1=68°27′03″(计算的导线第四边平差前方位角)。

⑰按EXE键,显示S?,输入导线第五边边长:302.549。

⑱按EXE键,显示L?,输入观测角:253°35′10″。

⑲按EXE键,显示F1=142°02′13″(计算的导线第五边平差前方位角)。

⑳按EXE键,显示L?,输入观测角(连接角):167°28′04″。

㉑按EXE键,显示A?,输入终止边方位角:129°30′12.8″。

㉒按EXE键,显示F2=0°0′4.2″(方位角闭合差)。

㉓按EXE键,显示M?,输入测角中误差允许值:0°0′05″。

㉔按EXE键,显示C?,输入测距仪标称误差:0.002。

㉕按EXE键,显示F3=−0°0′0.7″(观测角第一次改正数)。

㉖按EXE键,显示U=259°36′09.3″(经第一次改正的方位角,下同)。

㉗按EXE键,显示I=−86.512(改正前的ΔX,下同)。

㉘按EXE键,显示J=−471.487(改正前的ΔY,下同)。

㉙按EXE键,显示U=104°03′12.6″(同上)。

㉚按EXE键,显示I=−149.199(同上)。

㉛按EXE键,显示J=596.033(同上)。

江西省交通厅德兴至南昌高速公路建设项目(附合)导线点计算成果表(严密平差)

表 3-12

承包单位:张家口路桥建设集团有限公司　　合同段:B4　　气温:　℃

监理单位:江西四通咨询监理有限公司　　本表编号:　　气压:　HPa

点号	观测角 (° ′ ″)	改正数	方位角 (° ′ ″)	边长(m)	坐标增量 ΔX(m)	坐标增量 ΔY(m)	改正后坐标增量 ΔX(m)	改正后坐标增量 ΔY(m)	坐标 X(m)	坐标 Y(m)	点号
2G04									3582.292	4827.409	2G04
			86 48 08								
GB56	352 48 02	−0.7							3648.912	5920.823	GB56
			259 36 09.3	479.3	−88.512	−471.487	−86.512	−471.485			
GB56-1	24 27 04	−0.7							3562.400	5449.338	GB56-1
			104 03 12.6	614.423	−149.199	596.033	−149.197	596.026			
GB56-2	170 54 43	−0.7							3413.203	6045.364	GB56-2
			94 57 54.9	288.108	−24.936	287.027	−24.936	287.024			
GB56-3	153 29 06	−0.7							3388.268	6332.387	GB56-3
			68 27 00.2	198.054	72.748	184.210	72.749	184.214			
GB56-4	253 35 10	−0.7							3461.016	6516.601	GB56-4
			142 02 09.5	302.549	−238.529	186.118	−238.517	186.109			
GB54	167 28 04	−0.7							3222.499	6702.71	GB54
			129 30 12.8								
GB53									2920.758	7068.705	GB53

辅助计算:

1. 角闭合差 $f_\beta=4.2''$
2. 角改正数 $V=-0.7$
3. 角闭合差允许值 $f_{\beta允}=\pm12.25$
4. 测角中误差 $m_\beta=\pm1''$
5. 测角中误差允许值 $m_{\beta允}=\pm5''$
6. $\sum D=1882.492$
7. $\sum\Delta X_{计}=-426.428$
8. $\sum\Delta X_{已}=-426.413$
9. $f_x=-0.015$
10. $\sum\Delta Y_{计}=781.901$
11. $\sum\Delta Y_{已}=781.887$
12. $f_y=0.014$
13. 导线全长绝对闭合差=±0.0
14. 导线全长相对闭合差计=1/91632
15. 导线全长相对闭合差允=1/15000

监理意见:

监理工程师:　年　月　日

记录:　　计算:　　复核:　　日期:　年　月　日

㉜按EXE键，显示 U=94°57′54.9″(同上)。
㉝按EXE键，显示 I=−24.936(同上)。
㉞按EXE键，显示 J=287.027(同上)。
㉟按EXE键，显示 U=68°27′0.2″(同上)。
㊱按EXE键，显示 I=72.748(同上)。
㊲按EXE键，显示 J=184.210(同上)。
㊳按EXE键，显示 U=142°02′09.5″(同上)。
㊴按EXE键，显示 I=−238.529(同上)。
㊵按EXE键，显示 J=186.118(同上)。
㊶按EXE键，显示 X?，输入起算点 X：3648.912。
㊷按EXE键，显示 Y?，输入起算点 Y：5220.823。
㊸按EXE键，显示 D?，输入终止点 X：3222.499。
㊹按EXE键，显示 E?，输入终止点 Y：6702.710。
㊺按EXE键，显示 A=−0.015($\sum\Delta X$ 闭合差)。
㊻按EXE键，显示 C=0.014($\sum\Delta Y$ 闭合差)。
㊼按EXE键，显示 AC=0.021(导线全长绝对误差)。
㊽按EXE键，显示 T=91632(导线全长相对误差分母，分子为 1)。
㊾按EXE键，显示 N=1(导线未知点序号；第 1 个未知点，下同)。
㊿按EXE键，显示 I=−86.512(改正后的 ΔX，下同)。
51按EXE键，显示 J=−471.485(改正后的 ΔY，下同)。
52按EXE键，显示 XN=3562.400(GB56-1 点 X 平差值)。
53按EXE键，显示 YN=5449.338(GB56-1 点 Y 平差值)。
54按EXE键，显示 SN=479.356(导线第一边平差后边长)。
55按EXE键，显示 FN=259°36′09.3″(导线第一边平差后方位角)。
56按EXE键，显示 N=2。
57按EXE键，显示 I=−149.197。
58按EXE键，显示 J=596.026。
59按EXE键，显示 XN=3413.203。
60按EXE键，显示 YN=6045.364。
61按EXE键，显示 SN=614.416。
62按EXE键，显示 FN=104°3′12.6″。
63按EXE键，显示 N=3。
64按EXE键，显示 I=−24.936。
65按EXE键，显示 J=287.024。
66按EXE键，显示 XN=3388.267。
67按EXE键，显示 YN=6332.387。
68按EXE键，显示 SN=288.105。

(69)按EXE键,显示 FN=94°57′54.9″。

(70)按EXE键,显示 N=4。

(71)按EXE键,显示 I=72.749。

(72)按EXE键,显示 J=184.214。

(73)按EXE键,显示 XN=3461.016。

(74)按EXE键,显示 YN=6516.601。

(75)按EXE键,显示 SN=198.058。

(76)按EXE键,显示 FN=68°27′00.2″。

(77)按EXE键,显示 N=5。

(78)按EXE键,显示 I=−238.517。

(79)按EXE键,显示 J=186.109。

(80)按EXE键,显示 XN=3222.499。

(81)按EXE键,显示 YN=6702.71。

(82)按EXE键,显示 SN=302.535。

(83)按EXE键,显示 FN=142°02′09.5″。

(84)按EXE键,显示 M=0°0′0.99″(测角中误差计算值)。

(85)按EXE键,显示 C=0.010(测距中误差计算值)。

(86)按EXE键,显示 OK(程序执行结果)。

若继续计算下一条导线,则按EXE,继续操作下去;若计算完成,则按SHIFT AC/ON键,关机。

注意:(1)程序执行过程中,把显示的平差前方位角 $F1$,抄录在导线草图相应位置,见图 3-12。

(2)把显示的方位角闭合差 $F2$,抄录在表 3-12 的下部辅助计算角闭合差 f 处。

(3)把显示的角改正数,抄录在表 3-12 第 3 列。

(4)把显示的第一次改正后方方位角 U,抄录在表 3-12 第 4 列。

(5)把第一次显示的坐标增量 I、J,抄录在表 3-12 第 6、第 7 列。

(6)把显示的 A、C 闭合差,抄录在表 3-12 下面辅助计算 f_x 与 f_y 处。

(7)把显示的 AC、T,抄录在表 3-12 下面辅助计算导线全长绝对闭合差及相对闭合差处。

(8)把显示的 XN 及 YN,抄录在表 3-12 第 11、第 12 列。

(9)把显示的 SN、FN,抄录在编制的“导线点成果表”中。

(八)导线平差计算精度比较

前述导线近似平差计算和严密平差计算精度的比较见表 3-13 和表 3-14。

表 3-13 是两种方法计算的坐标值比较,表 3-14 是方位角和边长比较。

分析上表可知,导线近似平差与导线严密平差计算的导线点坐标最大较差,X 为 10mm,Y 为 7mm;同一边的方位角最大较差为 2.5″,同一导线边长最大较差为 5mm。

由此可知，高速公路施工一级以下光电测距导线采用近似平差方法是可行的。

注意：在一个施工标段布设的几条施工导线，在平差计算时应是同精度的。例如某施工标段，布设了3条施工加密导线，在计算这3条导线点时，应用同一方法进行平差计算，不允许这一条导线采用近似平差，另一条导线却采用严密平差。

导线近似平差与严密平差计算坐标值比较表　　表3-13

点　名	导线近似平差计算值		导线严密平差计算值		较　差	
	X(m)	Y(m)	X(m)	Y(m)	f_x(m)	f_y(m)
GB56-1	3562.404	5449.332	3562.400	5449.338	4	6
GB56-2	3413.210	6045.360	3413.203	6045.364	7	4
GB56-3	3388.276	6332.385	3388.267	6332.387	10	2
GB56-4	3461.026	6516.594	3461.016	6516.601	10	7

导线近似平差与严密平差计算方位角、距离比较表　　表3-14

点　名	导线近似平差计算		导线严密平差计算		较　差	
	方位角 (°　′　″)	距离(m)	方位角 (°　′　″)	距离(m)	f(mm)	f_d(mm)
GB56						
	259 36 11.3	479.361	259 36 09.3	479.356	2	5
GB56-1						
	104 03 11.4	614.417	104 03 12.6	614.416	1.2	1
GB56-2						
	94 57 53.5	218.106	94 57 54.9	288.105	1.4	1
GB56-3						
	68 26 57.7	198.054	68 27 00.2	198.058	2.5	4
GB56-4						
	142 02 09.9	302.546	142 02 09.5	302.535	0.4	11
GB54						

(九)编制导线点成果表

导线平差计算完成后，应将计算结果汇总成果表，以方便施工测量中查用。

“导线点成果表”样表见表3-15。

导线点成果表中应有如下内容。

第一列：序号，导线点个数编写，注明有多少个导线点。

第二列：点名，即导线点的编辑名称。

第三列：导线点的X、Y坐标值。

第四列：边长，即相邻两导线间距离。

第五列：方位角，相邻导线点边方位角。

第六列：所在地即导线点所在实地的确切地方，方便查找。

导 线 点 成 果 表 表 3-15

序 号	点 名	坐 标		边长(m)	方位角(° ′ ″)	所 在 地
		X(m)	Y(m)			
1	D001	2380.136	21049.917			砂场路弯
				136.040	31 07 51	
2	D002	2496.585	21120.249			香蕉堤中部
				585.503	260 41 38	
3	658	2401.905	20542.452			治安亭右前 10m
				152.999	234 36 07	
4	659	2313.280	20417.735			联盛搅拌厂 Y190 右 5m
				428.021	247 03 27	
5	660	2146.435	20023.572			肉联厂电杆前 1m
				290.921	240 42 16	
6	661	2004.083	19769.858			Y160 墩中线右 4.0m
				360.264	244 55 51	
7	662	1851.434	19443.532			Y147 墩中线右 5.0m
				320.792	246 00 49	
8	663	1721.025	19150.443			Y134 墩中线右 5.0m
				227.245	246 00 56	
9	664	1628.652	18942.819			Y125 墩中线右 5.0m
				315.277	246 00 47	
10	665	1500.483	18654.770			4 号变压器墙角前
				334.831	245 57 59	
11	666	1364.115	18348.967			Y100 墩中线右 5.0m
				304.287	245 54 00	
12	667	1239.866	18071.203			Y88 墩中线右 5.0m
				295.014	248 32 11	
13	668	1131.917	17796.648			Y77 墩中线左 12m
				528.338	246 03 10	
14	669	917.467	17313.790			ZK51+530 左路边
				643.228	245 56 44	
15	671	655.284	16726.421			ZK50+886 左路边
				503.709	245 57 13	
16	673	450.034	16266.426			ZK50+380 左路边
				343.855	243 49 22	
17	675	298.343	15957.839			平交口转角
				121.542	66 21 26	
18	674	347.085	16069.179			东方鸿电杆前
				454.690	65 58 41	
19	672	532.183	16484.488			YK50+614 右
				590.133	65 58 13	
20	670	772.490	17023.477			YK51+205 右
备注	本成果抄自表××-××					

第六节 复测(加密)导线成果的报批

一、复测(加密)导线成果报批的程序

施工单位对业主设计部门移交的导线点，经过外业复测、内业计算的成果，必须上报给业主委托的监理单位的测量监理工程师审批。测量监理工程师认为有必要到现场检核测量的，施工单位测量工程师应积极配合测量监理工程师外业检测。

按照规定，经测量监理工程师审批同意的导线点成果才能在施工全过程中应用。

一般情况下，复测导线成果报批的程序如下。

(1)施工单位测量工程师自测自检。包括：外业复测、内业计算。自检认为符合设计规范要求，然后上报监理部门。

(2)监理单位测量工程师全部检测或抽检。包括：外业检测、内业计算核算。测量监理工程师审核合格后签字批复。

二、施工单位复测导线成果上报的资料表格

以广东中山市东部快线工程二标承包单位中国建筑股份有限公司上报的资料表格为例，其样式如下：

(1)施工导线点复测报验单(业主下发的报表，见表 3-16)。

(2)关于导线点联测(复测)的报告(自己根据实况编写，附后)。

(3)导线点测量记录表(表 3-17)(业主发的报表)。

(4)导线点成果表(表 3-15)(自编)。

(5)附合导线草图(图 3-12)。

(6)附合导线点计算成果表(表 3-8)。

(7)全站仪测角、测距记录表(表 3-5)。

(8)闭合导线草图(图 3-14)。

(9)闭合导线点计算成果表(表 3-9)。

施工放样报验单　　　　表 3-16

项目名称：××××公路　中山市东部快线工程

施工单位：中国建筑股份有限公司　　　　合同段：东部快线工程二标

监理单位：厦门中平工程监理咨询有限公司　　　　编　号：

致(监理工程师)：

根据合同要求，业已完成＿＿导线点联测(复测)＿＿施工放样工作，清单如下，请予查验。

承包人：　　　　日期：

桩号或位置	工程或部位名称	放样内容	备注
K50＋020～K55＋340	中山东部快线工程	导线点联测(复测)	

附件：测量及放样资料

1. D002～D001 至 I666～I667 附合导线测量、计算资料；
2. I666～I667 至 I19 复测支导线测量、计算资料；
3. I666～I667 至 I666～I667 闭合导线测量、计算资料

监理员意见：

结论：

专业监理工程师：　　　　日期：

表 3-17

导线点测量记录表

第 1 页　共 4 页

工程名称	中山东部快线工程		施工单位	中国建筑股份有限公司		监理单位	厦门中平工程监理咨询有限公司		合同段	二标段	公路等级	一级
桩号及部位	二标及相邻标段					仪器产地型号		GPT 7001 全站仪		注：记录时注明单位		
导线点编号	设计坐标(m)		实测坐标(m)		坐标闭合差(m)		设计距离(m)	实测距离(m)	距离偏差(° ′ ″)	设计夹角(° ′ ″)	实测夹角(° ′ ″)	角度偏差(° ′ ″)
	X	Y	X	Y	ΔX	ΔY						
D002	249 2496.585	52 1120.249	249 2496.585	52 1120.249	0	0						
D001	249 2380.136	52 1049.917	249 2380.136	52 1049.917	0	0						
659-1			2401.905	52 0542.452								
659	249 2313.300	52 0417.748	2313.280	52 20417.735								
660	249 2146.475	52 0023.568	2146.435	52 0023.572	−0.040	0.004						
661			2004.083	51 9769.858								
662	249 1851.455	51 9443.530	1851.434	51 9443.532	−0.021	−0.002						
663			1721.025	51 9150.443								
664	249 1628.659	51 8942.834	1628.652	51 8942.819	−0.007	−0.015						
665	249 1500.478	51 8654.794	1500.483	51 8654.770	−0.005	−0.024						
自检意见	实测导线坐标符合一级导级技术标准				监理意见					草图		

测量：　　　　计算：　　　　复核：　　　　总工程师：　　　　项目经理：　　　　测量日期：

附:关于导线点联测(复测)的报告

为了检核业主移交给我标段导线点成果的正确性,保证我标段与相邻标段线路能正确、顺利地接通,我们以相邻标段的导线点成果作为起算数据,对我标段的导线点进行联测(复测)。下面将这一工作报告如下。

1.联测(复测)方案

(1)以三标段的D001～D002为起始边,我标段的I666～I667为终止边,布设一条附合导线。

(2)以我标段的I666～I667为起始边,以一标段的一个已知导线点I19为终点,布设一条复测支导线。

(3)由于业主没有移交我标段K50+000至K52+000段的控制点位,我们以I666～I667为起、终边,布设一条闭合导线。

2.联测(复测)仪器

(1)拓普康GPT7001型全站仪;

(2)索佳SET230RK3型全站仪。

3.施测方法

(1)水平角观测2个测回:左、右角各测一回;

(2)全站仪测距:同边往返各测5次;

(3)全站仪测角、测距记录表见附件。

4.联测(复测)导线计算

(1)水平角采用测站平差值;

(2)导线边长采用6次观测平均值;

(3)导线计算见附件;

(4)导线联测(复测)成果与设计坐标比较见附件2。

5.联测(复测)精度

见下表。

导线名称	角度闭合差		坐标闭合差		导线长度(m)	测角个数	绝对误差(m)	相对误差	
	实测	允许	f_X(m)	f_Y(m)				实测	允许
D002～D001至I666～I667附合导线	−22″	±31.6″	−0.156	0.086	2938.256	10	±0.178	1/16500	1/15000
I666～I667至I19支导线			−0.117	0.055	2997.882	8	±0.129	1/23200	1/15000
I666～I667至I667～I666闭合导线	14″	±36″	−0.028	0.040	4632.041	13	±0.049	1/94500	1/15000

注:按一级导线技术标准。

从上表分析:标段内的导线点精度符合一级导线的技术要求。

6.要求

(1)要求业主对标段K50+000至K52+000段布设平面及高程控制点。

(2)业主移交的Z001点名与实际点位不符,经过我们联测实际点位的点名应是I19,请业主核实。

中国建筑股份有限公司
中山市东部快线二标
二〇一〇年四月二日

第四章

公路工程施工水准点的复测和加密

第一节　水准点复测(加密)概述

水准点是现代线路工程施工过程中控制线路高低(纵坡、横坡)及线路构造物桥涵各结构层高程位置的重要依据。水准点精度不够或错误,会为线路工程施工造成严重影响和损失。因此,《规范》规定,使用设计单位设置的水准点之前应仔细校核,并与国家水准点闭合。超出允许误差范围时,应查明原因并及时报告有关部门。

施工单位所采用的水准点是由业主提供的,是线路设计勘察定测阶段布设的。一般来说,从路线勘测设计到路基正式开工,间隔时间都比较长,这期间在路线勘察设计阶段所设的水准点难免损害、丢失。为了保证线路施工质量,满足施工高程、位置放样需要,必须对业主提供的水准点数据进行复测核算。

另外,线路施工实践证明,线路勘察设计阶段所布设水准点的分布和密度都不能满足现场的需要。因此《规范》规定,沿路线每500m宜有一个水准点。在结构物附近,高填深挖路段,工程量集中及地形复杂路段,宜增设水准点。施工单位必须根据该作业路段的实际需要,实际地形来加密施工水准点。

线路施工实践告诉我们,在线路施工过程中,最量大而繁的作业就是重复测量线路中桩及边桩高度,这是因为施工中的上填下挖的高度随时都在变化,这就要求现场测量员,根据作业进度测量上填下挖的高程。

在施工标段增设加密合理的水准点位,既能很方便地就近控制线路的高程,方便高程放样,又能保证施工中的高程精度。

第二节　水准点复测(加密)的一般规定

一、交通运输部"规范"关于水准点复测(加密)的规定

公路路基施工技术规范(JTG F10—2006)(以下简称"规范")规定了如下内容。

(1)水准点测量精度应符合表4-1的规定。

水准测量精度要求

表 4-1

等级	每公里高差中数中误差(mm)		往返较差、附合或环线闭合差(mm)		检测已测测段高差之差(mm)
	偶然中误差 M_{Δ}	全中误差 M_W	平原微丘区	山岭重丘区	
三等	±3	±6	$\pm 12\sqrt{L}$	$\pm 3.5\sqrt{n} \pm 15\sqrt{L}$	$\pm 20\sqrt{L_i}$
四等	±5	±10	$\pm 20\sqrt{L}$	$\pm 6.0\sqrt{n} \pm 25\sqrt{L}$	$\pm 30\sqrt{L_i}$
五等	±8	±16	$\pm 30\sqrt{L}$	$\pm 45\sqrt{L}$	$\pm 40\sqrt{L_i}$

注:1. 计算往返较差时,L 为水准点间的路线长度(km)。

2. 计算附合或环线闭合差时,L 为附合或环线的路线长度(km)。

3. n 为测站数,L_i 为检测测段长度(km)。

(2)沿路线每 500m 宜有一个水准点。在结构物附近、高填深挖路段、工程量集中及地形复杂路段,宜增设水准点。临时水准点应符合相应等级的精度要求,并与相邻水准点闭合。

(3)当水准点有可能受到施工影响时,应进行处理。

二、各级公路水准测量的等级

"规范"规定,各级公路的水准测量等级应符合表 4-2 的规定。

水 准 测 量 等 级

表 4-2

公 路 等 级	水准测量等级	水准路线最大长度(km)
高速公路、一级公路	四等	16
二级及二级以下公路	五等	10

注:各等级高程测量应采用水准测量。在水准测量确定困难的地段,四、五等水准测量可以采用三角高程测量,采用三角高程测量时,起讫点应为高一个等级的控制点。

三、水准测量的技术要求

《规范》规定,各级水准测量的技术要求应符合表 4-3 的规定。

水准测量的技术要求

4-3

等 级	仪器类型	视线长度(m)	前后视距差(m)	前后视距差累计(m)	红黑面读数差(mm)	红黑面所测高差之差(mm)	检测间间点高差之差(mm)
三等	S_3	75	2.0	5.0	2.0	3.0	3.0
四等	S_3	100	3.0	10.0	3.0	5.0	5.0
五等	S_3	100	大致相等	—	—	—	—

第三节 水准点的复测和加密

一、水准点的复测

《规范》规定:使用设计单位设置的水准点之前应仔细校核,并与国家水准点闭合,超出允许误差范围时,应查明原因并及时报告有关部门。

水准点复测工作由工程项目部测量工程师、监理测量工程师、施工队现场测量员组成“水准点复测小组”进行。

(一)实地校核水准点位

根据设计单位提供的水准点成果表,应在线路实地逐点勘察校对以下内容:

(1)资料上的点名与实地点位是否一致。

(2)实地点位完好程度,可利用程度。

(3)实地点位密度能否满足施工现场放样需要。

(4)初步考虑水准点加密方案。

实地勘察校核点位中,当发现水准点存在已被破坏、移动或找不到桩位等情况时,应会同监理、项目部工程师拟定补点方案。补点应方便线路高程放样,其高程应与原水准点闭合。

(二)水准点复测的一般规定

(1)水准点复测的高程系统必须采用原水准点的高程系统。

(2)复测水准点的等级应与原水准点一致。即:高速公路、一级公路应用四等水准;二级及二级以下公路应用五等水准。

(3)水准点复测应使用不低于 S_3 型的水准仪,四等水准应用 3m 双面水准标尺,五等水准可用塔尺。

(4)复测水准点时,必须与相邻施工段水准点闭合,以满足全线路高程一致的要求。

(5)在复测水准点时,可同时加密施工标段的施工水准点。

(三)实地复测(加密)水准点的方案

实地复测(加密)水准点,实践中有下述几种方案以供选择。

(1)施工标段只有一个已知水准点(这种情况常发生在小施工队承包的不足 1000m 的施工标段),应用附合水准测量方法,连测到相邻路段的另一已知水准点。

(2)施工标段只有一个已知水准点变可根据作业路段的实际情况、地形条件,采用闭合水准路线。

(3)施工标段只有两个已知水准点,应用附合水准测量方法,从一个已知水准点联测到另一个已知水准点。

(4)施工标段有三个及以上水准点的,可用路段两端的已知水准点作为起点、终点组成附合水准路线,把其余已知水准点视为路线上的待求点。然后用附合水准测量方法联测,再通过对整条路线平差,用计算值与已知水准点的原高程比较。

(5)与相邻施工路段联测,可采用支水准路线方法。

(四)复测水准点的精度

复测水准点的计算值与原水准点的高程值比较,其较差应符合“水准测量精度要求”(表 4-1)。若出现超过限差现象,则先检查计算,再检查记录手簿,最后实地检查,重新复测,若还是超限,则及时报告主管部门及监理。

(五)复测(加密)水准点的计算

复测水(加密)准线路的平差计算,可选用水准近似乎差法。采用卡西欧 f_x—5800P/

9750GII 型等计算器程序计算。详见本章第七节。

二、水准点的加密

《规范》规定:沿路线每 500m 宜有一个水准点。在结构物附近、高填深挖路段、工程量集中及地形复杂路段,宜增设水准点。

在施工标段增设加密合理的水准点位,既能很方便地就近控制路线的高程,方便高程放样,又能保证施工中的高程精度。公路施工实践证明,公路勘察设计阶段所布设水准点的分布和密度都不能满足施工现场的需要。因此,施工单位必须根据该作业路段的实际需要、实际地形在复测测区水准点的同时来加密水准点。通常把加密的水准点叫作施工水准点,也可称为临时水准点。

第四节 水准点复测(加密)的测设方案

一、水准点复测(加密)的测设方案

适用于线路工程水准点复测(加密)的测设方案有以下几类。

1. 附合水准路线(图 4-1)

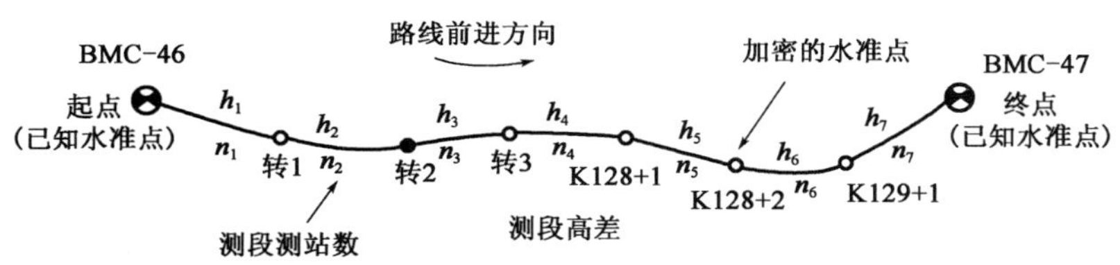

图 4-1 附合水准路线示意图

图 4-1 是一条附合水准测量路线。图中 *BMC*-46 是起始端的已知水准点,*BMC*-47 是终止端的已知水准点。其间 1、2、3 是转点,K128+1、K128+2 和 K129+1 是将加密的施工水准点。只要测出 *BMC*-46 和转 1 点的高差,再测出转 1 点和转 2 点的高差……然后,通过平差计算,就可算出线路各点的高程。

2. 闭合水准路线(图 4-2)

图 4-2 是一条闭合水准路线。图中 BMC-48 既是该路线起点,又是终点,即线路由该点出发,中间经过许多点(待求点)又回到该点。只要测出各段高差,然后经过平差计算就可算出各点高程。

3. 复测支水准路线(图 4-3)

图 4-3 是一条复测支水准路线。图中 BMC-48 是已知水准点,从此点出发向外支出转 1、转 2、K129+3、K129+2 各点,此时可往返测出各点之间高差,然后通过计算就可算出各点高程。为了保证观测质量,所测往返值较差应符合水准测量精度要求。

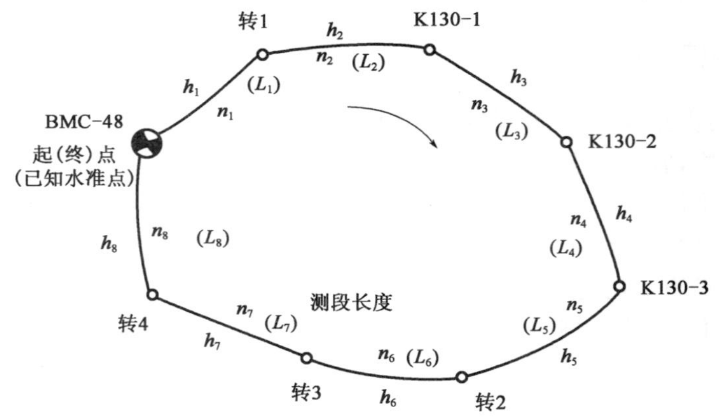

图 4-2　闭合水准路线示意图

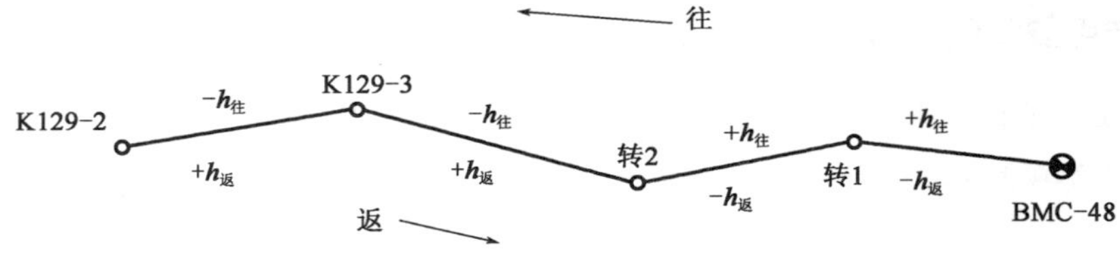

图 4-3　复测支水准路线示意图

二、选择水准点复测(加密)方案的条件

(1)当施工标段有两个已知水准点时,可考虑选用附合水准路线。

(2)当施工标段只有一个已知水准点时,可考虑选用闭合水准路线。

(3)当有特殊需要,例如涵洞等线路构造物的高程放样,可考虑选用复测支水准路线。

(4)选用已知水准点时,可将相邻标段就近的一个已知水准点一并考虑。

三、选择水准点复测(加密)方案的原则

(1)复测(加密)的水准点的高程系统必须采用业主、设计单位提供的原水准点的高程系统,施工单位不得擅自采用其他高程系统。

(2)复测(加密)水准点的起、终点必须是业主、设计单位移交的原水准点。

(3)复测水准的等级应与业主、设计单位原水准点同精度。应使用不低于 S_3 型的水准仪,四等水准应用 3m 双面水准标尺,五等水准可用塔尺。

(4)复测水准方案必须考虑和相邻施工段的水准点联测。

(5)加密施工水准点的原则是从高级到低级,即必须从业主、设计单位提供的水准点发展施工水准点。

(6)加密施工水准点的精度必须满足高程放样精度。公路路基施工“规范”规定的各级公路纵断高程质量标准见表 4-4。

路堤施工质量标准　　表 4-4

项次	检查项目	规定值或允许偏差(mm)			检查方法和频率
		高速公路、一级公路	二级公路	三、四级公路	
1	土质路堤纵断高程	+10,-15	+10,-20	+10,-20	每 200m 测 4 个断面
2	填石路堤纵断高程	+10,-20	+10,-30	+10,-30	每 200m 测 4 个断面

注:检查仪器,水准仪。

(7)加密水准点的密度应能满足高程放样的需要。应一站就能放出所需点位高程。测量视距宜控制在 80m 以内。施工水准点间距宜在 160m 以内。

四、加密施工水准点的选点要求

(1)施工水准点的密度:施工水准点的密度应保证只架设一次仪器就可以放出或测量出所需要的高程。

公路施工实践经验告诉我们,在一个测站上水准测量的前后视距最好是 80m,超过 80m 则要转站才能继续往前测,而多次转站,误差便会因积累而增大。因此从实际需要出发,同时又为了保证高程放样的精度,施工水准点间距最好控制在 160m 范围以内。在纵坡较大坡段,水准点间距可根据实际地形缩短。施工实践证明,根据上述要求加密的水准点,完全可以满足施工进度的需要,同时又为高程施工放样带来了很大方便。由于放样距离较近,也就保证了精度满足《规范》要求。

(2)在重要结构物附近,宜布设两个以上的施工水准点。放样时,用一点放样,用另一点检查,从而保证放样高程的准确性。实践证明,这种布设水准点的方法,能避免错误的发生。

(3)施工水准点位布设地点:施工实践中,加密的施工水准点位,一般布设在填方路段的两侧 20m 范围内的田坎等,与挖方交接的山坡脚等易于保存的地方。当路基工程施工完成,挖方段的排水沟或坡脚砌体业已施工完毕时,水准点可布设在其水泥抹面上。

埋设好的水准点要做点标记,方便以后查用。

(4)施工水准点应埋设牢固,并要妥善保护。施工实践证明,施工水准点自开工到竣工验收,从路基到路面施工都要反复使用,所以一定要埋设牢固。用大木桩做点位时,要打深打牢,并用水泥加固。桩顶中心钉一水泥钉,钉面应水平,不应倾斜,以便竖立标尺。

(5)施工水准点位编号要醒目、清晰、易识别。施工中多用“公里数+号码”来编号,例如 K128+125 左-1,K128+275 右-2 等,并把高程用红漆写在点位旁边。这样就能很明显地知道该点是控制哪一段的,并可校核所用点高程是否正确。

第五节　复测(加密)水准点的仪具

一、复测(加密)水准点的仪器

(1)精度不低于 S_3 型的水准仪。

(2)与水准仪配套的木(或铝)脚架。

(3)双面(黑红两面)水准标尺(木或玻璃钢制),用于四等水准测量。

(4)塔尺(3m 或 5m),用于五等水准测量及公路施工高程放样测量。

二、复测(加密)水准点的工具

(1)尺垫,用于转点。

(2)计算器,用于记录中的计算。

(3)对讲机,用于联络。

三、复测(加密)水准点的记录表

复测(加密)水准点的记录数据,是公路施工测量重要的资料之一。因此,必须记录在业主下发的专用表格上,不可随便乱记。

表 4-5 是广东中山东部快线工程业主下发的四等水准测量记录表。这种样表,也是常规三、四等水准测量所用的一种表格。

四等水位测量记录表 表 4-5

测自 D002 至 GE09 2010 年 4 月 21 日

时刻始:8 时 10 分 天气:晴

时刻末: 时 分 呈像:清晰

施工单位:中国建筑股份有限公司 标段:二标

监理单位:厦门中平工程监理咨询有限公司 第 1 页

测站编号	后尺 上丝 / 下丝;后距;视距差 d	前尺 上丝 / 下丝;前距;$\sum d$	方向及尺号	标尺读数 黑面	标尺读数 红面	K 加黑减红	高差中数	备注
1	2333	2452	D002 后	1922	6709	0	−0.120	
	1513	1633	转 1 前	2041	6730	2		
	82.0	81.9	后一前	−0.119	−0.021			
	+0.1	0.1						
2	2470	1100	转 1	2043	6732	2	1.372	
	1622	0240	转 2	0672	5458	1		
	84.8	86	后一前	1.371	1.274			
	−1.2	−1.1						
3	1269	1763	转 2	0809	5593	3	−0.484	
	0350	0824	转 3	1292	5979	0		
	91.9	93.9	后一前	−0.483	−0.386			
	−2.0	−3.1						

续上表

测站编号	后尺 上丝 / 下丝	前尺 上丝 / 下丝	方向及尺号	标尺读数 黑面	标尺读数 红面	K 加黑减红	高差中数	备注
	后距	前距						
	视距差 d	$\sum d$						
4	1048	1372	转 3	0850	5536	1	−0.333	
	0652	0992	659-1	1182	5970	1		
	39.6	38.0	后－前	−0.332	−0.434			$\sum h$=0.435
	1.6	−1.5						$\sum D$=598.100
5	1831	1850	659-1	1441	6228	0	−0.026	
	1052	1088	659	1469	6153	3		
	77.9	762	后－前	−0.028	0.075			
	1.7	0.2						

测量：　　　　　　　记录：　　　　　　　总工：　　　　　　　测量监理工程师：

表 4-6 是泉州至南宁高速公路江西境内兴国连接线业主下发的五等水准测量记录表，适用于低等级水准测量。

水准测量记录表　　　　表 4-6

测站序号	照准点 后视点	照准点 前视点	水准尺读数 后视读数	水准尺读数 前视读数	高差后－前(m)	备注
1	X10		1477			
		X11		1618		
					−0.141	
2	X11		1470			
		X12		1721		
					−0.251	
3	X12		1593			
		X13		1212		
					0.381	
4	X13		1383			
		X14		2300		
					−0.917	
5	X14		1452			
		转 1		2180		
					−0.728	

续上表

<table>
<tr><td rowspan="2">测站序号</td><td colspan="2">照　准　点</td><td colspan="2">水准尺读数</td><td rowspan="2">高差后一前
(m)</td><td rowspan="2">备　　注</td></tr>
<tr><td>后视点</td><td>前视点</td><td>后视读数</td><td>前视读数</td></tr>
<tr><td rowspan="3">6</td><td>转 1</td><td></td><td>0689</td><td></td><td></td><td rowspan="3"></td></tr>
<tr><td></td><td>X15</td><td></td><td>1508</td><td></td></tr>
<tr><td></td><td></td><td></td><td></td><td>−0.819</td></tr>
<tr><td>N=6</td><td colspan="2"></td><td colspan="2">Σh</td><td>−2.475</td><td></td></tr>
</table>

现场施工测量员应选用自己施工段的业主下发的水准测量记录表格，不可随意记录在其他表格上。

第六节　复测(加密)水准点的实施

一、复测(加密)水准点的外业工作

复测(加密)水准点的外业工作，简言之就是测高差，即用水准仪、水准标尺测定两点间的高差。

测高差方法，采用复合水准法。

关于复合水准测量法的概念见图 4-4。

由图知：

$$h_{AB}=h_1+h_2+h_3+\cdots+h_n+h_{n+1} \tag{4-1}$$

$$H_B=H_A+h_{AB} \tag{4-2}$$

二、复测(加密)水准点的作业组织

复测(加密)水准点外业工作由水准测量小组来完成。水准测量小组由 3～4 人组成。

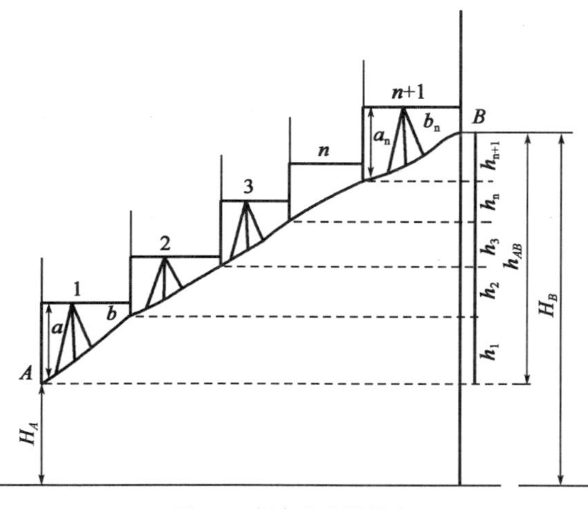

图 4-4　复合水准测量法

四等水准 4 人：观测员 1 人，记录员 1 人，立尺员 2 人。

五等水准 3～4 人：观测员 1 人(可兼记簿员)，立塔尺员 2 人。

水准小组成员分工如下。

观测员：摆站(架仪器)、看仪器(照准标尺)、读数(读取标尺分划数)。

记录员：听取观测员读数、记录、计算各种限差(前、后视距差；红黑面读数差、红黑面所测高差之差等)、计算测站高差。若这些计算符合规范限差要求，通知观测员迁站(搬站)，若其中某项超限，则通知观测员重测。

立尺员：将水准标尺垂直立于测点上，听命于观测员的指挥而行动。

水准测量工作是一项集体性质的工作，小组成员只有分工合作、各尽职责，才能测出优秀成果。

三、复测(加密)水准测量的实施

(一)一个测站上的水准测量的操作方法步骤

采用复合水准法测量复测(加密)水准路线时，一个测站上的操作方法步骤见图 4-5。

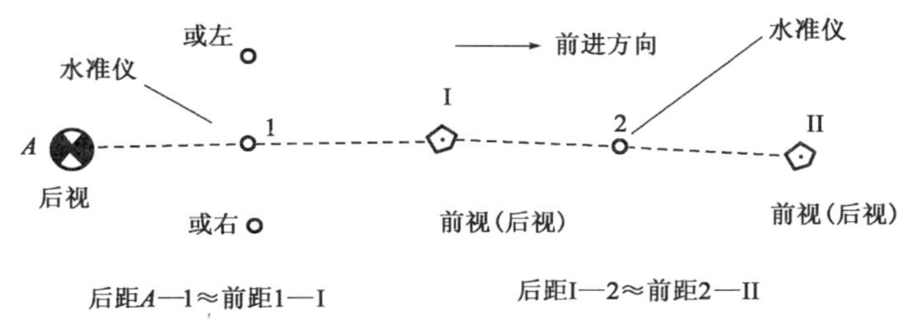

图 4-5　水准测量摆站和立尺

1. 摆站(架置水准仪)

将水准仪安置在 A—I 的中间部位。

以仪器水平视线为依据，仪器摆在 A—I 连线上，偏左或偏右都可。整平仪器，使望远镜绕竖轴旋转时，符合水准气泡两端影像分离错位不大于 1cm(目视估计)。若用自动安平水准仪，则只要圆气泡居中即可。

2. 立尺

后立尺员将尺垂直立在 A 点上；前立尺员趁观测员摆站时，目估或步量仪器至后视点的距离 A－1，在水准路线前进方向大约等于后视距离处，临时选择 I 点；放下尺垫，立尺其上；待观测员读取后视中丝和距离后，即照准前视标尺先读距离，指挥前视立尺员调整距离，当前视距离 1－I 与后视距离 A－1 之差在《规范》限差内时，即将尺垫踩牢；然后将尺立在尺垫圆球顶部。

要求：前、后扶尺员在放置水准标尺于尺垫圆球顶部时，应小心轻放，不要猛力砸下，转动尺面时，应将尺轻轻提起并转动尺面轻放下去。

3. 照准及读数

(1)照准后视标尺黑面，三丝读数(简称后—黑)。

(2)照准前视标尺黑面，三丝读数(简称前—黑)。

(3)转尺面，照准前视标尺红面，中丝读数(简称前—红)。

(4)照准后视标尺红面，中丝读数(简称后—红)。

以上照准顺序简称：后—前—前—后。

相应的读数顺序简称：黑黑红红。

注意：(1)读视距时用上下丝。实践中常借用倾斜螺旋使下丝切准其附近一整分画，例如 1.00m、1.50m 等，直接读出距离。或在气泡居中情况下读三丝，用上丝减下丝读数，计算距离。

(2)在每次读中丝读数以前,观测员须用倾斜螺旋使管水准气泡严密居中(即两个半气泡严密吻合)。

(3)读数时,标尺应是垂直位置。读数要准,一口气报四位数,例如,1384,读至 mm,不报小数点。

4. 手簿记录及站上的计算

水准记录手簿见表 4-7,表中(1)~(8)表示原始记录次序,(9)~(18)表示测站上的计算次序。现将这些计算说明如下。

三、四等水准测量手簿 表 4-7

测自 BM-47 至 BM-48 观测者:

2007 年 3 月 10 日 天气:晴 记簿者:

始 9 时 10 分 成像:清晰

终 11 时 30 分

<table>
<tr><td rowspan="4">测站编号</td><td rowspan="2">后尺</td><td>上丝</td><td rowspan="2">前尺</td><td>上丝</td><td rowspan="4">方向及尺号</td><td colspan="2" rowspan="2">标尺读数</td><td rowspan="4">K+黑减红</td><td rowspan="4">高差中数</td><td rowspan="4">备注</td></tr>
<tr><td>下丝</td><td>下丝</td></tr>
<tr><td colspan="2">后距</td><td colspan="2">前距</td><td rowspan="2">黑面</td><td rowspan="2">红面</td></tr>
<tr><td colspan="2">视距差 d</td><td colspan="2">$\sum d$</td></tr>
<tr><td></td><td colspan="2">(1)</td><td colspan="2">(5)</td><td>后</td><td>(3)</td><td>(8)</td><td>(10)</td><td></td><td></td></tr>
<tr><td></td><td colspan="2">(2)</td><td colspan="2">(6)</td><td>前</td><td>(4)</td><td>(7)</td><td>(9)</td><td></td><td></td></tr>
<tr><td></td><td colspan="2">(15)</td><td colspan="2">(16)</td><td>后—前</td><td>(11)</td><td>(12)</td><td>(13)</td><td>(14)</td><td></td></tr>
<tr><td></td><td colspan="2">(17)</td><td colspan="2">(18)</td><td></td><td></td><td></td><td></td><td></td><td></td></tr>
<tr><td></td><td colspan="2">1571</td><td colspan="2">0739</td><td>后 I</td><td>1384</td><td>6171</td><td>0</td><td></td><td></td></tr>
<tr><td></td><td colspan="2">1197</td><td colspan="2">0363</td><td>前 II</td><td>0551</td><td>5239</td><td>−1</td><td></td><td></td></tr>
<tr><td></td><td colspan="2">37.4</td><td colspan="2">37.6</td><td>后—前</td><td>+0.833</td><td>0.932</td><td>+1</td><td>0.8325</td><td></td></tr>
<tr><td></td><td colspan="2">−0.2</td><td colspan="2">−0.2</td><td></td><td></td><td></td><td></td><td></td><td></td></tr>
</table>

(1)计算同一标尺黑红面之差

$$(9)=(4)+K-(7) \tag{4-3}$$

$$(10)=(3)+K-(8) \tag{4-4}$$

式中:K——标尺红黑面常数差。在本例中,1 号尺 K=4787mm,2 号尺K=4687mm。

(2)计算标尺黑面之差和红面之差

$$(11)=(3)-(4) \tag{4-5}$$

$$(12)=(8)-(7) \tag{4-6}$$

实际作业中,在观测员报出后视红面读数(8)后,记簿员只要将(8)读数与事先算出的(3)+K 值(4787)比较,若在限差内,即可通知观测员迁站。例如,表中(3)+4787=6171,读数员报 6171,其差不大于 3mm,即称为观测员迁站。其他的各项计算,再抽空算出。要求记簿员要算的准而快(可靠计算器帮助完成)。

(3)黑红面高差的验算

$$(13)=(11)-(12)\pm 100=(10)-(9) \tag{4-7}$$

式中：100——两标尺的常数之差，如 4687－4787＝－100 或 4787－4687＝100；如果以起始分画线 4787 为后视标尺，则应加 100；如果以起始分画线 4687 为后视标尺，则应减 100。

(4)黑红面高差中数的计算

$$(14)=\frac{1}{2}[(11)+(12)\pm 100] \tag{4-8}$$

高差中数取至 0.1mm。

(5)视距计算

$$(15)=(1)-(2) \tag{4-9}$$

$$(16)=(5)-(6) \tag{4-10}$$

(6)本站前后视距差及本站的视距累积差之计算

$$(17)=(15)-(16) \tag{4-11}$$

$$(18)=(17)+\text{前一站的}(18) \tag{4-12}$$

(7)手簿之逐页检核计算

每天外业观测结束后，应在手簿上逐站检查：

$$(13)=(11)-(12)\pm 100=(10)-(9) \tag{4-13}$$

检查无误后，再用下式检核高差中数：

$$(14)=\frac{1}{2}[(11)+(12)\pm 100]=(11)-\frac{1}{2}(13)=(12)\pm 100+\frac{1}{2}(13) \tag{4-14}$$

此外，应求出$\sum(3)$、$\sum(4)$、$\sum(11)$、$\sum(8)$、$\sum(7)$、$\sum(12)$和$\sum(14)$之值，并用下式检核：

$$\sum(11)=\sum(3)-\sum(4) \tag{4-15}$$

$$\sum(12)=\sum(8)-\sum(7) \tag{4-16}$$

当该页手簿为偶数站时：

$$\sum(14)=\frac{1}{2}\left[\sum(11)+\sum(12)\right] \tag{4-17}$$

当该页手簿为奇数站时：

$$\sum(14)=\frac{1}{2}\left[\sum(11)+\sum(12)\pm 100\right] \tag{4-18}$$

(二)第二测站及以后各测站上的水准测量的操作方法步骤

在第二测站，原第一测站的前视标尺的尺垫 I 保持在原来位置不动，只要翻转尺面即为后视尺(简称前转后)。而原第一测站的后视标尺员，亦用目估或步量第二站仪器至后视尺的距离 2—I，选定第二测站的前视点 II，放下尺垫踩稳踩牢(见图 4-5 中 I—2—II 部分)。

以下各测站的水准测量按上述方法进行。

最后根据公式 $h=a-b$ 算出各段的高差：

$$\left.\begin{aligned} h_1 &= a_1 - b_1 \\ h_2 &= a_2 - b_2 \\ &\cdots \\ h_n &= a_n - b_n \end{aligned}\right\} \tag{4-19}$$

把各段的高差相加，便可得到 A、B 两点的高差 h_{AB}：

$$h_{AB} = h_1 + h_2 + \cdots + h_n \tag{4-20}$$

或

$$\begin{aligned} h_{AB} &= (a_1 - b_1) + (a_2 + b_2) \cdots + (a_n - b_n) \\ &= \sum_1^n a - \sum_1^n b \end{aligned} \tag{4-21}$$

即终点对于起点的高差等于各段高差的代数和。它等于后视读数的总和减去前视读数的总和。因此，可以检查外业观测记录、手簿计算的正确性。

若已知 A 点的高程，则 B 点的高程：

$$H_B = H_A + h_{AB} = H_A + (\sum_1^n a - \sum_1^n b) \tag{4-22}$$

以上介绍的是采用双面标尺进行水准测量的操作方法步骤。

当用单面水准标尺时，其操作方法步骤如下。

(1)摆站及立尺：同双面水准标尺的方法。

(2)照准及读数：

①照准后视标尺，三丝读数。

②照准前视标尺，三丝读数。

③变换仪器高 10cm 以上，重新整平仪器，此时，标尺立原位。

④照准前视标尺，中丝读数。

⑤照准后视标尺，中丝读数。

以上的照准读数顺序简称为：后—前—变高—前—后。

手簿记录及手簿上的计算参照双面水准标尺的水准测量。

(三)水准测量各项限差

水准测量过程中，应严格控制各项限差，只要每项限差符合《规范》要求，水准测量的质量就一定能保证。水准测量时的各项限差要求见表 4-8。

水准测量的限差要求 表 4-8

等级	仪器类型	标准视线长度(m)	前后视距差(m)	前后视距差累计(m)	红黑面读数差(mm)	红黑面所测高差之差(mm)	检测间间点高差之差(mm)
三等	S_3	75	2.0	5.0	2.0	3.0	3.0
四等	S_3	100	3.0	10.0	3.0	5.0	5.0
五等	S_3	100	大致相等	—	—	—	—

（四）水准测量的注意事项

水准测量工作中的粗心大意和疏忽，都会发生错误，为公路工程建设带来损失，例如附合气泡不吻合、尺子立得不垂直、立尺点变动等都会使测量结果产生错误。因此，在进行水准测量时，应精力集中、仔细认真。为了保证水准测量质量，在进行水准测量时应特别注意以下几点。

（1）用复合法测量水准点高程时，测站应尽量架在两点中间。

（2）仪器要安置稳妥，在松散地方架设仪器时，脚架一定要踩牢；来回走动照准标尺读数时不要碰动脚架；架设仪器尽量避免骑腿；随时检查脚螺旋有没有拧紧。

（3）测设施工控制水准线路时，应使用 3m 水准标尺一对。尽量避免使用塔尺，而且旧的塔尺接头处分划误差很大。一般情况下，塔尺可用于等外水准测量。

（4）扶尺员一定要把尺子立在点位上，且垂直于地。为避免尺子前倾后仰，左歪右斜，可在尺边挂垂球控制。

（5）读数时，一定要用微倾螺旋使附合气泡两个半边气泡吻合。读数时要果断、稳准，切不可三心二意犹豫不定，而且不应凑数。用自动安平水准仪读数时，一定要使圆气泡居中。

（6）转点要选在坚硬牢固的路边石等处，若用尺垫一定要踩牢踩稳，转动尺面要提起尺子轻提轻放。

（7）用塔尺进行水准测量时，一定要每节拉到位。测量过程中要经常检查抽出的尺有没有滑落。

（8）读数后必须立刻记在手簿上，不应记在心中或记录随意，不得靠回忆补记。记录要整洁、清晰、真实。记错应整齐划掉，重新记录，不得涂改。

（9）转站时，一定要检查本站记录、计算正确无误，各项限差符合《规范》要求，才可挪动仪器迁站。

（10）为了避免仪器受烈日暴晒，测量时要打伞。夏季中午气流不稳定，仪器横丝跳动，不宜进行水准测量。

（11）施工水准点的测量精度必须满足《规范》规定的“水准测量精度要求”，详见表 4-1。水准测量作业过程中的各项限差必须满足“水准测量的限差要求”，详见表 4-8。

第七节　复测（加密）水准测量的计算

一、水准测量近似平差计算方法步骤

公路工程施工段水准复测和加密施工水准点时，采用近似平差方法计算水准点的高程。

所谓水准测量近似平差，就是将水准线路的高程闭合差，按水准线路长度或测站数成比例地进行分配，对所测高差进行改正，然后根据改正后的高差，求得各水准点的最后高程。

实践中，公路水准测量近似平差计算，按下述方法步骤进行。

第一步：准备水准测量平差计算表。

通常情况下，业主都会提供此表样表。如果业主没提供样表，则可用经监理认可的表格进

行计算,否则,会造成返工现象。

第二步:准备起算要素。

(1)附合水准测量平差计算的已知起算数据有:

①起算水准点的高程;

②终止水准点的高程。

(2)闭合水准测量平差计算的起算数据是:起点与终点是同一点的高程。

(3)复测支水准路线平差计算的起算数据是:一个已知水准点的高程。

水准测量路线平差计算的起算数据,从业主提供的"水准点成果要表"中抄取。

注意:从已知"水准点成果表"中抄取数据时,必须正确无误。应养成复核习惯,保证所抄数据正确无误。

第三步:准备观测要素。

水准测量观测要素包括:

(1)水准实测高差。

(2)测站数。

(3)测段距离。

这些数据取自水准测量时的外业记录手簿。要求对手簿进行200%检查,即记录者检查一次,计算者再检查一次,确认无误后方可取用。

注意:抄取高差时,应取用往、返测高差的中数,高差符号应以往测为准。

第四步:绘制外业水准路线草图。

水准路线草图是水准测量外业观测和内业计算的辅助工具(图4-2)。

在草图上应注明已知水准点名及高程,注明各相邻点间实测高差及距离(或测站数)注明水准路线往、返测方向。

第五步:计算实测高差总和。

第六步:计算已知高差总和。

第七步:计算线路高差闭合差。

第八步:计算线路高差闭合差允许值。

第九步:当计算的水准线路高差闭合差小于允许的高差闭合差时,方可计算高差改正数。

第十步:对实测高差进行改正计算。

第十一步:计算水准点平差后高程。

第十二步:编制水准点成果表。

第十三步:上报监理测量工程师审批。

二、水准测量近似平差计算基本公式

公路施工水准路线近似平差计算基本计算公式如下。

(1)计算水准路线实测高差总和$\sum h_{测}$

$$\sum h_{测}=h+h_2+h_3+\cdots+h_i \tag{4-23}$$

式中:h_i——水准路线每测段实测高差或每测站高差。

(2)计算水准路线起、终点已知高差$\sum h_{已}$

①对于附合水准路线：

$$\sum h_{已}=H_{终}-H_{起} \tag{4-24}$$

②对于闭合水准路线：

$$\sum h_{已}=H_{终(起)}-H_{起(终)}=0 \tag{4-25}$$

(3)计算水准路线的高差闭合差 h

①对于附合水准路线：

$$h=\sum H_{测}-\sum H_{已} \tag{4-26}$$

②对于闭合水准路线：

$$h=\sum H_{测}-0=\sum H_{测} \tag{4-27}$$

③对于支水准路线：

$$h=\sum H_{往}-\sum H_{返} \tag{4-28}$$

(4)计算路线允许的高差闭合差 $h_{容}$

各等级水准测量的高差容许闭合差限差值见表 4-9。水准测量的高差闭合差在表 4-1 规定的范围内，则认为是合格的。若超规定的限度，则应先检查计算，再检查手簿记录及计算，最后外业返工。

高差容许闭合差的限差要求　　表 4-9

路线种类 / 等级	路一往返测闭合差(mm)	附(闭)合路线闭合差(mm)
三等	$\pm 12\sqrt{K}$	$\pm 12\sqrt{L}$
四等	$\pm 20\sqrt{K}$	$\pm 20\sqrt{L}$
五等	$\pm 30\sqrt{K}$	$\pm 30\sqrt{L}$

注：K 为相邻两水准点间距离，单位：km；
　L 为附(闭)路线的长度，单位：km。

(5)计算高差改正数 V_h

水准测量近似平差一般以相反的符号按相邻两点间的测站数成正比改正，或按路线距离成正比改正。即：

$$V_h=-\frac{h}{\sum n_i}\cdot n_i \tag{4-29}$$

或

$$V_h=-\frac{h}{\sum D_i}\cdot D_i \tag{4-30}$$

式中：h——高差闭合差；

n_i——相邻两水准点间测站数；

$\sum n_i$——路线测站数总和；

D_i——相邻两水准点间的距离；

$\sum D_i$——路线距离总和。

(6)计算改正后的高差(h_i)

$$(h_i)=h_i+V_{h_i} \tag{4-31}$$

检查

$$\sum(h_i)=\sum h_{已} \tag{4-32}$$

式中：$\sum(h_i)$——改正后高差的总和。

(7)计算施工水准点高程(平差值)

$$\left.\begin{aligned} H_1 &= H_{已起}+h_1 \\ H_2 &= H_1+h_2 \\ &\vdots \\ H_{终计} &= H_i+h_i \end{aligned}\right\} \tag{4-33}$$

检查

$$H_{终计}=H_{终已} \tag{4-34}$$

式中：$H_{已起}$——水准路线起点已知高程；

$H_{终已}$——水准路线终点已知高程；

$H_{终计}$——水准路线经平差后的终点计算高程。

注意：当计算的水准路线高差闭合差小于规范允许的高差闭合差时，才可继续往下计算。若超限，则应检查原因。实践中，检查的顺序是：检查计算→检查数据(观测高差取用、已知高程取用)→检查手簿→外业重测。

三、水准测量平差计算程序[1]

(一)单一水准路线平差计算程序

公路施工是在一条狭长地带进行的，根据这一特点，施工标段复测、加密水准点时常用单一附合水准路线。闭合水准路线则很少使用。

1. 文件名：SZJS(水准计算)

2. 程序清单

```
"P"? P:"D"? D:"A"? A:"B"? B↵
8→DimZ ↵                                    (程序执行前应根据未知点数修改)
D+1→D ↵
0→N:0→F:0→M ↵
Lbl 0 ↵
N+1→N ↵
"C"? C:"K"? K ↵
C→Z[2N-1]:F+C→F ↵
K→Z[2N]:M+K→M ↵
If N<D:Then Goto 0:IfEnd ↵
If P=1:Then 0.02√(M)→W:Else 0.025√(M)→W:IfEnd (程序执行前应按水准等级修改)
```

[1] 本程序适用5800P/9750GⅡ型计算器。

```
"M=":M ◢                                              (测站和或路线长和)
"W=":W ◢                                              (高差闭合差允许值)
"F=":F+A-B→F ◢                                        (高差闭合差)
If Abs (F)<W:Then-F÷M→V:Else Goto E:IfEnd ↵
0→N:A→G ↵
LbI 1
"N=":N+1→N ◢                                          (未知水准点序号)
"H=":VZ〔2N〕→H ◢                                      (高差改正数)
"T=":Z〔2N-1〕+H→T ◢                                   (改正后的高差)
"G=":G+T→G ◢                                          (高程平差值)
If N<D:Then Goto 1:IfEnd ↵
B→G ↵
LbI E
```

程序中：

P——$P=1$ 代表平坦地区，其余数字代表山地；

D——未知水准点数量；

A——水准路线起始点高程；

B——水准路线终止点高程；

C——测段高差；

K——测段路线长度(km)或测站数；

W=——规范规定的高差闭合差允许值；

F=——实测的高差闭合差；

M=——测站和或路线长和；

N=——未知水准点序号；

H=——高差改正数；

G=——未知水准点平差后的高程。

3. 程序功能及注意事项

(1)本程序可进行单一附合水准路线平差计算，也可计算单一闭合水准路线，只是在计算闭合水准路线时，需将路线终点高程输入为起点高程。

(2)程序执行时 P? 输入 1，为计算平坦地区水准路线，此时 K 应输入测段路线长，单位为 km，如 170m，应输入 0.170。

(3)P? 输入 2，为计算山岭重丘区的水准路线，此时 K 可输入测段测站数，也可输入测段路线长，但应按规范规定设置高差闭合差允许值。

(4)程序执行前，应对下述两行重新设计。

①8→DimZ，程序中是按 3 个未知点设置的。计算时应根据实际的未知点数，进行修改。例如未知点个数为 n，则应将其修改为数值 $2(n+1)$，如，$n=5$，则修改为 12→DimZ。

②程序中水准路线高程闭合差的允许值是按照四等水准测量设置的，即 P=1，设置为 $0.02\sqrt{(M)}\rightarrow W$；P=2，设置为 $0.025\sqrt{(M)}\rightarrow W$，计算时应按水准路线的实际等级修改。

(二)单结点水准网平差计算程序

1. 单结点水准网的水准测量

单结点水准测量的概念如图 4-6 所示。

图 4-6a)中，A、B、C 是三个已知水准点，K 是未知点(加密点)。

为了求得 K 点的高程，必须知道：

(1)已知数据：A、B、C 三点的已知高程 H_A、H_B、H_C。

(2)观测数据：即水准测量数据。

①$A\sim K$ 的高差 H_{AK}，$A\sim K$ 的距离 L_{AK}或测站数；

②$B\sim K$ 的高差 H_{BK}，$B\sim K$ 的距离 L_{BK}或测站数；

③$C\sim K$ 的高差 H_{CK}，$C\sim K$ 的距离 L_{CK}或测站数。

由此可知，单结点水准测量的外业工作就是：用水准仪测量 $A\sim K$ 的高差，$B\sim K$ 的高差和 $C\sim K$ 的高差。

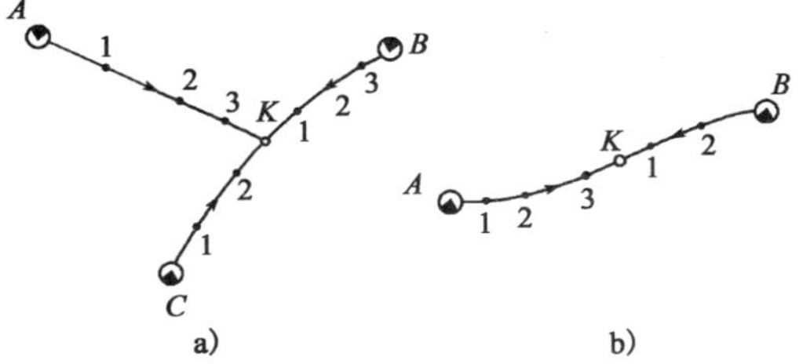

图 4-6　单结点水准测量概念示意图

如图 4-6b)所示是由两个已知点 A 及 B 发展一个结点 K，这是最简单的结点水准网。当采用附合水准测量方法加密施工标段水准点，高差的闭合差较大，但在规范允许值内时，可在路线中部选一结点，采用单结点平差法计算，这样可减小误差积累，提高水准点质量。

2. 结点高程计算的常规公式

$$\left.\begin{aligned} H_K{}' &= H_A + h_{AK} \qquad P_1 = \frac{1}{L_{AK}} \\ H_K{}'' &= H_B + h_{BK} \qquad P_2 = \frac{1}{L_{BK}} \\ H_K{}''' &= H_C + h_{CK} \qquad P_3 = \frac{1}{L_{CK}} \end{aligned}\right\} \tag{4-35}$$

$$H_K = \frac{K_K{}'P_1 + H_K{}''P_2 + H_K{}'''P_3}{P_1 + P_2 P_3} \tag{4-36}$$

式中：$H_K{}'$、$H_K{}''$、$H_K{}'''$——由 A、B、C 计算的 K 点近似高程；

P_1、P_2、P_3——水准路线的权，等于路线距离的倒数；

H_K——结点 K 的平差值。

当计算出结点 K 平差后的高程，接着可把水准路线分成 n 条单一附合水准路线，如图 4-1a)所示，分为 $A\sim K$、$B\sim K$、$C\sim K$ 三条，图 4-1b)分为 $A\sim K$、$B\sim K$ 两条。然后按附合水准平差方法计算 n 条水准路线加密的水准点。

3. 单结点水准网平差计算程序

该程序由刘楚彦、张京礼编辑，发表在《CASIO f_x—5800P 可编程计算器测绘计算实用程序》(广州：华南理工大学出版社，2008.3)一书上。

本书对原程序进行了改编。改编后的程序语句短，容易输入，不易出错，使之在生产中更为实用。

(1)文件名:SZJDJS(水准结点计算)

(2)程序清单

①主程序。

```
"T"? T ↵
T→Q:T→U ↵
0 →O:0→P ↵
LbI1 ↵
prog"DJS"↵
O+R→:P+S →P ↵
DSZ Q ↵                         (DSZ:递减。按FUNCTION 3 ▼ ▼ 1)
Goto 1 ↵
"K=":O÷P→K ◢                    (结点平差后的高程)
0→M:0→P ↵
LbI:4 ↵
Prog"JWS"↵
M+E→M:P+1÷Z→P ↵
DSZ T ↵
Goto 4 ↵
√(M÷(U−1))→M ↵
"M=":M÷√(P) ◢                   (结点的高程中误差)
"OK"
```

②子程序 1:(输入结点数，输入测段高差及距离)。

文件名:DJS

```
"D"? D ↵
0→G:0→Z ↵
LbI 0 ↵
"H"? H:"C"? C:"C"?"L"? L ↵
G+C→G:Z+L→Z ↵
DSZ D ↵
Goto 0 ↵
H+G→R:1÷Z→S:SR→R
```

③子程序2:(输入未知点间高差、距离,计算V、I、HN)。

文件名:JWS

```
"H"? H:"F"? F:"D"? D↵
16→DimZ↵                                  (使用程序时,按未知点个数×2设置)
0→G:0→Z:0→N↵
Lbl 2↵
N+1→N↵
"C"? C:"L"? L↵
C→Z〔2N〕:G+C→G↵
L→Z〔2N+1〕:Z+L→Z↵
N<D⇒Goto 2↵
H+G+K→W↵
"W=":W→W◢
                                          (单一附合水准路线高差闭合差)
ifW<F√(Z):Then WW÷Z→E:-W÷Z→W:Else "Stop:FXC=":F√(Z)◢
                (Stop:强制终止执行,按FUNCTION 3 ▼ ▼ ▼ ▼ 3)
IfEnd↵
o→N↵
Lbl 3↵
"N=" :N+1→N◢                               (未知水准点序号)
"V=":WZ〔2N-1〕→V◢                 (单一附合水准路线水准点间高差改正数)
"I=":Z〔2N〕+V→I◢
"HN=":H+I◢                                 (水准点平差后高程)
N<D⇒Goto 3
```

上述程序中:

①第一步,计算结点 K 的高程时,符号意义如下:

T——计算结点 K 时水准路线的条数,如图4-6a)所示,T 输入3;图4-6b)中,T 输入2;

D——计算结点 K 点时,每条水准路线起点的高程,如图4-6所示的 H_A、H_B、H_C;

C——计算结点 K 点时,每条水准路线各水准点间高差总和,即整条水准路线的高差;

L——计算结 K 点时,每条水准路线各水准点间距离总和(单位:km),即整条水准路线的距离;

K=——结点平差后的高程。

②第二步,计算各单一附合水准路线上的水准点高程时,符号意义如下:

H——每个单一附合水准路线起点的高程;

F——高差闭合差的限差参数,例如四等水准限差为 $\pm 20\sqrt{L}$,则 $F=0.020$;

D——每个单一附合水准路线上加密水准点的个数(含结点),如图4-6a)所示的 $A\sim K$ 中水准点个数 $D=4$,$B\sim K$ 中水准点个数 $D=4$,$C\sim K$ 中水准点个数 $D=3$;

C——每个单一附合水准路线上加密水准点间的高差；

L——每个单一附合水准路线上加密水准点间的距离或测站数(距离以 km 为单位)；

W=——单一附合水准路线的高差闭合差；

V=——水准点间高差 C 的改正数；

I=——改正后的高差；

HN=——单一附合水准路线上各水准点的高程平差值；

M=——结点的高程中误差。

另外，程序中：

S、P——表示各水准路线的权；

"STOP:FXC"——误差超限提示。

③程序功能及注意事项。

本程序使用代权平均值的理论，对单一结点的水准网进行平差计算工作。

程序执行前，应对额外变量重新设置，设置时应按两倍的未知水准点数设置，如 8 个水准点，则设置为 16→DimZ。

程序执行分两步进行，第一步计算结点 K 的平差高程；第二步计算由线点 K 与各已知水准点组成的附合水准路线上各水准点的平差高程。读者可按程序符号意义逐步输入即可正常执行程序。

显示"STOP:FXC=××"时，说明水准路线误差超限，应查明原因，重新启动程序计算。

四、复测支水准路线计算程序

1. 文件名:FCSZJS(复测水准计算)

2. 程序清单

```
"P"? P:"A"? A ↵
n→DimZ ↵
P→P ↵
0→N:0→K ↵
LbI 0 ↵
N+1→N ↵
"B"? B ↵
B→2〔2N-1〕:K+B→K ↵
IF N<P:Then Goto 0:IF End ↵
0→N:A→Q ↵
LBI 1 ↵
"N=":N+1→N ◢
"Q=":Q+〔2N-1〕→Q ◢
IF N<P:Then Goto 1:IF End ↵
A→Q ↵
"OK"
```

程序中：

R——未知水准点个数；

A——支水准路线起始点高程；

B——支水准路线上水准点间高差；

N——未知水准点(加密点)的序号；

Q——未知水准点高程。

3. 程序功能及注意事项

(1)本程序可计算复测支水准路线上加密水准点的高程。

(2)程序执行前，应对添加额外变量重新设置，程序 n→DimZ 中 n 等于未知水准点数×2，如 P=5，则 n=10，即 10→DimZ。

五、水准测量平差计算案例

(一)水准平差计算方法选择的依据

一个施工标段进行水准平差计算时，可根据本施工标段公路等级、水准测量等级按表 4-10 选择水准平差计算方法。

水平测量平差计算方法选择的依据 表 4-10

公路等级	水准测量等级	水准路线最大长度(km)	每公里高差中数中误差(mm)	往返较差，附合或环形闭合差(mm)		检测已测测段高差之差	水准测量平差方法
				平原微丘区	山岭重丘区		
高速公路、一级公路	四等	16	±10	$\pm 20\sqrt{L}$	$\pm 6.0\sqrt{n}$ $\pm 25\sqrt{L}$	$\pm 30\sqrt{L_i}$	“SZJS”或“SZJDJS”程序
二级及三级以下公路	五等	10	±16	$\pm 30\sqrt{L}$	$\pm 45\sqrt{L}$	$\pm 40\sqrt{L_i}$	“SZJS”或“SZJDJS”程序

注：1. 计算往返较差时，L 为水准点间的路线长度(km)；

2. 计算附合或环形闭合差时，L 为附合或环形路线的长度(km)；

3. n 为测站数；

4. L_i 为检测测段长度(km)。

当一个施工标段面设两条或两条以上同精度的水准路线时，水准测量平差计算应采用同一种方法，不应两种方法混用。

(二)水准测量平差计算程序的选用及修改

单一附、闭合水准测量平差计算可选用 5800P/9750GⅡ单一水准路线平差程序：SZJS 程序。

单一结点水准网平差计算可选用 5800P/9750GⅡ单结点水准网平差计算程序：SZJDJS 程序。

程序执行前，应按前述第三节的程序功能及注意事项的要求，对程序进行修改。否则，程序执行时，不能正常运行。

(三)附合水准测量平差计算案例

1. 案例背景

本案例是广东省中山市东部快线工程项目部测量室布设的三条水准路线中的一条附合水准路线。

水准等级：四等。

施测方法：采用复合水准测量法，两次往测，变仪高同方向测两次。

测量仪器：国产天津 DS32 型自动安平水准仪，标尺采用 3m 双面（黑红两面）水准标尺。标尺常数：1 号尺 4687，2 号尺 4787。

2. 采用 5800P/9750GⅡ“SZJS”程序进行附合水准路线平差计算的方法步骤

（1）准备水准平差计算表格 P“水准测量平差计算表”（表 4-11）是广东省中山市东部快线工程业主下发的表格。

水准测量平差记录表　　表 4-11

点名	高差(m)			距离(m)(或测站)	改正值 V (min)	改正后高差 h (m)	高程(m)	备　注
	$h_{往1}$	$h_{往2}$	$h_{中}$					
①	②	③	④	⑤	⑥	⑦	⑧	⑨
GE09							2.397	GE09
	−0.204	−0.205	−0.2045	120.8	−0.00136	−0.20586		
670-1							2.19114	670-1
	−0.358	−0.360	−0.359	195.4	−00220	−0.36120		
669							1.82995	669
	0.007	0.008	0.0075	151.9	−0.00171	0.00579		
S13							1.8357	S13
	0.050	0.050	0.050	172.7	−0.00194	0.04806		
670							1.8838	670
	0.233	0.232	0.2325	175.2	−0.00197	0.23053		
S14							2.114	S14
	−0.150	−0.150	−0.150	144.3	−0.00162	−0.15162		
671							1.9627	671
	0.002	0.002	0.002	136.1	−0.00153	0.00047		
S15							1.9632	S15
	−0.024	−0.024	−0.024	136.5	−0.00153	−0.02553		
672							1.9376	672
	−0.001	−0.002	−0.0015	126.2	−0.00142	−0.00292		
S16							1.9347	S16
	0.252	0.253	0.2525	110.8	−0.00125	0.25126		
673							2.1860	673
	0.088	0.090	0.089	114.2	−0.00128	0.08772		
S17							2.2737	S17
	0.622	0.622	0.622	108.4	−0.00122	0.62078		
674							2.8945	674
	0.788	0.789	0.7885	72.8	−0.00082	0.78768		
S18							2.6822	S18
	−0.428	−0.427	−0.4275	61.1	−0.00069	−0.42819		
675							3.2540	675
	0.258	0.257	0.2575	161.6	−0.00182	0.25568		
676							3.5097	676
	0.366	0.369	0.3675	165.4	−0.00186	0.36564		
S19							3.8753	S19
	0.400	0.400	0.400	114.9	−0.00129	0.39871		
S20							4.2740	S20
	−0.150	−0.150	−0.150	267.5	−0.00301	−0.15301		
119							4.121	119
辅助计算	1. $\sum h_{往1}$：1.751 2. $\sum h_{往2}$：1.754 3. $\sum h_{中}$：1.7525	4. $\sum h_{已}$：1.724 5. f_h：0.285 6. $f_{h允}$：$\pm 20\sqrt{L}=\pm 32$mm	$\sum D$：2535.8 $\sum V$：−0.0285					

计算：　　　　复核：　　　　监理：　　　　日期：

（2）准备观测要求。

把经过 200％检查的外业观测手簿上的高差、测站或距离，抄录在表4-11相应栏中（见表 4-11 中等②、③、④、⑤列），并抄录在外业水准测量草图上，如图 4-7 所示。

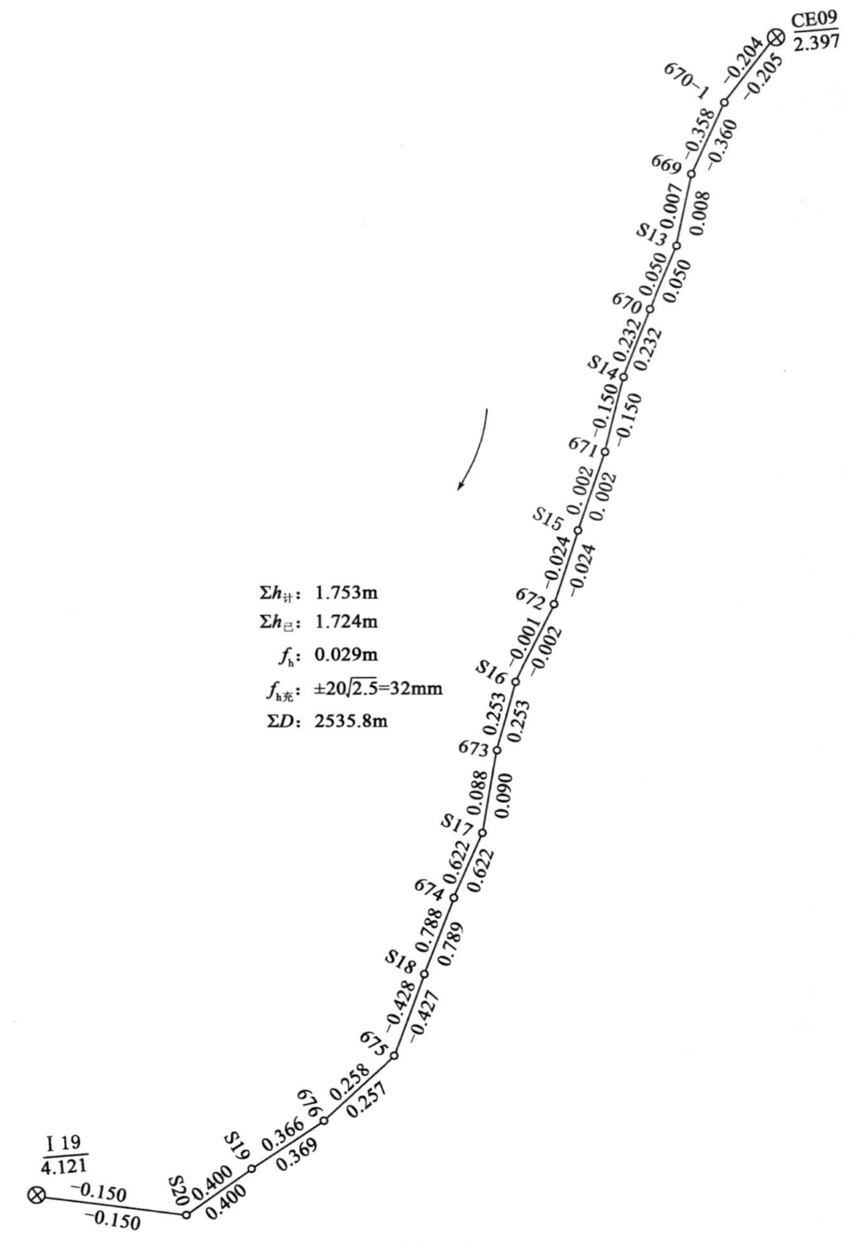

图 4-7　附合水准外业观测草图

(3)准备起算数据。

从“水准点成果表”中取用起算数据，直接抄录在表 2-3 已知点那一行的高程栏，见表 4-11 第 1 第⑧列，H=2.397，第 19 行第⑧列，H=4.121，并抄录在外业测量草图已知点位旁，如图 4-7 所示。

(4)绘水准测量外业草图(图 4-7)。

将往、返测高差抄写在草图上，在草图上进行高差闭合差计算。若在草图上计算的高差闭合差小于规范允许值，则在表 4-11 中进行平差计算。

(5)采用 58000P/9750GⅡ“SZJS”程序进行平差计算。

①对程序中相关语句进行修改。

a. 本例中有 17 个未知点，则用：2×(17+1)→DimZ，即 36→Dimz。

b. 本例是四等水准，则用 P=1，0.02 $\sqrt{M}$→W，P=2，0.025 $\sqrt{M}$→W。

②程序执行操作方法步骤如下。

a. 按AC键，开机，清除屏幕上次关机时保留的内容。

b. FILE ▲ ▼键，选择文件名：SZJS。

c. EXE键，按屏幕提示输入。

显示 P?，输入 1(平地水准输入 1，山地水准输入 2)；

显示 D?，输入未知点个数，本例为 17 个复测(加密)点；

显示 A?，输入水准线路起点高程，本例 A=2.397；

显示 B?，输入水准线路终点高程，本例 B=4.121；

至此，附合水准线路起算数据输入完成，以下输入观测数据。

d. EXE键，按屏幕提示输入。

显示 C?，输入测段高差：−0.2045；

显示 K?，输入测段距离：0.1208(单位：km)；

显示 C?，输入测段高差：−0.359；

显示 K?，输入测段距离：0.1954；

显示 C?，输入测段距离：0.0075；

显示 K?，输入测段距离：0.1519；

显示 C?，输入测段距离：0.050；

显示 K?，输入测段距离：0.1727；

显示 C?，输入测段高差：0.2325；

显示 K?，输入测段距离：0.1752；

显示 C?，输入测段高差：−0.150；

显示 K?，输入测段距离：0.1443；

显示 C?，输入则段高差：0.0002；

显示 K?，输入测段距离：0.1361；

显示 C?，输入测段高差：−0.024；

显示 K?，输入测段距离：0.1365；

显示 C?，输入测段高差：−0.0015；

显示 K?，输入测段距离：0.1262；

显示 C?，输入测段高差：0.2525；

显示 K?，输入测段距离：0.1108；

显示 C?，输入测段高差：0.089；

显示 K?，输入测段距离：0.1142；

显示 C?，输入测段距离：0.622；

显示 K?，输入测段距离：0.1084；

显示 C?,输入测段高差:0.7885;
显示 K?,输入测段距离:0.0728;
显示 C?,输入则段高度:－0.4275;
显示 K?,输入测段距离:0.0611;
显示 C?,输入测段高差:0.2575;
显示 K?,输入测段距离:0.1616;
显示 C?,输入测段高差:0.3675;
显示 K?,输入测段距离:0.1654;
显示 C?,输入测段高差:0.400;
显示 K?,输入测段距离:0.1149;
显示 C?,输入测段高差:－0.150;
显示 K?,输入测段距离:0.2675;
至此,观测数据输入完成,以下显示平差计算结果。

e. EXE,按照屏幕显示的下列计算结果,将数据抄录在表 4-11 相应栏中。

M＝2.5358 (附合线路总长,以 km 为单位)
W＝0.0318 (线路高差规范允许值)
F＝0.0285 (实测高差闭合差)
N＝1 (序号 1 未知点,下同)
H－0.00136 (高差改正值,下同)
T＝－0.36120 (改正后的高差,下同)
G＝1.82995
N＝3
H＝－0.－00171
T＝0.00579
G＝1.83574
⋮
N＝17
H＝－0.00129
T＝0.39871
G＝4.2740
N＝18
H＝－0.00301
T＝－0.15301
G＝4.121

至此,计算结束。关机。

(四)"结点法"进行水准测量平差计算案例

1. 案例背景

以图4-8为例，本例是广东省中山市东部快线工程项目部布设的三条水准路线中的另一条附合水准路线。水准等级、施测方法、测量仪器同前例。

本案例采用"结点法"进行平差计算。

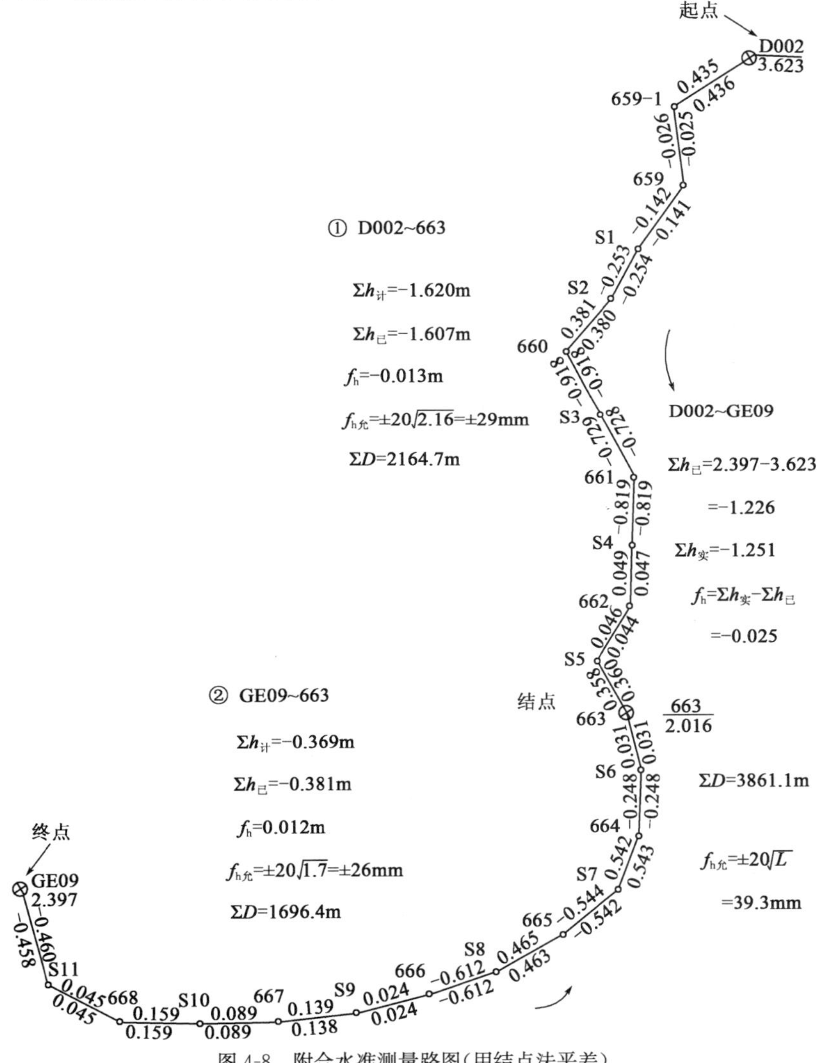

图4-8　附合水准测量路图(用结点法平差)

图4-8中：

水准路线起点：D002(相邻标段的水准点)；

水准路线终点：GE09(本标段的水准点)；

水准路线线结点：663。

此路线有三条单一附合路线：

(1)D002～GE02，全长3861.1m，高速闭合差 $f_h = -0.025$。

(2)D002～663，全长 2164.74，高程闭合差 f_h＝－0.0013。

(3)GE09～663，全长 1696.4m，高程闭合差 f_h＝0.012。

2. 采用 5800P/9750GⅡ"SZJDJS"程序进行"结点法"水准路线平差计算的方法步骤

(1)准备水准平差计算表，见表 4-12 和表 4-13。

单结点法水准路线平差计算 1 表 4-12

点名	高差(m)			距离(m)	改正值 V(mm)	改正后高差(m)	高程(m)	备注
	$h_{往1}$	$h_{往2}$	$h_{中}$					
D002							3.623	D002
	0.435	0.436	0.4355	598.1	0.00332	0.43882		
659-1							4.0618	659-1
	－0.026	－0.025	－0.0255	154.1	0.00086	－0.02465		
659							4.0372	659
	－0.142	－0.141	－0.1415	147.7	0.00082	－0.14068		
S1							3.8964	S1
	－0.253	－0.254	－0.2535	109.5	0.00061	－0.25289		
S2							3.6436	S2
	0.381	0.380	0.3805	184.5	0.00102	0.38152		
660							4.0251	660
	－0.918	－0.918	－0.918	151.1	0.00084	－0.91716		
S3							3.10797	S3
	－0.729	－0.728	－0.7285	140.2	0.00078	－0.72772		
661							2.3802	661
	－0.819	－0.819	－0.819	140.9	0.00078	－0.81822		
S4							1.5620	S4
	0.049	0.047	0.048	218.6	0.00121	0.04921		
662							1.6112	662
	0.046	0.044	0.045	200.8	0.00112	0.04612		
S5							1.6574	S5
	0.358	0.360	0.359	119.2	0.00066	0.35966		
663							2.0170	663
辅助计算	1. $\sum h_{计}=-1.620$ 2. $\sum h_{已}=-1.607$ 3. $f_h=-0.012$ 4. $f_{h_{允}}=\pm 20\sqrt{L}=\pm 29$mm			$\sum D=2164.7$ $\sum V=0.012$			起点 D002：3.623 终点 GE09：2.397 结点 663：2.0170	

计算： 复核： 监理： 日期：

单结点法水准路线平差计算 2 表 4-13

点名	高差(m)			距离(m)	改正值 V(mm)	改正后高差(m)	高程(m)	备注
	$h_{往1}$	$h_{往2}$	$h_{中}$					
GE09							2.397	GE09
	－0.460	－0.458	－0.459	114.3	－0.00074	－0.45974		
S11							1.9373	S11
	0.045	0.045	0.045	105.5	－0.00068	0.04432		
668							1.9816	668
	0.159	0.159	0.159	112.2	－0.00073	0.1583		
S10							2.1399	S10
	0.089	0.089	0.089	183.5	－0.00119	0.0878		
667							2.2277	667
	0.139	0.138	0.1385	142.4	－0.00092	0.1376		
S9							2.3652	S9
	0.024	0.024	0.024	162.0	－0.00105	0.0230		
666							2.3882	666
	－0.612	－0.612	－0.612	168.2	－0.00109	－0.6131		
S8							1.7751	S8
	0.465	0.463	0.464	166.3	－0.00108	0.4629		
665							2.2380	665
	－0.544	－0.542	－0.543	152.5	－0.00099	－0.5440		
S7							1.6940	S7
	0.542	0.543	0.5425	163.3	－0.00106	0.5414		
664							2.2354	664
	－0.248	－0.248	－0.248	116.1	－0.00075	－0.2488		
S6							1.9867	S6
	0.031	0.031	0.031	110.1	－0.00071	0.0303		
663							2.0170	663
辅助计算	1. $\sum h_{计}=-0.369$ 2. $\sum h_{已}=-0.380$ 3. $f_h=0.011$ 4. $f_{h_{允}}=\pm 20\sqrt{L}=\pm 26$mm			$\sum D$：1696.4 $\sum V$：－0.011			起点 D002：3.623 终点 GE09：2.397 结点 663：2.017	

计算： 复核： 监理： 日期：

(2)观测数据、起算数据的准备同前例。

(3)绘外业水准测量草图,如图 4-8 所示。

(4)采用和 5800/9750GⅡ“SZJDJS”程序进行平差计算

①对程序中相关语句进行修改,本程序中有 22 个未知点,则用:2×22→DimZ,即 44→DimZ。

②程序执行操作方法步骤如下。

按[AC]键,开机,清除屏幕上次关机时保留的内容。

按[FILE][▲][▼]键,选择文件名:SZJDJS。

按[EXE]键,按屏幕提示输入。

显示 T?,输入计算结点的水路线条数:2。

显示 D?,输入结点个数:1。

显示 H?,输入第一条水位路线起点 D002 的高程:3.623。

显示 C?,输入第一条水位路线外业观测的高差总和:-1.620。

显示 L?,输入第一条水准路线外业观测距离总和:2.1647。

显示 D?,输入结点个数:1。

显示 H?,输入第二条水准路线起点 GE02 的高程:2.397。

显示 C?,输入第二条水准路线外业观测的高差总和:-0.369。

显示 L?,输入第二条水准路线外业观测的距离总和:1.6964。

至此,计算结点 663 的第 1 条、第 2 条外业观测数据输入完成。下面显示结点 663 的平差高程。

按[EXE]键,显示:K=2.01702(结点 663 平差值)。

至此,结点 663 的高程已计算完成。现在已将水准路线分成两条水准路线,即 D002~663 和 GE09~663,以下分别计算这两条路线上各未知点的平差高程。

按[EXE]键,按照屏幕提示输入。

显示 H?,输入 D002~663 这条水准路线的起点 D002 高程:3.623。

显示 F?,输入四等水准路线高差闭合差允许值规范规定的系数:0.020。

显示 D?,输入 D002~663 这条水准路线上未知点的个数(含结点):11。

显示 C?,输入 D002~663 路线上第一个水准点间高差:0.4355。

显示 L?,输入 D002~663 路线上第一个水准点间距离:0.5981。

显示 C?,输入 D002~663 路线上第二个水准点间高差:-0.0255。

显示 L?,输入 D002~663 路线上第二个水准点间距离:0.1541。

显示 C?,输入 D002~663 路线上第三个水准点间高差:-0.1415。

显示 L?,输入 D002~663 路线上第三个水准点间:0.1477。

显示 C?,输入 D002~663 路线上第四个水准点间高差:-0.2535。

显示 L?,输入 D002~663 路线上第四个水准点间距离:0.1095。

⋮

显示 C?,输入 D002~663 路线上第十一个水准点间高差:0.359。

显示 L?,输入 D002~663 路线上第十一个水准点间距离:0.1192。

至此,D002~663 这条路线上外业观测的各水准间高差、距离输入完成。下面显示计算结果。

按EXE键，显示：

W＝－0.01202 （D002～663 路线外业观测高差闭合差）
N＝1 （D002～663 路线上第一个水准点，下同）
V＝0.00332 （第一个高差改正值，下同）
I＝0.43882 （改正后的高差，下同）
HN＝4.0618 （第一个水准点的平差值，下同）
N＝2
V＝0.00086
I＝－0.02465
HN＝4.0372
N＝3
V＝0.0082
I＝－0.14068
HN＝3.8964
N＝4
V＝0.0061
I＝0.25289
HN＝3.6436
N＝5
V＝0.00102
I＝0.38152
HN＝4.02513
N＝6
⋮
N＝10
V＝0.00112
I＝0.04612
HN＝1.6574
N＝11
V＝0.00066
I＝0.35966
HN＝2.017

至此，D002～663 路线上水准点高程平差值计算完成，计算结果见表 4-12。以下进行 CE09～663 水准路线上未知点高程平差计算。

按EXE键，按照屏幕显示输入。

显示 H?，输入 GE09 的高程：2.397。

显示 F?，输入高差闭合差允许值系数 0.020。

显示 D?，输入 GE09～663 路线上未知点个数(含结点)：12。

显示 C?，输入 GE08～663 路线上第一个水准点间高差：−0.459。

显示 L?，输入 GE08～663 路线上第一个水准点间距离：0.1143。

显示 C?，输入 GE08～663 路线上第二个水准点间高差：0.045。

显示 L?，输入 GE08～663 路线上第二个水准点间距离：0.1055。

显示 C?，输入 GE08～663 路线上第三个水准点间高差：0.159。

显示 L?，输入 GE08～663 路线上第三个水准点间距离：0.1122。

⋮

显示 C?，输入 GE08～663 路线上最后一点高差：0.031。

显示 L?，输入 GE08～663 路线上最后一点距离：0.1101。

至此，GE09～663 这条路线上外业观测的各水准点间高差、距离输入完成。下面显示计算结果：

```
W=0.01098
N=1
V=−0.00074
I=−0.45974
HN=−1.9373
N=2
V=−0.00068
I=0.04432
HN=1.9816
N=3
V=0.0073
I=0.1583
HN=2.1399
⋮
N=11
V=−0.00075
I=−0.2488
HN=1.9867
N=12
V=−0.00071
I=0.0303
HN=2.0170
```

至此，GE09～663 路线上水准点高程平差值计算完成，计算结果见表 4-13。

(五)闭合水准路线平差计算案例

1. 案例背景

以图 4-9 为例，算例数据见表 4-14。

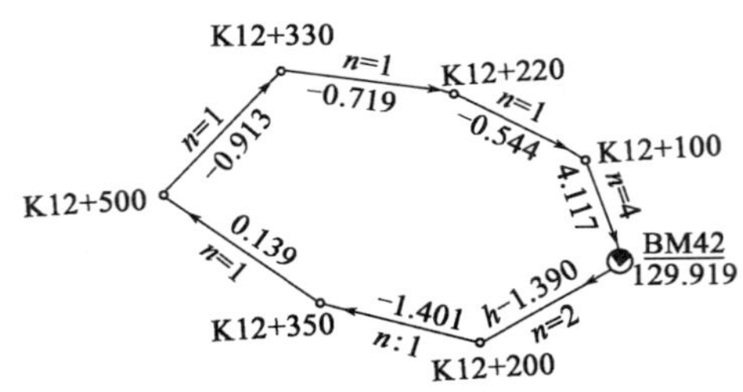

图 4-9　闭合水准路线外业观测草图

(闭合)水准路线平差计算表　　表 4-14

点名	高差(m) $h_{往}$	$h_{返}$	$h_{中}$	测站	改正数 V (mm)	改正后高差 (m)	高程(m)	备注
BM42							129.919	BM42
	−1.390			2	−2	−1.392		
+200							128.527	+200
	−0.401			1	−1	−0.402		
+350							128.125	+350
	−0.139			1	−1	−0.140		
+500							127.985	+500
	−0.913			1	−1	−0.914		
+330							127.071	+330
	−0.719			1	−1	−0.720		
+220							126.351	+220
	−0.544			1	−1	−0.545		
+100							125.806	+100
	4.117			4	−4	4.113		
BM42							129.919	BM42
辅助计算	1. $\sum h_{计}=0.011$ 2. $\sum h_{已}=0.000$　　$M=11$ 3. $f_h=0.011$　　$\sum D=1.08$　　起点 BM42：129.919 4. $f_{h允}=\pm 0.03\sqrt{1.08}=31$m							

计算：　　复核：　　监理：　　日期：

此例选自京福高速公路江西境内南城县上圹镇第四施工加密的一条施工水准路线。

该水准路线从已知水准点 BM42 开始，发展了 6 个施工水准点，最后又闭合到已知水准点 BM42。

这是一条典型的单五闭合水准路线。

水准路线起、终点：BM42。

加密施工水准点：6 个。

水准路线全长：1.08km。

测站数：11 站。

水准等级：五等。

施测方法：采用复合水准测量法，一次往测。

测量仪器：天津 S3 型，标尺采用 5m 塔尺。

2. 平差方法步骤

(1)采用 5800PV9750GⅡ“SZJS”程序。

(2)计算工具：5800P/9750GⅡ型计算器。

(3)计算表格准备、观测数据准备、起算数据准备、绘外业观测略图等，参阅本节“三”。

(4)程序执行方法步骤。

①对程序中相关语句进行修改。

本例中 6 个未知点，则用：2×(6+1)→DimZ，即 14→DimZ；

本例是五等水准，则用：$P=1$，$\pm 0.03\sqrt{1.08}$；$L=1.08$。

②程序执行操作方法步骤，同本节“三”。

注意：应把闭合水准路线当作附合水准路线处理。由于闭合水准路线的起点、终点是同一点，所以在输入终点高程时，应输入起点高程。程序操作：略。读者可自己练习。

计算结果见表 4-14。

(六)复测水准路线平差计算案例

1. 实例背景

以图 4-10 为例，该案例是江西省崇义县官田乡至聶都乡公路改造工程中测设的施工复测支水准路线。

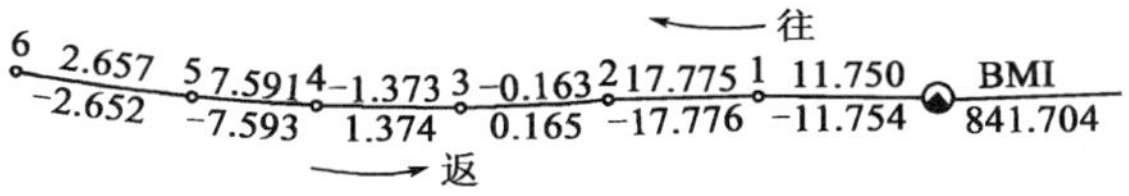

图 4-10　复支水准路线外业草图

水准等线：五等。

施测方法：由于只有一个起始点高程，采用往、返复测支水准方法，发展施工水准点 6 个。

施测仪器：S3 型水准，标尺用塔尺。

路线全长：1.1km。

2. 采用 5800P/9750GⅡ“FCSZJS”程序平差计算

(1)水准平差计算表，见表 4-15。

(2)观测数据、起算数据、计算结果见表 4-15。

复测支水准路线平差计算表　　表 4-15

点名	高差(m)			距离或测站	改正数 V (mm)	改正后高差 (m)	高程	备注
	$h_{往}$	$h_{返}$	$h_{中}$					
BMI							841.704	BMI
	11.750	−11.754	11.752					
1							853.456	1
	17.775	−17.776	17.7755					
2							871.232	2
	−0.163	0.165	−0.164					
3							871.068	3
	−1.373	1.374	−1.3735					
4							869.694	4
	7.591	−7.593	7.592					
5							877.286	5
	2.657	−2.652	2.6545					
6							879.941	6

计算：　　复核：　　监理：　　日期：

(3)外业观测草图,如图 4-10 所示。

(4)5800P/9750GⅡ“FCSZJS”程序执行操作方法步骤。

①设置程序中 n→DimZ,本例中有 6 个未知点,则 $n=6\times2$,即 12→DimZ。

②程序执行操作方法步骤:

按AC键,开机,清除屏幕上次关机时保留的内容。

按EXE键,按屏幕提示输入。

显示 P?,输入加密水准点个数:6。

显示 A?,输入起点高程:841.704。

显示 B?,输入水准路线上水准点间高差(下同):11.752。

显示 B?,输入:17.7755。

显示 B?,输入:－0.164。

显示 B?,输入:－1.3735。

显示 B?,输入:7.592。

显示 B?,输入:2.6545。

至此,起算数据、观测数据输入完成。以下显示计算结果。

按EXE键,显示:

N=1(水准路线上加密水准序号,下同)

Q=853.456(加密水准点 1 的平差值,下同)

N=2

Q=871.232

N=3

Q=871.068

N=4

Q=869.694

N=5

Q=877.286

N=6

Q=879.941

至此,程序计算完成。关机。

注意:计算中输入高差时,须注意的是,高差符号以往测高差的符号为准。

六、编制水准点高程成果表

水准点内业计算结束,应编制水准点高程成果表。以方便施工测量中查用。

“水准点高程成果表”样表见表 4-16。

第一列:序号,水准点个数编号,注明有多少个水准点。

第二列:点名,即水准点的编辑名称。

第三列:高程,即水准点的高程。

第四列:相对路线位置,即水准点点位相对于施工标段的公里里程,方便查找。

第五列：所在地，即水准点所在位置的标志，例如石头、桥头左、田坎头木椿上等，方便查找。

水准点成果表　　表 4-16

序　号	点　名	高程(m)	相对位置	所　在　地
1	D002	3.623	一标	香蕉堤中部
2	658	4.059	YK55+110 右	治安亭前
3	659	4.036	YK54+958 右	联盛搅拌厂 2 号电杆前
4	S1	3.985	ZK54+818 左	砖厂宿舍前
5	S2	3.642	ZK54+710 左	砖厂路右角
6	660	4.023	ZK54+521 左	肉联厂电杆前 1m
7	S3	3.106	ZK54+376 左	水泥路边 0.7m
8	661	2.380	YK54+230 右	Y160 墩中线右 4.0m
9	S4	1.561	ZK54+050 左	混凝土路边 0.8m
10	662	1.610	YK53+871 右	Y147 墩中线右 5.0m
11	S5	1.659	ZK53+711 左	混凝土路边 0.6m
12	663	2.016	YK53+550 右	Y134 墩中线右 5.0m
13	S6	1.982	Y53+436 右	混凝土路边 0.8m
14	664	2.009	Y53+322 右	Y125 墩中线右 5.0m
15	S7	2.270	Y53+170 右	马路边 0.7m
16	665	2.234	Y53+007 右	4 号变压器墙角前
17	S8	1.776	ZK52+840 左	马路边 0.7m
18	666	2.388	Y52+672 右	Y100 墩中线右 5.0m
19	S9	2.360	ZK52+520 左	混凝土路边 0.65m
20	667	2.225	Y52+368 右	Y88 墩中线右 5.0m
备注				

第八节　复测(加密)水准点成果的报批

一、复测(加密)水准点成果报批的程序

施工单位对业主设计部门移交的水准点经过外业复测、内业计算的成果或是施工单位自己加密的水准点成果，必须上报给业主委托的监理单位的测量监理工程师审批。测量监理工程师认为有必要到现场检核测量的，施工单位测量工程师应积极配合测量监理工程师外业检测。

按照规定，经测量监理工程师审批同意的水准点成果才能在施工全过程中应用。

一般情况下，复测(加密)水准点成果报批的程序如下。

(1)施工单位测量工程师自测自检,包括外业复测(加密)和内业计算。

自检认为符合设计规范要求,然后上报监理部门的测量工程师。

(2)监理单位测量工程师全部检测或抽检,包括外业检测和内业计算检核。

测量监理工程师审核合格后签字批复。

二、施工单位复测(加密)水准点成果上报的资料表格

以广东中山市东部快线工程二标承建单位中国建筑股份有限公司上报的资料表格为例,其样式如下。

(1)水准点复测(加密)报验单(业主下发的报表)(表 4-17)。

(2)水准点复测(加密)的报告。例如《关于水准点联测(复测)的报告》(注:联测指与相邻标段水准点联测,见附件 3-1,测量人员根据实况编写)。

(3)水准点测量报表(业主下发的报告,见表 4-18)。

(4)施工增加水准点测量计算表(业主下发的报告,见表 4-19)。

施工放样报验单 表 4-17

项目名称:××××公路中山市东部快线工程

施工单位:中国建筑股份有限公司 合同段:

监理单位:厦门中平工程监理咨询有限公司 编 号:

<table>
<tr><td colspan="4">致(监理工程师):
根据合同要求,业已完成______水准点联测(复测)______施工放样工作,清单如下,请予查验。

承包人: 日期:</td></tr>
<tr><td>桩号或位置</td><td>工程或部位名称</td><td>放 样 内 容</td><td>备 注</td></tr>
<tr><td>K50+020～K55+340</td><td>中山东部快线工程</td><td>水准点联测(复测)</td><td></td></tr>
<tr><td></td><td></td><td></td><td></td></tr>
<tr><td></td><td></td><td></td><td></td></tr>
<tr><td></td><td></td><td></td><td></td></tr>
<tr><td></td><td></td><td></td><td></td></tr>
<tr><td></td><td></td><td></td><td></td></tr>
<tr><td></td><td></td><td></td><td></td></tr>
<tr><td colspan="4">附件:测量及放样资料
1. D002～GE09 附合水准测量、计算资料;
2. GE09～I19 附合水准测量、计算资料;
3. 四等水准测量记录表</td></tr>
<tr><td colspan="4">监理员意见:</td></tr>
<tr><td colspan="4">结论:

专业监理工程师: 日期:</td></tr>
</table>

水准点测量报表

表 4-18

编号：

<table>
<tr><td>工程名称</td><td colspan="2">中山东部快线工程</td><td>施工单位</td><td colspan="2">中国建筑股份有限公司</td><td>合同段</td><td>二标</td></tr>
<tr><td>桩号或范围</td><td colspan="2"></td><td>监理单位</td><td colspan="2">厦门中平工程监理咨询有限公司</td><td>公路等级</td><td></td></tr>
<tr><td>水准点编号</td><td>设计高程（m）</td><td>实测高程（m）</td><td>偏差（mm）</td><td>水准点编号</td><td>设计高程</td><td>实测高程</td><td>偏差</td></tr>
<tr><td>GE09</td><td>2.397</td><td>2.397</td><td>0</td><td></td><td></td><td></td><td></td></tr>
<tr><td>S11</td><td>1.936</td><td>1.937</td><td>1</td><td></td><td></td><td></td><td></td></tr>
<tr><td>I668</td><td>1.983</td><td>1.981</td><td>−2</td><td></td><td></td><td></td><td></td></tr>
<tr><td>S10</td><td>2.139</td><td>2.139</td><td>0</td><td></td><td></td><td></td><td></td></tr>
<tr><td>I667</td><td>2.225</td><td>2.227</td><td>2</td><td></td><td></td><td></td><td></td></tr>
<tr><td>S9</td><td>2.360</td><td>2.365</td><td>−5</td><td></td><td></td><td></td><td></td></tr>
<tr><td>I666</td><td>2.388</td><td>2.388</td><td>0</td><td></td><td></td><td></td><td></td></tr>
<tr><td>S8</td><td>1.776</td><td>1.775</td><td>−1</td><td></td><td></td><td></td><td></td></tr>
<tr><td>I665</td><td>2.234</td><td>2.238</td><td>4</td><td></td><td></td><td></td><td></td></tr>
<tr><td>S7</td><td>1.684</td><td>1.694</td><td>10</td><td></td><td></td><td></td><td></td></tr>
<tr><td>I664</td><td>2.229</td><td>2.235</td><td>6</td><td></td><td></td><td></td><td></td></tr>
<tr><td>S6</td><td>1.982</td><td>1.986</td><td>4</td><td></td><td></td><td></td><td></td></tr>
<tr><td></td><td></td><td></td><td></td><td></td><td></td><td></td><td></td></tr>
<tr><td></td><td></td><td></td><td></td><td></td><td></td><td></td><td></td></tr>
<tr><td></td><td></td><td></td><td></td><td></td><td></td><td></td><td></td></tr>
<tr><td></td><td></td><td></td><td></td><td></td><td></td><td></td><td></td></tr>
<tr><td>闭合差</td><td colspan="7">$f_h=12mm$</td></tr>
<tr><td>允许误差</td><td colspan="7">$f_{h允}$ ±26mm</td></tr>
<tr><td>自检意见</td><td colspan="7"></td></tr>
<tr><td>监理意见</td><td colspan="7"></td></tr>
</table>

测量：　　计算：　　复核：　　总工程师：　　项目经理：　　测量日期：

施工增加水准点测量计算表

表 4-19

编号：

工程名称	中山东部快线工程	施工单位	中国建筑股份有限公司	监理单位	厦门中平工程监理咨询有限公司		合同段	二桥	公路等级	一级
测量范围	中山东部快线工程榄横路高架桥 Y51+850～Y55+320			日期	2010.4	水准仪型号	DS32	水准尺	双面 3m 木尺	
序号	施工水准点 BM			引用设计时路线水准点 BM			L(KM)或 n(个)	$\Delta_{允许}$ (mm)	$\Delta_{测}$ (mm)	
	编号	位置	高程	编号	位置	高程				
12	I663	K53+540 右	2.016	D002	一标香蕉堤	2.623	3.883	±39	−25	说明： 1. L 及 n 为 BM 间的测量距离或测站数； 2. $\Delta_{容}$ 为容许闭合差或附合差；$\Delta_{测}$ 为实测的闭合差或附合差
13	S5	K53+659	1.659	GE09	YKS1+858 桥	2.397				
14	I662	K53+867 右	1.610							
15	S4	K54+086 右	1.561							
16	I661	K54+221 右	2.380							
17	S3	K54+361 右	3.106							
18	I660	K54+519 左	4.023							
19	S2	K54+629 左	3.642							
20	S1	K54+739 左	3.895							
21	I659	K54+957 右	4.036							
22	I659-1	K55+110 右	4.059							
监理意见										

测量：　　　　复核：　　　　监理工程师：　　　　测量日期：

(5)水准点成果表(自编)(表 4-16)。

(6)以下是附件资料。

①D002～GE09 复测附合水准测量计算资料:

a. D002～GE09 附合水准测量略图(图 4-8)。

b. D002～GE09 附合水准测量路线结点法平差计算表(表 4-12～表 4-13)。

c. D002～GE09 附合水准测量外业四等水准测量记录表(表 4-7)。

②GE09～I19 加密附合水准测量计算资料:

a. GE09～I19 加密附合水准测量略图(图 4-8)。

b. GE09～I19 加密附合水准测量平差计算表(表 4-11)。

c. GE09～I19 加密附合水准测量外业水准测量记录表(表 4-7)。

附:关于水准点联测(复测)的报告

为了检核业主移交给我标段水准点成果的正确性,保证我标段与相邻标段线路施工中采用统一的高程系统,满足全线高程设计要求,我们以相邻标段的水准点成果为起算数据,对我标段的水准点进行联测(复测),下面将这一工作报告如下。

1. 水准点联测(复测)方案

(1)以一标段的 D002 水准点为起算点,我标段的 GE009 水准点为终止点,布设一条附合水准路线。

(2)以我标段的 GE09 水准点为起算点,以三标段的 I19 水准点为终点,布设一条附合水准路线。

(3)以 GE09 为起、终点,布设一条闭合水准路线。

2. 联测(复测)仪器

(1)天津 SEOP DS32 型自动安平水准仪(2010 年 3 月广州检测)。

(2)黑、红两面 3m 水准标尺及尺垫。

3. 施测方法

按四等水准测量精度要求,二次设站同方向往测,水准记录表见附件。

4. 联测(复测)水准点计算

(1)高差取用往测二次平差值。

(2)高差闭合差与距离成正比分配改正。

(3)水准点平差计算见附件。

从上表分析:我标段内的水准点精度符合四等水准测量精度标准。

5. 要求

(1)业主对我标段 K50+000 至 K52+000 段布设平面及高程控制点。

(2)业主移交的 Z001 点位高程与实际点位高程不符,经过我们联测,实际点位的高程应是 4.121m,点名应是 I19,而不是 Z001。请业主核实。

6. 联测(复测)精度

线路名称	点名	高程(m)	高差闭合差(m)			距离(m)	允许闭合差 $\pm 20\sqrt{L}$
			实测 h	已知 h	Δh		
D002～GE09附合水准路线	D002	3.623	−1.251	−1.226	−0.025	3882.9	±0.039
	GE09	2.397					
GE09～119附合水准路线	GE09	2.397	1.753	1.724	0.029	2563.2	±0.032
	I19	4.121					
GE09～GE09闭合水准路线	GE09	2.397	−0.001	0.000	−0.001	2017.5	±0.028
	GE09	2.397					

注:按四等水准测量精度标准。

中国建筑股份有限公司

中山市东部快线二标

二○一○年四月十二日

第五章

现代线路工程施工测量放样数据的计算

第一节 现代线路工程施工测量放样数据概述

施工单位进驻工地后，施工测量一方面要做好线路控制点（导线点及水准点）移交、现场勘验、导线点与水准点的复测和加密工作，另一方面必须做好施工放样数据的准备工作。

线路施工放样实践中，放样数据准备有以下两大块。

(1)核(复)算业主及设计单位提供的图纸资料中点位的坐标数据和高程数据。

(2)现场计算放样点位的坐标数据和高程数据。

对于主线路和副线路(匝道或支线)，由于施工是分层(路基、底基层、基层和路面层)分标段(每个施工单位只承建每层的某一段)进行的，因此，施工测量员应根据本单位所承建的任务(例如路基等)，核算和计算所需要放样的放样数据，主要包括以下几个方面。

(1)每一施工层的中桩坐标和高程。

(2)与该中桩同一横断面的边桩的坐标和高程。

(3)加桩的中桩和边桩的坐标和高程。

(4)每一横断面路堤的坡脚坐标和路堑的堑顶(开挖点)的坐标。

一般情况下，设计单位提供的主副线路放样数据只是每隔一定距离(如25m)的中桩坐标和高程；施工单位为了方便施工必须计算出本施工标段与中桩同一横断面的边桩的坐标和高程。另外还要根据现场施工需要在现场现算出任一加桩的中桩及边桩的坐标和高程。

对于涵洞(圆管涵、盖板涵、通道箱涵等)，设计单位提供的放样数据是：

(1)涵洞中轴线与线路中线的交点的里程桩号和夹角(正交或斜交)。

(2)涵洞各结构层的设计高程。

这就要求，现场施工测量员必须计算出：

(1)涵洞中轴线与线路中线交点的坐标。

(2)涵洞中轴线两端点的坐标。

(3)涵洞底层基础几何角点的坐标。

对于桥梁(含高架桥)，设计单位提供的放样数据是：

(1)桥梁墩桩中轴线与线路中线(又叫设计线)的交点的里程桩号及夹角(正交或斜交)。

(2)桥梁墩桩的中心点的坐标。

(3)桥梁各结构件的设计高程(如桥柱顶面设计高程、系梁面的设计高程、桥面设计高程等)。

这就要求现场测量员必须:

(1)核算桥梁墩柱中心点坐标。

(2)核算桥梁墩柱中心顶面设计高程。

(3)计算支座垫石中心坐标。

(4)计算支座垫石顶面设计高程。

(5)现场计算放样桥墩柱底部中心于系梁上时必需的辅助点的坐标。

对于排水沟(边沟),设计单位一般只提供:

(1)排水沟(边沟)中心点至线路中线的距离及里程桩号。

(2)排水沟(边沟)沟底部设计高程及坡度。

这就要求现场测量员现算沟底中心点的坐标。

计算平面施工放样数据的依据是:

(1)直线、曲线及转角表提供的交点里程桩号及坐标和曲线元素。

(2)线路线元数据表提供的线元段起、终点里程桩号,半径,方位角,长度及线路转向。

(3)逐桩坐标表。

(4)桥墩柱坐标表。

(5)涵洞的里程桩号及夹角。

(6)导线点坐标。

计算高程施工放样数据的依据是:

(1)纵坡竖曲线表提供的变坡点里程桩号及变坡点高程、纵坡坡度等。

(2)路线纵断面图提供的逐桩里程桩号、路面设计高程、中线纵坡度、竖曲线要素、缓和曲线超高要素等。

(3)路面横断面结构图提供的路面各结构层的厚度、路拱横坡度、路宽等。

(4)路基设计表提供的路面设计高程、变坡点高程及桩号、纵坡度、竖曲线要素等。

这些数据可与“路线纵断面图”的相关数据对照校核。

线路施工放样数据是线路施工的极重要依据。计算(复算)时,如果因粗心、疏忽等造成计算错误,会为线路建设造成重大经济损失。所以施工测量员在计算(复算)施工放样数据时,应该特别认真仔细,计算的成果全部要经第二人检查。若有条件,则最好两人对算;或采用不同方法、不同起算数据验算。计算的成果应整理在施工放样专用笔记本上,不能随便乱记在别的地方。

线路施工放样数据计算的工具,在现阶段实践中常用的是:

(1)可编程的科学计算器,例如日本卡西欧 f_x-5800P 型计算器,f_x-9750GII型计算器。

(2)电脑软件。

(3)利用设计单位提供的电子版设计图。

(4)全站仪的程序计算功能。

这几种线路施工测量计算工具,经实践应用对比,作者推荐现场测量员使用可编程科学计算器。这种计算器体积小、重量轻、易携带，且价格便宜，更重要的是它可在外业施工现场随机计算任意点的坐标和高程。当然，一个高素质的测量员，应会使用各种计算工具，外业内业都会计算。这样用不同方法验算放样数据的正确性，可保证放样数据正确无错，从而保证工程质量。

第二节　现代线路施工高程放样数据的准备

现代线路的线形是由直线、圆曲线、竖曲线、缓和曲线超高段等组成的。计算高程放样数据时，应分别计算。

一、线路直线段，不设超高的圆曲线段高程放样数据的计算

1. 计算依据

设计图上的线路，直线段是前后相邻变坡点之间的距离；圆曲线是直圆（ZY）到圆直（YZ）之间的距离。计算线路直线段、圆曲线段上任一中桩设计高程的依据是：

（1）线路纵坡变坡点的里程。

（2）线路纵坡变坡点的高程。

（3）线路纵坡变坡点两侧的纵坡度。

计算前述任一中桩同一横断面左右边桩点的设计高程的依据是：

（1）中桩的设计高程。

（2）中桩至左、右边桩的距离。

（3）中桩两侧的横坡度。

当施工段是直线，没有变坡点时，可采用直线段上任一点的桩号及高程为依据。建议采用该直线段起点或终点的里程桩号及设计高程。

2. 计算范围

图 5-1 是设计图上表示相邻纵坡段连接的示意图。

图中 K251＋240、K251＋610、K251＋900 是前、中、后三个变坡点，相应高程是：180.269m、182.426m、174.886m。连接相邻纵坡段的是三条竖曲线，定名为前竖曲线、中竖曲线及后竖曲线。

由于竖曲线段上的设计高程需另行计算，所以计算相邻纵坡段设计高程时，必须弄清楚计算范围。

由图 5-1 知，中间变坡点（K251＋610）两侧直线段（含不设超高的圆曲线段）的计算范围如下。

（1）前纵坡计算范围是 K251＋364.68 至 K251＋530.42m 这一直线段，即前竖曲线终点里程桩号 K251＋364.68m 至中竖曲线起点里程桩号 K251＋530.42m 之间为：

$$530.42-364.68=165.74\text{m}$$

（2）后纵坡计算范围是 K251＋689.58 至 K251＋818.00m 这一直线段。即中竖曲线终点 K251＋689.58 至后竖曲线起点 K251＋818.00m 之间为：

$$818.00-689.58=128.42\text{m}$$

清楚了计算范围，还必须弄清前、后纵坡的坡度大小及坡度符号的正(+)、负(−)。

注意：判断坡度正负，应依变坡点为准，上坡为正，下坡为负。

图 5-1 中：

(1)中竖曲线的前纵坡度是−0.583%，后纵坡度是−2.60%；

(2)后竖曲线的前纵坡度是+2.60%，后纵坡度是+1.50%；

(3)前竖曲线的前纵坡度是−3.70%，后纵坡度是+0.583%。

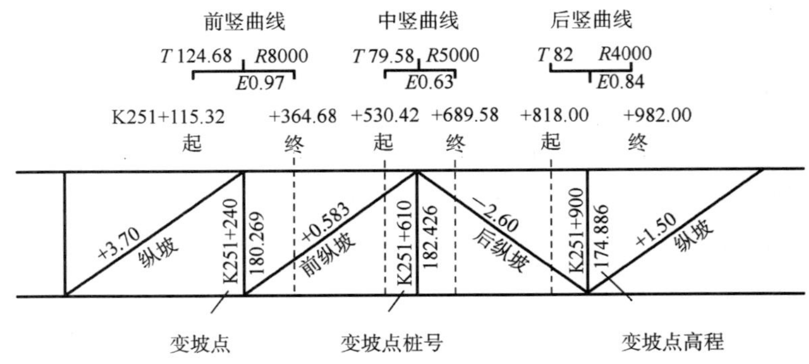

图 5-1 竖曲线相邻纵坡段连接示意图

3. 计算公式

中桩设计高程计算公式：

$$H_{中}=H_{变}+(N-M)\cdot I \tag{5-1}$$

与中桩同一横断面左右边桩设计高程计算公式：

$$H_{边}=H_{左边}=H_{右边}=H_{中}+B\cdot E \tag{5-2}$$

式中：$H_{边}$——线路纵坡变坡点高程；

N——计算段上任一点的里程桩号；

M——变坡点里程桩号；

I——N 所在坡段的设计坡度，上坡取正，下坡取负；

B——路面半幅宽度；

E——路面横坡度，即路拱，取负值。

4. 程序计算

为了方便、快捷、准确地计算线路直线、圆曲线段上任一点的中、边桩高程，可用可编程计算器来计算。

适用于卡西欧 f_x-5800P/9750GII 型计算器的程序清单如下。

文件名：H−ZY(直圆高程计算)

```
"H"? H:"M"? M:"I"? I:"B"? B:"E"? E↵
LBI↵
"N"? N↵
AbS(M−N)→D↵
"A=":H+DI→A◢
"C=":A+BE◢
Goto　O
```

程序中：H——线路直线段、平曲线(不设超高)段上任一点的已知高程，这个点可以是纵坡变坡点；也可是直线，不设超高的平曲线段上任一已知高程的点。

M——已知高程点的里程桩号。

I——N点所在线路纵坡的纵坡度。

B——N点至左、右边桩的距离。

N——线路直线、不设超高的平曲线段上任一点的里程桩号，即所求点的桩号。

D——N点至M点间距离。

A=——N点中桩设计高程。

C=——与N同一横断面的左、右边桩设计高程。

程序功能及注意事项如下：

(1)H−ZY程序可计算线路直线段、不设超高的平曲线段上任一点的中桩设计高程及边桩设计高程。

(2)计算竖直线间直线段、不设超高的平曲线段设计高程时，必须弄清楚：

①计算范围。

②纵坡坡度值及正负号。

③变坡点里程桩号及高程。

5.算例及程序执行操作方法步骤

××二级公路××标段，相邻纵坡段连接如图5-1所示。

本算例是计算中间竖直线前纵坡直线段每隔25m的中桩及边桩的设计高程。

算例中中竖曲线直线段计算范围是K251+364.68至K251+530.42m这一段，其长度为：

$$D=\text{ABS}(M-N)=\text{ABS}(364.68-530.42)=165.74\text{m}$$

采用H−ZY程序计算的成果见表5-1。

采用卡西欧f_x—5800P/9750GII型计算器H−ZY程序计算操作方法步骤如下。

(1)按AC键，开机。

(2)清除上次关机时屏幕保留的内容。

①5800开机后接着按[AC]键清除。(下同)

②9750开机后接着按[MENU][1]键清除。(下同)

(3)选用文件名。

①5800按[FILE][▼][▲]键，选用文件名H−ZY。(下同)

②9750 按MENU 9 ▼ ▲键，选用文件名 H－ZY。(下同)

(4)按EXE键，执行程序，按照屏幕提示，输入相应数据。

显示：

H?，输入变坡点高程，182.426；

M?，输入变坡点桩号，610；

I?，输入前直线段纵坡坡度，－0.583÷100；

B?，输入中桩至边桩距离，8.0；

E?，输入路拱，－0.02。

至此，起算数据输入完成。以下按EXE键，给 N(所求点)输入一个桩号，便可计算出该桩号中桩及边桩设计高程，例如 N 输入 375，则该桩中桩高程为：

$$A=181.056$$

边桩高程为：

$$C=180.896$$

以下重复计算，略。

6. 验算

为了保证计算成果正确无错，应用不同方案验算。

方法一　用不同起算数据，再重新计算一次。

由图 5-1 知，本例计算的 K251＋364.68 至 K251＋530.42 这一直线段，是前变坡点与本变坡点间的共用边，是同一纵坡，只是方向相反。对前变坡点来说，是上坡，纵坡度是＋0.583％；对本变坡点来说，是下坡，纵坡度是－0.583％。所以可以用前变坡点的里程桩号(K251＋240)及高程(180.269)、纵坡度(＋0.583％)为起算数据，再用 H－ZY 程序重计算这一段，若计算结果不大于 0～1mm，则说明计算成果正确，数据可放心用于现场放样。

方法二　逐点传递法验算。

所谓逐点传递法，即后一点以前一点(面向线路前进方向)为起算点，逐点传算下去。

本例中，K251＋375 是第一点，它对于变坡点 K251＋240 来说，其高程为：

$$\begin{aligned}H_{K251+375}&=H_{变}+(N-M)\times I\\&=180.269+(251+375-251+240)\times(0.583\div100)\\&=180.269+135\times0.00583\\&=181.056\end{aligned}$$

K251＋375 以后每隔 25m 一个桩号，所以每隔 25m，高差为一常数，即：

$$\Delta h=25\times0.00583=0.1458\text{m}$$

因此，K251＋375 以后的各点均在前一点的高程上加 $\Delta h=+0.1458$m，就是其中桩的设计高程。例如计算 K251＋400：

$$H_{K251+400}=H_{K251+375}+\Delta h=181.056+0.1458=181.202\text{m}$$

以下各点同理计算。如表 5-1 所示。

线路纵坡设计高程计算　　表 5-1

桩　号	左桩(m)	中桩(m)	右桩(m)	备　注
K251+375	180.896	181.056	180.896	已知数据
+400	181.042	181.202	181.042	$H_{变}=182.426$m
+425	181.187	181.347	181.137	$M=$K251+610m
+450	181.333	181.493	181.333	$I=-0.583\%$
+475	181.479	181.639	181.479	$B=8.0$m
+500	181.625	181.785	181.625	$E=-0.02$
+525	181.770	181.930	181.770	

二、竖曲线段高程放样数据的计算

1. 竖曲线概念

竖曲线的定义详见第一章第六节“(20)”。

竖曲线概念见图 4-3。

竖曲线形状有凸形与凹形两种。判断竖曲线凸凹形式方法如下。

(1)计算法

当 $i_{前}-i_{后}$ 为正值时，是凸形竖曲线；

当 $i_{前}-i_{后}$ 为负值时，是凹形竖曲线。

式中，$i_{前}$、$i_{后}$ 是相邻纵坡的坡度；上坡时 i 取正值，下坡时 i 取负值。计算 $i_{前}-i_{后}$ 时要考虑 i 的符号，其计算结果为代数和。如图 4-1 所示的中竖曲线：

$$i_{前}-i_{后}=0.00583-(-0.026)=0.032$$

计算结果为正值，因此中竖曲线为凸形竖曲线。

再如图 4-1 所示的后竖曲线：

$$i_{前}-i_{后}=-0.026-(0.015)=-0.041$$

计算结果为负值，因此后竖曲线为凹形竖曲线。

(2)图示法

凸形竖曲线在“路线纵断面图”上的表示形式是：

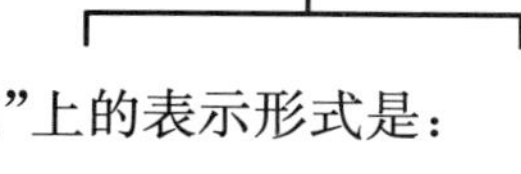

凹形竖曲线在“路线纵断面图”上的表示形式是：

或如图 5-2 所示，变坡点在曲线之下者为凹形竖曲线，变坡点在曲线之上者为凸形竖曲线。

2. 竖曲线要素及竖曲线起终点里程桩号计算程序

(1)竖曲线要素及计算公式

①竖曲线要素。

a. 竖曲线半径 R；

b. 竖曲线切线长度 T；

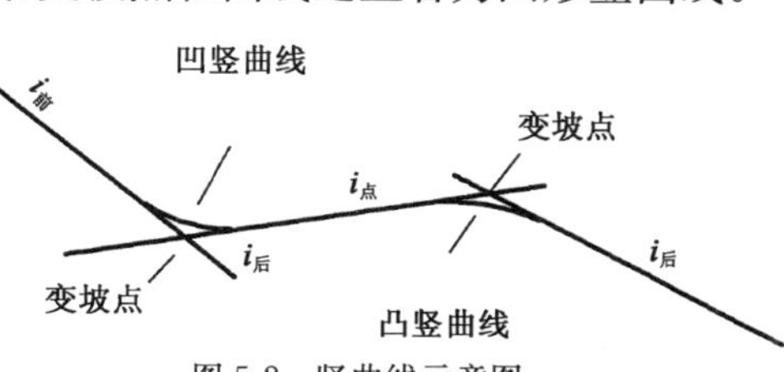

图 5-2　竖曲线示意图

c. 竖曲线长度 L；

d. 竖曲线外距 E。

②竖曲线要素常规计算公式。

《公路工程技术标准》(JTG B01—2003)根据公路等级及地形条件规定了竖曲线半径 R 的极限最小值和一般最小值，其他要素是根据竖曲线半径以及两相邻纵坡的坡度计算出来的。其计算公式是：

$$T = \frac{1}{2}R \cdot (i_{前} - i_{后}) = \frac{1}{2}R \cdot \Delta_i \tag{5-3}$$

式中：R——竖曲线半径；

$i_{前}$——变坡点前纵坡坡度；

$i_{后}$——变坡点后纵坡坡度。

a. 竖曲线长度 L 的计算公式：

$$L = 2T \tag{5-4}$$

式中：T——竖曲线切线长度。

b. 竖曲线外矢距 E 的计算公式：

$$E = \frac{T^2}{2R} \tag{5-5}$$

式中：T 和 R 的意义同上。

(2)竖曲线起终点里程桩号计算公式

$$竖曲线起点里程桩号 = A - T \tag{5-6}$$

$$竖曲线终点里程桩号 = A + T \tag{5-7}$$

式中：A——变坡点里程桩号；

T——竖曲线切线长度。

(3)竖曲线要素及竖曲线起终点里程桩号计算程序清单

f_x—5800 程序清单

文件名：F—TLE

```
LbI 1 ↵
"I"? I : "J"? J : "R"? R : "A"? A ↵
Abs(I－J)→C ↵
"T=" : R÷2×C→T ◢
"L=" : 2T→L ◢
"E=" : T²÷(2R)→ ◢
"P=" : A－T→P ◢
"Q=" : A+T→Q ◢
Goto 1
```

程序中：I——前纵坡坡度，输入时要带符号；

J——后纵坡坡度，输入时要带符号；

B——变坡点桩号；

R——竖曲线半径。

(4)程序功能及注意事项

①本程序起算数据是：竖曲线变坡点两侧的纵坡坡度 I 和 J，竖曲线半径 R，变坡点桩号。

②本程序可计算竖曲线要素 T、L、E 和竖曲线起点桩号 A 及终点桩号 D。

(5)实操案例及程序执行操作步骤

算例起算数据及计算结果见表 5-2。

竖曲线要素及起、终点桩号计算　　表 5-2

变坡点桩号	竖曲线半径 R (m)	前纵坡度 I (%)	后纵坡度 J (%)	竖曲线切线长度 T (m)	竖曲线长度 L (m)	竖曲线外距 E (m)
K251+900	4000	−2.6	1.5	82.000	164.000	0.841
竖曲线起点桩号				竖曲线终点桩号		
K251+818				K251+982		

程序执行操作步骤，略。

3. 竖曲线上点位高程计算的依据

(1)计算竖曲线上中桩点的高程，要依据变坡点里程桩号及高程，相邻坡段的纵坡度，以及竖曲线的半径和切线长。

(2)计算竖曲线上左右边桩的高程，要依据竖曲线中桩高程、中桩至边桩距离和路拱(横坡)。

4. 竖曲线上点位高程计算的范围

计算竖曲线上各点高程时，只能在竖曲线范围内计算，竖曲线外则是直线或平曲线。

计算竖曲线范围是依据竖曲线切线长度 T 和变坡点里程桩号确认的，这些数据是从“路线纵断面图”上获取的。例如，××高速公路，×段有一凹形竖曲线，变坡点的里程桩号是 K129+400，竖曲线切线长度 $T=263$m，则该竖曲线的范围是：

竖曲线起点＝K129＋400－263＝K129＋137

竖曲线终点＝K129＋400＋263＝K129＋663

则该竖曲线计算范围是：

K129＋137～K129＋663

5. 竖曲线上点位高程计算公式

$$H_{竖}=H_{切}\pm y \tag{5-8}$$

式中：$H_{切}$——竖曲线切线(纵坡)上相应于 $H_{竖}$ 的高程。$H_{切}=H_{变}+x\cdot i=H_{变}+\mathrm{Abs}(M-N)I$ 即坡度线上各点的高程；

y——竖曲线上相应于 $H_{竖}$，$H_{切}$ 点的高程差，即 $y=H_{切}-H_{竖}=\frac{x^2}{2R}$，凸竖曲线为负，凹竖曲线为正。$x$ 为竖曲线上各点里程桩号与竖曲线起(终)点里程桩号之间的距离，R 为竖曲线半径；

$H_{竖}$——竖曲线上各点的高程。

在凸竖曲线内：

$$H_{竖} = H_{切} - y \tag{5-9}$$

在凹竖曲线内：

$$H_{竖} = H_{切} + y \tag{5-10}$$

6. 竖曲线上点位高程计算程序清单

(1)文件名：F—H

(2)程序清单

```
Lbi 0 ↵
"H"? H:"A"? A:"T"? T:"R"? R:
"I"? I:"B"? B:"E"? E"Q"? Q ↵
LBI 1
"P"? P ↵
If P≤0:Then Go to 0:If End ↵
Abs(A－P)→x ↵
"Z＝":H＋QXI＋Q(T－X)²÷(2R)→Z ◢
"C＝":Z＋BE ◢
Goto 1
```

程序中：H——变坡点高程；

A——变坡点里程桩号；

T——竖曲线切线长度；

R——竖曲线半径；

I——变坡点两侧纵坡的坡度，上坡取正，下坡取负；

B——半幅路宽；

E——路拱，即路面横坡度；

Q——控制竖曲线凹凸条件，凹输"1"，凸输"－1"；

P——竖曲线上任一点的里程桩号；

X——变坡点到所求点间距离；

Z＝——竖曲线上任一点的中桩高程；

C＝——与 Z 同一横断面的边桩高程。

(3)F—H 程序功能及注意事项

①本程序只能计算竖曲线起点至终点之间的竖曲线上任意一点的中桩及左右边桩的设计高程。

②本程序是将一个竖曲线分为前、后两个半竖曲线来计算竖曲线上任意一点的高程。

前半竖曲线计算范围是，竖曲线起点桩号至变坡点桩号；纵坡坡度用前纵坡度，但要反号。

后半竖曲线计算范围是，竖曲线终点桩号至变坡点桩号；纵坡坡度用后纵坡度。

当计算完前半竖曲线，只要给 P 输入 0 或小于 0 的数，例如－1，则程序自动重新显示：H?，A?，T?，R?，I?，B?，E?，此时，只要给 I 输入后纵坡坡度，即可计算后半竖曲线。

③执行本程序前，应先计算出竖曲线的起点和终点的里程桩号，以便确定计算范围。

④应用本程序前，必须判明竖曲线的凹凸形式。

7. 算例及程序执行操作方法步骤

××二级公路 A2 标段，有一凹竖曲线，其形式及要素见图 5-3。为了施工放样，需要计算出该竖曲线上每隔 10m 的设计高程。

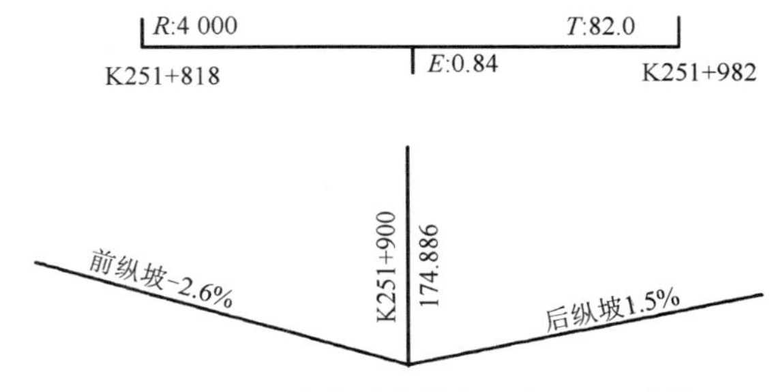

图 5-3　××线路“路线纵断面图”上凹竖曲线

计算结果见表 5-3。

计算在表 5-3 上进行。起算要素见图 5-3。

计算方法如下。

(1)用普通函数型计算器计算

鉴于可编程式科学计算器在乡村公路建设中应用不广泛，下面介绍用普通函数型计算器计算竖曲线上点位高程的方法步骤：

①计算范围及曲线上每隔 10m 点的桩号。

竖曲线起点：K251＋900－82＝K251＋818。

竖曲线终点：K251＋900＋82＝K251＋982。

根据竖曲线计算范围，将竖曲线上每隔 10m 的所求点里程桩号填入第 2 列。

②判断竖曲线凸凹形式如下。

$$W = i_{前} - i_{后} = -0.026 - (+0.015) = -0.041$$

计算结果为负值，说明该竖曲线为凹形。

③计算竖曲线起(终)点至所求点之间距离 x，填入第 6 列。计算变坡点至所求点之间距离 x'，填入第 3 列。

$$x = |所求点桩号－竖曲线起(终)点桩号|$$

$$x' = |变坡点桩号－所求点桩号|$$

④将相邻坡段纵坡 $i_{前}$、$i_{后}$ 填入第 4 列。

⑤计算切线上各点高程 $H'_{切}$ 填入第 5 列。

$$H'_{切} = i \cdot x'_i + H_{变}(i 上坡用正，下坡用负)$$

⑥计算切线上与竖曲线上高程差 y，填入第 7 列。

$$y = \frac{x_i^2}{2R}$$

普通计算器计算竖曲线上任一桩点的高程 表 5-3

点各	桩号	x'	i	$H'=H_{变}+x'i$	x	$y=\frac{x^2}{2R}$	$H=H'\pm y$	$h=bE$	$H_{左边}=H_{右边}$	备注
1	2	3	4	5	6	7	8	9	10	11
起点	K251+818	82		177.018	0	0	177.018	−0.16	176.858	变坡点桩号：K251+900 $H_{变}$=174.886 R=4 000 T=82 E=0.84 前纵坡：−2.690 后纵坡：+1.590 路拱：−0.02 路宽：16m 此竖曲线为：w=−0.026−0.015=−0.041 凹形
	+820	80		176.966	2	0	176.966	−0.16	176.806	
	+830	70		176.706	12	0.018	176.724	−0.16	176.564	
	+840	60		176.466	22	0.060	176.506	−0.16	176.346	
	+850	50	+0.026	176.186	32	0.128	176.314	−0.16	176.154	
	+860	40		175.926	42	0.220	176.146	−0.16	175.986	
	+870	30		175.666	52	0.338	176.004	−0.16	175.844	
	+880	20		175.406	62	0.480	175.886	−0.16	175.726	
	+890	10		175.146	72	0.648	175.794	−0.16	175.634	
变坡点	K251+900			174.886	82	0.840	175.726	−0.16	175.566	
	+910	10		175.036	72	0.648	175.684	−0.16	175.524	
	+920	20		175.186	62	0.480	175.666	−0.16	175.506	
	+930	30		175.336	52	0.338	175.674	−0.16	175.514	
	+940	40		175.486	42	0.220	175.706	−0.16	175.546	
	+950	50	+0.015	175.636	32	0.128	175.764	−0.16	175.604	
	+960	60		175.786	22	0.060	175.846	−0.16	175.686	
	+970	70		175.936	12	0.018	175.954	−0.16	175.794	
	+980	80		176.086	2	0	176.086	−0.16	175.926	
终点	K251+982	82		176.116	0	0	176.116	−0.16	175.956	

⑦在凸形取负值，凹形取正值。

⑧计算竖曲线上所求点高程 H_i，填入第 8 列。

$$H_i = H'_{切i} + y_i$$

⑨路拱坡度×半幅路宽，填入第 9 列。

$$h_{半} = E \cdot b$$

⑩计算边桩高程 $H_{边i}$，填入第 10 列。

$$H_{边i} = H_{左} = H_{右} = H_i - h_i$$

计算前，依据“路线纵断面图”，将竖曲线要素 R、T；变坡点里程桩号、高程；前纵坡、后纵坡；路宽、路拱等填入备注列，以方便使用。

在计算 $H'_{切}$ 时，因为切线上的坡度相同，故只需计算 10m 的高差，然后用逐点传进法由变坡点的两相邻坡段逐点计算 $H'_{切}$。例如，前纵坡每 10m 高差 $x' \cdot i = 10 \times 0.026 = 0.26$m，后纵坡每 10m 高差 $x' \cdot i = 10 \times 0.015 = 0.15$m，则由变坡点高程向两侧逐点传算，至竖曲线起、终点时，再用公式 $H' = H_{变} + x_i$ 计算起(终)点的 H'[式中 x 为竖曲线起(终)点至变坡点之距

离 82m]例如，竖曲线起点 H'=174.886+(82×0.026)=177.018m，竖曲线终点 H'=174.886+(82×0.015)=176.116m。

在计算 y 值时，因 x 值对于变坡点来说是对称的，所以只要计算一个坡段的 y 值，则另一坡段的 y 值是相同的。

(2)用 F—H 程序计算

验算表 5-3 计算结果，此例不另行编制计算表。程序执行操作方法步骤如下。

①按AC键，开机；清除上次关机时屏幕上保留的内容(方法同前)。

②搜寻文件名：F－H，方法同前。

③按EXE键，显示H?，输入变坡点高程：174.886。

④按EXE键，显示A?，输入变坡点里程桩号：900。

⑤按EXE键，显示T?，输入竖曲线切线长 82.000。

⑥按EXE键，显示R?，输入竖曲线半径：4 000。

⑦按EXE键，显示I?，输入前纵坡：0.026(注意符号)。

⑧按EXE键，显示B?，输入半幅路宽：8.00。

⑨按EXE键，显示E?，输入路拱－0.02。

⑩按EXE键，显示Q?，凹形竖曲线输入 1。

⑪按EXE键，显示P?，输入所求点桩号，例如 818.000。

⑫按EXE键，显示Z=177.018(K251+818 中桩高程)。

⑬按EXE键，显示C=176.858(K251+818 左、右边桩高程)。

⑭按EXE键，显示P?，输入另一所求点桩号：820.000。

⑮按EXE键，显示Z=176.967(K251+820 中桩高程)。

⑯按EXE键，显示C=176.807(K251+820 左、右边桩高程)。

以下只要给 P? 输入所求点桩号，即可计算出该点中桩、边桩高程。当前半竖曲线计算完了，只要给 P? 输入“0”，程序自动重新显示 H?，A?，T?，R?，I? (注意应输入后纵坡度)，B?，E?，即可计算后竖曲线，非常方便、实用。

三、线路设计高程计算的直竖联算程序

前述 H—ZY 程序，F—H 程序为施工测量现场计算工作提供了一定方便，但不足的是只能计算各自那一段，不能一并连算直线和竖曲线。为了在施工现场更方便、更直观、更快速地计算出线路直线、平曲线、竖曲线上任意一桩点的设计高程，下面介绍直竖联算程序计算线路设计高程的程序。

1.程序公式

$$G = H - CP + ZF\frac{(T - AbsC)^2}{2R} \tag{5-11}$$

式中：G——线路直线、曲线(平曲线、竖曲线、缓和超高曲线)上任意一点中桩的设计高程；

H——变坡点高程；

C——变坡点至任一点间距离，其值为：C=B－L，B 为变坡点里程桩号，L 为线路上任意一点(所求点)里程桩号；

P、F、Z——控制前纵坡度 I、后纵坡度 J 的条件；

T——竖曲线切线长度，计算机内部计算，不需输入，$T=R\text{Abs}(J-I)/2$，要显示“T”结果，在其方程式后面加显示指令“◢”；

R——竖曲线半径；

Abs——绝对值符号。

2. 程序清单

(1)文件名：ZFLS(直竖联算)

(2)程序清单

```
LBI 0 ↵
"H"? H:"B"? B:"R"? R:"I"? I"J"? J:"N"? N ↵
RAbs(J－I)÷2→T ↵
"A=":B－T→A ◢
"D=":B＋T→D ◢
Lbl 1 ↵
"L"? L:"M"? M:"E"? E ↵
If L≤0:Then Goto 0:If End ↵
B－L→C ↵
1→F ↵
I>J⇒－1→F ↵
If L≤B－T:Then 0→Z:I→P:
Else If L<B:Then 1→Z:I→P:
Else If L<B＋T:Then 1→Z:J→P:
Else If L≥B＋T:Then 0→Z:J→P:
If End:If End:If End:If End ↵
"V=":H－CP＋ZF(T－AbS(C))²÷(2R)→V ◢
"G=":V－N→G ◢
"U=":G＋ME→U ◢
Goto 1
```

程序中：

H? ——变坡点高程；

B? ——变坡点里程桩号；

R? ——竖曲线半径；

I? ——前纵坡坡度，输入时要带符号；

J? ——后纵坡坡度，输入时要带符号；

N? ——路面层至施工层(例如基层、底基层、路基)的厚度；

M? ——中桩至边桩的宽度；

E? ——路拱，即路面横坡度；

V=——路面层设计高程；

G=——施工层设计高程；

U=——与中桩同一横断面左或右桩设计高程。

3.程序功能及注意事项

(1)本程序可计算前竖曲线终点至后竖曲线起点之间线路上(含本竖曲线)任意一点的中桩和边桩的设计高程。

(2)本程序计算范围如下。

图5-4为×××公路"路线纵断面图"上一段施工线路的设计示意图。图上有三个竖曲线，分别称为前竖曲线、本竖曲线(或称中间竖曲线)和后竖曲线。假定以本竖曲线变坡点里程桩号K251+610为起点，则向前可计算至前竖曲线的终点桩号K251+364.68，向后可计算至后竖曲线的起点桩号K251+818；即用"直竖联算程序"可计算的范围是K251+364.68～K251+818.00，在这段范围内的直线、圆曲线、缓和曲线超高段和竖曲线上任意一点的中桩设计高程都可计算。边桩设计高程除缓和超高段需另行计算外，其他直线、圆曲线、竖曲线亦可一并计算。

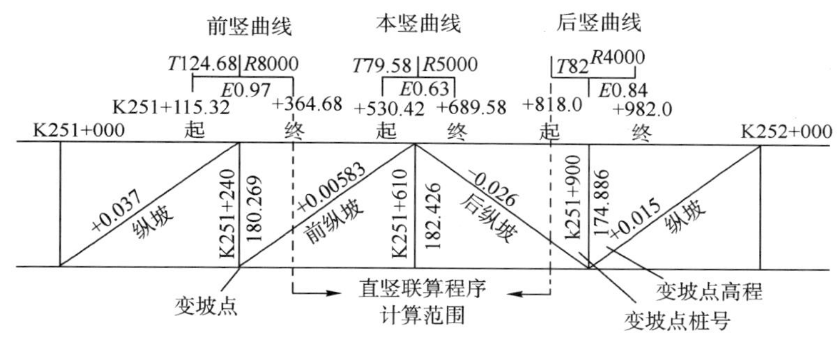

图5-4　直竖联算程序计算示意图

概言之，直竖联算程序计算范围是，公路线路前竖曲线终点桩号至后竖曲线起点桩号之间那一段线路上任意一点的中桩及边桩(除缓和曲线超高段的边桩)的设计高程。

(3)计算时以变坡点里程桩号及高程为起点，计算所需要素是该变坡点相邻两坡段的前纵坡度I、后纵坡度J和变坡点所在竖曲线的半径R。例如在图5-4中，用本竖曲线计算，其变坡点里程桩号是K251+610，变坡点高程是182.426m；前纵坡度是$I=+0.00583$；后纵坡度是$J=-0.026$；竖曲线半径是$R=5000$。

(4)L为计算范围内任意一所求点的里程桩号，计算过程中，只要输入L的桩号，就可计算出所需点的中桩高程。

当L输入"0"时，计算自动中止。需要重新输入起算要素：H?、B?、R?、I?、J? 等。这一功能可帮助我们检查输入的起算数据是否正确，以及进行下一个竖曲线计算时，不需重新找寻文件名，方便操作。

(5)本程序可计算出路面各结构层的中桩、边桩设计高程。此时只要输入各结构层至路面层的厚度"N"就可以了。例如路基至路面层厚度为0.77m，输入$N=0.77$m，则计算的结果就是路基的设计高程。线路建设是分层施工的，而设计单位提供的是路面设计高程，施工单位所需要的却是本施工层的设计高程(放样数据)。本程序的这一功能，就能很方便地、准确地计算出各施工层所需设计高程(放样数据)。

(6)对于缓和曲线超高段，本程序只能计算其中桩设计高程。左、右边桩设计高程则需另外计算。

4. 算例及程序执行操作方法步骤

算例起算数据见图 5-4“本竖曲线”及表 5-4 备注列。用“直竖联算程序”计算结果见表 5-4。

K251＋375～K251＋818 段路基设计高程计算表 表 5-4

	桩号	$H_{左}$(m)	$H_{中}$(m)	$H_{右}$(m)	备注
	K251+375	180.126	180.286	180.126	1. 变坡点高程：H=182.426m 2. 变坡点桩号：B=251.610m 3. 竖曲线要素：R=5 000m　T=79.58m　E=0.63m 4. 起点桩号：+530.42 5. 终点桩号：+680.58 6. 前纵坡：I=0.005 83 7. 后纵坡：J=−0.026 8. 路面层至路基厚度：N=0.77m 9. 路基宽：M=8.0m 10. 路拱：E=−0.02
前直线段	+400	180.272	180.432	180.272	
	+425	180.417	180.577	180.417	
	+450	180.563	180.723	180.563	
	+475	180.709	180.869	180.709	
↑	+500	180.855	181.015	180.855	
	+525	181.000	181.160	181.000	
本竖曲线	+550	181.108	181.268	181.108	
	+575	181.093	181.253	181.094	
	+600	180.954	181.114	180.954	
	+625	180.689	180.849	180.689	
	+650	180.299	180.459	180.299	
	+675	179.785	179.945	179.785	
↓	+700	179.156	179.316	179.156	
后直线段	+725	178.506	178.666	178.506	
	+750	177.856	178.016	177.856	
	+775	177.206	177.366	177.206	
	+800	176.556	176.716	176.556	
	+818	176.088	176.248	176.088	

计算步骤如下。

(1)计算前必须弄清计算范围：

例如，该施工段是 K251＋000～K252＋000，全长 1000m，线路设置了三个竖曲线，一个圆曲线。利用“直竖联算程序”计算该段路基各桩号设计高程时，必须弄清楚(图 5-4)：

①三个变坡点各自的桩号和高程。

②三个竖曲线各自的起点桩号及终点桩号，以及各自的要素。

③三个竖曲线各自的计算范围。

前竖曲线计算范围是：K251＋000～K251＋530.42；

本竖曲线计算范围是：K251＋364.68～K251＋818.00；

后竖曲线计算范围是：K251＋689.58～K252＋000。

这样三个竖曲线，有两段重复计算，它们是：

a. K251＋364.68～K251＋530.42。

b. K251＋689.58～K251＋818.00。

利用此重复计算，可校核计算成果是否正确，以保证计算质量。

(2)因为是路基施工，还必须弄清楚：

①路面层至路基的厚度，本例中 $N=0.77$m。

②路基宽度、路基横坡度(路拱)，本例中 $M=8.0$m，$E=-0.02$。

程序执行操作方法步骤：

①按[AC]键，开机；清除屏幕上次关机时保留的内容(同前)。

②搜索文件名：ZFLS(方法同前)。

③按[EXE]键，显示H?，输入变坡点高程：182.426。

④按[EXE]键，显示B?，输入变坡点里程桩号：610。

⑤按[EXE]键，显示R?，输入竖曲线半径：5000。

⑥按[EXE]键，显示I?，输入前纵坡度：0.00583。

⑦按[EXE]键，显示J?，输入后纵坡度：－0.026。

⑧按[EXE]键，显示N?，输入路面层至路基厚度：0.77。

⑨按[EXE]键，显示A＝530.425(竖曲线起点桩号)。

⑩按[EXE]键，显示B＝689.575(竖曲线起点桩号)。

⑪按[EXE]键，显示M?_，输入中桩至边桩距离：8.0。

⑫按[EXE]键，显示E?_，输入路拱－0.02。

⑬按[EXE]键，显示V＝181.056(K251＋375 路面中桩高程)。

⑭按[EXE]键，显示G＝180.286(K251＋375 路基中桩高程)。

⑮按[EXE]键，显示U＝180.126(K251＋375 路基边桩高程)。

⑯按[EXE]键，显示L?，输入下一个所求点桩号：8.0。

⑰按[EXE]键，显示M?，输入400 中桩至边桩距离：8.0。

⑱按[EXE]键，显示E?，输入400 路拱：－0.02。

⑲按[EXE]键，显示V＝181.202(K251＋400 路面中桩高程)。

⑳按[EXE]键，显示G＝180.432(K251＋400 路基中桩高程)。

㉑按[EXE]键，显示U＝180.272(K251＋400 路基桩高程)。

以下只要给 L? 输入所求点桩号，即可计算出该点中桩、边桩高程。

为了验算计算正确性，可在计算出 K251＋800 桩号的高程后，给 L? 输入“0”，则：

①可输入前竖曲线变坡点要素，$H=180.269$，$B=240$，$R=8\,000$，$I=0.037$，$J=0.005\,83$，重新计算 K251＋375～K251＋525 间各桩号高程。

②或输入后竖曲线变坡点要素 $H=174.886$；$B=900$，$R=4\,000$，$I=-0.026$，$J=0.015$，重新计算 K251＋700～K251＋800 间各桩号高程。

实践证明，直竖联算程序计算线路设计高程方法，在线路施工测量中非常适用，是一个优秀的计算程序。

四、线路中边桩高程计算全线通程序

上述 ZFLS 程序在计算线路高程时，虽然有其优势，但是它只能计算一个竖曲线范围内的点的高程。对于一个施工段来说，一般都有几个竖曲线，这样在计算下一个竖曲线时，又要重新输入下一个竖曲线的起算要素。如果一个施工段有 10 个竖曲线，则要 10 次重新输入起算数据，

这样就显得有些烦琐。为了解决这一问题，作者在实践中，潜心研究出多个变坡点的竖曲线连续计算一个标段的线路上任一点的中、边桩高程程序。这个程序只要把一个施工标段所有竖曲线的起算要素一次性存入数据库，再根据需要输入全线路任一桩号，就可迅速准确地计算出这个桩号的中桩及边桩高程，非常方便实用。现将这一程序公布出来，以满足现场测量员的需要。

(一)线路高程计算全线通程序的数据库

这个数据库是线路高程计算全线通程序的关键部分，其形式如下(图 5-5)。

If 所求点桩号 L<第 1 个竖曲线的终点的桩号：Then 第 1 个竖曲线的变坡点桩号→B：第 1 个竖曲线变坡点的高程→H：第 1 个竖曲线的半径→R：第 1 个竖曲线前纵坡坡度→I：第 1 个竖曲线后纵坡坡度→J：If End ↵。

If 所求点桩号 L>第一个竖曲线的终点的桩号：Then 第 2 个竖曲线找麻烦坡点桩号→B：第 2 个竖曲线变坡点的高程→H：第 2 个竖曲线的半径→R：第 2 个竖曲线前纵坡坡度→I：第 2 个竖曲线后纵坡坡度→J：If End ↵。

If 所求点桩号 L>第 2 个竖曲线的终点的桩号：Then 第 3 个竖曲线找麻烦坡点桩号→B：第 3 个竖曲线变坡点的高程→H：第 3 个竖曲线的半径→R：第 3 个竖曲线前纵坡坡度→I：第 3 个竖曲线后纵坡坡度→J：If End ↵。

一直仿上输入，直至输完全条线路所有竖曲线的要素。

(二)线路高程计算全线通程序程序清单

以图 5-4 为例。

1. 文件名：XLGZTS(线路高程通算)

2. 程序清单

```
Lbi 0 ↵
"L"? L:"N"? N:"M"? M:"E"? E:↵
If L<251364.68:Then 251240→B:180.269→H:
800→R:3.7÷100→I:0.583÷100→J:If End ↵
If L<251364.68:Then 251610→B:182.426→H:
5000→R:0.583÷100→I:-2.6÷100→J:If End ↵
If L<251689.58:Then 251900→B:174.886→H:
4000→R:-2.6÷100→I:1.5÷100→J:If End ↵
RAbS(J-I)÷2→T ↵
1→F ↵
I>J⇒-1→F ↵
If L≤B-T:Then B-L→C:0→Z:I→P:
H-CP+ZF(T-AbS(C))²÷(2R)→V:-N→G:
G+ME→U:"V=":V→V ◢
"G=":G→G ◢
"U=":U→U ◢
Else If L<B Then B-L→C:1→Z:I→P:
```

```
H－cp＋ZF(T－Abs(c))²÷(2R)→：V－N→G：
G＋ME→U："V＝"：V→V
"G＝"：G→G ◢
"U＝"：U→U ◢
Else If L≤B＋T：Then B－L→C：1→Z：J→P：
H－CP＋ZF(T－Abs(c))²÷(2R)→V：V－N→G
G＋ME→U："V＝"：V→V ◢
"G＝"：G→G ◢
"U＝"：U→U ◢
Else If L≥B＋T：Then B－L→C：0→Z：J→P：
H－CP＋ZF(T－AbS(C))²÷(2R)→V：V－N→G
：G＋ME→U："V＝"：V→V ◢
"G＝"：G→G ◢
"U＝"：U→U ◢
IfEnd：IfEnd：IfEnd：IfEnd：↵
Goto 0
```

程序中：

L？——施工标段线路上任意横断面中桩桩号，即所求点桩号；

N？——线路横断面结构层厚度，例如路面至路基厚度；

M？——L 至边桩宽度；

E？——线路路面横坡度，习惯上称为路拱；

B——竖曲线变坡点桩号；

H——竖曲线变坡点高程；

R——竖曲线半径；

I——竖曲线前纵坡坡度，输入时要带符号；

J——竖曲线后纵坡坡度，输入时要带符号；

V——路面中桩设计高程；

G——施工层中中桩设计高程；

U——施工层面边桩设计高程。

3. 程序功能及注意事项

(1)本程序可计算一个施工标段线路上任意横断面中、边桩的设计高程。

(2)本程序已知起算数据是一个施工标段内所有竖曲线的要素：竖曲线变坡点里程桩号及高程，竖曲线起、终点桩号，前、后纵坡坡度，竖曲线半径。

(3)程序中“N”，是路面至各施工层的厚度。只要知道了“N”，就可随意计算出本施工段的各施工层(例如路基、底基层、基层)的设计高程。

(4)本程序数据库输入方法和技巧，见图 5-4 或图 5-5。

(5)程序中输入的起算数据，应取自业主设计单位提供的“纵坡、竖曲线表”。

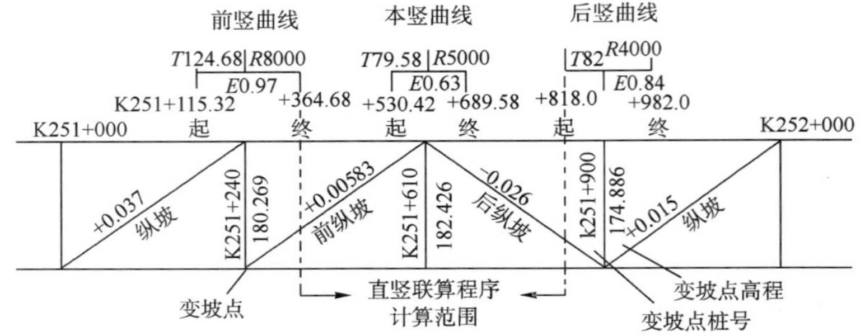

图 5-5　线路高程通算程序输入方法和技巧示意图

4. 算例及程序操作方法步骤

本案例核算图 5-4 及表 5-4。

程序操作方法步骤如下。

由于本程序在计算前已将施工段整条线路所有竖曲线的起算要素，如 B?、H?、R?、I?、J?输入了程序数据库，所以执行本程序时，更方便快捷；程序执行时，在开机、搜寻文件名后，只要按EXE键，按照屏幕提示输入L?、N?、M?、E?，便可迅速计算出所求点的路面中桩高程 V、施工层中桩高程 G 及施工层边桩高程 U。例如计算 K251400，只要按照屏幕提示输入：

L?，输入所求点桩号 251400；

N?，输入路面至施工层的厚度 0.77；

M?，输入边距 8.0；

E?，输入路拱－0.02。

按EXE键。

计算器即可迅速计算出：

V＝181.202(K251＋400 路面中桩高程)；

G＝180.432(K251＋400 路基中桩高程)；

U＝181.272(K251＋400 边桩高程)。

校核：与前述 ZFLS 程序计算的同点高程相等，证明计算正确无错。

以下，只要随机输入整条线路上任一桩号的 L?、N?、M?、E?，便可迅速地计算出 V＝、G＝和 U＝。

五、线路缓和曲线超高段高程放样数据计算

(一)弯道超高的定义

平曲线弯道超高的定义，详见第一章第七节(19)：平曲线超高。

(二)缓和曲线超高段设计高程计算概述

弯道超高由下述三段组成(图 5-6)。

(1)前缓和曲线超高段：直缓(ZH)至缓圆(HY)段。

(2)全超高段，也称最大超高段，其超高横坡度是设定的，即已知的。全超高设置在主曲线内，主曲线是缓圆(HY)至圆缓(YH)段。

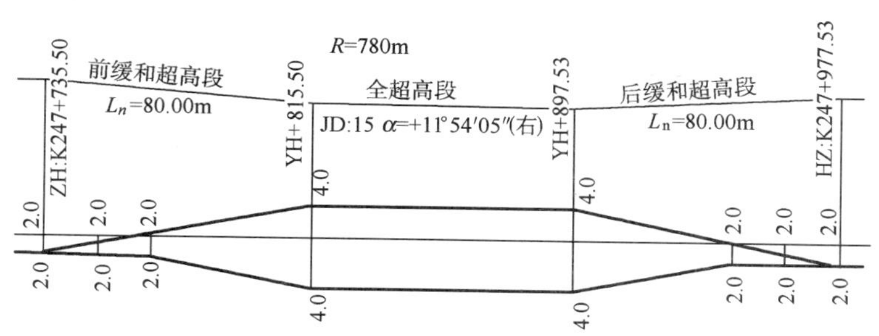

图 5-6　弯道超高示意图

(3)后缓和曲线超高段:圆缓(YH)至缓直(HZ)段。

弯道超高横坡度在全超高段时,其值是设计单位按计算行车速度、半径大小,结合路面种类、自然条件等情况设定的,其两侧的缓和曲线段的超高横坡度是逐渐变化的。

弯道超高段的抬高边,其超高横坡度由路拱坡度逐渐变大至设定的最大超高横坡度,经由全超高段再逐渐变小至路拱坡度。

弯道超高段的降低边,其超高横坡度由路拱坡度逐渐变小至设定的最小超高横坡度,经由全超高段再逐渐变大至路拱坡度。

通常情况下,设计单位提供的"线路纵断面图"上的弯道超高段只给出了部分中桩设计高程,没有提供与中桩同一横断面的左、右边桩高程。因此,必须依据中桩设计高程、中桩至边桩距离和超高横坡度才能计算出边桩高程。

在弯道超高段,中桩高程除设计单位提供外,还可用"直竖联算程序"计算加桩的设计高程。由于线路中桩至边桩距离是已知的,所以要计算弯道超高边桩高程的关键是计算超高横坡度。这是公路施工测量的一项很重要的工作。

(三)弯道超高的设置方式

弯道超高的设置方式有两种。

(1)边轴旋转:路面内侧边缘保留在原有地位,即绕路面未加宽的内侧边缘旋转。

(2)中轴旋转:路中线保留在原有地位,即绕中线旋转。

(四)弯道超高值的计算

(1)绕中轴旋转超高值的计算

①辅助计算。

a. 超高缓和段中任一点至起点(ZH)或终点(HZ)的距离 x。

$$x = \text{所求点里程桩号}\ U - \text{起(终)点桩号}\ A \tag{5-12}$$

b. 超高变坡临界面距离 Q。

所谓超高临界面,即抬高边横坡度+0.02,降低边横坡度−0.02 处,即|抬高值|=|降低值|,但符号相反。

$$Q = \frac{M \times E}{E + D} \times C = \frac{2E}{E + D} \times C \tag{5-13}$$

式中:M——路肩宽;

E——路面横坡度,即路拱;

D——最大超高横坡度，即设定的横坡度；

C——超高缓和长度。

②外缘抬高值计算。

$$HW = M(F-E)+(M+\frac{B}{2})(E+D)\times\frac{X}{C} \tag{5-14}$$

式中：HW——外缘抬高值；

M——路肩宽；

F——路肩坡度；

B——路面宽。

③中线抬高值(定值，即各点抬高值相等)。

$$HZ = MF+\frac{B}{2}\times E \tag{5-15}$$

式中：HZ——中线抬高值。

④内缘抬高值。

a. 当 $x \leqslant Q$ 时：

$$HN = MF-(M+V)E \tag{5-16}$$

式中：HN——内缘抬高值；

V——x 距离处路基加宽值 $V=\frac{P}{C}\times X$(其中，P 为路基加宽值)。

b. 当 $X \geqslant Q$ 时：

$$HN = MF+\frac{B}{2}\times E-(M+\frac{B}{2}+V)\times\frac{X}{C}\times D \tag{5-17}$$

⑤绕中轴旋转抬高横坡度 I 的计算。

$$I = \frac{W-Z}{\frac{B}{2}+M} \tag{5-18}$$

式中：W——外缘抬高值；

Z——中线抬高值。

或用下式计算 I：

$$I = \frac{\mathrm{AbS}(B-A)(E+D)}{C}-E \tag{5-19}$$

$$I = \frac{\mathrm{AbS}(B-A)\times 2E}{Q}-E \tag{5-20}$$

$$I = \frac{[\mathrm{AbS}(B-A)-Q](D-E)}{(C-Q)}+E \tag{5-21}$$

式中：A——超高段起点(2H)或终点(HZ)的桩号；

AbS——绝对值符号。

(2)绕边轴旋转超高值的计算

①辅助计算。

a. 超高缓和段中任一点至起点(ZH)或终点(HZ)的距离 x：

$$X = U - A \tag{5-22}$$

式中：U——超高段上任一点(所求点)的桩号。

b. 超高度坡临界面距离 Q：

$$Q = \frac{E}{D} \times C \tag{5-23}$$

②外缘抬高值计算。

$$HW = M(F - E) + [ME + (M + B)D] \times \frac{X}{C} \tag{5-24}$$

③中线抬高值计算。

a. 当 $X \leqslant Q$ 时：

$$HZ = MF + \frac{B}{2} \times E \tag{5-25}$$

b. 当 $X \geqslant Q$ 时：

$$HZ = MF + \frac{B}{2} \times \frac{X}{C} \times D \tag{5-26}$$

式中：HZ——中线抬高值。

④内缘抬高值计算。

a. 当 $X \leqslant Q$ 时：

$$HZ = MF + (M + V)E \tag{5-27}$$

b. 当 $X \geqslant Q$ 时：

$$HN = MF - (M + V) \times \frac{X}{C} \times D \tag{5-28}$$

⑤绕边轴旋转超高横坡度 I 的计算。

$$I = \frac{W - N}{B + 2M + V} \tag{5-29}$$

式中：N——绕边轴旋转内缘抬高值。

(五)弯道超高值计算的程序

1. 绕中轴旋转的弯道超高计算程序

(1)程序一

文件名：ZHD1(超高横坡度 1)

程序清单：

```
Lbl 0 ↵
"E"? →E"D"? →D:"C"? →C:"L"? →L ↵
Lbl 1 ↵
"B"? →B ↵
If B>0:Then Goto 2:
Else If≤0:Then Goto 0:
```

```
If End:If End ↵
Lbl 2 ↵
Abs (B-A)(E+D)÷C-E→I ↵
"I=":I→I ◢
If I≤E:Then Goto 3:
Else If I≤D:Then Goto 4:
If End: If End ↵
Lbl 3 ↵
"H"? →H ↵
"M=":H-LE ◢
"N=":H+LE ◢
Goto 1 ↵
Lbl 4 ↵
"H"? →H ↵
"M=":H-LI ◢
"N=":H+LI ◢
Goto 1
```

程序中:E——路拱坡度,取正值;

D——全超高段设定的最大超高横坡度,取正值;

C——超高缓和段长度;

A——计算前缓和段 A 为 ZH 点桩号,计算后缓和段 A 为 HZ 点桩号;

L——中桩至边桩距离;

B——超高缓和段内任意一点桩号;

I=——B 横断面的超高横坡度;

H——B 横断面中桩设计高程,事先用 ZFLS 程序算出;

M=——B 横断面抬高边设计高程;

N=——B 横断面降低边设计高程。

(2)程序二

文件名:ZHDZ(超高横坡度)

程序清单:

```
Lbl 0 ↵
"E"? →E:"D"? →D:"C"? →C:"A"? →A:↵
2E÷(E+D)×C→Q ↵
Lbl 1 ↵
"B"? →B ↵
If B≤0:Then Goto 0:Else
```

```
If AbS(B－A)＞Q：Then Goto 2：If End：If End ↵
AbS(B－A)×2E÷Q－E→I ↵
"I"? →I ◢
"H"? →H："L"? →L ↵
"M＝"：H－LE ◢
"N＝"：H＋LI ◢
Goto 1 ↵
LbI 2 ↵
(AbS(B－A)－Q)(D－E)÷(C－Q)＋E→I ↵
"I＝"：I ◢
"H"? →H："L"? →L ↵
"M＝"：H－LI ◢
"N＝"：H＋LI ◢
Goto 1
```

程序中符号含义同前。

ZHD1，ZHD2 程序功能及注意事项如下。

①此程序可计算(绕中轴旋转)。

a. 缓和曲线起点(ZH)至全超高段起点(HY)之间任意一横断面的超高横坡度及左、右边桩高程。

b. 缓和曲线终点(HZ)至全超高段终点(YH)之间任意一横断面的超高横坡度及左、右边桩高程。

c. 不计算全超高段(HY 至 YH)的超高横坡度及边桩高程，此段超高横坡度是设定的已知值，其边桩高程可据此以及中桩高程、中桩至边桩距离另外计算。

②计算时，前缓和曲线超高段起点(ZH)的桩号为 A；后缓和曲线超高段终点(HZ)的桩号亦为 A。当前缓和曲线超高段的 I 计算至 HY 时，可转入计算后缓和曲线超高段的 I，此时则要重新输入 E、D、C、A、L，只要给"B"输入"0"就可转换过来，不需重新选择文件名。

③计算的超高横坡度 I 的正负符号按下法确定：

a. 抬高边"I"为正值，按实际计算值取用。

b. 降低边"I"为负值，当 I 的计算值小于路拱坡度时，设置等于路拱坡度的超高。

判断弯道抬高边，降低边的方法：

以偏角正负判断：在"线路纵断面图"下方的"超高"列内给出了偏角正负，据此判断弯道抬高边、降低边：

右偏角为"＋"，则弯道右低左高；

左偏角为"－"，则弯道左低右高。

由于在曲线弯道处设置了超高路面明显向一侧倾斜路基外缘抬高，路基内缘则降低，所以在计算缓和曲线内的超高横坡度应特别注意正负号。

④缓和曲线超高段的中桩设计高程,应在计算"I"前,用"直竖联算程序"逐桩算出。

⑤缓和曲线超高段的边桩设计高程,必须在算出"I"后,输入与边桩同横断面的中桩设计高程,才能算正确。这一点应特别注意。

[算例及程序执行操作方法步骤]

算例起算数据见图 5-6 和表 5-5 上部分。计算结果见表 5-5。

弯道超高横坡度计算及边桩高程计算 表 5-5

已知	E=−0.02	C=80.0	JD:15	L=7.75	起点:ZHK247+735.50	
条件	D=−0.04	α=+11°54′05″(右)		R:780	终点:HZK247+977.53	
$H_{左7.75}$	i(%)	桩号	$H_{中}$	i(%)	$H_{右7.75}$	备注
1	2	3	4	5	6	7
182.383	−2.0	K247+700	182.537	−2.0	182.383	直线段
182.233	−2.0	+720	182.388	−2.0	182.233	
182.117	−2.0	ZH+735.50	182.272	−2.0	182.117	前缓和曲线超高段
182.109	−1.66	+740	182.238	−2.0	182.083	
182.076	−0.163	+760	182.089	−2.0	181.934	
182.044	+1.34	+780	181.940	−2.0	181.785	
182.011	+2.84	+800	181.791	−2.84	181.571	
181.985	+4.00	HY+815.50	181.675	−4.00	181.365	
181.952	+4.00	+820	181.642	−4.00	181.332	全超高段
181.802	+4.00	+840	181.492	−4.00	181.182	
181.653	+4.00	+860	181.343	−4.00	181.033	
181.504	+4.00	+880	181.194	−4.00	180.884	
181.373	+4.00	YH+897.53	181.063	−4.00	180.753	后缓和曲线超高段
181.341	+3.815	+900	181.045	−3.815	180.749	
181.075	+2.32	+920	180.896	−2.32	180.717	
180.809	+0.81	+940	180.746	−2.0	180.591	
180.544	−0.69	+960	180.597	−2.0	180.442	
180.311	−2.0	HZ+977.53	180.466	−2.0	180.311	
180.293	−2.0	+9.80	180.448	−2.0	180.293	直线段

图 5-6 是 323 线国道某施工段其中一个弯道超高段,路宽 15.5m。由图 5-6 知:

a. 偏角 $\alpha=+11°54'05''$,为右偏,弯道为右低左高。

b. 缓和曲线长度:$L_n=80$m。

检核:L_n=HY−ZH=HZ−YH=80m。

c. 前缓和曲线超高段是:

ZH=K247+735.50 起至 HY=K247+815.50 段 80m。

后缓和曲线超高段是:

HZ=K247+977.53 起至 YH=K247+897.53 段 80m。

d. 全超高段设定最大超高横坡度 $D=\pm0.04$ 全超高段 HY 点至 YH 点，全长：897.53－815.50＝82.03m。

e. 路拱坡度为－0.02，程序计算中用正值。

f. 弯道超高段内中桩设计高程已用“直竖联算程序”算出（见表 4-5 第 4 列）。

程序操作方法步骤（用 ZHD-001 程序计算，用 ZHD-002 程序验算）如下。

i. 按[AC]键，开机；

ii. 按前述方法，将光标移至文件名 ZHD-001 旁；

iii. 按[EXE]键，显示E?，输入路拱：0.02；

iv. 按[EXE]键，显示D?_，输入最大超高横坡度：0.04；

v. 按[EXE]键，显示C?_，输入缓和曲线长度：80.000；

vi. 按[EXE]键，显示A?（计算后缓和曲线段 I），输入终点桩号：HZ977.530；

vii. 按[EXE]键，显示L?，输入中桩至边桩距离：7.75；

viii. 按[EXE]键，显示B?，输入后缓和曲线段内任一点桩号，例如900；

ix. 按[EXE]键，显示I＝0.03815（K247＋900 横断面超高横坡度，抬高边取＋0.03815，降低边取－0.03815）；

x. 按[EXE]键，显示H?，输入K247＋900 中桩设计高程：181.045；

xi. 按[EXE]键，显示P＝180.749（K247＋900 横断面降低边边桩高程）；

xii. 按[EXE]键，显示S＝181.341（K247＋900 横断面抬高边边桩高程）；

xiii. 按[EXE]键，显示B?，输入后缓和曲线超高段另一所求点桩号。

以下重复计算，操作方法步骤略。

当计算完后缓和曲线超高段，给 B? 输入“0”，则程序自动转入前缓和曲线超高段 I 的计算。

验算：弯道超高段高程放样数据非常重要，当用一种方法计算后，应用另一种方法检验校核，以确保计算成果正确。

上述计算用 ZHD-001 程序计算，可用 ZHD-002 程序验算。

ZHD-002 程序计算操作方法步骤同上。读者可自行验算。

(3)程序三（绕中轴旋转）

文件名：ZHD3（超高横坡度）

程序清单：

```
LbI 0 ↵
"F"? →F:"E"? →E:"M"? →M:"B"? →B:"D"? →D:
"C"? →C:"A"? →A:"P"? →P ↵
LbI 1 ↵
"U"? →U:↵
U≤0⇒Goto 0 ↵
AbS (U−A)→x ↵
"Q=":2E÷(E+D)C→Q ↵                    (临界面距离)
"V=":P÷C×X→V ◢                        (所求点加宽值)
```

```
"HW=":M(F−E)+(M+B÷2)(E+D)(X÷C)→W ◢                    (外缘抬高值)
"HZ=":MF+(B÷2)E→Z ◢(中线抬高值)
If x≤Q:Then "HN1=":MF−(M+V)E→N ◢
Else If X≥Q:Then "HN2=":MF+(B÷2)E−(M+B÷2+V)(X÷C)D→N ◢
                                                      (内缘抬高值)
If End: If EnD ↵
"I=":(W−Z)÷(B÷2+M)→I ◢                          (外缘至中线横坡度)
"H"? →H ↵                                         (中桩设计高程)
If I≤E:Then "HG=":H+I(B÷2+M)◢                         (外缘高程)
"HD=":H−E(B÷2+M+V)◢                                   (内缘高程)
Else If I≥E:Then "HG=":H+I(B÷2−M)◢
"HD="H−I(B÷2+M+V)◢
If End:If End ↵
Goto 1
```

程序中:F——路肩坡度(输入时不带负号);

E——路拱坡度(输入时不带负号);

M——路肩宽;

B——路面宽(不含路肩或含路肩);

D——最大超高横坡度;

C——缓和段长度;

A——超高缓和段起点(终点)桩号;

P——最大加宽值;

U——所求点桩号;

X——所求点至起(或终)点距离;

Q——超高临界面长度;

V=——所求点加宽值;

HW=——所求点路外缘抬高值;

HZ=——所求点路中线抬高值(定值);

HN=——所求点路内缘抬高值;

H——所求点中桩设计高程;

I=——所求点平面的超高横坡度;

HG=——所求点路外缘抬高点设计高程;

HD=——所求点路内缘抬高点设计高程。

程序功能及注意事项如下。

①本程序可计算绕中轴旋转的超高缓和段上任一所求点横断面的外缘、中线、内缘的抬高值及相对层的超高横坡度及设计高程。

注意：超高缓和段有以下两种情况：

a. 缓和段起点 ZH，至全超高起点 HY。

b. 缓和段终点 HZ，至全超高终点 YH。

②当 ZH 至 HY 超高计算完成，需计算 HZ 至 YH 超高时，只要给 U 输入 0 或小于 0 的数，如－1，就可重新输入 F、E、M、B、D、C、A、P，开始另一段的超高计算。

③本程序可计算所求点路基加宽值。当路基不设加宽时，只要给 M 输入 0 就可以了。

④使用本程序时，应事先用直竖算程序"ZFLS"计算出超高缓和段逐桩的中桩设计高程。

⑤本程序计算的中桩抬高值为一定值，即在超高段内，中桩抬高值逐桩都相等。

算例及程序执行操作方法步骤如下。

算例数据同表 5-4。目的是验算表 5-4。用 ZHD3 程序计算的结果见表 5-5。

比较表 5-4 与表 5-5，计算结果相等。说明 ZHD1、ZHD2、ZHD3 三个程序计算线路线中轴旋转超高数据正确无错。实践中可放心使用。

程序执行操作方法步骤如下。

a. 按 AC 键开机，清除屏幕上次关机时保留的内容(同上)。

b. 搜寻文件名 ZHD3，同上。

c. 按EXE键，按照屏幕提示输入。

F?，输入路肩坡度，此例面宽 15.5m(含路肩)，故不考虑路肩坡度，输入 0；

E?，输入路面坡度(路拱)0.02；

M?，不考虑路肩宽，输入 0；

B?，输入路面宽(含路肩)15.50；

D?，输入设定的最大横坡度 0.04；

C?，输入超高缓和段长 80.0；

A?，输入缓和段起点(或终点)桩号，此例计算后缓和曲线段，输入终点桩号 977.53；

P?，输入弯道最大加宽值，此例不加宽，输入 0.000；

至此，程序起算数据输入完成，以下只要给 U 输入计算段内任一桩号，就可计算出加宽值 V＝，外缘抬高值 HW→W，中线抬高值 HZ→Z，内缘抬高值 HN→N 和超高横坡度 I。

d. 按EXE键，显示U?，输入所求点桩号900；以下按EXE键，就会显示：

Q＝53.333(所求点至临界面距离)；

V＝0.000(所求点处加宽值)；

HW＝0.451(外缘抬高值)；

HZ＝0.155(中线抬高值)；

HN＝－0.145(内缘抬高值)；

I＝0.03815(U 点处超高横坡度，左高为＋0.03815，右低为－0.03815)。以下计算抬高边、降低边设计高程，只要给 H 输入所求点中桩设计高程，就可计算出边桩设计高程。

e. 按EXE键，显示H?，输入900 中桩设计高程181.045，以下按EXE键，就会显示：

HG＝181.341(左边桩设计高程)；

HD＝180.749(右边桩设计高程)。

至此，所求点 U＝900 计算完成；以下只要按EXE按屏幕提示输入计算段内任一桩号即可。

当后缓和段各格计算完成，只要给 U 输入 0 或小于零的数，例如－1，计算器自动重新要求输入起数据 F、E、M、B、D、C、A、P，只要按提示输入需要计算段的相关数据，即可计算该段任一桩号的超高加宽数据。

弯道超高绕中轴旋转超高横坡度计算及边桩高程计算见表 5-6。

弯道超高绕中轴旋转超高横坡度计算及边桩高程计算 表 5-6

已知条件	E=－0.002　C=80m　B=15.50m　起点：ZHK247＋735.5 D=0.04　α=＋11°54′05″(右)　R=780m　终点：HZK247＋977.53							
桩号	中桩高程	左桩高程	左横坡度	左抬高值	中桩抬高值	右抬高值	右横坡度	右桩高程
ZHK247＋735.5	182.272	182.117	－0.02	0	0.155	0	－0.02	182.117
ZHK247＋740	182.238	182.109	－0.01663	0.026	0.155	0	0.02	182.083
ZHK247＋760	182.089	182.076	－0.00163	0.142	0.155	0	－0.02	181.934
ZHK247＋780	181.940	182.044	0.01338	0.259	0.155	0	－0.02	181.785
ZHK247＋800	181.791	182.011	0.02838	0.375	0.155	－0.095	－0.02838	181.571
HY＋815.5	181.675	181.985	0.04	0.465	0.155	－0.155	－0.04	181.365
HY＋820	181.642	181.952	0.04	0.465	0.155	－0.155	－0.04	181.332
HY＋840	181.492	181.802	0.04	0.465	0.155	－0.155	－0.04	181.182
HY＋860	181.343	181.653	0.04	0.465	0.155	－0.155	－0.04	181.033
HY＋880	181.194	181.504	0.04	0.465	0.155	－0.155	－0.04	180.884
YH＋897.53	181.063	181.373	0.04	0.465	0.155	－0.155	－0.04	180.753
YH＋900	181.045	181.341	0.03815	0.451	0.155	－0.145	－0.03815	180.749
YH＋920	180.896	181.075	0.02315	0.334	0.155	－0.068	－0.02315	180.717
YH＋940	180.746	180.809	0.00815	0.218	0.155	0	－0.02	180.591
YH＋960	180.597	180.544	－0.00685	0.102	0.155	0	－0.02	180.442
HZ＋977.53	180.466	180.311	－0.02	0	0.155	0	－0.02	180.311

注：1. 本例右转弯，弯道右低左高；
　　2. 本例没有加宽。

2. 绕边轴旋转的弯道超高计算程序

文件名：ZHD4(绕边轴超高横坡度计算)

程序清单：

```
LbI 0 ↵
"F"? →F:"E"? →E:"M"? →M:"B"? →B:
"D"? →D:"C"? →C:"A"? →A:"P"? →P ↵
LbI 1 ↵
"U"? →U ↵
U≤⇒Goto ↵
LbI 0 ↵
"Q=":E÷D×C→Q ↵
AbS(U-A)→X ↵
"V=":P÷C×X→V ◢
"HW=":M(F-E)+(ME+(M+B)D)(X÷C)→W ◢
If X≤Q:Then "HZ=":MF+(B÷2)E→Z ◢
"HN=":MF-(M+V)E→N ◢
Else If X≥Q:Then "MZ=":MF+(B÷2)(X÷C)D→Z ◢
"HN=":MF-(M+V)(X÷C)D→N ◢
If End:If End ↵
"I=":(W-N)÷(B+2M+V)→I ◢
"H"? →H ↵
If I≤E:Then "HG=":H+I(B÷2+M)◢
"HD=":H-E(B÷2+M+V)◢
Else If I≥E:Then "HG=":H+I(B÷2+M)◢
"HD=":H-I(B÷2+M+V)◢
If End:If End ↵
Goto 1
```

程序中,符号含义同中轴旋轴程序。

程序功能及注意事项:

本程序可计算绕边轴旋转的超高缓和段上任一点横断面的外缘、中线、内缘的抬高值,相应的超高横坡度及设计高程。

本程序的其他功能及注意事项同中轴旋转程序。

算例及程序操作方法步骤如下。

本算例采用陶启遴《公路测设实用程序》(华南理工大学出版社, 2003)第二部分“23”超高及加宽计算②边轴旋转表 23-6 中的数据,以验算 ZHD4 程序计算绕边轴旋转超高及加宽值的正确性。

原著数据及验算数据见表 5-7。

由表 5-7 知,原著及验算的超高值及加宽值相等。

程序操作方法步骤同前一节 ZHD3 程序的执行,本节略。

ZHD4 程序计算绕边轴旋转的超高及加宽值表　　表 5-7

已知数据	1. 右转角；2. 路肩 1.5m；3. 路肩坡度 3%；4. 路拱坡度 2%；5. 路面宽 9.0m；6. 全加宽 1.2；7. 最大超高横坡度 6%；8. 缓和段长 45m							
桩号	外侧 H_W(m)		路中心 H_F(m)		内侧 H_N(m)		加宽 BJX(m)	
	原著	验算	原著	验算	原著	验算	原著	验算
ZHK3+361.74	0.02	0.015	0.14	0.135	0.02	0.015	0	0
ZHK3+380	0.28	0.283	0.15	0.155	0.00	−0.003	0.49	0.487
ZHK3+400	0.58	0.576	0.27	0.275	−0.08	−0.084	1.02	1.020
HY+406.74	0.68	0.675	0.32	0.315	−0.12	−0.117	1.20	1.20
HY+420	0.68	0.675	0.32	0.315	−0.12	−0.117	1.20	1.20
QZ+429.63	0.68	0.675	0.32	0.315	−0.12	−0.117	1.20	1.20
QZ+440	0.68	0.675	0.32	0.315	−0.12	−0.117	1.20	1.20
YH+452.52	0.68	0.675	0.32	0.315	−0.12	−0.117	1.20	1.20
YH+481.27	0.25	0.253	0.14	0.143	0.00	0.003	0.43	0.433
HZK3+497.52	0.02	0.015	0.14	0.135	0.02	0.015	0	0

注：1. H_W，外缘抬高值；
2. H_F，路中线抬高值；
3. H_N，内缘抬高值；
4. BJX，X 距离处加宽值；
5. 原著，指陶书上表 23-6 中的数据；
6. 验算，指作者用 fx9750/5800 计算器 ZHD4 程序计算的数据。

(六)关于超高横坡度计算值取用的问题

前述关于计算的超高横坡度 I 值在降低边的取用问题是个值得探讨的问题。

2003 年以前的《公路工程技术标准》规定："当超高横坡度的计算值小于路拱坡度时，设置等于路拱坡度的超高"。

2003 年的《公路工程技术标准》(JTG B01—2003)却没有阐明计算的超高横坡度 I 值小于路拱时应如何取用。

作者在《公路工程施工测量》(北京：人民交通出版社，2004)、《测量员便携手册》(北京：人民交通出版社，2009)、《公路工程施工测量现场实用程序计算技术》(北京：人民交通出版社，2010)等书中，向读者介绍的都是："当 I 的计算值小于路拱坡度时，设置等于路拱坡度的超高。"

作者认为，这样设置，符合线路线形的实际状况，这样超高段的降低边从起点到设置的最大降低值，才能一直顺利地降下去，降低边不会忽高忽低，使线形不美观，如图 5-7 所示。

图 5-7 中，K247+735.50 是超高段降低边的起点，K247+815.50 是终点(即最大超高的起点)，+740、+760、+780、+800 是超高段逐桩桩号。图 5-7 上方数字是按照"I 计算值小于路拱坡度时，设置等于路拱的超高"及边长为 7.75m 时相应的降低值。

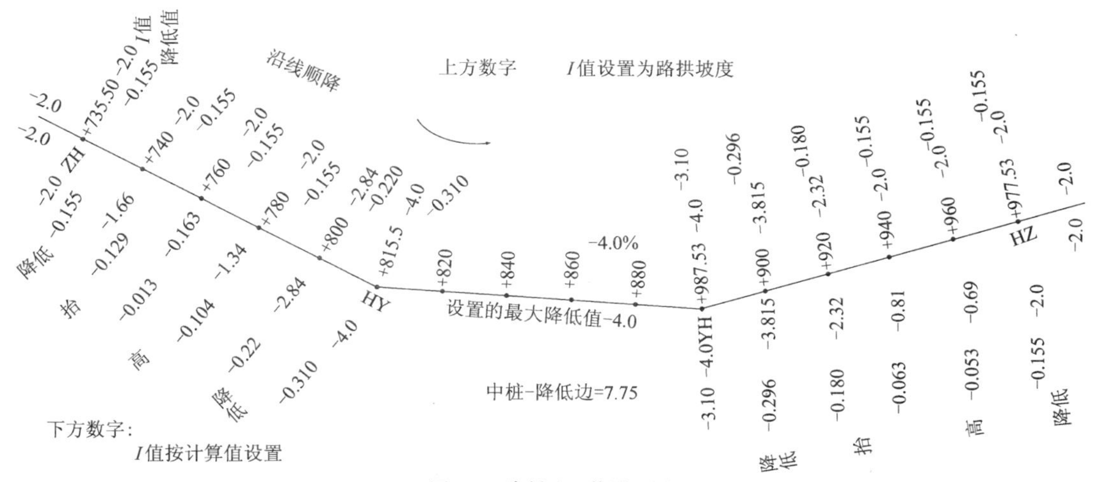

图 5-7 降低边 I 值设置图

图 5-7 下方数字是按照 I 实际计算值设置的超高及边长为 7.75m 时相应的降低值。

由图 5-7 很明显地看出，上方数字设置的降低边线形顺直、美观，符合实地状况。而按照超高横坡度实际计算值设置的降低边，忽高忽低，很不合理。

所以作者推荐，在设置边的 I 值时，当 I 的计算值小于路拱坡度时，应设置等于路拱坡的超高。

第三节 现代线路施工平面位置放样数据的准备

公路铺筑从开工到竣工，从基层施工到垫层、水稳层、路面层（沥青层或混凝土面层）施工的全过程中，每阶段、每分层都要放出线路点位的平面位置，从而保证线路线形及纵向走向满足设计要求。

公路现场施工测量员要大量且反复做的主要工作就是“放线”：施工初期放征地界线，挖方段的开挖线（即堑顶线），填方段最底层的坡脚线，以及线路中线和边线。此后随着工程进度，每挖、填 3～5m 都重新放中桩、坡脚桩，以指导线路铺筑工作的正常进行。这就要求施工现场的测量员，在施工现场能够熟练、快速、准确地计算出所需的平面放样数据。

当使用常规仪器，如经纬仪、钢尺（皮尺），采用极坐标法放样时，则需计算的放样要素是长度和角度（夹角或方位角）。

当使用经纬仪配测距仪，采用极坐标法放样时，则需计算的放样要素是长度和角度（夹角或方位角）。

当使用先进的全站仪，采用坐标法放样时，则需计算的要素是待放样点 X 与 Y 坐标值。

当用偏角法放样时，则需计算偏角值。

当用切线支距法放样时，则需计算出该系统的 X 与 Y 值。

计算平面施工放样数据的依据是：

(1)逐桩坐标表。

(2)导线点成果要素。

(3)“路面横断面结构图”各施工层厚度、宽度、边坡比。

(4)“路基横断面图”征地界桩距离、开挖线距离、填方坡脚距离。

(5)直线、曲线及转角表。

(6)匝道线位数据表。

一、偏角法测设不设缓和曲线的圆曲线的计算技术

(一)偏角常规计算公式

偏角在几何上称为弦切角,弦切角等于弧(弦)所对应的圆心角的 1/2。

$$\delta=\frac{\theta}{2}=\frac{L}{2R}\cdot\frac{180^\circ}{\pi}=28.64789^\circ\frac{L}{R} \tag{5-30}$$

其中,圆心角 θ,有:

$$\theta=\frac{L}{R}\cdot\frac{180^\circ}{\pi}=57.29578^\circ\frac{L}{R} \tag{5-31}$$

式中: δ——偏角,即弦(弧)线与切线的夹角;

L——弧长,即弦长,由于圆曲线半径一般都比较大,相对来说,弧长比较小,故认为弦长与弧长相等,弧长一般取用 20m、10m、15m;

R——圆曲线半径;

28.64789°——180°/2π(π=3.14159);

θ——圆心角。

(二)f_x—5800/9750 程序清单

文件名:Y-PJ

```
LbI 0 ↵
"A="? A:"R="? R ↵
LbI 1 ↵
"B"? B ↵
If B≤0 Then Goto 0:If End ↵
28.64789÷R→K ↵
Abs(A-B)→L ↵
"L=":L ◢
KL→I ↵
"I=":I ▶DMS ◢
"FI=":360-I ▶DMS ◢
Goto 1
```

程序中:A——圆曲线起点(ZY)或终点(YZ)的桩号,当计算 ZY 点至 QZ 点(前半圆曲线)上任一点偏角时,A 输入 ZY 点桩号,当计算 YZ 点至 QZ 点(后半圆曲线)上任

一点的偏角时，A 输入 YZ 点的桩号；

R——圆曲线半径；

B——圆曲线上任一点的桩号，一般情况下，取用间隔 10m、20m、25m 的整桩号；

L——曲线长度，即圆曲线上任一点 B 至 ZY(YZ)点之间的弧长；

I——正拨偏角值；

FI——反拨偏角值，正拨时，程序中可不显示，放样时，应分清是正拨还是反拨。

(三)程序功能及注意事项

(1)本程序可计算 ZY 点至 YZ 点曲线上任意一点的偏角值，亦可计算设有缓和曲线的圆曲线(HY～YH)上任意一点的偏角值。

实际操作中，是将一条圆曲线分成两部分来计算的：

第一部分，由 ZY 点计算至曲中 QZ 点，即前半个圆曲线；

第二部分，由 YZ 点计算至曲中 QZ 点，即后半个圆曲线。

(2)计算时，应注意偏角的正拨与反拨。正拨时，程序中可去掉"FI＝"：360－I▶DMS◢的显示符号“◢”，或不取用"FI＝"：360－I▶DMS◢的计算结果。

(3)当 ZY 点至 QZ 点计算完成，给 B 输入 0 或小于 0 的数后，则计算器重新显示 A?、B?自动转到 YZ 点至 QZ 点的计算，此时需给 A 输入 YZ 点的桩号。

(四)操作案例

本例为××县级公路施工段一圆曲线，线路转角 $N_{左}=15°25'16''$；圆曲线半径R＝800m，曲线长L＝215.32m；切线长 T＝108.31m；交点 JD_{10} 桩号为 K254＋708.84m。已算得曲线主点桩号：ZY＝K254＋600.53m，QZ＝K254＋708.19，YZ＝K254＋815.85m。施工中采用偏角法放样，要求每 20m 一桩位。

算例数据及计算结果见表(5-8)。表中第 1 列为 ZY 点、QZ 点、YZ 点桩号及曲线上每隔 20m 的桩号；第 2 列为程序计算的 L 值；第 3 列为程序计算的偏角值；第 4、5 列为放样时的偏角读数；第 6 列备注填写圆曲线要素、偏角计算公式、圆曲线略图、检核等。

程序执行操作步骤(以 ZY 点计算至 QZ 点为例)如下。

(1)按[AC]键，开机，清除上次关机时屏幕保留的内容。

(2)按[FILE][▼][▲]键，选用文件名：Y-PJ。

(3)按[EXE]键，显示A?，输入 ZY 点里程桩号：600.53。

(4)按[EXE]键，显示R?，输入圆曲线半径：800。

(5)按[EXE]键，显示B?，输入所求点里程桩号：620。

(6)按[EXE]键，显示L＝19.47(＋620 桩至 ZY 点间的距离)。

(7)按[EXE]键，显示I＝0°41′50″(正拨)。

(8)按[EXE]键，显示FI＝359°18′10″(反拨)。

(9)按[EXE]键，显示B，输入另一所求点桩号。

(10)其他重复操作，只要给 B 输入曲线上任一点桩号，即可算出该点至 ZY 点的距离及偏角。

偏角法放样圆曲线数据计算表 表 5-8

桩 号	中桩至 ZY 点或 YZ 点的距离 L(m)	偏角 I (° ′ ″)	左拨 360°−I (° ′ ″)	右拨 I (° ′ ″)	备 注
ZY:K254+600.53	0				交点:JD_{10} 桩号:K254+708.84 $\Delta_{左}=15°25'16''$ $R=800$
+620	19.47	0 41 50	359 18 10		
+640	39.47	1 24 48	358 35 12		
+660	59.47	2 07 47	357 52 13		
+680	79.47	2 50 45	357 09 15		$T=108.31$ $L=215.32$ ZY:K254+600.53 QZ:K254+708.19 YZ:K254+815.85 计算公式: $I=28.64789L/R$ 放样示意图: ZY QZ JD_{10} Δ ZY 检核:3°51′19″×2 =7°42′38″ $\Delta/2=7°42'38''$
+700	99.47	3 33 43	356 26 17		
QZ:+708.19	107.66	3 51 19	356 08 41		
QZ:+708.19	107.66	3 51 19		3 51 19	
+720	95.85	3 25 57		2 25 57	
+740	75.85	2 42 58		2 42 58	
+760	55.86	2 00 00		2 00 00	
+780	35.85	1 17 02		1 17 02	
+800	15.85	0 34 03		0 34 03	
YZ:+815.85	0				

注:本例在 ZY 点设站为反拨,在 YZ 点设站为正拨。

二、偏角法测设缓和曲线的计算技术

(一)程序清单Ⅰ(5800/9750)

当圆曲线设有缓和曲线时,用偏角法测设的偏角值计算可分为缓和曲线上的偏角与圆曲线的偏角两部分,应分别进行计算。

对于有缓和曲线的圆曲线上各点的偏角值计算,可采用本节“一”中偏角法放样圆曲线程序——Y-PJ 程序计算。

对于缓和曲线上各点的偏角值计算,可按下述方法进行。

1. 常规计算公式

$$i_k=\frac{l_k^2}{6Rl_0}\cdot\frac{180°}{\pi}=57.29578°\frac{l_k^2}{6Rl_0} \tag{5-32}$$

式中:i_k——缓和曲线上任意一点的偏角值;

l_k——缓和曲线上任意一点 K 至直缓(ZH)点或缓直(HZ)点的长度;

R——圆曲线半径;

l_0——缓和曲线长度。

当 l_k 为 ZH 至 HY,或 HZ 至 YH 长度时(即缓和曲线长度),用上式计算得 $i_k=i_0$:

$$i_0 = \frac{1}{3}\beta_0 \cdot \frac{180^\circ}{\pi} = \frac{l_0}{6R} \cdot \frac{180^\circ}{\pi} = 57.29578^\circ \frac{l_0}{6R} \tag{5-33}$$

$$\beta_0 = \frac{l_0}{2R} \cdot \frac{180^\circ}{\pi}$$

式中：i_0——缓和曲线的总偏角。

2. 程序清单(5800/9750)

文件名：H-PJ

```
LbI 0 ↵
"A="? A : "R="? R : "N="? N ↵
LbI 1 ↵
"B"? B ↵
If B≤0 : Then Goto 1 : If End ↵
1÷(6RN)→K ↵
Abs(A−B)→M ↵
"M=" : M ◢
57.29578kM²→I ↵
"I=" : I ▶ DMS ◢
"FI":360−I ▶DMS ◢
Goto 1
```

程序中：A——计算前缓和曲线时，A 是 ZH 点桩号，计算后缓和曲线时，A 是 HZ 点桩号；

R——圆曲线半径；

N——缓和曲线长度；

B——缓和曲线上任一点的桩号，一般情况下，取用间隔 10m、20m、25m 的整桩号；

M——缓和曲线上任一点 B 至 ZH(或 HZ)点间的距离；

57.29578——180/π；

I——缓和曲线上任一点 B 的正拨偏角值；

FI——反拨偏角值。

3. 程序功能及注意事项

(1)本程序可计算 ZH 点至 HY 点(前缓和曲线段)，或 HZ 点至 YH 点(后缓和曲线段)上任一点的偏角值。

(2)计算时，应注意正拨与反拨偏角值的取用。

(3)当 ZH 点至 HY 点的偏角值计算完成，只要给 B 输入 0 或小于 0 的数，程序重新开始显示：A=?、R=?、N=?，计算后缓和曲线段上偏角值。

4. 操作案例

算例起算数据及计算结果见表 5-9。

缓和曲线上各点偏角值计算表 表 5-9

点号	桩　　号	桩距 (m)	偏角 (°　′　″)	拨角 (°　′　″)	备注	缓和曲线要素
ZH	K249+459.31				测站	交点:JD_{16} $\Delta=-44°22'57''$ $R=550m$ $l_0=70m$ 计算公式: $i_k=\frac{l_k}{6Rl_0}\cdot\frac{180°}{\pi}$ $i_0=\frac{l_0}{6R}\cdot\frac{180°}{\pi}$
JD_{16}					后视点	
1	+460	0.69	0　00　00	360　00　00		
2	+480	20.69	0　06　22	359　53　38		
3	+500	40.69	0　24　39	359　35　21		
4	+520	60.69	0　54　49	359　05　11		
HY	+529.31	70.00	1　12　56	358　47　04		
YH	+885.36	70.00	1　12　56	1　12　56		
4	+890	65.36	1　03　34	1　03　34		
3	+900	55.36	0　45　37	0　45　37		放样示意图: ZH HY JD_{16} QZ Δ YH HZ
2	+920	35.36	0　18　37	0　18　37		
1	+940	15.36	0　03　31	0　03　31		
HZ	+955.36	0.0	0	0	测站	
JD_{16}					后视点	

程序执行操作步骤(以从 ZH 点计算至 HY 点为例)如下。

(1)按[AC]键,开机,清除上次关机时屏幕保留的内容。

(2)按[FILE][▼][▲]键,选用文件名:F-PJ。

(3)按[EXE]键,显示A?,输入 ZH 点桩号:459.31。

(4)按[EXE]键,显示R?,输入圆曲线半径:550。

(5)按[EXE]键,显示N?,输入缓和曲线长:70。

(6)按[EXE]键,显示B?,输入所求点桩号,如 520。

(7)按[EXE]键,显示M=60.69(所求点 B 至 ZH 间桩距)。

(8)按[EXE]键,显示I=0°54′49″(正拨偏角)。

(9)按[EXE]键,显示FI=359°05′11″(反拨偏角)。

(10)以下重复操作,略。

当计算至 YH 点时,给 B 输入 0,程序自动提示重新输入 A、R、N、B,计算后缓和曲线段上任一点的偏角值。此时 A 应输入 HZ 的桩号。

(二)程序清单Ⅱ(5800/9750GⅡ)

为了确保缓和曲线段各任意点偏角值计算正确,保证放样质量,可用缓和曲线段各点偏角值计算的程序清单 II 来验算。

1. 程序清单

文件名：F-PJ2

```
LbI 0 ↵
"A="? A："R="? R："N="? N ↵
LbI 1 ↵
"B"? B ↵
If B≤0：Then Goto 1：IfEnd ↵
955÷(RN)→J ↵
Abs(A−B)→M ↵
"M="：M ◢
M÷10→K ↵
K²J→I ↵
"I="：I ▶ DMS ◢
"FI="：360−I ▶ DMS ◢
Goto 1
```

程序中：A——ZH 点或 HZ 点里程桩号；

R——圆曲线半径；

N——缓和曲线长；

B——缓和曲线上任一点的桩号；

M——缓和曲线任一点 B 至 ZH 点(HZ 点)间的距离；

J——缓和曲线每 10m 的基本角；

K——置镜点至观测点的站数；

I——正拨偏角；

FI——反拨偏角。

2. 程序功能及注意事项

(1)本程序可计算前、后缓和曲线上任意一点的偏角值。

计算前缓和曲线时，A 应输入 ZH 点的里程桩号，计算方向是：ZH 点→HY 点。

计算后缓和曲线时，A 应输入 HZ 点的里程桩号，计算方向是：HZ 点→YH 点。

(2)计算时，应注意正拨与反拨的偏角值的取用。

(3)待 ZH 点至 HY 点的计算完成后，只要给 B 输入 0，即可重新开始输入 A、R、N，计算 HZ 点至 YH 点的任一点的偏角值。

3. 操作案例

算例数据及计算结果见表 5-2。

用 F-PJ2 计算的结果与用 F-PJ 计算的结果相同。实践中，可用这两个程序相互验算。

4. F-PJ2 程序执行操作步骤(计算后缓曲线段点位偏角)

(1)按AC键，开机，清除上次关机时屏幕保留的内容。

(2)按FILE ▼ ▲键，选用文件名：F-PJ2。

(3)按EXE键，显示A?，输入后缓和曲线 HZ 点桩号：955.36。

(4)按EXE键，显示R?，输入半径：550。

(5)按EXE键，显示N?，输入缓和曲线长：70。

(6)按EXE键，显示B?，输入后缓和曲线段上任一点，如890。

(7)按EXE键，显示M=65.36(*B*点至*A*点的距离)。

(8)按EXE键，显示I=1°03′35″(*B*点正拨偏角)。

(9)按EXE键，显示FI=358°56′25″(*B*点反拨偏角)。

(10)以下重复计算，略。

当计算至YH点时，给B输入0，程序自动重新显示A?、R?、N?，此时只要给A输入ZH点桩号，就可以计算前缓和曲线点的偏角值。

三、前、后缓和曲线偏角及圆曲线偏角联算的计算技术

前述介绍的偏角值计算程序，是将整条曲线分成前缓和曲线段、圆曲线段、后缓和曲线段三部分来计算的。实地测设曲线时，是分段置仪测设曲线的，若要一次置仪测设全部曲线，则要用下述联算程序。

(一)程序清单(5800/9750)

文件名：HY-PJLS

```
"R="? R："L="? L："Z="? Z：
"H="? H："Y="? Y ↵
955÷(RL)→I ↵
Lbl 0 ↵
"P"? P ↵
If P<H：Then Goto 1：
Else If P≤Y：Then Goto 2：
Else If P>Y：Then Goto 3：
IfEnd：IfEnd：IfEnd ↵
Lbl 1 ↵
(P-Z)÷10→N ↵                    (前缓和曲线段置镜点至观测点的站数)
"N="：N×10 ◢                    (置镜点至观测点的曲线长)
N²I→A ↵
"A="：A ▸ DMS ◢
"FA="：360-A ▸ DMS ◢
Goto 0 ↵
Lbl 2 ↵
(P-Z)÷10→N ↵
(P-H)÷10→K ↵                    (圆曲线段置镜点至观测点的站数)
"V="：(L+K×10) ◢
```

```
(N²-K³÷N)I→A ↵
"A=":A ▶DMS ◢
"FA=":360-A ▶DMS ◢
Goto 0 ↵
Lbl 3 ↵
(P-Z)÷10→N ↵
(P-H)÷10→K ↵
(P-Y)÷10→E ↵                        (后缓和曲线段置镜点至观测点间曲线长)
"U=":(L+(Y-H)+E×10)◢
(N²-K³÷N-E³÷N)I→A ↵
"A=":A ▶DMS ◢
"FA=":360-A ▶DMS ◢
Goto 0
```

程序中：R——圆曲线半径；

L——缓和曲线长度；

Z——ZH 点里程桩号；

H——HY 点里程桩号；

Y——YH 点里程桩号；

P——所求点里程桩号，即前、后缓和曲线段及圆曲线段上任意一点的里程桩号；

N——前缓和曲线段上所求点 P 至 ZH 点间的曲线长；

A——正拨偏角；

FA——反拨偏角；

V——圆曲线段上所求点 P 至 ZH 点间的曲线长；

U——后缓和曲线段上所求点 P 至 ZH 点间的曲线长。

(二)程序功能及注意事项

(1)本程序可联算在 ZH 点设站(置镜)，后视交点 JD，放样前缓和曲线段、圆曲线段、后缓和曲线段上任一点的偏角。

(2)设站置镜时，要注意正、反拨偏角值的取用。

(3)本程序计算的前、后缓和曲线及圆曲线偏角值，只要在 ZH 点架设一次仪器，便可将全条曲线放样工作完成。

放样时应注意，若用全站仪测距功能直接用程序计算曲线长时，则应将其改算成为弦长。

(4)本程序偏角计算公式是一近似公式，在放样半径小，所求点距 ZH 点曲线越长时，误差越大。因此，本程序不适用二级及二级以上公路用偏角法放样。

(三)操作案例

算例数据取自××二级公路 III 标现场放样数据，用 HY－PJLS 程序计算结果见表 5-10 第 3、4 列。

HY—PJLS 程序计算前、后缓和曲线及圆曲线偏角 表 5-10

桩 号	P 至 ZH 桩距	偏角 A (° ′ ″)	360°—A (° ′ ″)	备 注
ZH:K239+438.028	0	0	0	交点:K239+516.55 转角:右 41°39′38″ 缓和曲线长 $L=50$ 圆曲线半径 $R=140$
+440	1.972	0 00 19	359 59 41	
+460	21.972	0 39 31	359 20 29	
+480	41.972	2 24 12	357 35 48	
HY:+488.028	50.000	3 24 39	356 35 21	
+500	61.972	5 12 06	354 47 54	
QZ:+513.926	75.898	7 32 48	352 27 12	交点:K239+516.55 转角:右 41°39′38″ 缓和曲线长 $L=50$ 圆曲线半径 $R=140$
+520	81.972	8 37 24	351 22 36	
YH:+539.824	101.796	12 16 30	347 43 30	
+540	101.972	12 18 29	347 41 31	
+560	121.972	16 02 05	343 57 55	
+580	141.972	19 23 58	340 36 02	
HZ:+589.824	151.796	20 49 55	339 10 05	

程序执行操作步骤仿上,略。

四、切线支距法测设不设缓和曲线的圆曲线的计算技术

切线支距法测设圆曲线的平面位置数据,是以曲线上任意一点在以曲线起点 ZY 或终点 YZ 为坐标原点,以切线方向为 X 轴,以过 ZY 点或 YZ 点的半径方向为 Y 轴的直角坐标系统中的 X、Y 值来测设圆曲线的。

(一)切线支距法放样圆曲线平面放样数据的常规计算公式

$$\left.\begin{aligned} X_i &= R\sin\alpha_i \\ Y_i &= R(1-\cos\alpha_i) \end{aligned}\right\} \tag{5-34}$$

式中:X_i、Y_i——圆曲线上任意一点 i 的切线支距坐标值,值得提醒的是,这个坐标值是前述坐标系统的数值,而不是公路线路施工中的平面坐标系统的数值;

R——圆曲线半径;

α_i——圆曲线上任一点 i 到 ZY(或 YZ)点的曲线长度 l 所对应的圆心角,其值为:

$$\alpha = l\cdot\frac{180°}{\pi}\cdot\frac{1}{R} = 57.29578°\,\frac{l}{R} \tag{5-35}$$

圆曲线上不同的 l(曲线长度)就有不同的圆心角 α,同样也就有相应的 X、Y 值。

将式(5-6)用级数展开,得圆曲线的参数方程式:

$$\left.\begin{aligned} X_i &= l_i - \frac{l_i^3}{6R^2} + \frac{l_i^5}{120R^4} \\ Y_i &= \frac{l_i^2}{2R} - \frac{l_i^4}{24R^3} + \frac{l_i^6}{720R^5} \end{aligned}\right\} \tag{5-36}$$

根据圆曲线上任一点 i 距 ZY 或 YZ 的弧长 l_i 以及圆曲线半径 R，用式(5-35)可算得 i 点的切线支距法坐标 X_i 与 Y_i。

(二)程序清单

文件名：Q-Y-XY

```
LbI 0 ↵
"A="? A："R="? R ↵
LbI 1 ↵
"B"? B ↵
If B≤0：Then Goto 0：If End ↵
Abs(A−B)→L ↵
"L="：L ◢
57.29578L÷R→I ↵
"I="：I ◢ DMS ◢
"X="：Rsin(I) ◢
"Y="：R(1−cos(I)) ◢
Goto 1
```

程序中：A——圆曲线起点(ZY)或终点(YZ)的里程桩号，曲线由 ZY 点向 QZ 点测设，A 输入 ZY 点的桩号，曲线由 YZ 点向 QZ 点测设，A 输入 YZ 点的桩号；

R——圆曲线半径；

B——圆曲线上任一点的桩号，即所求点桩号；

L——B 点至 ZY(或 YZ)点间的曲线长；

I——L 所对应的圆心角；

X、Y——圆曲线上任一点 B 的切线支距法坐标值。

(三)程序功能及注意事项

(1)本程序可计算 ZY 点到 YZ 点曲线上任一点的切线支距要素 X 与 Y。

(2)计算时，实践中是将圆曲线分成两部分计算：

①由 ZY 点计算至 QZ 点。

②由 YZ 点计算至 QZ 点。

(3)当由 ZY 点计算至 QZ 点时，给 B 输入 0 或小于 0 的数，则计算从头开始执行，此时 A 需输入 YZ 点的桩号。

(4)由于全站仪的使用，可在 ZY 点(或 YZ 点)一次设站放完整条曲线，此时需计算设站点至曲线上任意一点的 X、Y 值。

(四)操作案例

本算例是××二级公路 II 标路基施工后期用经纬仪钢尺法放样圆曲线的切线支距法的放样数据，详见表 5-11。

切线支距法放样圆曲线数据计算表　　表 5-11

桩　号	$L=(A-B)$ (m)	圆心角 (° ′ ″)	X (m)	Y (m)	备　注
ZY:K254 +600.53	0.0	0 00 00	0.00	0.00	交点:JD_{10} K254+708.84
+620	19.47	1 23 40	19.47	0.24	Δ=左 15°25′16″
+640	39.47	2 49 36	39.45	0.97	$R=800$m
+660	59.47	4 15 33	59.42	2.21	$T=108.31$m
+680	79.47	5 41 30	79.34	3.94	$l=215.32$mm
+700	99.47	7 07 26	99.21	6.18	ZY:K254+600.53
QZ:+708.19	107.66	7 42 38	107.34	7.23	QZ:K254+708.19
					YZ:K254+815.85
QZ:+708.19	107.66	7 42 38	107.34	7.23	计算公式:$X=R\sin I$
+720	95.85	6 51 53	95.62	5.74	$Y=R(1-\cos I)$
+740	75.85	5 25 56	75.74	3.59	$I=57.29578L/R$
+760	55.85	4 00 00	55.80	1.95	放样示意图:
+780	35.85	2 34 03	35.84	0.80	
+800	15.85	1 08 07	15.85	0.16	
YZ:+815.85	0.00	0 00 00	0.0	0.00	

(五)程序执行操作步骤(计算前半圆)

(1)按[AC]键,开机,清除上次关机时屏幕保留的内容。

(2)按[SHIFT][FILE](Prog)[ALPHA]“Q-Y-XY”,选用文件名 Q-Y-XY程序。

(3)按[EXE]键,显示A?,输入 ZY 点桩号:600.53。

(4)按[EXE]键,显示R?,输入圆曲线半径:800。

(5)按[EXE]键,显示B?,输入所求点桩号:700。

(6)按[EXE]键,显示L=99.47(B 点至 A 点的桩距)。

(7)按[EXE]键,显示:I=7°07′26″(L所对应的圆心角)。

(8)按[EXE]键,显示:X=99.214(700 点的 X值)。

(9)按[EXE]键,显示:Y=6.176(700 点的 Y值)。

(10)以下重复计算,略。

当计算至 QZ 点 708.19 时,给 B 输入 0,计算器从头显示 A=?,R=?,此时只要给 A 输入 YZ 点桩号,即可开始计算后半圆曲线。

五、切线支距法测设有缓和曲线的圆曲线的计算技术

有缓和曲线的圆曲线用切线支距法放样时其放样数据分两部分进行,即圆曲线和缓和曲线两部分分别计算。

(一)缓和曲线段所求点切线支距要素 X 与 Y 值常规计算公式

$$\left.\begin{aligned} X_i &= l_i - \frac{l_i^5}{40R^2 l_0^2} \\ Y_i &= \frac{l_i^3}{6Rl_0} \end{aligned}\right\} \tag{5-37}$$

式中：l_i——缓和曲线上任意一点 i 距 ZH 点(或 HZ 点)的曲线长，$l_i = l_i$ 的桩号－ZH(或 HZ)的桩号；

R——圆曲线半径；

l_0——缓和曲线长度，$l_0 = |$ZH 的桩号－HY 的桩号$| = |$HZ的桩号－YH 的桩号$|$；

X_i、Y_i——缓和曲线段任意一点 i 的切线支距法要素 X_i、Y_i 值。

(二)两缓和曲线间的圆曲线段所求点切线要素 X 与 Y 值常规计算公式

$$\left.\begin{aligned} X_i &= R\sin\alpha_i + m \\ Y_i &= R(1-\cos\alpha_i) + P \end{aligned}\right\} \tag{5-38}$$

式中：R——圆曲线半径；

α_i——有缓和曲线的圆曲线上任一点至 ZH 点距离所对应的中心角，$\alpha_i = \frac{l}{R} \cdot \frac{180°}{\pi} + \beta_0$；

l——圆曲线上任一点至 HY 的曲线长；

β_0——切线角(缓和曲线角)，$\beta_0 = \frac{l_0}{2R} \cdot \frac{180°}{\pi}$($l_0$ 为缓和曲线长)；

m——加设缓和曲线后使切线增长的距离，$m = \frac{l_0}{2} - \frac{l_0^3}{240R^2}$；

P——加设缓和曲线后，圆曲线相对于切线的内移量，$P = \frac{l_0^2}{24R} - \frac{l_0^4}{2688R^3}$。

(三)程序清单(5800/9750)

(1)缓和曲线上任一点的切线支距要素 X、Y 计算的程序清单，程序功能及注意事项，操作案例及操作步骤如下。

①程序清单。

文件名：Q-F-XY

```
LbI 0 ↵
"A="? A："R="? R："V="? V ↵
LbI 1 ↵
"P"? P ↵
If P≤0：Then Goto 1：If End ↵
Abs(A-P)→Z ↵
"Z="：Z ◢
"X="：Z-Z^5÷(40R^2V^2) ◢
"Y="：Z^3÷(6RV) ◢
Goto 1
```

程序中：A——ZH(或 HZ)点的桩号；

R——圆曲线半径；

V——缓和曲线长度；

P——缓和曲线上任一点的桩号；

Z——*P* 点至 *A* 点的桩距；

X、Y——*P* 点的切线支距法放样要素。

②程序功能及注意事项。

a. 本程序可计算前、后缓和曲线上任意一点用切线支距法放样时的要素 X 和 Y。

在计算前缓和曲线时，A 输入 ZH 点的桩号；在计算后缓和曲线时，A 输入 HZ 点的桩号。

b. 当前缓和曲线段所求点的 *X* 与 *Y* 计算完成后，给 P 输入 0，则计算器自动从头显示 A?、R?、V?，即可开始后缓和曲线段所求点的 *X* 与 *Y* 的计算。

③操作案例。

算例数据及计算结果见表 5-12 第 2、4、5 列。

坐标法计算缓和曲线放样要素 *X*、*Y* 和偏角 表 5-12

交点：JD_{16}		转角：−44°22′57″		*R*=550m		*V*=70.0m
ZH：K249+459.31			HZ：K249+955.36			
桩号	*P* 点至 ZH(或 HZ)点的弧长 *Z*(m)	*P* 点至 ZH(或 HZ)点的弦长 *S*(m)	切线支距法坐标		偏角 *K* (° ′ ″)	360°−*K* (° ′ ″)
			X (m)	*Y* (m)		
1	2	3	4	5	6	7
ZH：K249+459.31						
+460	0.69	0.690	0.690	0.000	0 00 00	360 00 00
+480	20.69	20.690	20.690	0.038	0 06 22	359 53 38
+500	40.69	40.689	40.688	0.292	0 24 38	359 35 22
+520	60.69	60.684	60.676	0.968	0 54 49	359 05 11
HY：+529.31	70.00	69.987	69.972	1.485	1 12 56	358 47 04
YH：+885.36	70.00	69.987	69.972	1.485	1 12 56	358 47 04
+890	65.36	65.351	65.340	1.209	1 03 35	358 56 25
+900	55.36	55.356	55.351	0.734	0 45 37	359 14 23
+920	35.36	35.360	35.359	0.191	0 18 36	359 41 24
+940	15.36	15.36	15.360	0.016	0 03 31	359 56 29
HZ：+955.36	0	0	0	0	0	0

④程序执行操作步骤。

程序执行操作步骤同上，略。读者可自己用 Q-H-XY 程序运算。

(2)两缓和曲线间的圆曲线上任一点的切线支距要素 *X*、*Y* 计算的程序清单、程序功能及注意事项，操作案例及操作步骤如下。

①程序清单(5800/9750)。

文件名：Q-HY-XY

```
LbI 0 ↵
"A="? A："R="? R："V="? V ↵
V÷2－V³÷(240R²)→M ↵
V²÷(24R)－V⁴÷(2688R³)→B ↵
LbI 0 ↵
"P"? P ↵
If P≤0：Then Goto 1：If End ↵
   P－A－V→Z ↵
"Z="：Z ◢
180V÷(2Rπ)→T ↵
180Z÷(Rπ)+T→O ↵
"X="：Rsin(O)+M ◢
"Y="：R(I－cos(O))+B ◢
Goto 1
```

程序中：A——ZH 点的桩号，当 V=0 时，A 为 ZY 点的桩号；

R——圆曲线半径；

V——缓和曲线长；

P——有缓和曲线的圆曲线上任意一点的桩号，即所求点；

Z——所求点 P 至 HY 点的距离；

X、Y——所求点 P 的切线支距法放样要素；

M——切线增长距离；

B——相对于切线的内移量；

T——切线角；

O——(Z+V)所对应的圆心角。

②程序功能及注意事项。

a. 本程序可计算有缓和曲线的圆曲线段任意一点用切线支距法放样的要素 X 与 Y。其坐标系统的原点是 ZH 点，放样时仪器架在 ZH 点。

b. 令 V=0，本程序就可计算不设缓和曲线的圆曲线段内任意一点用切线支距法放样的要素 X 与 Y，此时坐标系统的原点是 ZY 点。

③操作案例。

算例起算数据及计算结果见表 5-13。

④程序执行操作步骤。

程序执行操作步骤同上，略。读者可自行用 Q-HY-XY 程序运算。

切线支距法放样有缓和曲线的圆曲线的 X、Y 计算　　表 5-13

桩　　号	P 点至 HY 点桩距	X(m)	Y(m)	备　　注
ZH：K239+438.028				交点：K239+516.55 转角：右 41°39′38″ 缓和曲线长：L=50 圆曲线半径：R=140
…	…	…	…	
HY：+488.028	0	49.841	2.969	
+500	11.972	61.517	5.597	
QZ：+513.926	25.898	74.758	9.894	
+520	31.972	80.386	12.176	
YH：+539.824	51.796	97.976	21.283	
…	…	…	…	
HZ：+589.824				

注：P 至 ZH 点的距离＝P 至 HY 点的距离＋V。

六、坐标法计算曲线上任一点的偏角的计算技术

(一)坐标法计算曲线上任一点的偏角的计算公式

这里所说的坐标，是指用切线支距法计算的曲线上点的坐标 X 与 Y。

偏角计算公式：

$$K=\arctan\frac{Y}{X} \tag{5-39}$$

置仪点至各测点的弦长计算公式：

$$S=\sqrt{X^2+Y^2} \tag{5-40}$$

式中：K——偏角；

S——弦长；

X、Y——用切线支距法计算的曲线上点的 X 与 Y 值。

程序输入公式：

```
Pol(X,Y)↵
I→S ↵
J→F ↵
```

(二)坐标法计算缓和曲线上点位偏角的 f_x—5800/9750 程序计算技术

1. 程序清单

文件名：ZPF-F-PJ

```
LbI 0 ↵
"A="? A："R="? R："V="? V ↵
LbI 1 ↵
"P"? P ↵
If P≤0：Then Goto 0：If End ↵
Abs(A−P)→Z ↵
```

```
"Z=":Z ◢
"X=":Z-Z^5÷(40R^2V^2)→X ◢
"Y=":Z^3÷(6RV)→Y ◢
Pol(X,Y)↵
I→S↵
J→T↵
"S=":S ◢
"T=":T ▶DMS◢
"FT=":360-T ▶DMS◢
Goto 1
```

程序中：A——ZH(或 HZ)点桩号，计算前缓和曲线，A 输入 ZH 桩号，计算后缓和曲线，A 输入 HZ 桩号；

R——圆曲线半径；

V——缓和曲线长；

P——缓和曲线上任一点的桩号；

Z——*P* 点至 ZH(或 HZ)点间的弧长；

X、Y——*P* 点切线支距法放样要素；

S——*P* 点至 ZH(或 HZ)点间的弦长；

T——正拨偏角；

FT——反拨偏角。

2. 程序功能及注意事项

(1)本程序可计算前、后缓和曲线段上任意一点放样用切线支距法的 X、Y 值及用偏角法的偏角值。

(2)作业中应注意取用正拨偏角与反拨偏角。

(3)待前缓和曲线段各点 X、Y 及偏角计算完成后，给 P 输入 0，则计算器从头显示 A?、R?、V?，此时只要给 A 输入 HZ 点的桩号，即可计算后缓和曲线段。

3. 操作案例

算例数据及计算结果见表 5-5。*X* 与 *Y* 值计算结果见表 5-5 的第 4、5 列，弦长计算结果见表 5-5 的第 3 列，偏角计算结果见表 5-5 的第 6、7 列。

4. 程序执行操作步骤

程序执行操作步骤，略。读者可自行用 ZPF-F-PJ 程序运算。

(三)坐标法计算圆曲线上点位偏角的 f_x—5800 程序计算技术

1. 程序清单

文件名：ZPF-Y-PJ

```
LbI 0 ↵
"A="? A："R="? R↵
LbI 1↵
"B"? B↵
If B≤0：Then Goto 1：If End↵
Abs(A−B)→L↵
"L="：L ◢
57.29578L÷R→I↵
"X="：Rsin(I)→X ◢
"Y="：R(1−cos(I))→Y ◢
Pol(X,Y)↵
I→S↵
J→T↵
"S="：S ◢
"T="：T ◢DMS ◢
"FT="：360−T ▶DMS◢
Goto 1
```

程序中：A——ZY 点(或 YZ 点)的桩号，计算 ZY 点至 YZ 点的曲线时，A 输入 ZY 点桩号，计算 YZ 点至 ZY 点的曲线时，A 输入 YZ 桩号；

R——圆曲线半径；

B——圆曲线上任一点的桩号；

L——*B* 到 *A* 的桩距；

I——*L* 所对应的圆心角；

X、Y——用切线支距法放样的圆曲线要素；

S——*B* 至 *A* 的弦长；

T——*B* 点正拨偏角；

FT——*B* 点反拨偏角。

2.程序功能及注意事项

(1)本程序可计算圆曲线上点位的偏角值和用切线支距法放样时的 X 与 Y 值。

实际操作中，可将一条圆曲线分成 ZY 点至 QZ 点、YZ 点至 QZ 点的两半圆曲线来计算。也可计算全条曲线上点的偏角值和 X、Y 值，此时只要在 ZY 点处架置一次仪器，便可测设全条曲线。

(2)作业中应注意偏角正拨与反拨。

3.操作案例

(1)算例一

本算例是某二级公路 I 标的一条圆曲线，采用经纬仪钢尺偏角法放样。为了保证精度，采用偏角法放样，用切线支距法检验。其计算采用坐标法，计算曲线上偏角的程序：ZPF-Y-XY，计算结果见表 5-14。

坐标法计算圆曲线放样要素 *X*、*Y* 和偏角　　表 5-14

交点:JD_{10}　桩号:K254+708.84　转角左:15°25′16″　R=800m						
ZY:K254+600.53　QZ:K254+708.19　YZ:K254+815.85						
桩号	B 点至 ZY(YZ)点的弧长 L (m)	B 点至 ZY(YZ)点的弦长 S (m)	切线支距法坐标		偏角 K (° ′ ″)	360°−K (° ′ ″)
			X (m)	Y (m)		
ZY:K254+600.53	0.00					
+620	19.47	19.470	19.468	0.237	0 41 50	359 18 10
+640	39.47	39.466	39.454	0.973	1 24 48	358 35 12
+660	59.47	59.456	59.415	2.209	2 07 47	357 52 13
+680	79.47	79.437	79.339	3.944	2 50 45	357 09 15
+700	99.47	99.406	99.214	6.176	3 33 43	356 26 17
QZ:+708.19	107.66	107.579	107.335	7.233	3 51 19	356 08 41
+720	95.85	95.793	95.621	5.735	3 25 57	
+740	75.85	75.822	75.736	3.593	2 42 58	
+760	55.85	55.839	55.805	1.949	2 00 00	
+780	35.85	35.847	35.838	0.803	1 17 02	
+800	15.85	15.85	15.849	0.157	0 34 03	
YZ:+815.85						

(2)算例二

用 ZPF-Y-PJ 程序计算设有缓和曲线的圆曲线上点的偏角。

用偏角法放样有缓和曲线的圆曲线应分两部分计算放样数据，即缓和曲线部分放样数据和圆曲线部分放样数据，本例介绍圆曲线部分偏角计算，采用坐标法计算偏角方法，用Y-P-J程序验算。计算结果见表 5-15。

坐标法计算有缓和曲线的圆曲线放样要素 *X*、*Y* 和偏角　　表 5-15

交点 JD_{16}　桩号:K249+718.810　转角 N=−44°22′57″　R=550m,V=70						
T=259.500m　L=496.041m　E=44.399m　S=22.958m						
桩号	B 点至 HY(或 YH)点的弧长 Z (m)	B 点至 HY(或 YH)点的弦长 S (m)	切线支距法坐标		偏角 K (° ′ ″)	360°−K (° ′ ″)
			X(m)	Y(m)		
HY:K249+529.31	0					
+540	10.69	10.690	10.689	0.104	0 33 25	359 26 35
+560	30.69	30.686	30.674	0.856	1 35 55	358 24 05
+580	50.69	50.672	50.618	2.334	2 38 25	357 21 35
+600	70.69	70.641	70.496	4.537	3 40 55	356 19 05
+620	90.69	90.587	90.280	7.460	4 43 26	355 16 34

续上表

交点 JD_{16} 桩号：K249＋718.810 转角 $N=-44°22'57''$ $R=550m$，$V=70$						
$T=259.500m$ $L=496.041m$ $E=44.399m$ $S=22.958m$						
桩号	B 点至 HY（或 YH）点的弧长 Z（m）	B 点至 HY（或 YH）点的弦长 S（m）	切线支距法坐标		偏角 K（° ′ ″）	360°－K（° ′ ″）
			X(m)	Y(m)		
＋640	110.69	110.503	109.944	11.101	5 45 56	354 14 04
＋660	130.69	130.383	129.464	15.454	6 48 26	353 11 34
＋680	150.69	150.219	148.812	20.514	7 50 56	352 09 04
＋700	170.69	170.006	167.963	26.275	8 53 27	351 06 33
QZ：＋707.331	178.021	177.245	174.929	28.560	9 16 21	350 43 39
＋720	165.352	164.730	162.872	24.669	8 36 46	
＋740	145.352	144.929	143.666	19.095	7 34 15	
＋760	125.352	125.081	124.270	14.273	6 31 45	
＋780	105.352	105.191	104.709	10.059	5 29 15	
＋800	85.352	85.266	85.010	6.609	4 26 45	
＋820	65.352	65.314	65.198	3.878	3 24 14	
＋840	45.352	45.339	45.301	1.869	2 21 44	
＋860	25.352	25.350	25.343	0.584	1 19 14	
＋880	5.352	5.352	5.352	0.026	0 16 44	0 16 44
YH：＋885.352						

注：ZH 桩号：K249＋459.31；HZ 桩号：K249＋955.32。

4. 程序执行操作步骤

程序执行操作步骤同上，略。读者可自行用 ZPF-Y-XY 程序验算。

七、极坐标法放样要素的计算技术

（一）极坐标法放样点位平面位置的概念

极坐标法放样点位平面位置的概念详见图 5-8。

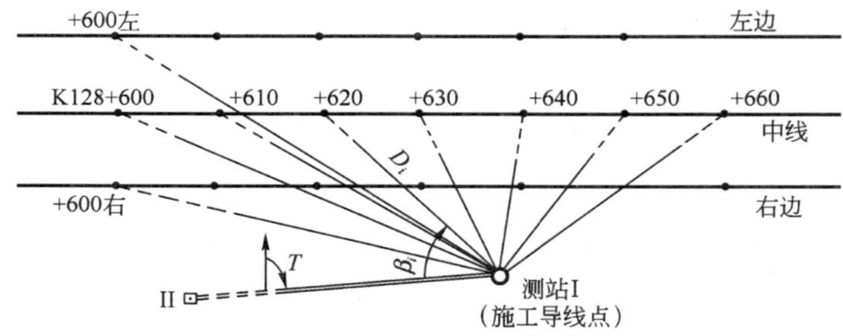

图 5-8 极坐标法放样点的平面位置示意图

图 5-8 中，I 和 II 是施工导线点，K128＋600 等是施工线路要放出的中桩和边桩。要放出 K128＋600 等桩位，必须要计算出：

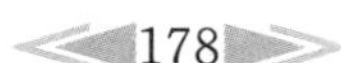

(1)边长 D,即已知点至待放样点间的平面距离。

(2)夹角 β,即已知边与待放样边间的夹角,或是待放样边的方位角。

边长 D 和夹角 β 是极坐标法放样点位平面位置必备的两个要素。

为了计算边长 D、夹角 β 这两个要素,必须知道以下两个条件。

(1)必须已知一组起算数据,即已知一条边的方位角和一个已知点的 X、Y 坐标值。这个数据可从“导线点成果表”中抄取。

(2)必须已知待放样点的坐标 X、Y 值。这个数据可从“逐桩坐标表”中抄取。但是左、右边桩和施工需要的加桩坐标,则需自己计算(计算方法详见本章第六节)。

图 5-7 是 323 线国道××标段施工现场用极坐标法放样点位平面位置示意图。只要将仪器架置于Ⅰ点,后视导线点Ⅱ,依据拨角 β_i、量距 D_i,就可在实地放出 K128+600 等线路桩位。

由此可知,计算距离 D 和夹角 β 是极坐标法放样的关键。

(二)极坐标法放样要素常规计算公式

1. 夹角 β 的常规计算公式

$$\tan T_{导-放}=\frac{Y_{放}-Y_{导}}{X_{放}-X_{导}}=\frac{\Delta Y_{导-放}}{\Delta X_{导-放}} \tag{5-41}$$

$$\beta=T_{导-放}-T_{Ⅰ-Ⅱ} \tag{5-42}$$

当放样时直接用方位放样方向线,则不需计算 β。

2. 边长 D 的常规计算公式

$$D=\frac{Y_{放}-Y_{导}}{\sin T_{导-放}}=\frac{X_{放}-X_{导}}{\cos T_{导-放}}=\sqrt{(\Delta Y_{导-放})^2+(\Delta X_{导-放})^2} \tag{5-43}$$

式中: $Y_{放}$、$X_{放}$——待放样点纵、横坐标值;

$Y_{导}$、$X_{导}$——施工导线点(测站)纵、横坐标值;

$\Delta Y_{导-放}$、$\Delta X_{导-放}$——测站点至待放样点间纵、横坐标增量;

$T_{Ⅰ-Ⅱ}$——后视已知边方位角。

(三)极坐标法放样要素的程序计算技术

1. 程序清单 I(5800/9750)

文件名:JZBF-1(极坐标法 1)

```
"A"? A : "B="? B : "M="? M ↵
LbI 0 ↵
"C"? C : "D"? D ↵
C-A→X : D-B→Y ↵
Pol(X,Y)↵
I→S ↵
"S=" : S ◢
J→F ↵
If J<0 : Then J+360→F :
Else J→F : If End ↵
```

```
"F=":F ▶ DMS ◢
F−M→Z↵
"Z=":Z ▶ DMS ◢
Goto 0
```

程序中:A、B——测站点(已知施工导线点)的 X、Y 值;

M——已知导线边(后视边)的正方位角;

C、D——待放样点的 x、y 值;

X、Y——测站点与待放样点间坐标增量;

S=——测站点至待放样点间的平距;

F=——测站至待放样点边的方位角;

Z=——已知导线边(后视边)与待放样边的夹角。

程序功能及注意事项如下。

(1)本程序可计算以下内容:

①极坐标法放样要素边长 S 和夹角 Z。

②已知坐标的两个点间的边长、方位角反算。

(2)程序执行前应已知测站后视边的方位角。

(3)现场放样时,可直接用方位角定向,用夹角校核检查;也可用夹角放样,用方位角校核检查。

2.程序清单 2(5800/9750)

文件名:JZBF-2(极坐标法 2)

```
"A"? A:"B"? B:"C"? C:"D"? D↵
P01 (C−A,D−B)↵
"I=":I→I ◢
J→F↵
If J<0:Then J+360→F:
Else J→F:If End↵
"F=":F ◢ DMS ◢
lb1 0↵
"X"? X:"Y"? Y↵
P01 (X−A,Y−B)↵
J→Z↵
Z<0⇒Z+360→Z↵
"Z=":Z ◢ DMS ◢
Z<F⇒Z+360→Z↵
Z−F→P↵
"P=":P ◢ DMS ◢
```

```
I→S↵
"S=":S◢
"K"? K:"L"? L↵
Rec (L,F+K)↵
"X=":A+I◢
"Y=":B+J◢
Goto 0
```

程序中：

A、B——测站点(已知导线点)的 x、y 值；

C、D——后视点(已知导线点)的 x、y 值；

X、Y——待放样点的坐标值；

K——放样后，实测的夹角；

L——放样后，实测的测站至放样点间的平距；

I=——后视已知边的距离；

F=——后视已知边的正方位角；

S=——待放样边的平距；

Z=——待放样边的正方位角；

P=——待放样点的夹角，即已知后视边与待放样边间之夹角；

X=——实测的待放样点的 x 值，可与已知的 x 比较，检查放样是否正确；

Y=——实测的待放样点的 y 值，可与已知的 y 比较，检查放样是否正确。

程序功能及注意事项如下。

(1)本程序可计算以下内容：

①已知坐标的两个点间的平距和方位角。

②极坐标放样的要素，夹角 P 和平距 S，以及待放样边的方位角。

③放样点实测的 X、Y 值，与已知的 X、Y 值比较，较差小于±5mm 时，可认为放样正确。

(2)现场放样用夹角 P 和平距 S 时，后视定向应置镜角度为 0°00′00″。

(3)现场放样正方位角 Z 和距离 S 时，后视定向应置镜后视边已知方位角 F。

3. 操作案例及程序执行操作方法步骤

××高速公路××标段一段弯道采用全站仪坐标法放样，其放样点逐桩坐标及计算的放样要素见表 5-16。

程序操作方法步骤如下。

本算例采用 f_x-5800 JZBF-2 程序计算，读者可用 JZBF1 验算。

(1)按 EXE 键，开机，按前述方法清屏。

(2)按前述方法搜寻文件名。

(3)按 EXE 键，执行程序，按照屏幕提示输入。

A?，输入测站点的 X：363.567。

B?，输入测站点的 Y：814.454。

C?，输入后视点的 X：406.260。

极坐标法放样数据计算表

表 5-16

放样方法：
经纬仪配测距仪极坐标法
放样段起点桩号：K128＋600
放样段终点桩号：K129＋100
放样段长：500m

测站点	后视点	放样点桩号	中桩坐标 X(m)	中桩坐标 Y(m)	边长 (m)	方位角 (° ′ ″)	夹角 (° ′ ″)
K128＋850I			363.567	814.454	218.895	78 45 11	
	K129 ＋080II		406.260	1029.145			
		K128＋600	354.618	553.341	261.266	268 02 14	189 17 03
		＋625	351.890	578.192	236.550	267 10 14	188 25 03
		＋650	349.288	603.056	211.880	266 08 09	187 22 58
		＋675	346.809	627.932	187.273	264 51 58	186 06 47
		＋700	344.455	652.821	162.759	263 15 23	184 30 12
		＋725	342.226	677.721	138.388	261 07 44	182 22 33
		＋750	340.121	702.633	114.253	258 09 29	179 24 18
		＋775	338.140	727.554	90.544	253 41 26	174 56 15
		…	…	…	…	…	…
		K129＋100	323.066	1052.163	241.135	99 40 09	20 54 58

D?，输入测站点的 Y：1029.145。

至此，已知常量输入完成。

(4)按EXE键，屏幕显示计算结果。

I＝218.895(后视边的边长)

F＝78°45′11″(后视边的方位角)

(5)按EXE键，按屏幕提示输入。

X?，输入放样点 K128＋600 的 X：354.618。

Y?，输入放样点 K128＋600 的 Y：553.341。

于是，就可显示计算结果：

Z＝268°02′14″(放样边的方位角)；

P＝189°17′03″(放样夹角)；

S＝261.266(放样边长)。

至此，K128＋600 桩点的放样要素计算完成。测量员根据这组数据，就可把该点放到实地。实践中对于重要位置，例如桥梁的桥墩中心的位置，都要检查放样误差，即检核实地放的位置与设计的位置偏差是多少。这时，测量员只要指挥立棱镜员把杆立在实地所放桩钉上，使用全站仪测角测距功能，测出夹角 K 和边长 L，就可得到出实放位置的坐标与设计坐标的差异。这时，只要继续按[EXE]键，按屏幕提示操作，就可完成这一任务。

(6)按[EXE]键，按屏幕提示操作。

K?，输入现场实测夹角：189°17′1″。

L?，输入现场实测平距：261.270。

X=354.627(实地放样点的 X，与设计比较，较差+9mm)。

Y=553.337(实地放样点的 Y，与设计比较，较差−4mm)。

至此，一个放样点的放样要素计算完成。以下只要给 X、Y，输入另一个放样点的坐标，就可计算出该放样点的要素，然后放样到实地，并立即测出实放夹角 K 和边长 L，算出实地点位的坐标比较值。

八、坐标法放样要素(中、边桩的 X、Y)的计算技术

(一)坐标法放样点位平面位置数据计算概述

"坐标法"放样是对"全站仪坐标放样测量"工作的习惯称法，它是利用"全站仪"在施工现场测设出坐标值为已知的待放样点。注意，这里的关键词是"坐标值为已知的点"，这个"坐标值"就是坐标法放样的要素。

在一个测站上，采用坐标法放样点位平面位置时：

(1)可事先把计算好的待放样点的坐标值逐个输入仪器储存起来，然后在测站上逐点放出各个待放样点的实地位置。

(2)也可以在测站上用现算现输入的办法逐点放样。

但是不论采用何法，都必须先计算出待放样点的坐标值。

现代线路设计应用计算机进行辅助计算。由设计单位提供的施工设计图表，直线、曲线及转角表，导线点坐标及逐桩坐标表等均给出了交点要素、导线点的坐标、直线及曲线，还给出每隔一定距离的中线桩位坐标值以及曲线要素。据此，可根据施工现场的需要采用交点法计算出线路上任一加桩及左、右边桩的坐标值。

(二)坐标法放样要素的计算公式

1. 线路直线段上点的坐标计算公式

用"XY"程序中的字符公式阐述，下同。

已知数据：交点的桩号、坐标及前切线的正方位角。

未知点的坐标计算公式：

$$\left.\begin{aligned} X_{中} &= W+(Q-H)\cos(F+180°) \\ Y_{中} &= K+(Q-H)\sin(F+180°) \end{aligned}\right\} \tag{5-44}$$

式中：$X_{中}$、$Y_{中}$——线路直线段上任一点的中桩坐标值；

W、K——交点的 X、Y 值；

Q——交点的里程桩号；

H——所求点(待放样点)的里程桩号；

$(Q-H)$——交点至所求点间的距离；

F——前切线正方位角，若要计算边桩坐标，则要$(F+180°)\pm 90°$，并要知道中桩至边桩的距离 S。

用 f_x—5800P 计算器“坐标变换”功能计算：

$$\left.\begin{array}{l}\mathrm{Rec}(Q-H,F+180°)\\ X=W+I\\ Y=K+J\end{array}\right\}$$

式中：I、J——计算器算出的纵、横坐标增量。

例如，计算直缓(ZH)点坐标：

$$\left.\begin{array}{l}\mathrm{Rec}(T,F+180°)\\ Z[1]=W+I\\ Z[2]=K+J\end{array}\right\}$$

式中： T——有缓和曲线的圆曲线切线长；

$Z[1]$、$Z[2]$——直缓点(ZH)的坐标值。

又例如，计算缓直(HZ)点坐标：

$$\left.\begin{array}{l}\mathrm{Rec}(T,F+GN)\\ Z[3]=W+I\\ Z[4]=K+J\end{array}\right\}$$

式中： N——转向角，即线路偏角；

G——控制转向角的条件，左转角用“－”号，右转角用“＋”号；

$Z[3]$、$Z[4]$——缓直(HZ)点坐标值。

直缓点(ZH)坐标：$Z[1]$、$Z[2]$是第一缓和曲线上任一点切线支距法坐标转换的起点。

缓直点(HZ)坐标：$Z[3]$、$Z[4]$是第二缓和曲线上任一点切线支距法坐标转换的起点。

2. 线路曲线段上点的坐标计算公式

缓和曲线、有缓和曲线的圆曲线上任一点的坐标计算，一般按两步进行：第一步，先计算出曲线上点的切线支距法坐标；第二步，将其转换成线路施测中统一采用的坐标。

例如，第一缓和曲线上任一点的坐标计算。

第一步，用公式：

$$\left.\begin{array}{l}X=Z^*-Z^{*5}/(40R^2V^2)+Z^{*9}/(3456R^4V^4)\\ Z=Z^{*3}/(6RV)-Z^{*7}/(336R^3V^3)+Z^{*11}/(42240R^5V^5)\end{array}\right\} \tag{5-45}$$

计算曲线上任一点的支距法坐标。

第二步，将第一步支距法坐标换算成线路统一采用的坐标。

坐标转换常用公式：

$$\left.\begin{array}{l}X=X_{ZH}+X\cos F-Z\sin F\\ Y=Y_{ZH}+X\sin F+Z\cos F\end{array}\right\} \tag{5-46}$$

式中：Z^*——$Z^*=H-A$，即第一缓和曲线上所求点桩号 H 减去 ZH 点桩号 A；

R——曲线半径；

F——前切线(第一直线段)正方位角；

V——缓和曲线长度；

X、Z——曲线上所求点支距法坐标；

X_{ZH}、Y_{ZH}——第一缓和曲线起点坐标，$X_{ZH}=Z[1]$，$Y_{ZH}=Z[2]$。

将上述公式用计算器“坐标变换”功能计算，编入程序则为：

```
Rec(X,F)
X=Z[1]+I：Y=Z[2]+J
Rec(Z,F+90G)
X=X+I：Y=Y+J
```

第二缓和曲线上任一点的坐标计算。

第一步，计算公式同第一缓和曲线，只是式中的 Z 要用曲线上所求点到缓直(HZ)点的长度。另外，在第二步计算坐标转换时要注意方位角，并用 HZ 点坐标 $Z[3]$、$Z[4]$：

$$\left.\begin{aligned} X &= Z^* - Z^{*5}/(40R^2V^2) + Z^{*9}/(3456R^4V^4) \\ Z &= Z^{*3}/(6RV) - Z^{*7}/(336R^3V^3) + Z^{*11}/(42240R^5V^5) \end{aligned}\right\}$$

```
Rec(X,F+GN+180)
X=Z[3]+I：Y=Z[4]+J
Rec(Z,F+GN+180-90G)
X=X+I：Y=Y+J
```

对于有缓和曲线的圆曲线上任一点坐标计算，第一步用下式计算圆曲线上点的支距法坐标：

$$\left.\begin{aligned} X &= Z^* - Z^{*3}/(6R^2) + Z^{*5}/(120R^4) + M \\ Z &= Z^{*2}/(2R) - Z^{*7}/(24R^3) + Z^{*6}/(720R^5) + P \end{aligned}\right\} \tag{5-47}$$

式中：X、Z——圆曲线上所求点切线支距法坐标；

Z^*——圆曲线上任一点桩号 H 减去 ZH 点桩号 A，即 $Z^*=H-A$；

M——加设缓和曲线后使切线增大的距离，$M=V/2-V^3/(240R^2)$，当 $V=0$ 时，则 $M=0$，为没有缓和曲线的圆曲线；

P——加设缓和曲线后，圆曲线相对于切线的内移量，$P=V^2/(24R)-V^4/(2688R^3)$，当 $V=0$ 时，则 $P=0$，为没有缓和曲线的圆曲线；

R——圆曲线半径。

第二步，坐标转换计算同第一缓和曲线上点的坐标转换。

概言之，公路线路直线、曲线(含圆曲线、缓和曲线、有缓和曲线的圆曲线)上任一点坐标计算，除直线段可用常用坐标计算公式计算外，其余曲线上的点位坐标计算，都应先算出其切线支距法坐标，然后将其转换成线路施测中统一采用的坐标。由于线路桩位数量较多，计算过程又较繁杂，这一计算工作若用手算来完成，很难满足施工现场放样的需要。只有将其计算公式设计成程序，利用先进的可设程序的计算器来计算，才能满足施工现场放样工作的需要。

(三)坐标法放样要素计算的程序清单

坐标法放样要素计算实践中常用“交点法”，其 5800/9750 程序清单如下。

文件名：XY

```
"R="? R : "V="? V : "N="? N :
"Q="? Q : "W="? W : "K="? K :
"F="? F : "G="? G ↵
                    (常量半径缓和曲线长转角,交点桩号及坐标,方位角,转角条件)
4→DimZ ↵                                                    (增加额外变量)
V÷2－V^3÷(240R^2)→M ↵                                       (切线增值)
V^2÷(24R)－V^4÷(2688R^3)→P ↵                                 (内移量)
RNπ÷180＋V→L ↵                                (曲线长,已知数据,不需显示)
(R＋P)tan(N÷2)＋M→T ↵                         (切线长,已知数据,不需显示)
Q－T→A : A＋V→B : A＋L→D : D－V→C ↵
                                    (ZH、HY、HZ、YH 点桩号,已知数据,不需显示)
W＋Tcos(F＋180)→Z[1]↵                      (ZH 点 X、Y 计算,已知数据可不显示)
K＋Tsin(F＋180)→Z[2]↵
W＋Tcos(F＋GN)→Z[3]↵                       (HZ 点 X、Y 计算,已知数据可不显示)
K＋Tsin(F＋GN)→Z[4]↵
LbI 0 ↵
Do ↵                                                (条件转移,重复循环计算)
"H"? H : "S"? S : "E"? E ↵
                                  (变量:所求点桩号,中桩至边桩的距离,夹角)
If H<A : Then Goto 1 :                              (计算前直线段所求点坐标)
Else If H<B : Then Goto 2 :                   (计算前缓和曲线段所求点坐标)
Else If H<C : Then Goto 3 :                         (计算圆曲线所求点坐标)
Else If H<D : Then Goto 4 :                   (计算后缓和曲线段所求点坐标)
Else If H>D : Then Goto 5 :                         (计算后直线段所求点坐标)
IfEnd : IfEnd : IfEnd : IfEnd : IfEnd ↵                          (条件转移)
LbI 1 ↵                                                 (前直线段计算开始)
Rec(Q－H,F＋180)↵
"XZ1=" : W＋I ◢ }
"YZ1=" : K＋J ◢ }                               (前直线段所求点中桩坐标值)
"MZ1=" : W＋I＋Scos(F＋180－(180－E)) ◢ }
"NZ1=" : K＋J＋Ssin(F＋180－(180－E)) ◢ }
                                                  (与中桩同断面的边标坐标值)
Goto 0 ↵
LbI 2 ↵                                           (前缓和曲线段坐标计算开始)
H－A→Z ↵                                             (任一点到 ZH 点的桩距)
90Z^2÷(πRV)→O ↵                                            (Z 所对应的圆心角)
Z－Z^5÷(40R^2V^2)＋Z^9÷(3456R^4V^4)→X ↵
Z^3÷(6RV)－Z^7÷(336R^3V^3)＋Z^11÷(42240R^5V^5)→Z ↵
                                                    (所求点切线支距法坐标)
Rec(X,F)↵                          }
Z[1]＋I→X : Z[2]＋J→Y ↵            }
                                          (换算成线路施工中统一采用的坐标)
```

Rec(Z,F+90G)↵
"XF1=" : X+I ◢
"YF1=" : Y+J ◢　　（中桩坐标计算）
"MF1=" : (X+I)+Scos(F+OG+E) ◢
"NF1=" : (Y+J)+Ssin(F+OG+E) ◢　　（边桩坐标计算）
Goto 0 ↵
Lbl 3 ↵　　（圆曲线段坐标计算开始）
H−A−V→Z ↵　　（圆曲线内任一点至 ZH 点的距离）
180V÷(2Rπ)→T ↵
180Z÷(Rπ)+T→O ↵
（有缓和曲线的圆曲线上任一点至 ZH 点距离所对应的圆心角）
Rsin(O)+M→X ↵
R(1−cos(O))+P→Z ↵　　（切线支距法坐标计算）
Rec(X,F)↵
Z[1]+I→X:Z[2]+J→Y ↵
Rec(Z,F+90G)↵　　（坐标转换计算）
"XY=" : X+I ◢
"YY=":Y+J ◢　　（所求点中桩坐标计算）
"MY=" : (X+I)+Scos(F+OG+E) ◢
"NY=" : (Y+J)+Ssin(F+OG+E) ◢　　（边桩坐标计算）
Goto 0 ↵
Lbl 4 ↵
D−H→Z ↵　　（后缓和曲线段计算开始）
$90Z^2$÷(RVπ)→O ↵
$Z-Z^5$÷$(40R^2V^2)$+Z^9÷$(3456R^4V^4)$→X ↵
Z^3÷(6RV)−Z^7÷$(336R^3V^3)$+Z^{11}÷$(42240R^5V^5)$→Z ↵
（切线支距法坐标计算）
Rec(X,F+GN+180)↵
Z[3]+I→X : Z[4]+J→Y ↵
Rec(Z,F+GN+180−90G)↵　　（坐标转换计算）
"XF2=" : X+I ◢
"YF2=" : Y+J ◢　　（中桩坐标计算）
"MF2=" : (X+I)+Scos(F+GN+180−OG−E) ◢
"NF2=" : (Y+J)+Ssin(F+GN+180−OG−E) ◢
（边桩 X、Y 计算）
Goto 0 ↵
Lbl 5 ↵　　（后直线段计算开始）
Rec(H−D,F+NG)↵

```
"XZ2=":Z[3]+I ◢ }
"YZ2=":Z[4]+J ◢ }       (后直线段上任一点中桩X、Y计算)
"MZ2=":Z[3]+I+Scos(F+GN+E) ◢ }
"NZ2=":Z[4]+J+Ssin(F+GN+E) ◢ }     (边桩坐标计算)
Goto 0 ↵
LpWhile
```

程序中：

R——圆曲线半径；
V——缓和曲线长度；
N——转角，输入时不带符号；
Q——交点桩号；
W、K——交点的 X、Y 坐标；
F——前切线正方位角；
G——判断转角符号，左转角输入−1，右转角输入1；
H——所求点桩号；
S——与 H 同断面的中桩至边桩的距离；
E——中桩至边桩连线与线路中线之夹角(简称夹角)，输入"E"，计算结果为右边桩 X、Y 结果，输入"−E"，计算结果为左边桩 X、Y 结果；
XZ1、YZ1——第一直线段中桩 X、Y 值；
MZ1、NZ1——第一直线段边桩 X、Y 值；
XF1、YF1——第一缓和曲线中桩 X、Y 值；
MF1、NF1——第一缓和曲线边桩 X、Y 值；
XY、YY——圆曲线中桩 X、Y 值；
MY、NY——圆曲线边桩 X、Y 值；
XF2、YF2——第二缓和曲线中桩 X、Y 值；
MF2、NF2——第二缓和曲线边桩 X、Y 值；
XZ2、YZ2——第二直线段中桩 X、Y 值；
MZ2、NZ2——第二直线段边桩 X、Y 值。

(四)程序功能及注意事项

(1)XY 程序可计算线路直线段、曲线段(圆曲线、缓和曲线、有缓和曲线的圆曲线)上任意一点的中桩及左、右边桩的 X、Y 坐标值。

(2)起算要素。以图 5-9 为例，假定以本交点 JD_{19} 为起算点，则程序中各要素为 Q、W、K、R、F、N、V，应输入交点 JD_{19} 及所在曲线的桩号、坐标、半径、方位角、转向角、缓和曲线长度。而 F 则应输入前第一直线段的正方位角，即 $F=166°15'17''$，$N=39°16'07''$，$R=400$，$V=100$，$Q=251246.76$，$W=4814.878$，$K=8720.076$。若本交点 JD_{19} 计算范围内所需点的坐标值计算完毕后，需要继续计算下去，则依另一交点 JD_{20} 或 JD_{18} 的各要素为已知起算数据。

(3)计算范围。在图 5-9 中，设定 JD_{19} 为本交点，JD_{18} 为前交点，JD_{20} 为后交点，则公路线路上

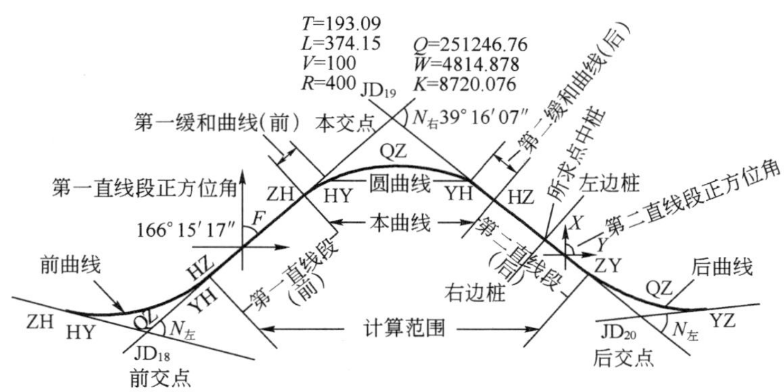

图 5-9　XY 程序计算线路点位坐标起算数据及计算范围示意图

点位坐标程序 XY 的计算范围是前直线段起点缓直(HZ)点至后直线段终点(ZY)点之间的：

①前直线段(第一直线段)HZ 点至 ZH 点(或圆曲线 YZ 点至 ZY 点)。

②本缓和曲线 ZH 点至 HZ 点(或圆曲线 ZY 点至 YZ 点)。

③后直线段(第二直线段)HZ 点至 ZH 点(或圆曲线 YZ 点至 ZY 点)。

上述三段任意一点的中桩及边桩坐标都可以计算。

(4)计算中应注意符号的正负。

①程序中用“N”表示交点转向角，用“G”控制其正负。当转向角左偏，G 输入“－1”，当转向角右偏，G 输入“1”，即左负右正。输入转向角 N 时，不考虑符号。

②计算左、右边桩坐标时，程序中用“E”夹角控制左、右边方向。当 E 输入“90”时，则计算结果为右边桩坐标值；当 E 输入“－90”时，则计算结果为左边桩坐标值。

(5)计算顺序。用程序计算中桩、左边桩、右边桩坐标时不考虑顺序，可随意计算，如左中右、右中左或中左右、中右左。实践中以习惯而定，也可根据现场放样需要而定。应注意的是，同一个横断面，中桩 X、Y 计算值将显示两次。

(6)程序中“V”为缓和曲线长度，当计算不设缓和曲线的圆曲线时，V 输入 0。

(7)程序中前几步可计算：

①切线增值 M。

②内移量 P。

③曲线长 L。

④有缓和曲线的圆曲线的切线长 T。

⑤直缓点(ZH)的桩号 A。

⑥缓圆点(HY)的桩号 B。

⑦缓直点(HZ)的桩号 D。

⑧圆缓点(YH)的桩号 C。

⑨ZH 点的 X、Y 坐标值 $Z[1]$、$Z[2]$。

⑩HZ 点的 X、Y 坐标值 $Z[3]$、$Z[4]$。

上述 M、P、L、T、A、B、D、C、$Z[1]$、$Z[2]$、$Z[3]$、$Z[4]$被程序设计为不显示计算结果，这是因为这些数据为已知，设计部门已经给出了。若需要显示，则在其计算式后加一显示符号

“◢”,例如,切线增值"M＝"：$V÷2-V^3÷(240R^2)$◢,其余仿此进行。

(五)操作案例及程序执行操作步骤

××国道××施工标段测设一带有缓和曲线的圆曲线。路线交点 JD_{10} 的里程桩号为 K239＋516.55,坐标 X＝2592.000,Y＝1558.000,圆曲线半径 R＝140.000,缓和曲线长 V＝50.00,线路转角 $N_{右}$＝41°39′38″,线路前切线正方位角 F＝145°48′00″。曲线需测设的主点里程桩号及加桩桩号以及采用 XY 程序计算的各桩的坐标见表 5-17。

线路放样 *X*、*Y* 值计算表 表 5-17

交点 JD_{10}	X(m)	Y(m)	半径 R (m)	缓和曲线长 (m)	转角	前切线正方位角
K239＋516.55	2592.000	1558.000	140	50	右 41°39′38″	145°48′00″

桩号	左边桩		中—边距离 (m)	中桩		中—边距离 (m)	右边桩	
	X(m)	Y(m)		X(m)	Y(m)		X(m)	Y(m)
ZH:K239＋438.03	2661.709	1520.879	8.48	2656.942	1513.865	8.48	2652.176	1506.852
＋440	2660.077	1521.987	8.48	2655.313	1514.972	8.48	2650.548	1507.957
＋460	2643.153	1533.178	8.48	2638.632	1526.004	8.48	2634.110	1518.830
＋480	2625.145	1543.521	8.48	2621.296	1535.964	8.48	2617.448	1528.408
HY:＋488.03	2617.496	1547.172	8.48	2614.051	1539.424	8.48	2610.606	1531.675
＋500	2605.689	1551.828	8.48	2602.919	1543.813	8.48	2600.148	1535.798
QZ:＋513.93	2591.509	1555.952	8.48	2589.548	1547.702	8.48	2587.588	1539.452
＋520	2585.215	1557.304	8.48	2583.614	1548.977	8.48	2582.013	1540.650
YH:K239＋539.82	2564.361	1559.802	8.48	2563.951	1551.331	8.48	2563.541	1542.861
＋540	2564.171	1559.811	8.48	2563.772	1551.340	8.48	2563.372	1542.869
＋560	2543.219	1559.510	8.48	2543.784	1551.049	8.48	2544.349	1542.588
＋580	2522.844	1557.473	8.48	2523.887	1549.058	8.48	2524.930	1540.642
HZ:＋589.82	2513.046	1556.213	8.48	2514.147	1547.805	8.48	2515.248	1539.397

程序执行操作步骤如下。

(1)按AC键,开机,清除上次关机时屏幕保留的内容。

(2)按FILE▼▲键,选用文件名:XY。

(3)按EXE键,显示 R?,输入半径:140。

(4)按EXE键,显示 V?,输入缓和曲线长:50。

(5)按EXE键,显示 N?,输入转角:41°39′38″。

(6)按EXE键，显示 Q?，输入交点桩号：516.550。

(7)按EXE键，显示 W?，输入交点 X 坐标：2592.000。

(8)按EXE键，显示 K?，输入交点 Y 坐标：1558.000。

(9)按EXE键，显示 F?，输入前切线正反位角：145°48′00″。

(10)按EXE键，显示 G?，此例右转角，输入：1。

(11)按EXE键，显示 H?，输入所求点桩号：438.03(ZH)。

(12)按EXE键，显示 S?，输入中桩至边桩的距离：8.48。

(13)按EXE键，显示 E?，计算左边桩输入：－90。

(14)按EXE键，显示 XF1＝2656.942(ZH 点中桩 X 值)。

(15)按EXE键，显示 YF1＝1513.865(ZH 点中桩 Y 值)。

(16)按EXE键，显示 MF1＝2661.709(ZH 点左桩 X 值)。

(17)按EXE键，显示 NF1＝1520.879(ZH 点左桩 Y 值)。

以下计算右边桩。

(18)按EXE键，显示 H?，保留原输入 438.03 不变。

(19)按EXE键，显示 S?，输入中桩至右边桩的距离：8.48。

(20)按EXE键，显示 E?，计算右边桩，输入：90。

(21)按EXE键，显示：XF1＝2656.942
(22)按EXE键，显示 YF1＝1513.865 }，第二次显示 ZH 点中桩坐标。

(23)按EXE键，显示 MF1＝2652.176(ZH 点右边桩 X 值)。

(24)按EXE键，显示 NF1＝1506.852(ZH 点右边桩 Y 值)。

至此，所求点 438.03(ZH 点)的中桩及左、右边桩的坐标 X、Y 值已经算出。其余是重复操作，只要给 H、S、E 输入所求点桩号、中桩至边桩的距离和夹角 E，就可计算出所求点的中桩及左、右边桩的坐标 X、Y 值。

在公路施工现场，用前述程序不但能方便快速地算出线路上任一所求点的中、边桩坐标，而且不论是斜交或是正交的盖板涵、圆管涵、通道、桥梁等施工所需点的放样，该程序也是非常适用的。

九、线路中边桩坐标计算全线双通程序及案例

上述《XY 程序》在计算线路坐标时，虽然有其优势，但是它只能计算一个交点范围内的点的坐标。对于一个施工标段来说，一般都有几个交点，这样在计算下一个交点范围内的点的坐标时，又要重新输入下一个交点的起算要素。如果一个施工段有八个交点，则要重新输入 8 次起算数据，这样就显得有些烦琐麻烦。为了解决这一问题，作者在实践中，潜心研发出多个交点连续计算一个施工标段的线路上任一点的中、边桩坐标程序。该程序只要把一个施工标段所有效点的起算要素一次性输入数据库，就可根据需要，随机输入整条施工段中任一桩号，迅速准确的计算出这个桩号的中、边桩坐标，非常方便实用。作者将该程序命名为《线路坐标计算全线通程序》。现作者将这个程序公布出来，以满足现场测量员的需要。

(一)线路坐标计算全线通程序的数据库

这个数据库是线路坐标计算全线通程序的关键部分。其形式如下(参考图 5-10)。

If 所求点桩号 H≤第 1 个交点计算范围终点的桩号，例如图 5-10 中的交点 J12 的 HZ 的桩号：Then 第 1 个交点 JD12 的桩号→Q：第 1 个交点 JD12 的 X 坐标→W：第 1 个交点 JD12 的 Y 坐标→K：第 1 个交点的转角→N：第 1 个交为转角的转向条件（左－1；右 1）→G：第 1 个交点的前切线正方位角→F：第 1 个交点的半径→R：第 1 个交点的缓和曲线长→V：IfEnd：

If 所求点桩号 H≥第 2 个交点计算范围起点的桩号（即第 1 个交点计算范围终点的桩号）例如图 5-10 中交点 JD13 的 HZ（即 JD12 的 HZ）的桩号：Then 第 2 个交点的（JD13）的桩号→Q：第 2 个交点的（JD13）X 坐标→W：第 2 个交点的（JD13）Y 坐标→K：第 2 个交点的（JD13）转角→N：第 2 个交点转角的转向条件（左－1；右 1）→G：第 2 个交点（JD13）的前切线正方位角→F：第 2 个交点的半径→R：第 2 个交点的缓和曲线长→V：IfEnd：

If H≥第 3 个交点计算范围起点的桩号（即第 2 个交点的计算范围的终点的桩号）。例如图 5-10 中交点 JD14 计算范围起点 YZ 的桩号（即 JD13 计算范围的终点 YZ 的桩号）：Then 第 3 个点的桩号→Q：第 3 个交点的 X 坐标→W：第 3 个交点的 Y 坐标→K：第 3 个交点的转角→N：第 3 个交点转角的转向条件（左－1；右 1）→G：第 3 个交点的前切线正方位角→F：第 3 交点的半径→R：第 3 个交点的缓和曲线长→V：IfEnd：

……

以下交点逐次仿上输入，直至输完整条施工段内所有的交点起算要素。

本例图 5-10 是 3 个交点，其中第 2 交点处是圆曲线。

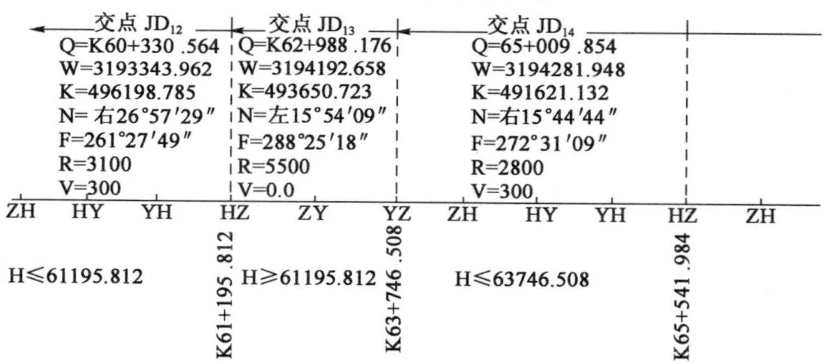

图 5-10 XL-XY-TS 程序输入方法和技巧示意图

（二）线路坐标计算全线通程序清单

1. 文件名：XL—XY—TS(5800/9750)（线路坐标通算）

```
LbI  0↵
"H"? H：“S”? S：“E”? E↵
If-H≤61195.812：Then 60330.564→Q：3193343.962→W：
496198.785→K：26°57′29″→N：1→G：264°27′49″→F：3100→R：300→V：
IfEnd：
If-H≥61195.812：Then 62988.176→Q：3194192.658→W：493650.723→K：
15°54′09″→N：－1→G：288°25′18″→F：5500→R：0→V：IfEnd：
If-H≥63746.508 Then 65009.854→Q：3194281.948→W：491621.132→K：
15°44′44″→N：1→G：272°31′09″→F：2800→R：300→V：IfEnd↵
```

$V \div 2 - V^3 \div (240R^2) \rightarrow M$ ↵

$V^2 \div (24R) - V^4 \div (2688R^3) \rightarrow P$ ↵

$(R+P)\tan(N \div 2) + M \rightarrow T$ ↵

$RN\pi \div 180 + V \rightarrow L$ ↵

Q−T→A：A+V→B：A+L→D：D−V→C ↵

4→DimZ ↵

W+T cos(F+180)→Z[1]：K+Tsin(F+180)→Z[2]↵

W+Tcos(F+GN)→Z[3]：K+Tsin(F+GN)→Z[4]↵

If　H≤A：Then　Rec(Q−H,F+180)："XZ1="：W+I ◢

"YZ1="：K+J ◢　　（前直线段中桩坐标）

"MZ1="：W+I+Scos(F+180−(180−E)) ◢

"NZ1="：W+J+Ssin(F+180−(180−E)) ◢　　（前直线段边桩坐标）

Else If H≤B：Then H−A→Z：$90Z^2 \div (RV\pi) \rightarrow O$：$Z - Z^5 \div (40R^2V^2) + Z^9 \div (3456R^4V^4) \rightarrow X$：$Z^3 \div (6RV) - Z^7 \div (336R^3V^3)) + Z^{11} \div (42240R^5V^5) \rightarrow Z$：Rec(X,F)：Z[1]+I→X：Z[2]+J→Y：Rec(Z,F+90G)↵

"XF1="：X+I ◢

"YF1="：Y+J ◢　　（前缓和曲线段中桩坐标）

"MF1="：X+I+Scos(F+OG+E) ◢

"NF1="：Y+J+Ssin(F+OG+E) ◢　　（前缓和曲线段边桩坐标）

Else If H≤C：Then H−A−V→Z：180V÷(2Rπ)→T：180Z÷(Rπ)+T→O：Rsin(O)+M→X：R(1−cos(O))+P→Z：Rec(X,F)：Z[1]+I→X：Z[2]+J→Y：Rec(Z,F+90G)：

"XY="：X+I ◢

"YY="：Y+J ◢　　（圆曲线段中桩坐标）

"MY="：X+I+Scos(F+OG+E) ◢　　（圆曲线段边桩坐标）

"NY="：Y+J+Ssin(F+OG+E) ◢　　（圆曲线段边桩坐标）

Else If H≤D：Then D−H→Z：$90Z^2 \div (RV\pi) \rightarrow O$：$Z - Z^5 \div (40R^2V^2) + Z^9 \div (3456R^4V^4) \rightarrow X$：$Z^3 \div (6RV) - Z^7 \div (336R^3V^3) + Z^{11} \div (42240R^5V^5) \rightarrow Z$：Rec(X,F+GN+180)：Z[3]+I→X：Z[4]+J→Y：Rec(Z,F+NG+180−90G)：

"XF2="：X+I ◢

"YF2="：Y+J ◢　　（后缓和曲线段中桩坐标）

"MF2="X+I+Scos(F+GN+180−OG−E ◢　　（后缓和曲线段）

"NF2="Y+J+Ssin(F+GN+180−OG−E) ◢　　（边桩坐标）

Else If H>D：Then Rec(H−D,F+GN)：

```
"XZ2=":Z[3]+I◢                                    (后直线段中桩坐标)
"YZ2=":Z[4]+J◢
"MZ2=":Z[3]+I+Scos(F+GN+E)◢                        (后直线段边桩坐标)
"NZ2=":Z[4]+J+Ssin(F+GN+E)◢
If End:If End:If End:If End:If End↵
Goto  0
```

程序中：

H——标段线路上任意点(即所求点)的桩号；

S——与 H 同一横断面中桩至边桩距离；

E——上述横断面中边桩连线与线路中线之夹角，输入"－E"计算左边桩坐标，输入"E"计算右边桩坐标；

Q——交点的桩号；

W、K——交点 Q 的 X、Y 坐标；

N——转角(偏角)，输入时不带符号；

G——控制 N 的条件，右偏角 G 输入 1，左偏角 G 输入－1：

F——前切线方位角；

R——半径；

V——缓和曲线长。

2. 程序功能及注意事项

(1)本程序可计算一个施工标段(例如该标段长 5km)线路上对称曲线任意所求点的中边桩坐标。

(2)本程序已知起算数据是一个施工标段内所有交点要素，如交点桩号及坐标、线路转角，前切线方位角、半径、缓和曲线长。只要把标段内所有这些交点的要素一次性全部输入计算器，就可方便迅速、准确地计算出任意所求点的中边桩坐标。

(3)偏角输入时不带符号，用 G 来控制，右偏角输入：1→G；左偏角输入：－1→G。

(4)输入方位角时，应输入交点前切线正方位角。

(5)本程序计算结果显示的符号意义如下。

①XZ1、YZ1——前直线段中标坐标；
MZ1、NZ1——前直线段边标坐标。

②XF1、YF1——前缓和曲线段中桩坐标；
MF1、NF1——前缓和曲线段边桩坐标。

③XY、YY——圆曲线段中桩坐标；
MY、NY——圆曲线段边桩坐标。

④XF2、YF2——后缓和曲线段中桩坐标；
MF2、NF2——后缓和曲线段边桩坐标。

⑤XZ2、YZ2——后直线段中桩坐标；
MZ2、NZ2——后直线段边桩坐标。

(6)本程序输入方法和技巧，读者可参阅下图 5-10：

注意：程序中输入的起算已知数据，取自业主或设计单位提供的“直线、曲线及转角一览表”。

3. 线路坐标计算全线通程序计算案例

(1)案例

本案例选自江西省交通运输厅德兴至南昌高速公路建设项目 B4 合同段路基施工放样。

该合同段路基起点：K49＋500。

路基终点：K68＋100。

路基全长：8600m。

路基宽度：左幅 14.185m；右幅 14.185m。

施工放线要求：每隔 20m 的左，中，右桩。

该段线的走向及交点草图见图 5-11。

(2)程序执行操作方法步骤

程序执行计算结果见表 5-18。

线路放样点坐标计算表 表 5-18

左边桩			桩号	中桩		右边桩		
X (m)	M (m)	中边距 (m)		X (m)	M (m)	中边距	X (m)	M (m)
3468.065	97121.146	14.185	K59＋400	3482.093	97119.040	14.185	3496.120	97116.934
3465.096	97101.367	14.185	＋420	3479.124	97099.262	14.185	3493.152	97097.156
3462.536	97084.315	14.185	ZH ＋437.243	3476.564	97082.210	14.185	3490.592	97080.104
3462.127	97081.589	14.185	＋440	3476.155	97079.483	14.185	3490.183	97077.379
3439.113	96923.050	14.185	＋600	3453.170	96921.144	14.185	3467.226	96919.239
3424.501	96803.536	14.185	＋700	3438.606	96802.035	14.185	3452.712	96800.534
3422.715	96786.309	14.185	HY ＋737.243	3436.828	96784.884	14.185	3450.941	96783.460
3422.438	96783.553	14.185	＋740	3436.552	96782.141	14.185	3450.667	96780.729
		⋮	⋮			⋮		
3407.360	96522.876	14.185	K60＋000	3421.543	96522.651	14.185	3435.727	96522.426
3407.107	96502.786	14.185	＋020	3421.291	96502.653	14.185	3435.475	96502.520
		⋮	⋮			⋮		
3418.550	96205.234	14.185	QZ ＋316.528	3432.682	96206.457	14.185	3446.814	96207.679
3418.852	96201.760	14.185	＋320	3432.983	96202.998	14.185	3447.114	96204.236
3420.670	96181.751	14.185	＋340	3434.793	96183.080	14.185	3448.915	96184.409
		⋮	⋮			⋮		
3522.409	95633.503	14.185	YH ＋895.812	3536.068	95637.329	14.185	3549.728	95641.156
3523.547	95629.453	14.185	＋900	3537.201	95633.297	14.185	3550.855	95637.142

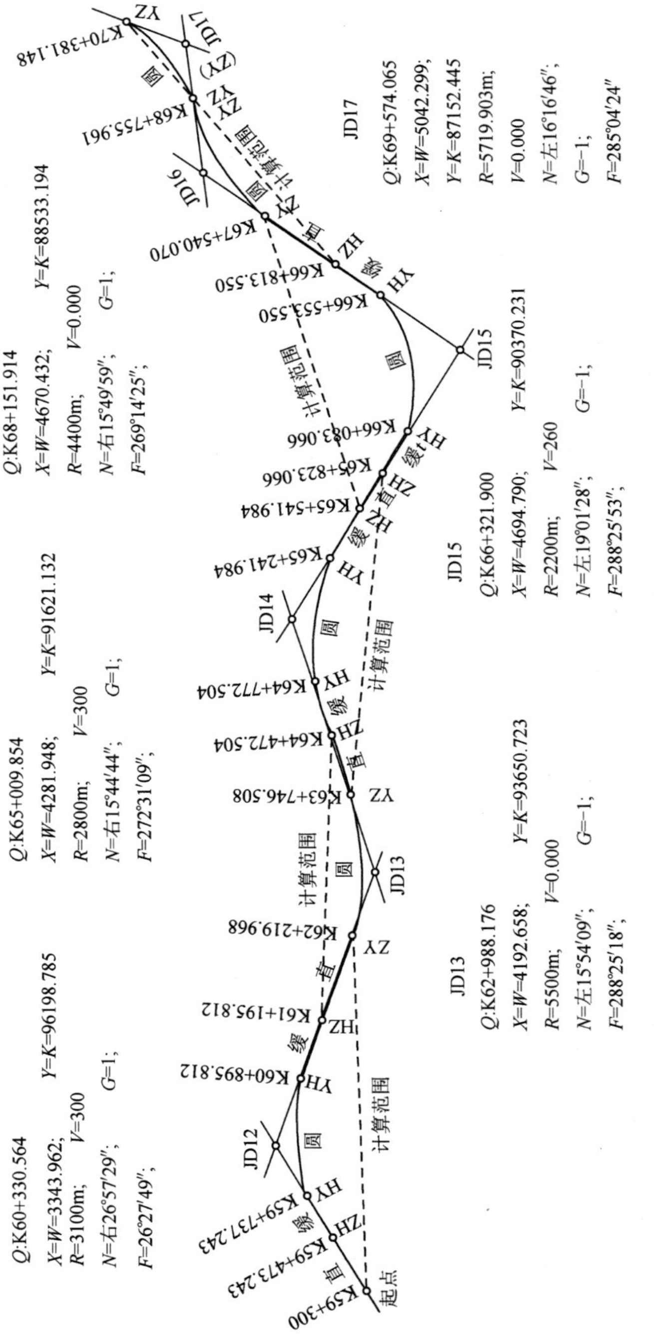

JD12

Q:K60+330.564

X=W=3343.962; Y=K=96198.785

R=3100m; V=300

N=右26°57′29″; G=1;

F=26°27′49″;

JD14

Q:K65+009.854

X=W=4281.948; Y=K=91621.132

R=2800m; V=300

N=右15°44′44″; G=1;

F=272°31′09″;

JD16

Q:K68+151.914

X=W=4670.432; Y=K=88533.194

R=4400m; V=0.000

N=右15°49′59″; G=1;

F=269°14′25″;

K59+300 起点 直 K59+473.243 ZH 缓 K59+737.243 HY JD12 圆 K60+895.812 YH 缓 K61+195.812 HZ 直 K62+219.968 ZY 圆 JD13 K63+746.508 YZ 直 K64+472.504 ZH 缓 K64+772.504 HY JD14 圆 K65+241.984 YH 缓 K65+541.984 HZ 直 K65+823.066 ZH 缓 K66+083.066 HY 圆 JD15 K66+553.550 YH 缓 K66+813.550 HZ 直 K67+540.070 ZY 圆 JD16 K68+755.961 YZ ZY 圆 JD17 (ZY) K70+381.148 YZ

计算范围

JD13

Q:K62+988.176

X=W=4192.658; Y=K=93650.723

R=5500m; V=0.000

N=左15°54′09″; G=−1;

F=288°25′18″;

JD15

Q:K66+321.900

X=W=4694.790; Y=K=90370.231

R=2200m; V=260

N=左19°01′28″; G=−1;

F=288°25′53″;

JD17

Q:K69+574.065

X=W=5042.299;

Y=K=87152.445

R=5719.903m;

V=0.000

N=左16°16′46″;

G=−1;

F=285°04′24″

图5-11 江西德昌高速B4标段线路走向草图（直线、曲线、转角要素）

注：直—直线段；缓—缓和曲线段；圆—圆曲线段

操作方法步骤：由于 XL-XY-TS 程序已把线路施工段内所有交点起算要素都输入到计算器，故在程序执行时，不需要重新输入这些常量数据。只要按屏幕提示输入全施工段任意一放样点的桩号 H，边距 S，夹角 E，即可快速的计算出该断面的中、边桩坐标。

例如，要计算表 5-17 中的 K60＋340 断面的中、边桩坐标，可按下述方法操作。

(1)按[AC]键，开机；清除屏幕上次关机保存的内容。

(2)按[FILE][▼][▲]键，选择文件名：XL-XY-TS。

(3)按[EXE]键，按照屏幕提示，逐次输入：

显示 H?，输入 60340；

S?，输入 14.185；

E?，输入 90。

则计算结果显示中桩和右边桩的坐标值：

Xy＝3636.793；

yy＝96183.080；

My＝3448.915；

Ny＝96184.409。

如继续按照屏幕提示输入：

显示 H?，输入 60.340；

S?，输入 14.185；

E?，输入－90。

则计算结果显示中桩和左边桩的坐标值：

Xy＝3434.793；

YY＝96183.080；

My＝3420.670；

Ny＝96181.751。

十、线路非对称曲线中边桩坐标计算程序

上述介绍的是线路对称曲线(即前切线二后切线，前缓和曲线二后缓和曲线)上任一点的中边桩坐标计算程序，下面介绍线路施工中常遇到的线路非对称曲线中边桩坐标计算程序。

所谓线路非对称曲线，即前缓和曲线 V(也称第一缓和曲线)不等于后缓和曲线 U(也称第二缓和曲线)，$V\neq U$；前切线长 T 不等于后切线长 S，$T\neq S$。这种线形组合是一级公路以下各等级公路常用的线形。

(一)非对称曲线中边桩坐标计算常规公式

非对称曲线中边桩坐标计算常规公式同前述对称曲线中边桩坐标计算公式，只是公式中的非对称曲线的要素及主点桩号计算公式略有不同。

1. 非对称曲线要素计算公式

非对称曲线的要素是：圆曲线半径尺；线路转角 N；前缓和曲线长 V；后缓和曲线长 U，且 $V\neq U$；前切线长 T；后切线长 S，且 $T\neq S$；曲线长 J；外距 G；切曲差 Y。

当非对称曲线半径尺，线路转角 N，前缓和曲线长 V，后缓和曲线长 U 为已知时，其余的要素按下述公式计算。

前切线长 T：

$$T=(R+P)\tan\frac{N}{2}+M-\frac{P-I}{\sin N} \tag{5-48}$$

后切线长 S：

$$S=(R+I)\tan\frac{N}{2}+O+\frac{P-I}{\sin N} \tag{5-49}$$

曲线长 J：

$$J=\frac{RN\pi}{180}+\frac{V+U}{2} \tag{5-50}$$

外距 G：

$$G=\frac{\frac{R+P+I}{2}}{\cos\frac{N}{2}}-R \tag{5-51}$$

切曲差(校正值)：

$$Y=(T+S)-G \tag{5-52}$$

式中：R——圆曲线半径；

N——线路转角；

V——前缓和曲线长；

U——后缓和曲线长；

P——加前缓和曲线后，圆曲线相对于切线的内移量，

$$P=\frac{V^2}{24R}-\frac{V^4}{2688R^3} \tag{5-53}$$

M——加前缓和曲后，使切线增长的距离，

$$M=\frac{V}{2}-\frac{V^3}{240R^2} \tag{5-54}$$

I——加后缓和曲线后，圆曲线相对于切线的内移量，

$$I=\frac{U^2}{24R}-\frac{U^4}{2688R^3} \tag{5-55}$$

O——加后缓和曲线后，使切线增长的距离，

$$O=\frac{U}{2}-\frac{U^3}{240R^2} \tag{5-56}$$

π ——圆周率，取 3.141593。

2.非对称曲线主点里程桩号计算公式

根据交点的里程桩号和上式计算的曲线要素，可按下式计算非对称曲线的主点的里和桩号。

直缓点(ZH)的里程桩号：

$$\mathrm{ZH}=\mathrm{Q}-T \tag{5-57}$$

缓圆点(HY)的里程桩号：

$$\mathrm{HY}=\mathrm{ZH}+V \tag{5-58}$$

缓直点(HZ)的里程桩号：

$$HZ=Q+S-Y \tag{5-59}$$

圆缓点(YH)的里程桩号：

$$YH=HZ-U \tag{5-60}$$

曲中点(QZ)的里程桩号：

$$QZ=\frac{HY+YH}{2} \tag{5-61}$$

式中：Q——交点的桩号；

T——前切线长度；

S——后切线长度；

V——前缓和曲线长度；

U——后缓和曲线长度。

3. 非对称曲线要素及主点桩号 f_x—5800 程序计算技术

(1)程序清单

文件名：FDZYZ

```
LbI 0
"R"? R:"N"? N:"V"? V:
"U"? U:"Q"? Q
V²÷(24R)－V⁴÷(2688R³)P→
V÷2－V³÷(240R²)→M
U²÷(24R)－U⁴÷(2688R³)→I
U÷2－U³÷(240R²)→O
(R+P)tan(N÷2)+M－(P－I)÷sin(N)→T
(R+I)tan(N÷2)+O+(P－I)÷sin(N)→S
NRx÷180+(V+U)÷2→J
(R+(P+I)÷2)÷cos(N÷2)－R→G
(T+S)－J→Y
"T=":T ◢
"S=":S ◢
"J=":J ◢
"G=":G ◢
"Y=":Y ◢
"ZH=":Q－T→Z ◢
"HZ=":Z+V→I ◢
"HZ=":Q+S－J→H ◢
"YH=":H－U→K ◢
"QZ=":(I+K)÷2 ◢
Goto 0
```

程序中：

R——圆曲线半径；

N——线路转角；
V——前缓和曲线长度；
U——后缓和曲线长度；
Q——交点桩号；
T——前切线长度；
S——后切线长度；
J——曲线长度；
G——外距；
Y——切曲差(校正值)；
ZH——直缓点桩号；
HY——缓圆点桩号；
HZ——缓直点桩号；
YH——圆缓点桩号；
QZ——曲中点桩号。

(2)程序功能及注意事项

①使用本程序的起算数据，必须已知：非对称曲线的前缓和曲线长度、后缓和曲线长度、交点处圆曲线的半径、线路的转角及交点的里程桩号。

②本程序可计算非对称曲线的前切线长度、后切线长度、曲线长度、外距、切曲差、以及非对称曲线主点 ZH、HZ、QZ、YH、HZ 的里程桩号。

当用本程序计算对称曲线要线要素及主点里程桩号时，只要给前、后缓和曲线长度 V、U 输入等值即可。

③操作案例及程序执行操作步骤。

本算例数据取自××省道二级公路××标段施工现场“直线、曲线及转角表”。

算例已知数据：交点 JD 里程桩号 K0+976.672m，半径 $R=190$m，前缓和曲线长度 $V=35.000$m，后缓和曲线长度 $U=70.000$m，线路转角 $N_{左}=28°53'19.8''$。

据此数据用“FDZYZ”程序计算该非对称曲线要素及主点里和桩号，见表 5-19。

非对称曲线要素及主点里程符号计算 表 5-19

交点里程	半径(m)	转角值	前缓和曲线长(m)	后缓和曲线长(m)
K0+976.672	190	左 28°53′19.8″	35.00	70.00
前切线长(m)	后切线长(m)	曲线长(m)	外距(m)	切曲线(m)
68.172	82.510	148.299	6.894	2.383
ZH	HY	QZ	YH	HZ
K0+908.500	K0+43.500	K0+965.151	K0+986.799	K1+056.799

(二)非对称曲线中边桩坐标计算技术

1. 非对称曲线中边桩坐标计算的 f_x—5800 程序

(1)文件名：XLFDCXYJS(线路非对称 XY 计算)

(2)程序清单

```
"Q="? Q:"W="? W:"K="? K:"R="? R:"F="? F?
"N="? N:"G="? G:"V="? V="U="? U↵
V²÷2-v³÷(240R²)→P↵                                    (圆曲线内移量)
V÷2-V³÷(240R²)→M↵                                       (切线增值)
U²÷(24R)-U⁴÷(2688R³)→I↵                               (圆曲线内移量)
U÷2-U³÷(240R²)→O↵                                       (切线增值)
"T=":(R+P)tan(N÷2)+M-(P-I)÷sin(N)→T↵
"S=":(R+I)tan(N÷2)+O+(P-I)÷sin(N)→S↵
"J=":RNπ÷180+(V+U)÷2→J↵
"Y=":(T+S)-J→Y↵
LbI O↵
Q-T→A:A+V→B:Q+S-Y→D:D-U→C↵
4→DubZ↵
"z[1]=":W+Tcos(F+180)→z[1]↵
"z[2]=":K+TSIN(F+180)→z[2]↵
"z[3]=":W+Tcos(F+GN)→z[3]↵
"z[4]=":K+Sain(F+GN)→z[4]↵
LbI 1↵
"H"? H:"L"? L:"E"? E↵
If H≤A:Then Goto 2 : IfEnd↵
If H≤B:Then Goto 3 : IfEnd↵
If H≤C:Then Goto 4 : IfEnd↵
If H≤D:Then Goto 5 : IfEnd↵
If H≤D:Then Goto 6 : IfEnd↵
LbI 2↵
Rec(Q-H,F+180)↵
"XZ1=":W+I◢
"YZ1=":K+J◢
"M21=":W+I+Lcos(F+180-(180-E))◢
"N21=":K+J+Lsin(F+180-(180-E))◢
Goto 1↵
LbI 3↵
H-A→2↵
90Z²÷(RVπ)→O↵
Z-Z⁵÷(40R²V²)+Z⁹÷(3456R⁴V⁴)→X↵
Z³÷(6RV)-Z÷(336R³V³)+Z¹¹÷(42240R⁵V⁵)→Z          (缓和曲线切线支距坐标)
Rec(X,F)↵
Z[1]+I→X;Z[2]+J→Y↵
Rec(Z,F+90G)↵
"XF1=":X+I◢
```

```
"YF1=":Y+J ◢
"MF1=":X+I+Lcos(F+OG+E)◢
"MF1=":Y+J+Lsin(F+OG+E)◢
Goto 1 ↵
LbI 4 ↵
90V÷(Rπ)→T ↵
Abs(H−B)→S ↵
180S÷(Rπ)+T→O ↵
Rsin(O)+M→X ↵
R(1=cos(O))+P→Z ↵
Rec(X,F)↵
Z[1]+I→X:Z[2]+J→Y ↵
Rec(Z,F+90G)↵
"XY=":X+I ◢
"YY=":Y+J ◢
"MY=":X+I+Lcos(F+OG+E)◢
"NY=":Y+J+Lsin(F+OG+E)◢
Goto 1 ↵
LbI 5 ↵
D−H→Z ↵
90Z^2÷(RUπ)→O ↵
Z−Z^5÷(40R^2U^2)+Z^9÷(3456R^4U^4)→X ↵
Z^3÷(6RU)−z^7÷(336R^3U^3)+Z^11÷(42240R^5U^5)→Z ↵        (缓和曲线切线支距坐标)
Rec(X,F+GN+180)↵
Z[3]+I→X:Z[4]+J→Y ↵
Rec(Z,F+GN+180−90G)↵
"XF2=":X+I ◢
"YF2=":Y+J ◢
"MF2=":X+I+Lcos(F+GN+180−OG−E)◢
"BF2=":Y+J+Lsin(F+GN+180−OG−E)◢
Goto 1 ↵
LbI 6 ↵                                                  (后直线段坐标计算开始)
Rec(H−D,F+GN)↵
"XZ2=":Z[3]+I ◢
"XZ2=":Z[4]+J ◢                                          (后直中桩XY)
"MZ2=":Z[3]+I+Lcos(F+GN+E)◢
```

```
"MZ2=":Z[4]+J+Lsin(F+GN+E)◢                    (后直边栏 XY)
Goto 1
```

程序中：Q——交点里程桩号；
W、K——交点 X、Y 坐标；
R——半径；
F——前切方位角；
N——偏角，输入时不常符号；
G——偏角控制条件，左偏角 $G=-1$，右偏角 $G=1$；
V——前缓和曲线长；
U——后缓和曲线长；
H——所求点里程桩号；
L——所求点中边桩距离；
E——中边桩边线与线路中线夹角。

2. 程序功能及注意事项

(1)本程序可计算线路上对称曲线和非对称曲线上任意所求点的中边桩坐标，计算范围同 XY 程序。

(2)在计算对称曲线时，$V=U$，即输入的前缓和曲线长等于后缓和曲线长。

(3)在计算非对称曲线时，V 输入前缓和曲线长，U 输入后缓和曲线长。

(4)本程序中 T、S、J、Y 是曲线要素，分别表示前后切线长、曲线长和切曲差；A、B、C、D 是曲线主点(ZH、HY、YH、HZ)桩号，程序设计不显示，若要显示，则可在其程序式尾部加显示符号“◢”。

(5)本程序计算结果显示的符号的符号意义同前述“XY 程序”。

3. 线路非对称曲线放样点坐标计算案例

(1)案例

本案例选自广东省中山市东部快线工程第二合同段右线桥墩桩基中心施工放样。

该合同段右线起点：YK50+038.6；
终点：YK55+323.000。

右线全长：5284m。

桥墩柱中心与主线路关系为径向布置。桥墩柱中心距设计线距离均为其垂直设计线测量的值。正负号约定为：桩基位于设计线右侧为正值，反之为负值(表 5-20)。

该右线线形由 4 个交点控制，分别是：JD10、JD11、JD12 和 JD13。其中前三个交点是圆曲线，JD13 是带不对称缓和曲线的圆曲线，其计算范围是：起点 K54+581.207，终点 K58+220(第 1 合同段)，共 3638.793m。

本案例计算：K54+696.600～K55+315.600。

交点 JD13 的圆曲线的前缓和曲线长 220m，后缓和曲线长 300m，前切线长 377.840m，后切线长 411.258m，是个典型的非对称曲线。

(2)起算数据

该非对称曲线由交点 DJ13 控制。在此计算范围内的任一点的坐标计算的起算数据是 JD13 的要素。

①交点桩号:Q=K55+308.250。

②交点的坐标:X=W=2492482.107;

Y=K=520735.2268。

③圆曲线半径:R=1618.8。

④前缓和曲线长:220.000。

⑤后缓和曲线长:U=300.000。

⑥转角:N=18°32′41.4″。

⑦转向:G=1(右转)。

⑧前切线正方位角:F=63°10′35.1″。

(3)程序执行操作方法步骤

采用 f_x—5800P 计算器的 XLFDCXYJS 程序计算非对称曲线上任一点坐标时,程序执行操作方法步骤,可参阅 XY 程序进行。

本案例计算结果见表 5-20。

桩基逐桩坐标表 表 5-20

墩台编号	墩中心桩号	桩 编 号	桩中心桩号	离设计线距离(m)	坐标 X	坐标 Y
Y180 号	YK54+696.600	Y180 号—1	YK54+698.038	3.950	2492203.227	520192.456
		Y180 号—2	YK54+700.121	9.673	2492199.060	520196.898
		Y180 号—3	YK54+702.204	15.397	2492194.892	520201.339
		Y180 号—4	YK54+704.287	21.120	2492190.724	520205.781
Y181 号	YK54+722.600	Y181 号—1	YK54+722.600	3.600	2492214.623	520214.217
		Y181 号—2	YK54+722.600	9.873	2492209.025	520217.048
		Y181 号—3	YK54+722.600	16.146	2492203.427	520219.879
		Y181 号—4	YK54+722.518	22.201	2492197.986	520222.538
Y182 号	YK54+747.600	Y182 号—1	YK54+747.600	5.000	2492224.655	520237.159
		Y182 号—2	YK54+747.600	9.000	2492221.085	520238.964
Y183 号	YK54+772.600	Y183 号—1	YK54+772.600	5.000	2492235.936	520259.469
		Y183 号—2	YK54+772.600	9.000	2492232.366	520261.274
Y184 号	YK54+797.600	Y184 号—1	YK54+797.600	5.000	2492249.217	520281.779
		Y184 号—2	YK54+797.600	9.000	2492243.648	520283.584
Y185 号	YK54+822.600	Y185 号—1	YK54+822.600	5.000	2492258.498	520304.089
		Y185 号—2	YK54+822.600	9.000	22492254.929	520305.894
Y186 号	YK54+847.600	Y186 号—1	YK54+847.600	5.000	2492269.779	520326.399
		Y186 号—2	YK54+847.600	9.000	2492266.210	520328.204

续上表

墩台编号	墩中心桩号	桩 编 号	桩中心桩号	离设计线距离(m)	坐标 X	坐标 Y
Y187 号	YK54+872.600	Y187 号－1	YK54+872.600	6.300	2492279.900	520349.296
		Y187 号－2	YK54+872.600	10.300	2492276.331	520351.101
Y188 号	YK54+902.600	Y188 号－1	YK54+902.600	6.300	2492293.438	520376.068
		Y188 号－2	YK54+902.600	10.300	2492289.868	520377.873
Y189 号	YK54+932.600	Y189 号－1	YK54+932.600	6.300	2492306.975	520402.840
		Y189 号－2	YK54+932.600	10.300	2492303.406	520404.645
Y190 号	YK54+962.600	Y190 号－1	YK54+962.600	6.300	2492320.494	520429.611
		Y190 号－2	YK54+962.600	10.300	2492316.922	520431.410
Y191 号	YK54+992.600	Y191 号－1	YK54+992.600	1.500	2492338.229	520454.261
		Y191 号－2	YK54+992.600	9.500	2492331.071	520457.832
Y192 号	YK55+022.600	Y192 号－1	YK54+022.600	1.500	2492351.535	520481.138
		Y192 号－2	YK54+022.600	9.500	2492344.353	520484.662
Y193 号	YK55+049.600	Y193 号－1	YK54+049.600	1.500	2492363.332	520505.411
		Y193 号－2	YK54+049.600	9.500	2492356.112	520508.878
Y194 号	YK55+075.600	Y194 号－1	YK54+075.100	3.950	2492372.053	520529.471
		Y194 号－2	YK54+075.100	10.050	2492366.531	520532.062
Y195 号	YK55+115.100	Y195 号－1	YK54+115.100	3.950	2492388.694	520565.764
		Y195 号－2	YK54+115.100	10.050	2492383.124	520568.253
Y196 号	YK55+140.600	Y196 号－1	YK54+140.600	5.000	2492397.949	520589.479
		Y196 号－2	YK54+140.600	9.000	2492394.275	520591.059
Y197 号	YK55+165.600	Y197 号－1	YK54+165.600	5.000	2492407.621	520612.450
		Y197 号－2	YK54+165.600	9.000	2492403.923	520613.973
Y198 号	YK55+190.600	Y198 号－1	YK54+190.600	5.000	2492416.937	520635.566
		Y198 号－2	YK54+190.600	9.000	520635.566	520637.032
Y199 号	YK55+215.600	Y199 号－1	YK54+215.600	5.000	2492425.895	520658.823
		Y199 号－2	YK54+215.600	9.000	2492422.151	520660.231
Y200 号	YK55+240.600	Y200 号－1	YK54+240.594	5.000	2492434.491	520682.209
		Y200 号－2	YK54+240.594	9.000	2492430.726	520683.560
Y201 号	YK55+256.600	Y201 号－1	YK54+256.600	5.000	2492442.728	520705.738
		Y201 号－2	YK54+256.600	9.000	2492438.943	520707.030
Y202 号	YK55+290.600	Y202 号－1	YK54+290.600	5.000	2492450.600	520729.385
		Y202 号－2	YK54+290.600	9.000	2492446.795	520730.619

续上表

墩台编号	墩中心桩号	桩 编 号	桩中心桩号	离设计线距离(m)	坐标 X	坐标 Y
Y203 号	YK55+315.600	Y203 号—1—1	YK54+313.225	2.500	2492459.796	520750.150
		Y203 号—1—2	YK54+313.225	7.000	2492455.497	520751.478
		Y203 号—1—3	YK54+313.225	11.500	2492451.197	520752.806
		Y203 号—2—1	YK54+316.725	2.500	2492460.824	520753.490
		Y203 号—2—2	YK54+316.725	7.000	2492456.522	520754.809
		Y203 号—2—3	YK54+316.725	11.500	2492452.219	520756.128

程序执行方法步骤如下。

①按AC键，开机。

②按FILE▲▼键，选择文件名。XLFDC-XYJS。

③按EXE键，按照屏幕提示，输入JD13 的起算要素(此是程序中的常量，在程序全过程中，只要开始输入一次就行了)。

显示 Q=?，输入：55308.250(交点桩号)。

显示 W=?，输入：2482.107(交点的 X 值)。

显示 K=?，输入：20735.2268(交点的 Y 值)。

显示 R=?，输入：1618.800(圆曲线半径)。

显示 V=?，输入：220.000(前缓和曲线长)。

显示 U=?，输入：300.000(后缓和曲线长)。

显示 N=?，输入：18°32′41.1″(转角)。

显示 G=?，输入：1(右转角输入 1)。

显示 F=?，输入：63°10′35.1″(前切线正方位角)。

④此后，按EXE键，按照屏幕提示输入JD13 计算范围内任一点的桩号、中至边桩距夹角，就可以算出该点的中桩、边桩坐标值。此例，中桩在右设计主线上，边桩是位于设计侧的桥墩桩基中心点(计算结果见表5-20)。

例如，计算前缓和曲线 K54+930.410～K55+150.410 间的 Y190 号桩基中心。

显示 H?，输入桩中心桩号：54962.600。

显示 L?，输入 1 号桩基离设计线距离：6.300。

显示 E?，桩基在设计线右侧，输入 90。

计算结果显示如下：

XF1=2326.120
YF1=20426.776 } (设计线上中桩坐标值)

MF1=2320.494
NF1=20429.610 } (190 号的 1 号桩基中心坐标值)

显示 H?，输入桩中心桩号：54962.600。

显示 L?，输入 2 号桩基离设计线距离：10.300。

显示 E?，输入 90。

计算结果显示如下：

XF1＝2326.120

YF1＝20426.776

MF1＝2316.922　　（Y190 号的 2 号桩基中心 X 坐标值）

NF1＝20431.430　　（Y10 号的 2 号桩基中心 Y 坐标值）

再例如，计算圆曲线 K55＋150.410～55＋414.364 间的 Y203 号桩基中心。

按 EXE 键，按照屏幕提示输入：

显示 H?，输入 55313.225；

显示 L?，输入 2.5；

显示 E?，输入 90。

则计算结果显示：

MY＝2459.796

NY＝20750.149　　（T203 号的 1 号桩基坐标）

以下重复计算，只要给 H?、L?、E? 输入相应数据，则会计算出该点的中、边桩坐标值。

注意，计算桥墩桩基中心坐标：

(1)桩号必须输入桩中心号。

(2)中桩至边桩距离，必须输入桩基中心离设计线的距离。

值得提醒的是，上述 XY 程序、XLXYTS 程序、XLFDCXYJS 程序，在计算高精度坐标时，应将程序中的切线增值、圆曲线内移量，以及缓和曲线切线支距坐标计算语句，修改成较精确公式。

切线增量较精确计算公式：

$$\frac{V}{2}-\frac{V^3}{240R^2}+\frac{V^5}{3456R^4}-\frac{V^7}{8386560R^6}+\frac{V^9}{3158507520R^8}\rightarrow \mathrm{M} \tag{5-62}$$

圆曲线内移量较精确计算公式：

$$\frac{V^2}{24R}-\frac{V^4}{2688R^3}+\frac{V^6}{506880R^5}+\frac{V^8}{154828800R^7}\rightarrow \mathrm{P} \tag{5-63}$$

缓和曲线切线支距坐标计算较精确公式：

$$Z-\frac{Z^5}{40R^2V^2}+\frac{Z^9}{3456R^4V^4}-\frac{Z^{13}}{599040R^6V^6}+\frac{Z^{17}}{175472640R^8V^8}\rightarrow \mathrm{X} \tag{5-64}$$

$$\frac{Z^3}{6RV}-\frac{Z^7}{336R^3V^3}+\frac{Z^{11}}{42240R^5V^5}-\frac{Z^{15}}{9676800R^7V^7}+\frac{Z^{19}}{3530096640R^9V^9}\rightarrow \mathrm{Y} \tag{5-65}$$

以上公式中：

V——缓和曲线长；

R——圆曲线半径；

Z——所求点到 ZH 点距离。

第六章

线路工程施工测量放样技术

第一节　线路工程施工测量放样技术概述

所谓线路工程施工测量放样技术，就是应用普通测量中的放样方法，把设计图纸上线路线形的位置、形状、宽度和高低在施工现场标定出来，作为施工的依据。实践中，行话将这一技术称作“放样”或“放线”。

总体来说，线路施工测量放样技术包括两部分：

(1)线路平面位置放样技术。

(2)线路高程位置放样技术。

在线路施工全过程中，放样技术都发挥着重要作用。施工开始，测量员应用放样技术把线路设计的平面位置、高程位置放样到实地，施工班组据此而进行施工；施工过程中，测量员随时都要用放样技术把施工时破坏的点位重新恢复，以保证工程顺利进行；施工结束后，交(竣)工验收时，测量员仍要用放样技术恢复桩位，以供检查验收时评定线路几何要素的质量。因此，线路工程施工测量放样技术是一项非常重要的工作，它对保证施工进度和工程质量起着重要作用。放样工作中的任何疏忽或精度不够，都将影响施工的进度和质量，造成工程返工及经济损失，所以线路施工测量员必须具有高度的责任心和熟练的放样操作技术。

为了保证放样精度，满足施工需求，在进行放样前，施工测量员应做好如下准备工作：

(1)熟悉并掌握设计图表中有关线路平面位置和高程数据。

(2)编制本标段已知施工导线点及施工水准点成果表。

(3)计算本标段待放样点平面放样数据，并编制平面放样数据表。

(4)计算本标段待放样点高程放样数据，并编制高程放样数据表。

(5)结合施工现场条件和施工单位现有测量仪器的情况，选择符合本标段的放样方法。

(6)准备好测量仪器和工具材料。

测量员在拟订放样方案时，可参考如下放样技术选用：

(1)线路平面位置放样技术有下述几种供选用：

①全站仪“坐标放样”技术。

②经纬仪配测距仪极坐标法放样技术。

③经纬仪钢尺偏角法放样技术。

④经纬仪钢尺切线支距法放样技术。

⑤经纬仪视距法放样技术。

(2)线路高程位置放样技术有下述几种供选用:

①水准仪测高放样技术。

a. 水准地面高程放样技术。

b. 水准桩顶高程放样技术。

c. 水准视线高程放样技术。

②全站仪测高放样技术。

③经纬仪测高放样技术。

第二节　线路工程施工测量平面位置放样技术

一、全站仪"坐标放样"测量技术

全站仪坐标放样测量用于在实地设定出坐标值为已知的点。

在输入待放样点的坐标后,仪器会自动计算出放样所需水平角值和平距值并存储于内部存储器。测量员借助角度放样和距离放样功能便可设定待放样点的位置。

坐标放样是当代线路施工测量中点位平面位置放样最先进的一种放样方法。

全站仪坐标放样的优点很显著,它不但操作方便,功效高,且放样的点位准确,精度可靠。它既适用于平坦开阔地区,也适用于起伏较大的山地,并且不受放样点位距离远近的限制;它可放出线路直线部分,也可放出圆曲线、缓和曲线等任意一点的平面位置。

(一)仪具与材料准备

(1)全站仪,棱镜及测杆。

(2)对讲机两部。

(3)计算工具:f_x—5800P 型计算器或 f_x—9750GⅡ型计算器等。

(4)工具:铁锤、测伞、钢凿子、小钢尺、油性号笔等。

(5)材料:竹签(或钢钎:钢筋做成或木桩);铁钉或钢钉;红布或红塑料条等。

(二)放样资料准备

(1)施工标段导线点成果表(包括设计单位提供的导线成果及自己加密的施工导线点成果)。

(2)直线、曲线及转角成果表。

(3)依据"路面横断面结构图"计算的各层路面的宽度。

(4)编制待放样点的坐标值表,即将 f_x—5800P19750GⅡ型计算器坐标计算程序计算的施工所需的中桩、左右边桩坐标值编制成表,便于在测站上输入给全站仪。

(5)绘制放样作业示意图,图上应注明测站点、后视点以及该测站控制放样的范围。

(三)全站仪坐标法放样在一个测站上的操作方法步骤

全站仪坐标法放样的操作方法视仪器类型不同而有差异,具体操作方法可查阅仪器说明书。目前我国公路施工测量用的全站仪有国产的，有进口的如日本“索佳 SET2”全站仪等。

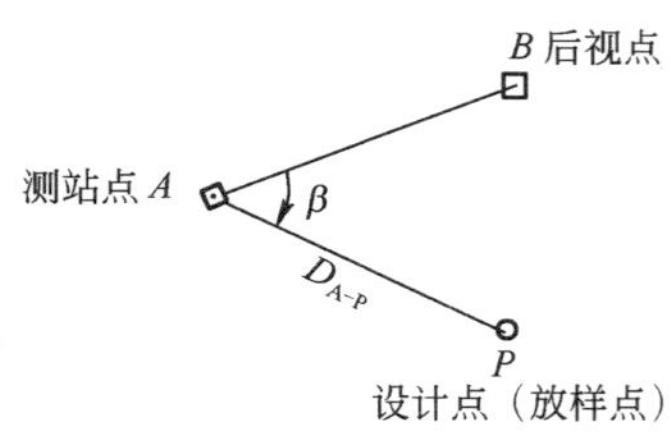

图 6-1　全站仪坐标法放样点位的概念

下面介绍日本拓普康 GPT-7000 型全站仪在一个测站上进行坐标法点放样的操作方法步骤。

全站仪坐标法放样设计点位的概念见图 6-1。

图中，A 是测站点，B 是后视点，A 和 B 是已知导线点。P 是设计点，即放样点。

为了将设计点 P 放样到实地，可在 A 处设置全站仪，在 B 处设置棱镜，将 A、B 坐标输入全站仪，以 AB 方向定向，然后输入设计点 P 的坐标，仪器自动计算出所需的角度 β 和距离 $D_{A\text{-}P}$，利用角度 β 和距离 D，仪器的放样功能便可测设出设计点的实地位置。

日本拓普康 GPT-7000 型全站仪具有触摸点屏功能，操作使用较方便，但其一页屏幕上内容较多，数字符号较小，在外业阳光下屏幕显示字符不甚显亮，可视性差，但用其坐标法点放样时，精度还是较高的。在一个测站上用 GPT-7000 型全站仪的坐标法点放样功能进行点放样的操作方法步骤如下。

1. 开机

按“POWER”键(开/关键，绿色椭圆形，在右手电池上方)。显示图 6-2 片刻(几秒钟)。

稍许，显示“正在备份数据”，接着显示图 6-3。

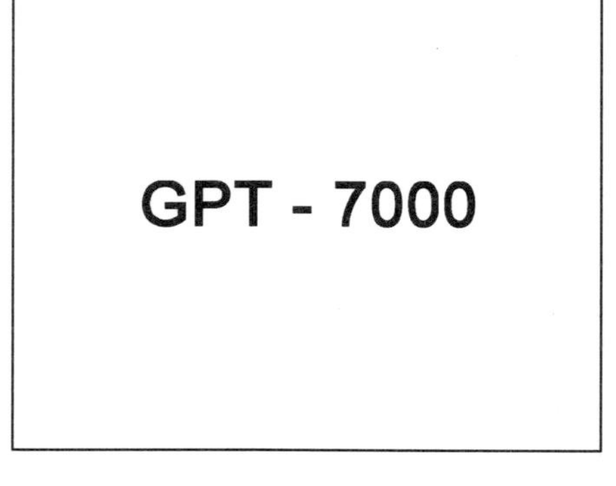

图 6-2　拓普康 GPT—7000 型全站仪

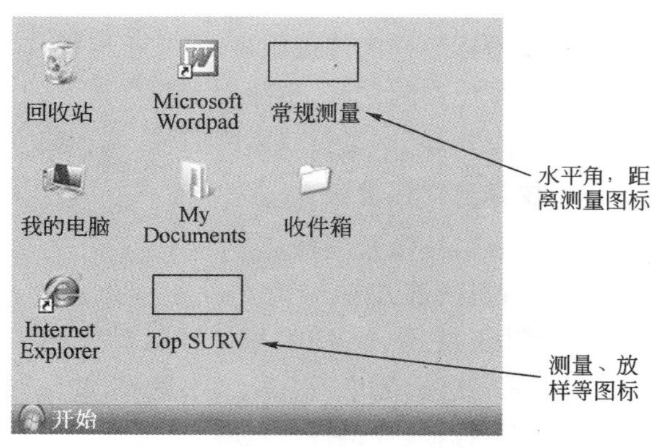

图 6-3　拓普康 GPT—7000 型操作图例

2. 点击“常规测量”

显示图 6-4。

注：(1)拓普康 7000 型常规测量功能：

①水平角测量。

②天顶距(垂直角)测量。

③平距测量。

④斜距测量。

⑤高差测量。

⑥坐标测量。

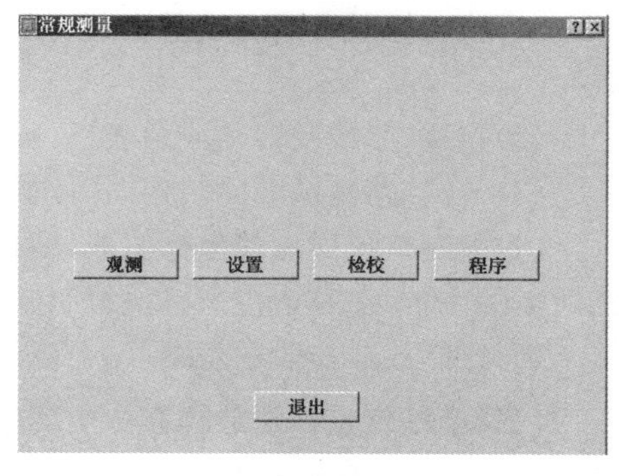

图 6-4　常规测量图例

(2)点击“观测”图标,可执行上述功能。

(3)若不进行“常规测量”,则点击“退出”。屏幕又显示图 6-2。

3.点击图 6-3 上“Top SURV”图标

显示图 6-5。

稍等片刻,缓冲进度条满,则屏幕显示图 6-6。

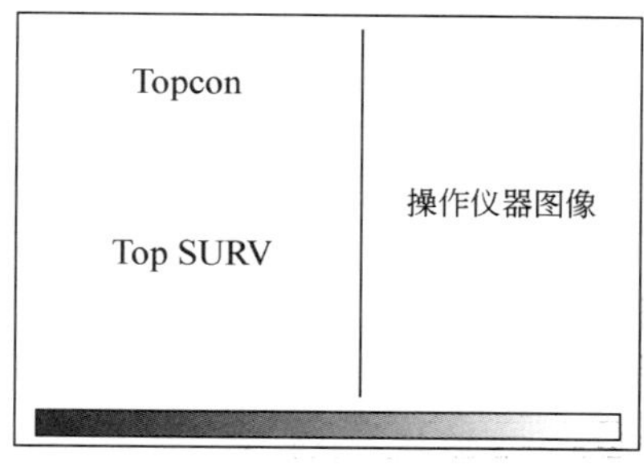

图 6-5 缓冲进度条

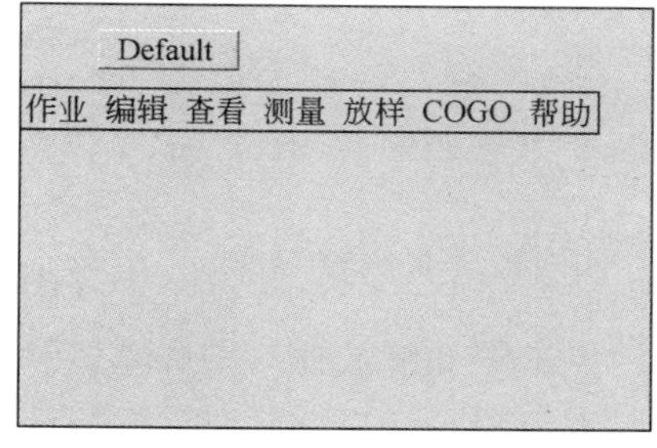

图 6-6 测量坐标、点坐标放样等功能键

4.建站

(1)点击“测量”,屏幕显示图 6-7 对话框。

(2)点击“子菜单对话框”的“测站设置”,屏幕显示图 6-8。

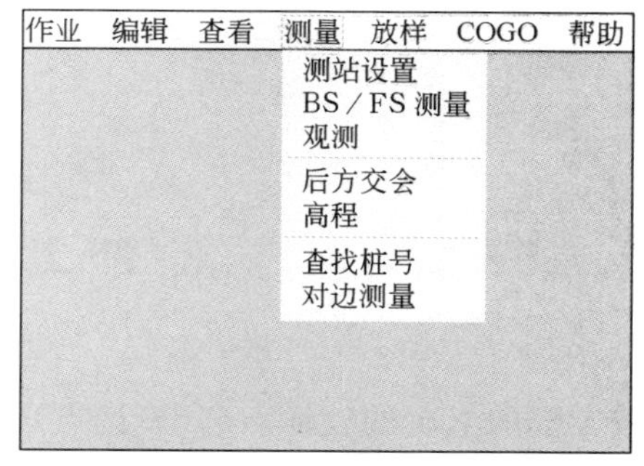

图 6-7 “测量”子菜单对话框

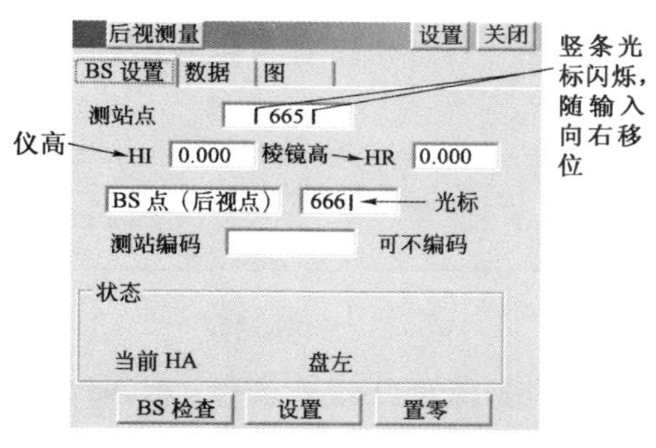

图 6-8 后视测量(后视定向)

(3)在“测站点”右方框内输入“测站点号”。

方法:点击“测站点”右方框,竖条光标:“|”闪烁,随后点击屏幕右侧0～9 数字键:[6][6][5],则右方框内即显示测站点名:665。若方框内显示上次关机时点名,则点击方框后刷黑,随后再输入新点名。若输错数字,则点击屏幕右侧“BS”键删错,重新输入。

(4)在“BS 点”右方框内输入“后视点号”。

方法:当测站点号输入完成,则点击“BS 点”右方框,随后仿照“(3)”的方法输入后视点号,例如 666。

(5)点击屏幕下方“设置”确定。

至此,“测站”初步建成。若要测量“放样点”的高程,则要在“HI”右方框内输入仪器高度,在“HR”右方框内输入棱镜高度。

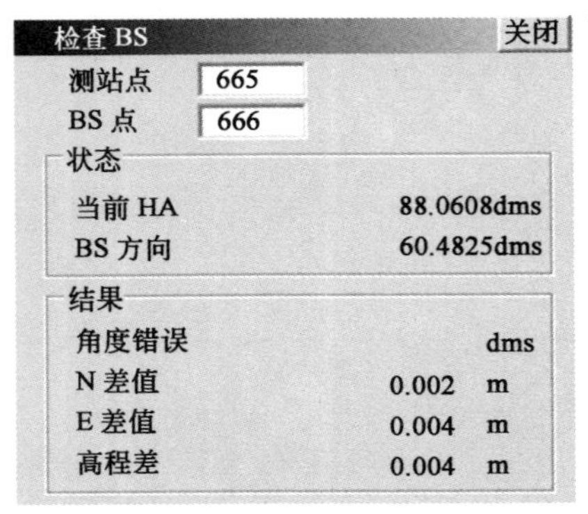

图 6-9 后视点检查精度

(6)“检查”建站精度。

方法:上述(5)步完成后,旋转仪器照准部,精确照准后视点棱镜目标,点击图 6-8 左下角“BS 检查”,屏幕显示图 6-9。

若后视点(BS)检查结果满足精度要求[通常情况下,$N(x)$差值,$E(y)$差值,高程差小于 10mm],则点击图 6-9 右上角“关闭”,至此建站工作完成。接着就可进行坐标法放样点位或测量待测点的坐标等工作。

5. 放样

(1)上述(6)点击图 6-8 右上角“关闭”后,屏幕又显示图 6-6。

(2)点击图 6-6“放样”,则屏幕显示图 6-10。

(3)点击图 6-10“放样”对话框“点”,则屏幕显示图 6-11“点放样”。

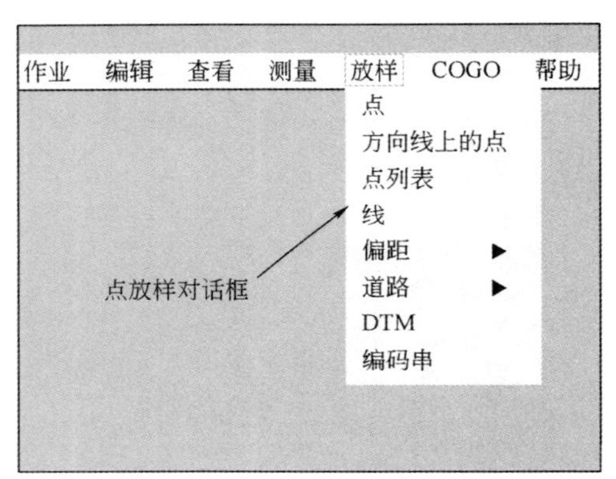

图 6-10 放样对话框

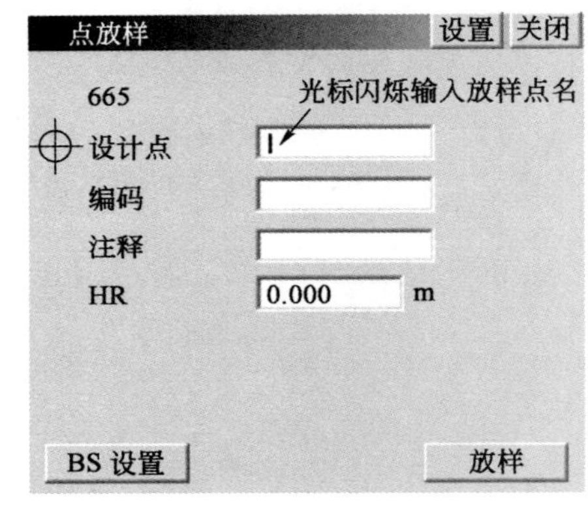

图 6-11 点放样

(4)点击图 6-11 设计点右方框,竖条光标闪烁,或方框内上次的放样点名(设计点)刷黑,随后点击屏幕右侧 0～9 数字键,或点击“[•]”绿键,用屏幕显示的图 6-12 英字母、数字、拼音字母、符号“输入面板”输入放样点号(设计点名)。

(5)点击图 6-11 右下角“放样”,屏幕显示图 6-13。

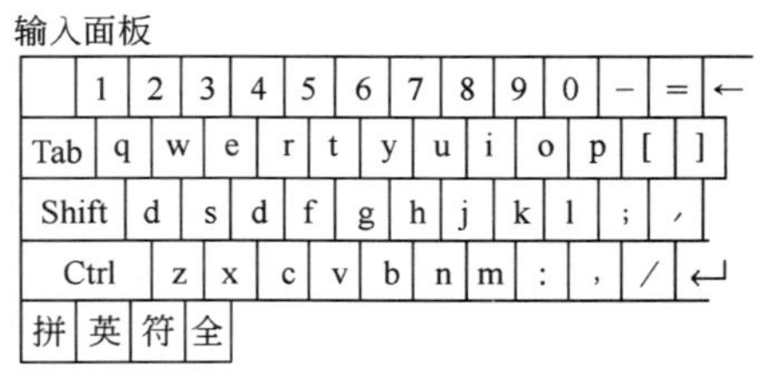

图 6-12 输入面板

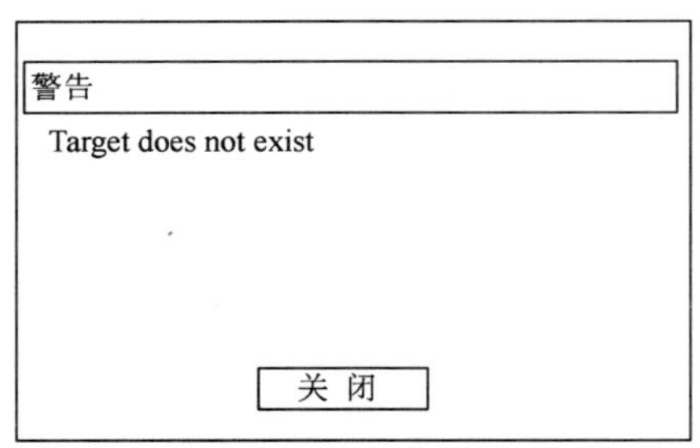

图 6-13 警告

(6)点击图 6-13 下方框“关闭”,则屏幕显示图 6-14。

(7)在图 6-14“地方”下方框内输入放样点(设计点)x(N)、y(E)坐标值后,点击图 6-14 上方“确定”,则屏幕显示图 6-15。

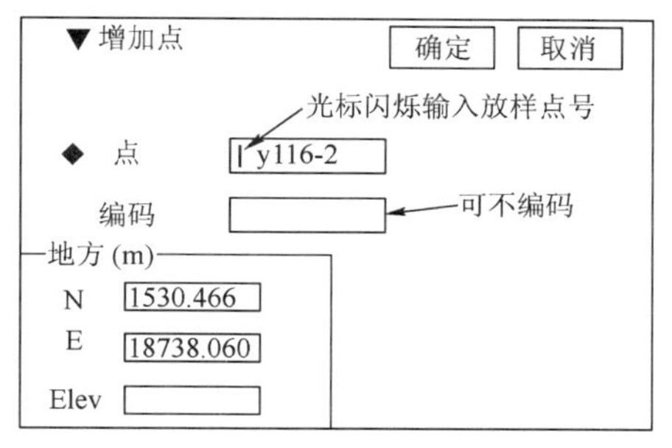

图 6-14　输入放样点(设计点)坐标

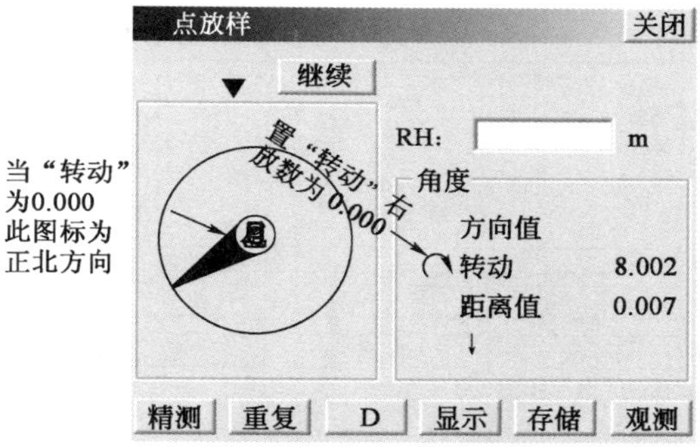

图 6-15　点放样“转动”右方数字为 0.0000

(8)置“转动”“↷”右方数字为 0.0000。

方法:利用度盘制动螺旋和微动螺旋,使图 6-15 中“↷”“转动”右方数字为:0.0000。此时固定制动螺旋。

(9)照准棱镜进行设计点放样。

方法:

①用对讲机指挥棱镜左或右移动,使棱镜立在望远镜竖丝方向上(注意棱镜杆气泡要居中,下同)。

②点击图 6-15 右下角“观测”,则图 6-15“转动”下显示指向:

“↑”:离开:远离测站,反仪器方向;

“↓”:走近:向测站方向走,向仪器方向移动。

用对讲机指挥棱镜在望远镜竖丝方向上向前或向后移动,直到指向处为 0.000,则棱镜杆下端尖处即为放样点实地位置。打桩钉钉标志。

(10)继续下一设计点(放样点)放样。

方法:点击图 6-15“继续”,则屏幕显示图 6-11“点放样”。随后仿照上述操作,继续下一设计点放样。

点击图 6-15 右上角“关闭”,则结束该测站放样点工作,屏幕显示图 6-6。

6. GPT-7000 型全站仪坐标法点放样的注意事项

选用日本拓普康 GPT-7000 型全站仪进行坐标法点放样,事先应把施工标段的导线点坐标和高程编辑输入给全站仪。下面介绍编辑输入“增加点”的方法:

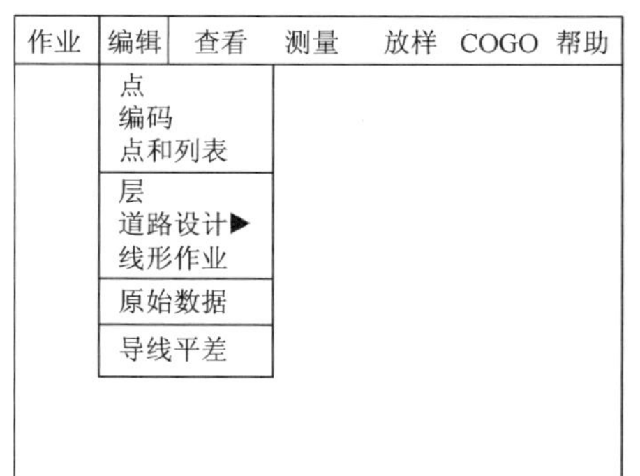

图 6-16　编辑对话框

(1)点击图 6-6“编辑”,显示图 6-16。

(2)点击图 6-16“点”,显示图 6-17。

注意,从图 6-17 查找存储的导线点可用“▲”和

“▼”查找点名；用“◀”和“▶”可查找坐标值。也可点击“编码查找”、“用点查找”或“查找下一个”。若要存储新点，则点击图 6-17 右下角“增加”，则屏幕显示图 6-18。

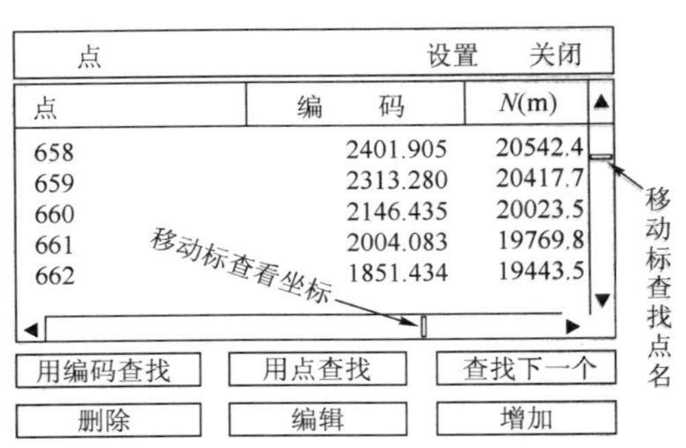

图 6-17 存储导线点列表

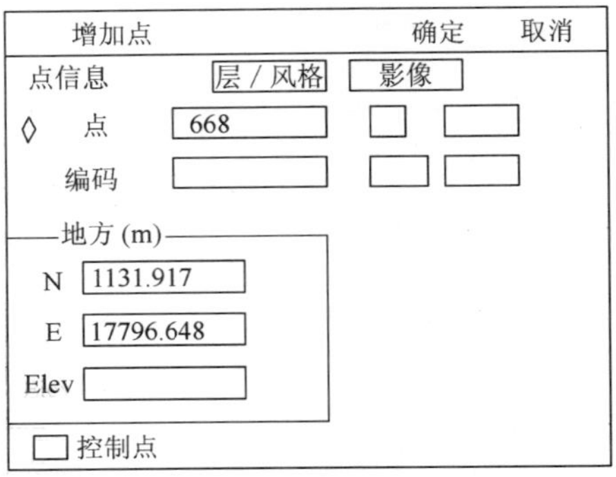

增加点 确定 取消
点信息 层/风格 影像
◊ 点 668
编码
地方(m)
N 1131.917
E 17796.648
Elev
控制点

图 6-18 增加点

(3)在图 6-18“点”右方框用屏幕右侧 0～9 数字键或用图 6-12“输入面板”输入需增加的点名(点号)。

在“地方”下面 N、E 右方框内输入新增加点的 x 与 y 坐标值。

输入完成后，则点击图 6-18 上右方“确定”，结束“增加点”工作。

放样实践中，有经验的测量员并不把待放样点的坐标事前一一输入全站仪，而是在测站上一边放样，一边用前述坐标计算程序计算出待放样点的坐标，并一边输入给全站仪进行放样的。这样在测站上一边计算、一边输入、一边放样的方法，可根据放样现场实际情况，有针对性地计算需要放的桩位，减少了工作量，提高了放样速度和功效。

在一个施工段，是全部放出线路的左、中、右桩位，或是只放中桩，或是只放左和中桩，或是只放右和中桩，可根据施工现场线路通视状况，全站仪放样小组时间安排来确定。一般情况下，不是放出左和中桩，就是放出右和中桩，然后再由现场测量员加放出剩余桩位。

如果只放中桩，则现场施工测量员要人工加放出左边和右边桩。

二、经纬仪配测距仪(或全站仪)用极坐标法放样点位技术

前文述及，边长 D 和夹角 β 是极坐标法放样点位平面位置必备的两个要素(详见第五章第三节七)。

经纬仪配测距仪(或全站仪)用极坐标法放样点位平面位置技术就是用经纬仪拨 β 角，然后用测距仪在角方向线上测距定桩。由于此法放样数据计算较坐标法容易掌握，且此法放样操作简单、方便，易懂易会，测距不受地形起伏限制且精度高，加之仪器价格较全站仪便宜，所以在公路施工放样中多为施工队所采用。对于有全站仪的施工队，也可用全站仪采用极坐标法放样技术进行放样。

(一)仪具与材料准备

(1)经纬仪、测距仪：将测距仪架在经纬仪上，用经纬仪测角(放角)，用测距仪测距(放距)。

(2)棱镜及测杆。

(3)对讲机。

(4)计算工具：f_x—5800P 型计算器，或 f_x—9750GⅡ型计算器等。

(5)工具：铁锤、钢凿、小钢尺、油性号笔，测伞等。

(6)材料：竹签(或钢钎或方木桩等)、铁钉或钢钉、红布条或红塑料条等。

(二)放样资料准备

(1)放样段导线点成果表(包括设计单位提供导线成果及自己加密的施工导线点成果)。

(2)逐桩坐标表。

(3)放样点数据表，即放样点边长 D、角度 β 计算表(详见第五章第三节七 JZBF 程序计算)。

(4)编制放样作业图，图上应注明测站点、后视导线点以及测站点控制放样的范围；如果技术熟练，放样经验丰富，也可不编制此图，在测站上一边计算一边放样。

(三)经纬仪配测距仪(或全站仪)用极坐标法放样技术的操作方法步骤

目前国内使用的测距仪有国产的，也有进口的，其操作使用都很简单易学，看了仪器说明书就可使用，所以此节不讲述测距仪使用方法。下面重点介绍经纬仪配测距仪在一个测站上用极坐标法放样的方法步骤(用此法放样使用盘左位置进行)：

(1)在测站点(施工导线点)安置经纬仪(测距仪架在经纬仪支架上，如经纬仪原先没配测距仪，则事先应由仪器修理部门安装支架)，对中、精确整平。

(2)精确照准后视导线点，将后视点方向置成 $0°00'00''$(如用方位角放样标向，则将后视点方向设置成后视方向方位角值)。

(3)拨转放样点方向水平角值 β(若用方位角标向，则拨转放样点方向方位角值)。

(4)指挥扶立棱镜者在放样点方向上安置棱镜并照准(即在望远镜照准方向上安置棱镜并照准)。

(5)用测距仪照准棱镜并测平距(测站点至棱镜间平距)，计算实测平距与放样值之差，指挥棱镜在放样点方向前后移动(可用小钢尺量出前后移距)致使实测平距与放样值之差为零时，测杆底部尖端即为放样点的位置，指挥打桩。写里程桩号，扎红布条，第一个放样点结束。接着同法放出以下各点。

(6)在上述第(4)步完成后，也可按下法操作：

用测距仪照准棱镜后，用测距仪遥控器向测距仪输入放样点的距离放样值，然后按测距仪放样键，则测距仪显示值等于实测值减放样值，若显示值为正，则指挥棱镜在放样点方向向后移动(可用小钢尺量移距)；若显示值为负，则棱镜在方向线上向前移动(可用小钢尺量移距)；直至显示值为零，则测杆下部尖端就是该点桩位。接着同法放出其他放样点位。

三、经纬仪视距法放样技术

所谓经纬仪视距法放样技术，就是用经纬仪测设放样方向，用视距法测设放样点距离，从而在实地标定出放样点的平面位置的一种方法。此法可一并放出放样点的平面桩位和高程。实践中，此法常用于低等级线路平面位置放样。

(一)仪具与材料准备

(1)经纬仪。

(2)视距尺或水准标尺、塔尺。

(3)计算工具：f_x—5800P 型计算器或 f_x—9750GⅡ型计算器等。

(4)工具：铁锤、钢凿、小钢尺、油性号笔、测伞等。

(5)材料：竹签(或钢钎、木桩等)，铁钉或钢钉、红布条或红塑料袋等。

(二)放样料准备

(1)导线点(设站点)成果表。

(2)放样点数据表，即放样点边长、角度计算表。

(3)若一并放出高程，则还应准备放样点设计高程。

(4)编制放样作业示意图，图中应注明测站点、后视点、放样点。

(三)放样技术操步骤

(1)在施工导线点(测站点)上安置经纬仪，精确对中整平。如果一并进行高程放样，则要量取仪高。

(2)照准后视导线点，将后视方向置成 0°00′00″(如用方位角标向，则将后视方向设置成后视方向方位角)。

(3)拨转放样点方向水平角值(若用方位角标向，则拨转放样点方向方位角值)。

(4)指挥立尺员在放样点方向上立视距尺，读记上、中、下三丝读数，并读记中丝垂直角。

(5)用经纬仪视距法“JSF”程序[见《测量员便携手册》第四章“五”(二)](人民交通出版社，2011.1)计算实测平距与放样值之差，指挥视距尺在望远镜方向上前、后移动(可用小钢尺量前后移距)，直至实测平距与放样值之差为零时，标尺底部中点即为放样点的位置，指挥打桩、编写里程桩号、扎红布条。第一个放样点结束，接着依次放出其余各放样点。

若要放出高程，则根据打桩处的上、中、下三丝分划读数及中丝的竖直角计算的高程即打桩处点位实地高程，然后根据“JSF”程序计算实测高程与放样点设计高程之差 U，标定挖、填高度。

经纬仪视距法放样技术不受地形起伏限制，距离和高程同时放出，使工作效率提高，在线路路基施工初、中期，以及低等级公路、山区乡村公路测设中应用很方便。

四、经纬仪钢尺偏角法放样技术

经纬仪钢尺偏角法放样技术，实际上就是用偏角打曲线。作业时，以曲线起点或终点为设站点，用经纬仪按偏角值标出弦线方向，再以相邻两曲线点间的长度用钢尺与偏角视线方向相交得出放样点位。此法操作较简单，精度较高，又可在山地作业，所用仪器为普通经纬仪与普通钢尺，价格便宜，故应用比较广泛。

下面先介绍圆曲线要素及曲线要素及主点计算方法，然后介绍经纬仪钢尺偏角法放样的方法步骤。

(一)圆曲线相关知识介绍

1. 曲线主点表示方式

详见表 6-1 和图 6-19、图 6-20。

曲线主点表示方式表　　　　表 6-1

中文意义	汉语拼音字母	英文字母	备　注
交点	JD	IP	转角点或折点
圆曲线起点	ZY(直圆)	BC	
圆曲线中点	QZ(曲中)	MC	
圆曲线终点	YZ(圆直)	EC	
公切点	GQ(公切)	PC	
第一缓和曲线起点	ZH(直缓)	TS	
第一缓和曲线终点	HY(缓圆)	SC	
第二缓和曲线起点	YH(圆缓)	CS	
第二缓和曲线终点	HZ(缓直)	ST	

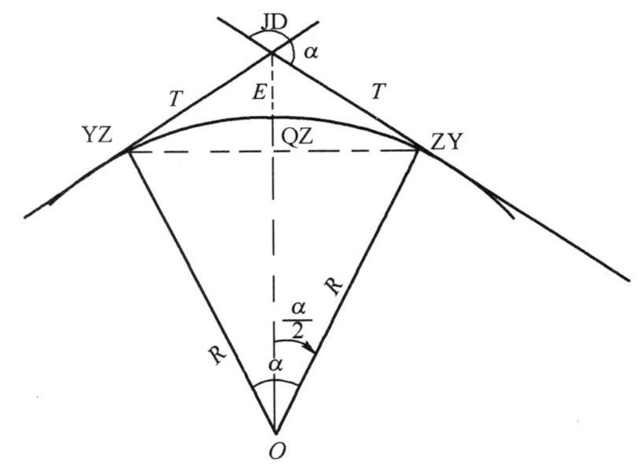

图 6-19　圆曲线要素示意图

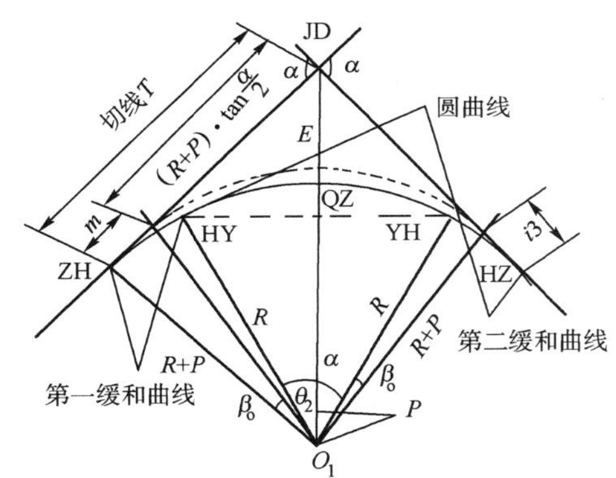

图 6-20　有缓和曲线的圆曲线示意图

2.圆曲线要素计算

(1)圆曲线要素如图 6-19 所示，圆曲线的半径 R、偏角(即线路转向角)α、切线长 T、曲线长 L、外矢距 E、切曲差(又称校正数或超距)q，称为圆曲线要素。其中，R 和 α 为已知数据，R 是设计中按线路等级及地形条件等因素选定的，α 是线路定测时测出的。其余要素按公式(6-1)计算：

$$\left.\begin{aligned}
&\text{切线长} && T = R\tan\frac{\alpha}{2} \\
&\text{曲线长} && L = \frac{\alpha}{180}\pi R \quad \text{其中 } \pi = 3.14159 \\
&\text{外距} && E = R\left(\sec\frac{\alpha}{2} - 1\right) \\
& && \quad = R\left(\frac{1}{\cos\frac{\alpha}{2}} - 1\right) \\
&\text{切曲差} && q = 2T - L
\end{aligned}\right\} \tag{6-1}$$

(2)圆曲线主点桩号计算

$$直圆(ZY)桩号=交点\ JD\ 的桩号-T$$

$$曲中(QZ)桩号=ZY\ 的桩号+\frac{L}{2}$$

$$圆直(YZ)桩号=QZ\ 的桩号+\frac{L}{2}$$

检核：

$$YZ\ 桩号=JD\ 桩号+T-q$$
$$=JD\ 桩号-T+L$$

(3)圆曲线要素及其主点里程桩号计算程序清单

文件名:ZY—QZ—YZ

```
LbI  0↵
"Q"? Q："R"? R："N"? N↵
"T="：Rtan(N÷2)→T◢                          (切线长)
"L="：Rπ(N÷180)→L◢                          (曲线长)
"E="：R(1÷cos(N÷2)-1)→E◢                    (外距)
"P="：2T-L→P◢                               (切曲差)
"ZY="：Q-T→Z◢                               (ZY 桩号)
"QZ="：Z+L÷2→K◢                             (QZ 桩号)
"YZ="：K+L÷2◢                               (YZ 桩号)
"YZ2="：Q+T-P◢                              (校核:YZ=YZ2)
Goto  0
```

程序中:Q——交点桩号;

N——转角,输入时不带符号;

R——圆曲线半径。

(4)程序功能及注意事项

①本程序可计算:圆曲线的要素(T、L、E、P),圆曲线主点的桩号(ZY、QZ、YZ 点的桩号)。

②使用本程序的起算数据:交点的桩号(Q),圆曲线半径(R),线路转角(N)。

(5)实操案例及程序执行操作步骤

计算圆曲线要素及主点桩号的算例见表 6-2。算例是××二级公路 I 标段的一个圆曲线,其起算数据是:交点 JD_{18},桩号 Q:K128+645.04,圆曲线半径R=5000,线路偏角 $N_{左}=-8°32'48''$。

程序执行操作步骤,略。

(二)有缓和曲线的圆曲线要素及主点里程桩号计算

1.有缓和曲线的圆曲线要素计算公式

有缓和曲线的圆曲线设在第一与第二两缓和曲线之间。其要素是:圆曲线半径 R,线路偏

角 N，缓和曲线长 I 以及切线长 T，曲线长 L，外距 E，切曲差 S(表 6-2)。

圆曲线要素及主点桩号计算　　表 6-2

点名	桩号	偏角 N (° ′ ″)	半径 R (m)	切线 T (m)	曲线长 L (m)	外距 E (m)	切曲差 S (m)
JD_{18}	K128+645.04	−8 32 48	5000	373.612	745.837	13.939	1.386
ZY			QZ			YZ	
K128+271.428			K128+644.347			K129+017.266	

当圆曲线半径 R、线路转角 N 和缓和曲线长 I 为已知时，其余曲线要素可按下述公式计算：

$$\left.\begin{aligned} &\text{切线长} && T = M + (R+P)\tan\frac{N}{2} \\ &\text{曲线长} && L = \frac{RN\pi}{180} + I \\ &\text{外矩} && E = \frac{(R+P)}{\cos\frac{N}{2}} - R \\ &\text{切曲差} && S = 2T - L \end{aligned}\right\} \tag{6-2}$$

式中：R——圆曲线半径；

N——线路偏角；

I——缓和曲线长，缓和曲线的长度，是根据相应等级公路的设计速度确定的，各级公路缓和曲线最小长度见表 6-3；

M——加设缓和曲线后使切线增长距离，简称切线增值，按下式计算：

$$M = \frac{I}{2} - \frac{I^3}{240R^2}$$

P——加设缓和曲线后，圆曲线相对于切线的内移量，简称内移距，按下式计算：

$$P = \frac{I^2}{24R} - \frac{I^4}{2688R^3}$$

各级公路缓和曲线最小长度　　表 6-3

公路等级	高速公路				一级公路		二级公路		三级公路		四级公路	
计算速度 (km/h)	120	100	80	60	100	60	80	40	60	30	40	20
缓和曲线最小长度(m)	100	85	70	50	85	50	70	35	50	25	35	20

2. 有缓和曲线的圆曲线主点里程桩号计算公式

具有缓和曲线的圆曲线，其主要点是：

直缓点(ZH):线路由直线转为缓和曲线的连接点;

缓圆点(HY):线路由缓和曲线转为圆曲线的连接点;

曲中点(QZ):圆曲线的中点;

圆缓点(YH):线路由圆曲线转为缓和曲线的连接点;

缓直点(HZ):线路由缓和曲线转为直线的连接点。

根据交点的里程桩号和上式计算的曲线要素,可按下式计算出具有缓和曲线的圆曲线的主要点里程桩号:

ZH 点的里程桩号=JD 点的里程桩号$-T$

HY 点的里程桩号=ZH 点的里程桩号$+I$

QZ 点的里程桩号=ZH 点的里程桩号$+L/2$

HZ 点的里程桩号=QZ 点的里程桩号$+L/2$

YH 点的里程桩号=HZ 点的里程桩号$-I$

检核计算:

HZ 点的里程桩号=JD 点的里程桩号$+T-S$

3. 有缓和曲线的圆曲线要素及主点里程桩号计算程序清单

文件名:ZH—HY—YH—HZ

```
LbI  0 ↵
"Q"? Q : "R"? R : "N"? N : "I"? I ↵                    (常量)
I²÷(24R)−I⁴÷(2688R³)→P ↵                              (内移距)
I÷2−I³÷(240R²)→M ↵                                    (切线增值)
"T=" : (R+P)tan(N÷2)+M→T ◢                            (切线长)
"L=" : Rπ(N÷180)+I→L ◢                                (曲线长)
"E=" : (R+P)÷cos(N÷2)−R→E ◢                           (外距)
"S=" : 2T−L→S ◢                                       (切曲差)
"ZH=" : Q−T→Z ◢                                       (ZH 的桩号)
"HY=" : Z+I→H ◢                                       (HY 的桩号)
"QZ=" : Z+L÷2→K ◢                                     (QZ 的桩号)
"HZ=" : K+L÷2→V ◢                                     (HZ 的桩号)
"YH=" : V−I ◢                                         (YH 的桩号)
"HZ2=" : Q+T−S ◢                                      (校核计算:HZ=HZ2)
Goto  0
```

程序中:Q——交点桩号;

R——圆曲线半径;

N——转角,输入时不考虑符号;

I——缓和曲线长。

4. 程序功能及注意事项

(1)使用本程序的起算数据：交点的桩号 Q，圆曲线半径 R，线路偏角 N，缓和曲线长度 I。

(2)本程序可计算：

具有缓和曲线的圆曲线要素——T、L、E 和 S；

具有缓和曲线的圆曲线的主点桩号——ZH、HY、QZ、YH、HZ 点的桩号。

当缓和曲线长 $I=0$ 时，本程序可计算不设缓和曲线的圆曲线要素及主点桩号。此时，程序中：

ZH 桩号＝HY 桩号＝ZY 桩号；

QZ 桩号＝QZ 桩号；

HZ 桩号＝YH 桩号＝YZ 桩号。

5. 实操案例及程序执行操作步骤

××二级公路Ⅰ标有一带有缓和曲线的圆曲线，其交点是 JD_{19}，交点桩号 Q：K251＋246.76，圆曲线半径 $R=400$，线路转角 $N_{右}=39°16'07''$，缓和曲线长 $I=100$。采用 ZH-HY-YH-HZ 程序计算该曲线要素及主点桩号见表 6-4。

有缓和曲线的圆曲线要素及主点桩计算　　表 6-4

点名	桩　号	偏角 N (°　′　″)	半径 R (m)	缓和曲线长 I (m)	切线长 T (m)	曲线长 L (m)	外距 E (m)	切曲差 S (m)
JD_{19}	K251＋246.76	右 39 16 07	400	100	193.049	374.147	25.799	11.951

ZH	HY	QZ	YH	HZ
K251＋053.711	K251＋153.711	K251＋240.784	K251＋327.858	K251＋427.858

程序执行操作步骤，略。

(三)经纬仪钢尺偏角法放样技术

1. 施工现场恢复线路交点、曲线起点、终点的方法步骤

用偏角法、切线支距法测设曲线，实践作业中，经常遇到交点，曲线起、终点在实地找不到的现象，致使放样工作无法进行。为此，必须先在实地恢复交点和曲线起、终点的桩位。下面介绍实践中常用的一种复桩方法：

(1)依据“公路平面总体设计图”(又叫“路线平面图”)，识别交点、曲线起、终点在地形图上的位置。

(2)根据交点里程桩号。曲线起终点里程桩号，初步判定这些点在实地的大概位置，然后依据这些点在地形图上的位置，对照实地进一步判定其在实地的准确位置。

(3)在交点、曲线起终实地位置附近(一般不要超过 50m)，用支导线法加密施工支导线点。

(4)依据交点、曲线起终点的坐标值与在其附近加密的施工导线点的坐标值，反算下例数据：

①施工导线点至交点的方位角，距离。

②施工导线点至曲线起点的方位角，距离。

③施工导线点至曲线终点方位角，距离。

(5)在加密的施工导线点上设置仪器，用经纬仪钢尺极坐标法在实地标定出交点，曲线起终点实地点位，打桩并用混凝土加固备用。

2. 经纬仪钢尺偏角法放样圆曲线的方法步骤

(1)仪具和材料的准备

①经纬仪。

②钢卷尺(30m 或 50m)；皮卷尺(用于低等级公路)。

③计算工具：f_x—5800P 型计算器或 f_x—9750GⅡ型计算器等。

④工具：铁锤、钢凿、小钢尺、测伞、油性号笔等。

⑤材料：竹签(或钢钎或方木桩等)、铁钉、红布条或红塑袋等。

(2)放样资料的准备

①交点里程桩号及坐标值。

②曲线要素数据。

③曲线主点里程桩号。

④曲线偏角法放样数据计算值。

⑤交点实地勘察，若交点实地点位损坏，则应按前述方法恢复其实地桩位。

⑥绘制偏角法放样作业示意图，图中应注明测站点(曲线起终点)、后视点(交点)以及放样点拨角方向。

(3)掌握中线测量的基本要求

为了方便曲线放样，保证曲线放样精度，又考虑施工认桩方便，放样时应按中线测量的基本要求进行，可参考聂让等主编的《公路施工测量手册》(人民交通出版社 2001 年 8 月出版)。

中线上应钉设公里桩和加桩，并宜钉设百米桩。直线上的中桩间距不宜大于 50m，一般为 20m(施工实践中，路基一般为 25m)。

在圆曲线的主点测设后，即可进行曲线的详细测设。详细测设所采用的桩距 l_0 与曲线半径有关，一般有如下规定：

不设超高的曲线，$l_0=25$m；

$R>60$m 时，$l_0=20$m；

30m$<R\leqslant$60m 时，$l_0=10$m；

$R<30$m 时，$l_0=5$m。

按桩距 l_0 在曲线上设桩，通常有两种方法：

①整桩号法。将曲线上靠近起点 ZY 的第一桩的桩号凑成为 l_0 倍数的整桩号，然后按桩距 l_0 连续向曲线终点 YZ 设桩。这样设置的桩均为整桩号。

②整桩距法。从曲线起点 ZY 和终点 YZ 开始，分别以桩距 l_0 连续向曲线中点 QZ 设桩。由于这样设置的桩均为零桩号，因此应注意加设百米桩和公里桩。

中线测量中一般均采用整桩号法(例如 00、20、40、60、80 或 00、25、50、75 等)。

中线量距精度和中桩桩位限差见表 6-5。

中线量距精度和中桩桩位限差 表 6-5

公路等级	距离限差	桩位纵向误差(m)		桩位横向误差(m)	
		平原微丘区	山岭重丘区	平原微丘区	山岭重丘区
高速、一级公路	1/2000	$S/2000+0.05$	$S/2000+0.10$	5	10
二级及以下公路	1/1000	$S/1000+0.10$	$S/1000+0.10$	10	15

注：表中 S 为转点或交点至桩位的距离以 m 计。

曲线测量纵向闭合差，横向闭合差见表 6-6。

曲线测量闭合差 表 6-6

公路等级	纵向闭合差(cm)		横向闭合差(cm)		曲线偏角
	平原微丘区	山岭重丘区	平原微丘区	山岭重丘区	闭合差(″)
高速、一级公路	1/2000	1/1000	10	10	60
二级及以下公路	1/1000	1/500	10	15	120

(4)经纬仪钢尺放样圆曲线主点的方法步骤

①经纬仪钢尺放样圆曲线主点必备的条件(图 6-21)。

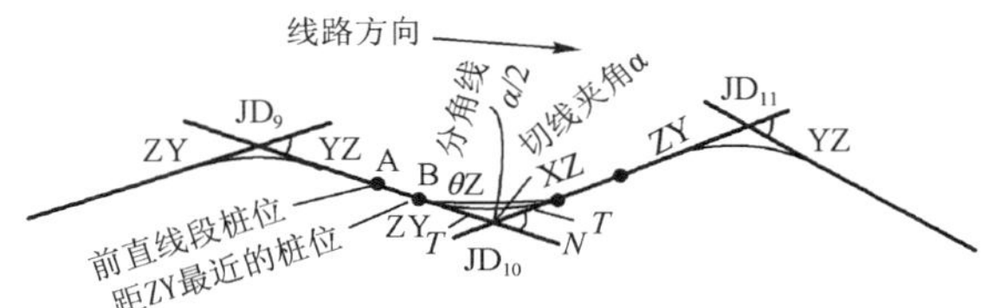

图 6-21 圆曲线主点放样必须知道实地 3 个交点桩位

条件 1：实地相邻的 3 个交点桩位必须已知，或前直线段一个桩位已知；

条件 2：切线长度 T 及外距 E 必须已知；

条件 3：线路转角 N 必须已知，或实地测出两切线之夹角。

②放样技术操作方法步骤。

以图 6-21JD_{10}处圆曲线主点放样为例说明。

a. 将经纬仪架设在交点 JD_{10}上；望远镜照准后交点 JD_9，或照准前直线段 A 点，自 JD_{10}起在望远镜视线方向上用钢尺量取切线长 T，钉一铁钉，扎上红布条，即曲线起点 ZY 点。

b. 检查 ZY 点正确性：实践放样时，后交点 JD_9 放样工作完成后，前直线段桩位已放出，此时可用钢尺量出 ZY 点距最近一个直线桩 B 的距离 d，以 ZY 桩号与 B 桩号之差与 d 比较，若两者相等或较差在允许范围内，则所放 ZY 点正确；若较差大于允许值，则应查明原因(实践中，这种误差都是钢尺拉距不慎不稳，用力不匀造成的)，予以调正。

c. 望远镜照准前交点 JD_{11}，在望远镜视线方向上往返量取 T 值，得出曲线终点 YZ 点。钉一铁钉，扎上红布条。

d. 在 ZY 点、YZ 点铁钉旁打下竹签或木桩，其上用油性号笔写上点名及里程。

e. 放样曲中点 QZ：

左转角：望远镜照准后视交点置 0°00′00″，再照准前视交点，测出两切线夹角 α；

右转角：望远镜照准前视交点置 0°00′00″，再照准后视交点，测出两切线夹角 α；

检查计算：

180°－N 应等于 α，其较差小于 60″，则可放出 QZ 点。方法：拨 $\alpha/2$，得分角线方向线，在望远镜视线上量外距 E，钉一铁钉，扎红布条，即得曲中点 QZ。在钉旁打竹签或木桩，用油性号笔写上桩名和里程。

至此，一个测站(交点)上放样圆曲线主点工作结束，接着就是加密整条曲线桩。

圆曲线主点对整条曲线起着控制作用。其放样如果有误，直接影响整条曲线的详细放样，因此，在进行圆曲线主点放样工作时，应认真仔细，有检核项的，一定要进行这项检查工作，以保证圆曲线主点放样正确无误。

(5)经纬仪钢尺偏角法放样圆曲线加密桩位的方法步骤

用经纬仪钢尺偏角法放样圆曲线上各加密桩的平面位置，是把一条圆曲线分成两个半圆曲线来操作的，即 ZY 至 QZ 及 YZ 至 QZ。下面以直圆(ZY)设站放至曲中为例说明放样方法步骤，如图 6-22 所示；放样数据见第五章表 5-8。

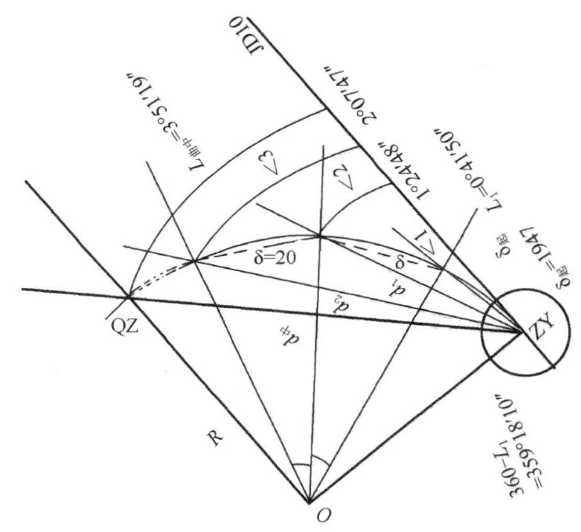

图 6-22　经纬仪钢尺偏角法圆曲线放样示意图

①在直圆(ZY)点设站，照准交点 JD_{10}，置水平度盘为 0°00′00″。

②拨 K254＋620 的偏角 $\delta_{起}=\angle 1$(注意拨角方向，作业时，曲线在切线的右侧，应正拨；曲线在切线的左侧，应反拨：即拨 360°－δ_i。此例曲线在切线的左侧，则应拨 360°－$\delta_{起}$＝360°－0°41′50″＝359°18′10″)；指挥量尺员在望远镜视线方向上自 ZY 点起量取 $d_1=l_{起}=19.47$m 得曲线上 1 点，打桩写号(即 K254＋620 桩)。

③拨 K254＋640 的偏角$\angle 2$＝360°－δ_2＝358°35′12″，指挥钢尺零点对准 1 点，量取 l 长度(此例 l 长度为整桩号 20m)与视线相交定出 2 点，打桩写号(即 K254＋640 桩)。

④同法可交出其余各点，一直放到曲线中点 QZ。此时应注意：用偏角交出的 QZ_2 与主点放出的 QZ_1 点应重合，如不重合，其沿线路方向的纵向闭合差 f_x 小于 1/2000，沿曲线半径方向的横向误差 f_y 小于 10cm 时，可根据前半曲线上各点到 ZY 的距离按长度比例调整桩位(图 6-23)。

⑤将仪器搬至曲线终点 YZ 点上设站，同上法放出另一半曲线，此时应注意拨角方向与前

半曲线相反。

当由 YZ 点放至曲中 QZ_3 时，应检查与前半曲线放的 QZ_2，以及主点放的 QZ_1 重合误差，当产生的失误三角形各边小于 10cm 时，可视主点放的 QZ_1 为正确的，此时可根据后半曲线上各点到 YZ 点的距离按长度比例调整 QZ_1 与 QZ_3 的误差。

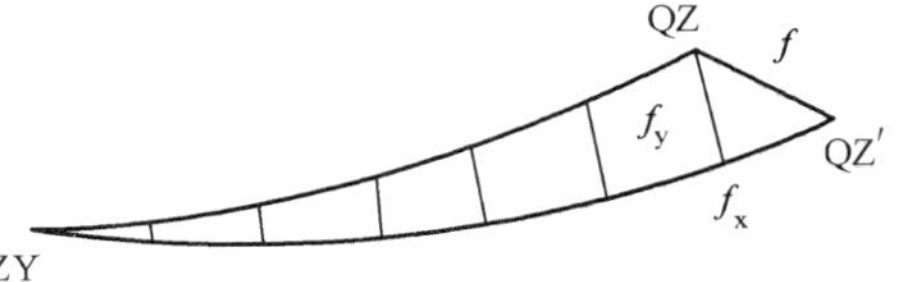

图 6-23 按长度比例调整 QZ 闭合差示意图

上述介绍的偏角法放样圆曲线上各点的平面位置，用的仪具是经纬仪和钢尺。若用经纬仪配测距仪，则可用经纬仪拨偏角，用测距仪在视线方向上放出弦长 d，即得放样点 P。此时用的放样数据见第五章表 5-14 第 3 列弦长 s 和第 6 列偏角 K。

3. 经纬仪钢尺偏角法放样有缓和曲线的圆曲线的方法步骤

(1)仪具与材料的准备同圆曲线放样。

(2)放样资料的准备同圆曲线放样。

(3)经纬仪钢尺放样有缓和曲线的圆曲线主点的方法步骤：经纬仪钢尺放样有缓和曲线的圆曲线主点的条件和放样方法步骤，与本节“2”(4)相同。

在用前述方法放出主点 ZH、QZ 和 HZ 后，可用下述两种方法放出主点 HY 和 YH：

方法一 经纬仪钢尺偏角法放样主点 HY 和 YH：

在 ZH(或 HZ)点设站，以交点定向，拨 HY(或 YH)点的偏角值，在视线上用钢尺量出缓和曲线长(或弦长)即得出 HY(或 YH)点位。放样数据计算第五章第三节二表 5-9。

方法二 经纬仪钢尺切线支距法放样主点 HY 和 YH：

在 ZH(或 HZ)点设站，以交点定向，在两切线上，分别自 ZH 点、HZ 点向交点方向量取 x_{HY}、x_{YH}，然后沿其垂直方向量取 y_{HY}、y_{YH}，即得主点 HY 和 YH 实地点位。其放样数据计算见第五章第三节五表 5-12。

(4)经纬仪钢尺偏角法放样有缓和曲线的圆曲线加密桩位的方法步骤。

用经纬仪钢尺偏角法放样有缓和曲线的圆曲线上各点的平面位置，实地作业时分两步进行，第一步由直缓放至缓圆(ZH 至 HY)；第二步由缓圆放至曲中(HY 至 QZ)，此为曲线前半部放样。后半部分第一步由缓直放至圆缓(HZ 至 YH)，第二步由圆缓放至曲中(YH 至 QZ)。下面以前半部分为例，介绍放样技术操作方法步骤：

①由 ZH 放至 HY 的方法(缓和曲线部分放样)：

缓和曲线部分放样的偏角计算数据见第五章表 5-9。如果用弦长量距，其偏角计算数据见第五章表 5-12。

放样时将经纬仪架设在 ZH 点上，置水平度盘为 0°00′00″，照准 JD 切线方向，然后逐点拨转缓和曲线上各点偏角值，与相关距离相交得缓和曲线上各点平面位置。

②由 HY 放至 QZ 的方法(圆曲线部分的放样)：

圆曲线部分的放样，首先是缓圆点(HY)切线的设置。现场作业中，常用下述方法设置 HY 点的切线。见图 6-24。

方法一 将经纬仪安置在 HY 点上，置水平度盘为：$\beta_0 - i_0 = 2i_0$（$\beta_0 = 90 l_0/\pi R$，$i_0 =$

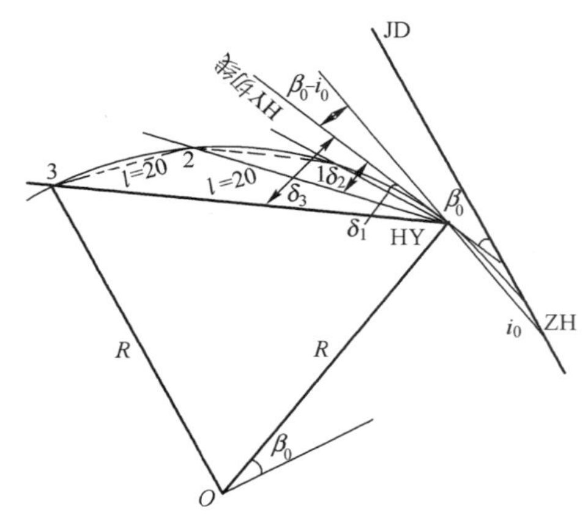

图 6-24　设置缓圆点切线示意图

57.29578 $\frac{I_0}{6R}$,其中 I_0 为缓和曲线长度),后视 ZH 点(固定水平制动钮,松开度盘变换手轮),纵转望远镜度盘读数为 0°00′00″时,望远镜视线方向即为 HY 点的切线方向(注意拨 $2i_0$ 正拨与反拨,当曲线在切线左侧为反拨,应置度盘为 360°$-2i_0$;曲线在切线右侧为正拨,置度盘为 $2i_0$ 后视 ZH 点)。

方法二　将经纬仪安置在 HY 点上,置水平度盘为:$\beta_0-i_0+\sigma_1=2i_0+\sigma_1$($\delta_1$ 为圆曲线第 1 点的偏角值),照准后视 ZH 点(固定水平制动钮,放开度盘变换手轮),纵转望远镜,当度盘读数为 0°00′00″时,沿视线方向自 HY 点起量 l_1 即得圆曲线上第 1 点。

方法三　经纬仪安置在 HY 点上,置度盘为 $2i_0$(正拨为 $2i_0$,反拨为 360°$-2i_0$),下盘不动度盘转到 0°00′00″,此时望远镜方向即为 HY 点的切线方向。

用上法设置 HY 点切线后,即可按圆曲线放样操作方法步骤,逐点拨转偏角,并以相应距离(可以是整桩距,整号距,或是弦长)长各点偏角方向线相交获得曲线上各点位,直至 QZ 点。

半条曲线放完后,仪器迁至 HZ 点,用上述方法放出圆曲线的另一半,此时应注意偏角的拨转方向,切线的设置方向均与前半条曲线相反。

当从 HY 及 YH 点放到曲中 QZ 时,应检查其闭合差,并进行分配调整。

③经纬仪钢尺偏角法放样有缓和曲线的圆曲线的操作方法步骤(缓和曲线上各点偏角计算见第五章表 5-12):

a. 在 ZH 点设站,照准交点 JD_{16}(切线方向),置水平度盘为 0°00′00″。

b. 拨缓和曲线 1 点偏角 I_1=360°00′00″,在视线方向自 ZH 点起量取 l_1=0.69m 得曲线第 1 点(K249+460)。

c. 拨偏角 I_2=359°53′38″,自第 1 点起以 20m 定长与视线方向相交,得第 2 点(K249+480)。

d. 继续拨偏角 I_3、I_4,同上法定出第 3、第 4 点(即 K249+500,K249+520)。

e. 拨 HY 点偏角 I=358°47′04″,自第 4 点起量 70.00−60.69=9.31m 与视线相交方向相交得 HY 点,此时,应检查偏角放的 HY 点与放主点 HY 点重合误差。

f. 仪器搬至 HY 点设站，度盘对 $2i_0$（正拨 $2i_0$，反拨 $360°-2i_0$），后视 ZH 点。

g. 下盘不动，度盘转到 0°00′00″，此时望远镜视线方向即为 HY 点的切线方向。

h. 同本节“2”(5)所述操作方法放样圆曲线部分。放样数据详见第五章表 5-14。

上述介绍的经纬仪钢尺偏角法放样有缓和曲线的圆曲线上点位的标定是用整桩距或整号距与偏角视线方向相交定点的。实践作业中，还可用弦长直接与偏角方向相交定点，此时缓和曲线部分偏角计算数据见第五章表 5-9 第 3 列和第 4 列。圆曲线部分偏角计算数据见第五章表 5-15 的第 3 列和第 6 列。

另外上述介绍的经纬仪钢尺偏角法放样有缓和曲线的圆曲线的点位是在 ZH 设站放前缓和曲线部分，在 HY 设站放圆曲线前半部分；又在 HZ 设站放后缓和曲线部分，在 YH 设站放圆曲线后半部分。多次设站放一条曲线，作业中很不方便。为了方便作业，实践放样中，当曲线不长，或有先进的测距仪时，只要在 ZH 点架设一次仪器，便可将全部曲线放完。此时放样的偏角计算数据见第五章表 5-9。

当将一条设有缓和曲线的圆曲线分成两个半曲线放样时，此时可将仪器架置在 ZH 点，由 ZH 放至 HY 放至 QZ；放后半条曲线时，将仪器架置在 HZ 点，由 HZ 放至 YH 放至 QZ。

五、经纬仪钢尺切线支距法放样技术

经纬仪钢尺切线支距法放样技术，实际上就是用点的切线支距法坐标 x 与 y 放样曲线。作业时，以曲线起点或终点为设站点，用经纬仪定出切线方向，在其上用钢尺量出 x，在 x 处的垂线上量出 y，即得曲线点 p。这里的 x、y 值，是以曲线起点 ZY(或终点 YZ)为坐标原点，切线方向为 x 轴，过 ZY(或 YZ)的半径方向为 y 轴的直角坐标系统，并不是线路采用的坐标系统，这一点必须搞清楚。

用切线支距法放样曲线上各点的平面位置，由于各曲线点是独立放出的，其定向及量距的误差都不积累，所以具有精度较高、操作简便的优点，故此法应用较广泛。一般来说，此法多应用于平坦开阔且便于量距的现场施工放线。

(一)仪具与材料的准备

(1)经纬仪。

(2)钢卷尺(30m 或 50m)、皮卷尺(用于低等级公路)。

(3)计算工具：f_x—5800P 型计算器或 f_x—9750GⅡ型计算器等。

(4)工具：铁锤、钢凿、小钢尺、测伞、油性号笔等。

(5)材料：竹签(或钢钎或方木桩等)、铁钉、红布条和或红塑料袋等。

(二)放样资料的准备

(1)交点里程桩号及坐标值。

(2)曲线要素数据。

(3)曲线主点里程桩号。

(4)曲线切线支距法放样数据计算值。

(5)交点实地勘察，若交点实地点位损坏，则应按前述方法恢复其实地桩位。

(6)绘制切线支距法放样作业示意图，图中应注明设站点、后视点以及放样点。

(三)经纬仪钢尺切线支距法放样圆曲线点位的操作方法步骤(图 6-25)

(1)同前所述先放样圆曲线各主点:ZY、QZ、YZ 桩位。

(2)在直角坐标原点 ZY 设站,照准交点 JD 定向,即设置 ZY 点的切线方向;自 ZY 点起置钢尺于切线上。

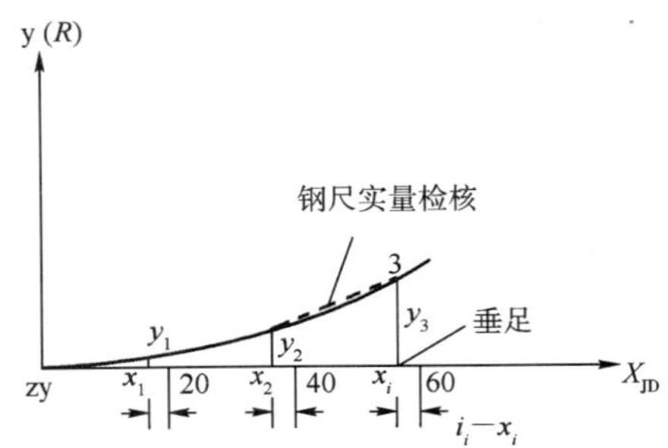

图 6-25　切线支距法放样圆曲线示意图(尺寸单位:m)

(3)自 ZY 点起沿钢尺(切线方向)按定长 l_i(整桩距或整号距)量出 20m、40m…(或 10m、20m…),直至曲中点(QZ)里程,并用钢钉(应扎布条)临时标出各点位置。

(4)从上述各点退回 l_i-x_i,得出曲线上各点至切线的垂足,用竹签(或铁钉等)作临时标志。

(5)在垂足处用直角尺(或自制方向架)作切线的垂线,在垂线方向上用钢尺量出 x_i 相应的 y_i 值,即得曲线上各点。若精度要求较高,且 y_i 较长,可在垂足处架设经纬仪,0°时照准 ZY 或 JD,拨转 90°,在视线方向上量取 y_i 值获得曲线上各点位,用铁钉(或钢钉)扎红布条标志,旁边钉一竹签(或方木条桩),注记里程桩号。

(6)当放到曲中点 QZ 时,应与放主点时曲中 QZ 的实地点位重合,若不重合,其限差符合表 6-6 规定时,按曲线上各点到 ZY 的距离比例进行分配(图 6-23)。

以上是由 ZY 放于 QZ,在放桩的过程中,应及时用钢尺量出曲线上相邻点的实地距离,与设计桩距比较,若误差较大,则应查明原因予以调整。一般来说,先检查是否放错、量错距离;再检查 x 与 y 是否算错。可用另一程序重校对;最后检查已知起算数据,已知的实地 ZY、交点等桩位是否正确。

(7)同法由 YZ 起放出曲线的另一半。

以上用切线支距法放样圆曲线的数据计算见第五章表 5-15。

(四)经纬仪钢尺切线支距法放样有缓和曲线的圆曲线点位的方法步骤

实践作业中,用经纬仪钢尺切线支距法放样有缓和曲线的圆曲线是把一条曲线分成两个半曲线操作的。即:

(1)前半曲线由 ZH 放至 HY 再放至 QZ。

(2)后半曲线由 HZ 放至 YH 再放至 QZ。

其放样操作方法步骤按上述圆曲线切线支距法的方法操作进行。

放样数据计算见第五章表 5-15。

六、困难地段曲线放样的一种实用技术

关于困难地段的曲线测设方法,有关线路测量书籍都有介绍,这里不再详述。下面介绍一种在困难地段现场进行曲线放样的实用技术。

现代线路设计资料,一般都提供了如下数据:

(1)交点里程桩号及 x、y 坐标值。

(2)曲线要素:半径、转向角、切线长,曲线长、缓和曲线长等。

(3)曲线各主点里程桩号及 x、y 坐标值。

(4)逐桩坐标值。

这些已知数据,为我们进行施工测量带来很大方便。根据这些已知数据,我们可以用前述第五章第三节计算点位坐标程序计算困难地段曲线放样点的坐标,根据放样点的坐标,与在困难地段布设的测站点的坐标,用坐标反算程序计算放样数据:距离 D 和夹角 β;然后用经纬仪钢尺极坐标放样法近距离地放出困难地段的曲线点位。其具体操作方法步骤如下:

(1)根据有关已知数据,选用前述坐标计算程序,计算困难地段曲线点的坐标值。

(2)根据施工段已知施工导线点,采用前述复测支导线方法,在困难地段曲线附近布设设站测站点。

(3)根据困难地段曲线点坐标,测站点坐标,选用极坐法放样点位平面位置计算程序 JZBF 程序计算放样要素:距离 D 和夹角 β。

(4)在测站点设站,后视已知导线点定向,拨夹角 β_i,在视线方向上用钢尺量 D_i,即获得困难地段的曲线点位。

这个方法被我们称作经纬仪钢尺极坐标法放样技术。它可以在现场根据实地情况灵活布设支导线点位,避开困难条件,将测站点设在放样曲线近旁;并可用 f_x—4500PA 或 f_x—4800P 型计算器或 5800/9750 等计算器,现场计算所需数据。此法操作简单方便,计算快捷准确,布点放样灵活,非常实用。

第三节 线路工程施工测量高程位置放样技术

一、水准前视法测定点位高程技术

线路施工实践中,测量线路点位高程最基本的方法是水准测量前视法。前视法测量线路点位高程的概念见图 6-27。它是在一个水准测站点,后视另一个已知水准点,前视数个或数十个待测点,通过计算而获得这些待测点高程的。在图 6-27 中,I 为一个水准测站点,K128—2 为一个后视已知水准点,K128+600 左中右,K128+625 左中右……为线路平面位置放样桩位。只要读得后视读数,前视读数,便可根据后视水准点已知高程,计算出所有待测点位的实地高程。

现代线路施工,机械化作业,进度迅速,要求及时提供点位的挖、填高度。因此现场施工测量员,一定要熟练地掌握“前视法”的测量操作技术和计算技术。

(一)前视法的仪具与材料准备

(1)水准仪。

(2)塔尺(3m 或 5m)。

(3)f_x—5800P 型计算器或 f_x—9750GⅡ型计算器等。

(4)测伞、油性号笔、托尺板。

(二)前视法资料的准备

(1)已知水准点成果表,表中除点名高程外还应详细注明点位所在地,以便寻用。

(2)施工标段线路中桩设计高程及左、右边桩设计高程表(详见第五章第二节:公路施工高程放样数据的准备)。

(3)"前视法"外业测量记录簿,簿中项目应有后视已知水准点高程,后视读数,前视读数,计算实测高程、设计高程、桩号里程、左中右位置、观测员、观测时间、填挖高度等。详见表 6-7。

注意:桩位设计高程应事先填入表中,这样每测一桩位高程,便可立即报出该桩挖、填高度。

线路桩位前视法测高手簿 表 6-7

日期:2002.12.1 天气:阴

桩 号	后视(m)	前视(m)	$H_设$(m)	$H_测$(m)	一挖(m)	+填(m)
K128+625 左		1528	116.877	116.734		+0.143
中	K128-2	1303	117.140	116.959		+0.181
右	H=115.762	1491	116.877	116.771		+0.106
+650 左	后:2.500	1681	116.767	116.581		+0.186
中		1412	117.030	116.850		+0.180
右		1634	116.767	116.628		+0.139
⋮						
K128+725 左		1805	116.327	116.457	-0.130	
中		1792	116.590	116.470		+0.120
右		1814	116.327	116.448	-0.121	

观测员:

(4)编制施工标段竖曲线变坡点图,如第五章第二节所述,变坡点要素:变坡点里程桩号、变坡点高程、前纵坡度、后纵坡度以及竖曲线的半径是计算线路上任一里程桩号高程的依据;事先编制一份施工标段竖曲线变坡点示意图,可以在施工现场方便快速地检查任一点桩号的高程,也可方便快速地计算临时任一加桩的设计高程(图 6-26)。

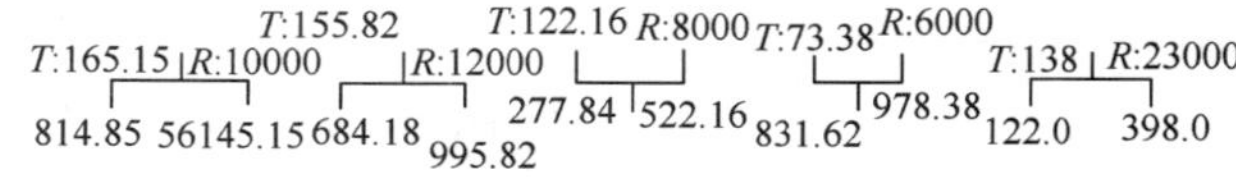

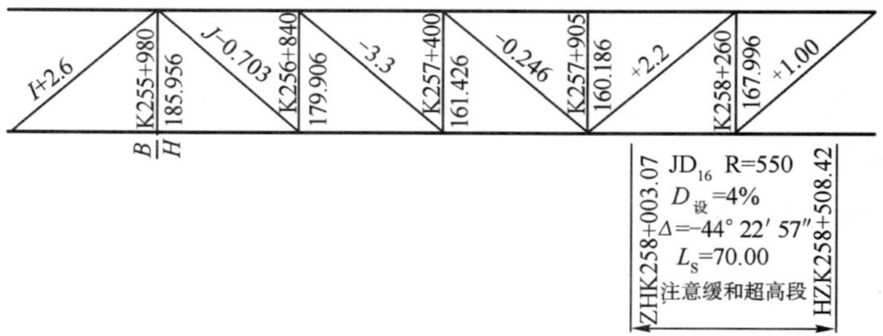

图 6-26 竖曲线变坡点略图

(三)前视法在一个测站上测高的方法步骤(以图 6-27 及表 6-7 为例)

(1)设站,将水准仪架设在最佳视距范围(仪器距待测点,后视点 80m 内),且不影响施工

及汽车运料，又便于观测的地方(图 6-27 中 I 点)。

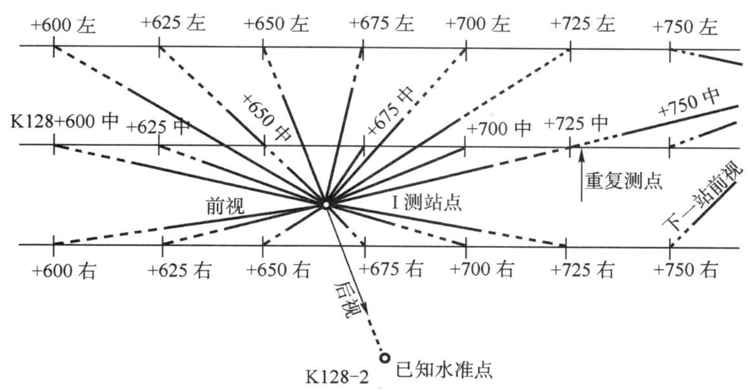

图 6-27　前视法一个测站点上测定线路桩位高程示意图

(2)后视已知水准点 K128－2，读数记录，并将已知水准点高程 $Z=115.762\text{m}$，后视标尺读数 $C=2.500$，输入 fx—4800P/4850 或 5800/9750GⅡ型计算器水准高程计算程序(见“H”程序清单)。

(3)前视待测点 K128＋625 左，读数 1.528 并记录；同时输入计算器 $D=1.528$，即可算出该点高程 $H=116.734\text{m}$，并记录。

(4)继续测前视待测点 K128＋625 中及右，读数记录，并输入计算器，算出 K128＋625 中及右高程，记入手簿。

(5)扶尺员前进至 K128＋650，观测员继续前视读数并记录，输入计算机，算得高程，不过此时照准标尺读数依次为 K128＋650 的右、中、左桩。

(6)同上述操作，直至观测至 K128＋725 左、中、右。

(7)最后再一次照准后视已知水准点，读取后视读数与开始时后视读数比较，若相等或差值不大于 2mm，则说明起算后视读数正确。

(8)上述一个测站观测完毕。若要立即提供桩位挖填高度，指导施工，则应在测站上观测过程中或观测结束(此时不要迁站，仪器还架在原处)立即计算出 $h=H_{设}-H_{实}$，为“＋”则应填，为“－”则应挖。

(9)用油性号笔在桩位竹签上划出加了松铺高的填方高；若为挖，则在竹签上写－0.130(K128＋725 左为例)，说明此桩位下挖 0.13m 才能达到设计高程。

(10)上述工作完成，迁至下一测站，同上述操作方法步骤。此时可在第二站重测 K128＋725 中或左或右，计算出高程，与上一站同点高程比较，以检查设站正确性及上一站测高正确性。

综上所述，“前视法”测高顺序是：后、前、前、前……后。

(四)前视法测高高程计算技术

1. 前视法测高高程计算基本公式

$$H_i = H_z + A + B_i \tag{6-3}$$

式中：H_i——任一测点实测高程；

H_z——后视已知水准点高程；

A——后视已知水准点上标尺读数（简称后视读数）；

B_i——前视任一测点标尺读数（简称前视读数）。

2. 线路桩位挖填高度计算公式

$$V = K - H_i \tag{6-4}$$

式中：V——线路任一桩位挖、填高度；正为填，负为挖；

K——任一桩位设计高程；

H_i——任一桩位实测高程。

3. 前测法测高程序清单（5800/9750）

［文件名］：H

```
LbI  0 ↵
"A="? A : "B="? B ↵
LbI  1 ↵
"C"? C ↵
```

```
If C≤0 :  Then Goto 0 : If  End ↵
A+B−C→H ↵
"H=" : H ◢
"K"? K ↵
K−H→V ↵
"V=" : V ◢
Goto  1
```

程序中：A——后视已知水准点高程；

B——后视已知水准点上标尺读数（简称后视读数）；

C——前视任一测点上标尺读数（简称前视读数）；

H——任一测点实测高程；

K——任一测点的设计高程；

V——任一测点的 K−H 之差，正为填，负为挖。

4. 程序功能及注意事项

（1）线路施工中任一点（如线路中桩及其左、右边桩等），只要是用水准前视法测其高程，都可用此程序快速、准确地计算出其实地高程。

（2）计算出线路上任一点实地高程后，只要将该点设计高程输入，就可立刻计算出该点的挖、填高度。

（3）当用水准前视法测定地面实测高程或测定点位桩顶实测高程进行点位高程放样时，此程序可快速、准确地计算出所需要的挖、填高度。

(4)此程序不但计算快速、准确,而且操作很方便。当给 C? 输入 0 或小于 0 的数,程序自动显示:A=?、B=?。这种功能,可检查 A 及 B 是否输入错误;又可在一段线路中,用多个测站测完后计算高程一直连算下去,而不需重新选择文件名,这是 H 程序的一个特点。

5. 实操案例

(1)算例起算数据、观测记录、计算结果(表 6-8)

线路水准前视法测高手簿(单位:m)　　表 6-8

桩　号	后　视	前　视	H_i	H_0	一挖	+填
K12+050 左	H_3:127.070	1559	126.305	125.983	−0.322	
中	A:0794	1403	126.461	126.265	−0.196	
右		1310	126.554	125.983	−0.571	
+075 左		1774	126.090	126.126		+0.036
中		1630	126.234	126.408		+0.174
右		1560	126.304	126.126	−0.178	
…	…	…	…	…	…	…
…	…	…	…	…	…	…
+150 左		1261	126.603	126.546	−0.057	
中		1164	126.700	126.828		+0.128
右		1040	126.824	126.546	−0.278	
+175 左	H_4:127.986	2395	126.494	126.665		+0.171
中	后:0.903	2052	126.837	126.947		+0.110
右		2126	126.763	126.665	−0.098	
…	…	…	…	…	…	…
…	…	…	…	…	…	…
+300 左		1601	127.288	127.030	−0.258	
中		1803	127.086	127.312		+0.226
右		1928	126.961	127.030		+0.069

注:此例为××施工段上路床(路)基调平施工数据,路宽 14.11m。

(2)操作步骤

本例介绍用水准仪前视法测高中的 H 程序——水准仪前视法测高程序的操作方法步骤,见表 6-9。

水准仪前视法测高 H 程序计算操作步骤　　表 6-9

顺　序	前视法测高方法	H 程序计算
1	设站; 记录后视已知水准点 H:127.070;照准后视标尺,读数 0794; 记录	开机,选择文件名:H; 按EXE键,显示:Z?,输入:127.070; 按EXE键,显示:A?,输入:0.794

续上表

顺　　序	前视法测高方法	H 程序计算
2	前视 K12＋050 左桩读数:1559; 记录	按EXE键,显示:B?,输入:1.559; 按EXE键,显示:H=126.305; 记录(＋050 左桩实测高程)
3	立尺员向 K12＋050 中桩前进中; 走到 050 中桩立尺	计算挖、填高度: 按 EXE 键,显示:K?,输入:＋050 左桩设计高程:125.983; 按EXE键,显示:V= K－H=－0.322; 记录(＋050 左侧应下挖 0.322)
4	前视＋050 中桩读数:1403; 记录	按EXE键,显示:B?,输入:1.403; 按EXE键,显示:H=126.461; 记录(＋050 中桩实测高程)
5	立尺员向 K12＋050 右桩前进中; 走到 050 右桩立尺	按EXE键,显示:K?,输入中桩设计高程:126.265; 按EXE键,显示:V=－0.196; 记录(＋50 中桩下挖 0.196)
6	前视＋050 右桩读数:1310; 记录	按EXE键,显示:B?,输入:1.310; 按EXE键,显示:H=126.554; 记录(＋050 右桩实测高程)
7	立尺员向 K12＋075 前进中; 走到＋075 右桩立尺	若上述计算未完成,则利用此段时间,继续计算
8	前视 K12＋075 右桩读数 1774; 记录	按EXE键,显示:B?,输入:1.774; 按EXE键,显示:H=126.090; 记录
9	重复以上工作	重复以上操作
10	此站观测结束	关机

(3)H 程序连算功能举例

当用多个测站测完一段线路桩位后再计算实测高程和填、挖高度时,可利用 H 程序连算功能。此时,在第一测站用 H 程序计算完最后一个桩位后,按EXE键,显示:C?,只要给 C? 输入 0 或小于 0 的数,则计算机又开始显示:A 和 B,这时只要输入第二个测站的后视已知水准点高程和后视标尺读数,就可计算第二个测站所测桩位高程。

例如算例表 6-8 中第一测站(已知水准点 H_3=127.070,后视 B=0.794),由 K12＋050 左算至 K12＋150 右桩位时,接着按EXE键,显示:C?,此时给 C 输入 0,接着按EXE键,显示:A?,此时重新输入第二测站已知水准点 H_4 高程:127.986;按EXE键,显示:B?,重新输入第二测站后视标尺读数:0.903;接着按EXE键,显示:C?,由 K12＋175 左一直算至 K12＋300 右等桩

位。如果还有第三、第四测站，则可按上述方法一直连算下去，中途不需重新选择文件名。

实践证明，H 程序——水准前视法测高计算程序是一个快速、准确、实用的优秀程序。

二、线路施工高程位置放样技术

线路施工中，点位设计高程是控制各结构层路面高度的依据。施工作业中，常采用画线法或写数法将点位设计高程标定在点位竹桩（或木桩等）的侧面。施工人员依据竹桩（或木桩等）侧面的“数”或“线”来控制路面挖、填工作。这里的“数”或“线”，是用下述技术来测定的。

（一）用点位地面实测高程进行高程放样的技术

（1）用前述“前视法”测出待放样点地面高程，称为地面实测高程 $H_{测}$（测高方法步骤见上节）。

（2）计算待放样点设计高程 $H_{设}$ − 实测高程 $H_{测}=V$（V 值计算方法步骤见前述上节）。

（3）依据 V 值在待放样点旁的竹桩（或木桩等）的侧面用油性笔画“线”或写“数”。一般情况下，V 值为正，表示实地点位应填 V 值，才可达到该点设计高程；当 V 值为负，则表示该点应下挖 V 值后，才可达到该点设计高程。

根据公路施工实践，在路基初期、中期施工时，挖、填高度都比较大，此时常采用在竹（木）桩侧面写数的方法表示下挖深度、上填高度，并将下挖深度、上填高度用书面形式通知施工员或作业人员，由其对照桩侧写数自行控制挖、填。在填方高度为 1～1.5m 时，常采用画线并扎红布条表示，填到此线扎红布条处，就是路基设计高度。在路基施工后期，即只要再填铺两层（约为 80cm）就可达到设计高程。此时常采用在竹（木）桩侧面画线并扎红布条的方法表示高程放样的位置。路基以上各层如底基层、水稳层、沥青（或水泥）路面的高程放样，由于填高只有 0～35cm，此时高程放样，仍采用画线并扎红布条或用拉线的方法表示。在路基下挖过程中，都是用写数法并书面通知施工员或作业人员来控制下挖高程的。

（4）由于填料为松方，所以应考虑松铺系数 i。因此，实际上填高应是 $V\cdot i$；此时，可用小钢尺由桩旁地面（测高立尺处）上量 $V\cdot i$ 值画线，此线表示实际应填高度也称为施工高程，经碾压后即为设计高度（也称设计高程），见图 6-28。

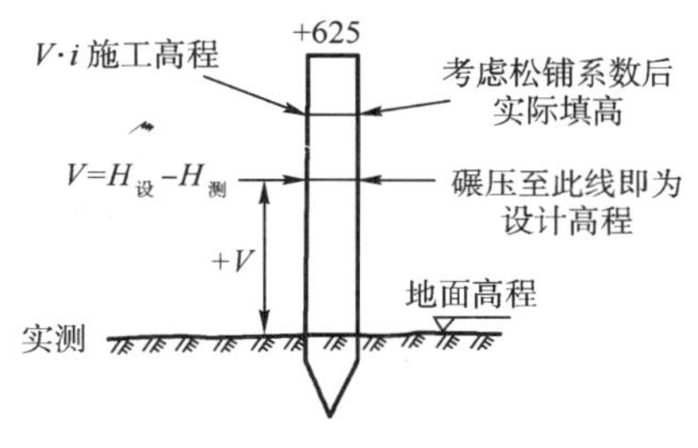

图 6-28　桩上画线表示放样高度

（二）用点位桩顶实测高程进行高程放样的技术

（1）用前述“前视法”测出待放样点的竹（或木等）桩顶面的高程，称作桩顶实测高程 $H_{顶}$。

（2）计算待放样点设计高程，$H_{设}$ − 桩顶实测高程 $H_{顶}=V$ 值；V 值为正，由桩顶上量；V 值为负，由桩顶下量。

（3）依据 V 值在待放样点旁竹（木等）桩侧面画线或写数表示待放样点设计高程位置。

公路施工实践中，在路基挖方初期、中期阶段，点位设计高程放样，是用数字写在竹、木桩侧面，表示由桩顶下挖 V 值，才可达到该点设计高程；而在路基填方初期、中期阶段，点位设计高程放样，是把数字写在竹、木桩侧面，表示由桩顶上填 V 值，才可达到该点设计高程。

在路基施工后期，以及底基层、基层（水稳层）、沥青（或水泥）路面施工时，桩顶实测高程均大于设计高程，因此待放样点设计高程在桩上的画线位置都是由桩顶向下量 V 值而获得。

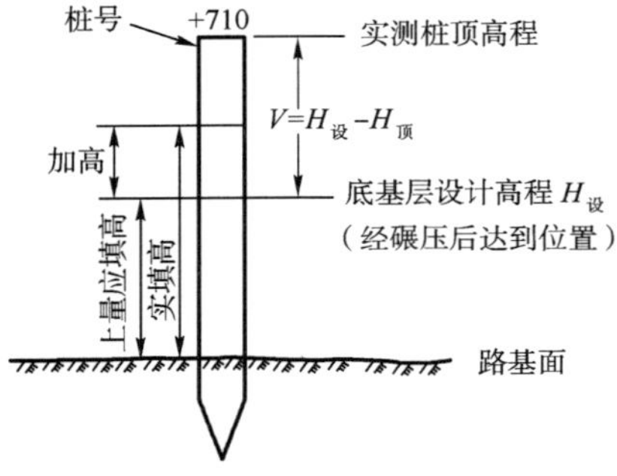

图 6-29　桩顶测高进行高程放样示意图

（4）上述（3）用小钢尺由桩顶下量 V 值画线是待放样点的设计高程面，公路施工中是指经碾压后应达到的设计位置。由于填料是松方，因此施工填料时应考虑松铺系数，所以在竹（木等）桩侧面还应画上由地面量至桩顶下量线高×松铺系数的线条（图 6-29）。实际作业中，可根据施工经验画松方红线。例如 5%水稳层施工，用 12t 以上压路机碾压可参考表 6-10 画红线。

加 填 高 度 表　　表 6-10

应填高度（cm）	加填高（cm）	应填高度（cm）	加填高（cm）
13～15	3.5	19～21	5.0
15～17	4.0	21～23	5.5
17～19	4.5	23～25	6.5

注：1. 根据填料实况，凭经验灵活掌握；
2. 松铺系数 1.25。

（三）水准“视线高法”放样技术

水准“视线高法”放样的关键是在施工现场当时计算出待放样点的“视线高”，即待放样点上水准标尺的视线读数或称前视读数。

（1）“视线高法”放样的依据

①待放样点的设计高程（待放样点设计高程计算详见第五章第二节）。

②施工标段已知水准点的高程。

上述两项，是视线高法放样必备的起算数据，其样式详见表 6-11。

（2）计算“视线高”的公式

如前所述，前视法测高高程计算公式是：

$$H = Z + C - D \tag{6-5}$$

式中：Z——已知水准点高程；

C——已知水准点上标尺的读数（后视读数）；

D——待放样点上标尺的读数（前视读数）。

令 H 为待放样点的设计高程，则待放样点上水准标尺的读数（前视读数）D：

$$D = Z + C - H \tag{6-6}$$

式中：$(Z+C)$——仪器的视线高；

H——待放样点的设计高程；

D——前视读数，即待放样点的“视线高”。

待放样点“视线高法”放样起算数据 表 6-11

桩 号	$H_{左}$ 8.0(m)	$H_{中}$(m)	$H_{右}$ 8.0(m)	备注(m)
K251+375	180.126	180.286	180.126	K251-3 H=181.026
+400	180.272	180.432	180.272	(K251+450 右田坎)
+425	180.417	180.577	180.417	
+450	180.563	180.723	180.563	
+475	180.709	180.869	180.709	K251-4 H=181.459
+500	180.855	181.015	180.855	(K251+610 右水沟面)
⋮				
⋮				
+700	179.156	179.316	179.156	K251-5 H=178.626
+725	178.506	178.666	178.506	(K251+780 右水沟面)
+750	177.856	178.016	177.856	
+775	177.206	177.366	177.206	
+800	176.556	176.716	176.556	

从公式(6-6)知，只要求得“视线高”$Z+C$，并知道任一待放样点的设计高程 H，则可按式(6-6)计算出待放样点的前视标尺的读数 D。

(3)计算“视线高”的程序清单

①程序清单。

文件名：SXG

```
LbI  0 ↵
"A="? A : "B="? B ↵
LbI 1 ↵
"H"? H ↵
If H≤0 : Then Goto 0 : If End ↵
A+B−H→C ↵
"C=" : C ◢
Goto  1
```

程序中：A——后视已知水准点高程；

B——后视读数；

H——待放样点设计高程；

C——待放样点标尺读数，即待放样点视线高。

将此程序与 H 程序比较，可以发现，实质上此程序与 H 程序计算基本相同。在实际应用中，如果计算机已编入 H 程序，则不需再给计算机输入此程序。实际操作时，只要把 H 程序中的“B”当作待放样点设计高程“H”输入，则计算结果就是待放样点“视线高”——前视标尺读数。

②程序功能及注意事项。

SXG 程序——视线高程序计算应用于：

a. 路基“零施工”中待放样点设计高程面放样。

b. 垫层、水稳层、沥青面(或水泥路面)层待放样点设计高程放样。

c. 挖、填方边坡平台面设计高程放样。

d. 排水沟工程施工中设计高程放线。

e. 桥梁施工中基坑、系梁、墩柱、盖梁、支座垫石等设计高程放样。

(4)实操案例

用 SXG 程序计算待放样点“视线高”必须准备好如下资料：

①待放样点的设计高程。例如，路基施工应准备好每隔 25m(或 20m)的左、中、右桩位设计高程。

②施工段的施工水准点高程。

起算数据如表 6-12 所示。

待放样点“视线高法”起算数据 表 6-12

桩　号	$H_{左8.0}$	$H_{中}$	$H_{右8.0}$	备　注
K251+375	180.126	180.286	180.126	水准点高程
+400	180.272	180.432	180.272	
+425	180.417	180.577	180.417	
+450	180.563	180.723	180.563	
+475	180.709	180.869	180.709	K251-3　H=181.026
+500	180.855	181.015	180.855	(K251+450 右田坎)
…	…	…	…	K251-4　H=181.459
…	…	…	…	(K251+610 右水沟)
+700	179.156	179.316	179.156	K251-5　H=178.626
+725	178.506	178.666	178.506	(K251+780 右水沟)
+750	177.856	178.016	177.856	
+775	177.206	177.366	177.206	
+800	176.556	176.716	176.556	

操作方法及步骤：

在 K251+440 设站，后视 K251-3：H_3=181.026=Z，后视读数：A=0.794，放 K251+375～K251+525 各桩位设计高程面，在其旁桩位上画线表示。

操作步骤(用 SXG 程序计算 K251+375 左桩设计高程面视线高)：

①开机，选用文件名：F_i-SXG。

②按EXE键，显示：A?，输入施工水准点 H_3 高程：181.026。

③按EXE键，显示：B?，输入后视读数：0.794。

④按EXE键，显示：H?，输入待放样 K251+375 左桩设计高程：180.126。

⑤按EXE键,显示:C= 1.694(此计算结果是待放样 K251+375 左桩"视线高",即该点的标尺读数)。

当计算出 K251+375 左桩位"视线高",即指挥立尺员在其桩位竹(或木或钢钎)桩侧面上下移动水准尺,当尺上读数为 1.694 时,则尺底部即是 K251+375 左桩设计高程面,并画线表示["一个测站上'视线高法'高程放样的方法步骤"详见《公路工程施工测量》(北京:人民交通出版社,2004)第五章第三节,在放出 K251+375 左桩位设计高程面后,接着立即计算中桩设计高程的"视线高"。

⑥按EXE键,显示:H?,输入 K251+375 中桩设计高程:180.286。

⑦按EXE键,显示:C= 1.534(375 中桩视线高)。

⑧以下重复计算,略。

当一个测站用"视线高法"放样完毕,迁至下一站放样时,只要给 H? 输入 0,则程序从头开始显示:A?、B?,此时只要输入下一站有关数据就可计算这个站要放的待测点的视线高,即设计高程面的位置。

(5)一个测站上"视线高法"放样技术的操作方法步骤

用"视线高法"高程放样需要三人进行操作,一人观测(操作水准仪),一人在待放样点的竹(木或钢钎)侧面立尺,一人用小托板托住标尺底部,并负责画红线。

①设站,照准后视已知水准点,读取水准标尺读数 C;

开机,选择"视线高"程序:S—X—G,输入后视点高程 Z 和后视读数 C。

②用"S—X—G 程序"计算待放样点视线高 D:确定待放样点桩号,将其设计高程 H 输入程序,则计算器立即可算出前视标尺读数 D。

③前视照准放样点水准标尺,指挥立尺员沿点位上竹(木或钢钎)桩侧面上下移动水准尺,同时,托尺员应用小托板紧紧托住尺底部,跟着尺子上下移动,当尺上读数为 D 时,喊"好"(或打手势),此时拿开标尺,在托板固定处画红线,则此红线即表示待放样点设计高程面。

④为了检核所画红线是否正确,则令托板靠在红线处,令标尺立其上,读取标尺读数 D' 与计算之 D 比较,若 $|D-D'|\leqslant 2\text{mm}$,则说明正确,可转放下一待放样点。

⑤计算下一个待放样点的前视读数 D,此时计算机中 Z、C 值不变,只要输入下一个待放点的设计高程 H 就可立即算出下一个待放点的前视标尺读数 D。

⑥同上述操作,放出其他待放样点设计高程在竹(木或钢钎)侧面的红线。

此法放样点位高程快捷、准确,关键是三人配合,初时不熟练较慢,随着实践,熟练了之后速度很快,只要掌握了施工段大约要填的高度,立尺画线就基本完成。

放完一个施工段后,回头再画松铺系数加高红线,也可一边放线,一边画加高红线。

第七章

线路工程路基施工测量

第一节　路基施工测量概述

(1)线路工程路基施工测量的任务是：

①在施工现场监控线路的外貌形状：直线形、曲线形、超高形等。

②在施工现场监控路基宽度、坡脚、堑顶。

③在施工现场监控线路高低起伏、纵坡、横坡，指导挖、填高度，使其达到设计高程。避免盲目施工及超填超挖欠填欠挖。

(2)为了路基施工时顺利进行，确保工程质量。在路基施工前，必须在熟悉设计文件各种图表后，彻底弄清：

①施工标段起、终点里程桩号。

②施工标段直线、圆曲线、缓和曲线、竖曲线、超高段的起、终点里程桩号，以及曲线的各种元素、交点的里程桩号及其 x、y 坐标值。

③施工标段挖方段、填方段的起、终点里程桩号。

④施工段路宽、纵坡、横坡、挖方边坡比、填方边坡比等。

⑤线路变坡点里程桩号、变坡点高程。

⑥施工段各结构物里程桩号，以及线路中线与结构物主轴线的几何关系。

(3)在此基础上，应准备好路基施工测量的各种资料(详见前述各章节)：

①线路施工标段的导线点成果表、水准点成果表。

②线路中桩、边桩坐标放样数据表或极坐标放样数据表。

③若用偏角法、切线支距法放样曲线，则应准备偏角放样数据、切线支距法放样数据。

④线路中桩、左右边桩高程设计数据表。

⑤直线、曲线及转角表。

⑥竖曲线要素表。

⑦路基设计表。

⑧路基横断面图及纵断面图。

有了这些数据，就可在路基施工过程中，按照施工进度的需要，用第六章各节所讲述的放样技术，标定路基的中桩、左右边桩的平面位置和高程位置。标定挖方段的堑顶、坡脚位置及填方

段的各填层路宽及坡脚位置等。在施工现场，用竹（木等）桩标定出了路基的这些点位后，就可据此进行路基施工。

路基施工按路基形式基本上可分为填方路堤的施工和挖方路堑的施工。实际作业中，习惯上称为“填方”和“挖方”。

路基是线路工程的基础。它奠定了线路的外貌形状、纵向坡度、横向坡度，承受由路面传来的荷载。路基面以上各结构层（底基层、水稳层、沥青或水泥路面）都是在路基基础上加高而已。因此，路基施工在线路建设中至关重要，路基施工测量也就责任重大，所以必须按照批准的设计文件，精心施工，精心测量，确保路基工程质量。

第二节　挖方路堑的施工测量

一、路堑施工测量的要求

(1)“挖方”前应指导场地清理在线路征地轮廓线内进行。

(2)“挖方”初期主要是控制路堑堑顶轮廓线条、下挖深度、边坡坡度。

(3)“挖方”中期主要是控制路堑边坡坡度、下挖深度。

(4)“挖方”后期主要是控制路堑边坡下坡脚及碎落台宽度和高度；路堑内路基的宽度和高度；使挖方路基达到设计要求的宽度、高度；使挖方边坡达到设计要求的边坡比。

二、路堑施工测量的资料准备

(1)挖方段的施工导线点、水准点成果表。

(2)挖方段的中桩、边桩坐标放样数据表或极坐标法放样数据表。

(3)挖方段的中桩、边桩设计高程数据表。

(4)挖方路基横断面图及纵断面图。

三、熟悉挖方“路基横断面图”

图 7-1 是设计单位提供的挖方路基标准横断面图。从图知挖方路基横断面的要素有：左边堑顶及右边堑顶，左边坡比及右边坡比，左坡脚及右坡脚，左碎落台及右碎落台，左边沟及右边沟，路面总宽度及半幅路宽度，路面中桩挖深；挖方在高度大于 8m 时，在路堑高度 8m 处设 2.0m 宽平台等。

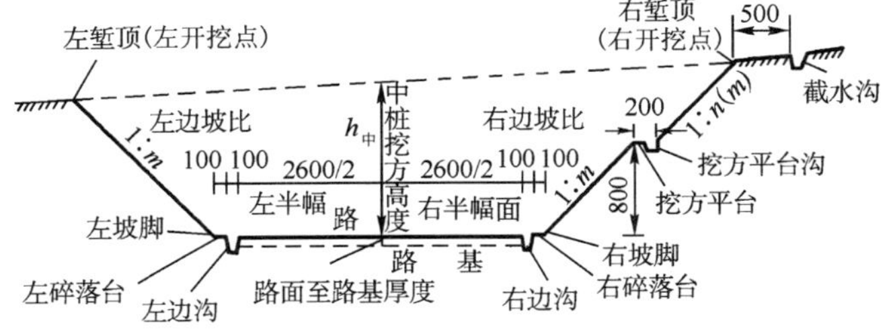

图 7-1　挖方路基横断面图要素（尺寸单位：cm）

四、路堑施工测量的仪具和材料

(1)全站仪或经纬仪配测距仪或经纬仪,水准仪。

(2)棱镜及棱镜杆,水准塔尺或水准标尺。

(3)f_x—5800P 型计算器或 f_x—9750GⅡ型计算器等。

(4)30m 或 50m 钢尺及皮尺,3m 小钢尺。

(5)竹(或木)桩,油性笔、红布条或红塑袋条或小红旗,铁锤,钢凿,铁钉,石灰,拉绳等。

(6)自制坡度尺。

五、路堑施工测量的实施

(一)路堑施工初期的测量工作

(1)根据“路基横断面图”征地界桩数据(图下方用 ZB、YB 表示,ZB 表示左界桩,YB 表示右界桩),计算出线路左右两侧用地界桩 x、y 坐标值,用全站仪坐标法(或其他方法)放出其实地位置,并示以明显醒目的标志(例如插彩色小旗等),以指导线路场地清理作业。

(2)场地清理后,在实地标定出挖方路基的中桩,左、右边桩(放样方法详见第六章有关各节)。

(3)在边桩与中桩延长线上标定出路堑坡脚桩;如有条件也可根据中桩至坡脚桩的距离,计算出坡脚的坐标 x、y 值,用全站仪或其他方法放出路堑坡脚桩的实地桩位。

(4)在用放样方法标定边桩、坡脚桩的同时,测出边桩、坡脚桩的实地高程。

(5)根据下述介绍的方法,求出中桩(或边桩)至路堑堑顶的平距或坡脚至堑顶桩的平距,在实地标定出堑顶(开挖点,下同)桩,并示以明显醒目的标志(例如撒石灰线、插树枝或插小彩旗等),以指导挖机开挖。

(二)路堑堑顶(开挖点)放样实用技术

路堑顶即路堑开挖点。实践中常用下述方法放出其实地位置。

方法一 利用“路基横断面图”量取挖方路堑堑顶放样数据——中桩至堑顶的平距,用 f_x—5800P/9750GⅡ型计算器坐标计算程序计算出堑顶 x 与 y 坐标值,用全站仪直接放出堑顶位置。

设计单位提供的“路基横断面图”是大比例尺绘制的,常采用的比例尺为 1∶200、1∶400 等,在这种大比例尺横断面图上量出的路堑堑顶放样数据,可满足路堑堑顶放样精度。

图 7-2 是某高速公路 K128+875 路基横断面图,比例尺为 1∶400。图下方注记:$\overline{W}$=5.71m表示中桩下挖 5.71m 至路面中桩设计高程。ZN-1.25,YN-1.25 表示路堑左、右边坡坡度是 1∶1.25。

为了计算堑顶 P、Q 的坐标值,只要从图上量出中桩至堑顶 P 及 Q 的平距,就可用坐标计算程序算出 P 及 Q 的 x、y 坐标值。

此例中量得 OP' 为 32.2m,OQ' 为 20.5m。然后用下述方法步骤在实地放出 K128+875 横断面左堑顶 P 及右堑顶 Q。

(1)计算左堑顶 P 及右堑顶 Q 的坐标 x 与 y 值:

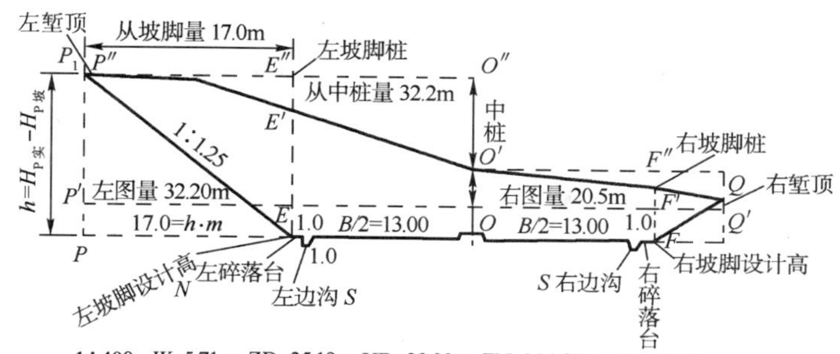

图 7-2　在"路基横断面图"上量取堑顶放样平距

在量得 OP' 及 OQ' 平距后，用第五章第三节"坐标法"平面位置放样数据的计算方法算出 P 及 Q 堑顶的 x 与 y 值（可在外业测站临时计算或事先在室内计算好）。

(2)用全站仪在实地放出 P 及 Q 堑顶点，并用竹（或木等）桩标志。

(3)由于设计绘制的"路基横断面图"与实地横断面有出入，所以所放 P 点及 Q 点就存有误差，为了消除这种误差，可用下述方法处理：

①用全站仪在放出 P 及 Q 的实地平面位置的同时，用全站仪测出 P 及 Q 的实地高程 $H_{P实}$ 及 $H_{Q实}$。

②用下式计算 P 及 Q 的实际平距：

$$D_P = (H_{P实地} - H_{P坡脚}) \cdot M + \frac{B}{2} + S \tag{7-1}$$

式中：$H_{P实地}$——用全站仪测出的 P 堑顶实地高程；

$H_{P坡脚}$——与 P 同一横断面边坡坡脚桩设计高程；

M——挖方边坡比（此例 $M=1.25$）；

$\frac{B}{2}$——路面半幅宽度（此例 $\frac{B}{2}=13.00\text{m}$）；

S——路堑边沟＋碎落台宽度之和（此例 $S=1.0+1.0=2.0\text{m}$）。

例如，$H_{P实地}=138.54\text{m}$，$H_{P坡脚}=124.94\text{m}$，则：

$$\begin{aligned} D_P &= (138.54-124.94)\times 1.25+13.0+2.0 \\ &= 32.00\text{m} \end{aligned}$$

③实地调整 P 点位置，即在堑顶的正确位置。

将计算的 D_P 与放样时图量的 $D_{P图}$ 比较，在实地调整 P 点位置，打桩标志，即堑顶正确位置。

此例中，$D_P=32.00\text{m}$，$D_{P图}=32.20\text{m}$，说明放宽了，在中桩至边桩方向线上（目估）用小钢尺向内移 0.2m，即 $P_{堑顶}$ 正确位置，打桩扎红布条标志。

右边堑顶 Q 与左堑顶桩 P 同法处理。

方法二　利用"路基横断面图"量得的中桩至堑顶之平距，用皮尺自中桩延边桩（或坡脚桩）方向，量出这个平距，定出堑顶第一次位置，然后用水准测量方法测出其实地高程，通过计算比较，在实地调整堑顶位置。

操作方法步骤(以图 7-2 为例):

(1)在“路基横断面图”量取中桩至堑顶的平距,例图中 OP' 量得平距为 32.20m,OQ' 为 20.5m。

(2)用全站仪坐标放样方法或其他放样方法,放出路堑中桩、边桩、坡脚桩实地位置,例图中实地中桩为 O',左坡脚桩为 E',右坡脚桩为 F'。

(3)用皮尺自中桩 O'' 沿左坡脚桩方向线向左量 OP' 平距 32.20m,获得左堑顶桩实地第一位置(P'');或自左坡脚桩 E',目估 OE' 方向,量取 $OP'-(B/2+$水沟宽$+$碎落台宽$)=32.20-(13+1+1)=17.20$m,即为左堑顶桩实地第一位置(P'')。

同法可获取右堑顶实地第一位置。

(4)用水准测量方法测出堑顶实地第一位置高程,例图中(P'')实地高程为 $H_{P''实}=138.54$m。

(5)计算堑顶实地第一位置高程与坡脚桩设计高程之差(坡脚桩设计高程可事先计算出,例中 $H_{坡设}=124.94$m):

$$\begin{aligned} h_1 = h_{顶-脚} &= H_{堑} - H_{坡脚} \\ &= 138.54 - 124.94 = 13.60\text{m} \end{aligned}$$

计算边坡的水平宽度 EP:此例中边坡比为 1∶1.25,因此:

$$\begin{aligned} EP &= H_{顶-脚} \cdot m = 13.60 \times 1.25 \\ &= 17.00\text{m} \end{aligned}$$

即从坡脚量平距 17.00m 就是堑顶的实地位置,若从中桩量则要量取:$17.00+(\frac{B}{2}+$水沟宽$+$碎落台宽$)$。

(6)实地调整堑顶点。

若计算的坡脚至堑顶的距离,与堑顶第一位置不在同一位置,则在中桩至边桩(或坡脚桩)方向线上,前后调整至正确位置 P 处,此时 PE 坡面的边坡比即为 1∶1.25(此例向内移 0.2m 即为左堑顶桩正确位置 P)。

上述二法进行路堑堑顶放样,不受地形起伏限制,不仅适用于平坦地形堑顶放样,而且也适应起伏较大(即倾斜地形)地形的堑顶放样。其堑顶放样计算公式,可统用下述公式。

当从坡脚桩量距时:

$$D = (H_{顶实} - H_{脚设}) \cdot m \tag{7-2}$$

当从中桩量距时:

$$D = (H_{顶实} - H_{脚设}) \cdot m + \frac{B}{2} + N + S \tag{7-3}$$

式中:$H_{顶实}$——堑顶桩第一位置处实测高程;

$H_{脚设}$——坡脚桩路面设计高程;

m——路堑边坡坡度;

B——路面宽度;

N——水沟设计宽度;

S——碎落台设计宽度。

［路堑开挖线放样实操案例］

路堑堑顶（开挖点），就是路堑边坡与原地面的交点。当把每个横断面的堑顶（开挖点）都在实地放出后，用红草绳等方法把这些点串起来，就是挖方段的开挖线。

图 7-3 是江西省德兴至南昌高速公路第 B4 合同段的一个挖方段的部分横断面图。在图 K62＋880～K62＋960 的 5 个横断面中，路堑左侧的堑顶（开挖点）是①、③、⑤、⑦、⑨；堑顶线即开挖线是①—③—⑤—⑦—⑨连线；路堑右侧的堑顶（开挖点）是②、④、⑥、⑧、⑩，堑顶线即开挖线是②—④—⑥—⑧—⑩连线。路堑开挖弃土时，只要将左、右开挖线示以醒目标志（例如插小红旗见图 7-4），现场施工员就可指挥下挖作业。

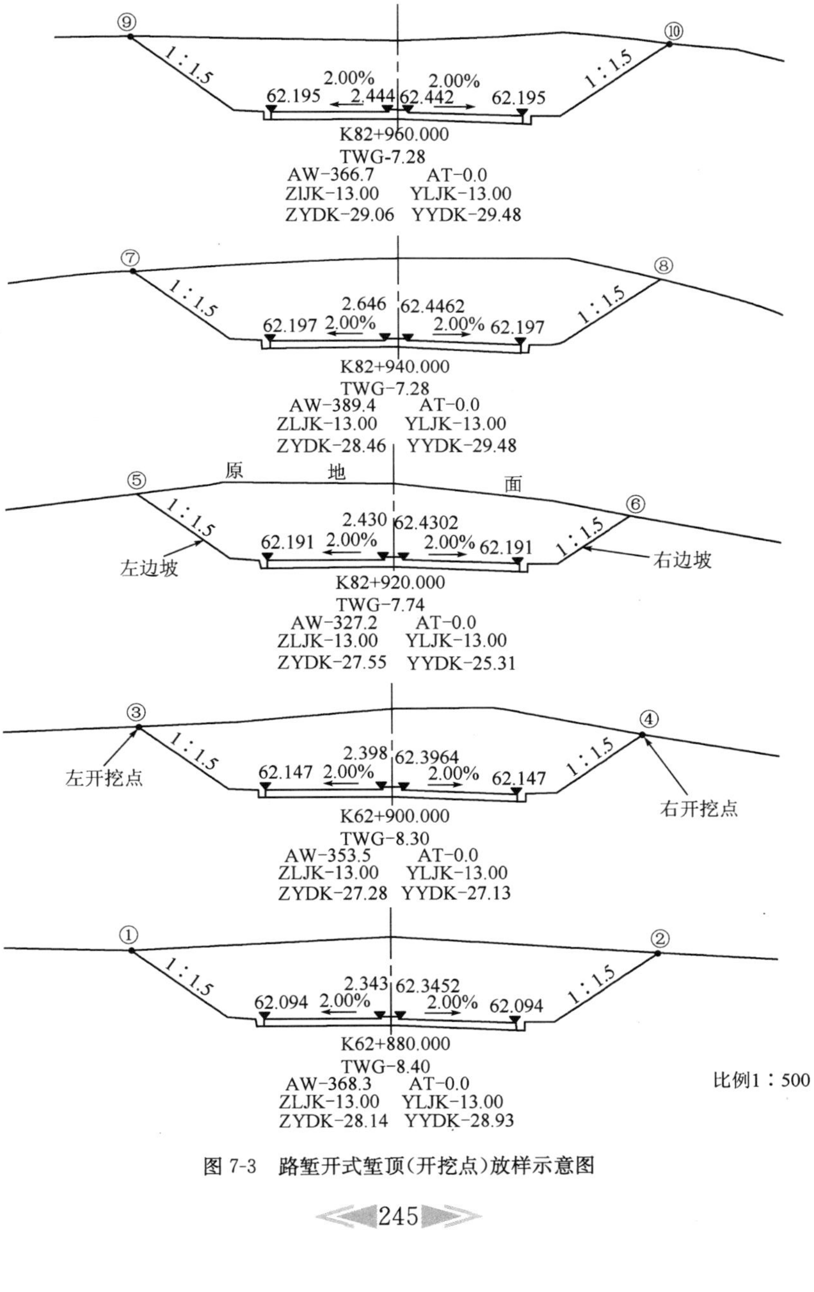

图 7-3　路堑开式堑顶（开挖点）放样示意图

(三)挖方施工进行中的测量工作

(1)在堑顶设立醒目标志

当用上述方法把整个挖方段的每个横断面边坡的堑顶(开挖点)都在实地标定后,为了方便挖掘机作业,应在这些点上设立明显醒目的标志,实践中常采用的方法是:

①放石灰线。

②拉红草绳;其上扎红塑袋。

③插小红(彩)旗或扎红布条。

④插树枝等。

如图 7-4 所示。

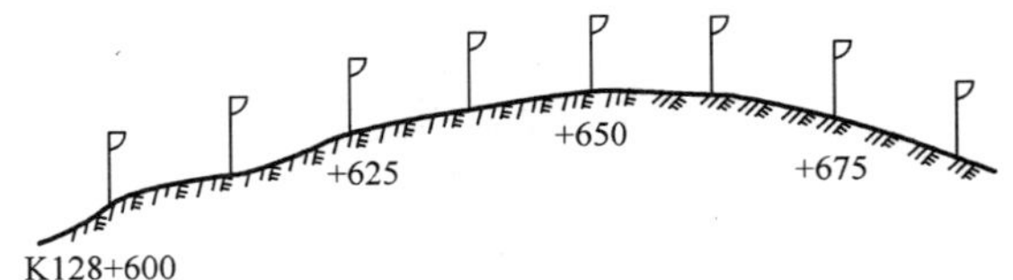

图 7-4　在堑顶(开挖线)设醒目标志

(2)路堑下挖过程中的测量工作

当路堑堑顶边线(开挖线)设立明显标志后,施工者据此进行挖运土石方工作。随着工程进度,挖深逐渐降低,边坡逐渐下沿,形成,原标定的中桩、边桩等均被挖掉,因此,在此挖方作业进行中,测量工作的任务是:

①"对深挖高填路段,每挖填 3～5m 或者一个边坡平台(碎落台)应复测中线和横断面"(见《规范》(JTG F10—2006)3.2.6.3)。

②根据恢复的中桩、边桩,控制线路线形、路宽;根据复测中桩、边桩高程,控制下挖深度;书面告知挖掘机操作人员路宽界限、下挖深度数据,并提醒其注意。复测中、边桩高程应在恢复中、边桩平面位置时,用全站仪或经纬仪配测距仪同时测出;如果有必要,也可用水准前视法测定。

图 7-5 是下挖 3～5m 深,复测中桩、边桩示意图。图中地面虚线是已挖部分,$QA'C'Z'$ 是挖后现状地形,$h_{中}$、$h_{边}$ 及 $h_{脚}$ 为仍要继续下挖的深度。

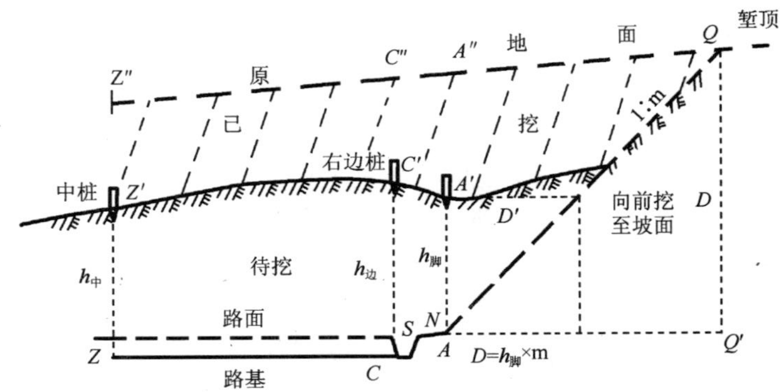

图 7-5　下挖 3～5m 深,复测中、边桩

此例中,$Z'C'A'$ 实测高程为:

$$H_{Z'}=119.71\text{m}$$

$$H_{C'}=119.925\text{m}$$
$$H_{A'}=120.14\text{m}$$

其设计高程分别为：

$$H_{Z设}=117.990\text{m}$$
$$H_{C设}=117.730\text{m}$$
$$H_{A设}=118.530\text{m}$$

则中桩还应下挖：

$$h_{中}=119.71-117.99=1.72\text{m}$$

才可达到路基设计面高。

边桩还应下挖：

$$h_{边}=119.925-117.730=2.195\text{m}$$

才可达到路基设计面高。

坡脚桩还应下挖：

$$h_{脚}=120.14-118.53=1.61\text{m}$$

才可达到坡脚设计面高。

注意：此处坡脚设计高是路面层。

③根据实地坡脚处实测高程及坡脚桩设计高程之差，控制下挖边坡面。

此例，$H_{脚A'}=120.14\text{m}$，$H_{脚设}=118.53\text{m}$，用公式(7-2)计算实地坡脚点A'至边坡面的平距D：

$$\begin{aligned}D&=(H_{脚实}-H_{脚设})\cdot m\\&=(120.14-118.53)\times1.25\\&=2.01\text{m}\end{aligned}$$

即向右前方挖2.0m就是边坡面(图7-5)。将此数据书面通知挖掘机操作人员以控制挖修边坡面。

路堑下挖过程中，实践中还常采用"拉尺法"控制挖修边坡面，其法如图7-6所示。

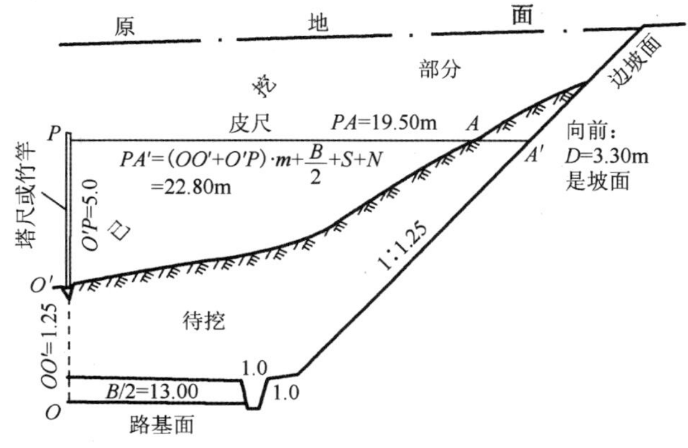

图7-6　拉尺监控挖修边坡示意图

图中 O' 为实地中桩，已测得还要下挖1.25m才是路基面设计高程，$O'P$ 为中桩上竖立的塔尺(或竹竿)，$O'P$=5.0m；PA 为皮尺；已知坡度比为1∶1.25，则中桩尺顶(P 点)距边坡面距离为：

$$PA' = (OO' + O'P) \cdot M + \frac{B}{2} + S + N$$
$$= (1.25 + 5.0) \times 1.25 + 13.00 + 1.0 + 1.0$$
$$= 22.80\text{m}$$

若 PA 实量为19.5m，则还要向前挖22.80−19.50=3.30m，才是边坡面。

这里应注意的是，"开挖至边坡线前，应予留一定宽度，预留的宽度应保证刷坡过程中设计边坡线外的土层不受到扰动"[《规范》(JTG F10—2006)4.3.1.3]。施工实践中，一般预留的宽度是30～50cm。

④用坡度尺检控边坡面坡度及平整度。

《规范》规定："挖方边坡应从开挖面往下分段整修，每下挖2～3m，宜对新开挖边坡刷坡，同时清除危石及松动石块"[《规范》(JTG F10—2006)4.3.2.7.1]。

严格来说，经整修后的边坡应达到设计要求的边坡比，完工后的坡面应与设计的边坡面一致。因此，在路堑下挖过程中，应经常到现场监控边坡及坡面平整度。

实践作业中，现场监控边坡常用的是三角板坡度尺，或用多功能坡度尺。

三角板坡度尺是用木料依据施工段所要求的边坡比自制的。使用时，将斜边靠在边坡上，观察垂球线就行了(图7-7)。

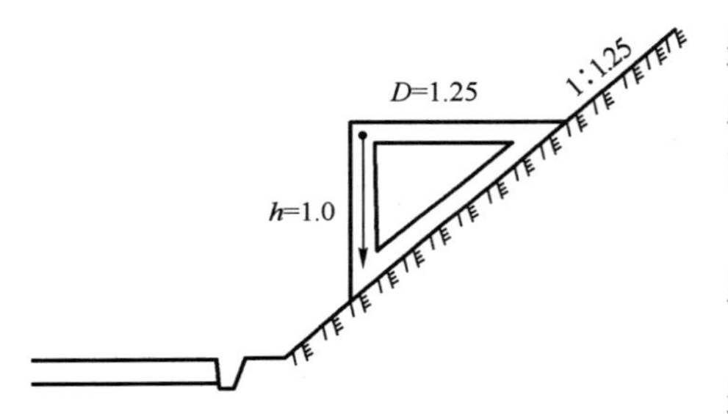

图7-7　自制坡度尺监控坡面

多功能坡度尺是作者在公路施工实践中发明的。它广泛应用于需监控水平、垂直及倾斜的各种工程。例如：公路、铁路、河堤、库坝、排水沟、矿山、土石方、建筑、机器设备安装、室内装潢等工程在施工中监控各种边坡坡度及竣工后对各种坡度的检查验收，进行质量评定。本产品已于2005年5月11日由中华人民共和国国家知识产权局授予专利权。专利名称：实用新型多功能坡度尺；专利号：ZL200420017771.3；专利证书号：第699286号。如对本产品生产感兴趣的，可与作者联系，通信地址：江西省赣县城东原钨矿院内十栋204号，邮编341100，作者收；电话13177751665。

⑤根据挖深，进行挖方边坡平台放线。

线路施工设计图要求，一般情况下挖方大于8m处设置2m宽的平台，而且要求挖深每超过8m设一级平台，深挖方(>20m)路堑边坡每6m设一级平台，具体如何设置平台，按业主设计图进行，并结合实地地形地质条件调整。

为此，在路堑下挖过程中应对平台放线。考虑到挖掘机修坡挖距为4m左右，在自上而下的挖方进行中，应适时地对各级平台放线。

平台放线方法：

a.水准仪视线高法进行挖方路堑平台放线技术。

图 7-8 是××高速公路 K128＋800～K128－900 一个挖方段(左侧)的地形草图,图中不带括号高程为实测高程,中线括号内高程为路面设计高程,左边线括号内为坡脚设计高程。从图知,该路堑基本上已挖到 121.0m 高程面,距平台设计高已有 3～4m 高差(平台设计高在 K128＋825 断面为:116.78＋8.0＝124.78m,在 K128＋900 断面为:116.45＋8.0＝124.45m),因此应放出平台外边缘线,以方便挖掘机作业。

为此,计算路堑平台外边缘高程:

以路面坡脚高程起算,每 8m 设一平台。此例中路面坡脚高程为116.6m,堑顶最高处高程为 128.42m,其差 128.42－116.6＝11.82m,因此此段路堑只设一个平台,其平台高程为:

在 K128＋825 断面

$$A=116.78+8.0=124.78\text{m}$$

在 K128＋900 断面

$$B=116.45+8.0=124.45\text{m}$$

用水准测量方法在平台附近或对面山坡增设临时水准点,作为“视线高法”起算的后视水准点,本例中临时水准点用支线水准方法测设在平台附近,其临时水准点 H_P＝126.087m。

在平台附近适当处架设水准仪,后视 P 点读取后视读数 C,用第六章第三节(三)“水准视线高法放样技术”放出平台外边线 A、B 两点,打下竹桩,并示以明显标志,或在 AB 桩间拉红草绳,指示挖掘机作业。

b. 全站仪坐标法放样路堑平台实用技术。

以图 7-8 为例介绍作者在平台放线中采用的实用技术的操作方法步骤:

(a)看挖方段横断面图,弄清平台起、终点里程桩号。例如本例中,平台起点桩号是 K128＋825,平台终点桩号是 K128＋900。

(b)根据规范及设计要求,挖深每超过 8m 设一级平台,计算平台起点高程、终点高程。

本例中,平台起点高程:116.78＋8.0＝124.78;

平台终点高程:116.45＋8.0＝124.45,其中:116.78、116.45 是坡脚高。

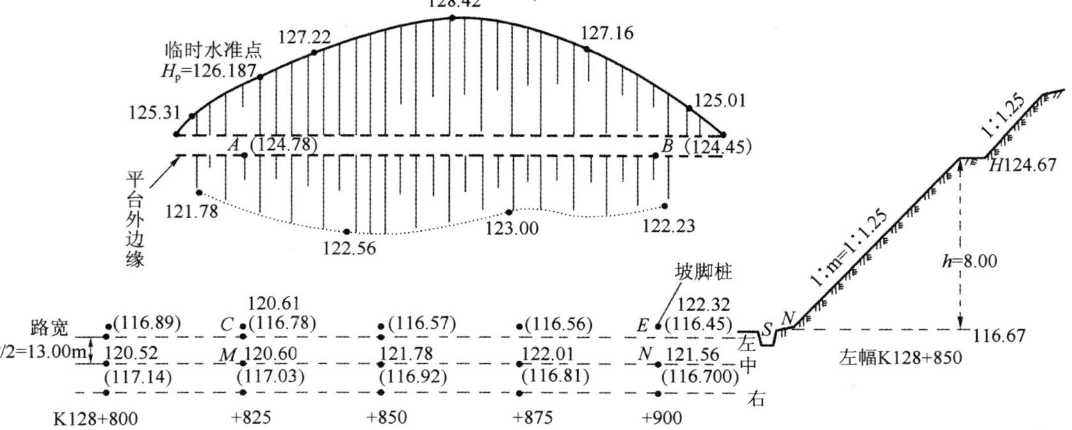

图 7-8　下挖路堑地形图及平台放线示意图(左幅)

(c)用下式计算坡脚桩到平台外边缘距离：

$$D = 8.0 \times m \tag{7-4}$$

式中：8.0——坡脚到平台的高度；

m——边坡坡度比的分母。

本例中，边坡比是 1∶1.25，则 m＝1.25。

$$D = 8.0 \times 1.25 = 10.00$$

(d)用下式计算中桩至平台外边缘距离：

$$S = D + \frac{B}{2} + K + L = 10 + 13 + 1.0 + 1.0 = 25.00 \tag{7-5}$$

式中：$\frac{B}{2}$——半幅路面宽，本例中$\frac{B}{2}$＝13.00；

K——排水沟宽，一般为 1.0m；

L——碎落台宽，一般为 1.0m；

D——坡脚桩至平台外缘距离。

(e)用 f_x—5800P 型计算器 XY 程序(见附录一)计算平台起点、终点坐标。

根据平台起点、终点桩号，选用交点起算要素。

根据平台起点桩号，中桩至平台外缘距离，夹角计算平台起点 XY 坐标值。

根据平台终点桩号、中桩至平台外缘距离、夹角，计算平台终点 XY 坐标值。

(f)用全站仪坐标法，放出平台起点、终点桩位，并设立醒目标志。

(g)用红草绳把平台起点和终点实地桩位串连起来即平台外边缘线，现场施工员据此线指挥挖机挖平台。

c. 皮尺斜距法进行路堑平台放样技术。

在路堑施工实践中，常采用皮尺拉斜距进行平台放线。其法如下(图 7-9)：

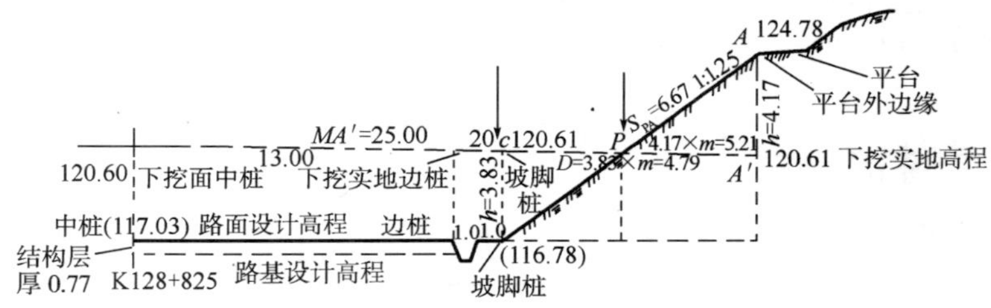

图 7-9　皮尺斜距法放样路堑边坡平台方法示意图

(a)放样数据准备。

计算下挖实地坡脚桩 C 至边坡交点 P 的平距 $D_{C\text{-}P}$：

$$D_{C\text{-}P} = (H_{C实} - H_{C设}) \cdot m = (120.61 - 116.78) \times 1.25 = 4.79\text{m}$$

计算下挖实地边坡点 P 至平台 A 的平距 $D_{P\text{-}A'}$：

$$D_{P\text{-}A'} = (H_{A设} - H_{A'实地}) \cdot m = (124.78 - 120.61) \times 1.25 = 5.21\text{m}$$

计算边坡倾角 β：

$$\beta = \frac{h}{D}$$

其中，h 为高差，D 为平距。

$$\tan\beta = \frac{H_{A设} - H_{A实}}{D_{P\text{-}A'}} = \frac{124.78 - 120.61}{5.21} = \tan 38°40'24''$$

检查计算：

设计边坡比 1∶1.25，坡角 $\beta = 38°39'35''$

计算斜距 $S_{P\text{-}A}$：

$$S_{P\text{-}A} = \frac{h}{\sin\beta} = \frac{124.78 - 120.61}{\sin 38°40'24''} = 6.67\text{m}$$

检核计算：

$$S_{P\text{-}A} = \sqrt{h_{AP}^2 + D_{P\text{-}A}^2} = \sqrt{4.17^2 + 5.21^2} = 6.67\text{m}$$

(b)放样方法步骤。

在实地标定边坡 P 桩：在中桩与坡脚桩(或边桩)方向线上，自坡脚桩量 $D_{C\text{-}P}=4.79\text{m}$，即 P 桩；

用皮尺拉斜距标定平台 A 点：自 P 桩沿坡面用皮尺向上拉斜距 $S_{P\text{-}A}=6.67\text{m}$ 即为平台 A 点，用竹桩标定，并置醒目标志。

同上述方法步骤，标定平台 B 点。

(四)路堑施工后期的测量工作

当路堑下挖将近路面高程时(如图 7-9 所示路面设计高程 117.0m 左右)，以后的下挖工作称为路堑施工后期。在此之前的路堑施工作业中，路基线形基本成形，路堑边坡面也已基本到位，路宽也将到位，此后只要再下挖路面至路基的厚度(图 7-9 路面至路基厚为 0.77m)，就可挖到路基设计高程。此阶段测量工作的任务是：控制下挖深度，控制路堑边坡坡脚，保证挖方路基满足设计和使用要求。

(1)恢复桩位、实测高程、计算下挖高度，指导施工作业

在下挖现场实地恢复线路中桩、边桩，并用水准前视法测出桩位实地高程，与路基设计高程比较，计算出下挖高度，用油性号笔写在桩位侧面，以指导挖掘机下挖至路基的作业，或是把下挖数据抄写成清单，交给现场施工员和挖掘机操作人员，由其自行掌握。例如图 7-10 中 K128+825 横断面，右桩实地高程是：$H_{右实}=116.90\text{m}$，其后括号内 116.77m 为路面设计高程，下方括号内 116.00m 为路基设计高程，则此桩应下挖：116.90－116.00＝0.90m，才达到路基设计高程。同理中桩下挖：117.15－116.26＝0.89m；左桩下挖：116.80－116.00＝0.80m。其余各横断面左、中、右下挖高度同法算出。

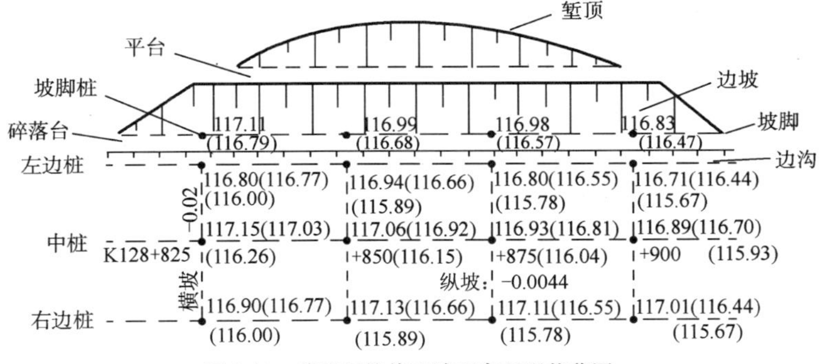

图 7-10　路堑下挖将至路面高程现状草图

(2)预留路堑边坡"碎落台"

在下挖实地恢复中桩、边桩点位的同时,放出路堑边桩坡脚桩,并用水准前视法测出其实地高程与设计高程比较,在桩位侧面用数字注记或画线标志设计高程,指导挖掘机修整碎落台,此项工作称为预留碎落台。例如图 7-9 中 K128＋825 横断面坡脚桩实测高程 $H_{坡实}=117.11m$,其下括号内 116.79m 为坡脚桩设计高程,则:$h=116.79-117.11=-0.32m$,即下挖 0.32m 为碎落台(注意:碎落台宽 1.0m,其设计高程应为路面水平)。同法计算其余各坡脚下挖高度。

为了保证挖方路堑满足设计宽度要求,实际作业中,当下挖至坡脚高度时,应在现场实地放出路宽＋边沟宽桩,即放出边沟外边缘桩,并用拉线或撒石灰线标志,以指示挖掘机操作人员线内全部挖至路基设计高度。例如半幅路宽 13.0m,边沟宽 1.0m,则半幅宽要挖 14.0m,全幅 28.0m。

(3)路堑路基"零挖方"施工测量

零填及挖方路基是指上路床 0～0.30m 及下路床 0.30～0.80m;当路堑下挖至路基面设计高程,或是根据需要对路基表层清除换填,此时的测量工作任务是:

①恢复线路中桩、左右边桩。

②测量复桩的实地高程。

③根据路基设计高程、桩位实测高程,将路基施工高程(考虑了松铺系数后的高程,即压实下沉量)用油性号笔标记在桩位(竹或木桩等)的侧面以指导施工,施工时可将同边(例如左边桩,右边桩)各桩位记号用线绳连接起来拉紧(此绳面即填土面),以方便现场施工。

上述三项工作操作方法步骤,详见第六章各节。

经过推平、碾压,使路堑段的路基满足施工设计要求,即使路堑段的路基线形、宽度、横坡、纵坡、边坡压实度、平整度、弯沉等达到设计标准和使用要求。

在进行"零挖方"作业时,还应提醒现场测量员注意(详见规范 JTG F10—2006):

①挖方路基路床顶面终止高程,应考虑因压实而产生的下沉量,其值通过试验确定。

②开挖至零填、路堑路床部分后,应尽快进行路床施工;如不能及时进行,宜在设计路床顶高程以上预留至少 300mm 厚的保护层。

最后再次强调深挖路堑边坡施工放样的必要性和重要性。

深挖路堑地形复杂,高差大,边坡高,工程量大,施工放样和过程测量直接关系到施工质量和施工成本。施工生产实践中由于施工放样和过程测量不准确,导致路堑开挖宽度不够、边坡过陡,需要返工;或超宽开挖造成巨大浪费,不但影响了工程质量和环境条件,而且增加了施工成本,拖延了施工进度,这类现象在山区深挖路堑施工中并不少见。

为确保深挖路堑施工质量,现场施工测量员必须做到:

①确保挖方段路基的中桩、边桩等标志放样位置准确无误。

②确保挖方段堑顶位置、坡脚位置放样无误。

③为便于施工过程中进行测量控制和掌握工程量,应加密中桩、边桩并增设临时水准点和导线点。

④边桩、堑顶桩、坡脚桩放样时,应保证垂直中线。

⑤应每挖深 5m 进行一次控制复测工作。

⑥路堑开挖过程中，经常会遇到土质或土石比例的变化，如需修改边坡坡度、截水沟和边沟的位置及尺寸等时，应及时按规定报批。

第三节　填方路堤的施工测量

一、路堤施工测量的要求

(1)填方前应指导路基底原地表的清理工作在路基轮廓线内进行。

(2)填方初期主要是控制路堤坡脚及路堤分层填筑的宽度。

(3)填方中期主要是控制路堤边坡坡度以及上填各层次的路基宽度。

(4)填方后期主要是控制路基的宽度和高度，使填方路堤达到设计要求的宽度和高度，使填方路堤边坡坡度比达到设计要求。

二、路堤施工测量的资料准备

(1)填方段的施工导线点、水准点成果表。

(2)填方段的中桩、左右边桩坐标放样数据表或极坐标法放样数据表。

(3)填方段的中桩、左右边桩设计高程数据表。

(4)填方段路基横断面图及纵断面图。

三、熟悉填方路堤的“路基横断面图”

图 7-11 是设计单位提供的填方路堤标准横断面图。从图知路基填方路堤的横断面的要素是：路基以上各结构层的厚度（面层 16cm，基层 41cm，底基层 20cm），路面横坡度（即路拱），路基的宽度，路基两侧边坡及边坡比，路基（或路面）中桩、左右边桩填土高度，填土高 12m 变坡处设置 1.5m 宽平台，以及路堤两侧坡脚、坡脚外侧的护坡道及排水沟。

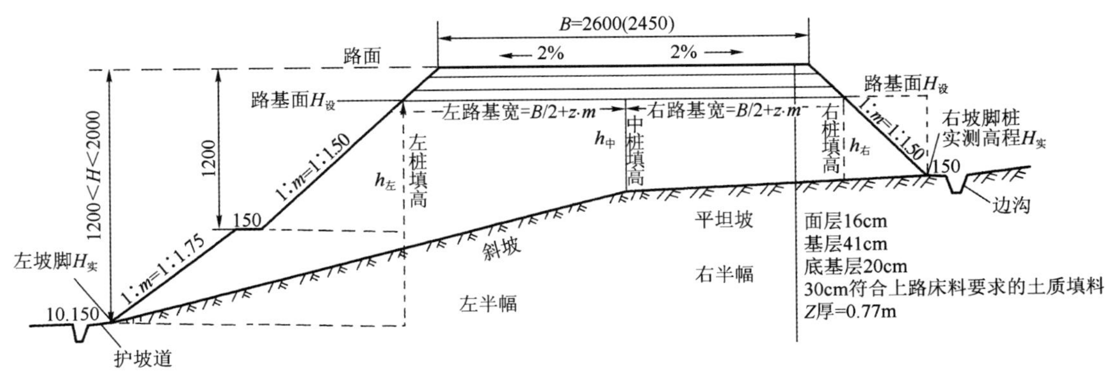

图 7-11　填方路堤横断面图要素（尺寸单位：cm）

四、路堤施工测量的仪具和材料

填方路堤施工测量的仪具和材料与挖方路堑施工测量相同，详见本章第二节。

五、路堤施工测量的实施

(一)路堤施工初期的测量工作

(1)根据“路基横断面图”征地界桩数据(ZB及YB),计算出线路两侧用地界桩 x、y 坐标值,用全站仪坐标法(或其他方法)放出其实地位置,并示以明显醒目的标志(例如撒石灰线并插彩色小旗),以指导线路场地清理作业。

(2)场地清理后,在实地放出填方路基的中桩,左、右边桩(放样方法详见第六章有关各节)。

这里需要重说明的是:路基的宽度是根据路面的宽度、路面以下至路基的各结构层(底基层、基层、路面层)的厚度,以及边坡比计算出来的。如图7-10所示,左右路基半幅宽:

$$b = B/2 + Zm = 13.00 + 0.77 \times 1.5 = 14.16\text{m}$$

另外还应注意:施工中路堤填土宽度每侧应宽于填层设计宽度,压实宽度不得小于设计宽度。根据实践经验,填土宽度每侧应宽于设计宽度30~50cm。

(3)在放样中,确定边桩实地平面位置的同时,测出其桩位的实地高程。

(4)通过计算,或从“路基横断面图”上量取,求得边桩至边坡坡脚的平距,从而在实地标定出填方最底层坡脚桩,并撒石灰线以便进行填土作业。

注意:填方最底层坡脚桩,就是路堤的边坡与原地面的交点。

(二)路堤底层坡脚放样实用技术

方法一 利用“路基横断面图”,量取路堤坡脚放样数据——中桩至坡脚桩的平距,用 f_x—5800/9750等型号计算器坐标计算程序计算出路堤坡脚的坐标 x 与 y 坐标值,用全站仪直接放出路堤坡脚在实地的位置。

设计单位提供的填方路堤“横断面图”是大比例尺绘制的,常采用的比例尺为1∶200、1∶400等,在这种大比例尺横断面图上量得的路堤坡脚放样数据,可满足路堤坡脚放样精度。

为了检核所量中桩至坡脚桩平距正确性,可在横断面上量出边桩至坡脚桩高差 $h_{边\text{-}坡}$,用下式计算边桩至坡脚桩平距:

$$D_{边\text{-}坡} = h_{边\text{-}坡} \times m \tag{7-6}$$

式中:m——路堤边坡比分母。

则中桩至坡脚桩的平距:

$$D_{中\text{-}坡} = D_{中\text{-}边} + D_{边\text{-}坡}$$

式中:$D_{中\text{-}边}$——路基中桩至边桩平距(已知数据)。

图7-12是在路堤横断面上量取路堤坡脚放样数据示意图,图中 $A'C'B'$ 是填方路堤路基设计面,$NACBF$ 是路堤底层原地面形状(此例为倾斜地面)。只要在此图上量取:

(1)左坡脚桩 N 放样数据:$D_{M中} - N_{左脚}$

①量中桩至左坡脚桩的平距:$D_{M-N量}$。

②量左边桩至坡脚桩高差 $h_{A'-P}$,计算 $D_{M-N计}$:

$$D_{M\text{-}N计} = D_{M\text{-}P(已知)} + D_{P\text{-}N} = D_{M\text{-}P} + h_{A'\text{-}P} \times M$$

③计算中桩至左坡脚桩中数:$D_{M中} - N_{左脚}$。

当 $D_{M-N量}$、$D_{M-N计}$ 较差小于10cm,则取其平均值为路堤中桩至坡脚桩最后平距。

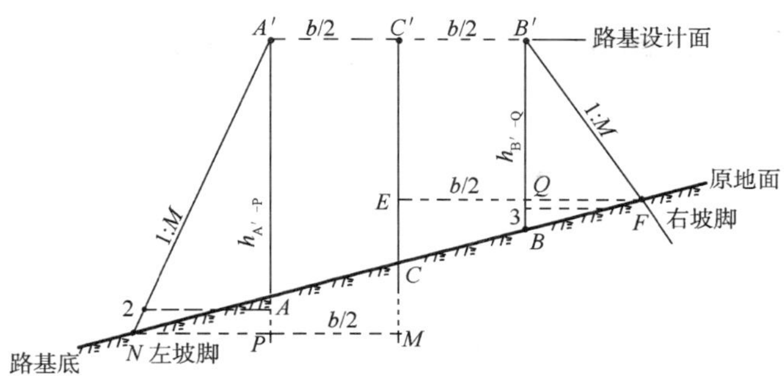

图 7-12　横断面上量取路堤坡脚放样数据示意图

一般来说，$D_{M-N量}$、$D_{M-N计}$都不相等，这是由于量距误差、图纸复印、伸缩等误差造成的，此误差一般都小于 10cm，不影响坡脚点放样。

(2)右坡脚桩 F 放样数据：D_{E-F}

①量中桩至右坡脚桩的平距：$D_{E-F量}$。

②量右边桩至坡脚桩高差：$h_{B'-Q}$，计算 $D_{E-F计}$。

$$D_{E-F计}=D_{E-Q已知}+D_{Q-F}=D_{E-Q已知}+h_{B'-Q}\times m$$

③计算中桩至右坡脚桩中数：D_{E-F}。

注意：前述图例数据是在标准示意图上量取的。实践作业中，路堤各横断面图底层原地面地形外貌相差很大，所以量距时，关键是正确判断图上中桩至坡脚桩平距的作图位置。只要所量平距作图正确，实践证明，此法所量放样数据，是可以满足路堤坡脚放样精度的。

路堤底层坡脚放样实用技术操作方法步骤：

(1)用前述方法在路堤横断面图上量取中桩至坡脚桩平距。

(2)用第五章第三节“八”坐标法放样点位平面位置数据计算程序：xy 程序计算路堤左坡脚桩及右坡脚桩的 x、y 坐标值。

(3)用第六章第二节“一”全站仪坐标放样测量技术放出路堤左、右坡脚桩。

(4)在用全站仪放坡脚桩平面位置的同时，用全站仪测出坡脚桩实地高程；如条件允许，也可用水准测量方法测出坡脚桩实地高程。

(5)用下式计算边桩至坡脚桩的平距：

$$D=(H_{边设}-H_{坡测})\cdot M \tag{7-7}$$

式中：$H_{边设}$——路基边桩设计高程；

$H_{坡测}$——与边桩同一横断面的坡脚桩的实测高程。

(6)在中桩—边桩—坡脚桩方向线上，自边桩向坡脚方向按式(7-7)计算的 D，即经调整后的坡脚桩的实地位置(图 7-12 中 $D_{1\text{-}2}$，$D_{3\text{-}4}$)。

方法二　利用“路基横断面图”按上述方法量取中桩至坡脚桩之平距，用皮尺自中桩沿边桩方向量出这个平距，定出坡脚桩第一次实地位置，然后用水准测量方法(或经纬仪视距法)测出其实地高程，再用公式(7-7)计算 D，调整坡脚桩实地位置。

操作方法步骤：

(1)在“路基横断面图”上量取中桩至坡脚桩的平距。

(2)用皮尺自中桩沿边桩方向线上量取(1)的平距，在实地获得坡脚桩的第1位置。

(3)用水准测量方法(或经纬仪视距法)测出坡脚桩第一位置的实地高程。

(4)用公式(7-7)计算 D。

(5)在中桩—边桩—坡脚桩(第1位置)方向线上，自边桩向坡脚方向量式(7-7)计算的“D”，即在实地获得经调整后的坡脚桩位置(图7-12中 $D_{1\text{-}2}$、$D_{3\text{-}4}$)。

[路堤坡脚线放样实操案例]

路堤开工时的坡脚，就是路堤最低处的原地面与路堤边坡的交点。图7-13是江西省德兴

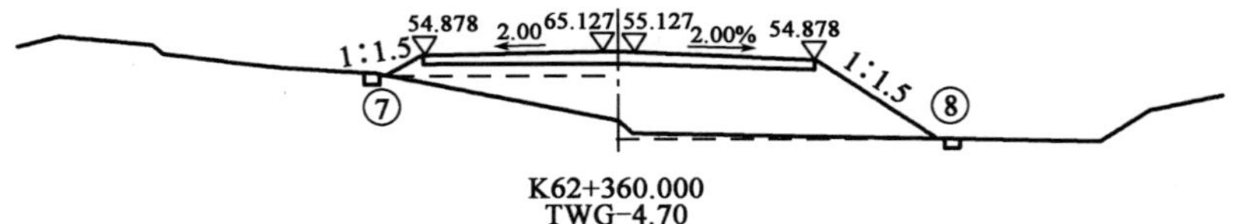

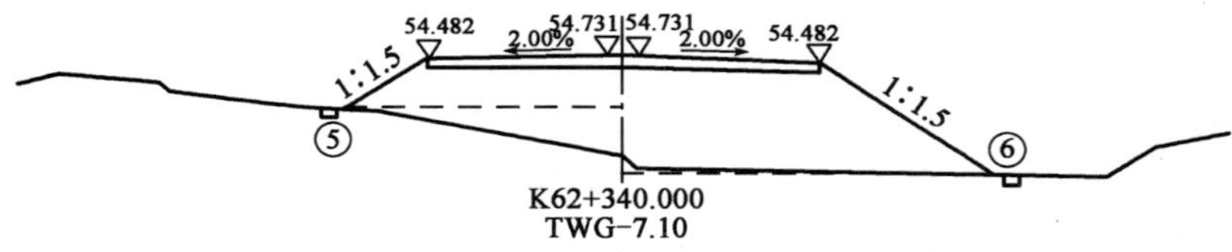

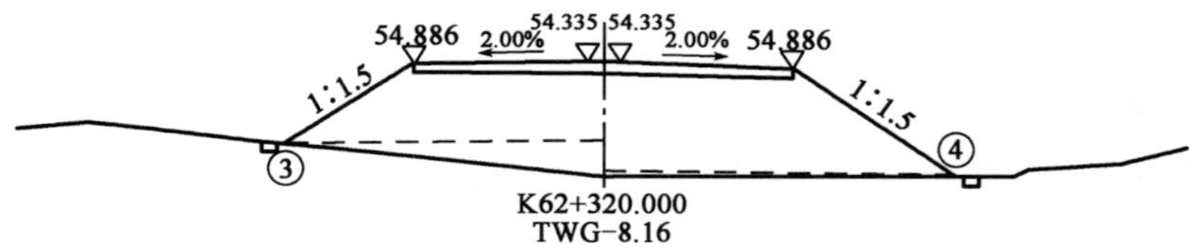

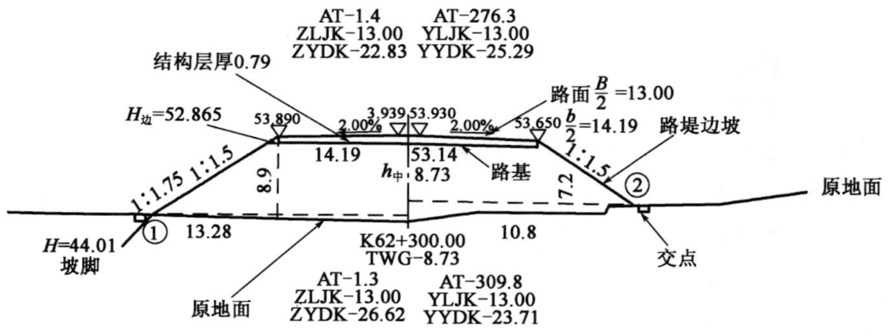

图7-13 路堤开工坡脚放样示意图

至南昌高速公路 B4 合同段内部分填方横断面图。在图 K62＋300～K62＋360 中，路堤左侧开工时的坡脚是①、③、⑤、⑦；坡脚线是①－③－⑤－⑦连线；路堤右侧开工时的坡脚是②、④、⑥、⑧；坡脚线是②－④－⑥－⑧连线。路堤开工填土时，只要将左、右坡脚线示以醒目标志（例如撒石灰线），现场施工员就可指挥填土。

（三）路堤上填过程中的坡脚放样的实用技术

填方路堤的坡脚，随着填土工程进度，填土高度逐渐降低而路基宽向内收紧，当填至路基设计高程，填方高度为零时，坡脚也为零。因此，在填方施工中，应随着工程进度而控制填方的坡脚。

实践中，在最底层坡脚放样后填高 1～2m 复放一次坡脚，或填高 2～3m 复放一次坡脚；具体填高几米复放一次坡脚，《规范》没有规定。作业中，可根据自己施工经验掌握。

高填方段复放坡脚的目的是检查最底层坡脚放样是否正确，这样做可避免因超放或欠放错误给路堤施工带来的损失，保证路堤边坡精度。

此后则应在“每填 3～5m 或者一个边坡平台（碎落台）复测中线和横断面”[《规范》(JTG F10—2006)]的同时复放一次坡脚桩。

由于填筑中的路基面已大致水平，此时在大致水平的路基施工面上放坡脚可一步到位。

实践中，常采用下述技术操作步骤进行坡脚放样（图 7-14）。

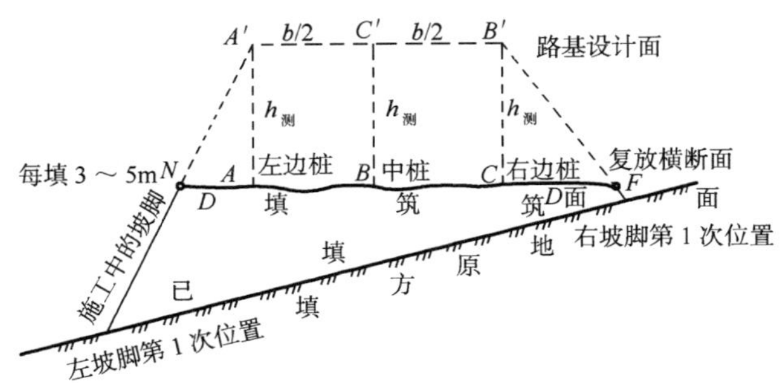

图 7-14　每填高 3～5m 复放中边桩及坡脚示意图

（1）用第六章第二节“公路工程施工测量平面位置放样技术”在正在施工的路基面上复放线路中桩和边桩。

（2）用水准测量前视法或在全站仪放边桩的同时，测出边桩的实地高程 $H_{边测}$。

（3）用下式计算边桩至坡脚桩的平距：

$$D=(H_{边设}-H_{边测})\cdot m \tag{7-8}$$

式中：$H_{边设}$——路基边桩的设计高程；

$H_{边测}$——同一边桩的实测高程（路基施工进行中的填土面实地高程）；

m——路堤边坡坡度。

（4）用皮尺在施工进行中的填土面上沿中桩至边桩的方向线上（可目估），量出式(7-8)计算的 D，用竹桩扎红布条标定，即为上式 $H_{边测}$ 高程时的坡脚。

（5）每填 3～5m，重复上述操作。

这里应提醒的是：为了保证路基压实宽度，每次放左、右边桩时要加宽 0.3～0.5m。在施工过程中，应及时测量路堤宽度，严防路堤压实后宽度不够。

(四)填方路堤施工进行中的测量工作

(1)在路堤坡脚处设立醒目标志

上节介绍的是填方路段一个横断面的边坡坡脚在实地的放样方法。当用同样方法把整个填方段的每个横断面边坡的坡脚都在实地标定后,为了方便推土机(或铲车)作业,应在这些点上设立明显醒目的标志。实践中常采用的是:在桩位竹(或木等)桩上扎红布条,然后将各点串联起来撒石灰线。

此后的每 3～5m 复放的坡脚都仿此处理。

(2)路堤上填过程中的测量工作

当路堤原地面边坡的坡脚边线设立醒目标志后,施工者即可填土推压。随着工程进度,填土逐渐增高,原标定的中桩、边桩等均被推埋掉。因此,在此填土作业进行中测量工作的任务是:

①协助现场施工员,控制填土厚度,保证填压精度。《规范》规定,“路堤填筑时,应从最低处起分层填筑,逐层压实”;“每种填料的填筑层压实后的连续厚度不宜小于 500mm。填筑路床顶最后一层时,压实后的厚度应不小于 100mm”[《规范》(JTG F10—2006)]。施工作业中,采用机械压实时,分层的最大松铺厚度,高速公路和一级公路不应超过 30cm;其他公路按土质类别、压实机具功能、碾压遍数等,经过试验确定。但最大松铺厚度,不宜超过 50cm。几种碾压机具适应的松铺厚度可参考下述数据并结合现场实况选用:

羊足碾(6～8t)	≤0.50m
振动压路机(10～12t)	≤0.40m
压路机(8～12t)	0.20～0.25m
压路机(12～15t)	0.25～0.30m
动力打夯机	0.20～0.25m
人工打夯	≤0.20m

填石路堤,分层松铺厚度,高速及一级公路不宜大于 0.5m,其他公路不宜大于 1.0m。土石路堤不宜超过 40cm。

②每填筑 3～5m,应复放线路中桩、左及右边桩,并测定其高程,放出坡脚桩。

③根据复测的中桩、边桩,控制线路线形及宽度;根据复测的中桩、边桩高程,控制上填高度。告知现场施工员路宽界限、新标定的坡脚线及上填高度数据,并将这些数据以书面形式通知现场施工员及推土机(或铲车)操作人员,由其掌握控制;施工测量员则要在现场监控其填压,并随时准备根据需要复测高程。

下面以实例说明路堤上填过程中的测量作业:

图 7-15 是××高速公路 K128＋775 路堤断面上填施工现状。图中$A'O'B'$是在压实填筑面上用全站仪“坐标法”复放的中桩及左、右边桩。虚线以下已填筑。$h_{左}$、$h_{中}$、$h_{右}$ 为仍要继续上填的高度,将其写在桩位竹签侧面,指导上填作业。图中,半幅路基宽 $b/2=14.16$m,边坡比 1∶1.50。

此时,施工测量员要做的工作是:

a.复放中桩及左、右边桩 $A'O'B'$。

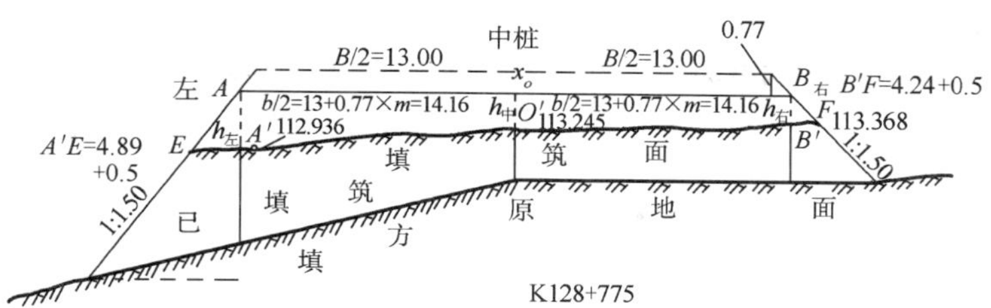

图 7-15　路堤填筑进行中示意图(尺寸单位:m)

b. 复测中桩 O',左及右边桩 $A'B'$ 实地高程:$H_{中实}=113.245\text{m}$,$H_{左实}=112.936\text{m}$,$H_{右实}=113.368\text{m}$。

c. 抄取该断面中桩、左边及右边桩路基设计高程:

$$H_{中设}=116.48\text{m}$$
$$H_{左设}=H_{右设}=116.197\text{m}$$

d. 计算上填高度,写在桩位侧面,并书面通知现场施工员及机械操作员,指导填筑作业。

计算上填高度公式:

$$h=H_{设}-H_{实} \tag{7-9}$$

式中:$H_{设}$——路基中桩,左、右边桩设计高程;

$H_{实}$——路基施工面复放的中桩、边桩实测高程。

注意:公路施工中,桩上标明桩号与填挖高,用(+)表示填方,用(−)表示挖方。

则应上填:

$$h_{中}=116.48-113.245=+3.24\text{m}$$
$$h_{左}=116.197-112.936=+3.26\text{m}$$
$$h_{右}=116.197-113.368=+2.83\text{m}$$

e. 计算坡脚 E、F 放样数据。

坡脚 E、F 放样数据用公式(7-8)计算:

$$D_{A'-E}=3.26\times1.5=4.89\text{m}$$
$$D_{B'-F}=2.83\times1.5=4.24\text{m}$$

f. 用皮尺放坡脚桩。

(a)放左坡脚桩 E:用皮尺自左边桩 A' 沿 $O'A'$ 方向量 4.89m,即在实地获得左坡脚点 E。

(b)放右坡脚桩 F:用皮尺自右边桩 B' 沿 $O'B'$ 方向量 4.24m,即在实地获得右坡脚点 F。

(c)在 E、F 点处钉竹(木等)桩标志并扎红布条。

注意:每边应加放 0.3～0.5m。

g. 同法放出其他里程桩号横断面填高及坡脚。

h. 将各断面坡脚用红草绳串连起来,撒石灰线。施工作业以此为据,继续上填。

④用坡度尺检控边坡坡面坡度及平整度。

《公路路基施工技术规范》(JTG F10—2006)对施工中的路堤边坡坡度要求没有明文规定。一般来说,路基边坡应做到设计要求的边坡比、完工后的坡面应与设计边坡一致。

为了保证路堤边坡完工后"不陡于设计值",在路堤填筑过程中,应用坡度尺(见本章第二节五-3-④)检控路堤边坡修整,使其达到设计的边坡比。一般情况下,路基填土高小于 8m 时,边坡坡率为 1∶1.5；如填土高大于 8m 时，上部 8m 坡率为 1∶1.5，其下部分为 1∶1.75。

⑤根据填土高度，进行路堤边坡平台放线。

公路施工设计图要求，如 8m＜填土高＜12m，不设填方平台；如 12m＜填土高＜20m，在变坡处(8m 处)设置 1.5m 宽填方平台。

为此，在路堤上填过程中，应对平台放线。

图 7-16 是××高速公路 K128＋700～K128＋800 填方段正在填筑中的地形草图。图中括号内高程为路基设计高程，不带括号为正在填筑中填筑面的实测高程。从图 7-17 知，左边坡平台设计高程应是 109.00m 左右，而填筑面已至 109.5m，就是说再填高 3m 左右即可挖修平台(考虑挖掘机修坡挖距是 4m 左右)。为了指示挖机作业，应将平台线用明显醒目标志标定在实地坡面。

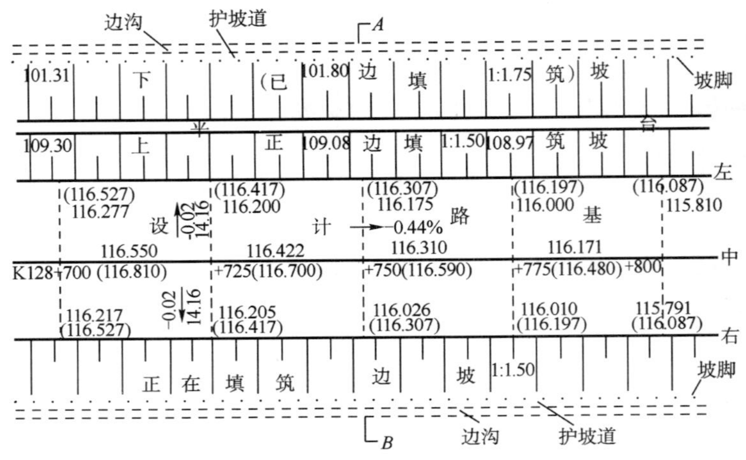

图 7-16　正在填筑中的路堤地形图

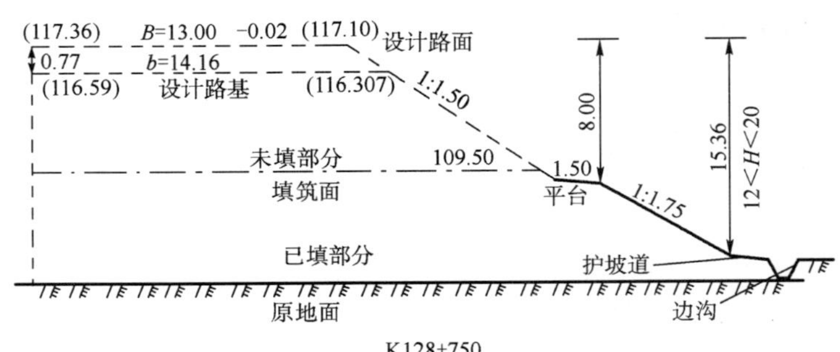

图 7-17　路堤填筑中预留平台示意图

平台放线方法，实践中常采用水准仪视线高法。具体操作方法步骤详见本章第二节五-3-(2)-⑤。

进行放线前应准备好平台放线数据，K128＋700～K128＋800 填方段中，有 5 个横断面，只要标定出 2～3 个平台点，就可确定该段平台线。此例中：

在 K128＋700 断面平台设计高为：

$$116.53+0.77-8.0=109.30\text{m}$$

在 K128+750 断面平台设计高为：

$$116.31+0.77-8.0=109.08\text{m}$$

在 K128+775 断面平台设计高为：

$$116.20+0.77-8.0=108.97\text{m}$$

其中：0.77m 为路面至路基高度：

0.77m = 路面厚 + 基层 + 底基层

(五)路堤施工后期的测量工作

当路堤填筑至路床 0～0.8m 时(0～0.3m 为上路床，0.3～0.8m 为下路床)，以后的上填工作称为路堤施工后期。在此之前的路堤分层填筑作业中，路基线形(纵横方向)已基本成形，路宽已基本到位，路堤边坡也基本完成。此后只要在上填 0.80m 左右就可填到路基面设计高程，此阶段测量工作的主要任务是：控制上填高度，修整边坡，保证填方路基满足设计和使用要求。

(1)填方路堤"零填方"施工测量

实践中，将路堤 0～0.8m 填筑作业称为"零填方"施工。为了保证填方路基面达到设计高程要求，现场测量员必须做好下述工作：

①复放填方段中桩，边桩平面位置，在其旁打竹(或木等)桩标志。

②用水准前视法测出其实地高程(测桩旁地面高程或桩顶高程)，如测桩旁地面高程。可在打桩时，在桩旁固定一小石子，测高时，尺立小石上，以方便量高画线。

③计算填土高度：

$$h_{填}=H_{设}-H_{实}$$

④计算施工高程：

$$h_{施}=h_{填}\cdot Z$$

式中：Z——松铺系数，其值应由试验确定，或根据多年的施工实践经验掌握。

⑤将施工高程醒目的标志在点位桩的侧面。实践中，常采用红色(或黑或蓝色)油性号笔将施工高程线条画在桩的侧面；一般情况下，画两条线，下条线是路基设计高程，上条线是填土高度，经推平碾压后路基面应处在下条线位置。

例如图 7-16 中 K128+700 横断面，右、中、左桩实测高程为：

$$H_{右实}=116.217\text{m}$$

$$H_{中实}=116.550\text{m}$$

$$H_{左实}=116.277\text{m}$$

右、中、左桩设计高程(见图中括号内数字)：

$$H_{右设}=116.527\text{m}$$

$$H_{中设}=116.810\text{m}$$

$$H_{左设}=116.527\text{m}$$

则该断面右、中、左桩应上填：

$$h_{右}=116.527-116.217=(+)0.31\text{m}$$

$$h_{中}=116.81-116.550=(+)0.260\text{m}$$

$$h_{左} = 116.527 - 116.277 = (+)0.250\text{m}$$

其余各断面右、中、左桩应上填的高度同法算出。

在算出应填高度后，应及时算出施工高度(即考虑了松铺系数后的高度)，该施工段经试验松铺系数为 1.25。这样 K128+700 横断面右桩、中及左桩施工高程应是：

$$h_{右施} = 0.31 \times 1.25 = 0.388\text{m}$$

$$h_{中施} = 0.26 \times 1.25 = 0.325\text{m}$$

$$h_{左施} = 0.25 \times 1.25 = 0.313\text{m}$$

将这些施工高程画在桩位侧面，并用线绳将相邻桩位的施工高程串联起来，要求拉直拉紧，以指导填土、推平、碾压。

(2)填方路堤边坡整修的测量工作

当填方路堤路基面达到设计高程位置，应及时对路堤两侧边坡修整，为此施工测量员要做下述测量工作。

①复放左、右边桩平面位置。

②用水准前视法测出所放桩位实地高程。

③计算：

$$D_i = (H_{i设} - H_{i实}) \cdot m$$

式中：m——路堤边坡坡度。

注意：此时因路基已达到设计标准高程，所以 $D \leqslant 0.05 \sim 0.10$m。

④将路基设计高画在桩位侧面。

⑤将根据 D_i 确定的路基边缘线用石灰线明显标出。

⑥根据桩位画线及石灰线，进行路堤边坡修整，在人工或挖掘机修整边坡时，应用坡度尺检控，使其边坡面与设计坡度一致。

整修后的坡面应顺适、美观、牢固，坡度符合设计要求。

(3)路堤填筑至设计高程并整修完成后，其施工质量，土质路堤施工质量应符合表 7-1 的规定；填石路堤施工质量应符合表 7-2 的规定。

土质路堤施工质量标准 表 7-1

项次	检查项目	规定值或允许偏差			检查方法和频率
		高速、一级公路	二级公路	三、四级公路	
1	压实度	符合规定	符合规定	符合规定	施工记录
2	弯沉	不大于设计值	不大于设计值	不大于设计值	
3	纵断高程(mm)	+10，−15	+10，−20	+10，−20	每 200m 测 4 个断面
4	中线偏位(mm)	50	100	100	每 200m 测 4 点，弯道加 Hy、yH 两点
5	宽度	不小于设计值	不小于设计值	不小于设计值	每 200m 测 4 处
6	平整度(mm)	15	20	20	3m 直尺：每 200m 测 2 处×10 尺

续上表

项次	检查项目	规定值或允许偏差			检查方法和频率
		高速、一级公路	二级公路	三、四级公路	
7	横坡(%)	±0.3	±0.5	±0.5	每200m测4个横面
8	边坡坡度	不陡于设计坡度	不陡于设计坡度	不陡于设计坡度	每200m抽查4处

填石路堤施工量标准　　表7-2

项次	检查项目		规定值或允许偏差		检查方法和频率
			高速公路、一级公路	其他等级公路	
1	压实度		符合试验路确定的施工工艺		施工记录
			沉降差≤试验路确定的沉降差		水准仪:每40m检测一个断面,每个断面检测5～9点
2	纵面高程(mm)		+10　−20	+10　−30	水准仪:每200m测4个断面
3	弯沉		不大于设计值		—
4	中线偏位(mm)		50	100	经纬仪:每200m测4点,弯道加HY、YH两点
5	宽度		不小于设计值		米尺:每200m测4处
6	平整度(mm)		20	30	3m直尺:每200m测4点×10尺
7	横坡(%)		±0.3	±0.5	水准仪:每200m测4个断面
8	边坡	坡度	不陡于设计值		每200m抽查4处
		平顺度	符合设计要求		

注:在实际施工中,沉降差可以这样测定:以每个横断面的测量数据为基本分析单位。在对松铺层初平初压后,在同一横断面上选7～11点测量初始高程;终压完成后,在对应初始高程的测量点上测量终压高程,将终压高程减去初始高程并综合平均后,作为该断面的沉降差。

第四节　路基工程完工后的测量工作

一、《规范》中有关交工验收的规定

公路工程验收分为交工验收和竣工验收两个阶段。

交工验收是检查合同的执行情况,评价工程质量是否符合技术标准及设计要求,是否可以移交下阶段施工或是满足通车要求,对各参建单位的工作进行初步评价。竣工验收是综合评价工程建设成果,对工程质量、参建单位和建设项目进行综合评价。

《规范》规定:"分项工程、分部工程、单位工程完成后,应按有关规定进行中间检查验收"。

单位工程:在建设项目中,根据签订的合同,具有独立施工条件的工程。

分部工程：在单位工程中，应按结构部位、路段长度及施工特点或施工任务划分为若干个分部工程。

分项工程：在分部工程中，应按不同的施工方法、材料、工序及路段长度等划分为若干个分项工程。

路基完工后，“交工验收前应恢复施工段内的导线点、水准点，以及验收中要求和可能需要的其他标志桩”。

“交工验收前应按照本《规范》(《公路路基施工技术规范》)及《公路工程质量检验评定标准》(JTG F80/1—2004)的要求进行自检，自检合格后，编制符合要求的交工资料，申请进行交工验收”。

“交工验收应按照交通运输部《公路工程竣(交)工验收办法》(交通部 2004 年第 3 号令)和《公路工程质量检验评定标准》(JTG F80/1—2004)有关规定执行”。

《公路工程质量检验评定标准》关于土石方路基检验评定的规定如下：

4.2　土方路基

4.2.1　基本要求

(1)在路基用地和取土坑范围内，应清除地表植被、杂物、积水、淤泥和表土，处理坑塘，并按《规范》和设计要求对基底进行压实。

(2)路基填料应符合《规范》和设计的规定，经认真调查，试验后合理选用。

(3)填方路基须分层填筑压实，每层表面平整，路拱合适，排水良好。

(4)施工临时排水系统应与设计排水系统结合，避免冲刷边坡，勿使路基附近积水。

(5)在设定取土区内合理取土，不得滥开滥挖。完工后应按要求对取土坑和弃土场进行修整，保持合理的几何外形。

4.2.2　实测项目

见表 6-1。

4.2.3　外观鉴定

(1)路基表面平整，边线直顺，曲线圆滑。

(2)路基边坡坡面平顺、稳定，不得亏坡，曲线圆滑。

(3)取土坑、弃土堆、护坡道、碎落台的位置适当，外形整齐、美观，防止水土流失。

4.3　石方路基

4.3.1　基本要求

(1)石方路堑的开挖宜采用光面爆破法。爆破后应及时清理险石、松石，确保边坡安全、稳定。

(2)修筑填石路堤时，应进行地表清理，逐层水平填筑石块，摆放平稳，码砌边部。填筑层厚度及石块尺寸应符合设计和施工规范规定。填石空隙用石渣、石屑嵌压稳定。上、下路床填料和石料的最大尺寸应符合规范规定。采用振动压路机分层碾压，压至填筑层顶面石块稳定，20t 以上压路机振压两遍无明显高程差异。

(3)路基表面应整修平整。

4.3.2　实测项目

见表6-2。

4.3.3　外观鉴定

(1)上边坡不得有松石。

(2)路基边线直顺、曲线圆滑。

其他检测项目，详见《公路工程质量检验评定标准》(第一册　土建工程　JTG F80/1—2004)。

二、施工单位交工前应做的准备

根据上述规定的检查项目、方法和频率，结合实践中检查验收的经验，施工单位在交工前，应按设计文件要求对下列项目自检验收，并根据自检验收情况对施工段内路基进行整修或处理，做好交工验收的准备。

(1)路基的平面位置。

(2)路基宽度、高程、横坡和平整度。

(3)边坡坡度及边坡加固。

(4)边沟和其他排水设施的尺寸及底面纵坡。

(5)防护工程的各部尺寸及位置。

(6)填土压实度。

(7)路基表层弯沉。

(8)取土坑、弃土堆、护坡道、截水沟、渗水井等位置和形式。

(9)隐蔽工程记录，对路段内所有结构物本身以及可能引起隐患的因素进行检查，排除。

三、交工检查验收中的测量工作

在路基工程基本完工后，交工检查验收前，现场施工测量员应做的工作主要是：

(1)复放本施工段路基的中桩、左、右边桩的平面位置，编写里程桩号。

(2)自检线路各部分外形尺寸，并做好资料：

①自检中线偏位。

②自检路基宽度。

③自检边坡坡度，外形。

④自检边沟、排水沟等外形尺寸及沟底纵坡度。

(3)用水准前视法实测复放桩位实地高程与路基设计高程比较，进行线路高程位置自我检查，并做好资料：

①纵断高程检查。

②横断面高程检查。

③路基面平整度检查。

(4)协助现场施工员对本标段路基面进行弯沉自检。

(5)协助现场施工员对本标段路基面进行压实度自检。

(6)协同现场施工员对本标段内的结构物(如盖板涵、圆管涵等)进行自检。

(7)交工检查验收时,协助监理人员进行指定的工作。

上述自检,都应做好资料。交工测量成果是衡量工程质量水平和建立工程档案的重要资料,必须认真、严格做好。

为使现场施工测量员了解、掌握路基路面工程检查验收的范围和方法,下面将交通运输部2008年颁发的《公路路基路面现场测试规程》(JTG E60—2008)中"路基路面几何尺寸测试方法"(T 0911—1995)及附录B"检测路段数据整理方法"(T 0992—2008)抄录于第八章第四节。

第八章

公路工程底基层、基层、路面施工测量及交(竣)工测量

第一节　底基层、基层、路面层施工测量概述

《规范》规定:当每一分项工程、分部工程、单位工程完成后,应按批准的设计图纸、设计文件、技术规范的要求,对施工质量进行中间检查验收。

当路基工程基本完工后,经由施工方项目部及施工单位会同施工监理人员,按设计文件要求对路基中线、高程、宽度、边坡坡度等检查验收合格后方可进行底基层筑铺。

当底基层基本完工后,经检查验收合格,方可进行基层筑铺;当基层基本完工后,经检查验收,方可进行路面层筑铺。

由"路面横断面结构图"知,路面结构自下而上为路基、底基层、基层和路面层。其中路基是公路工程的重要组成部分,是公路工程的基础,承受由路面传来的荷载。经检查验收合格的路基,在质量上已符合设计要求、质量标准和规范的规定。它奠定了公路工程的外貌形状、纵向坡度、横向坡度和路宽。路基以上各结构层的铺筑施工都是在路基基础上用不同填料加高而已。从这一观点来说,路基以上各结构层施工测量的主要任务是:

(1)控制线路外形尺寸,满足设计单位对路基以上各结构层的平面位置要求。

(2)控制线路纵断高程(纵坡度)、横断高程(横坡度)、路层厚度、路面平整度,满足设计单位对路基以上各结构层的高程位置要求。

概言之,底基层、基层和路面层的施工测量就是控制这些层面的平面位置和高程。

由于底基层、基层和路面层(以下此三层合称为"上层")的施工测量任务内容基本一致,本章统一讲述其操作方法和步骤。

第二节　上面层施工测量的准备工作

一、仪具与材料

(1)全站仪或经纬仪配测距仪。

(2)水准仪及水准标尺:塔尺或单面、双面水准标尺。

(3)棱镜及棱镜杆。

(4)对讲机。

(5)30m 或 50m 钢尺及皮尺,3～5m 小钢尺。

(6)f_x—5800P 型计算器,或 f_x—9750GII 型计算器等。

(7)竹(或木等)桩、钢钎;铁锤、凿子;钢钉;油性号笔、粉笔;拉绳、红布条或红塑袋;测伞等。

二、资料准备

1. 设计图纸

(1)“路面横断面结构图”(路面结构图)。

(2)“路线纵断面图”及“路基横断面图”。

2. 已知成果收集

(1)施工段导线点成果表及实地勘察。

(2)施工段水准点成果表及实地勘察。

(3)直线曲线及转角表及竖曲线要素表。

(4)逐桩坐标表。

(5)路基设计表等。

3. 施工放样数据准备

(1)准备施工标段中桩、左右边桩坐标放样数据表(即线路平面位置放样设计坐标表)。

施工标段中桩、左右边桩坐标计算的方法步骤:

①根据“路面结构图”计算上面层各结构层的中桩至边桩距离(图 8-1)。

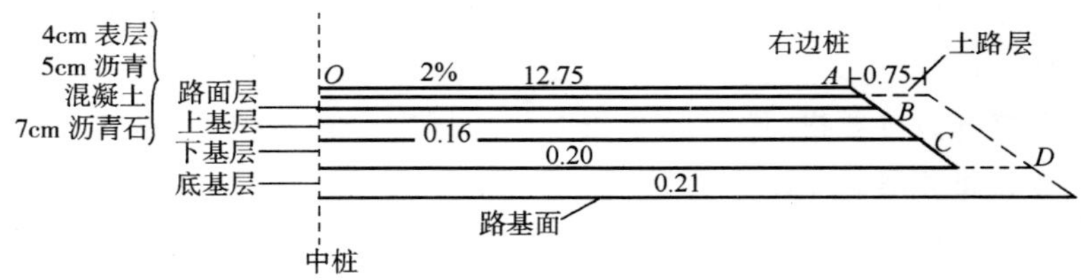

图 8-1 路面结构图

a. 路面层中桩至边桩宽度(半幅路宽):

$$OA = 12.75\text{m}$$

b. 上基层中桩至边桩宽度:

$$OB = 12.75 + 0.16 \times 1.5 = 12.99\text{m}$$

c. 下基层中桩至边桩宽度:

$$\begin{aligned} OC &= 12.75 + (0.16 + 0.20) \times 1.5 \\ &= 12.99 + 0.2 \times 1.5 = 13.29\text{m} \end{aligned}$$

d. 底基层中桩至边桩宽度:

$$\begin{aligned} OD &= (13.29 + 0.75) + 0.21 \times 1.5 \\ &= (12.75 + 0.75) + (0.16 + 0.20 + 0.21) \times 1.5 \\ &= 14.36\text{m} \end{aligned}$$

各结构层中桩至边桩距离计算方法详见第二章第三节“五”。

②根据“直线曲线及转角表”上的交点编号、里程桩号及坐标值、转角、方位角半径等要素，以及上面层各结构层的中桩至边桩距离，用第五章第三节“八”介绍的“x、y坐标计算程序”计算上面层各结构层的中桩及左右边桩的坐标x、y值。

注意：由于路面结构层是垂直投影，所以上面层各结构层的中桩坐标x、y值相等，而左右边桩x、y坐标值则由于各结构层的路宽不同而不在同一位置，所以上面层各结构层的边桩坐标x、y值要分层计算，这一点在计算施工放样边桩的平面位置数据时要特别注意。

(2)准备施工标段中桩、左右边桩高程放样数据表(即线路高程位置放样的设计高程表)。

线路上面层各结构层设计高程计算的方法步骤如下：

第一步：先计算上面层各结构层中桩高程。

依据“路线纵断面图”和“路基设计表”上竖曲线要素、变坡点里程桩号、变坡点高程、变坡点前后纵坡度以及“路面结构图”上提供的上面层各结构层的厚度，用第五章第二节“直竖联算程序”计算上面层各结构层的中桩高程。

第二步：计算上面层各结构层左右边桩高程。

依据第一步计算的上面层各结构层的中桩高程；“路面结构图”上各结构层半幅路宽、路拱(横坡度)以及超高缓和曲线要素等分情况计算各结构层左右边桩高程。

①当线路为直线段和不设超高的曲线时，用上述“直竖联算程序”在计算中桩高程的同时，一并算出左右边桩高程。

②当线路为设有超高的缓和曲线时，可用第五章第二节“五”介绍的“超高横坡度及设计高程计算程序绕中轴旋转ZHD-1或ZHD-2或ZHD-3及绕边轴旋转ZHD-4”程序计算上面层各结构层的左右边桩高程。

注意：利用第五章第二节介绍的程序计算上面层各结构层的中桩、左右边桩设计高程时，应特别注意程序计算范围、功能及注意事项。为了保证计算数据准确可靠无错，可用两种程序分别计算、验算。

4.绘制有关图件、方便现场施工测量作业

(1)编制施工标段“竖曲线变坡点图”，编制方法详见第六章第三节。此图可以在施工现场很方便地计算、检查线路上任一里程桩号的高程，是现场施工测量员的好帮手。

(2)绘制“施工进度图”，绘制方法详见第二章第七节“一”。该图将每日完成的工作量填绘其上，便于及时掌握了解施工进度，方便安排工作。

(3)绘制施工标段“控制点图”，绘制方法详见第二章第七节“二”。在该图上将施工标段沿线已知的导线点、水准点展绘其上，便于现场施工放样安排工作，对施工段的放样目标一目了然。

第三节　上面层施工测量的实施

一、上面层施工测量的外业工作

(1)恢复中桩、左右边桩的平面位置。

规范要求直线段每15～20m设一桩，曲线段每10～15m设一桩，并在两侧边缘处设指示桩。

施工实践中，为了更方便地控制高程，方便推土机（或平地机等）作业，一般情况下都是每10m设一桩。

为此，需在外业放样前事先按上述桩位要求计算出这些桩位的坐标，或在测站上一边计算，一边放样。

复放上面层各结构层中桩、左右边桩的方法步骤，详见第六章各节介绍的放样技术。

（2）用水准测量“前视法”测出所放桩位的实地高程及填高，并用明显醒目的标志标出桩位的设计高程及松铺施工高程。

（3）严格掌握上面层各结构层的厚度和设计高程，其线路纵坡、横坡应与面层一致。

二、上面层中桩、边桩平面位置放样方法

上面层各结构层中桩、边桩放样，实践中常采用全站仪坐标法或经纬仪配测距仪极坐标法。

放样时，在一个测站上的操作方法步骤详见第六章第二节。

实践中，底基层所放桩位常采用竹（或木等）桩标志；基层、面层由于其表面坚硬，在放样进行中，可先用钢钉标出其位（天气好时也可用粉笔标出其位），然后（在施工铺筑前）用钢钎（用钢筋做）标志。

上面层施工，对于设有中央分隔带的，在放样时可一并放出分隔带边桩；也可在放出中桩、边桩后，在中边桩连线上用皮尺（基层、面层应用钢卷尺）量距法加放分隔带边桩。

放样实践中，在线路直线段通常只放出每隔20m的中桩位置，至于中间10m桩及左右边桩则要另外重新加桩（即人工放桩）。

在曲线段通常只放出每隔20m的中桩和同断面一侧的边桩，至于另一侧的边桩和10m桩则需重新加桩（即人工放桩）。

如果遇到上述两种情况，则可按下述方法步骤进行人工加桩：

1. 线路直线段皮尺（或钢尺）交会法加桩

（1）作业组织及工具材料

①作业组织：3人，称为甲、乙、丙。

②工具材料。

a. 30m皮尺（或钢尺），2个。

b. 计算机。

c. 铁锤、钢钉、钢钎、竹（或木等）桩、油性号笔等。

（2）计算放线数据 c

计算公式：

$$c=\sqrt{a^2+b^2} \tag{8-1}$$

式中：a——线路两相邻中桩间距离；

b——线路中桩至边桩距离（即半幅路宽）。

方法1（加放20m偶数边桩）：令 $a=20\text{m}$，$b=12.75\text{m}$，则 $c=23.72\text{m}$；

方法 2(加放 20m 奇数边桩)：令 a＝10m，b＝12.75m，则 c＝16.20m。

(3)实地放桩

图 8-2 是××高速公路中一段直线段，放样时用全站仪只放出了中线每隔 20m 的桩位，如图中 K128＋020、K128＋040…K128＋080…其间 10m 桩及左右边桩需人工加桩。图中半幅路宽为 12.75m。

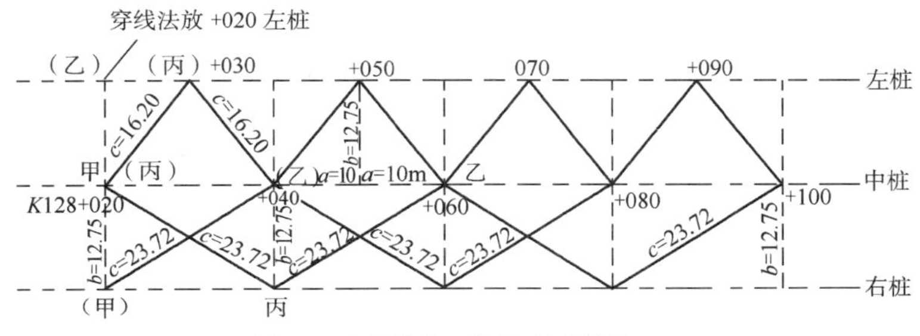

图 8-2　直线段人工放桩(尺寸单位：m)

①实地人工加桩方法一——加放 20m 偶数边桩的操作步骤(图 8-2 右半幅)：

a. 甲置尺于＋020 中桩，使尺读数为 23.72m。

b. 乙置尺于＋060 中桩，使尺读数为 23.72m。

c. 丙将两尺 0 端重合，套于钢钎上[或小竹(木)棒上]，手提钢钎均匀用力，同时拉紧两根皮尺(或钢尺)，使甲乙丙构成等腰三角形，而钢钎则恰好位于两腰交点处，此时钢钎下尖端即＋040 右边桩桩位，用竹(木等)桩标志。

d. 甲乙丙三人持尺同时前进，甲置尺于＋040 中桩，乙置尺于＋080 中桩，甲、乙均使尺读数为 23.72m。

e. 丙手提钢钎(此时两根尺 0 端仍套于钢钎上)，均匀用力同时拉紧两根皮尺(或钢尺)，则钢钎下尖端即为＋060 右桩桩位。

f. 重复上述操作，同法放出＋080、＋100…以及左边桩＋040、＋060、＋080、＋100…。

g. 直线段起点、终点边桩可用下法放出：

以 K128＋020 为例：甲置尺于＋020 中桩，使尺读数为半幅路宽12.75m；乙置尺于＋040 中桩，使尺读数为 23.72m；丙手提钢钎(此时两根尺 0 端仍套于钢钎上)，两手同时均匀用力拉紧两根皮尺(或钢尺)，则钢钎下尖端为＋020 右或左边桩桩位。

h. 当右(或左)边桩放出 20m 间距桩位后，则另半幅边桩也可用下法放出(穿线法放桩)：

由图 8-2 知，K128＋020 横断面，其中桩、左桩、右桩是在一条直线上，若已知其中两桩点位，则另一桩位可用“穿线法”放出桩位。其法操作步骤如下：

a. 甲置尺零端于＋020 右桩。

b. 乙拉尺使尺子位于＋020 中桩至右桩方向线上(甲在右桩后用目瞄方法检查，当右桩—中桩—乙端在一条线上时，喊“好”)。

c. 丙在中桩使尺读数为 12.75m(半幅路宽)、乙在尺读数为 2×12.75＝25.50m 处打桩，即为＋020 左桩位。

②实地人工加桩方法二——加放 20m 奇数边桩的操作步骤(图 8-2 左半幅)：

a. 甲置尺于＋020 中桩，乙置尺于＋040 中桩，甲乙均使尺读数为16.20m。

b. 丙持钢钎(两尺 0 端套钎上),均匀用力同时拉紧两根皮尺(或钢尺),则钢钎下尖端即为＋030 左边桩桩位。

c. 重复上述操作,用＋040 及＋060 放＋050;＋060 及＋080 放＋070,＋080及＋100 放＋090等。

③加放 10m 桩:当放出间隔为 20m 的左边桩及右边桩后,则可在其间用皮尺(或钢尺),加放出左、中、右边的 10m 桩。

2. 线路曲线段中央纵距法加桩

(1)作业组织及工具材料

①作业组织:3 人,称为甲、乙、丙。

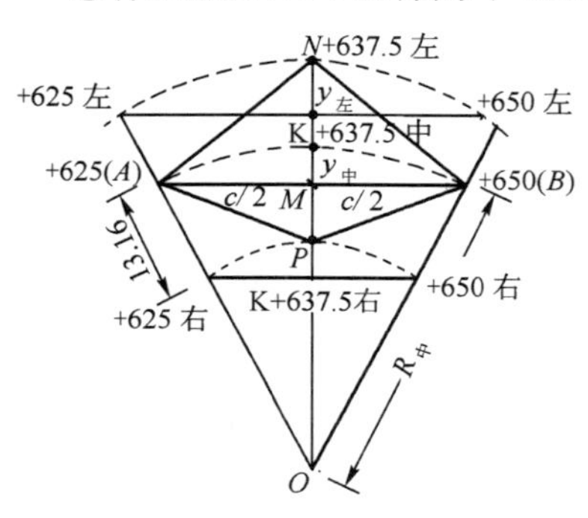

图 8-3 平曲线人工加桩示意图(尺寸单位:m)

②工具材料。

a. 皮尺(或钢尺):规格 30～50m。

b. 小钢尺:规格 3～5m。

c. 计算机。

d. 铁锤、钢钉、钢钎、竹(木等)桩、油性号笔等。

(2)实地加桩

①实地情况一:实地上已放出曲线中桩和左边桩(或右边桩),要求在相邻两桩间加放中间桩,同时要求放出右边桩(或左边桩)(图 8-3)。

例如,某高速公路一弯道,ZY 为 K128＋271.428,YZ 为 K129＋017.270,半径为 5000m,路半幅宽为 13.16m,中线桩距为 25.0m,左边桩桩距为 25.066m,右边桩桩距为24.926m(由两相邻两桩坐标反算求得),或用公式 $D=2R\cdot\sin(\alpha/2)$ 计算,式中 $\alpha=57.2958\cdot\dfrac{l}{R}$。

此例左边桩桩距:

$$D_{左}=2\times(5000+13.16)\times\sin\frac{\alpha}{2}=25.066\text{m}$$

右边桩桩距:

$$D_{右}=2\times(5000-13.16)\times\sin\frac{\alpha}{2}=24.926\text{m}$$

式中:$\alpha=57.2958\times\dfrac{25}{5000}=0°17'11''$。实际上已放出中桩和左边桩。由于施工需要,要求每 12.50m 设一桩位,同时放出右边桩。

此例在实地加桩时,按下述操作步骤进行:

a. 计算中央纵距 y。

计算公式(图 8-3):

$$y=R-\sqrt{R^2-\left(\frac{c}{2}\right)^2} \tag{8-2}$$

式中:R——曲线半径;

c——相邻两里程之间的距离。

实际作业中，由于 y 值与 R 值相比，相差较大，故一般可取近似值：

$$y=\frac{c^2}{8R} \tag{8-3}$$

此例中：

$$y_{中}=5000-\sqrt{5000^2-\left(\frac{25}{2}\right)^2}=0.016\text{m}$$

$$y_{左}=(5000+13.16)-\sqrt{(5000+13.16)^2-\left(\frac{25.066}{2}\right)^2}=0.016\text{m}$$

用公式(8-3)验算：

$$y=\frac{25^2}{8\times5000}=0.016\text{m}$$

b. 甲置尺于＋625 中桩，使尺读数为 0m。

c. 乙置尺于＋650 中桩，此时尺读数应为 25.0m。

d. 丙于＋625～＋650 尺中点(M)读数 12.50m 处，用小钢尺在尺垂线 MK 方向上量 $y_{中}$＝0.016m，即为加桩＋637.5m 桩位。

e. 线路中线、左边线需加桩之处，都用上述同法放出。

f. 加放线路右边桩，可用“穿线法”。例如 K128＋625，置尺 0 端于＋625 左边桩，使尺沿＋625 左桩至中桩方向线上在尺读数为 13.16×2＝26.32m 处打桩即为＋625 右边桩。同法放出其余右边桩。

②实地情况二：实地上只放出曲线中线桩位，要求加放左、右线桩位。

例如图 8-4 中，只放出了中线 K128＋625，K128＋650 等中桩，为了施工需要，必须加放其左、右边桩。

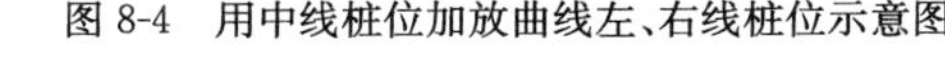

图 8-4　用中线桩位加放曲线左、右线桩位示意图

此时，可按下述操作步骤进行：

a. 用式(8-2)或式(8-3)计算 y 值，此例：

$$y=5000-\sqrt{5000^2-\frac{50^2}{2}}=0.063\text{m}$$

检验：

$$y=\frac{c^2}{8R}=\frac{50^2}{8\times5000}=0.063\text{m}$$

b. 用下述公式计算放样数据。

(a)外圆曲线放样数据计算公式：

$$AN=BN=\sqrt{\left(\frac{AB}{2}\right)^2+\left(\frac{B}{2}+y_{中}\right)^2} \tag{8-4}$$

(b)内圆曲线放样数据计算公式：

$$AP=BP=\sqrt{\left(\frac{AB}{2}\right)^2+\left(\frac{B}{2}-y_{中}\right)^2} \tag{8-5}$$

式中：AB——曲线上两相邻中桩点间平距，即弦长，一般为 10m、20m、25m 等；

$\frac{B}{2}$——半幅路宽，B 为路宽；

$y_中$——用式(8-2)或式(8-3)计算的中央纵距。

此例中，外圆曲线放样数据，$AN=BN$：

$$AN = BN = \sqrt{(50 \div 2)^2 + [(26.32 \div 2) + 0.063]^2} = 28.282\text{m}$$

内圆曲线放样数据，$AP=BP$：

$$AP = BP = \sqrt{(50 \div 2)^2 + [(26.32 \div 2) - 0.063]^2} = 28.223\text{m}$$

c. 甲置尺于A(+625)，使尺读数为28.282m。

d. 乙置尺于B(+675)，使尺读数为28.282m。

e. 丙手持钢钎(两尺0端套钎上)，均匀用力同时拉紧两根皮尺(或钢尺)，则钢钎下尖端即为N(+650左桩)桩位。

注意：上述c、d、e三步也可按下法操作：

甲置尺于A，使尺读数为28.282m；乙置尺于K，使尺读数为半幅路宽13.16m；丙持两尺零端，同时均匀用力拉紧两根尺子，交出N左桩位。然后用BN、KN两尺长交会N点检查。

f. 同理，用AP、BP两尺长交会出P右桩，用AP、KP两尺长或BP、KP两尺长交会P点检查，P桩也可用NK穿线法定出。

g. 曲线左、右桩位，均可用两尺长交会定出。只是在计算曲线放样数据时，必须把中线两相邻桩位间距离和半幅路宽搞准确。

为了方便运算，可将式(8-2)、式(8-4)、式(8-5)编写为程序，其程序清单如下。

外圆加放边桩数据计算程序清单：

文件名：WY—BZ

```
LbI  0↵
"R"? R:"C"? C:"B":B↵
"Y=":R-√(R²-(c÷2)²)◢
"AN"=:√((c÷2)²+(B÷2+Y)²)◢
Goto  0
内圆加放边桩数据计算程序清单：
文件名：LY—BZ
LbI  0↵
"R"? R:"C"? C:"B":B↵
"Y=":R-√(R²-(c÷2)²)◢
"AP"=:√((c÷2)²+(B÷2-Y)²)◢
Goto  0
```

程序中：R——圆曲线半径；

C——圆曲线中桩AB间距离；

B——路面宽度。

3. 现场补桩

上面层筑铺前放好的左、中、右各桩位，在筑铺进行中，常因拉料汽车压坏桩，推土机推掉或人为毁桩等原因需要现场及时补桩。在此种情况下应根据现场桩位间几何关系进行补桩。

若是直线段可用本节“1”介绍的方法补桩，若是曲线段可用本节“2”介绍的方法补桩。若是条件许可，则可用全站仪坐标法直接补桩。

三、上面层桩位设计高程放样方法

上面层各结构层铺筑时，必须进行各结构层的设计高程放样。从线路施工实践出发，根据铺筑顺序、施工进度，上面层各结构层的设计高程放样按下述步骤进行：

(1)铺筑前实测桩位高程，将设计高程位置标志于点位桩侧，指导摊铺。

(2)铺筑进行中，跟踪测量铺筑面实地高程，监控结构层的厚度和高程以及路拱横坡。

(3)铺筑完工，进行全线的交(竣)工测量，包括中线纵断高程、横断面高程测量。

1. 上面层各结构层铺筑前设计高程放样方法

公路工程上面层各结构层铺筑前设计高程放样，在施工实践中，常采用的方法有：

(1)实测点位地面高程，进行设计高程放样。

(2)实测点位桩顶高程，进行设计高程放样。

(3)待放样点“视线高法”进行设计高程放样。

上述三种方法操作步骤详见第六章第三节。

这里应再次提醒的是：用上述三种方法中任一种方法所放出的高程是经碾压后的设计高程。施工时必须用“施工高程”，即考虑了填料的“松铺系数”以后的高程。

关于松铺厚度，《规范》规定：通过试验来确定不同机具压实不同填料的最佳含水率、适宜的松铺厚度和相应的碾压遍数、最佳的机械配套和施工组织。对于高速公路，一级公路按松铺厚度 30cm 进行试验，以确保压实层的匀质性。

《公路路面基层施工技术规范》(JTJ 034—2000)规定：人工摊铺混合料时，其松铺系数为1.4～1.5；平地机摊铺混合料时，其松铺系数为 1.25～1.35(混合料：粗细碎石集料和石屑各占一定比例的填料)。

施工放样时，也可根据自己多年施工经验确定松铺厚度。但需指出的是：松铺系数不是个定数，应在放样过程中多留意观察碾压实况，及时调整松铺厚度，以确保达到设计高程为原则。

2. 后边施工摊铺前边放样方法介绍

现代公路施工，由于机械化程度高，进度迅速，施工现场不可能从容放样。实际作业中多是后边施工摊铺碾压前放样。此时现场施工测量员应沉着细心，不能慌张，宜采用“视线高法”直接将设计高程位置放到点位桩侧，并根据实地填高加放松铺厚度。

实践证明，“视线高法”放样，减少了实测高程和计算施工高程的程序，从而提高了放样速度，完全能够满足后面施工摊铺的进度要求。

3. 上面层各结构层施工摊铺中的跟踪测量

前面施工摊铺碾压后边测高的方法：

上面层的基层(水稳层)铺筑填料中掺有一定比例的水泥，铺筑好的面层坚固，如果出现高程误差则难以整修。为了保证上面层的基层的厚度和设计高程的精度，避免因高程误差造成的返工现象，在上面层基层摊铺进行中，进行跟踪测量显得非常重要。

所谓跟踪测量就是紧跟在上面层基层摊铺作业后面的水准测量，它能及时发现摊铺过程中的超填欠填，及时指导路面整修，使其达到设计高程和设计厚度。其操作步骤方法如下：

(1)当上面层的基层摊铺一定距离，路面经碾压几遍(一般是3遍左右)，基本定型后即可进行跟踪测量。

(2)在压路机碾压进行中，用皮尺拉距放出预测的点位，用扎红绳标记的铁钉标志，一般情况下设中央分隔带的全幅路宽测6点，不设分隔带的全幅路宽测5点，具体间距根据现场监理要求而定。

(3)在跟踪测量前，应事先计算出预测点位的设计高程，填入"跟踪测量记录表"中；其样式见表8-1，表中部为预测点桩号及其设计高程，左为左半幅跟踪测量记录，右为右半幅跟踪测量记录。

跟 踪 测 量 手 簿 表8-1

左半幅 右半幅

前视读数			实测高程			桩号	设计高程 H_0 (m)	实测高程			前视读数		
前1	前2	前3	H_1 (m)	H_2 (m)	H_3 (m)			H_3 (m)	H_2 (m)	H_1 (m)	前3	前2	前1
1105	1120	1140	−30 116.840	−15 116.825	+5 116.805	K128+700 中	116.810						
1250			−5 116.695			6.0	116.690						
1400			+10 116.545			边12.75	116.555						
⋮			⋮			⋮							
1570			−5 116.375			K128+800 中	116.370						
1704			+9 116.241			6.0	116.250						
1830			0 116.115			边12.75	116.115						

后视已知水准点：$H_{已}$=117.533 后视读数：0.412 注：路拱−0.02

(4)跟踪测量的实施。

①将水准仪安置在施工段适当处，照准后视已知水准点塔尺读数0.412，记在表下部左下角或上部左上角。

②当压路机暂停后，立即用水准前视法测记碾压段预测点塔尺读数(即前视读数)，读数顺序：中桩—6.0桩—12.75桩，前进至下一断面：12.75桩—6.0桩—中桩。

③测读完毕，通知压路机继续碾压，并立即计算(用"H程序"计算)预测点实地高程和超填欠填数据抄录纸上，交给施工人员，立即对超填欠填部位进行人工整修。例如K128+700左半幅中桩处第一次实测高程：H_1=116.840m，$H_{设}$=116.810m则此处超填$H_{设}-H_1$=−0.030m，应对此处进行人工整修。而在同断面6.0m处超填−0.015m，12.75m处欠填+0.005m，因压路机仍在继续碾压，此两处可达到精度要求，不需整修。

④人工整修过的地方经碾压后，再测一次实地高程，如还超限，则再整修，直至符合精度要求，例如K128+700左H_2、H_3。

实践证明，经过跟踪测量处理的上面层基层面，其高程控制质量经检查验收均为优。

4.上面层施工中补桩测高放样方法

上面层在施工进行中常遇到拉料汽车或推土机等机械压损桩位现象，在此种情况下根据桩位几何关系恢复桩位后，可用“视线高法”放出该桩施工高度，或用测桩顶高程法放出该桩施工高度。

四、上面层施工结束时的测量工作

上面层各结构层是分层进行施工的，当每层碾压完成后，并经压实度、弯沉、平整度，等检查合格后，方可进行上一层施工。例如底基层摊铺碾压完成后，经压实度、弯沉、平整度，等检查合格后，方可进行基层的摊铺工作。在每一层完工后，进行上一层施工前，现场施工测量员需做好下述工作：

(1)恢复中，边桩平面位置(复桩方法详见第六章第二节和本节“二”)。

(2)进行中，边桩施工高程放样(施工高程放样方法详见第六章第三节和本节“三”)。

(3)在施工过程中，应对线路外形进行日常维护，外形管理的测量频度和质量标准见表 8-2。

外形管理的测量频度和质量标准　　表 8-2

种类	项目		频度	质量标准	
				高速、一级公路	一般公路
底基层	纵断高程(mm)		一般公路每 20 延米一点，高速和一级公路每 20 延米一个断面，每断面 3～5 个点	+5 −15	+5 −20
	厚度(mm)	均值	每 1500～2000m² 6 个点	−10	−12
		单个值	—	−25	−30
	宽度(mm)		每 40 延米一处	+0 以上	+0 以上
	横坡度(%)		每 100 延米 3 处	±0.3	±0.3
	平整度(mm)		每 200 延米 2 处，每处连续 10 尺(3m 直尺)	15	20
基层	纵断高程(mm)		一般公路每 20 延米一点，高速和一级公路每 20 延米一个断面，每个断面 3～5 个点	+5 −10	+5 −15
	厚度(mm)	均值	每 1500～2000m² 6 个点	−8	−10
		单个值	—	−20	−25
	宽度(mm)		每 40 延米一处	+0 以上	+0 以上
	横坡度(%)		每 100 延米 3 处	±0.3	±0.3
	平整度(mm)		每 200 延米 2 处，每处连续 10 尺	10	15

第四节　上面层工程交(竣)工测量

公路上面层工程包括底基层工程、基层工程和路面工程。当每层工程基本完工后，必须进行全线的交(竣)工测量，以作为交(竣)工验收的依据。

交(竣)工测量包括中线测量、横断面测量及高程测量。

上面层各结构层的交(竣)工测量是由施工监理人员会同施工方项目部有关技术人员以及

施工单位的施工员、测量员，按设计文件要求进行的。

一、自我检测

在监理人员检查验收前，施工单位应会同项目部有关技术人员先做好自我检查：

(1)自检中线偏位。

(2)自检上面层各结构层的宽度。

(3)自检各结构层路面平整度。

(4)自检各结构层的实地高程是否达到设计高程。

(5)自检各结构层的横坡度。

(6)配合现场施工员自检压实度。

(7)配合现场施工员自检弯沉。

根据自检结果进行整修补救，使其达到设计要求。

自检合格后，编制符合要求的交工(竣工)资料，申请进行交工(竣工)验收。

二、必须按照规程检查验收

检查验收是保证工程质量的重要部分。交(竣)工测量成果是衡量工程质量水平和建立工程档案的重要资料，必须认真、严格，坚决杜绝虚假的检查验收，杜绝伪制资料。

为统一工程路基路面现场测试用的仪器设备、试验方法与操作要求，提高测试质量，交通运输部特制定了《公路路基路面现场测试规程》(JTG E60—2008)。

该规程适用于公路路基路面的现场调查，施工质量检测，交工验收以及使用过程中的路况评定等。

三、交通运输部关于公路施工质量检测的有关规定

为使公路工程现场施工测量员了解、掌握路基路面工程检查验收的范围和方法，下面将交通运输部2008年颁发的《公路路基路面现场测试规程》(JTG E60—2008)中“路基路面几何尺寸测试方法”(T 0911—2008)及“检测路段数据整理方法”抄录如下，供参考：

4 T 0911—2008 路基路面几何尺寸测试方法

4.0.1 目的与适用范围

本方法适用于路基路面各部分的宽度、纵断面高程、横坡及中线平面偏位等几何尺寸的检测，以供道路施工过程、路面交竣工验收及旧路调查使用。

4.0.2 仪具与材料技术要求

本方法需要下列仪具与材料：

(1)长度量具：钢卷尺。

(2)经纬仪、精密水准仪、塔尺或全站仪。

(3)其他：粉笔等。

4.0.3 方法与步骤

4.0.3.1 准备工作

(1)在路基或路面上准确恢复桩号。

(2)根据有关施工规范或《公路工程质量检验评定标准(土建工程)》(JTG F80/1)的要求，按附录A的方法，在一个检测路段内选取测定的断面位置及里程桩号，在测定断面作上标记。通常将路面宽度、横坡、高程及中线平面偏位选取在同一断面位置，且宜在整数桩号上测定。

(3)根据道路设计的要求，确定路基路面各部分的设计宽度的边界位置，在测定位置上用粉笔做上记号。

(4)根据道路设计的要求，确定设计高程的纵断面位置。在测定位置上用粉笔做上记号。

(5)根据道路设计的要求，在与中线垂直的横断面上确定成型后路面的实际中心线位置。

(6)根据道路设计的路拱形状，确定曲线与直线部分的交界位置及路面与路肩(或硬路肩)的交界处，作为横坡检验的基准；当有路缘石或中央分隔带时，以两侧路缘石边缘为横坡测定的基准点，用粉笔做上记号。

4.0.3.2　路基路面各部分的宽度及总宽度测试步骤

用钢尺沿中心线垂直方向水平量取路基路面各部分的宽度，以m表示，对高速公路及一级公路，准确至0.005m；对其他等级公路，准确至0.01m。测量时钢尺应保持水平，不得将尺紧贴路面量取，也不得使用皮尺。

4.0.3.3　纵断面高程测试步骤

(1)将精密水准仪架设在路面平顺处调平，将塔尺竖立在中线的测定位置上，以路线附近的水准点高程作为基准。测记测定点的高程读数，以m表示，准确至0.001m。

(2)连续测定全部测点，并与水准点闭合。

4.0.3.4　路面横坡测试步骤

(1)设有中央分隔带的路面：将精密水准仪架设在路面平顺处调平，将塔尺分别竖立在路面与中央分隔带分界的路缘带边缘 d_1 处及路面与路肩交界位置(或外侧路缘石边缘) d_2 处，d_1 与 d_2 两测点必须在同一横断面上，测量 d_1 与 d_2 处的高程，记录高程读数，以m表示，准确至0.001m。

(2)无中央分隔带的路面：将精密水准仪架设在路面平顺处调平，将塔尺分别竖立在路拱曲线与直线部分的交界位置 d_1 及路面与路肩(或硬路肩)的交界位置 d_2 处，d_1 与 d_2 两测点必须在同一横断面上，测量 d_1 与 d_2 处的高程，记录高程读数，以m表示，准确至0.001m。

(3)用钢尺测量两测点的水平距离，以m表示，以高速公路及一级公路，准确至0.005m；对其他等级公路，准确至0.01m。

4.0.3.5　中线偏位测试步骤

(1)有中线坐标的道路：首先从设计资料中查出待测点 P 的设计坐标，用经纬仪对该设计坐标进行放样，并在放样点 P' 做好标记，量取 PP' 的长度，即为中线平面偏位 Δ_{CL}，以mm表示。对高速公路及一级公路，准确至5mm；对其他等级公路，准确至10mm。

(2)无中桩坐标的低等级道路：应首先恢复交点或转点，实测偏角和距离，然后采用链距法、切线支距法或偏角法等传统方法敷设道路中线的设计位置，量取设计位置与施工位置之间的距离，即为中线平面偏位 Δ_{CL}，以mm表示，准确至10mm。

4.0.4　计算

4.0.4.1　按式(4.0.4-1)计算各个断面的实测宽度 B_{1i} 与设计宽度 B_{0i} 之差。总宽度为路基路面各部分宽度之和：

$$\Delta B_i = B_{1i} - B_{0i} \tag{4.0.4-1}$$

式中：B_{1i}——各断面的实测宽度(m)；

B_{0i}——各断面的设计宽度(m)；

ΔB_i——各断面的实测宽度和设计宽度的差值(m)。

4.0.4.2　按式(4.0.4-2)计算各个断面的实测高程 H_{1i} 与设计高程 H_{0i} 之差：

$$\Delta H_i = H_{1i} - H_{0i} \tag{4.0.4-2}$$

式中：H_{1i}——各个断面的纵断面实测高程(m)；

H_{0i}——各个断面的纵断面设计高程(m)；

ΔH_i——各个断面的纵断面实测高程和设计高程的差值(m)。

4.0.4.3　各测定断面的路面横坡按式(4.0.4-3)计算，准确至一位小数。按式(4.0.4-4)计算实测横坡 i_{1i} 与设计横坡 i_{0i} 之差：

$$i_{1i} = \frac{d_{1i} - d_{2i}}{B_{1i}} \times 100 \tag{4.0.4-3}$$

$$\Delta i_i = i_{1i} - i_{0i} \tag{4.0.4-4}$$

式中：i_{1i}——各测定断面的横坡(%)；

d_{1i}、d_{2i}——4.0.3.4 所述各断面测点 d_1 及 d_2 处的高程读数(m)；

B_{1i}——各断面测点 d_1 与 d_2 之间的水平距离(m)；

i_{0i}——各断面的设计横坡(%)；

Δi_i——各测定断面的横坡和设计横坡的差值(%)。

4.0.4.4　根据本规程附录 B 的方法计算一个评定路段内各测定断面的宽度、高程、横坡以及中线平面偏位的平均值、标准差、变异系数，但加宽及超高部分的测定值不参与计算。

4.0.5　报告

4.0.5.1　以评定路段为单位列出桩号、宽度、高程、横坡以及中线偏位测定的记录表，记录平均值、标准值、变异系数。注明不符合规范要求的断面。

4.0.5.2　纵断面高程测试报告中应报告实测高程与设计高程的差值，低于设计高程为负，高于设计高程为正。

4.0.5.3　路面横坡测试报告中应报告实测横坡与设计横坡的差值。实测横坡小于设计横坡差值为负；实测横坡大于设计横坡差值为正。

附录 B　检测路段数据整理方法

B.0.1　目的与适用范围

B.0.1.1　根据相关规范的规定计算一个评定路段内测定值的平均值、标准差、变异系数，计算测定值与设计值之差，按照数理统计原理计算一个评定路段内测定值的代表值。

B.0.1.2　计算代表值所使用的保证率，根据相关规范的规定采用。

B.0.2　计算

B.0.2.1　按式(B.0.2-1)计算实测值 X_i 与设计值 X_0 之差：

$$\Delta X_i = X_i - X_0 \tag{B.0.2-1}$$

式中：X_i——各个测点的测定值；

X_0——设计值；

ΔX_i——实测值 X_i 与设计值 X_0 之差。

B.0.2.2　测定值的平均值、标准差、变异系数、绝对误差、精度等按式(B.0.2-2)～式(B.0.2-6)计算。

$$\overline{X}=\frac{\sum X_i}{N} \tag{B.0.2-2}$$

$$S=\sqrt{\frac{\sum(X_i-\overline{X})^2}{(N-1)}} \tag{B.0.2-3}$$

$$C_v=\frac{S}{\overline{X}}\times 100 \tag{B.0.2-4}$$

$$m_x=\frac{S}{\sqrt{N}} \tag{B.0.2-5}$$

$$p_x=\frac{m_x}{\overline{X}}\times 100 \tag{B.0.2-6}$$

式中：X_i——各个测点的测定值；

N——一个评定路段内的测点数；

$\overline{X}$——一个评定路段内测定值的平均值；

C_v——一个评定路段内测定值的变异系数(%)；

m_x——一个评定路段内测定值的绝对误差；

p_x——一个评定路段内测定值的试验精度(%)。

B.0.2.3　计算一个评定路段内测定值的代表值时，对单侧检验的指标，按式(B.0.2-7)计算；对双侧检验的指标，按式(B.0.2-8)计算：

$$X' = \overline{X} \pm S\frac{t_a}{\sqrt{N}} \tag{B.0.2-7}$$

$$X' = \overline{X} \pm S\frac{t_{a/2}}{\sqrt{N}} \tag{B.0.2-8}$$

式中：X'——一个评定路段内测定值的代表值；

t_a、$t_{a/2}$——t 分布表中随自由度(N-1)和置信水平 α(保证率)而变化的系数，见表 B.0.2。

$\frac{t_{a/2}}{\sqrt{N}}$ 和 $\frac{t_a}{\sqrt{N}}$ 的值　　表 B.0.2

测定数 N	双边置信水平的 $t_{\alpha/2}/\sqrt{N}$		单边置信水平 $t_\alpha/\sqrt{N}$	
	保证率 95%	保证率 90%	保证率 95%	保证率 90%
	$\alpha/2$	$\alpha/2$	α	α
2	8.985	4.465	4.465	2.176
3	2.484	1.686	1.686	1.089

续上表

测定数 N	双边置信水平的 $t_{\alpha/2}/\sqrt{N}$		单边置信水平 $t_{\alpha}/\sqrt{N}$	
	保证率 95%	保证率 90%	保证率 95%	保证率 90%
	$\alpha/2$	$\alpha/2$	α	α
4	1.591	1.177	1.177	0.819
5	1.242	0.953	0.953	0.686
6	1.049	0.823	0.823	0.603
7	0.925	0.716	0.716	0.544
8	0.836	0.670	0.670	0.500
9	0.769	0.620	0.620	0.466
10	0.715	0.580	0.580	0.437
11	0.672	0.546	0.546	0.414
12	0.635	0.518	0.518	0.392
13	0.604	0.494	0.494	0.376
14	0.577	0.473	0.473	0.361
15	0.554	0.455	0.455	0.347
16	0.533	0.436	0.436	0.335
17	0.514	0.423	0.423	0.324
18	0.497	0.410	0.410	0.314
19	0.482	0.398	0.398	0.304
20	0.468	0.387	0.387	0.297
21	0.454	0.376	0.376	0.289
22	0.443	0.367	0.367	0.282
23	0.432	0.358	0.358	0.275
24	0.421	0.350	0.350	0.269
25	0.413	0.342	0.342	0.264
26	0.404	0.335	0.335	0.258
27	0.396	0.328	0.328	0.253
28	0.388	0.322	0.322	0.248
29	0.380	0.316	0.316	0.244
30	0.373	0.310	0.310	0.239
40	0.320	0.266	0.266	0.206
50	0.284	0.237	0.237	0.184
60	0.258	0.216	0.216	0.167
70	0.238	0.199	0.199	0.155
80	0.223	0.186	0.186	0.145
90	0.209	0.173	0.173	0.136
100	0.198	0.166	0.166	0.129

B.0.3　报告

B.0.3.1　根据工程需要及现行相关规范规定，列出一个评定路段内测定值的记录表，记录平均值、标准差、变异系数及代表值。注明不符合规范规定的测点。

B.0.3.2　当无特殊规定时，可疑数据的舍弃宜按照 k 倍标准差作为舍弃标准，即在资料分析中，舍弃那些在 $\overline{X} \pm kS$ 范围以外的测定值，然后再重新计算整理。当试验数据 N 为 3、4、5、6 个时，k 值分别为 1.15、1.46、1.67、1.82，$N \geqslant 7$ 时，k 值宜采用 3。

第九章

公路平交口平面位置放样技术

第一节　公路平交口的概念及类型

一、公路平交口的概念

平交口(也叫平面交叉)是公路常见线形之一,也是公路施工一个重要分部。对公路施工测量来说,是重要的放样任务之一。

关于平交口放样数据计算及实地放样,现行出版的有关公路篙工测量的书籍和教材,都无这方面的内容。

本文是作者在公路多年施工测量实践中现场放样平交口技术的经验总结。

本章重点介绍平交口放样平面数据计算技术及放样技术。

关于平交口的概念详见图 9-1 和图 9-2。

图 9-1 是广东省中山市东部快线工程 ZK55+100.139(YK55+097.073)沿江路平面交叉平面设计图。

图 9-2 是泉州至南宁高速公路江西境内兴国连接线 K10+819.112 处平面交叉平面设计图。

由图 9-1 和图 9-2 可知,平交口线形是圆曲线,是连接两条公路相交处的圆曲线。

二、公路平交口的类型

按设计单位提供的平面交叉线形的要素划分平交口的类型。

1. Ⅰ型(图 9-1)

设计图上提供的要素是:

(1)曲线两端点 A、B,即弦的两端点的坐标已知。

(2)圆心坐标已知。

(3)圆曲线半径已知。

2. Ⅱ型(图 9-1)

设计图上提供的要素是:

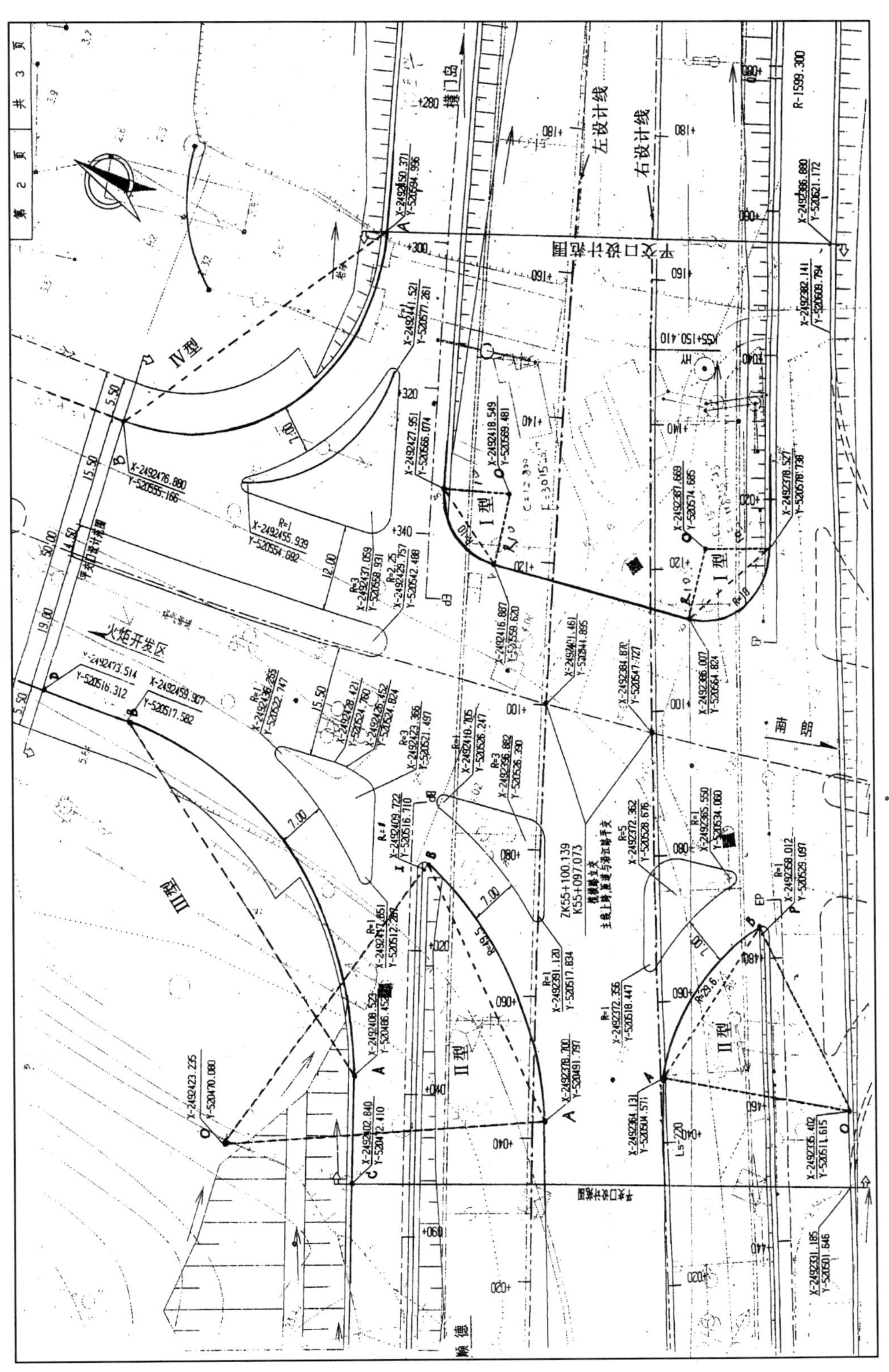

图9-1　ZK55+100.139(YK55+097.073)处沿江路平面交叉平面设计图

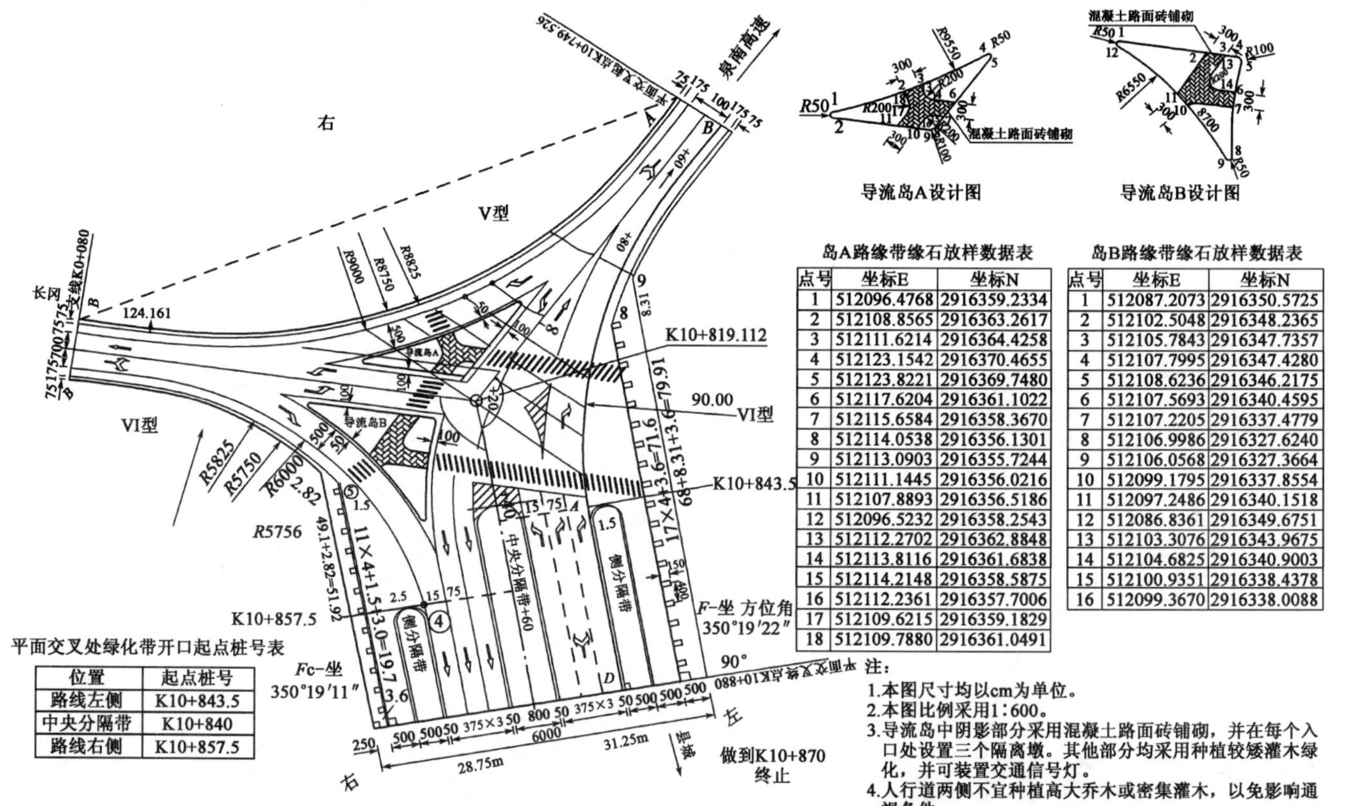

岛A路缘带缘石放样数据表

点号	坐标E	坐标N
1	512096.4768	2916359.2334
2	512108.8565	2916363.2617
3	512111.6214	2916364.4258
4	512123.1542	2916370.4655
5	512123.8221	2916369.7480
6	512117.6204	2916361.1022
7	512115.6584	2916358.3670
8	512114.0538	2916356.1301
9	512113.0903	2916355.7244
10	512111.1445	2916356.0216
11	512107.8893	2916356.5186
12	512096.5232	2916358.2543
13	512112.2702	2916362.8848
14	512113.8116	2916361.6838
15	512114.2148	2916358.5875
16	512112.2361	2916357.7006
17	512109.6215	2916359.1829
18	512109.7880	2916361.0491

岛B路缘带缘石放样数据表

点号	坐标E	坐标N
1	512087.2073	2916350.5725
2	512102.5048	2916348.2365
3	512105.7843	2916347.7357
4	512107.7995	2916347.4280
5	512108.6236	2916346.2175
6	512107.5693	2916340.4595
7	512107.2205	2916337.4779
8	512106.9986	2916327.6240
9	512106.0568	2916327.3664
10	512099.1795	2916337.8554
11	512097.2486	2916340.1518
12	512086.8361	2916349.6751
13	512103.3076	2916343.9675
14	512104.6825	2916340.9003
15	512100.9351	2916338.4378
16	512099.3670	2916338.0088

平面交叉处绿化带开口起点桩号表

位置	起点桩号
路线左侧	K10+843.5
中央分隔带	K10+840
路线右侧	K10+857.5

注：

1.本图尺寸均以cm为单位。
2.本图比例采用1∶600。
3.导流岛中阴影部分采用混凝土路面砖铺砌，并在每个入口处设置三个隔离墩。其他部分均采用种植较矮灌木绿化，并可装置交通信号灯。
4.人行道两侧不宜种植高大乔木或密集灌木，以免影响通视条件。
5.导流岛A和导流岛B路缘石放样采用坐标法。

图9-2　兴国连接线K10+819.112处平面交叉平面设计图

(1)曲线 A 端点,即弦的一个端点的坐标已知。

(2)曲线 B 端点,即弦的另一个端点的坐标未知,但从图 9-2 可知,B 端点坐标可以算出。

(3)半径 OA 已知。

(4)半径 OB 未知,但提供了半径 OB 连线上 P 点的坐标及 PB 之间的距离。

(5)圆心坐标已知。

3. Ⅲ型(图 9-1)

设计图上提供的要素是:

(1)曲线 A、B 两端点,即弦的两端点的坐标已知。

(2)曲线前直线,即第一直线段段上 C 点的坐标已知。

(3)曲线后直线段,即第二直线段上 D 点的坐标已知。

(4)圆心坐标未知。

(5)半径未知。

4. Ⅳ型(图 9-1)

设计图上提供的要素是:

(1)曲线两端点 A、B,即弦的两个端点的坐标已知。

(2)前直线段已知。

(3)后直线段已知。

(4)半径未知。

(5)圆心坐标未知。

5. Ⅴ型(图 9-2)

设计图上提供的要素是:

(1)曲线端点 A,即弦的一个端点的里程桩号已知,本例中 A 的桩号为 K10+749.526。

(2)曲线端点 B,即弦的另一个端点的里程桩号已知,本例中 B 的桩号是支线桩号 K0+080(注意:主线、支线是同一坐标系统)。

(3)曲线端点 A 到设计中线距离已知,本例中 $D=7.0/2+1.75+0.75=6.0$。

(4)曲线端点 B 到设计中线距离已知,本例中 $D=7.0/2+1.75+0.75=6.0$。

(5)半径 R 已知,本例中,$R=87.50$。

6. Ⅵ型(图 9-2)

设计图上提供的要素是:

(1)曲线端点 A 在垂线上。图中 AC、AD 可以用比例尺图量取得,C 及 D 点是平面交叉终点 K10+880 横断面左、右边点,其坐标可计算出。

(2)曲线端点 B 在主设计线上的里程桩号已知。

(3)圆曲线半径已知。

(4)圆心坐标未知。

上述六种平面交叉类型,虽然不是公路平交口类型全部,但却是公路平交口施工常见的基本类型,只要掌握了这几种类型平面位置放样数据计算技术,就基本上能够胜任公路平交口施工中的放样工作。

第二节　公路平交口放样实用技术

作者在公路施工平交口作业中，常采用下述四种技术，在现场放出公路平面交叉线形：

(1)现场几何作图法。

(2)弦线垂距法。

(3)全站仪坐标法。

(4)弦线垂距坐标法。

一、现场几何作图法(图 9-3)

1. 已知条件

(1)半径已知，要求半径小于 50m。

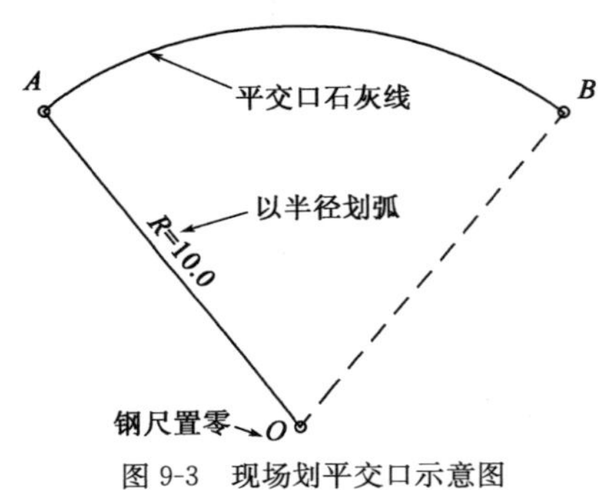

图 9-3　现场划平交口示意图

(2)圆心坐标已知。

(3)平交曲线两端点坐标已知。

(4)现场较平坦、开阔。

2. 适用图型

适用图 9-1 中 I 型和 II 型。

Ⅱ型平交曲线 B 端点坐标未知，但 OIB 三点在同一条半径上，且 O、I 坐标已知，IB 距离已知，这样，可用直线坐标程序计算出 B 端点坐标。关于直线坐标计算程序，读者可参阅作者著作《测量员便携手册》(北京：人民交通出版社，2009)。

3. 操作技术

(1)用全站仪坐标法或用经纬仪钢尺极坐标法或用经纬仪标尺极坐标法等方法把圆心 O、曲线两端点 A 和 B 放到实地打桩标志。

(2)用钢尺(皮尺)以实地圆心 O、半径 R 为长度画过 A、B 端点的圆弧，即平交曲线。

(3)在画出的圆弧上撒石灰线，醒目标志。现场施工员以此线为据，指挥平交口施工。

二、弦线垂距法

1. 已知条件

(1)半径已知。

(2)弦长已知。

(3)现场较平坦开阔。

2. 适用图型

(1)适用图 9-1I 型、II 型。此两图半径已知，弦长可用平交曲线两端点坐标反算。

(2)适用图 9-1III 型。此图弦长可用平交曲线两端点坐标反算；半径可图量取得，也可用

计算方法求得。图量半径或计算半径方法详见本章第三节。

(3)适用图 9-1IV 型。此图弦长可用平交曲线两端点坐标反算；半径可图量或计算求得，其方法详见本章第三节。

(4)适用图 9-2V 型、VI 型。此两图半径已知，平交曲线两端点坐标可计算求得，然后再用两端点坐标反算弦长。其方法详见本章第三节。

综上分析知，只要平交口曲线半径、弦长已知，就可用弦线垂距法放样。

3. 操作方法

(1)计算弦线上任意一点 K 距弦中点距离 X_p 的支距 Y_p

$$Y_p=\sqrt{R^2-X_p^2}+M-R \tag{9-1}$$

式中：R——平交口曲线半径；

X_p——弦线上任意一点 K 距弦线中点之距离，实践中 X_p 常取用 K 点距中点 2、4、6、8、10 等整距离；

M——弦线中点至曲线中点的距离，术语称为该弦线的中央纵距。

$$M=R-\sqrt{R^2-\left(\frac{C}{2}\right)^2}\quad (C:\text{弦长}) \tag{9-2}$$

(2)弦线垂距法放平交口曲线放样方法(图 9-4)

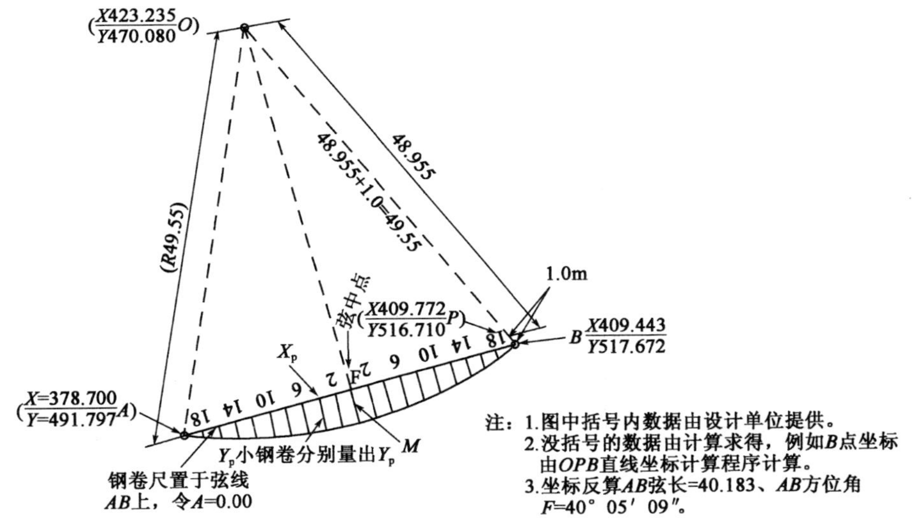

图 9-4　弦线垂距法放平交口示意图

操作方法：把钢卷尺置于弦线 AB 上，令弦中点 $F=0$m，然后在 0、2、4、6、8、10…20m 处用小钢尺分别量出垂距 $M=4.26$，$Y_p=4.22$、4.09、3.89、3.61、3.24…0.87、0.04(Y_p 计算值见表 9-1)打桩标志。

由于弦中点距平交口两端点 A、B 等距，所以用弦线垂距法放样平交口曲线时，是把一条曲线分成两个半曲线来操作的，即从弦中点放到 A 点，再从弦中点放到 B。

弦线垂距法放平交口数据计算　　表 9-1

平交口已知要素 / 放样数据	半径 R (m)	A		B		弦长 C(m)	AB 方位角	圆心 O	
		X(m)	Y(m)	X(m)	Y(m)			X(m)	Y(m)
	49.55	378.700	491.797	409.443	517.672	40.183	40°05′09″	423.235	470.080

X_p(m)	0	2	4	6	8	10	12	14	16	18	20
Y_p(m)	4.26	4.22	4.09	3.89	3.61	3.24	2.78	2.24	1.60	0.87	0.04

计算公式	$M=R-\sqrt{R^2-(C/2)^2}$ $Y_p=\sqrt{R^2-X_p{}^2}+M-R$

注：1. 由于弦中两侧对称，只需计算弦中点至 A 点的 Y_p。
2. 弦长 C、AB 方位角 F 为计算值。

三、全站仪坐标法

1. 已知条件

平交口曲线(圆弧)上任一点的 XY 坐标值已知。此坐标值设计单位没有提供，要求测量员现场放样时，现算现放。为了计算圆弧上任意一点的坐标，必须已知：

(1)平交口曲线的半径。

(2)平交口曲线起点的 X、Y 坐标值。

(3)平交口曲线终点的 X、Y 坐标值。

(4)平交口曲线上任意一点至曲线起(终点)距离。

(5)平交口曲线偏转方向：左偏，还是右偏。

(6)平交口曲线切线方向角。

2. 适用图型

无论什么图型的平面交叉曲线，只要曲线上任意一点的 XY 坐标值已知，都可选用全站仪坐标法放样。

3. 操作技术

(1)在平交口曲线附近导线点(或临时发展的测站点)上设置全站仪(对中、整平)。

(2)后视已知导线点定向。

(3)现场现算放样点坐标；用全站仪坐标法放样功能，逐点放出平交口曲线上各点，打桩标志(关于计算平交口曲线上任意一点坐标的方法，详见本章第四节)。

(4)在现场交桩给现场平交口施工员，由其指挥平交口施工。

四、弦线垂距坐标法

所谓弦线垂距坐标法，就是在前述“弦线垂距法”的基础上，再计算出垂距与平交口曲线交点的坐标，然后利用全站仪坐标法放样功能，把平交口曲线放样到实地。

关于弦线垂距与平交口曲线交点的坐标计算，详见本章第四节。

第三节　平交口曲线的要素计算

一、平交口曲线两端点间直线距离(弦长)计算

平交口曲线放样中，有时需要计算弦长，计算弦长的目的：

(1)用弦长可计算圆心角。

(2)用弦长可进行“弦线垂距法放样”及“弦线垂距坐标法放样”。

通常情况下，平交口设计图中提供了平交口曲线两端点的 XY 坐标值，而不是直接提供平交口曲线两端点间的距离。在这种情况下，可用 f_x—5800P/9750GII 型计算器“坐标反算”程序计算。

程序清单：

文件名：ZFS

```
"A="? A:"B="? B↵
LbI 0↵
"C="? C:"D="? D↵
C−A→X:D−B→Y↵
POI(X,Y)↵
I→S↵
"S=":S◢
J→F↵
If J<0:Then J+360→F:Else J→F:IfEnd↵
"F=":F▶DMS◢
"LI"? L:"K"? K↵
Abs(K−L)→P↵
"X=":A+P cos(F)→X◢
"Y=":B+P sin(F)→Y◢
"W"? W:"E"? E↵
"M=":X+W cos(F+E)◢
"N=":Y+W sin(F+E)◢
Goto 0
```

程序中：A?、B? ——平交口曲线 A 端点的 X、Y 坐标值；

C?、D? ——平交口曲线 B 端点的 X、Y 坐标值；

S——平交口曲线 AB 两端点间距离，即弦长；

F——AB 的方位角；

L? ——平交口曲线 A 端点的距离，令 $L=0.00$m；

K? ——平交口弦长上任意一点的距离；

X、Y——位于弦上的 K 点的坐标值；

W? ——垂直于 K 点的边距；

E? ——边距与弦线的夹角：左−E，右 E；

M、N——垂直于 K 点的边桩坐标值。

程序功能及注意事项：

(1)本程序有个特点,它不但可反算平交口曲线两端点间距离和方位角,而且又可以计算平交口曲线两端点连线(弦长)上任意一点的坐标和该点左、右两边桩的坐标。这一功能,为弦线垂距法计算曲线坐标提供很大的方便,也为线路构造物(例如圆管涵、通道等)放样计算坐标提供很大方便。

(2)注意方位角方向:例如A点坐标A、B,B点坐标C、D,前进方向是A→B,则本程序方位角是AB边的方位角。

程序执行操作方法步骤:略。

二、平交口曲线的半径计算

平交口曲线的半径,在计算平交口曲线放样数据时至关重要,但是,平交口设计图纸上却经常出现不提供曲线半径的现象,这就为用图者带来很大麻烦和不便。

根据平交口曲线设计图纸提供的数据,例如图9-1中Ⅳ型平交口只提供A、B两端点坐标,据其计算曲线半径,搜寻不到计算公式。这种给用户带来困难的设计图纸,建议设计者注意改进。

对于没有提供半径的设计图纸,作者在实践中,用下述两种方法求取半径。

(一)电脑二维绘图法量取半径 R

对于备有电脑的项目部,可依据平交口曲线两端点坐标展绘出平交口曲线,直接量出半径 R 和曲线上各放样的坐标,打印成图,供外业放线使用。本例中,电脑作图,量得 R=30.605m。

(二)绘图法量取半径 R(图9-5)

案例:图9-1Ⅳ型

图中,A、B为平交口曲线两端点,已知 A 点的 X=450.371,Y=594.996;B 点的 X=476.880,Y=555.166;半径 R 未知。要求:求取 R 值。

在这种情况下,按下述方法步骤作图(要求用设计单位提供的原图纸):

第一步:延长前直线过 A 作前切线;延长后直线过 B 作后切线;前、后切线相交于 Q 点。

第二步:求取圆心 O。

方法:过 A 作 AQ 垂线 AO;过 B 作 BQ 垂线 BO,则 AO 与 BO 相交于 O 点,O 点即是平交口曲线圆心。

第三步:图量半径 R。

前述作图后,AO、BO 即是平交口曲线半径,可用比例尺图量其长度。本例中,设计图比例尺为1∶500,量得 AO=30.6m,BO=30.5m,中数 R=30.55m。为了检核其正确性,可用下述图解计算法核算:

(1)用量角器(要求量角器最小刻划为30′),量出线路转角 N 和圆心角 α,则:

$$N=\alpha$$

若两者校差小于30′,取其中数。本例中,N 量取值为103°,α 量取值为103°,则取用103°。

(2)连接平交口曲线 AB 两端点,用前述坐标反算程序(文件名:ZFS)计算弦长 $AB=C$=47.845m;AB 方位角 F_{AB}=303°38′45.22″。

(3)求取平交口曲线半径 R。

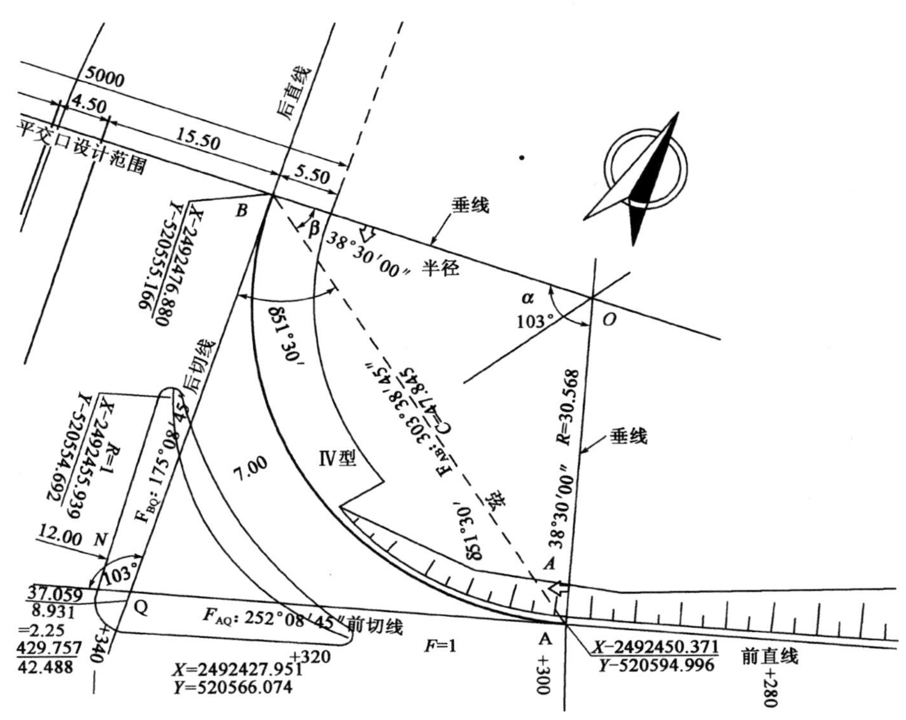

图 9-5　图解法求取平交口曲线半径示意图(尺寸单位:m)

方法一　用公式(9-3)计算半径 R。

$$R=\frac{C}{2\sin\frac{N}{2}} \tag{9-3}$$

式中:C——弦长,本例中 $C=47.845$;

N——线路转角,本例中 $N=103°$。

则

$$R=\frac{47.845}{2\sin\frac{103°}{2}}=30.568$$

检查计算:用式(9-4)计算圆心角,与图量圆心角比较:

$$\alpha=2\arcsin\frac{C}{2R} \tag{9-4}$$

式中:C——弦长,本例中 $C=47.845$;

R——用式(9-3)计算的平交口曲线半径值,本例中 $R=30.568$m。

则

$$\alpha=2\arcsin\frac{47.845}{2\times30.568}=102.9983973=102°59'54.2''$$

检查计算与图量值比较相差 6″,说明图量角值正确。

方法二　用式(9-5)计算半径 R。

$$R=\frac{C}{\sin O}\cdot\sin A=\frac{C}{\sin O}\cdot\sin B \tag{9-5}$$

式中:C——弦长,本例中 $C=47.845$;

O——图量圆心角,本例中 $O=103°$;

A、B——图 9-5 中等腰△ABO 中的∠A 和∠B,且 $\angle A=\angle B=\dfrac{180°-103°}{2}=83°30'00''$。

则

$$R=\frac{47.845}{\sin 103°}\times\sin 83°30'00''=30.568\text{m}$$

上述电脑作图与绘图法求取的半径 R 值,较差为:$R_{电}-R_{绘}=0.042$m。由此可知,在施工工地没有电脑绘图软件情况下,在大比例尺设计图上(例如1:600、1:500、1:400 等)用图解法求取的半径,完全可以满足平交口曲线施工放样精度。

(三)解析法计算半径 R(图 9-6)

案例:图 9-1Ⅲ 型

图中,A、B 为平交口两端点,已知 A 点的 $X=408.523$,$Y=486.452$;B 点的$X=459.907$,$Y=517.582$。C 点为前直线段上一点,$X=402.840$,$Y=472.410$;D 点为后直线段上一点,$X=473.514$、$Y=516.312$。半径 R 未知。要求:求取半径 R 值。

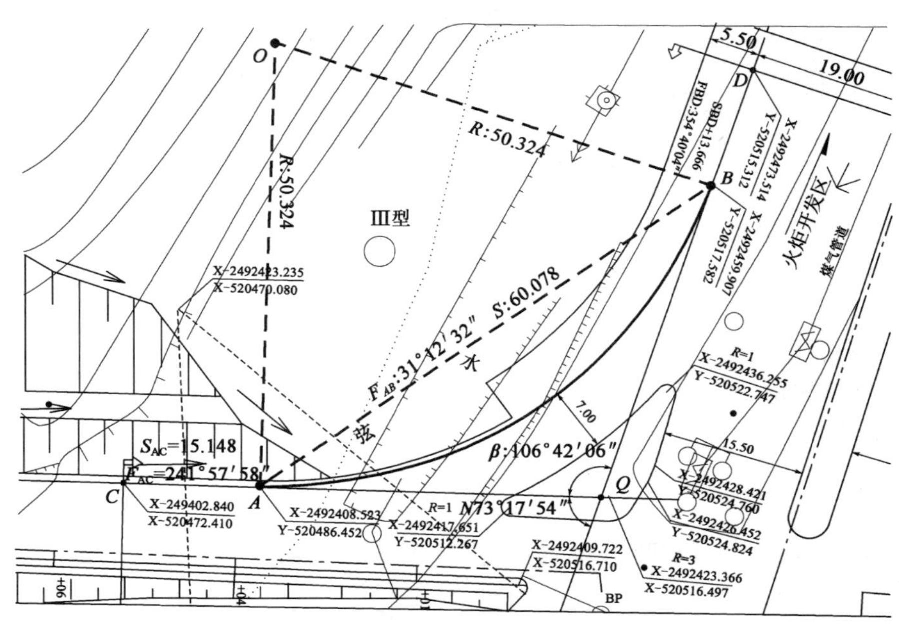

图 9-6 解析法计算平交口曲线半径示意图(尺寸单位:m)

比较图 9-5(平交口Ⅳ型)和图 9-6(平交口Ⅲ型)知:平交口Ⅲ型多提供了 C 和 D 的 X、Y 坐标值,而且这两点分别位于前、后切线的延伸直线上。这就为计算转角提供了方便,只要计算出前、后切线的方位角,就可计算转角 N(即圆心角),不需要作图用量角器量出转角。

在这种情况下,可按下述方法步骤计算半径 R 值:

(1)用前述坐标反算程序(文件名:ZFS)计算 AC 方位角:$F_{AC}=247°57'58''$。

(2)用前述坐标反算程序(文件名:ZFS)计算 BD 方位角:$F_{BD}=354°40'04''$。

(3)计算转角 N(即圆心角)。

①计算两切线夹角 β：

$$\beta = F_{BD} - F_{AC} = 354°40'04'' - 247°57'58'' = 106°42'06''$$

②计算线路转角 N(即圆心角)：

$$N = 180° - 106°42'06'' = 73°17'54''$$

(4)用前述坐标反算程序(文件名：ZFS)计算 AB 弦长和 AB 方位角：

$$C = 60.078\text{m}$$

$$F_{AB} = 31°12'32''$$

(5)用式(9-3)计算半径 R：

$$\begin{aligned} R &= 60.078 \div 2\sin(73°17'54'' \div 2) \\ &= 50.324\text{m} \end{aligned}$$

三、平交口曲线端点切线方位角计算

平交口曲线端点切线方位角是下述程序计算平交口曲线上任一点坐标的要素之一。但是，通常情况下，平交口曲线设计图都不提供这个数据，例如图 9-1 中，Ⅰ型、Ⅱ型、Ⅳ型。图 9-2中Ⅵ型平交口设计图。图 9-1 中Ⅲ型设计图，由于设计图提供了前、后切线两组(4 个点)已知坐标，所以能很方便地通过坐标反算求得切线方位角。除此之外，只要平交口设计图提供了一组坐标数据(通常只提供曲线两端点的坐标)，都要按本节二介绍的方法，先求出圆心角 O，然后按公式(9-6)计算出平交口曲线前，后切线方位角：

$$F_{切} = F_{弦} \pm \delta \tag{9-6}$$

式中：$F_{切}$——平交口曲线前、后切线方位角；

$F_{弦}$——平交口曲线两端点连线(弦)的方位角；

δ——偏角：即弦线与切线之夹角；等于$\frac{1}{2}$圆心角，即 $\delta = \frac{1}{2}\alpha$。线路左转偏角取"+"，右偏角转取"−"。

案例见图 9-5。

图中，$F_{弦} = F_{AB} = 303°38'45''$，圆心角 $\alpha = 103°$，则偏角 δ：

$$\delta = \frac{1}{2} \times 103° = 51°30'00''$$

则前切线方位角 $F_{前}$：

$$F_{前} = F_{AQ} = F_{AB} - \delta = 303°38'45'' - 51°30'00'' = 252°08'45''$$

后切线方位角 $F_{后}$：

$$\begin{aligned} F_{后} = F_{BQ} &= F_{BA} + \delta = (303°38'45'' - 180°) + 51°30'00'' \\ &= 175°08'45'' \end{aligned}$$

用式(9-7)进行检查计算：

$$F_{后} = F_{前} \pm N \tag{9-7}$$

式中：N——线路转角，左转$-N$，右转$+N$。

则本例中：

$$\begin{aligned} F_{后} = F_{QB} &= 252°08'45'' + 103° \\ &= 355°08'45'' \end{aligned}$$

则

$$F_{BQ} = F_{QB} - 180° = 175°08'45''$$

第四节　公路平交口曲线上任一点坐标计算技术

一、弦线垂距与平交口曲线交点的坐标计算技术

1. 选用弦线垂距与平交口曲线交点坐标计算方法的已知条件

(1)已知平交口曲线的半径 R。

(2)已知平交口曲线两端点 A、B 的坐标。根据这两点坐标可用坐标反算程序(ZFS)计算：

①弦长 C。

②AB 方位角 F。

2. 弦线垂距与平交口曲线交点坐标计算技术的操作方法步骤(以图 9-1Ⅱ型平交口曲线为例)

(1)计算弦线垂距 Y_p

用公式(9-1)计算弦线垂距 Y_p 的方法，详见本章第二节“二”。

计算数据见图 9-7：$X=0$，$Y=4.26$；$X=10.046$，$Y=3.23$。

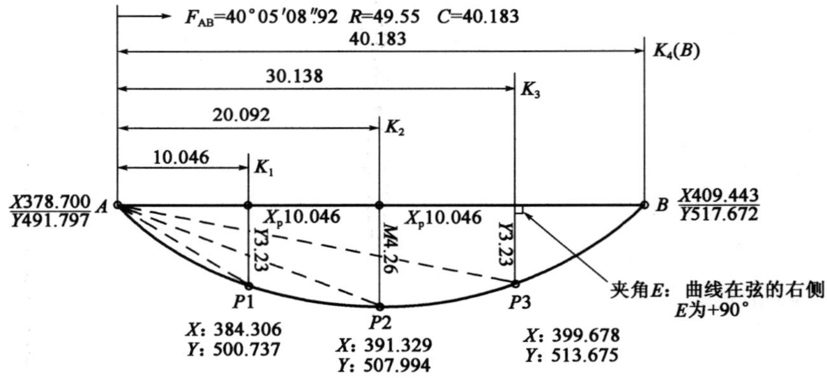

图 9-7　弦线垂距与平交曲线交点 P 的坐标计算示意图(尺寸单位：m)

为了在现场放样时方便、快速、准确地计算出 Y_p 值，我们将式(9-1)用 f_x—5800P/9750GⅡ型计算器编写成程序计算。其程序清单如下：

文件名：DXZG

```
"R="? R:"C="? C↵
R−√(R²−(C/2)²)→M↵
"M=":M◢
Lbl 0↵
"X"? X↵
√(R²−X²)+M−R→Y↵
"Y=":Y◢
Goto 0
```

程序中：R？——平交口曲线半径；

C？——弦长，即平交口曲线两端点之连线；

M=——弦线中点至曲线中点的距离；

X？——弦线上任意一点 K 距弦中点的距离，实践中，X 常取用 K 点距弦中点 2m、4m、6m、8m、10m 等整距离；

Y=——弦线支距，即垂直于 X 的垂距。

程序执行操作方法步骤：略。

(2)计算弦线垂距与平交口曲线交点 P 的 XY 坐标值

①计算弦线上任一点 K 距弦端点 A 的距离，见图 9-7：$AK_1=10.046$、$AK_2=20.092$、$AK_3=30.138$、AK_4(B)=40.183。

②计算弦线上 K 点的垂距与平交曲线交点 P 的 XY 坐标值：用 f_x—5800P/9750GII 型计算器坐标反算程序(文件名：ZFS)计算 P 点坐标的程序清单，详见本章第三节“一”。

③程序操作方法步骤：

a. 按[AC]键，开机，清除上次关机时屏幕上保留的内容；

b. 按[FILE][▼]键，选择文件名：ZFS；

c. 按[EXE]键，显示：$d.$=？ 输入 A 端点 X=378.700；

d. 按[EXE]键，显示：$fe.$=？ 输入 A 端点 Y=491.797；

e. 按[EXE]键，显示：C=？ 输入 B 端点 X=409.443；

f. 按[EXE]键，显示：D=？ 输入 B 端点 Y=517.672；

g. 按[EXE]键，显示：S=40.183(AB 弦长)；

h. 按[EXE]键，显示：$F=40°05'08.''92$(AB 方位角 F)；

i. 按[EXE]键，显示：L=？ 输入 A 端点桩号：令 L=0.000；

j. 按[EXE]键，显示：K？ 输入 K1 距离：K1=10.046；

k. 按[EXE]键，显示：X=386.386(弦上 K1 点 X 坐标值)；

l. 按[EXE]键，显示：Y=498.266(弦上 K1 点 Y 值)；

m. 按[EXE]键，显示：W？ 输入 K1 点垂距 Y=3.23；

n. 按[EXE]键，显示：E？ 曲线在弦的右侧，输入 90°(下同)；

o. 按[EXE]键，显示：M=384.306(弦垂距与曲线交点 P_1 的 X 值)；

p. 按[EXE]键，显示：N=500.737(弦垂距与曲线交点 P_1 的 Y 值)；

q. 按[EXE]键，显示：C=？ 至㉑按键 EXE 显示 L=?，重复上述⑤～⑨步；

r. 按[EXE]键，显示：K？ 输入 K2 距离：K2=20.092；

s. 按[EXE]键，显示：X=394.072 }
t. 按[EXE]键，显示：Y=504.735 } (弦上 K2 点的 X、Y 坐标值)；

u. 按[EXE]键，显示：W？ 输入 K2 点垂距 Y=4.26；

v. 按[EXE]键，显示：E？ 夹角同上输入 90；

w. 按[EXE]键，显示：M=391.329 }
x. 按[EXE]键，显示：N=507.994 } (P2 点的 X、Y 值)；

y. 以下重复计算：略。

需要说明的是，弦线垂距与平交口曲线交点 P 的坐标，还可用线路直线段点位坐标计算程序（文件名：ZXY）来计算。关于线路直线段点位坐标计算程序清单及操作方法步骤，可参阅本书第十一章第三节“三”。

二、程序计算平交口曲线上任一点的 *XY* 坐标技术

公路平交口曲线放样实践中方法各异。经作者多年实践，认为采用 f_x—5800P/9750GII 可编程计算器在现场现算现放平交口曲线于实地的方法较为实用。下面将作者在实践中应用的几个计算平交口曲线上任一点坐标的程序公之于众，供读者检验应用。

（一）程序清单一

文件名：PJK－XYJS1（平交口 XY 计算 1）

```
"A="? A:"B="? B:"C="? C:"D="? D:"R="? R↵
PoI(A-C,B-D):I→S:J+180→F:
S÷2→U:cos⁻¹(U÷R)→E↵
Rec(R,F-E)+A→M↵
B+J→N↵
LbI 0↵
"L"? L↵
(F-E+180)-L÷R×180÷π→Z↵
"X=":Rec(R,Z)+M→X◢
"Y=":N+J→Y◢
Goto 0
```

程序中：A?、B? ——平交口曲线起点 *XY* 坐标值；

C?、D? ——平交口曲终终点 *XY* 坐标值；

R——平交口曲线半径；

L——平交口曲线上任意一点距起点的弧长；

X=、*Y*=——前述 *L* 点的 *XY* 坐标值。

程序功能及注意事项：

(1)本程序可计算平交口曲线上任意一点的坐标。

(2)本程序平交口曲线点、终点的判定，必须是左偏方向。其判定方法见图 9-8。

(3)选用本程序的已知条件：

①已知平交口曲线的半径。

②已知平交口曲线起点、终点的 *XY* 坐标值。

（二）程序清单二

文件名：PJK－XYJS2（平交口 XY 计算 2）

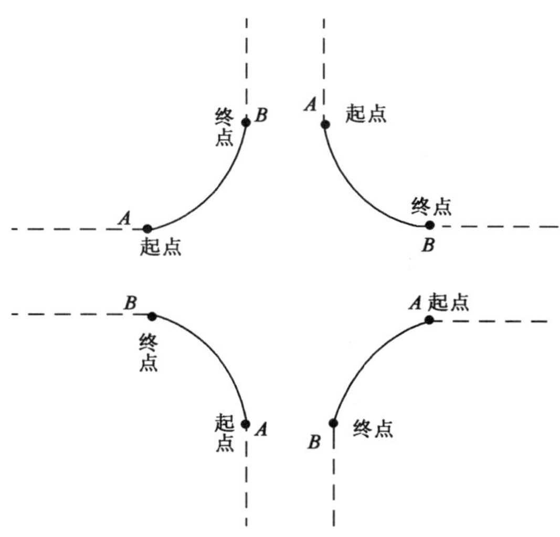

图 9-8　平交口曲线起点终点判定方法示意图

```
" A="? A:"B="? B:"T="? T:"K="? K:
"R="? R:"V="? V ↵
Lbl 0 ↵
"L"? L ↵
L-K→O:90O÷(Rπ)→Q ↵
"X=":A+2R sin(Q)×cos(T+VQ)→X ◢
"Y=":B+2R sin(Q)×sin(T+VQ)→Y ◢
"C"? C ↵
90→P:T+2VQ→E
Rec(C+E+P)↵
"M=":X+I ◢
"N=":Y+J ◢
Goto 0
```

程序中：A?、B?——平交口曲线起点 A 的 X、Y 坐标值；

T?——平交口曲线起点方位角(即前切线方位角)；

K?——平交口曲线起点 A 的里程桩号或距离，令 $K=0.000$；

R?——平交口曲线的半径；

V?——判断转角条件：左偏输入－1，右偏输入 1；

L?——平交口曲线上任意一点距离起点 A 的弧长；

$X=$、$Y=$——前述 L 点的坐标值；

C? ——距 L 点的边桩距离；

M=、N=——C 点的 XY 值。

程序功能及注意事项：

(1)本程序可计算平交口曲线上任意一点的 XY 坐标值；也可计算该点左、右边桩的 X、Y 坐标值。

(2)使用本程序必须正确判断平交口曲线转弯方向。判断方法：面对线路前进方向，左手侧为左弯，V 输入−1；右手侧为右弯，V 输入 1。

(3)平交口曲线起点的判定：面对线路前进方向，小号侧为起点 A，大号侧为终点 B。

选用本程序的已知条件：

①已知平交口曲线的半径。

②已知平交口曲线起点或终点的 XY 坐标值。

③已知曲线起点或终点的方位角：方位角计算详见本章第三节“三”。

(三)程序清单三

文件名：PJK-XYJS(平交口 XY 计算 3)

```
"R="? R:"A="? A:"P="? P:"Q="? Q:"F="? F:"G="? G↵
Lbi 0↵
"H"? H↵
If H≤0: Then Goto 1:IfEnd↵
Abs (H−A)→K↵
180K÷(Rπ)→O↵
Rsin(O)→Z↵
R(1−cos(O))→U↵
Rec(Z,F)↵
P+I→X:Q+J→Y↵
Rec(U,F+90G)↵
X+I→X:Y+J→Y↵
"X=":X◢
"Y=":Y◢
"S"? S:"E"? E↵
X+S cos(F+OG+E)→M↵
Y+S sin(F+OG+E)→N↵
"M=":M◢
"N=":N◢
Goto 0↵
LbI 1↵
"R="? R:"A="? A:"P="? P:"Q="? Q:"F="? F:"G="? G↵
Goto 0↵
```

程序中：R? ——平交口曲线半径；
A? ——曲线起点桩号，令 $A=0.000$；
P?、Q? ——平交口曲线起点的 XY 坐标值；
F? ——平交口曲线前切线方位角；
G? ——判断曲线转向：左转 $G=-1$，右转 $G=1$；
H? ——平交口曲线上任意一点距起点距离；
X?、Y? ——H 点的 XY 坐标值；
S? ——H 点的边桩距离；
E? ——夹角，左偏输入 $-E$，右偏输入 E；
M=、N=——S 边桩的 X、Y 坐标值。

程序功能及注意事项：

(1)本程序可计算平交口曲线上任意一点的 X、Y 坐标值，也可计算曲线两侧边桩点的 X、Y 坐标值。

(2)本程序还可计算主线路圆曲线中，边桩的 X、Y 坐标值。

(3)使用本程序必须正确判断平交口曲线弯转方向。判断方法：面对线路前进方向，左手侧为左弯，G 输入 -1；右手侧为右弯，G 输入 1。

(4)平交口曲线起点的判定：面对线路前进方向，小号侧为曲线起点 A，大号侧为曲线终点 B。

(5)选用本程序的已知条件：

①已知平交口曲线的半径。

②已知平交口曲线起点的 X、Y 坐标值。

③已知平交口曲线起点的桩号、距离为 0。

④已知平交口曲线起点的方位角，即前切线方位角。方位角计算详见本章第三节“三”。

第五节　公路平交口曲线实地放样实操案例

一、案例Ⅰ

本案例是广东省中山市东部快线工程延江路平交口曲线设计图。设计图原样见图 9-1。图中设计单位提供的平面交叉形式有四种类型。下面以Ⅱ型平交口曲线(图 9-9)实地放样为例，说明现场现算现放平交口曲线的方法及操作步骤：

(一)放样前熟悉图纸，掌握设计图上提供的数据

放样前，测量员应全面熟悉平交口曲线设计图，了解以下内容：

(1)平交口设计范围内各平交口间的关系。

(2)各平交口与主线路的几何关系。

(3)各平交口设计单位提供的要素；本例中，Ⅱ型平交口设计图上提供的数据是：

①A 端点坐标：$X=378.700$m、$Y=491.797$m。

②圆心坐标：$X=423.235$m、$Y=470.080$m。

③I 点坐标：$X=409.722\text{m}$、$Y=516.710\text{m}$；且 I 点在 OB 半径上。

④B 端点坐标未知，但 O、I、B 在同一直线上。用 O、I 坐标可计算出 B 点的坐标。

⑤半径 R：$R=49.5\text{m}$（根据 OA 坐标反算，R 应为 49.55m）。

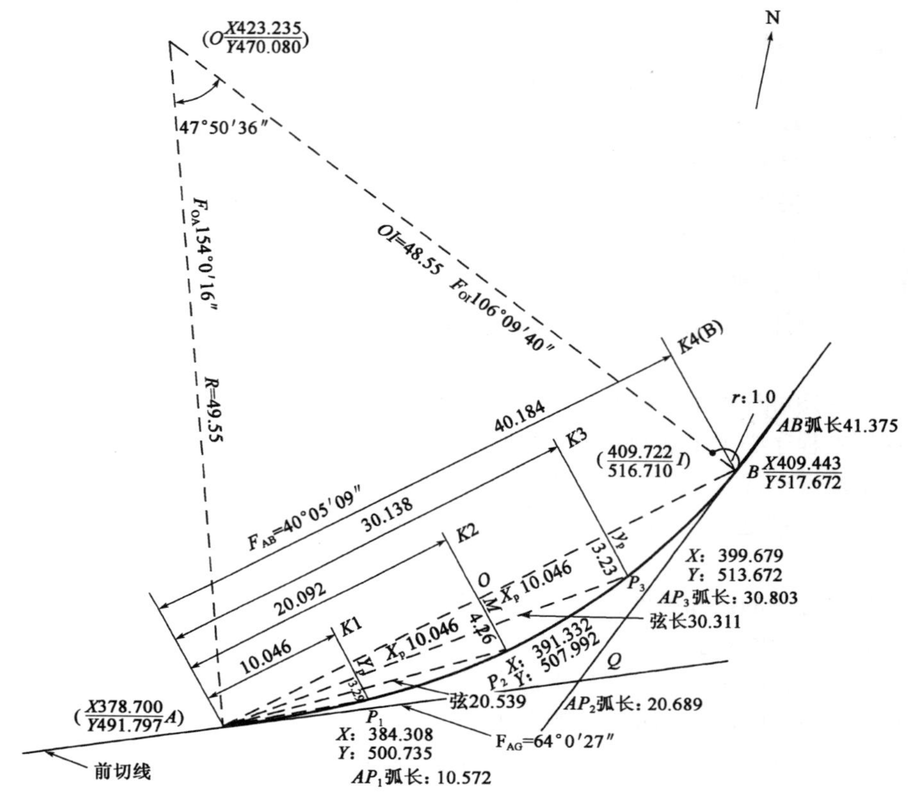

图 9-9　平交口曲线放样数据计算草图

(二)分析研究设计图上数据间的关系，准备程序计算的起算要素

1. 设计图上数据间的关系

(1)圆心 O 和端点 A 的坐标，可反算半径 R 和 OA 方向的方位角。

(2)圆心 O 和 I 点的坐标，可反算 OI 距离和 OI 方向的方位角，且可计算端点 B 的坐标。

(3)圆心角可用 OA 方位角和 OI 方位角计算。

(4)弦长计算，本例有两种方案：

①用圆心角和半径计算。

②用 A、B 坐标反算。

(5)弧长可用圆心角、半径计算。

2. 计算程序计算的起算要素

(1)计算弦线垂距法的起算要素(图 9-9)

弦线垂距法的起算要素是：X_P、Y_P、弦长 AB。

①弦线上任一点 K 距弦线中点距离 X_P 的取用，根据弧长，凭施工经验而定。本例中，

X_P＝10.046。

②计算弦长 AB(下同)。

本例中，计算弦长 AB 有两种方案：

方案一　用圆心角和半径计算

计算公式：

$$C = R \times 2\sin\frac{\alpha}{2} \tag{9-8}$$

式中：R——半径，本例中 R＝49.55m；

α——圆心角，本例中圆心角 $\alpha=47°50'36''$(α 计算方法见下述)；

C——弦长。

则本例中，弦长 $C=AB=R\times 2\sin\frac{47°50'36''}{2}=40.184\text{m}$

方案二　用 A、B 坐标反算

①本例中，先用 O、I 坐标计算 B 端点坐标，可用直线坐标程序(ZXY 程序：详见本书第十一章第三节“三”计算)，也可用本章第三节 ZFS 程序计算。

②再用 A、B 坐标反算弦长(用本章第三节 ZFS 程序)，C＝40.184。

③计算 Y_P(用本章第四节 DXZG 程序计算)。本例中：$X_P=0$，$Y_P=4.26\text{m}$；$X_P=10.046\text{m}$，$Y_P=3.23\text{m}$。

(2)计算前述程序清单一：PJK-XYJS1 程序的起算要素(图 9-9)

PJK-XYJS1 程序的起算要素是：弦线两端点(圆曲线两端点)A 和 B 的 X、Y 坐标值；半径 R；曲线上任一点距曲线起点的弧长。

①本例中，曲线起点 A 的 XY 坐标值、半径 R 已知。

②B 点坐标可用前述方法算出。

③平交口曲线上弧长可用下式计算：

$$L = R \times \frac{\alpha}{57.29578} \tag{9-9}$$

式中：R——半径，本例中 R＝49.55m。

α——圆心角，本例中圆心角 α 未知，可用下述两种方案计算：

方案 1　用本章第三节公式(9-4)计算：

$$\alpha = 2\cdot\arcsin\frac{40.184}{2R} = 47°50'37''$$

方案 2　计算 OA 和 OI 方位角，则：

$$\alpha = F_{OA} - F_{OI} = 154°00'16'' - 106°09'40'' = 47°50'36''$$

L——平交口曲线长弧长，本例中(下同)：

AP_1 弧长＝10.572m

AP_2 弧长＝20.689m

AP_3 弧长=30.803m

AB 弧长=41.375m

(3)计算前述程序清单二:PJK-XYJS2 程序的起算要素(图 9-9)

PJK-XYJS2 程序的起算要素是:平交口曲线起点 A 的 X、Y 坐标值;半径 R;前切线方位角 T;平交口曲线上任一点 P 距曲线起点 A 的弧长。

(1)本例中,曲线起点 A 的 XY 值已知;半径 R 已知。

(2)平交口曲线上任一点 P 距曲线起点 A 的弧长同上。

(3)平交口曲线起点方位角,即前切线方位角计算,用公式(9-10)计算(下同):

$$F_{切} = F_{弦} \pm \delta \tag{9-10}$$

本例中,$F_{弦}$ 是弦线 AB 的方位角,可用 ZFS 程序反算,求得 $F_{AB}=40°05'09''$。

δ 是偏角,即 $\delta=\frac{1}{2}\alpha$,本例中 $\alpha=47°50'36''$,则 $\delta=23°55'18''$。

所以:

$$F_{AQ} = 40°05'09'' + 23°55'18'' = 64°00'27''$$

(4)计算前述程序清单三:PJK-XYJS3 程序的起算要素(图 9-9)

PJK-XYJS3 程序的起算要素有:

(1)平交口曲线起点 A 的 X、Y 坐标已知:即 $X=378.700$、$Y=91.797$m。

(2)曲线半径已知:即 $R=49.55$m。

(3)前切线方位角 $F_{前}$ 的计算方法同上:即 $F_{前}=64°0'27''$。

(5)计算弦线垂距与平交口曲线交点 P 的坐标的起算要素

(1)计算弦线垂距的起算要素(图 9-9)。

计算弦线垂距的起算要素是 AB 弦长,半径 R,X_P:

①半径 R 已知。

②计算 AB 弦长,用 A、B 点坐标反算,但 B 点坐标未知,应用 OIB 直线坐标程序先计算出 B 点坐标:

$$X_B = 409.443; Y_B = 517.672$$

然后再用 ZFS 程序计算 AB 弦长:$C=40.184$。

③弦线上任一点 K 距弦中点距离 X_P,凭施工经验自己设定,本例中,令 $X_P=10.046$。

(2)计算弦线垂距与平交口曲线交点 P 的坐标的起算要素(图 9-9)。

计算弦线垂距与平交口曲线交点 P 坐标的起算要素是:弦两端点 A 和 B 的坐标,弦线垂距 Y_P,弦起点至 P 点垂足的距离:

①弦起点 A 坐标已知;终点 B 坐标已算出。

②弦线垂距 Y_P 已算出:$X_P=0$,$Y_P=4.26$;$X_P=10.046$,$Y_P=3.23$。

③计算弦起点到 P 点垂足的距离。

因 P_1 垂足 K_1 的 $X_P=10.046$

故 $AK1=S/2-X_P=20.092-10.046=10.046$

$AK2=AK1+10.046=20.092$

$AK3=AK2+10.046=30.138$

$AK4=AK3+10.046=40.184$

需要说明的是,上述介绍了四种程序计算的起算要素准备工作,现场作业中,可根据自己的经验和习惯,任选上述其中一个程序来计算,选另一个程序来验算。

另外,应把准备好的程序起算要素写在平交口曲线放样草图上,以方便现场查用。

对于有经验的测量员,上述程序的起算要素都是现场计算的。

(三)现场现算现放平交口曲线操作方法步骤

要把图9-1Ⅱ型平交口曲线放到实地,现场测量员可按下述步骤操作:

(1)在通视Ⅱ型平交口曲线的导线点上设置全站仪,对中、整平。

(2)选用全站仪坐标法放样功能“建站”:输入测站坐标、后视点坐标,照准后视点检查导线点精度并定向。

(3)“建站”完成,用全站仪坐标法放样功能先放已知坐标的A点,并用扎红塑带的竹(木)杆标志。

(4)再放P_1点时,用f_x—5800P计算器选用平交口曲线上点位坐标计算程序,依据前述准备好的起算要素,计算P_1点的XY坐标值进行放样。

(5)同(4)逐次放出P_2、P_3、B点的实地位置,并用扎红塑带的竹(木)杆醒目标志。

(6)现场将放出的A、P_1、P_2、P_3点移交给现场施工员,由其指挥撒石灰线并施工。

对于新手来说,应在准备程序起算要素的同时,计算出平交口曲线上放样点的坐标。计算结果见表9-2。表中,P_1、P_2、P_3的XY坐标,采用f_x—5800P计算器前述四种程序互相验算,供参考。

f_x—5800P计算器程序计算平交口曲线上点位坐标表　　表9-2

程序文件名	P_1		P_2		P_3	
	X(m)	Y(m)	X(m)	Y(m)	X(m)	Y(m)
ZFS	384.306	500.737	391.329	507.994	399.678	513.675
PJK-XY1	384.308	500.735	391.332	507.992	399.679	513.672
PJK-XY2	384.308	500.735	391.332	507.992	399.679	513.672
PJK-XY3	384.308	500.735	391.332	507.992	399.679	513.672

为了方便现场查用坐标,可将计算结果写在点位旁。

二、案例Ⅱ

以图9-10为例,该案例是泉州至南宁高速公路江西境内兴国连接线K10+819.112处平面交叉平面设计图Ⅴ型和Ⅵ型平交口,如图9-2所示。

现场测量员接受放样后,应按下述方法步骤,准备平交口平面位置放样数据。

(一)详细分析设计图纸,掌握设计图上提供的数据

1.分析Ⅴ型平交口设计图

1)Ⅴ型设计图提供的数据

(1)平面交叉起点A里程桩号:K10+749.526。

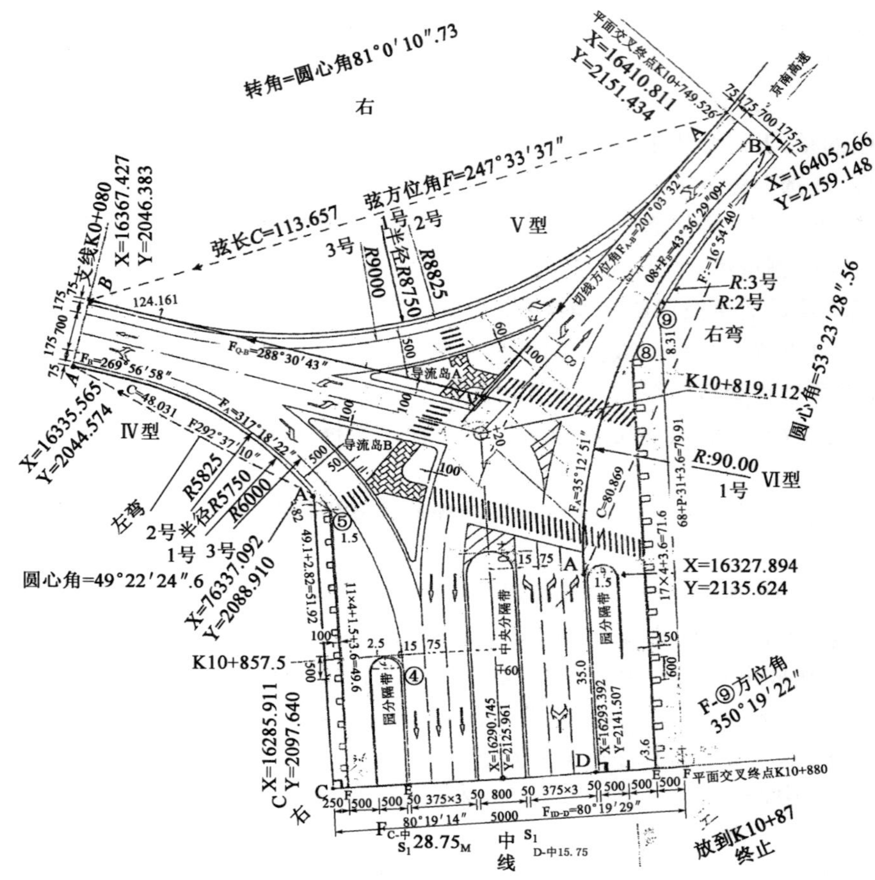

图 9-10　K10+819.112 处平面交叉平面设计图(比例尺:1∶600)

(2)平面交叉终点 B 里程桩号:支线 K0+080。

(3)1 号曲线半径:R=87.50。

(4)2 号曲线半径:R=88.25。

(5)3 号曲线半径:R=90.00。

(6)A 至主线中桩右边距:6.00=3.5+1.75+0.75。

(7)B 至支线中桩左边距:6.00=3.5+1.75+0.75。

(8)主线“直线、曲线及转角表”。

(9)支线“直线、曲线及转角表”。

2)Ⅴ型设计图没有提供的数据:

(1)1 号曲线起点 A 的坐标。

(2)1 号曲线终点 B 的坐标。

(3)圆心点标。

(4)曲线起点 A 的切线方位角。

2.分析Ⅵ型平交口设计图

1)分析Ⅵ型左弯设计图。

(1)Ⅵ型左弯平交口设计图提供的数据：

①B 点的里程桩号：支线 K0＋080。

②B 点至支线中线的左边距：6.00＝3.50＋1.75＋0.75。

③1 号曲线半径：R＝57.50。

④2 号曲线半径：R＝58.25。

⑤3 号曲线半径：R＝60.00。

⑥C 点的里程桩号：主线 K10＋880。

⑦C 点至主线中线右边距：28.75＝4.0＋0.5＋3.75×3＋0.5＋5.0＋5.0＋2.50。

⑧AC 垂直于 CF。

(2)Ⅵ型左弯平交口设计图没有提供的数据：

①A 点的坐标。

②B 点的坐标。

③C 点的坐标。

④AC 距离。

⑤圆心坐标。

⑥A 或 B 点的切线方位角。

2)分析Ⅵ型右弯设计图

(1)Ⅵ型右弯平交口设计图提供的数据：

①B 点的里程桩号：K10＋749.526。

②B 至主线中线左边距：3.50＝7.00÷2。

③1 号曲线半径：R＝90.00。

④AC 垂直于 CF。

⑤D 点至主线中线左边距：15.75＝4.0＋0.5＋3.75×3。

(2)Ⅵ型右弯平交口设计图没有提供的数据：

①A 点的坐标。

②D 点的坐标。

③1 号曲线的圆心坐标。

④A 或 B 的切线方位角。

⑤2 号曲线半径。

⑥3 号曲线半径。

注意：上述Ⅴ型、Ⅵ型平交口每处要放三条曲线，作者只分析了一条，其余两条曲线较简单，只要先放一条，其余两条根据其间几何关系，仿上分析。

(二)根据上述分析，选用放样方案

由上述分析可知，图 9-10 中的Ⅴ型、Ⅵ型平交品曲线选用下述三个方案中任何一个都可以完成放样任务。

(1)方案一：弦线垂距法。

(2)方案二：弦线垂距坐标法。

(3)方案三:全站仪坐标法。

(三)辅助计算(图 9-10)

1.选择方案一的辅助计算

前已述及,弦线垂距法的起算数据是:曲线半径;弦长,即曲线起、终点间距离。

而图 9-10 中的Ⅴ型、Ⅵ型平交口设计单位只提供了半径,没有提供弦长,这就要求现场测量员自己算出。

1)Ⅴ型平交口 AB 弦长及方位角计算

(1)计算 A 点坐标。

根据 A 点里程桩号,选用主线路就近的交点起算要素。本例中,A 点桩号是 K10+749.526,属主线交点 JD24 计算范围,所以采用交点 JD24 的起算要素:

①交点桩号:K10+677.237。

②交点坐标:$X=W=16466.412$,$Y=K=2198.689$。

③曲线半径:$R=519.586$。

④缓和曲线长:$V=50.000$。

⑤曲线转角:$N=12°04'22''$(左)。

⑥控制转角条件:$G=-1$。

⑦前切线方位角:$F=227°43'30''$。

计算 A 点至主线中线距离。本例中,A 在主线中线右边,其边距为:

$$7.000/2+1.75+0.75=6.0$$

判断夹角,即边线与主线中线之夹角(下同)。本例中,夹角 $E=90°$(右)。

用 5800P“XY 程序”计算 A 点坐标。程序执行操作方法步骤略,这里直接写出计算结果:

$$X_A=16410.811, Y_A=2151.434$$

(2)计算 B 点坐标。

①根据 B 点里程桩号,选用支线就近的交点起算要素。本例由于支线是直线,所以 B 点选用支线起算数据是支线起、终点坐标:

a.起点(QD):

(a)桩号:K0+000。

(b)起点坐标 $X=A=16349.420$,$Y=B=2124.563$。

b.终点(ZD):

(a)桩号:K0+763.484。

(b)终点坐标:$X=C=16464.670$,$Y=D=1369.828$。

支线长:763.484;

支线方位角:$F=278°40'56''$

②计算 B 点至支线中线距离。本例中,B 在支线中线右边,其边距:7.000/2+1.75+0.75=6.000。

③判断夹角。本例中,夹角 $E=90°$(右)。

④用 5800P“ZXY 程序”计算 B 点坐标。程序执行操作方法步骤略,这里直接写出计算

结果：

$$X_B = 16367.427, Y_B = 2046.383$$

(3)Ⅴ型平交口弦长及方位角计算。由于上述已计算出Ⅴ型平交口起点 A、终点 B 的坐标，所以可采用“ZXY 程序”或“ZFS 程序”直接计算出 AB 弦长及 AB 的方位角。

程序执行操作方法步骤略，计算结果如下：

①AB 弦长：C=113.655。

②AB 弦的方位角：$F_{A-B}=247°33'38''$。

2)Ⅵ型左弯平交口弦长计算

(1)计算 A 点坐标。简述如下：

①由于 $AC \perp CF$，可选用“XY 程序”计算 K10+880 中桩及右边桩 C 点坐标。

起算数据：Q=K10+819.111；X=W=16350.767；Y=K=2115.745；R=0.00001；V=0.000；$N=45°19'48''$(左)；G=−1；$F=215°39'08''$。

计算结果(程序中输入：H? =880，S? =28.75，E? =90°)；

K10+880 中桩；X=16290.745；Y=2125.981；

C 点：X=16285.911，Y=2097.640。

②根据 C 点及中桩坐标，用“ZXY 程序”计算 A 点坐标。

程序中：K? 输入 0，L? 输入 0，W? 输入 51.92，E?，输入−90°，则得 A 点坐标：

$$X = 16337.092, Y = 2088.910$$

提示：

设计图没有提供 AC 距离，可用比例尺在原设计图上量取，本例中，比例尺为 1∶600，图量 AC=51.92。

(2)计算 B 点坐标。由图 9-7 可知，Ⅵ型左弯平交口的 B 点与Ⅴ型平交口的 B 点是 K0+080 横断面的左、右边点，所以在计算Ⅴ型平交口 B 点坐标时，可一并用“ZXY 程序”算出Ⅵ型平交口 B 点的坐标：

$$X_B = 16355.565; Y_B = 2044.574$$

(3)Ⅵ型左变平交口弦长及方位角计算。根据Ⅵ型左弯平交口弦两端点 A、B 坐标，采用“ZXY 程序”或“ZFS 程序”计算得：

①AB 弦长：C=48.031。

②AB 方位角：$F_{A-B}=292°37'10''$。

3)Ⅵ型右弯平交口弦长及方位角计算

Ⅵ型右弯平交口弦长计算与Ⅵ型左变平交口弦长计算同理：

(1)用“XY 程序”一并算出 D 点坐标(程序中输入：H? =880，S? =15.75=4.0+0.5+3.75×3，E=−90°)：

$$X_D = 16293.392, Y_D = 2141.507$$

(2)用“ZXY 程序”计算 A 点坐标(程序中输入：K? =0，L? =15.75，W? =35.0，E? =−90°)：

$$X_A = 16327.894, Y_A = 2135.624$$

(3)计算 B 点坐标。Ⅵ型右弯平交口 B 点与Ⅴ型平交口 A 点是 K10+749.526 同一横断

面,B 在左边 3.50mm,所以在用“XY 程序”计算 A 点时,可一并算出 B 点坐标:

$$X_B=16405.266, Y_B=2159.148$$

(4)Ⅵ型右弯平交口曲线弦长及方位角计算。根据Ⅵ型右平交口弦两端点 A、B 坐标,用“ZXY 程序”或“ZFS 程序”计算得:

①AB 弦长:$C=80.869$。

②弦的方位角:$F=16°54'40''$。

2.选择方案二的辅助计算

对照前述的弦线垂距坐标法的起算数据可知,经过方案一的辅助计算,计算出:

(1)平交口弦起点的坐标。

(2)平交口弦终点的坐标。

(3)平交口弦上的垂距。

所以方案二的辅助计算,主要是计算弦起点至各垂足间的距离。

3.选择方案三的辅助计算

方案三是用全站仪坐标法把平交口曲线上已知坐标的点放到实地。曲线上放样点的坐标是用 5800P“PJK-XYJS 程序”计算的,所以这里主要是准备程序中所用的起算数据,即平交口起点切线方位角。

经过上述辅助计算,已经算出了:

(1)平交口曲线起点的坐标。

(2)平交口曲线终点的坐标。

(3)根据平交口曲线起、终点坐标,可反算出平交口曲线起、终点连线,即弦的方位角。

这样便可用圆曲线方位角程序(YFWJJS 程序)计算出平曲线起上切线的方位角。

(1)计算Ⅴ型平交口起点 A 的切线方位角。用 5800“YFWJJS 程序”计算起点 A 的切线方位角。程序执行操作方法步骤略,读者可自己演练,下同。计算结果如下:

A 的切线方位角:$F_A=207°03'32''$。

B 的切线方位角:$F_B=288°03'43''$。

(2)计算Ⅵ型左弯平交口起点 A 的切线方位角。计算结果如下:

A 的切线方位角:$F_A=317°18'22''$。

B 的切线方位角:$F_B=267°55'58''$。

(3)Ⅵ型右弯平交口起点 A 的切线方位角计算。计算结果如下:

A 的切线方位角:$F_A=350°12'51''$。

B 的切线方位角:$F_B=43°36'29''$。

(四)案例放样数据计算

1.计算图 9-10 中Ⅵ型右弯平交口的弦线垂距

用 5800P“DXZJ 程序”计算,计算结果如图 9-11 所示。程序执行操作方法步骤略。

2.计算图 9-10 中Ⅵ右弯平交口的弦线垂距与曲线的交点的坐标

用 5800P“ZXY 程序”计算,计算结果如图 9-12 所示。程序执行操作方法步骤略。

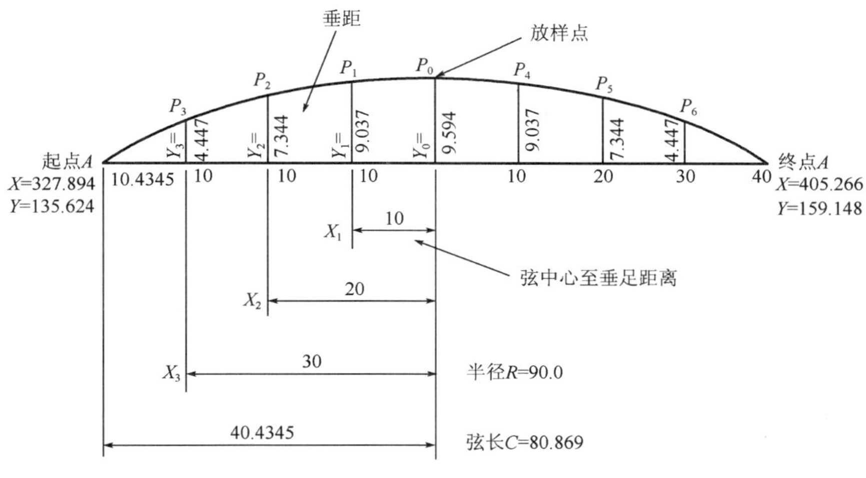

图 9-11　弦线垂距法放样平交口曲线示意图

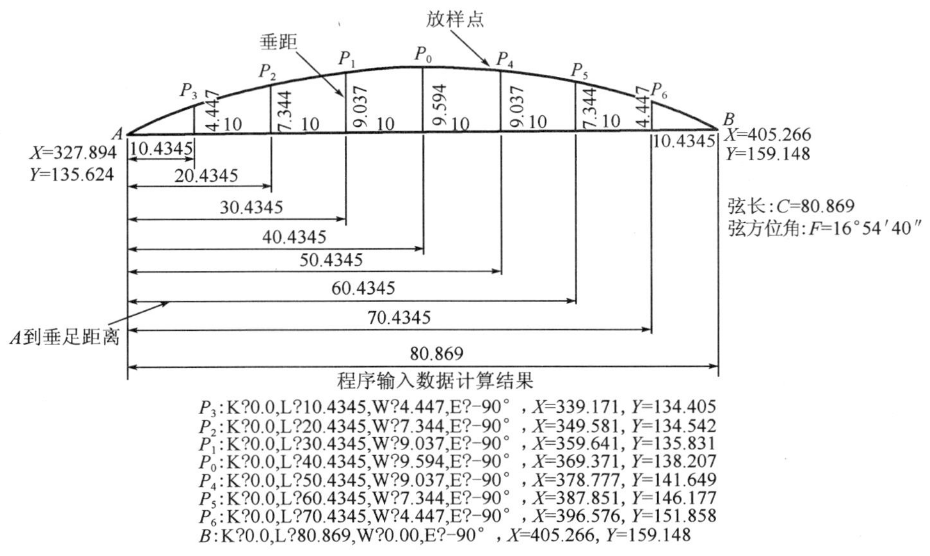

图 9-12　弦线垂距坐标法放样平交口示意图

3. 计算图 9-10 中Ⅵ型右弯平交口曲线上任一放样点的坐标

用 5800P“PJK-XYJS 程序”计算，计算结果见图 9-13 及表 9-3。

全站仪坐标法放样平交口放样坐标计算表　　表 9-3

放样点名	桩　号	X(m)	Y(m)
A	0.000	327.894	135.624
P_3	11.350	339.171	134.404

续上表

放样点名	桩　　号	X(m)	Y(m)
P_2	21.767	349.581	134.542
P_1	31.915	359.641	135.831
P_0	41.935	369.370	138.206
P_4	51.956	378.776	141.648
P_5	61.104	387.851	146.177
P_6	71.783	396.576	151.857
B	83.871	405.566	159.148

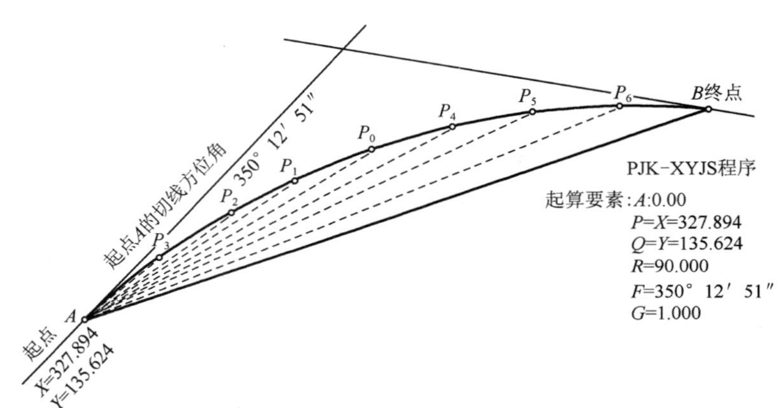

图 9-13　PJK-XYJS 程序计算平交口放样点坐标示意图

比较图 9-12 和图 9-13 各放样点坐标值，产差小于 1mm，说明弦线垂距坐标法与全站仪坐标法(用 PJK-XYJS 程序计算坐标)放样平交口曲线正确无错。实践中，现场测量员可根据设计图提供的已知数据，选用自己习惯的方法。

需要提示的是，本例曲线上放样点桩号是根据图 9-12 垂距放样点弦长计算的，为了方便比较，两种方法取用曲线上同一点。实践中，可在曲线上任取桩距，一般情况下取用 5.0m、10.0m、15.0m、20.0m 等。

第十章

公路匝道平面位置放样技术

第一节　看图分析设计单位提供的匝道类型及数据

匝道是公路常见线形之一，也是公路施工的一个重要部分。对公路施工测量来说是重要的放线任务之一。

关于匝道放样技术，现行出版的有关公路施工测量的书籍和教材上都无述及。

本节是作者在公路多年施工测量实践中，现场放样匝道技术方法的经验总结。

现场测量员放样匝道的依据是设计单位提供的"匝道线位数据图"。测量员用自己的智慧和技术，把匝道设计图形放样到实地，供现场施工员指挥匝道的施工。

这里关键的问题是看图、识图，熟悉设计图上匝道的各种线形形式以及图中提供的数据。

通常情况下，设计单位在匝道设计图上，提供的信息有：

(1)匝道的线形组合：直线、缓和曲线、圆曲线等。

(2)每条匝道的编号：A、B、C、D、E、F 等。

(3)每条匝道上各主点(特征点)的名称：QD、ZH、HY、YH、GQ、HZ、ZD 等。

(4)匝道线形要素：无穷大缓和曲线参数 A、半径 R 等。

(5)每条匝道线位特征点数据(坐标)表。

图 10-1、图 10-2 分别是江西省德兴至南昌高速公路第 B4 合同段匝道设计图：U 形转弯立交线位数据图：A 型和 B 型。

图 10-3 是四川省罗定高速公路 LD—2 合同段匝道设计图：王村停车区线位数据图。

图 10-4 是四川省罗定高速公路 LD—2 合同段匝道设计图：白水互通式立体交叉线位图。

图 10-5 是湖南省永蓝高速公路(湘粤界)段第 2 合同段匝道设计图：宁远东互通式立交线位图。

图 10-6 是广东黄埔至东莞麻涌高速公路"官田互通式立体交叉线位数据图"(图件模糊，供读者了解匝道各种线形。)

图 10-7 是西部省际公路通道银川至武汉线陕西境：陕甘界至永寿段公路"S4K129＋980.726渡马互通式立交平面线位图"(图件数字模糊不清，仅供读者了解匝道各种线形)。

图 10-8、图 10-9 是广东省中山市东部快线工程榄横路高架桥 B、C 匝道桥桩位示意图。表 10-1～表 10-3 是榄横路立交曲线元素表和立交曲线主点坐标表及 C 匝道桥桩位坐标表。

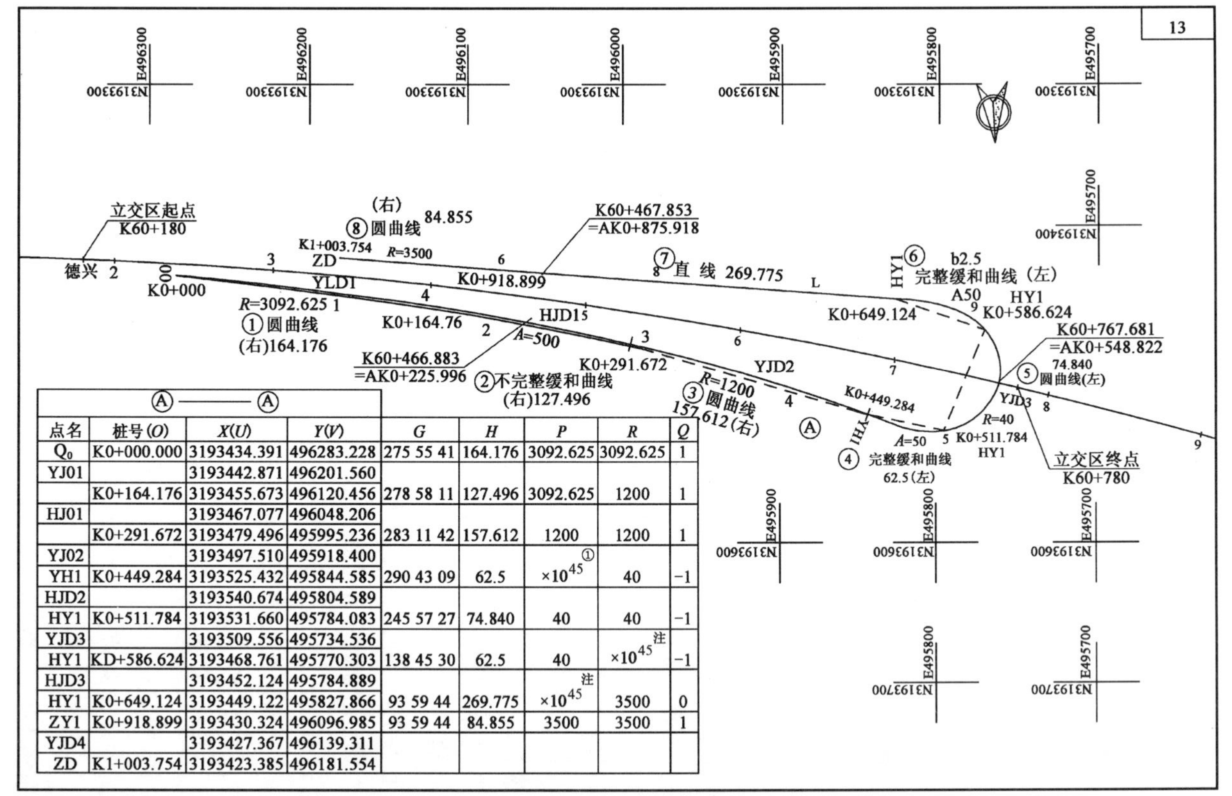

点名	桩号(O)	X(U)	Y(V)	G	H	P	R	Q
Q_0	K0+000.000	3193434.391	496283.228	275 55 41	164.176	3092.625	3092.625	1
YJ01		3193442.871	496201.560					
	K0+164.176	3193455.673	496120.456	278 58 11	127.496	3092.625	1200	1
HJ01		3193467.077	496048.206					
	K0+291.672	3193479.496	495995.236	283 11 42	157.612	1200	1200	1
YJ02		3193497.510	495918.400					
YH1	K0+449.284	3193525.432	495844.585	290 43 09	62.5	$\times10^{45}$ ①	40	−1
HJD2		3193540.674	495804.589					
HY1	K0+511.784	3193531.660	495784.083	245 57 27	74.840	40	40	−1
YJD3		3193509.556	495734.536					
HY1	KD+586.624	3193468.761	495770.303	138 45 30	62.5	40	$\times10^{45}$ 注	−1
HJD3		3193452.124	495784.889					
HY1	K0+649.124	3193449.122	495827.866	93 59 44	269.775	$\times10^{45}$ 注	3500	0
ZY1	K0+918.899	3193430.324	496096.985	93 59 44	84.855	3500	3500	1
YJD4		3193427.367	496139.311					
ZD	K1+003.754	3193423.385	496181.554					

图10-1 A型U形转弯立交线位数据图(示意)

注：表中半径无穷大，输入$\times10^{45}$，安键方法：[$\times10^x$]键盘，接着按[4]、[5]数字键(下同)。

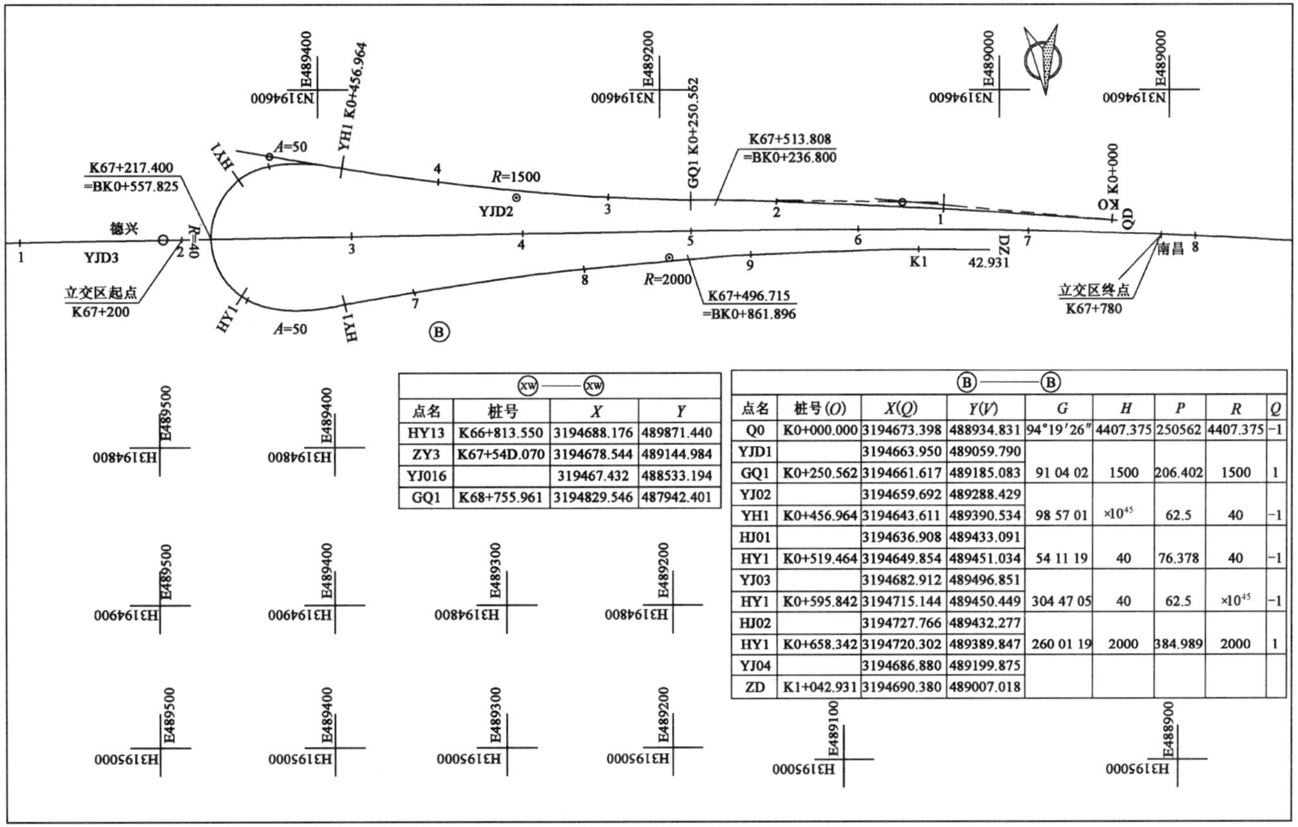

点名	桩号	X	Y
HY13	K66+813.550	3194688.176	489871.440
ZY3	K67+54D.070	3194678.544	489144.984
YJ016		319467.432	488533.194
GQ1	K68+755.961	3194829.546	487942.401

点名	桩号(O)	X(Q)	Y(V)	G	H	P	R	Q
Q0	K0+000.000	3194673.398	488934.831	94°19′26″	4407.375	250562	4407.375	−1
YJD1		3194663.950	489059.790					
GQ1	K0+250.562	3194661.617	489185.083	91 04 02	1500	206.402	1500	1
YJ02		3194659.692	489288.429					
YH1	K0+456.964	3194643.611	489390.534	98 57 01	×10^45	62.5	40	−1
HJ01		3194636.908	489433.091					
HY1	K0+519.464	3194649.854	489451.034	54 11 19	40	76.378	40	−1
YJ03		3194682.912	489496.851					
HY1	K0+595.842	3194715.144	489450.449	304 47 05	40	62.5	×10^45	−1
HJ02		3194727.766	489432.277					
HY1	K0+658.342	3194720.302	489389.847	260 01 19	2000	384.989	2000	1
YJ04		3194686.880	489199.875					
ZD	K1+042.931	3194690.380	489007.018					

图10-2　B型U形转弯立交线位数据图

Z匝道线位数据表

P	R	序号	要素桩	桩号(O)	$X(U)$	$Y(V)$	方位角(G)	长度(H)	线元参数	Q
$\times10^{45}$	$\times10^{45}$	1	ZQD	ZK0+000	15973.085	85380.812	115°46′15.5″	108.476	R=∞	0
800	800	2	ZY	ZK0+108.476	15925.923	85478.499	115°46′15.5″	121.694	R=800	-1
$\times10^{45}$	$\times10^{45}$	3	YZ	ZK0+230.170	15881.536	85591.684	107°03′19.0″	111.081	R=∞	0
800	800	4	ZY	ZK0+341.251	15848.957	85697.879	107°03′19.0″	145.477	R=800	-1
800	800	5	GQ	ZK0+486.728	15819.135	85840.062	96°38′10.5″	133.565	R=800	1
		6	ZZD	ZK0+620.294	15792.721	85970.832	106°12′07.8″			

Y匝道线位数据表

序号	要素桩	桩号(O)	$X(U)$	$Y(V)$	方位角(G)	长度(H)	线元参数	P	R	Q
1	YQD	YK0+000	15813.193	85981.015	289°12′07.8″	116.368	R=800	800	800	1
2	GQ	YK0+116.368	15859.310	85874.287	297°32′11.0″	153.910	R=600	600	600	-1
3	YZ	YK0+270.278	15912.279	85730.228	282°50′20.6″	82.085	R=∞	$\times10^{45}$	$\times10^{45}$	0
4	ZY	YK0+352.363	15930.519	85650.195	282°50′20.6″	80.540	R=795	795	795	-1
5	GQ	YK0+432.903	154.411	85570.897	277°02′04.3″	50	A=150	$\times10^{45}$	450	1
6	HY	YK0+482.903	15951.451	85521.402	280°13′03.4″	51.718	R=450	450	450	1
7	YH	YK0+534.621	15963.527	85471.143	286°48′09.4″	44.744	A=180	450	1188.729	1
8	YZD	YK0+579.366	15978.137	85428.860	290°43′46.0″					

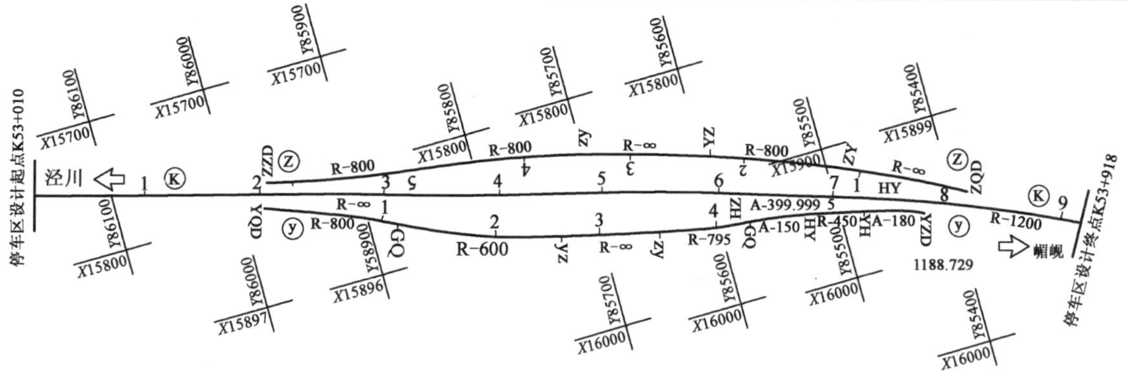

主线线位数据表

序号	要素桩	桩号	X	Y	方位角	长度	线元参数
1	YZ	K52+940.388	15729.951	86227.176	286°12′07.8″	675.368	R=∞
2	ZH	K53+615.757	15918.397	85578.631	286°12′07.8″	133.333	A=399.999
3	HY	K53+749.090	15957.960	85451.322	286°23′06.9″	224.101	R=1200
4	YH	K53+973.191	16051.594	85248.078	300°05′07.1″		

图10-3 王村停车区线位数据图

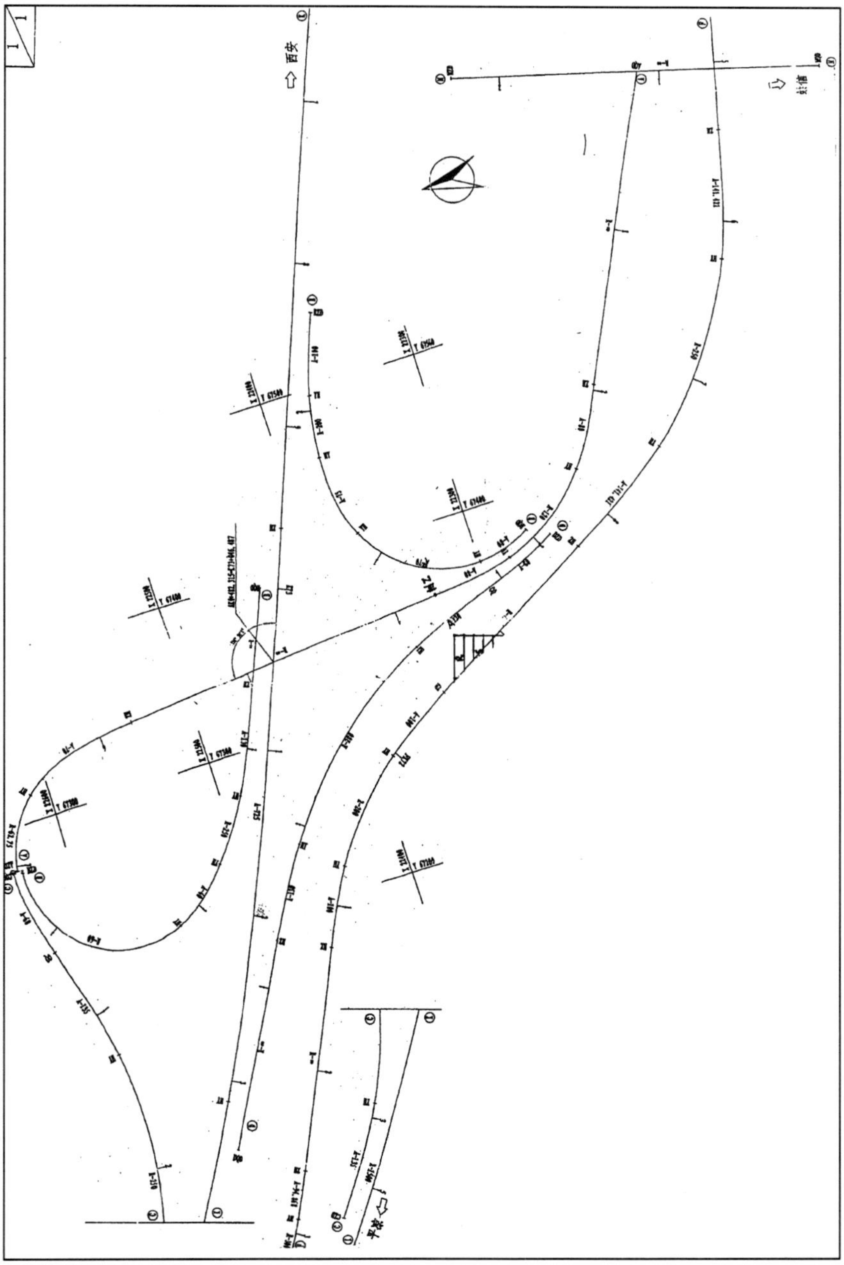

图10-4　白水互通式立体交叉线位图(示意)

注:本图数据不清，仅供了解匝道线形。

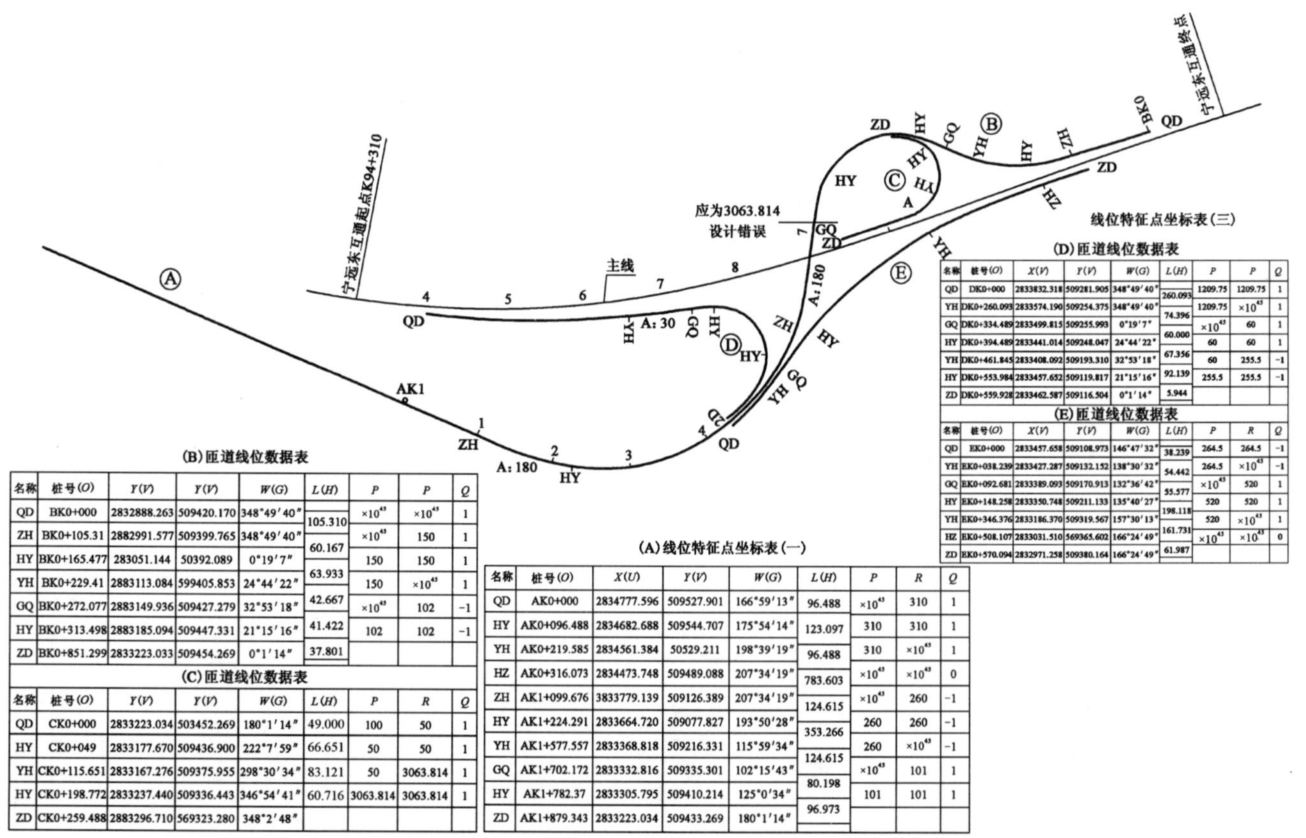

线位特征点坐标表(一)

(A)线位特征点坐标表(一)

名称	桩号(O)	X(U)	Y(V)	W(G)	L(H)	P	R	Q
QD	AK0+000	2834777.596	509527.901	166°59′13″	96.488	×10^45	310	1
HY	AK0+096.488	2834682.688	509544.707	175°54′14″	123.097	310	310	1
YH	AK0+219.585	2834561.384	50529.211	198°39′19″	96.488	310	×10^45	1
HZ	AK0+316.073	2834473.748	509489.088	207°34′19″	783.603	×10^45	×10^45	0
ZH	AK1+099.676	3833779.139	509126.389	207°34′19″	124.615	×10^45	260	-1
HY	AK1+224.291	2833664.720	509077.827	193°50′28″	353.266	260	260	-1
YH	AK1+577.557	2833368.818	509216.331	115°59′34″	124.615	260	×10^45	-1
GQ	AK1+702.172	2833332.816	509335.301	102°15′43″	80.198	×10^45	101	1
HY	AK1+782.37	2833305.795	509410.214	125°0′34″	96.973	101	101	1
ZD	AK1+879.343	2833223.034	509433.269	180°1′14″				

(B)匝道线位数据表

名称	桩号(O)	Y(V)	Y(V)	W(G)	L(H)	P	P	Q
QD	BK0+000	2832888.263	509420.170	348°49′40″	105.310	×10^45	×10^45	1
ZH	BK0+105.31	2882991.577	509399.765	348°49′40″	60.167	×10^45	150	1
HY	BK0+165.477	283051.144	50392.089	0°19′7″	63.933	150	150	1
YH	BK0+229.41	2883113.084	599405.853	24°44′22″	42.667	150	×10^45	1
GQ	BK0+272.077	2883149.936	509427.279	32°53′18″	41.422	×10^45	102	-1
HY	BK0+313.498	2883185.094	509447.331	21°15′16″	37.801	102	102	-1
ZD	BK0+851.299	2833223.033	509454.269	0°1′14″				

(C)匝道线位数据表

名称	桩号(O)	Y(V)	Y(V)	W(G)	L(H)	P	R	Q
QD	CK0+000	2833223.034	503452.269	180°1′14″	49.000	100	50	1
HY	CK0+049	2833177.670	509436.900	222°7′59″	66.651	50	50	1
YH	CK0+115.651	2833167.276	509375.955	298°30′34″	83.121	50	3063.814	1
HY	CK0+198.772	2833237.440	509336.443	346°54′41″	60.716	3063.814	3063.814	1
ZD	CK0+259.488	2883296.710	569323.280	348°2′48″				

线位特征点坐标表(三)

(D)匝道线位数据表

名称	桩号(O)	X(V)	Y(V)	W(G)	L(H)	P	P	Q
QD	DK0+000	2833832.318	509281.905	348°49′40″	260.093	1209.75	1209.75	1
YH	DK0+260.093	2833574.190	509254.375	348°49′40″	74.396	1209.75	×10^45	1
GQ	DK0+334.489	2833499.815	509255.993	0°19′7″	60.000	×10^45	60	1
HY	DK0+394.489	2833441.014	509248.047	24°44′22″	67.356	60	60	1
YH	DK0+461.845	2833408.092	509193.310	32°53′18″	92.139	60	255.5	-1
HY	DK0+553.984	2833457.652	509119.817	21°15′16″	5.944	255.5	255.5	-1
ZD	DK0+559.928	2833462.587	509116.504	0°1′14″				

(E)匝道线位数据表

名称	桩号(O)	X(V)	Y(V)	W(G)	L(H)	P	R	Q
QD	EK0+000	2833457.658	509108.973	146°47′32″	38.239	264.5	264.5	-1
YH	EK0+038.239	2833427.287	509132.152	138°30′32″	54.442	264.5	×10^45	-1
GQ	EK0+092.681	2833389.093	509170.913	132°36′42″	55.577	×10^45	520	1
HY	EK0+148.258	2833350.748	509211.133	135°40′27″	198.118	520	520	1
YH	EK0+346.376	2833186.370	509319.567	157°30′13″	161.731	520	×10^45	1
HZ	EK0+508.107	2833031.510	569365.602	166°24′49″	61.987	×10^45	×10^45	0
ZD	EK0+570.094	2832971.258	509380.164	166°24′49″				

图10-5 宁远东互通式立交线位图

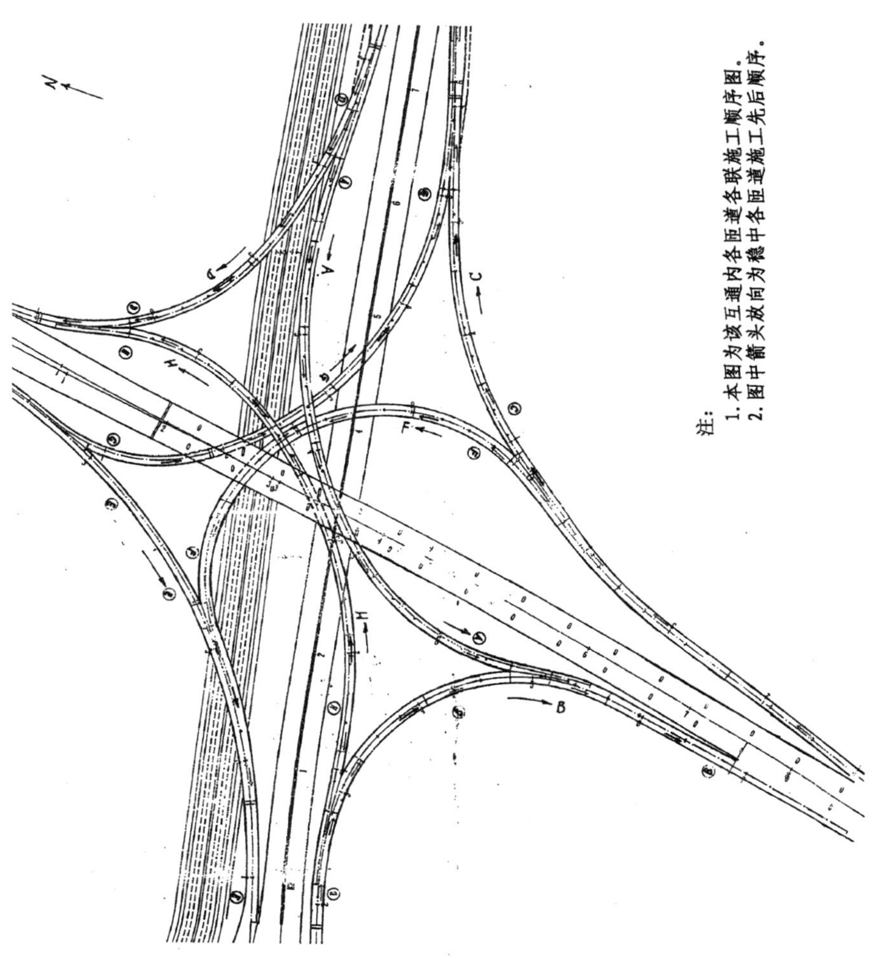

图10-6　官田互通式立体交叉线位数据图

注：本图数据不清，仅供了解匝道线形。

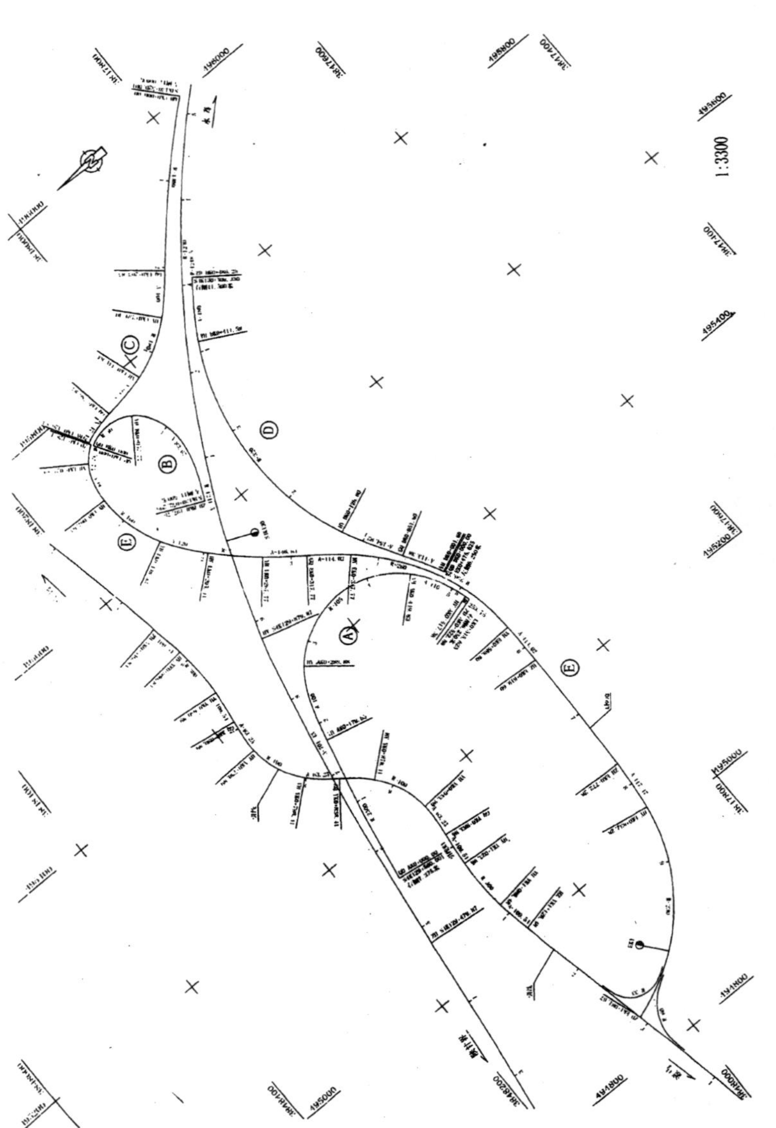

图10-7 S4K129+980.726渡马互通式立交平面线位图
20m+21m+20m+20m预应力混凝土空心板
主线S4K129+980.726=E匝道K0+232.568
交角113°35′46″

注：本图数据不清，仅供了解匝道线形。

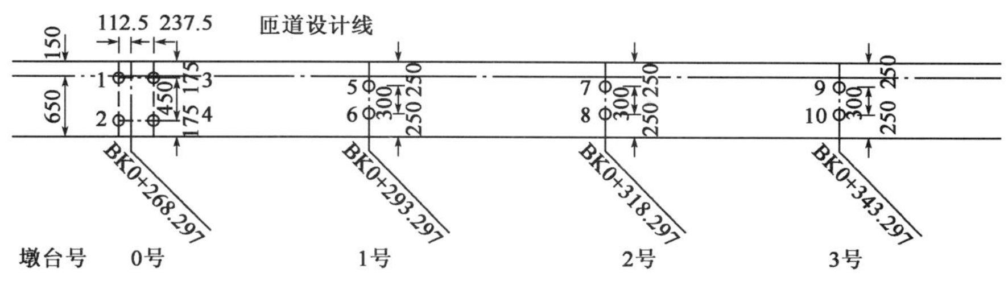

B匝道桥桩位示意图

点号	坐标(X)	坐标(Y)
1号	2492306.542	520280.199
2号	2492310.555	520278.161
3号	2492304.957	520277.078
4号	2492308.969	520275.041
5号	2492295.272	520256.611
6号	2492297.933	520255.227
7号	2492283.629	520234.477
8号	2492286.278	520233.068
9号	2492271.782	520212.454
10号	2492274.420	520211.025

图 10-8　榄横路立交 BK0＋318.297 匝道桥桩位坐标(尺寸单位:cm)

注:1. 设计采用坐标系统为中山独立坐标系。

2. 本桥墩台桩基采用径向布置。

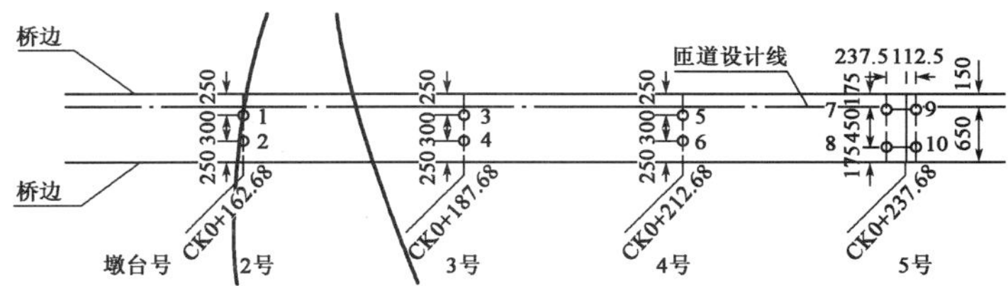

图 10-9　C 匝道桥桩位示意图(尺寸单位:cm)

分析上述图知,匝道线形形式多样,线形结构组合也各不相同,但归纳起来有以下几种情况:

(一)匝道基本单元线形

(1)直线。

(2)缓和曲线:完整缓和曲线,不完整缓和曲线,对称和不对称缓和曲线。

(3)圆曲线。

(二)匝道整条线形结构

1.“U 形匝道”A 型(图 10-1)

QD:K0＋000 $\xrightarrow{\text{圆(右)}}$ K0＋164.176 $\xrightarrow{\text{缓(不)}}$ K0＋291.672 $\xrightarrow{\text{圆右}}$ K0＋449.284 $\xrightarrow{\text{缓(完)}}$

HY1:K0＋511.784 $\xrightarrow{\text{圆(左)}}$ HY1:K0＋586.624 $\xrightarrow{\text{缓(完)}}$ HY1 $\xrightarrow{\text{直}}$ ZY1:K0＋918.879 $\xrightarrow{\text{圆(右)}}$

ZD：K1＋003.754

B及C匝道曲线元素表 表10-1

(b)曲线元素表(B匝道)

交点号	交点坐标		交点桩号	转角值	曲线要素值(m)					
	X(N)	Y(E)			半径	缓和曲线长度	切线长度	曲线长度	外距	校正值
BP	2492414.815	520524.335	K0＋000							
JD1	2492354.068	520366.443	K0＋169.176	7°24′11.1″(Z)	2615		169.175	337.880	5.467	0.471
JD2	2492190.429	520064.386	K0＋512.239	1°53′59.3″(Y)	4500		74.612	149.210	0.619	0.014
EP	2492157.083	519997.641	K0＋586.837							
BP	2492143.920	520095.778	K0＋000							
JD1	2492155.189	520119.917	K0＋026.640	1°31′34.5″(Y)	2000		26.640	53.276	0.177	0.003
JD2	2492193.252	520207.467	K0＋122.103	4°08′57.2″(Z)	1900		68.827	137.594	1.246	0.060
JD3	2492294.110	520400.009	K0＋339.401	2°30′09.4″(Y)	6800		148.532	297.016	1.622	0.047
EP	2492357.220	520534.466	K0＋487.886							

B及C匝道主点坐标表 表10-2

(b)B匝道主点坐标表

匝道名称	点名	桩号	坐标		方位角
			X(N)	Y(E)	
B匝道	BP	K0＋000	2492414.815	520524.335	248°57′23.1″
	IP0		2492354.068	520366.443	241°33′12″
	YZ	K0＋337.880	2492273.483	520217.693	241°33′12.1″
	ZY	K0＋437.628	2492225.969	520129.989	241°33′12.1″
	IP1		2492190.429	520064.386	243°27′11.3″
	EP	K0＋586.837	2492157.083	519997.641	

(c)C匝道主点坐标表

匝道名称	点名	桩号	坐标		方位角
			X(N)	Y(E)	
C匝道	BP	K0＋000	2492143.920	520095.778	64°58′35.1″
	IP0		2492155.189	520119.917	66°30′09.6″
	GQ	K0＋053.276	2492165.810	520144.347	66°30′09.6″
	IP1		2492193.252	520207.467	62°21′12.4″
	GQ	K0＋190.870	2492225.189	520268.436	62°21′12.4″
	IP2		2492294.110	520400.009	64°51′21.8″
	EP	K0＋487.886	2492357.220	520534.466	

C 匝道桥桩位坐标表　　　　表 10-3

桩　　号	距设计线距离	点号	坐标(*X*)	坐标(*Y*)	备　　注
CK0+162.68	1.0	1 号	2492211.401	520243.819	用 JD2：*Q*=K0+122.103；*W*=2492193.252；*K*=520207.467；*R*=1900；*N*=4°08′57.2″(Z)；*Y*=0.0，G=−1；*F*=66°30′09.6″
CK0+162.68	4.0	2 号	2492208.723	520245.172	
CK0+187.68	1.0	3 号	2492222.824	520266.071	
CK0+187.68	4.0	4 号	2492220.164	520267.459	
CK0+212.68	1.0	5 号	2492234.391	520288.233	用 JD3：*Q*=K0+339.401；*W*=2492294.110，*K*=520400.009；*R*=6800；*N*=2°30′09.″4；*V*=0.00，*G*=1；*F*=62°21′12.4″
CK0+212.68	4.0	6 号	2492231.729	520289.617	
CK0+235.305	0.25	7 号	2492245.456	520307.979	
CK0+235.305	4.75	8 号	2492241.456	520310.040	
CK0+238.805	0.25	9 号	2492247.059	520311.091	
CK0+238.805	4.75	10 号	2492243.059	520313.151	

注：1. 设计采用坐标系统为中山独立坐标系。
2. 本桥墩台桩基采用径向布置。

2.“U 形匝道”B 型(图 10-2)

QD：K0+000 $\xrightarrow{\text{圆(左)}}$ GQ1：K0+250.562 $\xrightarrow{\text{圆(右)}}$ YH1：K0+456.964 $\xrightarrow{\text{缓(完)}}$ HY1：K0+519.464 $\xrightarrow{\text{圆(左)}}$ HY1：K0+595.842 $\xrightarrow{\text{缓(完)}}$ HY1：K0+658.342 $\xrightarrow{\text{圆(右)}}$ ZD：K1+042.931

3. Y 形匝道(图 10-3)

QD $\xrightarrow{\text{圆(右)}}$ GQ $\xrightarrow{\text{圆(左)}}$ YZ $\xrightarrow{\text{直}}$ ZY $\xrightarrow{\text{圆(左)}}$ GQ $\xrightarrow{\text{缓(完)}}$ HY $\xrightarrow{\text{圆(右)}}$ YH $\xrightarrow{\text{缓(不)}}$ ZD

4. Z 形匝道(图 10-3)

QD $\xrightarrow{\text{直}}$ ZY $\xrightarrow{\text{圆(左)}}$ YZ $\xrightarrow{\text{直}}$ ZY $\xrightarrow{\text{圆(左)}}$ GQ $\xrightarrow{\text{圆(右)}}$ ZD

5. K 形匝道(图 10-3)

起点 $\xrightarrow{\text{直}}$ ZH $\xrightarrow{\text{缓(完)}}$ HY $\xrightarrow{\text{圆(右)}}$ 终点

6. A 型匝道(图 10-4)

AQD $\xrightarrow{\text{直}}$ ZH $\xrightarrow{\text{缓(完)}}$ HY $\xrightarrow{\text{圆(右)}}$ YH $\xrightarrow{\text{缓(完)}}$ HZ $\xrightarrow{\text{直}}$ ZH $\xrightarrow{\text{缓(完)}}$ HY $\xrightarrow{\text{圆(左)}}$ ZD

7. B 型匝道(图 10-4)

BQD $\xrightarrow{\text{直}}$ ZH $\xrightarrow{\text{缓(完)}}$ HY $\xrightarrow{\text{圆(右)}}$ YH $\xrightarrow{\text{缓(不)}}$ HY $\xrightarrow{\text{圆(右)}}$ BZD

8. C 型匝道(图 10-4)

QD $\xrightarrow{\text{缓(不)}}$ GQ $\xrightarrow{\text{缓(完)}}$ HY $\xrightarrow{\text{圆(右)}}$ YH $\xrightarrow{\text{直}}$ ZD

9. D 型匝道(图 10-4)

DQD $\xrightarrow{\text{直}}$ ZH $\xrightarrow{\text{缓(完)}}$ HY $\xrightarrow{\text{圆(右)}}$ YH $\xrightarrow{\text{缓(完)}}$ GQ $\xrightarrow{\text{缓(不)}}$ DZD

10. E 匝道(图 10-4)

EQD $\xrightarrow{\text{缓(不)}}$ HY $\xrightarrow{\text{圆(右)}}$ YH $\xrightarrow{\text{缓(不)}}$ HY $\xrightarrow{\text{圆(右)}}$ YH $\xrightarrow{\text{缓(完)}}$ EZD

11. A 型匝道(图 10-5)

$QD \xrightarrow{缓(完)} HY \xrightarrow{圆(右)} YH \xrightarrow{缓(完)} HZ \xrightarrow{直} ZH \xrightarrow{缓(完)} HY \xrightarrow{圆(右)} YH \xrightarrow{缓(完)}$

$GQ \xrightarrow{缓(完)} HY \xrightarrow{圆(右)} ZD$

12. B 型匝道(图 10-5)

$QD \xrightarrow{直} ZH \xrightarrow{缓(完)} HY \xrightarrow{圆(右)} YH \xrightarrow{缓(完)} GQ \xrightarrow{缓(完)} HY \xrightarrow{圆(左)} ZD$

13. C 型匝道(图 10-5)

$QD \xrightarrow{缓(不)} HY \xrightarrow{圆(右)} YH \xrightarrow{缓(完)} HY \xrightarrow{圆(右)} ZD$

14. D 型匝道(图 10-5)

$QD \xrightarrow{圆(左)} YH \xrightarrow{缓(完)} GQ \xrightarrow{缓(完)} HY \xrightarrow{圆(右)} YH \xrightarrow{缓(不)} HY \xrightarrow{圆(右)} ZD$

15. E 型匝道(图 10-5)

$QD \xrightarrow{圆(左)} YH \xrightarrow{缓(完)} GQ \xrightarrow{缓(完)} HY \xrightarrow{圆(右)} YH \xrightarrow{缓(完)} HZ \xrightarrow{直} ZD$

(三)匝道线形走向

(1)单一右转。

(2)左、右转交替。

(3)直线。

(四)匝道线形上字符术语

(1)QD:匝道起点。

(2)YQD:Y 匝道起点,其余类同。

(3)ZD:匝道止点。

(4)YZD:Y 匝道止点,其余类同。

(5)ZY:直圆点,即圆曲线起点。

(6)YZ:圆直点,即圆曲线止点。

(7)ZH:直缓点,即缓和曲线起点。

(8)HZ:缓直点,即缓和曲线止点。

(9)HY:缓圆点,即带缓和曲线的圆曲线的起点。

(10)YH:圆缓点,即带缓和曲线的圆曲线的止点。

(11)GQ:公切点。

(12)∞:无穷大。

(13)R:半径。

(14)A:缓和曲线参数。

前述“(二)”中:

(1)圆(右):表示右转弯的圆曲线。

(2)圆(左):表示左转弯的圆曲线。

(3)缓(完):表示完整的缓和曲线。

(4)缓(不):表示不完整的缓和曲线。

(五)匝道线位数据表(或称匝道线位特征点坐标表)

通常情况下,设计单位在匝道线位图上都会提供“匝道线位数据表”,该表的样式见图 10-1～图 10-5。由于图 10-5 上此表模糊不清,故将其放大汇编成表 10-4。

匝道线位数据表中,设计单位提供的信息是:

(1)第 1 列,名称:线位特征点的点名,例如 QD、ZH、HY 等。

(2)第 2 列,线位特征点的里程桩号。

(3)第 3、4 列,线位特征点的坐标 X、Y 值。

(4)第 5 列,方位角:线位上各特征点的切线方位角。

(5)第 6 列,长度:线位特征点间的距离。

这些数据和匝道线位图上的数据∞、$R=$、$A=$,是计算匝道上任一点的中、边桩坐标的重要起算数据,必须搞清楚、弄明白。

匝道线位特征点坐标表　　表 10-4

(A)匝道线位数据表

名称	桩(O)号	$X(U)$	$Y(V)$	$W(G)$	$L(H)$	P	R	Q
QD	AK0+000	2834777.596	509527.901	166°59′13″		$\times10^{45}$	310	1
					96.488			
HY	AK0+096.488	2834682.688	509544.707	175°54′14″		310	310	1
					123.097			
YH	AK0+219.585	2834561.384	509529.211	198°39′19″		310	$\times10^{45}$	1
					96.488			
HZ	AK0+316.073	2834473.748	509489.088	207°34′19″		$\times10^{45}$	$\times10^{45}$	0
					783.603			
ZH	AK1+099.676	2833779.139	509126.389	207°34′19″		$\times10^{45}$	260	−1
					124.615			
HY	AK1+224.291	2833664.720	509077.827	193°50′28″		260	260	−1
					353.266			
YH	AK1+577.557	2833368.818	509216.331	115°59′34″		260	$\times10^{45}$	−1
					124.615			
GQ	AK1+702.172	2833332.816	509335.301	102°15′43″		$\times10^{45}$	101	1
					80.198			
HY	AK1+782.37	2833305.795	509410.214	125°0′34″		101	101	1
					96.973			
ZD	AK1+879.343	2833223.034	509453.269	180°1′14″				

(B)匝道线位数据表

名称	桩(O)号	$X(U)$	$Y(V)$	$W(G)$	$L(H)$	P	R	Q
QD	BK0+000	2832888.263	509420.170	348°49′40″		$\times10^{45}$	$\times10^{45}$	1
					105.310			
ZH	BK0+105.31	2832991.577	509399.765	348°49′40″		$\times10^{45}$	150	1
					60.167			
HY	BK0+165.477	2833051.144	509392.089	0°19′7″		150	150	1
					63.933			
YH	BK0+229.41	2833113.084	509405.853	24°44′22″		150	$\times10^{45}$	1
					42.667			
GQ	BK0+272.077	2833149.936	509427.279	32°53′18″		$\times10^{45}$	102	−1
					41.422			
HY	BK0+313.498	2833186.094	509447.331	21°15′16″		102	102	−1
					37.801			
ZD	BK0+351.299	2833223.033	509454.269	0°1′14″				

续上表

(C)匝道线位数据表								
名称	桩(*O*)号	*X*(*U*)	*Y*(*V*)	*W*(*G*)	*L*(*H*)	*P*	*R*	*Q*
QD	CK0+000	2833223.034	509452.269	180°1′14″	49.000	100	50	1
HY	CK0+049	2833177.670	509436.900	222°7′59″	66.651	50	50	1
YH	CK0+115.651	2833167.276	509375.955	298°30′34″	83.121	50	3063.814	1
HY	CK0+198.772	2833237.440	509336.443	346°54′41″	60.716	3063.814	3063.814	1
ZD	CK0+259.488	2833296.710	509323.280	348°2′48″				

(D)匝道线位数据表								
名称	桩(*O*)号	*X*(*U*)	*Y*(*V*)	*W*(*G*)	*L*(*H*)	*P*	*R*	*Q*
QD	DK0+000	2833832.318	509281.905	192°14′49″	260.093	1209.75	1209.751	1
YH	DK0+260.093	2833574.190	509254.375	179°55′42″	74.396	1209.75	$\times 10^{45}$	1
GQ	DK0+334.489	2833499.815	509255.993	178°9′60″	60.000	$\times 10^{45}$	60	1
HY	DK0+394.489	2833441.014	509248.047	206°48′52″	67.356	60	60	1
YH	DK0+461.845	2833408.092	509193.310	271°8′6″	92.139	60	255.5	−1
HY	DK0+553.984	2833457.652	509119.817	325°27′33″	5.944	255.5	255.5	−1
ZD	DK0+559.928	2833462.587	509116.504	326°47′32″				

(E)匝道线位数据表								
名称	桩(*O*)号	*X*(*U*)	*Y*(*V*)	*W*(*G*)	*L*(*H*)	*P*	*R*	*Q*
QD	DK0+000	2833467.658	509108.973	146°47′32″	38.239	264.5	264.5	−1
YH	EK0+038.239	2833427.287	509132.152	138°30′32″	54.442	264.5	$\times 10^{45}$	−1
GQ	EK0+092.681	2833389.093	509170.913	132°36′44″	55.577	$\times 10^{45}$	520	1
HY	EK0+148.258	2833350.748	509211.133	135°40′27″	198.118	520	520	1
YH	EK0+346.376	2833186.370	509319.567	157°30′13″	161.731	520	$\times 10^{45}$	1
HZ	EK0+508.107	2833031.510	509365.602	166°24′49″	61.987	$\times 10^{45}$	$\times 10^{45}$	0
ZD	EK0+570.094	2832971.258	509380.164	166°24′49″				

注：表中*U*、*V*、*O*、*G*、*H*、*P*、*R*、*Q*英字母是ZD-XYJS程序中的符号，其含义见程序清单。

也有些设计单位，在线位数据表中只提供了线位特征点的坐标*X*、*Y*值，没提供方位角，但却提供了缓和曲线交点和圆曲线交点（例如图10-1和图10-2中的HJD1、YHJD1等）的坐标*X*、*Y*值，这就要求现场测量员自己计算方位角和特征点间距。

第二节　匝道放样数据计算技术

现代公路匝道施工放样，有经验的测量员多是在现场测站上，用可编程式计算器，例如 f_x—5800P/9750GII 型计算器，现算出匝道上任一点的中、边桩坐标，然后采用全站仪坐标法放样功能，逐点把设计图上的匝道线形放到实地。这就要求现场测量员熟练地掌握匝道放样数据计算技术。

目前匝道上任一点中、边桩坐标计算，在实践作业中，多采用“线元法”。下面将作者改编的适用 f_x—5800P/9750GII 型计算器的“线元法程序”公布于社会。

这个程序是江西赣州通威集团测量工程师张铮提供的 f_x—4800 计算器程序，作者将其改编成 f_x—5800P/9750GII 型程序，并经多年实践检验，完全可满足现场匝道施工放线的精度要求。

一、匝道坐标计算 f_x—5800／9750 程序清单

文件名：主程序：ZD-XYJS

```
"O="? O:"U="? U:"V="? V:
"G="? G:"H="? H:
"P="? P:"R="? R:"Q="? Q↵
1÷P→C:(P−R)÷(2HPR)→D:180÷π→E↵
LbI 1↵
"S"? S:"Z"? Z↵
Abs(S−O)→W:Prog"ZDJS":"X=":X◢
"Y=":Y◢
Goto 1
子程序：
文件名:ZDJS
0.1739274226→A:0.3260725774→B:
0.0694318442→K:0.3300094782→L↵
1−L→F:1−K→M↵
U+W(A cos(G+QEKW(C+KWD))+B cos(G+QELW(C+LWD))+B cos(G+
QEFW(C+FWD))+A cos(G+QEMW(C+MWD)))→X↵
V+W(A sin(G+QEKW(C+KWD))+B sin(G+QELW(C+LWD))+B sin(G+
QEFW(C+FWD))+A sin(G+QEMW(C+MWD)))→Y↵
G+QEW(C+WD)+90→F↵
X+Z cos(F)→X:Y+Z sin(F)→Y
```

程序中：U=？——线段起点的 X 坐标；

V=？——线段起点的 Y 坐标；

O=？——线段起点的里程桩号；
G=？——线段起点切线方位角；
H=？——计算线段的长度；
P=？——线段起点的半径；
R=？——线段止点的半径；
Q=？——线路转向控制条件，左偏－1，右偏1，直线0；
S？——正算时所求点桩号；
Z？——与S同一横断面的中、边桩距离，计算左边桩，Z输入负值；计算右边桩，Z输入正值；计算中桩，Z输入0；
X=、Y=——所求点坐标。

二、程序功能及注意事项

(1)本程序可计算线路上任意曲线各段任意点的中、边桩坐标。通常情况下，常用此程序计算匝道上任意一点中、边桩坐标。

(2)计算时应将线路按线形结构单元分段，例如：直线段、缓和曲线段、圆曲线段。

(3)计算时线路各段的起算要素是线元每分段的：

①起点的里程桩号及坐标X、Y。

②起点的切线方位角。

③计算段的长度。

④起点的半径。

⑤止点的半径。

⑥线路转向。

(4)用本程序计算线路各段任意所求点中，边桩坐标时，应注意：

①正确判断线路转向方法：面向线路前进方向则左手边为左弯，$Q=-1$；右手边为右弯，$Q=1$；直线：$Q=0$。

②当计算线段为直线时，其起点、止点的半径为无穷大，输入$\times10^{45}$。当直线起、止点为缓和曲线时，半径无穷大，输入$\times10^{45}$；当直线段起、止点为圆曲线时，半径是圆曲线的半径。

③当计算段为圆曲线时，其起、止点半径是圆曲线的半径。

④当计算段为完整缓和曲线时，起点与直线相接，半径为无穷大；输入$\times10^{45}$；与圆曲线相接时，半径等于圆曲线的半径；止点与直线相接时，半径为无穷大，输入$\times10^{45}$；与圆曲线相接时，半径为圆曲线的半径。

⑤当计算段为非完整缓和曲线时，起点与直线相接时，半径等于设计规定的值；与圆曲线相接，半径等于圆曲线的半径。止点与直线相接，半径等于设计规定的值；与圆曲线相接，半径等于圆曲线的半径。

⑥当线路线形结构如图10-10所示，其起、止点半径按示意图处理。

三、程序计算匝道上任意点中、边桩坐标的方法步骤

第一步：熟悉匝道设计图，弄清每条匝道的类型及线形结构组合、掌握每条匝道各结构单

元的有关数据。

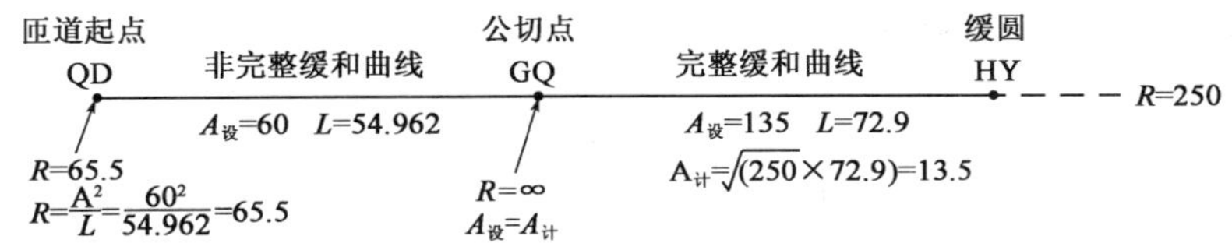

a)C匝道不完整缓和曲线与完整缓和曲线相接于GQ时半径的取用

R=280 YH 完整缓和曲线 GQ 不完整缓和曲线 ZD 匝道终点

$A_设$=130；L=60.357　A=80；L=50.693

$A_计=\sqrt{280\times60.357}=130$　$R=\infty$　$A_设=A_计$　R=126.25

$A_计=\sqrt{50.693\times126.25}=80$；$R=\frac{80^2}{50.693}=126.25$

b)D匝道完整缓和曲线与不完整缓和曲线相接于GQ时半径的取用

图 10-10 不完整缓和曲线的一端是线形起(止)点另一端与完整缓和曲线相交于公切点

(1)每段起、止点的名称。

(2)线位特征点数据:桩号、坐标、方位角、长度等。

(3)线位图上半径、缓和曲线参数 A 等。

如果发现"线位特征点数据",设计单位只提供了特征点的桩号和坐标,没有提供特征点的方位角,并没有提供方位角计算的途径,则这种匝道设计图纸是不完善的设计。出现这种情况应与设计单位联系解决。

第二步:分段,根据每条匝道的线形结构单元分段,取用各段要素:桩号、坐标、方位角、长度、起点半径、止点半径、线路转向等。

要求:分段必须正确,取用的数据必须正确!

分段可在表格上进行,分段的样表见表 10-5。为了省事,分段可在匝道设计图上的线位数据表上进行。样式见图 10-1～图 10-5 上各线位特征点数据表。

图 10-1C 匝道坐标计算起算数据表　　表 10-5

名 称	桩 号	X	Y	G	H	P	R	Q
CQD	CK0+000	635.746	7274.540	276°11′52.5″	54.962	65.5	$\times10^{45}$	−1
GQ	CK0+054.962	626.427	7220.809	252°09′32.9″	72.900	$\times10^{45}$	250	1
HY	CK0+127.862	607.507	7150.478	260°30′46.3″	162.609	250	250	1
YH	CK0+290.470	632.902	6992.752	297°46′48″	72.900	250	$\times10^{45}$	1
CZD	CK0+363.370	672.941	6931.914	306°08′01.4″				

准备好了表 10-5,在匝道放样现场,可很方便地用 ZD-XYJS 程序计算任一点的中、边桩坐标。

第三步:判断和取用每条匝道上各分段起点和止点的半径。

匝道上各分段的起止点的半径判断取用,可按前述"程序功能及注意事项"介绍的方法,仔细分析判定。

匝道上缓和曲线起、止点半径的判断取用，可按下述方法进行。

1. 匝道上缓和曲线的类型

匝道上常见的缓和曲线类型有：

(1)完整缓和曲线(含对称缓和曲线)。

(2)不完整缓和曲线(含非对称缓和曲线)。

完整缓和曲线起、止点的半径，必定是一端为无穷大，另一端为圆曲线(含带有缓和曲线的圆曲线，下同)的半径。

不完整的缓和曲线起、止点的半径，一端应是小于无穷大，而大于另一端所接圆曲线半径的值；另一端为圆曲线的半径。

归纳起来，缓和曲线起、止点的半径的类型有以下几种。

(1)缓和曲线的起点和直线相接，止点与圆曲线相接，即：

$$\xrightarrow{\text{直}}\text{ZH}\frac{\text{缓}}{\text{A}}\text{HY}\xrightarrow{\text{圆}}\text{YH。}$$

(2)缓和曲线的起点与圆曲线相接，止点与直线相接，即：

$$\text{HY}\xrightarrow{\text{圆}}\text{YH}\frac{\text{缓}}{\text{A}}\text{HZ}\xrightarrow{\text{直}}$$

(3)缓和曲线的起点与圆曲线相接，止点与另一个圆曲线相接，即：

$$\text{HY}\xrightarrow{\text{圆}}\text{YH}\frac{\text{缓(不)}}{\text{A}}\text{HY}\xrightarrow{\text{圆}}\text{YH}$$

(4)不完整缓和的一端是匝道的起点(或终点)，另一端与完整缓和曲线相交于公切点(GQ)，而完整缓和曲线另一端与圆曲线相接，即：

①$\underset{\text{起点}}{\text{QD}}\frac{\text{缓(不)}}{\text{A}}\text{GQ}\frac{\text{缓(完)}}{\text{A}}\text{HY}\xrightarrow{\text{圆}}\text{YH}$。

②$\text{HY}\xrightarrow{\text{圆}}\text{YH}\frac{\text{缓(完)}}{\text{A}}\text{GQ}\frac{\text{缓(不)}}{\text{A}}\text{ZD}_{\text{止点}}$。

2. 判断完整缓和曲线和不完整缓和曲线的方法

(1)用公式(10-1)计算缓和曲线(即回旋线，下同)参数 $A_{\text{计}}$：

$$A_{\text{计}}=\sqrt{R\cdot L} \tag{10-1}$$

式中：R——缓和曲线一端点连接的圆曲线的半径；

L——缓和曲线长度。

(2)比较 $A_{\text{计}}$ 与 $A_{\text{设}}$(匝道设计图上的 A)，若：

$$A_{\text{计}}=A_{\text{设}}$$

则该缓和曲线是完整缓和曲线。可以确定：该缓和曲线接圆曲线那一端点的半径就是圆曲线的半径，另一端点的半径则是无穷大。

若：

$$A_{计} \neq A_{设}$$

则该缓和曲线是不完整缓和曲线。可以确定:该不完整缓和曲线接圆曲线那一端点的半径,就是圆曲线的半径;另一端点的半径,则是小于无穷大,大于所接圆曲线半径的值。

3.计算不完整缓和曲线另一端点半径的方法

$$R_{缓(不)} = \frac{R_{圆} \times A^2}{A^2 - R_{圆} \times L} \tag{10-2}$$

式中:$R_{缓(不)}$——不完整缓和曲线另一端点的半径;

$R_{圆}$——不完整缓和曲线那一端所接圆曲线的半径;

A——设计图上不完整缓和曲线的曲线参数;

L——不完整缓和曲线的曲线长度。

四、匝道坐标计算起算数据准备案例

图 10-11 是湖南省永蓝高速公路(湘粤界)2 标宁远东互通式立交 C 匝道。要将该匝道放到实地,则在放样前应事先准备好 C 匝道点位坐标计算的起算要素。

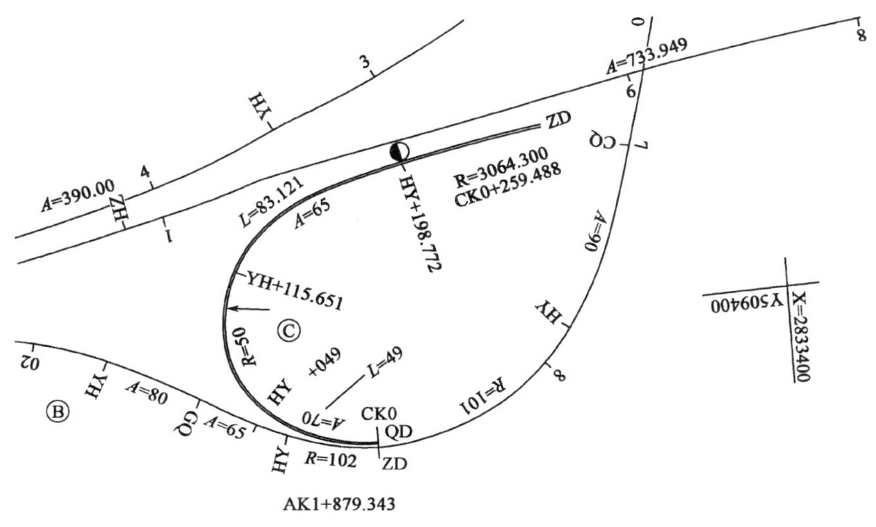

图 10-11 匝道数据准备示意图

分析该图知,C 匝道各段情况:

(1)第一段:QD—HY 段;桩号:CK0+000-CK0+049;前缓和曲线、$A_{设}=70$,用式(10-1)计算得 $A_{计}=49.5$($R_{圆}=50$,$L=49$);则 $A_{设}$ 70≠$A_{计}$ 49.5,为不完整缓和曲线。用式(10-2)计算 $R_{缓(不)}=100$,则该段起点半径 $P=100$,止点半径 $R=50$;右转。

(2)第二段:HY—YH 段,桩号:CK0+049~CK0+115.651;圆曲线,半径 50,则 $P=R=50$;右转。

(3)第三段:YH—HY 段;桩号:CK0+115.651~CK0+198.772;后缓和曲线,$A_{设}=65$,用公式(10-1)计算得 $A_{计}=64.467$,($R_{圆}=50$,$L=83.121$),则 $A_{设}$ 65≠$A_{计}$ 64.467,为不完整缓和曲线。用公式(10-2)计算 $R_{缓(不)}=3063.814$(设计图上为 3064.300,设计有误);则该段起点半径 $P=50$,止点半径 $R=3063.814$;右转。

(4)第四段：HY－ZD段；桩号：CK0＋198.772～CK0＋259.488；圆曲线，半径＝3063.814，则$P=R=3063.813$；右转。

经上分析，将C匝道有关数据整理成表10-6，方便现场放样时取用。

C匝道线位数据表 表10-6

名称	桩(O)号	X(U)	Y(V)	W(G)	H	P	R	Q
QD	CK0＋000	2833223.034	509452.269	180°1′14″	49.000	100	50	1
HY	CK0＋049	2833177.670	509436.900	222°7′59″	66.651	50	50	1
YH	CK0＋115.651	2833167.276	509375.955	298°30′34″	83.121	50	3063.814	1
HY	CK0＋198.772	2833237.440	509336.443	346°54′41″	60.716	3063.814	3063.814	1
ZD	CK0＋259.488	2833296.710	509323.280	348°2′48″				

值得再次强调的是：

(1)采用f_x—5800P/9750GII型计算器“线元法”程序计算匝道上任一点的中、边桩坐标的起算数据是线元每分段的：

①起点的桩号及坐标：英字母符号O及$X(U)$、$Y(V)$。

②起点的切线方位角：英字母符号G。

③计算段起点至止点的长度：英字母符号H。

④起点的半径：英字母符号P。

⑤止点的半径：英字母符号R。

⑥线路该段的转向：英字母符号Q。

这几个要素中，桩号、坐标、方位角、长度，是设计图中提供的，是已知的，圆曲线段的半径也是已知的，只有不与圆曲线相接的缓和曲线的另一端点的半径是未知的(有的设计图也会提供)。但设计图中，一般都提供了缓和曲线参数A，在这种情况下，应根据A、R、L三者关系，用式(10-1)判断，若该段缓和曲线是完整的缓和曲线，则该端点半径是无穷大，输入$\times 10^{45}$；是不完整缓和曲线，用公式(10-2)计算出该端点半径。

(2)像本章第二节图10-10不完整缓和曲线的一端是线元起(或止)点，另一端与完整缓和曲线相交于公切点“GQ”线段两端的半径，通常情况下，公切点(GQ)处的半径是无穷大，而另一端点(起或止点)的半径则要用公式$R=A^2\div L$来计算。

(3)像本章第一节图10-1“A型U形匝道”和图10-2“B型U形匝道”设计图，图中只给出了点名、桩号、坐标，半径R、∞、缓和曲线参数A。还有圆曲线交点YJD1、YJD2、YJD3、YJD4和缓和曲线交点HJD1、HJD2、HJD3。在这种情况下，要计算此类U形匝道上任意一点的坐标，可用“线元法ZD-XYJS程序”，或用“交点法XY程序”来计算。

1.*线元法*

用ZD-XYJS程序计算U形匝道上任意一点的中、边桩坐标以AU型匝道为例，见图10-1。

(1)把桩号写在匝道图相应点旁。

(2)图上分段：

①K0＋000～K0＋164.176段，圆曲线段，$R=3092.625$。

②K0＋164.176～K0＋291.672 段，不完整缓和曲线段，A＝500。

③K0＋291.672～K0＋449.284 段，圆曲线段，R＝1200。

④K0＋449.284～K0＋511.784 段完整，缓和曲线段，A＝50。

⑤K0＋511.784～K0＋586.624 段，圆曲线段，R＝40。

⑥K0＋586.624～K0＋649.124 段，完整缓和曲线段，A＝50。

⑦K0＋649.124～K0＋918.899 段，直线段，R＝∞。

⑧K0＋918.899～K1＋033.754 段，圆曲线段，R＝3500。

(3)用弦线把每段端点连起来，作用有：

①可判断交点位置。

②可帮助判断该曲线转向：面向前进方向，弦在曲线右侧，则该段曲线右转；弦在曲线左侧，则该段曲线左转。

(4)用坐标反算程序(文件名：ZFS)计算每段起点和交点的方位角，即该段起点的方位角。例如第①段，K0＋000 的方位角，用 K0＋000 的坐标 X＝434.391、Y＝283.228 和 YJD1 的坐标 X＝442.871、Y＝201.560 反算的方位角 G＝275°55′41″。其余各段起点的方位角，同理。

关于“ZFS 程序”可参阅本书第九章第三节“一”。

(5)在匝道图上分析取用每段匝道曲线起、止点半径。

例如第二段不完整缓和曲线，起点与①圆曲线相接，半径应是 P＝3092.625；止点与③圆曲线相接，半径应是 R＝1200。其余半径分析同理。

(6)该匝道④、⑥两段的起、止点半径取用较困难，正确分析应是：

①应把④、⑥两段缓和曲线看作圆曲线⑤两边前、后缓和曲线。

②用式(10-1)计算④、⑥两端的曲线参数 $A_{计}$ 与 $A_{设}$ 比较：

$$A_{计④}=\sqrt{(40\times62.5)}=50，则\ A_{计④}=A_{设}=50$$

$$A_{计⑤}=\sqrt{(40\times62.5)}=50，则\ A_{计⑤}=A_{设}=50$$

说明该两段缓和曲线是完整缓和曲线。

③从上分析知：

第④段 P 是无穷大，即×10^{45}，R＝40；

第⑤段 P＝40，R 是无穷大，即×10^{45}。

(7)综上分析，将有关数据整理在图 10-1Ⓐ-Ⓐ表中，以方便现场查用。

2. 交点法

用 XY 程序计算 U 形匝道上任意一点的中、边桩坐标。

以 BU 形匝道为例，见图 10-2。

(1)分析图 10-2 知，BU 形匝道由 4 段圆曲线和 2 段和曲线组成。由于设计图提供了圆曲线交点的坐标 X、Y 值，这就为交点法程序计算该匝道上点位坐标提供了条件。

(2)准备交点法 XY 程序计算匝道上点位坐标的起算数据(以 YJD1 为例)：

R——圆曲线半径，本例 R 设计图提供数据为 R＝4407.375；

Q——交点桩号，未知；

P、W——交点 X、Y 坐标，本例设计图提供：X＝4663.950，Y＝9059.750；

F——前切线方位角,未知;

N——转角,未知;

V——缓和曲线长,本例 $V=0$;

G——控制线路转向,本例左转,$G=-1$。

(3)计算交点桩号 Q,前切线方位角 F。

用 K0+000 坐标和 YJD_1 坐标用坐标反算程序(ZFS 程序)反算求得:K0+000－YJD_1 间距离(切线长)$T=125.316$,方位角 $F=94°19'26''$即前切线方位角,则交点桩号 $Q=$K0+000+125.316=K0+125.316。

(4)计算转角 N。

用交点坐标和 K0+250.562 坐标反算求得:$F=91°04'00''$,则前、后两切线夹角 $\beta=(94°19'26''+180)-91°04'00''=183°15'26''$,所以线路转角 $N=183°15'26''-180=3°15'26''$。

通过上述分析和计算,交点法 XY 程序的起算数据就准备好了。为了方便现场取用,可将这些数据写在交点 YJD_1 旁,并标明计算范围:K0+000～K0+250.562(GQ1)。

其余 YJD_2、YJD_3、YJD_4 交点的起算要素仿上进行。

U 形匝道的缓和曲线(例如本例 K0+456.964～K0+519.464 及 K0+595.842～K0+658.342 段)用交点法 XY 程序计算较困难,应考虑选用线元法程序计算。

另外,对比线元法和交点法,作者推荐用线元法计算匝道上点位坐标。

第三节　匝道现场现算现放实操案例

任务,要把图 10-5 中 A、B、C、D、E 匝道放到实地。

接受任务后,根据作者放匝道经验,可按下述步骤进行:

(1)复印匝道图纸,并按前述介绍的方法,看图、分析图纸。主要掌握:

①各条匝道的线形走向。

②各条匝道线元结构组合。

③各条匝道设计图上提供的数据。

④按照前述介绍的方法测各条匝道计算坐标的起算数据:

a. 起点桩号及坐标。

b. 各条匝道上每分段起点的方位角。

c. 每分段计算的长度。

d. 每分段起、止点的半径。

e. 每分段线路的转向。

f. 各条匝道横断面图中一边桩距离。

⑤复算设计图各条匝道主要特征点的坐标及各条匝道逐桩坐标表上的坐标。

⑥复算各条匝道纵断面图上的设计高程。

⑦发现问题与驻地监理、设计单位驻地办代表联系解决。

(2)当主线路施工到匝道范围,应实地勘察各条匝道大概位置、地形条件、地物情况、导线点密度及通视情况、水准点密度等。

(3)根据施工进度,放样前在施工主线放样时加密匝道施工范围内的导线点、水准点(最好导线点、水准点是同一点)或者是在匝道放样时,临时加密导线点。

(4)匝道放样前要编制好匝道范围内导线点、水准点成果表,并经200%检查,有关数据(坐标、高程、点号)应确保正确。

(5)匝道放样前,准备好放样仪具。

①全站仪、三叉式单棱镜。

②铁锤、竹(木)桩、红塑带、油性记号笔、小钢尺等。

③计算工具:f_x—5800P型或f_x—9750GII型计算器。

(6)匝道放样时,将全站仪整置于可通视所放匝道的导线点上,后视另一已知导线点"建站"。

(7)用f_x—5800P/9750GⅡ型计算器"ZD-XYJS程序"逐桩计算匝道上所放桩号的中、边桩坐标,输入全站仪,用全站仪坐标法放样功能逐桩放出所需点位,钉桩、扎红塑带,醒目标志。

[匝道平面位置现场现算现放案例]

1.案例背景

案例如图10-12所示,该案例是江西省德兴至南昌高速公路新建工程第B4合同段U形转弯立交B匝道设计图。

现场测量员的任务是,把该设计图样放到实地。

现场测量员接受任务后,经认真分析该设计图纸后,按照前述第二节"四"的方法准备该匝道放样的起算数据,见表10-7。

U形B匝道起算数据表　　表10-7

点名	桩　号	$X(U)$	$Y(V)$	G	H	P	R	Q
QD	K0+000.000	4673.398	8934.831	94°19′26″	250.562	4407.375	4407.375	−1
GQ1	K0+250.562	4661.617	9185.083	91°04′02″	206.402	1500	1500	1
YH1	K0+456.964	4643.611	9390.534	98°57′03″	62.50	$\times10^{45}$	40	−1
HY1	K0+519.464	4649.854	9451.034	54°11′19″	76.378	40	40	−1
HY1	K0+595.842	4715.144	9450.449	304°47′00″	62.50	40	$\times10^{45}$	−1
HY1	K0+658.342	4720.302	9389.847	260°01′19″	384.589	2000	2000	1
ZD	K1+042.931	4690.380	9007.018					

2.现算匝道平面位置放样点坐标

当全站仪设站并建站(已后视定向)后,放样员即可用5800P"ZD-XYJS程序"逐点计算放样点坐标,输入给全站仪进行放样。

"ZD-XYJS程序"操作方法步骤:

(1)按AC键,开机,清除屏幕上上次关机时保留的内容。

(2)按FILE ▲ ▼键,选用文件名:ZD-XYJS。

(3)按EXE键,按屏幕提示输入:

显示O=?,输入第一分段起点桩号:O=0.000;

显示U=?,输入起点X坐标:U=4673.398;

显示V=?,输入起点Y坐标:V=8934.831;

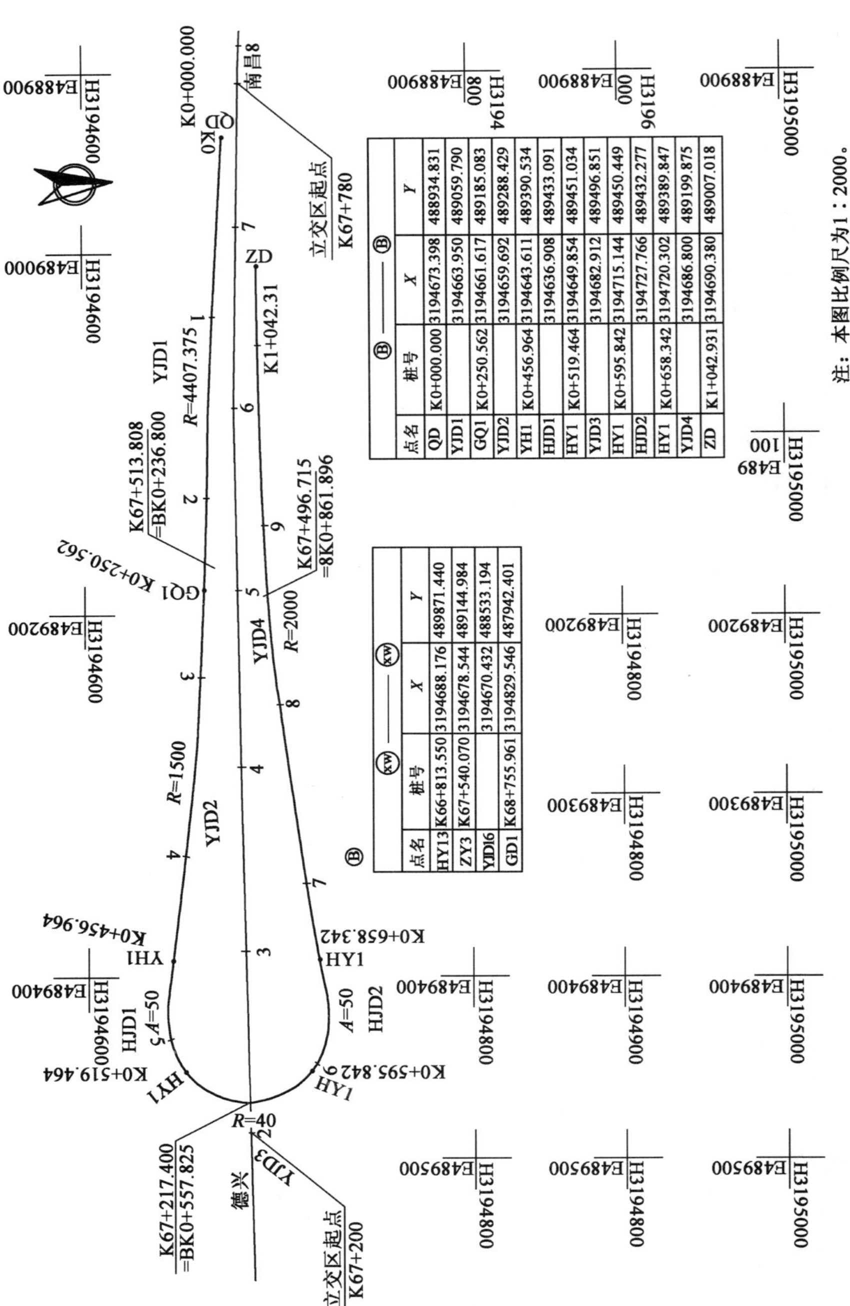

Ⓑ

点名	桩号	X	Y
ⓍⓌ——ⓍⓌ			
HY13	K66+813.550	3194688.176	489871.440
ZY3	K67+540.070	3194678.544	489144.984
YJD16		3194670.432	488533.194
GD1	K68+755.961	3194829.546	487942.401

点名	桩号	X	Y
Ⓑ——Ⓑ			
QD	K0+000.000	3194673.398	488934.831
YJD1		3194663.950	489059.790
GQ1	K0+250.562	3194661.617	489185.083
YJD2		3194659.692	489288.429
YH1	K0+456.964	3194643.611	489390.534
HJD1		3194636.908	489433.091
HY1	K0+519.464	3194649.854	489451.034
YJD3		3194682.912	489496.851
HY1	K0+595.842	3194715.144	489450.449
HJD2		3194727.766	489432.277
HY1	K0+658.342	3194720.302	489389.847
YJD4		3194686.800	489199.875
ZD	K1+042.931	3194690.380	489007.018

注：本图比例尺为1：2000。

图10-12　U形转弯立交B匝道线位数据图

U 形转弯立交 B 匝道逐桩坐标表(一)

表 10-8

桩号	坐标 X	坐标 Y	桩号	坐标 X	坐标 Y	桩号	坐标 X	坐标 Y	桩号	坐标 X	坐标 Y
AK0+840	3193435.821	496018.278	BK0+000	3194673.398	488934.831	BK0+290	3194660.364	489224.500	BK0+570	3194694.785	489465.628
AK0+850	3193435.125	496028.253	BK0+010	3194672.655	488944.804	BK0+300	3194659.882	489234.488	BK0+580	3194703.797	489461.356
AK0+860	3193434.428	496038.229	BK0+020	3194671.935	488954.778	BK0+310	3194659.333	489244.473	BK0+590	3194711.473	489454.987
AK0+870	3193433.731	496048.205	BK0+030	3194671.238	488964.754	BK0+320	3194658.718	489254.454	BK0+595.842	3194715.144	489450.449
AK0+880	3193433.034	496058.181	BK0+040	3194670.563	488974.731	BK0+330	3194658.036	489264.431	BK0+600	3194717.338	489446.919
AK0+890	3193432.337	496068.156	BK0+050	3194669.911	488984.709	BK0+340	3194657.287	489274.402	BK0+610	3194721.194	489437.713
AK0+900	3193431.640	496078.132	BK0+060	3194669.281	488994.690	BK0+350	3194656.473	489284.369	BK0+620	3194723.210	489427.931
AK0+910	3193430.944	496088.108	BK0+070	3194668.675	489004.671	BK0+360	3194655.591	489294.330	BK0+630	3194723.708	489417.951
AK0+918.899	3193430.324	496096.985	BK0+080	3194668.090	489014.654	BK0+370	3194654.644	489304.285	BK0+640	3194723.073	489407.975
AK0+920	3193430.247	496098.083	BK0+090	3194667.529	489024.638	BK0+380	3194653.630	489314.234	BK0+650	3194721.709	489398.069
AK0+930	3193429.532	496108.058	BK0+100	3194666.990	489034.624	BK0+390	3194652.549	489324.175	BK0+658.342	3194720.302	489389.847
AK0+940	3193428.790	496118.030	BK0+110	319466.474	489044.610	BK0+400	3194651.403	489334.109	BK0+660	3194720.015	489388.214
AK0+950	3193428.019	496128.000	BK0+120	3194665.980	489054.598	BK0+410	3194650.190	489344.035	BK0+670	3194718.315	489378.359
AK0+960	3193427.219	496137.968	BK0+130	3194665.509	489064.587	BK0+420	3194648.911	489353.953	BK0+680	3194716.665	489368.497
AK0+970	3193426.391	496147.934	BK0+140	3194665.061	489074.577	BK0+430	3194647.566	489363.862	BK0+690	3194715.063	489358.626
AK0+980	3193425.534	496157.897	BK0+150	3194664.636	489084.568	BK0+440	3194646.155	489373.762	BK0+700	3194713.511	489348.747
AK0+990	3193424.649	496167.858	BK0+160	3194664.233	489094.560	BK0+450	3194644.678	489383.653	BK0+710	3194712.009	489338.860
AK0+000	3193423.736	496177.816	BK0+170	3194663.852	489104.553	BK0+456.964	3194643.611	489390.534	BK0+720	3194710.556	489328.967
AK1+003.754	3193423.385	496181.554	BK0+180	3194663.495	489114.546	BK0+460	319643.140	489393.534	BK0+730	3194709.152	489319.066
			BK0+190	3194663.160	489124.541	BK0+470	3194641.728	489403.433	BK0+740	3194707.798	489309.158
			BK0+200	3194662.848	489134.536	BK0+480	3194640.835	489413.391	BK0+750	3194706.494	489299.243
			BK0+210	3194662.558	489144.532	BK0+490	3194640.861	489423.385	BK0+760	3194705.239	489289.322
			BK0+220	3194662.292	489154.528	BK0+500	3194642.204	489433.285	BK0+770	3194704.034	489279.395
			BK0+230	3194662.047	489164.525	BK0+510	3194645.221	489442.803	BK0+780	3194702.878	489269.462
			BK0+240	3194661.826	489174.523	BK0+519.464	3194649.854	489451.034	BK0+790	3194701.772	489259.523
			BK0+250	3194661.627	489184.521	BK0+520	3194650.170	489451.466	BK0+800	3194700.716	489249.579
			BK0+250.562	3194661.617	489185.083	BK0+530	3194657.067	489458.672	BK0+810	3194699.709	489239.630
			BK0+260	3194661.411	489194.518	BK0+540	3194665.531	489463.948	BK0+820	3194698.753	489229.676
			BK0+270	3194661.129	489204.514	BK0+550	3194675.037	489466.966	BK0+830	3194697.846	489219.717
			BK0+280	3194660.780	489214.508	BK0+560	3194684.995	489467.537	BK0+840	3194696.989	489209.754

U 形转弯立交 B 匝道逐桩坐标表(二)

表 10-9

桩号	坐标		桩号 改路一	坐标		桩号 改路二	坐标		桩号	坐标	
	X	Y		X	Y		X	Y		X	Y
BK0+850	3194696.181	489199.787	K0+000	3193510.942	496093.447	K0+000	3194808.356	489037.045			
BK0+860	3194695.424	489189.815	K0+010	3193509.481	496083.554	K0+010	3194799.721	489042.089			
BK0+870	3194694.716	489179.841	K0+020	3193508.020	496073.662	K0+020	3194791.087	489047.133			
BK0+880	3194694.059	489169.862	K0+030	3193506.559	496063.769	K0+030	3194782.452	489052.177			
BK0+890	3194693.451	489159.881	K0+040	3193505.098	496053.876	K0+040	3194773.817	489057.221			
BK0+900	3194692.893	489149.896	K0+050	3193503.637	496043.984	K0+050	3194765.183	489062.265			
BK0+910	3194692.385	489139.909	K0+060	3193502.176	496034.091	K0+060	3194756.548	489067.309			
BK0+920	3194691.927	489129.920	K0+070	3193500.715	496024.198	K0+070	3194747.913	489072.353			
BK0+930	3194691.519	489119.928	K0+080	3193499.255	496014.305	K0+080	3194739.279	489077.397			
BK0+940	3194691.161	489109.934	K0+090	3193497.794	496004.413	K0+090	3194730.644	489082.441			
BK0+950	3194690.852	489099.939	K0+096.148	3193496.895	495998.330	K0+100	3194722.009	489087.485			
BK0+960	3194690.594	489089.943	K0+100	3193496.090	495994.567	K0+110	3194713.375	489092.529			
BK0+970	3194690.386	489079.945	K0+110	3193491.835	495985.568	K0+120	3194704.740	489097.573			
BK0+980	3194690.228	489069.946	K0+118.197	3193486.296	495979.561	K0+130	3194696.105	489102.617			
BK0+990	3194690.120	489059.947	K0+120	3193484.904	495978.414	K0+140	3194687.471	489107.661			
BK1+000	3194690.062	489049.947	K0+130	3193477.187	495972.055	K0+150	3194678.836	489112.705			
BK1+010	3194690.053	489039.947	K0+140	3193469.469	495965.695	K0+160	3194670.201	489117.749			
BK1+020	3194690.095	489029.947	K0+150	3193461.752	495959.336	K0+170	3194661.566	489122.793			
BK1+030	3194690.187	489019.947	K0+160	3193454.034	495952.977	K0+180	3194652.932	489127.837			
BK1+040	3194690.329	489009.948	K0+170	3193446.317	495946.617	K0+187.852	3194646.152	489131.798			
BK1+042.931	3194690.380	489007.018	K0+180	3193438.600	495940.258	K0+190	3194644.286	489132.861			
			K0+190	3193430.882	495933.899	K0+200	3194635.317	489137.274			
			K0+200	3193423.165	495927.539	K0+210	3194625.952	489140.769			
			K0+210	3193415.448	495921.180	K0+220	3194616.285	489143.312			
			K0+220	3193407.730	495914.820	K0+230	3194606.412	489144.877			
			K0+230	3193400.013	495908.461	K0+240	3194596.433	489145.449			
			K0+236.139	3193395.275	495904.557	K0+250	3194586.446	489145.021			
						K0+254.037	3194582.435	489144.566			

显示 G=?,输入起点切线方位角:$G=94°19'26''$;

显示 H=?,输入第一分段的长度:$H=250.562$;

显示 P=?,输入起点的半径:$P=4407.375$;

显示 R=?,输入第一分段终点半径:$R=4407.375$;

显示 Q=?,输入线路转向控制条件:$Q=-1$。

至此,匝道第一分段的起算数据输入完成。以下输入放样点桩号 S? 和边距 Z?,就可计算出放样点坐标。注意:计算中桩,Z? 输入 0,计算左边桩,Z? 输入负边距;计算右边桩,Z? 输入正边距。例如计算第一分段内 BK0+100 的中桩坐标,见表 10-8 和表 10-9。

(4)按EXE键,按屏幕提示输入:

显示 S?,输入,Z=0.000(计算中桩)。

(5)按EXE键,显示计算结果:

X=4666.990

Y=9034.623

以下重复计算,仿上操作,只要输入放样点桩号 S? 和边距 Z?,就可计算出放样点的坐标。

当第一分段放样式完成,要放第二分段时,则要重新输入第二分段的起算要素:O?、U?、V?、G?、H?、P?、R?、Q?,然后输入 S? 和 Z?,即可计算第二分段上任一点的中、边桩坐标。这一点应特别注意。

为了克服每分段都重新输入起算要素的繁琐现象,作者研发了“线路匝道中边桩坐标计算全线通程序”(XLZD-XYTS 程序)。这个全线通匝道坐标计算程序,只要一次性把匝道全线各分段的起算要素输入计算器,就可任意计算全线任意点的中、边桩坐标,非常方便、实用。由于该程序尚需在实践中检验,预计在本书重印时即可公布于社会。

第十一章

涵洞工程施工测量

第一节　涵洞工程施工中测量工作的要求与任务

线路修筑中，与路基本上同时施工的是线路的结构物桥梁与涵洞（圆管涵、盖板涵、通道、箱涵、倒虹吸）。涵洞是线路的主要构件之一，涵洞工程是线路工程的一个重要分部。对线路施工测量来说，涵洞是重要的放线任务之一。线路施工现场测量员，必须熟练地掌握涵洞放样技术。

(1)结合涵洞设计图纸与涵洞施工作业实践分析，涵洞工程对施工测量的要求是：

①控制涵洞基础位置及其主轴线。

②控制涵洞基础深度，各结构面高程、涵洞顶面高程。

(2)依据涵洞工程施工实践作业顺序，施工测量的任务是：

①进行涵洞基础及主轴线放样。

②实测涵洞主轴线中点、两端点、基础几何角点实地高程，根据基础设计高程，计算下挖深度，指导基坑下挖作业。

③随着作业进度，继续控制涵洞轴线和砌体结构面高程。

第二节　涵洞设计图纸的收集与研究分析

现场测量员放样涵洞的依据是设计图纸。

当接受涵洞放样任务后，应对收集到的图纸认真分析，弄清设计图构造物类型结构及相关数据。

通常情况下，经过看图分析，主要应掌握如下信息：

(1)涵洞所在的位置：即涵洞主轴线与线路中线交点的里程程序，也称涵洞的中心桩号。

(2)涵洞主轴线与线路中线是正交，还是斜交，交角是多少度。

(3)涵长是多少，左侧、右侧各长多少。

(4)涵洞上下游进出口形式：多为八字墙。

(5)八字墙长度、八字墙形式与主轴线关系。

例如，如图 11-1 所示圆管涵。图中 3 是涵洞主轴线与线路中线交点，里程桩号是 K12＋620；2 和 4 是涵洞左、右两端点；1 和 5 是八字口左、右外边缘点。左侧涵长 22.06；右侧涵长 22.66；八字墙长：左 3.16；右 3.21。1-3-5 连线是主轴线，其与线路中线斜交：交角 60°。

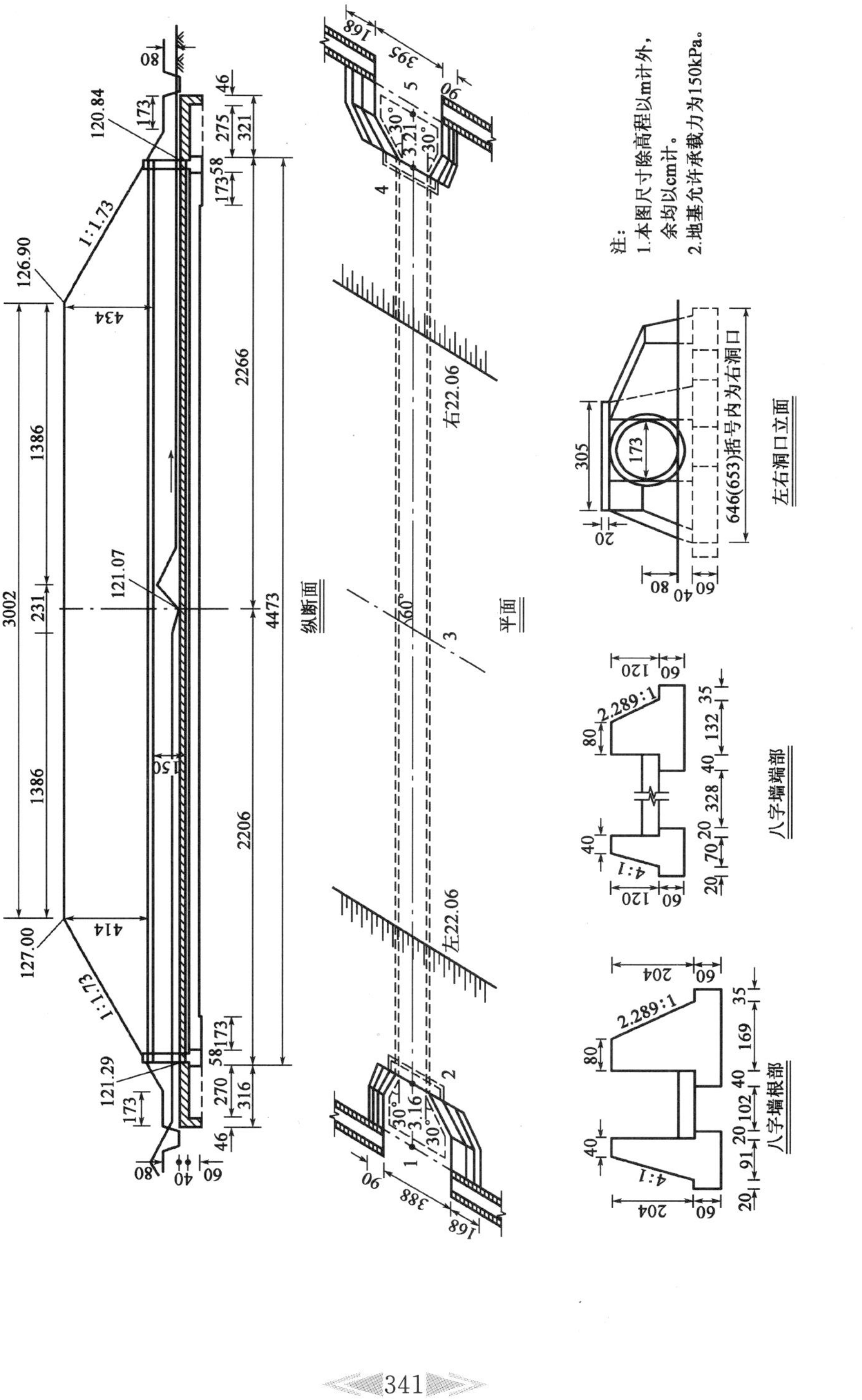

纵断面

平面

左右洞口立面

646(653)括号内为右洞口

八字墙端部

八字墙根部

注：
1.本图尺寸除高程以m计外，余均以cm计。
2.地基允许承载力为150kPa。

a)钢筋混凝土圆管涵

图 11-1

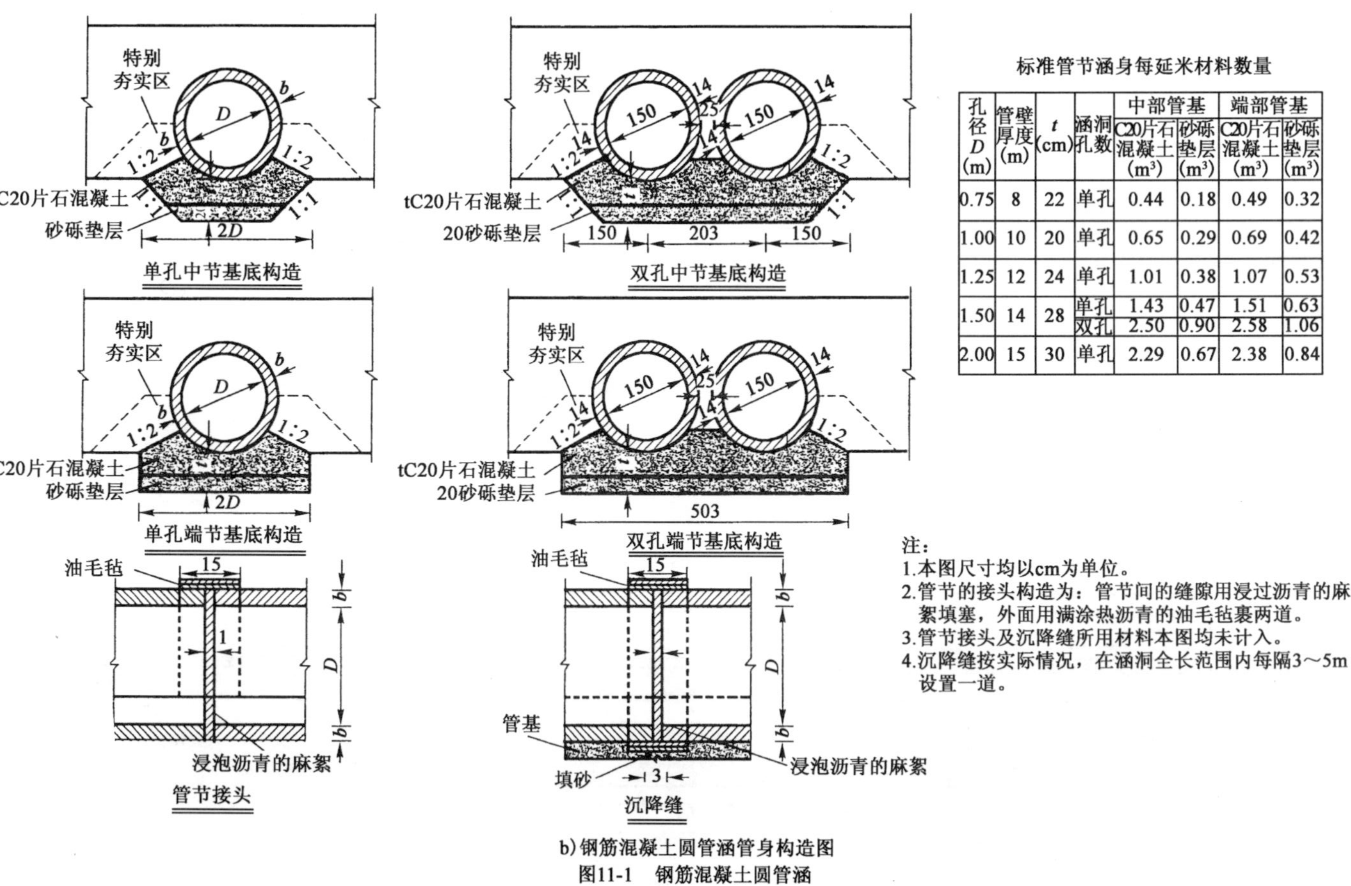

标准管节涵身每延米材料数量

孔径 D (m)	管壁厚度 (m)	t (cm)	涵洞孔数	中部管基 C20片石混凝土 (m^3)	中部管基 砂砾垫层 (m^3)	端部管基 C20片石混凝土 (m^3)	端部管基 砂砾垫层 (m^3)
0.75	8	22	单孔	0.44	0.18	0.49	0.32
1.00	10	20	单孔	0.65	0.29	0.69	0.42
1.25	12	24	单孔	1.01	0.38	1.07	0.53
1.50	14	28	单孔	1.43	0.47	1.51	0.63
			双孔	2.50	0.90	2.58	1.06
2.00	15	30	单孔	2.29	0.67	2.38	0.84

注：
1.本图尺寸均以cm为单位。
2.管节的接头构造为：管节间的缝隙用浸过沥青的麻絮填塞，外面用满涂热沥青的油毛毡裹两道。
3.管节接头及沉降缝所用材料本图均未计入。
4.沉降缝按实际情况，在涵洞全长范围内每隔3～5m设置一道。

b）钢筋混凝土圆管涵管身构造图

图11-1　钢筋混凝土圆管涵

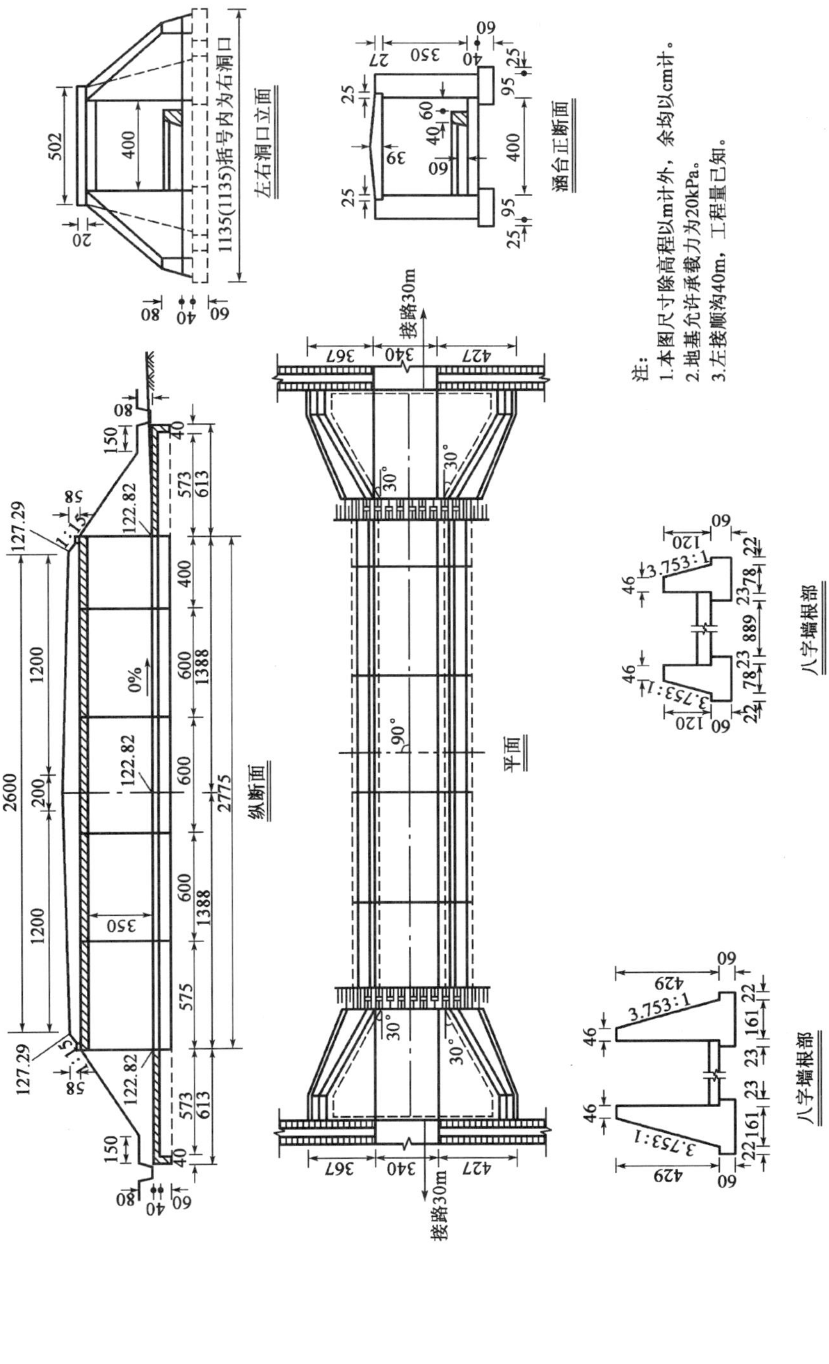

纵断面

平面

左右洞口立面

1135(1135)括号内为右洞口

涵台正断面

八字墙根部

八字墙根部

注：
1.本图尺寸除高程以m计外，余均以cm计。
2.地基允许承载力为20kPa。
3.左接顺沟40m，工程量已知。

图11-2　K12+660 1-4×3.5m钢筋混凝土盖板涵

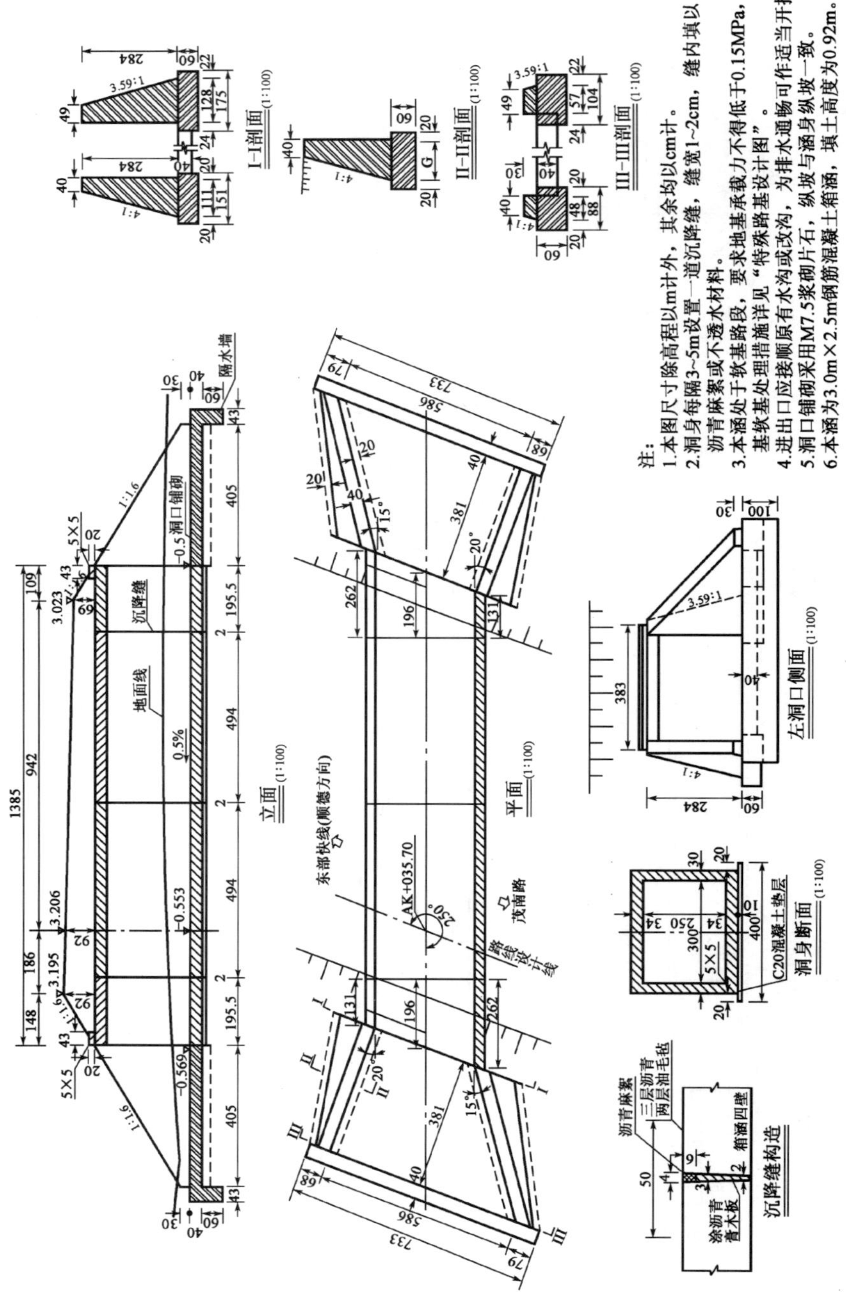

图11-3 AK0+035.70箱涵布置图

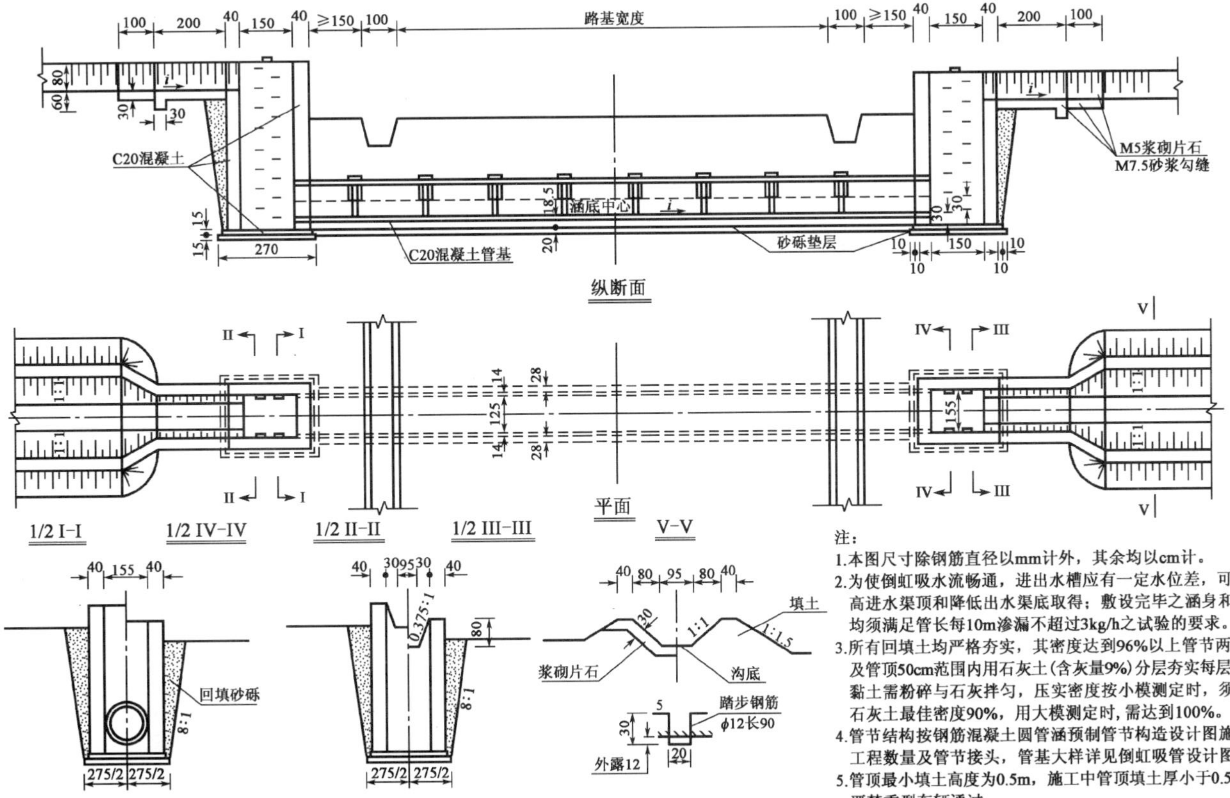

注：

1.本图尺寸除钢筋直径以mm计外，其余均以cm计。

2.为使倒虹吸水流畅通，进出水槽应有一定水位差，可用增高进水渠顶和降低出水渠底取得；敷设完毕之涵身和水井均须满足管长每10m渗漏不超过3kg/h之试验的要求。

3.所有回填土均严格夯实，其密度达到96%以上管节两侧1m及管顶50cm范围内用石灰土(含灰量9%)分层夯实每层10cm，黏土需粉碎与石灰拌匀，压实密度按小模测定时，须达到石灰土最佳密度90%，用大模测定时，需达到100%。

4.管节结构按钢筋混凝土圆管涵预制管节构造设计图施工，工程数量及管节接头，管基大样详见倒虹吸管设计图(二)。

5.管顶最小填土高度为0.5m，施工中管顶填土厚小于0.50m时，严禁重型车辆通过。

图11-4　倒虹吸设计图(一)

图 11-2 是盖板涵；图 11-3 是箱涵；图 11-4 是倒虹吸。这些构造物的中心桩号、涵长、交角等分析同理。需要补充的是：实践放样时，圆管涵在一般情况下，只要在实地放出主轴线 1-3-5 点，现场施工员据此主轴线和圆管直径就可在实地指挥放出开挖线，然后根据下挖深度就可指挥施工。但是对盖板涵和箱涵这样的构造物，现场施工要求放出底层基础的 4 个角和八字墙外开口的 2 个角。为此，除认真看构造物“纵剖面图”和“平面图”外，还要认真看“涵口正断面图”(或称“洞身断面图”)，从图上分析：

(1)涵洞洞身的宽度。

(2)基础的宽度。

(3)墙身厚度。

若涵洞是 90°正交，则这些数据可从设计图上直接取用；若涵洞是斜交，则应将这些数据换算成斜距。

例如，图 11-2K12＋660 盖板涵，正交，则从“涵口正断面图”上直接取用：洞身宽度：4.0；基础宽度：4.0＋0.95×2＋0.25×2＝6.4；墙身厚度：0.95。

图 11-3AK0＋035.70 箱涵，斜交 70°，则从“洞身断面图”上取用的数据：洞身宽度：3.00；墙身厚度 0.30；基础宽度：3.000＋0.30×2＋0.2×2＝4.0。在用“XY”程序计算坐标时，则应把这些数据换算成斜距(换算方法，详见本章第二节)。

第三节　现场现算线路涵洞放样数据

一、现场现算线路涵洞放样数据的准备工作

公路构造物放样数据，可事先在内业准备好。但技术熟练的测量员，只需在内业做好如下准备：

(1)接受任务后，复印构造物设计图纸。

(2)看图、识图，分析涵洞设计图各结构关系及有关数据。

(3)准备涵洞所在路段的交点要素：交点桩号及 X、Y 坐标值、半径、缓和曲线长、转角、前切线方位角。

(4)准备 f_x—5800P 和 9750GⅡ型计算器“XY 程序”、“ZXY2 程序”。

二、现场计算涵洞放样数据的方法步骤

(1)根据涵洞的桩号，选用交点起算数据，如下例图箱涵桩号 K0＋5120 在交点 JD1 的计算范围。因此选用交点 JD_1 的起算数据：交点桩号 Q，交点坐标 W、K，交点转角 N，转向 G，前切线方位角 F，缓和曲线长 V。

(2)用 f_x—5800P 或 9750GⅡ型“XY”程序计算涵洞主轴线中点及左右两端点的坐标。

(3)用上述计算器的“ZXY”程序计算涵洞主轴线左右两端点间距离及主轴线的方位角。

(4)用“ZXY”程序计算主轴线两侧基础点，墙身点、八字口等放样点的坐标。

三、计算涵洞放样数据的计算器程序

涵洞放样点坐标计算，推荐用日产卡西欧 f_x-5800 或 9750GⅡ型计算器，其程序推荐作者编辑的 XY 程序和 ZXY 程序。

关于 XY 程序，详见本书第五章第三节八。

本节详细介绍直线段点位中边桩坐标计算程序：ZXY 程序。

1. 文件名

ZXY（直线段 XY 计算）

2. 程序清单

```
"A"? A:"B"? B:"C"? C:"D"? D↵
P01(C−A,D−B):I→S:"S=":S ◢
J→E↵
IF F<0:Then F+360→F:Else F→F:IfEnd↵
"F=":F▶DMS▶
LbI 0↵
"K"? K:"L"? L↵
Rec (L−K,F)↵
"X=":A+I→X ◢
"Y=":B+J→Y ◢
Goto 1↵
LbI 1↵
"W"? W:"E"? E↵
If W<0:Then Goto 2:IfEnd↵
"M=":X+WCOS(F+E)→M ◢
"N=":Y+Wsin(F+E)→N ◢
Goto 1↵
LbI 2↵
"K"? K:"L"? L↵
Goto 0
```

程序中：

A、B——直线段起点坐标 X、Y；

C、D——直线段终点坐标 X、Y；

K——直线段起点桩号，令 K=0.000；

L——直线段上任意点的桩号，即所求点桩号；当 K=0，则是 L～K 间的距离；

W——所求点 L 的边距；

E——夹角，即所求点 L 与边桩连线与直线夹角，直线左边夹角为−E，直线右边夹角为 E。

程序计算结果：

S=——直线段起点至终点距离；

F=——直线段起一终方向的方位角；

X=、Y=——直线段上所求点 L 的坐标；

M=、N=——边桩坐标，输入 E 为右边桩坐标，输入 −E 为左边桩坐标。

3. 程序功能及注意事项

(1)本程序可计算直线上任意点的中、边桩坐标。

(2)本程序可计算直线上任意已知坐标的两点间距离和直线方位角。

(3)本程序输入 A?、B?、C?、D?，计算结果显示直线段任意两点间距离"S="和直线的方位角"F="。

输入 K?、L?，计算结果显示直线上任意点的坐标"X="、"Y="，即中桩坐标。

输入 W?、E?，计算结果显示所求点边桩的坐标"M="、"N="。

(4)程序运行中，给 W? 输入 −1，则重新显示 K?、L?，方便进行下一点中桩、左右边桩计算。

4. 程序执行操作方法与步骤

以图 6-3 为例，图中 K12+620 圆管涵中轴线 4-2-1-3-5 为直线段，以起点 4 和终点 5 坐标为起算数据，计算 D_{4-5} 长度和方位角，进而计算 5、12、13；3、10、11；2、6、7；4、8、9 点坐标。

本例只计算 5、12、13 点坐标，其他各点坐标计算仿此进行。

(1)按 AC 键开机，清除上次关机时屏幕上保留的内容。

(2)按 FILE ▲ ▼ 键，选用文件名：ZXY。

(3)按 EXE 键，按照屏幕字符提示输入：

显示 A?，输入起点 4 的 X=647.957；

显示 B?，输入起点 4 的 X=8932.142；

显示 C?，输入起点 5 的 X=685.285；

显示 D?，输入起点 5 的 Y=8897.260；

(4)按 EXE 键，显示计算结果：

S=51.089(直线段起终点距离)；

F=316°56′24.22″(直线 4—5 方位角)。

(5)按 EXE 键，按照屏幕字符提示输入：

显示 K?，输入起点桩号，令 K=0.000；

显示 L?，输入直线上所求点桩号，计算 5 点，4 至 5 距离为：3.16+22.06+22.66+3.21=51.09。

(6)按 EXE 键，显示计算结果：

X=685.285(所求点 5 的 X 坐标值)；

Y=8897.260(所求点 5 的 Y 坐标值)。

(7)按EXE键，按照屏幕字符提示输入：

显示 W?，输入中点 5 至 12 右边距 2.775；

显示 E?，输入右夹角 120°。

(8)按EXE键，显示计算结果：

M=685.912(右边点 12 的 X 坐标值)；

N=8899.963(右边点 12 的 Y 坐标值)。

(9)按EXE键，按照屏幕字符提示输入：

显示 W?，输入中点 5 至 13 左边距 3.755；

显示 E?，输入左夹角－60°。

(10)按EXE键，显示计算结果：

M=684.437(左边点 13 的 X 坐标位)；

N=8893.602(左边点 13 的 Y 坐标标值)。

当要计算下一点及其左右边桩坐标时，只要给 W? 输入－1，程序重新显示 K?、L?，例如要计算 2 点，只要给 K? 输入 0.000，L? 输入 3.16，就可计算 2 点坐标；W? 输入 2.95，E? 输入 120°，就可计算 6 点坐标；W? 输入 1.82，E? 输入－60°，就可计算 7 点坐标。接着给 W? 输入－1，按两次EXE键，则程序自动显示 K?、L?、W?、E?，此时输入另一点相应数据。

值得提醒的是，程序中夹角 E 值的正负判断如下：

(1)XY 程序夹角 E 值正负判断(图 6-3)。

站在 1 点，面向公路主线前进方向，左手边 E 为负值－120°，右手边 E 为正值 60°。

(2)ZXY 程序夹角 E 值正负判断(图 6-3)。

站在 4(或 2、3、5)点，面向直线前进方向，左手边 E 为负值－60°，右手边 E 为正值 120°。

(3)上述例子为斜交，当 $E=N$，则 $-E=180°-N$；若为正交圆管涵，则 $E=90°$，$-E=-90°$。

四、现场现算线路放样数据案例

线路构造物圆管涵、通道、盖板涵、箱涵等的几何图形，大致上是相同的，本节以实例详细介绍圆管涵、盖板涵、箱涵放样点位数据计算方法技术。

(一)圆管涵平面位置放样数据计算案例

1.圆管涵平面位置的放样点位

现代线路桥涵施工，是用先进的全站仪坐标法放样功能，把设计图纸上的桥涵图样放到实地。

这里关键是要计算出桥涵各放样点的坐标值，而要计算放样点的坐标，则要正确地在图纸上判定各放样点位置。

圆管涵放样点是圆管涵主轴线(中轴线)上几个点(图 11-5 和图 11-6)。

(1)主轴线中点，即圆管涵的主轴线与线路主线(中线)的交点：1 个点。

(2)主轴线左端点及右端点：2 个点。

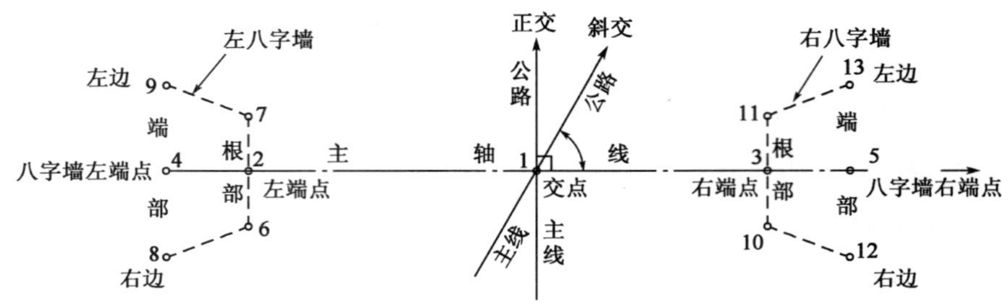

图 11-5 圆管涵平面位置放样点位示意图

(3)主轴线八字墙左端点及右端点:2 个点。

(4)八字墙根部及端部两侧边缘点:8 个点。

圆管涵施工实践中,熟练的施工队只要求放出上述(1)、(2)、(3)所指主轴线上 5 个点的实地位置,便可根据挖深确定圆管涵基坑的开挖线及八字墙的开挖线;但有的施工队却要求放出上述(1)、(2)、(3)、(4)所指的 13 个点。

现场测量员应根据设计图纸、施工队现状、实地地形等条件来放样。

通常情况下,圆管涵放样需进行三次:

第一次,在原地面放样;

第二次,在基坑挖到设计高程后放样;

第三次,浇灌基础后在基础上放样。

2. 圆管涵平面位置放样点坐标计算

1)计算依据

圆管涵平面位置放样点坐标 X、Y,采用 5800P 或 9750GⅡ型计算器的“XY 程序”及“ZXY 程序”。

(1)XY 程序计算点位标的依据是:

①圆管涵主轴线与公路中线交点的里程桩号。

②圆管涵主轴线与公路中线的夹角。

③圆管涵附近的交点要素:

a. 交点的里程桩号:Q。

b. 交点的坐标 X、Y 值:W、K。

c. 圆曲线半径:R。

d. 缓和曲线长度:V。

e. 线路转角:N。

f. 控制转角条件:G。

g. 剪切线方位角:F。

(2)ZXY 程序计算点位坐标的依据是:

①直线上任意两点的坐标。

②放样点间距离。

③夹角。

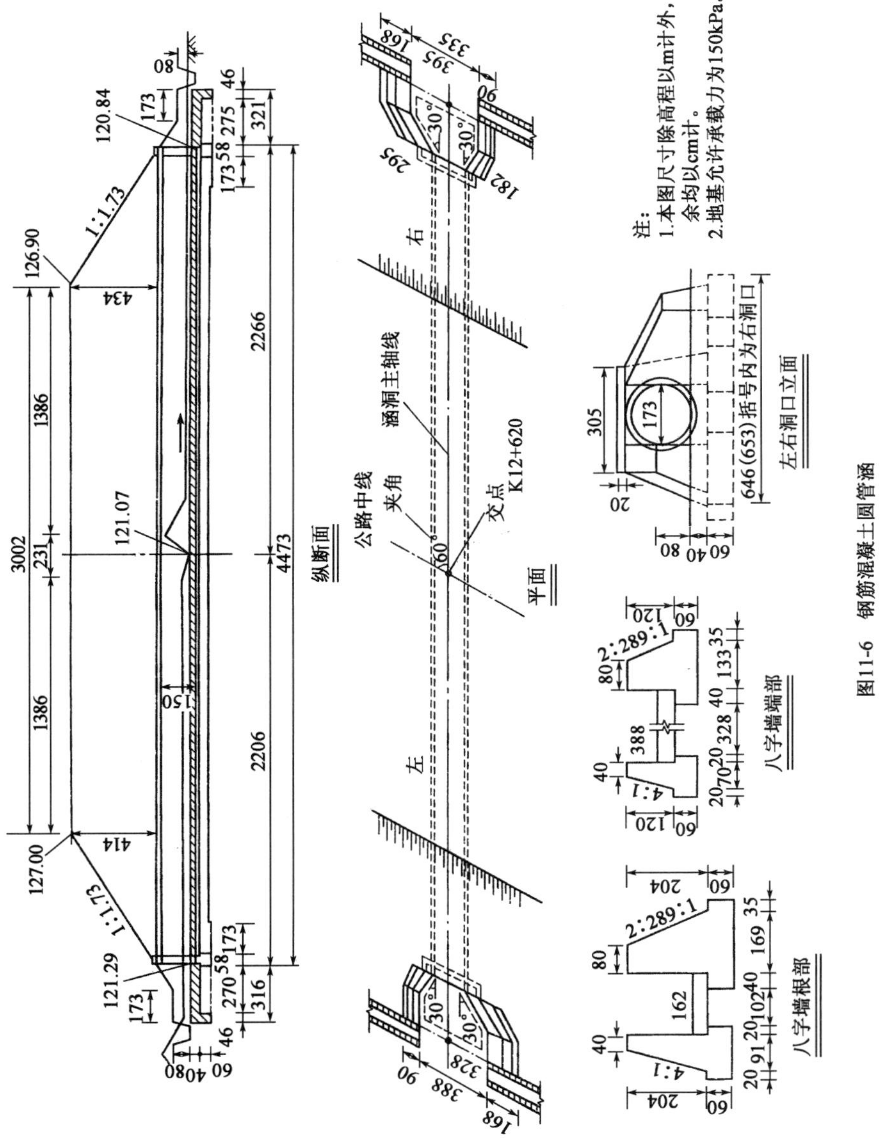

纵断面

平面

八字墙根部

八字墙端部

左右洞口立面

注：
1.本图尺寸除高程以m计外，余均以cm计。
2.地基允许承载力为150kPa。

图11-6　钢筋混凝土圆管涵

2)准备资料及仪具

(1)收集资料：

①圆管涵设计图。

②直线、曲线及转角表。

③导线点成果表。

(2)准备仪具：

①全站仪、双叉工棱镜架。

②5800P/9750GⅡ计算器的“XY 程序”及“ZXY 程序”。

3. 圆管涵平面位置放样点坐标计算案例

1)案例背景

以图 11-6 为例，该案例是厦昆高速公路江西境内赣州唐江段 K12＋620 圆管涵施工放样设计图。

2)现场计算的准备工作

线路构造物施工实践中，通常情况下，都是现放现算放样点位坐标的。

作业中，可按下述方法步骤进行。

(1)分析设计图，弄清以下内容：

①涵洞主轴线与线路中线间几何关系：正交还是斜交，交点的里程桩号。

②涵洞各种放样点几何关系、点间距离等。

例如分析图 11-6 所示纵断面、平面图、八字墙根部、八字墙端部图可知：

①该圆管涵中轴线与线路主线交点桩号：K12＋620。

②该圆管涵中轴线与线路主线夹角：右 60°、左－120°，是一斜交型圆管涵洞。

③该圆管涵左部长 22.06m，右部长 22.66m，圆管部分全长 22.06＋22.66＝44.72m。

④该圆管涵左八字口长 3.16m，右八字口长 3.21m。

⑤左八字墙端部左边距 2.74m，右边距 3.72m；右八字墙根部左边距 1.82m，右边距 2.95m。

⑥右八字墙端部左边距 3.755m，右边距 2.775m，右八字墙根部左边距 2.95m，右边距 1.82m。

(2)草绘放样点数据草图，如图 11-7 所示。

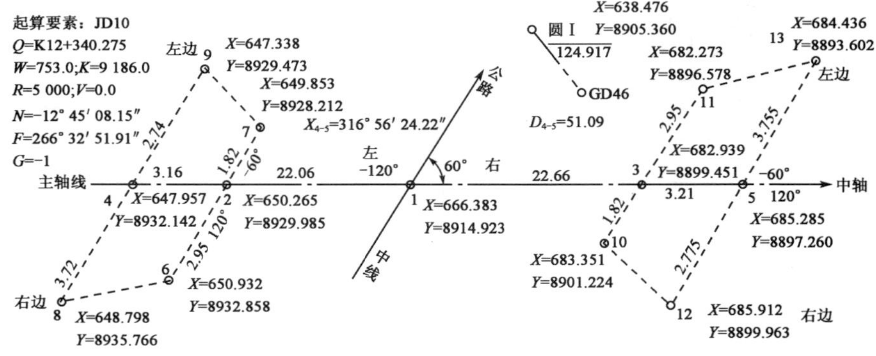

图 11-7　K12＋620 斜交圆管涵放样点草图

图中标出：

①圆管涵中轴线与公路主线交点桩号。本例中，交点桩号为K12＋620。

②标出圆管涵交点至左、右端距离。本例中，交点至左端距离为22.06m，至右端点距离22.66m。

③标出八字墙长。本例中，左八字墙长为3.16m，右八字墙长为3.21m。

④标出圆管涵中轴线与公路中线夹角，本例中夹角为60°。

⑤标出八字墙根部、端部边距。本例中，左八字墙端部左边距为2.74m，右边距为3.72m；根部左边距为1.82m，右边距为2.95m；右八字墙端部左边距为3.755m，右边距为2.775m；根部左边距为2.95m，右边距为1.82m。

⑥根据圆管涵所在地桩号，选用计算数据交点的要素。本例中，选用交点JD10，起算要素：

a. 交点桩号：Q＝K12＋340.275。

b. 交点坐标：$X=W=753.000$，$Y=K=9186.000$。

c. 圆曲线半径：$R=5000$。

d. 缓和曲线长：$V=0.000$。

e. 线路转角：$N=-12°45'08''$（左）。

f. 控制转角条件：$G=-1$。

g. 前切线方位角：266°32′51.91″。

⑦标出设站点，后视导线点，本例中，设站点圆Ⅰ：$X=638.476$，$Y=8905.360$；后视点GD46：$X=588.450$，$Y=9247.985$。

⑧标出施工水准点高程。本例中，设站导线点与水准点是同一点，其高程$H=124.917$。

(3)在草图上对圆管涵放样点编号。本例中，1为交点，2及3为圆管涵左、右端点，4及5为八字口外边缘点，8及9为八字口左、右两边点，6及7为八字墙根部两边点，10及11为右八字墙根部两边点，12及13八字口左右两边点。

(4)程序计算圆管涵放样点坐标。

3)用5800P/9750GⅡ程序计算放样点坐标

用5800P/9750GⅡ程序计算放样点坐标，并记录于草图点位旁。

(1)用XY程序计算圆管涵主轴线上1、2、3、4、5点的坐标。

①计算圆管涵主轴交点1的坐标。本例中，交点1的坐标：

$$X=666.383;Y=8914.923$$

②根据1—2距离、1—3距离、1—4距离、1—5距离，以及圆管涵主轴线与公路中线夹角，计算2及3、4及5点坐标。本例中：

1—2距离：22.06；

1—3距离：22.66；

1—4距离：22.06＋3.16＝25.22；

1—5距离：22.66＋3.21＝25.87；

夹角：斜角60°，左输入−120°，右输入60°。

则计算结果为：

2点坐标：$X=650.265$；$Y=8929.985$；

3点坐标：$X=682.939$；$Y=8899.451$；

4 点坐标：X=647.957；Y=8932.142；

5 点坐标：X=685.285；Y=8897.260。

(2)用 ZXY 程序计算圆管涵主轴线两侧各放样点的坐标，如计算 11-7 中，8 及 9，6 及 7，12 及 13 各点的坐标。

①ZXY 程序计算直线段上任意点中、边桩坐标方法和步骤。

反算直线两端点距离和方位角。本例中，根据放样点 4 及 5，用 ZXY 程序反算数据：

距离：$D_{4-5计}$=51.089；

方位角：F=316°56′24.22″。

校核，图 6-3 中设计距离为：

$$D_{4-5设}=3.16+22.06+22.66+3.21=51.09$$

②根据反算的方位角、直线上两侧所求点至直线点距离、直线与所求点横断面夹角，计算所求点中、边桩坐标。

a. 本例中放样点 5 距端点 4 距离为 L=51.09；夹角 E=−60°，右 E=120°；5 的左边点 13，距离为 W=3.755；5 的右边点 12，边距为 W=2.775。

用 ZXY 程序计算结果：

5 点坐标：X=685.285，Y=8897.260(与 XY 程序计算相等)。

用 ZXY 程序计算结果：

5 点坐标：X=685.285，Y=8897.260(与 XY 程序计算相等)；

13 点坐标：X=684.437，Y=8893.602；12 点坐标：X=685.912，Y=8899.963。

b. 本例中放样点 3、10、11 用 ZXY 计算，输入如下：

计算 3，K=0.000，L=47.88，X=682.940，Y=8899.451；

计算 11，W=2.95，E=−60，M=X=682.273，Y=N=8896.578；

计算 10，W=1.82，E=120，M=X=683.351，Y=N=8901.224。

c. 本例中放样点 2、6、7 用 ZXY 计算，输入如下：

计算 2，K=0.00，L=3.16，X=650.265，Y=8929.985；

计算 7，W=1.82，E=−60，X=649.853，Y=8928.212；

计算 6，W=2.95，E=120，X=650.932，Y=8932.858。

d. 本例中放样点 4、9、8 用 ZXY 程序计算，输入如下：

计算 4，K=0.000，L=0.000，X=647.957，Y=8932.142；

计算 9，W=2.74，E=−60，X=647.338，Y=8929.473；

计算 8，W=3.72，E=120，X=648.798，Y=8935.766。

上述这几组数据，就是现场测量员用 5800P/9750GⅡ计算器“XY 程序”、“ZXY 程序”计算的圆管涵放样点坐标。当全站仪设站并后视定向后，测量员便可根据施工现场实际情况，逐一将放样点坐标输入全站仪，在实地放出圆管的位置。

(二)正交盖板涵平面位置放样数据计算案例

1. 案例背景

以图 11-8 为例，该案例是厦昆高速公路江西赣州唐江段 K12+660 盖板涵施工放样设计图。

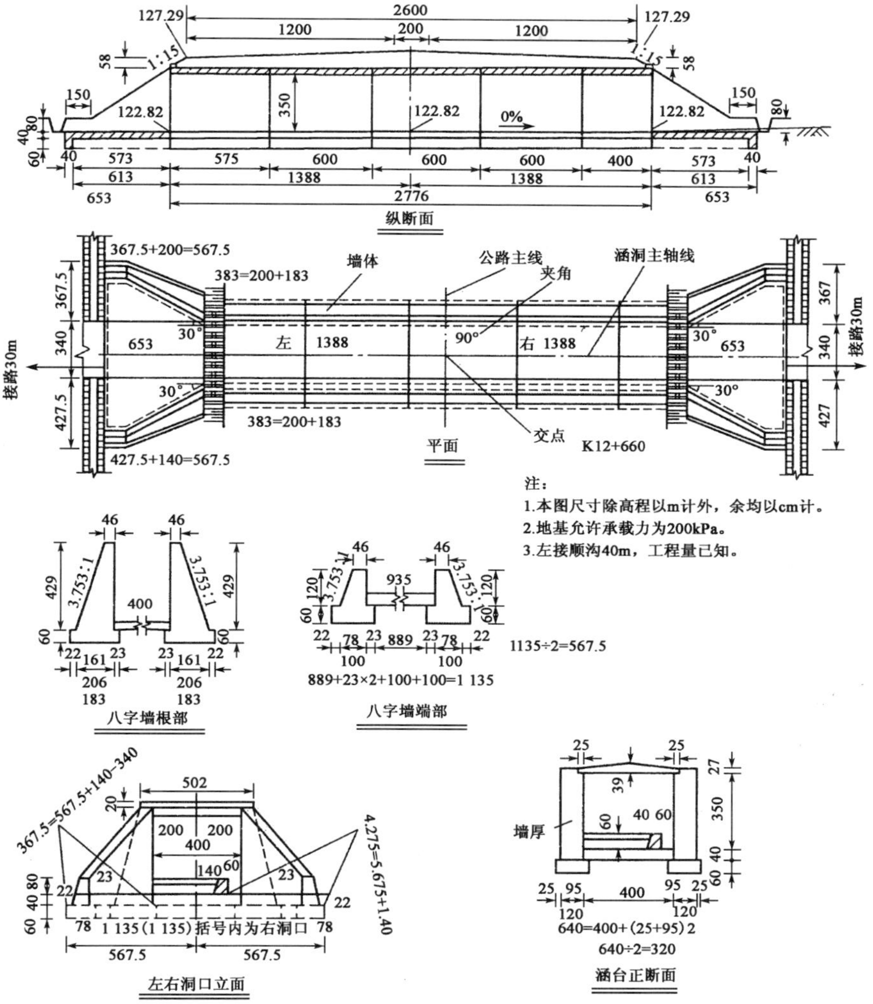

纵断面

平面

注：
1.本图尺寸除高程以m计外，余均以cm计。
2.地基允许承载力为200kPa。
3.左接顺沟40m，工程量已知。

八字墙根部

八字墙端部

左右洞口立面

涵台正断面

图 11-8　K12＋660 1—4×3.5m 钢筋混凝土盖板涵

2. 准备工作

现场测量员接受放样任务后，应按如下步骤进行：

(1)收集资料

①盖板涵设计图。

②直线、曲线及转角表。

③导线点成果表。

(2)准备仪具

①全站仪，双叉式棱镜架。

②5800P 或 9750GP 计算器等。

③XY 程序，ZXY 程序。

(3)分析设计图纸,掌握要点

①由纵断面、平面图知盖板涵中轴线与线路主线交点桩号是 K12+660。

②由平面图可知,该盖板中轴线与公路主线是正交,夹角是 90°,右正 90°,左负 90°。

③由纵断面图可知,该盖板涵左、右幅长均为 13.88m,涵洞全长 27.76m。

④由纵断面图可知,该盖板涵洞左八字口长 6.53m,右八字口长 6.53m。

⑤由涵台正断面图可知,该盖板涵洞身净宽 4.00m,其中 3.40m 接路,0.60m 水沟。墙体厚 0.95m。基础宽 6.40=4.00+0.95×2+0.25×2,左宽 3.20m,右宽 3.20m。

⑥由八字墙根部图可知,根部左、右两边点至中轴距离均为 3.83m。

⑦由八字墙端部左右洞口立面图可知,端部左、右两点至中轴线距离均为 5.675m。

3.现场计算放样点坐标

1)绘放样草图

放样草图样式如图 11-9 所示。

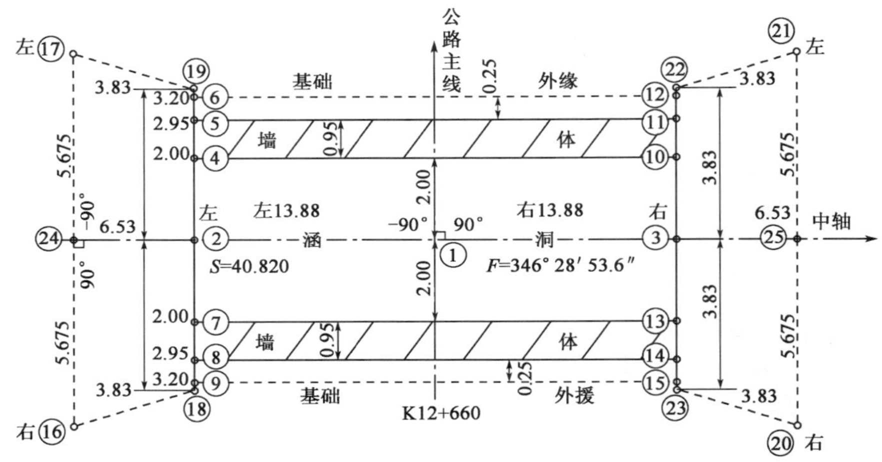

图 11-9 正交盖板涵放样点计算草图(尺寸单位:m)

(1)在放样草图上注明:

①交点桩号,本例中桩号为 K12+660。

②夹角,本例中夹角是 90°。

③盖板涵交点至左、右端点长度,本例中左长 13.88m,右长 13.88m。

④盖板涵左、右端点至八字口左、右端点长度,本例中左长 6.53m,右长 6.53m。

⑤交点至左、右墙壁正交距离,本例中左 3.20m,右 3.20m。

⑥八字墙左端点的左、右两边点至涵洞主轴线距离,本例中左 5.675m,右 5.675m。

八字墙右端点的左、右两边点至涵洞主轴线距离,本例中左 5.675m,右 5.675m。

⑦八字墙根部左端点的左、右两边点至涵洞主轴线距离,本例中左 3.83m,右 3.83m。

⑧盖板涵墙体厚,本例中左厚 0.95m,右厚 0.95m。

(2)在放样草图上对盖板涵放样点编号,本例图中①为交点;②及③为盖板涵左、右端点;㉔及㉕为八字口外边缘点;㉔—②—①—③—㉕为盖板涵中轴线;④及⑩为左洞壁,即左墙体内侧;⑦及⑬为右洞壁,即右壁内侧;⑤及⑪、⑧及⑭为左、右壁外墙壁;⑥及⑫、⑨及⑮为涵洞基础；⑯及⑰、⑳及㉑为左、右八字口端部两边点；⑱及⑲、㉒及㉓为左、右八字口根部两边点。

2)根据盖板涵中轴线与线路中线交点桩号，选用线路交点起算要素

本例中盖板涵交点桩号 K12＋660，在线路交点 JD_{10} 计算范围，所以选用交点 JD_{10}，其起算要素为：

(1)交点桩号：Q＝K12＋340.275。

(2)交点坐标：$X=W=753.0$，$Y=K=9186.0$。

(3)圆曲线半径：$R=5000$。

(4)缓和曲线长：$V=0.000$。

(5)线路转角：$N=-12°45'08.15''$(左)。

(6)控制转角条件：$G=-1$。

(7)前切线方位角：$266°32'51.91''$。

3)用 5800P/9750GⅡ“XY 程序”计算盖板涵主轴线上各点坐标

(1)开机，选用文件名 XY，按EXE键执行程序。

(2)显示 H?，输入盖板涵交点桩号 12660。

显示 S?，计算②点，输入左边距 13.88；

显示 E?，输入左－90°。

计算得①点坐标：

$$X=657.188, Y=8875.994$$

②点坐标：

$$X=643.693, Y=8879.239$$

(3)显示 H?，输入同上。

显示 S?，计算㉔点，输入 13.88＋6.53＝20.41；

显示 E?，输入同上。

计算得①点坐标同上。

㉔点坐标：

$$X=637.344, Y=8880.765$$

(4)显示 H?，输入同上。

显示 S?，计算③点，输入边距 13.88；

显示 E?，输入右 90°。

计算得①点坐标同上。

③点坐标：

$$X=670.684, Y=8872.750$$

(5)显示 H?，输入同上。

显示 S?，计算㉕点，输入：13.88＋6.53＝20.41；

显示 E?，输入 90°。

计算得①点坐标同上。

㉕点坐标：

$$X=677.033, Y=8871.223$$

提示：

XY 程序只能计算线路主线上任意点及任意点同一横断面的两边点，即左、右边点的坐标。只要给 H？输入主线路上任意点桩号，就可计算中桩坐标；给 S？输入边距，给 E？输入左右夹角就可计算左、右边点坐标。此时夹角正负判断，应面向线路前进方向，左负右正。

本例中，其他各点坐标都可用 XY 程序计算，只是计算时，应先计算出这些点的连线与线路主线交点桩号，如要计算④及⑩点坐标，这两点连线在线路主线上的桩号是：

$$K12+660+2.00=K12+662$$

同理，⑦及⑬点连线路主线的桩号是：

$$K12+660-2.00=K12+658$$

然后计算其余各点的桩号。

这种方法计算涵洞各放样点的坐标，作者已在著作《公路工程施工测量》(北京：人民交通出版社，2004)、《测量员便携手册》(北京：人民交通出版社，2009)中详细介绍，这里不再赘述。

4)用 5800P/9750GⅡ“ZXY 程序”计算盖板涵中轴线左、右边放样点的坐标

(1)开机，选用文件名 ZXY，按EXE键执行程序。

(2)计算涵洞中轴线左、右两端点距离与中轴线的方位角。

显示 A？输入中轴左端点㉔的 $X=637.344$；

显示 B？输入中轴线左端点㉔的 $Y=8880.765$；

显示 C？输入中轴线右端点㉕的 $X=677.033$；

显示 D？输入中轴线右端点㉕的 $Y=8871.223$。

计算得主轴线两端点间距离：

$$S=40.820(设计图\ S=13.88\times2+6.53\times2=40.82)$$

主轴线的方位角：

$$F=346°28'53.6''$$

(3)计算涵洞中轴线左、右两边点坐标。程序继续执行，按提示输入：

显示 K?，输入主轴线起点桩号，本例令 $K=0.000$；

显示 L?，输入主轴线上任一点的桩号或至起点的距离，本例 $L=6.53$(计算②点坐标)。计算结果得：

$$X=643.693,Y=8879.239(与\ XY\ 程序计算值相等)$$

接着在 K?、L？输入不变的条件下，只要给 W？E？输入一个数据，就可计算一个边点的坐标。本例中：

W？输入 2.00，E？输入−90°，计算④点坐标：$X=643.226$；$Y=8877.294$。

W？输入 2.95，E？输入−90°，计算⑤点坐标：$X=643.004$；$Y=8876.370$。

W？输入 3.20，E？输入−90°，计算⑥点坐标：$X=642.945$；$Y=8876.127$。

W？输入 3.83，E？输入−90°，计算⑥⑲点坐标：$X=642.798$；$Y=8875.515$。

计算结果见表 6-1。

W？输入 2.00，E？输入 90°，计算⑦点坐标：$X=644.161$；$Y=8881.183$。

W？输入 2.95，E？输入 90°，计算⑧点坐标：$X=644.383$；$Y=8882.107$。

W？输入 3.20，E？输入 90°，计算⑨点坐标：$X=644.441$；$Y=8882.350$。

W？ 输入 3.83，E？ 输入 90°，计算⑱点坐标：X=644.588；Y=8882.962。

计算结果见表 11-1。

当②点左、右边桩坐标计算完成，要计算㉔点左、右边桩时：

K？ 输入 0.000，L？ 输入 0.000，计算㉔点坐标。

W？ 输入 5.675，E？ 输入 90°，计算⑯点坐标：X=638.671；Y=8886.283。

W？ 输入 5.675，E？ 输入−90°，计算⑰点坐标：X=636.017；Y=8875.247。

要计算㉕点左、右边桩时：

K？ 输入 0.000，L？ 输入 40.82=13.88×2+6.53×2，计算㉕点坐标。

W？ 输入 5.675，E？ 输入 90°，计算⑳点坐标：X=678.360；Y=8876.741。

W？ 输入 5.675，E？ 输入−90°，计算㉑点坐标：X=675.706；Y=8865.705。

要计算③点左、右边桩时：

K？ 输入 0.00，L？ 输入 34.29=40.82−6.53，计算③点坐标；

W？ 输入 2.00，E？ 输入−90°，计算⑩点坐标：X=670.216；Y=8870.805；

W？ 输入 2.95，E？ 输入−90°，计算⑪点坐标：X=669.994；Y=8869.881；

W？ 输入 3.20，E？ 输入−90°，计算⑫点坐标：X=669.936；Y=8869.638；

W？ 输入 3.83，E？ 输入−90°，计算㉒点坐标：X=669.789；Y=8869.026；

W？ 输入 3.83，E？ 输入 90°，计算㉓点坐标：X=671.579；Y=8876.473；

W？ 输入 3.20，E？ 输入 90°，计算⑮点坐标：X=671.432；Y=8875.861；

W？ 输入 2.95，E？ 输入 90°，计算⑭点坐标：X=671.374；Y=8875.618；

W？ 输入 2.00，E？ 输入 90°，计算⑬点坐标：X=671.156；Y=8874.694。

计算结果见表 11-1。

K12+660 盖板涵放样点坐标表　　表 11-1

<table>
<tr><th colspan="2">项目</th><th>序号</th><th>X(m)</th><th>Y(m)</th><th>序号</th><th>X(m)</th><th>Y(m)</th><th>序号</th><th>X(m)</th><th>Y(m)</th></tr>
<tr><td colspan="2" rowspan="2">涵洞中轴</td><td>1</td><td>657.188</td><td>8875.994</td><td>2</td><td>643.693</td><td>8879.239</td><td>3</td><td>670.684</td><td>8872.750</td></tr>
<tr><td>24</td><td>637.344</td><td>8880.765</td><td>25</td><td>677.033</td><td>8871.223</td><td></td><td></td><td></td></tr>
<tr><td colspan="2" rowspan="2">基础外缘</td><td>6</td><td>642.945</td><td>8876.127</td><td>9</td><td>644.441</td><td>8882.350</td><td></td><td></td><td></td></tr>
<tr><td>12</td><td>669.936</td><td>8869.638</td><td>15</td><td>671.432</td><td>8875.861</td><td></td><td></td><td></td></tr>
<tr><td colspan="2" rowspan="3">端体</td><td>4</td><td>643.226</td><td>8877.294</td><td>5</td><td>643.004</td><td>8876.370</td><td>7</td><td>644.161</td><td>8881.183</td></tr>
<tr><td>8</td><td>644.383</td><td>8882.107</td><td>10</td><td>670.216</td><td>8870.805</td><td>11</td><td>339.994</td><td>8869.881</td></tr>
<tr><td>13</td><td>671.152</td><td>8874.694</td><td>14</td><td>671.374</td><td>8875.618</td><td></td><td></td><td></td></tr>
<tr><td rowspan="2">左八字口</td><td>端部</td><td>16</td><td>638.671</td><td>8886.283</td><td>17</td><td>636.017</td><td>8875.247</td><td></td><td></td><td></td></tr>
<tr><td>根部</td><td>18</td><td>644.588</td><td>8882.962</td><td>19</td><td>642.798</td><td>8875.515</td><td></td><td></td><td></td></tr>
<tr><td rowspan="2">右八字口</td><td>端部</td><td>20</td><td>678.360</td><td>8876.741</td><td>21</td><td>675.706</td><td>8865.705</td><td></td><td></td><td></td></tr>
<tr><td>根部</td><td>22</td><td>669.789</td><td>8869.026</td><td>23</td><td>671.579</td><td>8876.473</td><td></td><td></td><td></td></tr>
<tr><td>起数数据</td><td colspan="4">交点：JD_{10}　桩号：Q=K12+340.275
W=X=753.0；K=Y=9186.0
R=5000；V=0.0
N=−12°45′08.15″；G=−1
F=266°32′51.91″</td><td>控制点</td><td colspan="5">点名　X　Y　H
设站：圆Ⅰ　638.476　8905.360　124.917
后视：GD46　588.450　9247.985
检查：圆Ⅱ</td></tr>
</table>

提示：ZXY 程序只能计算直线段(例如桥涵的中轴线)上任意一点及任意点同横断面的两边点，即左、右两边点的坐标。只要给 K? 输入 0.00，L? 输入放样点至 K 的距离，就可以计算直线段上一点的中桩坐标。给 W? 输入边距，给 E? 输入夹角，就可计算左、右边桩坐标，此时夹角正负判断是面向直线段前进方向，左手边为负，右手边为正。

当一个断面计算完成，要计算下一个断面时，只要给运行中的 W? 输入小于零的数，如输入 −1，则程序重新显示 K?、L?，此时输入相对数据，继续计算下去。

(三)斜交盖板涵平面位置放样数据计算案例

线路盖板涵施工中常遇到斜交的盖板涵，即涵洞中轴线与线路中线夹角不是 90°，而是 60°、70°、110°等，在这种情况下，计算涵洞平面位置放样数据时，应按下述步骤进行：

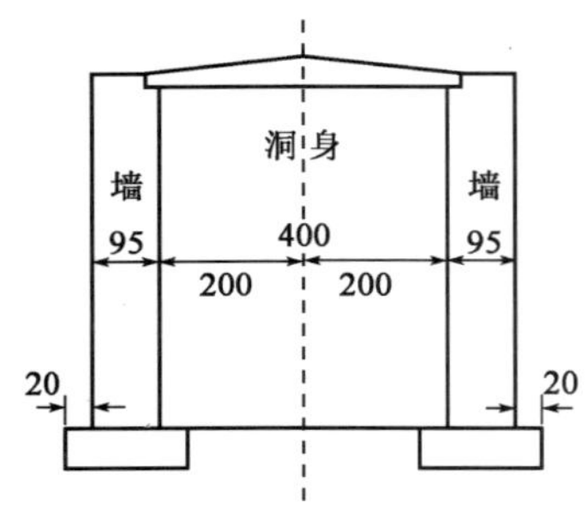

图 11-10 洞身正断面图(尺寸单位：cm)

(1)认真分析"涵洞正断面图"(图 11-10)，弄清各构件正交距离：

①1/2 洞身：2.0m。

②墙厚：0.95m。

③基础外缘：0.20m。

(2)用公式(11-1)把正交距离改算为斜距：

$$S=\frac{D}{\sin E}=\frac{D}{\cos J} \tag{11-1}$$

式中：D——涵洞正交距离；

E——夹角，如 E 为 60°；

J——斜角，$J=90°-E$，本例中 $J=90°-60°=30°$。

图 11-10 中：

1/2 洞身斜距：$S=2.00\div\sin60°=2.00\div\cos30°=2.309$

墙厚斜距：$S=0.95\div\sin60°=0.95\div\cos30°=1.097$

基础外缘斜距：$S=0.2\div\sin60°=0.2\div\cos30°=0.231$

(3)用 5800P/9750GⅡ"XY 程序"计算涵洞中轴线各特征点(交点、涵洞两端点、八字口两端点)的坐标，计算方法与步骤参见本节正交盖板涵的计算。

(4)用 5800P/9750GⅡ"ZXY 程序"计算涵洞中轴线左、右两边点坐标，计算时应注意：

①W? 的输入数据是按公式(6-1)计算的斜距。

②E? 的输入，面向涵洞前方，左手边输入 $-E$，右手边输入 $180°-E$。如夹角为 60°，则右输入 180°−60°=120°，左输入 −60°，如图 11-11 所示。

③坐标计算方法与步骤，参阅本节前述。

(四)箱涵平面位置放样数据计算案例

1. 案例背景

以图 11-12 为例，该案例是广东省中山市东部快线工程榄横路高架桥茂南路 B 匝道 BK0+512.00 箱涵施工放样设计图。

2. 准备工作

现场测量员接受放样任务后，应按步骤做好准备工作：

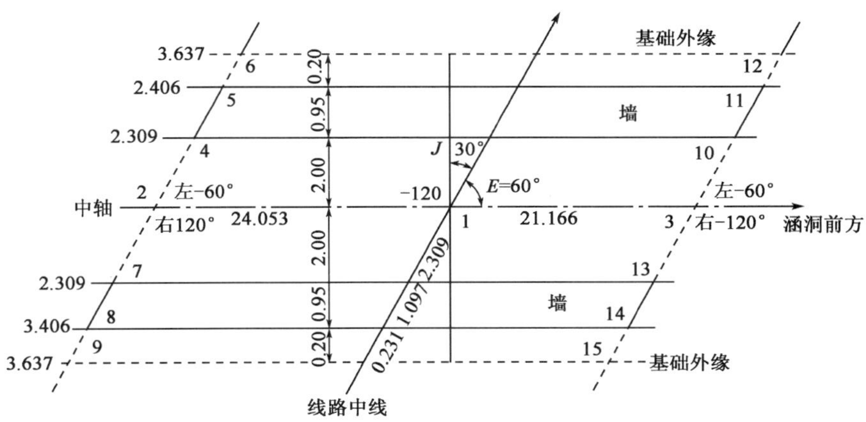

图 11-11 斜交涵洞放样点计算现场草图

1)收集资料

(1)箱涵设计图(图 11-12)。

(2)直线、曲线及转角表。

(3)导线点成果表。

2)准备仪具

(1)全站仪、双叉式棱镜架。

(2)5800P 或 9750GⅡ型计算器等。

(3)XY 程序及 ZXY 程序。

3)分析设计图纸,掌握要点

(1)由立面(纵断面)图、平面图可知,箱涵中轴线与线路中线(路线设计线)交点桩号是 BK0+512.00。

(2)由箱涵平面图可知,箱涵中轴线与线路中线是斜交,夹角是 70°,右正 70°,左负 120°;斜角是 20°=90°-70°。

(3)由纵断面(立面)图可知,该箱涵左幅长 4.38=2.66+1.72,右幅长 12.14=10.66+1.48,箱涵全长:16.52。

(4)由纵断面(立面)图可知,该箱涵左八字口长 4.48+4.05+0.43,右八字口长 4.48=4.05+0.43。

(5)由图 11-12“洞身断面”知:

①BK0+512.000 箱涵洞身宽度是 3.000m。

②墙身厚度是 0.30。

③基础宽度是 0.2×2+0.3×2+3.0=4.0。

则主轴线端点至各放样点距离:

①主轴线端点至基础点⑧距离:3.0/2+0.3+0.2=2.000(放样点⑭、⑪、⑰至端点距离同理)。

②主轴线端点至墙体外边点⑦距离:3.0/2+0.3=1.8000(放样点⑬、⑩、⑯至端点距离同理)。

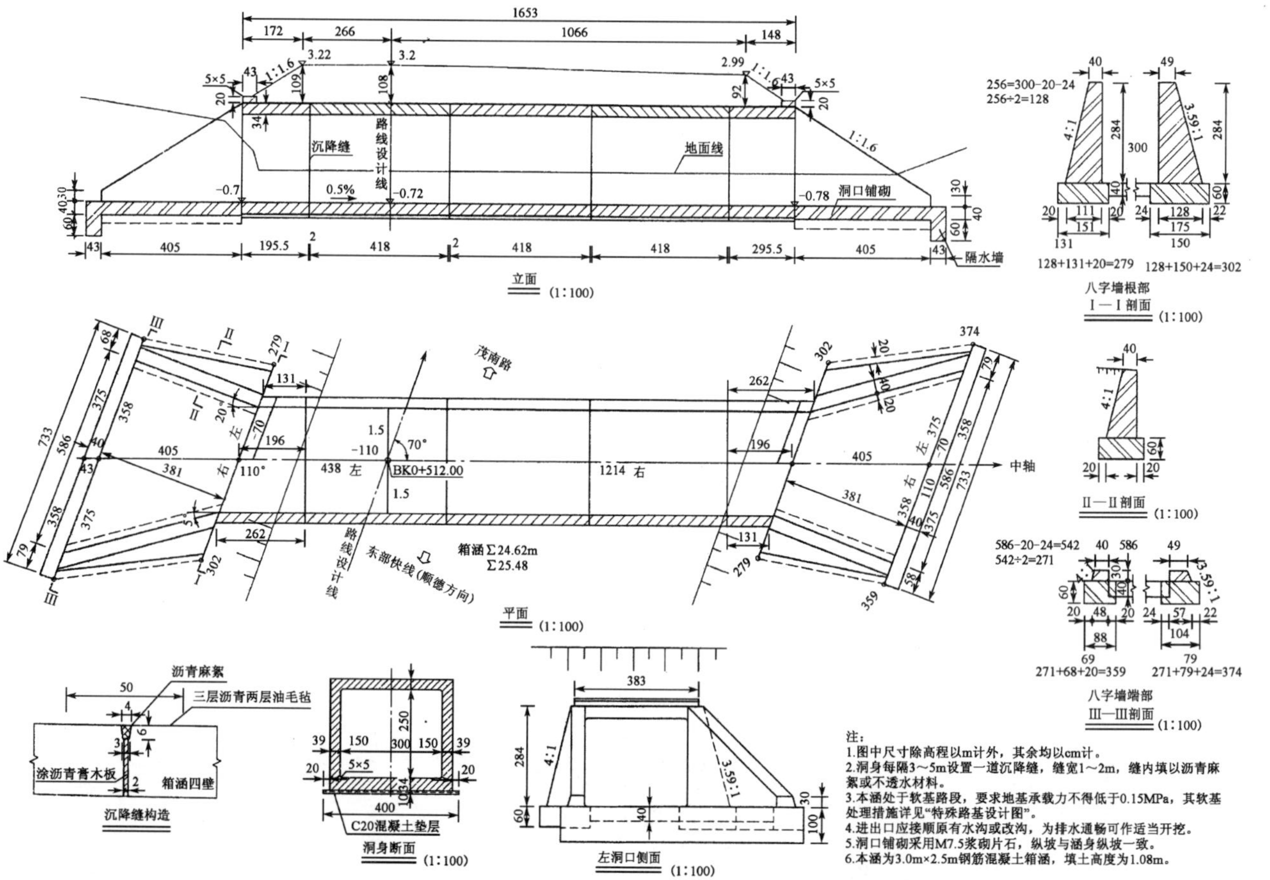

图11-12 BK0+512.00条涵布置图

③主轴线端点至墙体内边点⑥距离：$\frac{3.0}{2}$＝1.500(放样点⑫、⑨、⑮至端点距离同理)。

由“洞身断面”取用的上述数据是正交90°数据；对于斜交涵洞，则应按公式(11-2)换算成斜距(图11-13)：

$$S=\frac{D}{\cos\delta} \tag{11-2}$$

式中：D——洞身断面图上取用的数据；

δ——涵洞斜度：δ＝90°－夹角，本例中涵洞主轴线与线路中线夹角70°，则δ＝90°－70°＝20°。

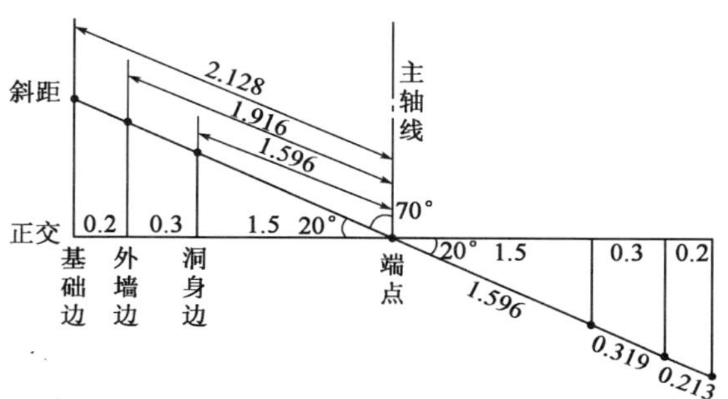

图11-13　正交距离改为斜示意图(尺寸单位：m)

如图11-13所示。

①主轴线端点至洞身边距离：

$$S=\frac{1.5}{\cos20^\circ}=1.596$$

②主轴线端点至墙体外边距离：

$$S=\frac{1.5+0.3}{\cos20^\circ}=1.916$$

③主轴线端点至基础边距离：

$$S=\frac{1.5+0.3+0.2}{\cos20^\circ}=2.128$$

(6)由八字墙根部(Ⅰ-Ⅰ剖面)图可知，中轴至左边点长2.79，中轴至右边点长3.02。

(7)由八字墙端部(Ⅲ-Ⅲ剖面)图可知，中轴至左边点长3.75＝(5.86－0.2－0.24)÷2＋0.20＋0.68＋0.16，中轴至右边点长3.58＝(5.86－0.2－0.24)÷2＋0.24＋0.79－0.16。

3.现场计算放样点坐标

1)绘放样草图

放样草图样式如图11-14所示。

(1)在放样草图上注明：

①交点桩号，本例交点桩号为BK0＋512.0。

②夹角，本例是斜交，夹角是70°，斜角是20°。

③交点至左、右端点长度，本例中左长4.38，右长12.14。

④八字墙长，本例中左长4.48，右长4.48。

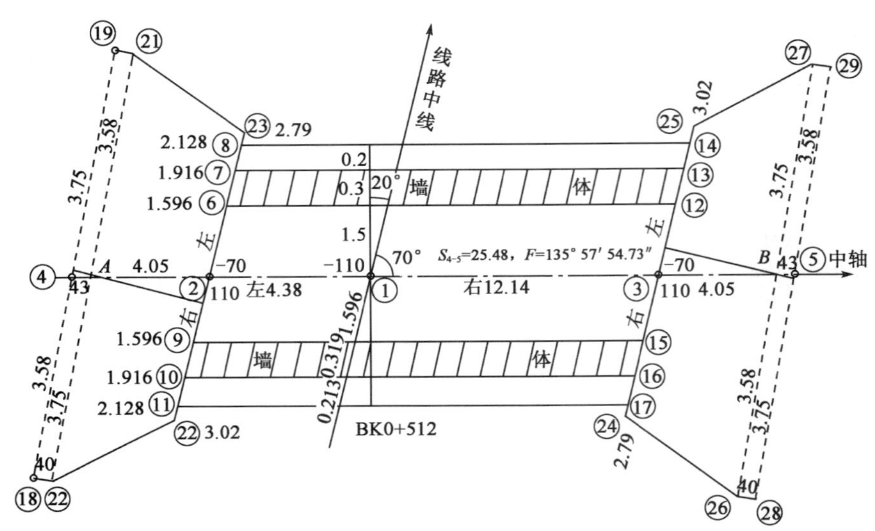

图 11-14　箱涵平面位置放样草图

⑤交点至左、右墙壁正交距离，本例中左 1.5，右 1.5。

⑥八字墙左端点的左、右两边点至箱涵中轴线距离，本例中外左 3.75，内左 3.58，外右 3.58，内右 3.75。

八字墙右端点的左、右两边点至箱涵中轴线距离，本例中外左 3.58，内左 3.75，外右3.75，内右 3.58。

⑦八字墙根部左端点的左、右两边点至箱涵中轴线距离，本例中左 2.79，右 3.02。

八字墙根部右端点的左、右两边点至箱涵中轴线距离，本例中左 3.02，右 2.79。

⑧箱涵墙厚，本例中左厚 0.30，右厚 0.30。

(2)在放样较长上对箱涵各放样点编号，本例中图中①为交点，②及③为箱涵左、右端点，④及⑤为八字口外端点，④—②—①—③—⑤为箱涵中轴线，⑥及⑨为左洞壁，即墙体内侧，⑫及⑮为右洞壁，即右墙体内侧，⑦及⑩、⑬及⑯为左、右墙体外侧，⑧及⑪、⑭及⑰为箱涵基础，⑱及⑲、㉘及㉙为左、右八字口端外部的左、右八字口端外部的左、右两边点，㉒及㉓、㉔及㉕为八字口根部点的左、右两边点，⑳及㉑、㉖及㉗为八字口内端点左、右两边点。

2)根据箱涵中轴线与线路中线交点的桩号，选用线路交点起算要素

本例中箱涵桩号是 BK0＋512.00，在 B 匝道交点 JD1 的计算范围，所以选用交点 JD1，其起算要素是：

(1)交点桩号：Q＝BK0＋110.046。

(2)交点坐标：$X=W=608.863$，$Y=K=6695.210$。

(3)圆曲线半径：$R=1500.000$。

(4)缓和曲线长：$V=0.000$。

(5)线路转角：N＝左 $2°51'53.2''$。

(6)控制转角条件：$G=-1$。

(7)前切线方位角：$F=68°49'56''$。

3)用5800P/9750GⅡ“XY程序”计算箱涵中轴线上各交点坐标

计算步骤简述如下，读者可据此练习操作。

(1)显示H?,输入512.000。

显示S?,输入4.38。

显示E?,输入−110°。

计算得①点和②点坐标，计算结果见表11-2。

BK0+512箱涵放样坐标计算表 表11-2

项目	序号	X(m)	Y(m)	序号	X(m)	Y(m)	序号	X(m)	Y(m)
箱涵中轴	①	772.567	7062.335	②	775.716	7059.290	③	763.839	7070.773
	④	778.937	7056.176	⑤	760.619	7073.887			
基础外缘	⑧	776.583	7061.234	⑪	774.849	7057.346			
	⑭	764.706	7072.716	⑰	762.973	7068.829			
墙体	⑦	776.496	7061.040	⑩	774.936	7057.540			
	⑬	764.620	7072.522	⑯	763.059	7069.023			
	⑥	776.366	7060.748	⑨	775.066	7057.832			
	⑫	764.489	7072.230	⑮	763.189	7069.315			
左八字墙	⑱	777.479	7052.906	⑲	780.464	7059.601			
	⑳	777.101	7053.050	㉑	780.086	7059.745	A	778.628	7056.475
	㉒	774.486	7056.532	㉓	776.852	7061.838			
右八字墙	㉘	759.092	7070.462	㉙	7692.077	7077.157			
	㉖	759.470	7070.319	㉗	762.455	7077.013	B	760.928	7073.588
	㉔	762.703	7068.225	㉕	765.070	7073.531			

(2)显示H?,输入512.000。

显示S?,输入4.38+4.05+0.43=8.86。

显示E?,输入−110°。

计算得①点和④点坐标，计算结果见表11-2。

(3)显示H?,输入512.000。

显示S?,输入12.14。

显示E?,输入70°。

计算得①点和③点坐标，计算结果见表11-2。

(4)显示H?,输入512.000。

显示S?,输入12.14+4.05+0.43=16.62。

显示E?,输入70°。

计算得①点和⑤点坐标，计算结果见表11-2。

4)5800P/9750GⅡ“ZXY程序”计算箱涵中轴线左、右边放样点坐标

计算步骤简述如下，读者可据此练习操作。

(1)计算箱涵中轴线左、右两端点距离与中轴线的方位角。

显示 A?,输入④点 X 坐标;

显示 B?,输入④点 Y 坐标;

显示 C?,输入⑤点 X 坐标;

显示 D?,输入⑤点 Y 坐标。

计算得:

箱涵中轴线④～⑤间距离:$S=25.48$;

箱涵中轴线方位角:$F_{④-⑤}=135°57'54.73''$

计算结果抄录在图 11-14 上。

(2)计算箱涵中轴线左、右两边点坐标。

第一步:计算②点左、右两边点坐标。

显示 K? 输入 0.000;

显示 L?,输入 4.48=0.43+4.05。

计算得②点坐标:

$$X=775.716,Y=7059.290\text{(与 XY 程序计算相等)}$$

以下输入:

W? 输入 1.596,E? 输入－70°,计算⑥点坐标;

W? 输入 1.916,E? 输入－70°,计算⑦点坐标;

W? 输入 2.128,E 输入－70°,计算⑧点坐标;

W? 输入 2.79,E 输入－70°,计算㉓点坐标;

W? 输入 1.596,E 输入 110°,计算⑨点坐标;

W? 输入 1.916,E 输入 110°,计算⑩点坐标;

W? 输入 2.128,E 输入 110°,计算⑪点坐标;

W? 输入 3.02,E 输入 110°,计算㉒点坐标。

计算结果见表 11-2。

第二步:计算③点左、右两边点坐标。

显示 W?,输入－1,按两次 EXE ,程序自动重新显示;

显示 K?,输入 0;

显示 L?,输入:0.43＋4.05＋4.38＋12.14=21.000。

计算得③坐标:

$$X=763.840,Y=7070.773\text{(与 XY 计算相等)}$$

以下输入:

W? 输入 1.596,E? 输入－70°,计算⑫点坐标;

W? 输入 1.916,E? 输入－70°,计算⑬点坐标;

W? 输入 2.128,E? 输入－70°,计算⑭点坐标;

W? 输入 3.02,E? 输入－70°,计算㉕点坐标;

W? 输入 1.596,E? 输入 110°,计算⑮点坐标;

W? 输入 1.916,E? 输入 110°,计算⑯点坐标;

W？输入 2.128，E？输入 110°，计算⑰点坐标；

W？输入 2.79，E？输入 110°，计算㉔点坐标。

计算结果见表 11-2。

第三步：计算左八字墙端部④点左、右两边点坐标。

显示 W?，输入－1，按两次EXE，程序显示；

显示 K?，输入 0；

显示 L?，输入 0。

计算得④点坐标：

$$X=778.937, Y=7056.176\text{（与 XY 程序计算相等）}$$

以下输入：

W？输入 3.75，E？输入－70°，计算⑲点坐标；

W？输入 3.58，E？输入 110°，计算⑱点坐标。

计算结果见表 11-2。

第四步：计算右八字墙端部⑤点左、右两边点坐标。

显示 W？输入－1，按两次EXE，程序显示；

显示 K?，输入 0；

显示 L?，输入 0.43＋4.05＋4.38＋12.14＋4.05＋0.43＝25.48。

计算得⑤点坐标：

$$X=760.619, Y=7073.887\text{（与 XY 程序计算相等）}$$

以下输入：

W？输入 3.58，E？输入－70°，计算㉙点坐标；W？

输入 3.75，E？输入 110°，计算㉘点坐标。

计算结果见表 11-2。

至此，BK0＋512.000 箱涵施工放样点计算准备完成，如果有的施工队还要求放出⑳及㉑、㉖及㉗点，则按上法计算。

第一步：计算 *A* 点左、右两边点坐标。

显示 K?，输入 0；

显示 L?，输入 0.43。

计算得 *A* 点坐标：

$$X=778.628, Y=7056.475$$

以下输入：

W？输入 3.58，E？输入－70°，计算㉑点坐标；

W？输入 3.75，E？输入 110°，计算⑳点坐标。

第二步：计算 *B* 点左、右两边点坐标。

显示 K?，输入 0；

显示 L?，输入 0.43＋4.05＋4.38＋12.14＋4.05＝25.05 或 25.48－0.43＝25.05。

计算得 *B* 点坐标：

$$X=760.928, Y=7073.588$$

以下输入：

W? 输入 3.75，E? 输入－70°，计算㉗点坐标；

W? 输入 3.58，E? 输入 110°，计算㉖点坐标。

提示：线路构造物施工实践中，常见的构造物有圆管涵、盖板涵、箱涵、通道、倒虹吸、排水沟(边沟)、桥梁等。本章详细讲述了圆管涵、盖板涵、箱涵平面位置放样数据计算的方法步骤及案例。

关于倒虹吸、通道等平面位置放样数据计算，读者可参阅上述三节介绍的方法、技术进行。

关于涵洞施工平面位置放样数据计算方法，作者在《公路工程施工测量》、《测量员便携手册》中介绍的是"交点桩号法"，即根据涵洞放样点连线与线路中线交点的桩号，选用主线路的交点起算要数，用 5800P/9750GⅡ"XY 程序"计算。例如图 11-9，计算④、⑩点，则④～⑩连线与线路主线交点桩号是 12660＋2＝12662，S? ＝13.88，E? ＝－90°，计算得④点坐标：

$$X=643.226, Y=8877.300$$

S? ＝13.88，E? ＝90°，计算得⑩点坐标：

$$X=670.215, Y=8870.800$$

涵洞共余各点坐标计算，照此进行，即：

(1)计算出涵洞各点连线与线路主线交点桩号。

(2)根据各放样点至线路主线交点距离 S?、夹角 E?。

(3)选用线路交点起算要素，用 5800P"XY 程序"计算放样点坐标。

本章介绍的涵洞施工放样数据计算方法是"涵洞中轴线法"，即：

(1)根据涵洞中轴线与线路主线交点的桩号，选用主线交点起算要素，用 5800P/9750GⅡ"XY 程序"计算涵洞中轴线上各放样点(交点，涵洞左、右端点，八字口左、右端点)的坐标。

(2)根据涵洞中轴线上两放样点已知坐标[第(1)步计算的]，用 5800P/9750GⅡ"ZXY 程序"计算涵洞中轴线上任一点及该点左、右边桩的坐标。

线路涵洞施工放样数据计算实践中，这两种方法都可应用。比较之下，作者认为"涵洞中轴线法"更实用、更易掌握，读者可根据自己的习惯选用，也可用两种方法互相验算。

五、涵洞高程位置数据的准备

涵洞施工时的设计高程，一般情况下设计图件给出的设计高程多是管节(涵管)流水面(管节内径面)的高程，施工时基础坑底的设计高程要根据管节下面的基础结构的厚度来计算。例如图 11-6 所示，圆管涵施工设计图只给出下列数据：

左端(进水)流水面高：121.29m；

中点流水面高：121.07m；

右端(出口)流水面高：120.84m；

流水面坡度：1%。

在管节流水面下是承载管节的基础，基础深度依据其施工图而定；从图 11-2 知：管节下基础厚 0.28m(t＝0.28m，C20 混凝土片石)，砂、砾垫层厚0.20m，管节壁厚 0.14m(孔径 D：

1.50m)。

依据上述数据,计算圆管涵高程放样数据记入表 11-3。

涵洞高程放样数据表 表 11-3

项目名称 \ 设计高程 \ 位置	左端(m)	中点(m)	右端(m)	说明
涵管流水面高 $H_{流}$	121.29	121.07	120.84	基础厚 0.28,砂层厚 0.20,管壁厚 0.14
基础面高 $H_{基}$	121.15	120.93	120.70	$H_{基}=H_{流}-0.14$
砂、砾垫层面高 $H_{砂}$	120.87	120.65	120.42	$H_{砂}=H_{基}-0.28=H_{流}-0.42$
基础坑底高 $H_{底}$	120.67	120.45	120.22	$H_{底}=H_{砂}-0.20=H_{流}-0.62$
涵管长度(m)	左至中:22.06	中至右:22.66	坡度 1%	

盖板涵、倒虹吸等涵洞高程放样数据计算与圆管涵高程放样数据计算同理。

涵洞高程放样数据计算方法简单,但却非常重要,它是基础开挖、基础浇砌、垫沙层等工作的依据,一旦算错,就会为施工带来损失,所以计算时必须认真识图,搞清弄准结构层关系厚度,在计算时千万不可粗心大意。

(一)在涵洞附近增设施工导线点

实践作业中涵洞的基础一般要下挖数米深,这就为基础轴线放样带来很大不便,为了方便施工放样,保证施工精度,应在涵洞附近适宜处增设施工导线点和施工水准点。实践中,通常是两点合一,即该点既有坐标又有高程。

施工导线点可采用复测支导线法测设,施工水准点可采用复测支水准路线,如附近有另一已知水准点,最好采用附合水准路线测设。增设施工控制点的数目,从实践出发,宜布设两点,一点放样,一点检核,以避免放样错误,保证质量。

对所布设的施工控制点应用混凝土加固,并妥善保护。

(二)涵洞施工放样的主要内容

(1)在实地测设涵洞中点、两端点、八字口两端点的位置,即向实地标定涵洞主轴线。

(2)在实地测设涵洞基础几何图形各角点。

(3)实测涵洞中点、两端点实地高程,计算下挖深度,指导基础开挖。

(4)涵洞砌筑过程中,控制砌体方向及设计高程。

(三)准备涵洞放样数据及放样草图

涵洞放样数据 XY 的计算,详见本节三。

涵洞放样草图是涵洞放样很重要的辅助工具。实践中,涵洞放样数据都是直接标注在草图点旁。放样时,看图放点,非常便利,且不易出错。

涵洞放样草图样图见本节三。

(四)涵洞放样方法

实际作业中,施工单位可依据自身技术力量、现有仪器设备情况,结合线路等级及施工现场实地地形条件,选用放样方法。涵洞放样方法有如下几种。

(1)全站仪坐标法。

(2)全站仪极坐标法。

(3)经纬仪配测距仪极坐标法。

(4)经纬仪钢尺法。

一般情况下,现代线路涵洞的放样,都是采用全站仪坐标法。

1. 全站仪"坐标法"测设涵洞放样点的平面位置

所谓全站仪"坐标法",就是把全站仪安置在涵洞附近增设的施工导线点上,利用全站仪"坐标放样"功能,依据涵洞放样点的平面坐标"x、y"值,把涵洞各放样点测设到实地。

此法放样迅速、快捷、准确、精度高,关键是放样数据计算正确。因此,涵洞平面位置放样数据准备工作非常重要,一定要认真、细心地把此项工作做好。

实践中,可事先计算好涵洞各放样点坐标,再进行放样;也可在测站上一边计算,一边放样。

为了保证放样正确无误,可用下法检核:

(1)在点位放出后,依据其几何关系,用钢尺丈量相关点间距离,与设计距离比较。

(2)事先在涵洞附近增设两个施工导线点,在其中一个施工导线点放样后,再在另一个施工导线点放一次;用两点放的同一点较差来检核。这样做看起来繁琐,实践中却能确保放样质量。

全站仪"坐标法"放样操作方法步骤视仪器型号不同而有差异,使用前一定要详细阅读其说明书。

2. 经纬仪配测距仪"极坐标法"测设桥涵各放样点的平面位置

采用常规经纬仪配先进的测距仪,用"极坐标法"在实地测设桥涵各放样点平面位置的关键是计算放样数据:方向角和距离。

计算极坐标法放样数据工作在计算出桥涵各放样点平面坐标 x、y 值后进行。

如图 11-15 所示,要想把涵洞基础 1、2、3、4 各角点以及桥中线 K0+175.94、K0+182.751、K0+200 各点测设到实地,则必须计算出施工导线点 I 至各放样点的距离 d_1、$d_2 \cdots d_i$ 及其夹角 β_1、$\beta_2 \cdots \beta_i$。

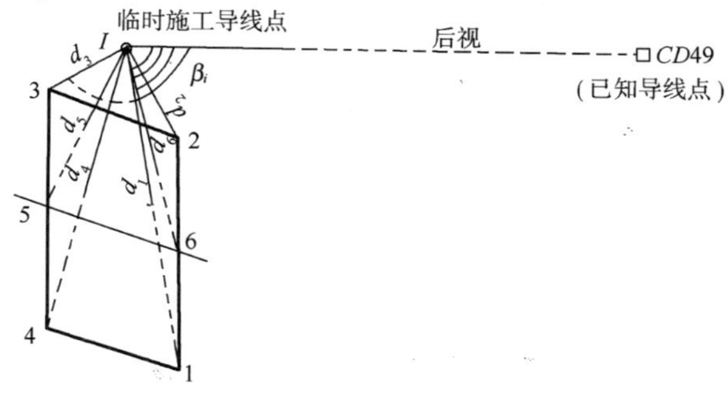

图 11-15 经纬仪配测距仪用极坐标法测设桥涵各放样点

此项计算可采用 f_x—5800PA 型或 f_x—9750P 型计算器“JZBF 程序”完成，关于“极坐标法平面位置放样数据的计算”方法步骤详见第五章第三节“七”。

经纬仪配测距仪实地测设桥涵各放样点工作是把仪器设置在桥涵附近增设的临时施工导线点上进行的。关于经纬仪配测距仪在一个测站上用“极坐标法”标定点平面位置的操作方法步骤，详见第六章第二节“二 经纬仪配测距仪用极坐标法放样点位技术”。

为了确保放样点位正确无误，应对所放点位检核，检核方法同上。

3. 经纬仪钢尺法测设桥涵各放样点的平面位置

此法适用于只有常规仪具的施工单位。

以图 11-16 为例，说明经纬仪钢尺法测设桥涵各放样点平面位置的方法步骤。

此图是××高速公路××斜交分离立交桥，交角 110°，主线 K12＋009，支线 K0＋200，要想在实地用经纬仪、钢尺把位于主线路左侧 0 号桥台基础点 1、2、3、4 及桥轴中线测设定位，可采用下述方法步骤进行。

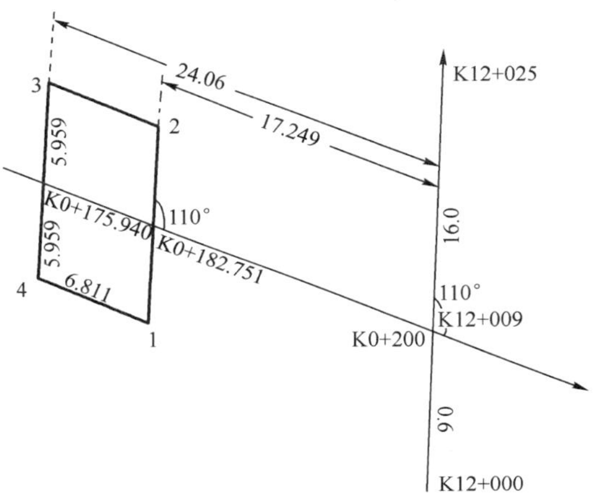

图 11-16　经纬仪钢尺法测设桥涵各放样点

(1)用钢尺在公路中线上直接丈量，定出桥轴中点 K12＋009＝K0＋200。

由图 8-22 知，桥轴中点在公路中线上的桩号是 K12＋009，依据其与相邻两点里程的关系，则可在实地标定出其位置，用木桩钉小铁钉标志。

可自 K12＋000，用钢尺量距 K12＋009－K12＋000＝9m 定桩，用(K12＋025)－(K12＋009)＝16m 检核。

(2)将经纬仪安置在 K12＋009 点，照准 K12＋025 点置仪 0°00′00″，拨角 290°＝360°－70°＝110°＋70°＋110°。

(3)在望远镜视线上置尺，用钢尺自 K12＋009＝K0＋200 丈量 24.06m，标定出 K0＋175.940点；丈量 17.249m，标定出 K0＋182.751 点。至此，桥轴中线已测设于实地。

为了确保所放点位正确无误，可用下述两种方法检核：

①用钢尺量出 K0＋182.751 点至 K0＋175.940 点间实地距离(应是6.811m)，与设计图上距离 6.811m 应相等。若有误差，应查明原因后纠正。

②置仪于 K12＋009 点，照准 K12＋000 点，置仪 0°00′00″，拨角 110°，其望远镜视线方向应照准 K12＋025 点，拨角 290°的望远镜视线重合，并重新用钢尺量距定出 K0＋175.940 点及 K0＋182.751 点。两次标定的同一点应重合，若有误差，应查明原因后纠正。

(4)经纬仪安置在 K0＋182.751 点，照准 K0＋200＝K12＋009 点，拨角 70°，在视线上用钢尺丈量 5.959m，标定出桥台基础 1 点；倒镜同法标定出 2 点。

用钢尺丈量实地 1～2 点距离应与设计图上距离 11.918m 相等，并且 1 点、K0＋182.751 点、2 点，应在同一直线上。

(5)经纬仪安置在 K0＋175.940 点，同(4)法标定出 3 点和 4 点。

由于基础开挖时，所放桩点被挖掉，应根据现场实况用龙门架等方法护桩，以便施工时复桩。

(五)桥涵施工中的高程放样技术

(1)测量桥涵基础放样点实地高程，计算下挖深度。

当桥涵基础平面位置在实地放出后，用水准前视法测出桥涵基础实地点位高程，减去相应点位基坑底设计高程，其差值就是下挖深度。

例如××高速公路 K12+620 圆管涵(图 11-6)，其中轴线实地点位左端、中点、右端实测地面高程为：$H_{左}=122.680\text{m}$，$H_{中}=122.256\text{m}$，$H_{右}=121.880\text{m}$；相对应点的基坑底设计高程为：$H_{左底}=120.67\text{m}$，$H_{中底}=120.45\text{m}$，$H_{右底}=120.22\text{m}$(设计高程计算见表 11-3)；则该圆管涵左、中、右三点各应下挖：

$$h_{左}=H_{左}-H_{左底}=122.680-120.67=2.01\text{m}$$

$$h_{中}=H_{中}-H_{中底}=122.256-120.45=1.806\text{m}$$

$$h_{右}=H_{右}-H_{右底}=121.880-120.22=1.66\text{m}$$

其他如盖板涵、倒虹吸、通道、桥台、桥墩等下挖深度计算与前例同理。

(2)依据下挖深度、坑壁地质条件、施工经验，确定开挖边界线。

实际作业中，施工人员是凭借经验及坑壁地质条件，边挖边调整开挖边界。只要不发生坑壁滑落塌落现象，不必强调坑壁的边坡比，应尽量少挖土(石)方量。

一般来说，圆管涵、倒虹吸等基坑底宽为 $2D$(D 为管节内径)，如圆管内径 $D=1.5\text{m}$，则基坑底宽为：$2\times1.5=3\text{m}$。考虑坑底作业方便安全，坑上边宽常采用 4.5～5.0m。

桥台、桥墩、盖板涵等的基础长度、宽度设计图上已给出，确定开挖边界时，应考虑下挖深度、坑壁地质条件、支模浇砌活动范围及施工人员的安全。

(3)基坑下挖过程中，用皮尺量深以控制下挖深度，以防超挖欠挖。

(4)当基坑基本下挖到设计高程时，在坑壁适宜高度处测设“高程控制桩”，以方便施工人员浇筑基础等构件时掌握基础各结构层的厚度。

在坑壁测设“高程控制桩”的方法如下(图 11-17)：

①在基坑壁四周设置高程控制桩点位，用钢筋或竹、木桩打牢固作标志。

②用水准“前视法”测出基坑各高程控制桩面高程，记录在手簿上，要求点号、高程数据清晰无误，并绘草图表示。

为了方便利用，不用错数据，可将基坑各高程控制桩设置成同一相等高程，方法如下：

如图 11-18 中，先设置 1 号高程控制桩，并测出其桩面高程，然后用测 1 号高程控制桩时的前视读数(应是同一测站前提下)，采用“视线高法”在坑壁设置 2、3…6 号高程控制桩。这样 6 个基坑高程控制桩即同一相等高程。

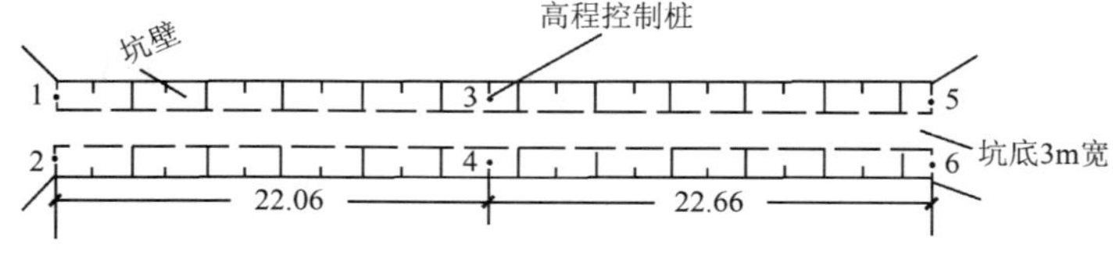

图 11-17　圆管涵坑壁上设置高程控制桩示意图(尺寸单位：m)

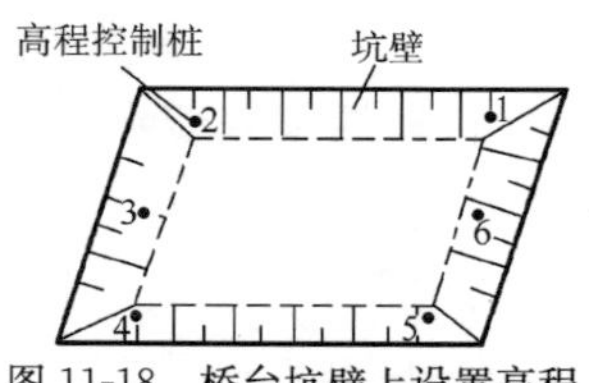

图 11-18　桥台坑壁上设置高程控制桩示意图

“视线高法”进行高程放样方法详见第五章第三节二(三)“水准”视线高法“放样技术”。

(5)在涵洞基础及桥台、桥墩下部基础施工中，利用坑壁上的高程控制桩，控制涵洞、桥台、桥墩等基础各结构层面设计高程。

实践证明，利用坑壁上的高程控制桩，能很方便地放出桥涵基础各结构层面的设计高程，只要把坑壁上高程控制桩的高程与桥涵基础各层面的设计高程差值抄录于纸上，交给施工人员，他们仅利用一把小钢尺就能很方便地放出所需设计高程。

涵洞基础各结构层面的设计高程计算见表 11-3。

在计算涵洞基础设计高程时，应注意坡度，注意坑壁上的高程控制桩距洞口的距离，例如圆管涵流水面坡度 $i=1\%$，坑壁上的高程控制桩距进水洞口 10m，则应计算该涵洞流水面距洞口 10m 处的设计高程。在图 11-5 圆管涵设计图中，进水洞口流水面设计高程是 121.29m，坡度为-1%，则 10m 处流水面设计高程为：

$$H_{10} = 121.29 - (0.01 \times 10.0) = 121.19\text{m}$$

如果基础坡度为 0，则无需考虑坑壁上的高程控制桩设在何处。

在图 11-19a)中，3、4 两点为圆管涵中点(距进水口端点 22.06m)坑壁上的高程控制桩，其实测高程为：$H_3=H_4=121.246$m，基础面设计高程：$H_{基}=120.93$m；砂砾垫层面设计高程：$H_{砂}=120.65$m，基础坑底设计高程：$H_{底}=120.45$m(表 11-3)，则从 3、4 两点高程控制桩分别下量：

121.246－120.93＝0.316m　基础面高

121.246－120.65＝0.596m　砂砾垫层面高

121.246－120.45＝0.796m　基础坑底面高

检核：

砂厚　　0.796－0.596＝0.20m

基础厚　　0.596－0.316＝0.28m

当清理整平基础坑底面后，则从 3、4 号高程控制桩下量 0.796m，在坑壁上打桩标志。同理计算出 1、2 点及 5、6 点下量数据打桩标志；然后用线绳将所放坑底桩相连拉紧，该线绳即坑底面高，以此指导清理坑底整平工作，见图 11-19b)。

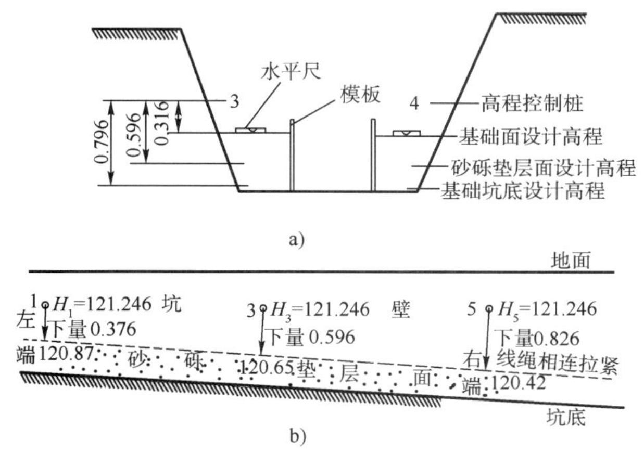

图 11-19　利用坑壁上的高程控制桩进行基础高程放样示意图(尺寸单位：mm)

填砂、垫层、浇筑混凝土基础时高程放样工作仿此进行。

当向模板上设放基础面高程位置时，为避免目估水平造成的误差，应在拉紧的线绳上放水平尺定位。

(6)向桥墩、台身的模板上测设桥墩、台身的设计高程位置的方法。

方法一 用水准仪“视线高法”将桥墩、台身顶面设计高程直接放样到模板侧面。其法如下。

①在桥墩、台身附近用水准复测支线法增设临时水准点。宜增设二个临时水准点，用一个放样，另一个检核。

②在通视桥墩、台身顶面模板的地方设置水准仪，后视临时水准点，依据临时水准点高程、后视水准尺读数及桥墩、台身顶设计高程，用第六章第三节二(三)介绍的方法计算桥墩、台身顶面待放样点的“视线高”读数，随后用第六章第三节二(三)的方法步骤放出所需点位高程位置。

例如图 12-2 中，0 号桥台上层基础面设计高程是 127.120m，台身高是 5.50m，则 0 号桥台顶面设计高程是：

$$H_{顶}=127.12+5.50=132.62\text{m}$$

在 0 号桥台近处增设的临时水准点 $H_0=130.669$m，后视读数是3.287m，则 0 号桥台顶面设计高程的视线高是：

$$H_{视}=(H_0+后视读数)-H_{顶}=130.669+3.287-132.62=1.336\text{m}$$

在桥台身模板上立尺，使水准仪视线高为 1.336m，则尺底端即为 0 号台身顶面设计高程位置，用油性号笔画线标志；当所需点位全部划出，用线绳依次连接，则线绳面即 0 号桥台身顶面高位置，以此指导浇筑台身控制高程。

方法二 用水准“前视法”测量桥墩、台身模板顶面高程，减去顶面设计高程，用其差值下量画线即是墩、台身顶面设计高程位置。

例如前例 0 号桥台身顶面设计高程 $H_{顶}=132.620$m，用水准“前视法”测得其模板顶面高程：

$$H_1=132.904\text{m},H_2=132.821\text{m},H_3=132.834\text{m},$$
$$H_4=132.826\text{m},H_5=133.128\text{m}$$

则从测点处应下量的差值是：

1 号点：$h_1=H_1-H_{顶}=132.904-132.620=0.284$m；

2 号点：$h_2=H_2-H_{顶}=132.821-132.620=0.201$m；

3 号点：$h_3=H_3-H_{顶}=132.834-132.620=0.214$m；

4 号点：$h_4=H_4-H_{顶}=132.826-132.620=0.206$m；

5 号点：$h_5=H_5-H_{顶}=133.128-132.620=0.508$m。

将下量值抄录在测量草图点位旁，交给施工人员自行下量画线(图 11-20)。

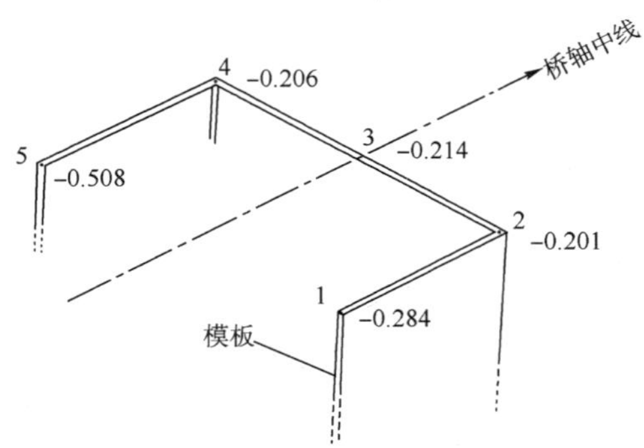

图 11-20 桥墩、台身模板顶面实测高程放样示意图

桥墩、台身、桥柱施工时各部分的高程放样工作仿前述方法进行。

六、公路涵洞施工现场放样实操案例

本案例是把广东中山东部快线工程槐横路高架桥B匝道BK0+512.000箱涵设计图放样到实地。

现场测量员接受放样任务后，应按下述步骤进行放样工作。

(一)看图、识图、分析设计图

通过看图、识图、分析设计图，应掌握：

(1)本例是箱涵，见图11-12及图11-14。

(2)中心桩号：BK0+512.000。

(3)夹角：70°。

(4)涵长16.52m；左4.38m，右12.14m。

(5)进出口形式：进口八字墙、出口八字墙。

(6)洞身宽度：3.0m。

(7)墙身厚度：0.30m。

(8)基础宽度：3.0+0.3×2+0.2×2=4.0m。

注意：计算箱涵各放样点坐标时，应把正交距离改算为斜距。

(二)准备资料

(1)箱涵所在地附近的导线点、水准点成果表以及其通视箱涵各放样点情况；若箱涵实地没有导线点、水准点，则在B匝道施工时，顺便加密放箱涵的导线点(带高程)或在箱涵施工放样时临时加密导线点(带高程)。

(2)准备BK0+512.000附近的交点起算要素。

(3)准备f_x—5800P或$5x$—9750GⅡ型计算器XY程序及ZXY程序。

(三)准备仪具

(1)全站仪、三叉式单棱镜。

(2)铁锤、竹(木)桩、钢钉、油性记号笔、红塑带等。

(四)涵洞现场放样

箱涵放样应根据箱涵施工进度及现场施工员要求进行。

1.箱涵基坑开挖前放样

箱涵第一次放样是为了确定箱涵实地开挖线。因此，只要在实地放出箱涵主轴线左、中、右④、①、⑤3点，基础4个角点⑧、⑭、⑪、⑰，八字墙基础点⑱、⑲、㉘、㉙。现场施工员把这些点连线撒上石灰线，然后根据实地基坑下挖深度，用石灰放出开挖线，指挥挖机挖基坑。为此，现场测量员应做到：

(1)将全站仪整置于可通视BK0+512箱涵的导线点上，后视另一已知导线点“建站”。

(2)用f_x—5800P/9750GⅡ计算器“XY程序”计算BK0+512箱涵主轴线④、②、①、③、⑤点坐标(图11-14)。

用“ZXY2 程序”计算⑥、⑦、⑧、⑨、⑩、⑪、⑫、⑬、⑭、⑮、⑯、⑰、⑱、⑲、⑳、㉑、㉒、㉓、㉔、㉕等点坐标(图 11-12、图 11-14)。

(3)利用全站仪坐标法放样功能,只要逐次把主轴线左中右 3 点,④、②、③、⑤及基础点⑧、⑪、⑭、⑰;八字墙外端点⑱、⑲、㉘、㉙点坐标输入全站仪,逐点放到实地,钉桩扎红塑带醒目标志。

(4)测量员在放上述点位的同时,用全站仪测高功能,直接测出上述各点的实地高程(因此,应注意把仪器高、棱镜高输入仪器)。

(5)测量员根据实测高程、基坑设计高程,计算下挖深度(基坑设计高程见图 11-12 立面)。

(6)现场测量员应将上述实地所放点位,下挖深度,现场移交给现场施工员。

2. 控制下挖深度

基坑下挖过程中,测量员应协助施工员,用吊皮尺法和水准仪前视测法,控制基坑下挖深度。

3. 基坑挖好后的放样

箱涵第二次放样是为了浇灌箱涵基础。

当基坑验收合格后,施工员再次要求放基础位置。

此时,基坑有数米深,这就为基础放样带来很大不便。为了方便基础放样,保证放样精度,现场测量员可按下述方法处理:

(1)用支导线法或后方交会法在涵洞附近适宜处增设施工导线点(应带高程)。要求:该点可通视基坑底部箱涵各放样点;为了以后利用,该点应用水泥加固,并通知施工员妥善保护。

(2)将全站仪整置在增设的施工导线点上,后视另一已知导线“建站”。利用全站仪坐标法放样功能,逐点在基坑底部放出主轴线左中右①、②、③点,基础角⑧、⑪、⑭、⑰4 点,钉桩扎红塑带醒目标志(图 11-12、图 11-14)。

(3)将基坑底部实放点位移交给施工员。

4. 基础浇灌后的放样

箱涵第三次放样。墙体放样。

当基础验收合格后,施工员要求放墙体。

测量员可按前述方法把⑦、⑥、⑨、⑩、⑬、⑫、⑮、⑯放到基础上,钉钢钉标志,或用油性记号笔画十字标志,并将这些点位通知现场施工员(图 11-12、图 11-14)。

5. 做八字墙的放样

仿上述方法放八字墙基础⑳、㉑、㉖、㉗、㉒、㉓、㉔、㉕。

6. 涵洞放样中的检核

为了保证放样精度,在上述放样过程中,应在放完点位后,依据其几何关系,用钢尺丈量相关点距离与设计距离比较,一般情况下其较差小于 3mm,则认为放样正确。

第十二章

桥梁工程施工测量

第一节　桥梁工程施工测量概述

线路的桥梁是线路的主要构件之一，桥梁工程是线路工程的一个重要分部。桥梁工程施工测量放样，是线路工程施工测量的重要任务。一个合格的线路工程施工测量员，应熟练地掌握桥梁施工测量放样技术。

线路桥梁施工的重要依据是业主设计单位提供的桥梁设计图纸。

图 12-1 和图 12-6 是质量高速公路两个正交及斜交分离立交桥设计图纸；图 12-9 是江西德兴至南昌高速公路上的一个斜交分离式立交桥设计图纸；图 12-9 是江西德兴至南昌的一个中桥设计图纸；图 12-17 是前述高速公路的一个大桥的设计图纸。本章第五节是广东中山市东部快线工程槛横路右幅高架桥现场施工放样实操案例。

(1)总结桥梁施工测量放样经验，一般来说，桥梁设计图纸会提供如下信息：

①桥梁主轴线与线路主线相交点的桩号及交角。

②桥梁桩基中心连线与线路主线相交的桩号及交角。

③桥梁桩基中心点的坐标。

④桥梁桩基基础几何图形。

⑤桥梁上下结构层面的设计高程。

(2)从桥梁施工测量放样实践来说，桥梁施工测量员的主要任务是：

①计算桥梁主轴线中点及两端点的坐标。

②计算桥梁桩基基础几何图形角点的坐标。

③核算桥梁桩基中心设计单位提供的坐标。

④核算桥梁桩基中心顶面设计高程。

⑤核算桥梁桩基系梁的设计高程。

⑥计算支座中心坐标及高程。

⑦根据计算(核算)桥梁桩基中心坐标，用全站仪坐标法将其放到施工实地。

⑧根据计算的桩基基础角点的坐标，用全站仪坐标法将其放到施工实地。

⑨根据桥梁施工进度，用水准仪或全站仪控制桥梁各层面的设计高程。

关于核算桥梁桩基中心坐标，核算桩基顶面高程，读者可参阅作者的《公路工程施工测量现场实操案例》(北京:人民交通出版社.2012,9)。本章以上述图件为例,详细介绍现场现算现放桥梁桩基中心坐标及桩基基础几何角点坐标的方法技术。

第二节　正交分离立交桥平面位置放样数据计算

一、案例背景

以图 12-1 为例,该案例是夏昆高速公路江西境内赣州唐江段 K12+440 王村分离立交桥施工放样设计图。

二、准备工作

现场测量员接受放样任务后,应做好下述准备工作。

1)收集资料

(1)K12+440 王村分离立交桥设计图。

①立面、平面图,如图 12-1 所示。

②0 号桥台一般构造图,如图 12-2 所示。

③2 号桥台一般构造图,如图 12-3 所示。

④桥墩一般构造图,如图 12-4 所示。

(2)直线、曲线及转角表。

(3)导线点成果表。

2)准备仪具

(1)全站仪、双叉式棱镜架及棱镜。

(2)5800P/9750GⅡ型计算器等。

(3)XY 程序。

(4)ZXY 程序。

3)分析设计图纸,掌握要点

(1)王村分离立交桥桩号,即立交桥中轴线与线路主线交点的桩号,本例桩号是 K12+440。

(2)夹角,即桥中轴线与线路主线之夹角,本例是正交,夹角 90°,左-90°,右 90°。

(3)桥长:由图 12-1“立面”可知,桥左长 26.51=20.00+6.00+0.50+0.01,桥右长 28.51=20.00+8.00+0.50+0.01。

(4)0 号桥台下层基础规格:14.94×8.40。

(5)2 号桥台下层基础规格:14.94×10.40。

(6)桥墩下层基础规格:14.64×3.00。

本节重点介绍桥台、桥墩下基础平面位置放样数据计算。至于桥台上基础及桥台位置、桥墩上基础及墩身位置平面位置放样数据计算,读者可根据图 12-2、图 12-4 分析数据练习计算。

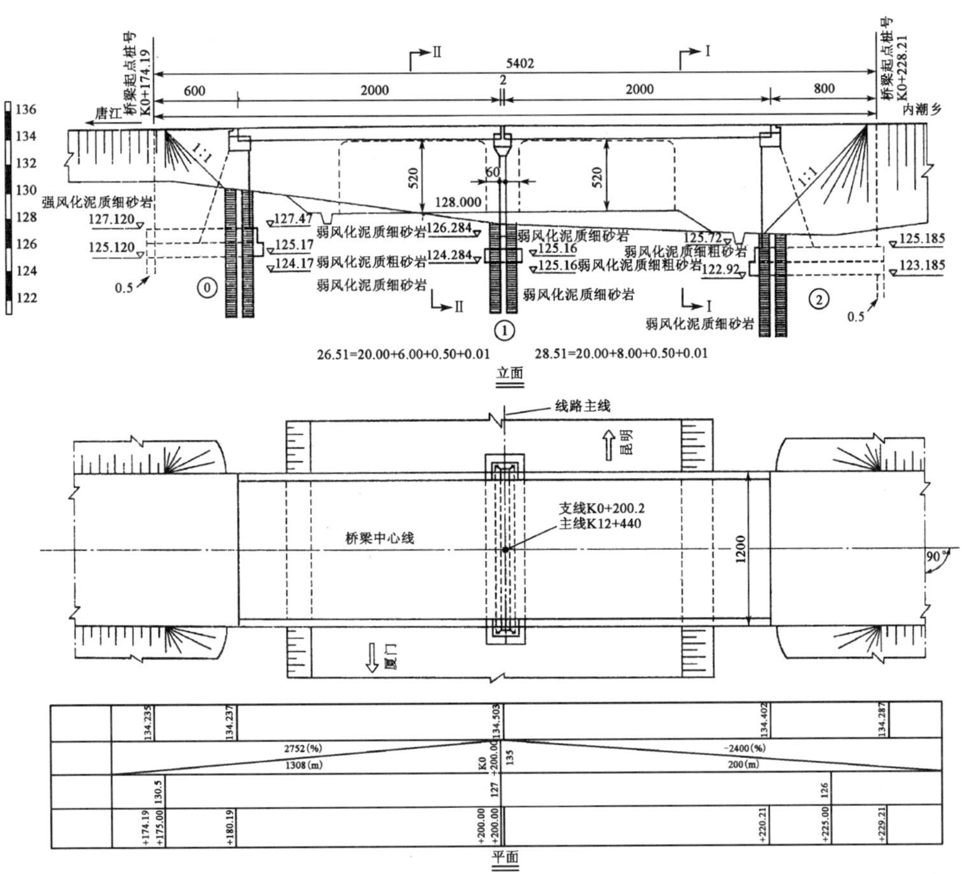

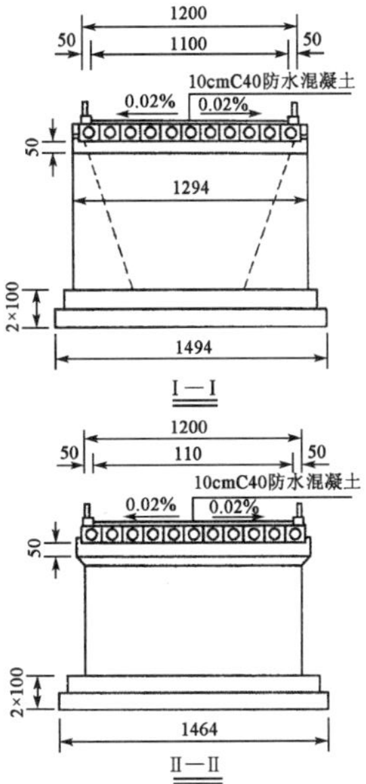

图12-1　K12+440王村分离立交桥

注：

1.本图尺寸除高程、桩号以m为单位外，其余均以cm为单位。

2.本桥设计荷载为汽—20级、挂—100级。

3.本桥上部构造采用20m跨径后张法简支预应力空心板，主要构造见《16、20m简支预应力空心板上部构造通用图》。

4.下部结构：桥墩为实体式薄壁墩，扩大基础；桥台为U台，扩大基础。

5.本桥全桥桥面连续，在1号桥墩处设置80型伸缩装置1道；伸缩装置施工时须在厂家技术人员指导下进行。

6.本图设计高程为路基中心处的高程，桥头两端设置水簸箕。

7.本桥在伸缩缝处采用矩形四氟滑板支座CJZF4（9180mm×200mm×44nm）。

8.本桥纵断面上位于竖曲线内，变坡点桩号为K0+200，变坡点桥高135.0m，R=1500m，T=38.64m，i_1=+2.75%，i_2=−2.40%，平面上位于直线中。

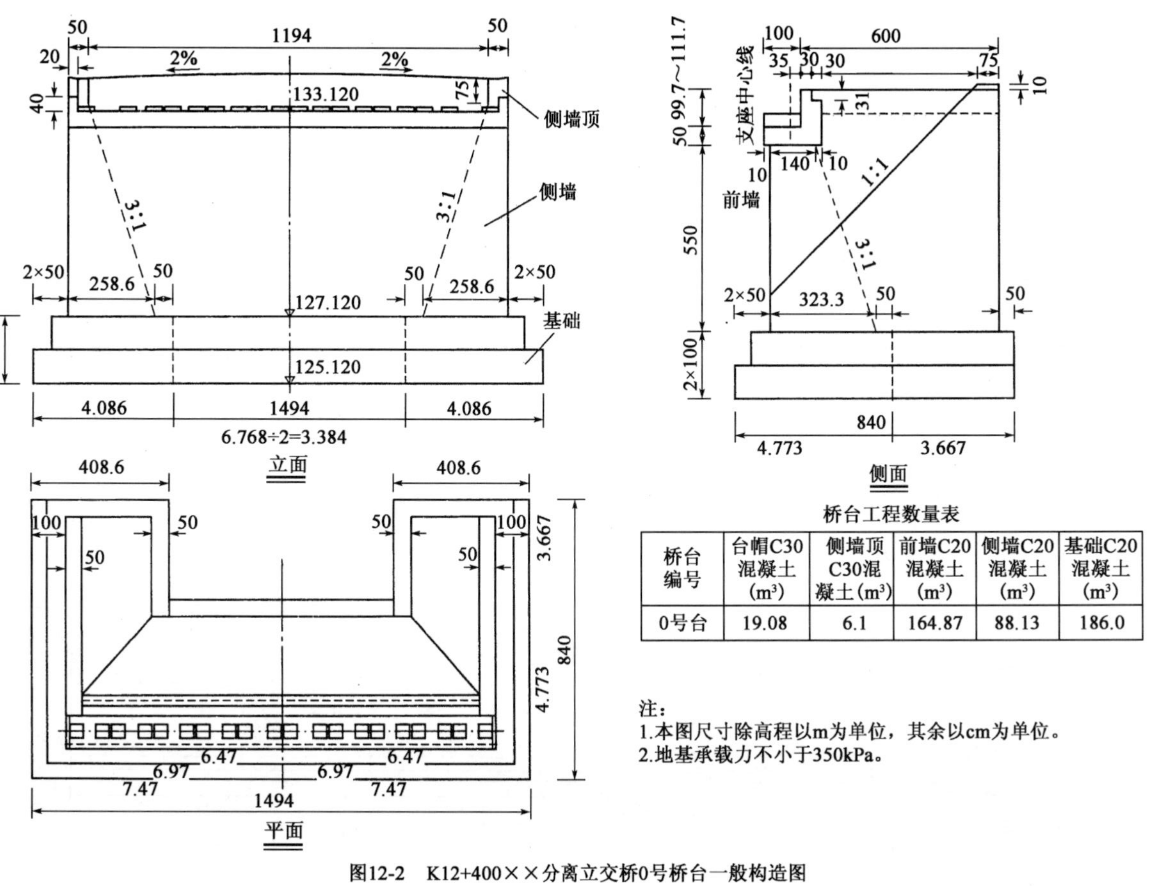

桥台工程数量表

桥台编号	台帽C30混凝土(m³)	侧墙顶C30混凝土(m³)	前墙C20混凝土(m³)	侧墙C20混凝土(m³)	基础C20混凝土(m³)
0号台	19.08	6.1	164.87	88.13	186.0

注：
1.本图尺寸除高程以m为单位，其余以cm为单位。
2.地基承载力不小于350kPa。

图12-2　K12+400××分离立交桥0号桥台一般构造图

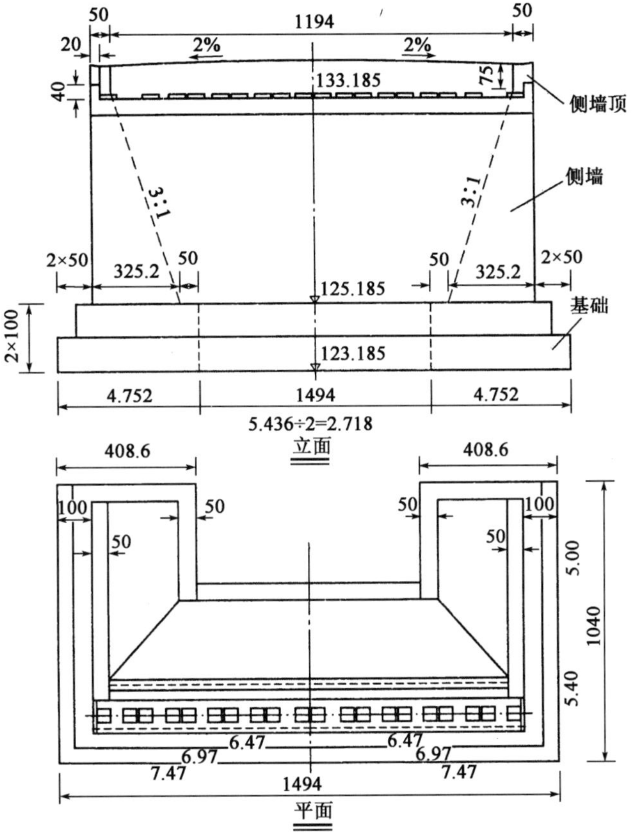

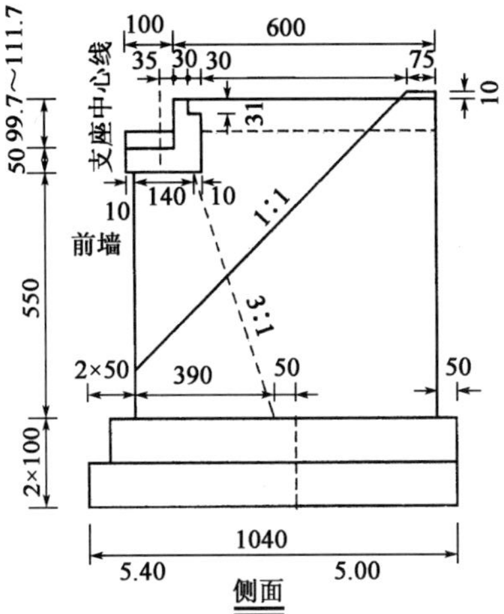

桥台工程数量表

桥台编号	台帽C30混凝土(m^3)	侧墙顶C30混凝土(m^3)	前墙C20混凝土(m^3)	侧墙C20混凝土(m^3)	基础C20混凝土(m^3)
2号台	19.03	8.14	257.18	189.72	239.1

注：
1.本图尺寸除高程以m为单位，其余以cm为单位。
2.地基承载力不小于350kPa。

图12-3　K12+400××分离立交桥2号桥台一般构造图

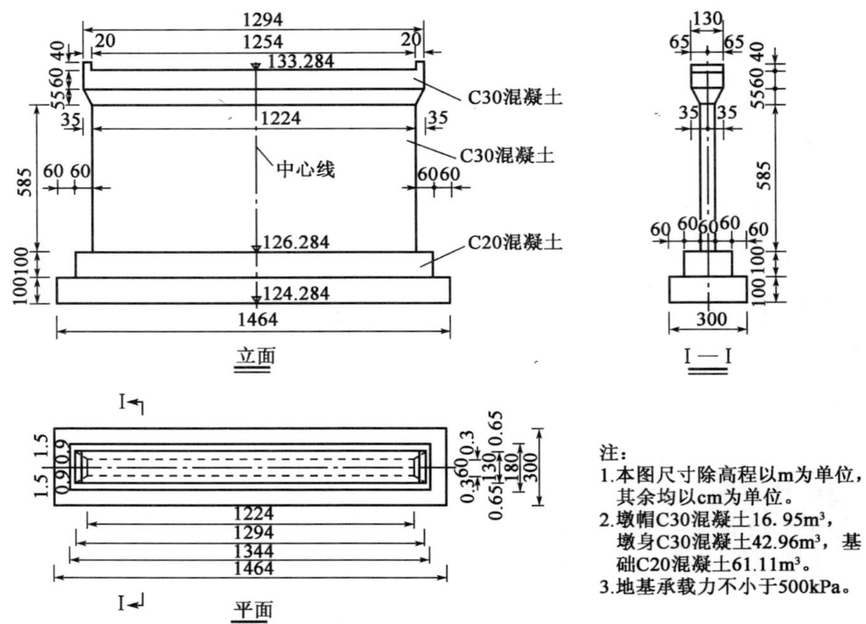

图 12-4　K12＋440 王村分离立交桥桥墩一般构造图

三、现场计算放样点坐标

1. 绘放样草图

放样草图样式如图 12-5 所示。

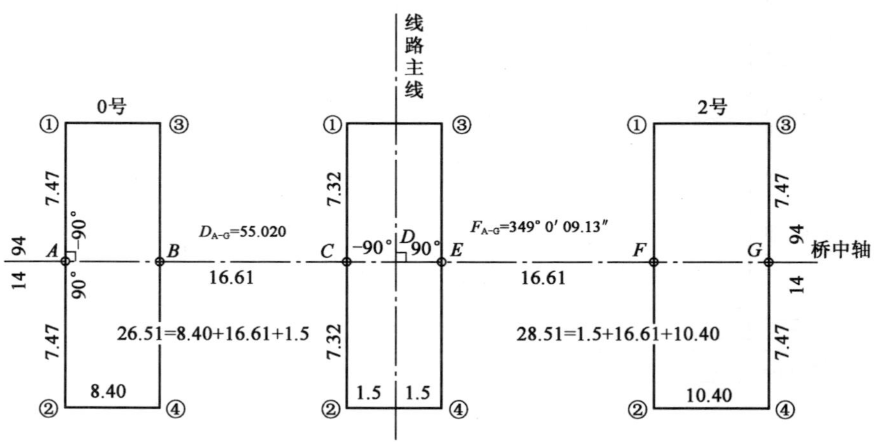

图 12-5　正交分离立交桥放样草图(尺寸单位：m)

(1)在放样草图上注明：

①交点桩号。本例桩号为 K12＋440。

②夹角。本例是正交，夹角左－90°，右 90°。

③标明桥中轴线方向及线路主线方向。

④桥中轴交点至 0 号桥台左端点距离:26.51,交点至 2 号桥台右端点距离:28.51;桥全长:55.02。

⑤0 号桥台下基础宽:8.40;2 号桥台下基础宽:10.40;桥墩下基础宽:3.0。

⑥0 号桥台左端点的左、右基础宽:7.47=14.94÷2;2 号桥台右端点的左、右基础宽:7.47=14.94÷2;桥墩基础中点的左、右基础宽:7.32=14.64÷2。

(2)在放样草图上对基础各放样点编号。本例中 D 为交点:A 及 G 为桥轴左、右端点;B、C、E、F 为桥中轴上基础边连线与中轴交点;0 号桥台的①及②是 A 端点左、右边点,③及④是 B 点左、右两边点;桥墩的①及②是 C 点左、右两边点,③及④是 E 点左、右两边点;2 号桥台的①及②是 F 点左、右两边点,③及④是 G 端左、右两边点。

2. 选用线路交点起算要素

本例中桥轴线交点标号是 K12+440,在线路交点 JD_{10} 计算范围,所以选用交点 JD_{10},其起算要素是:

(1)交点桩号:Q=K12+340.275。

(2)交点坐标:$X=W=753.0$,$Y=K=9186.0$。

(3)圆曲线半径:$R=5000$。

(4)缓和曲线长:$V=0.000$。

(5)线路转角:$N=-12°45'08.15''$。

(6)控制转角条件:$G=-1$。

(7)前切线方位角:266°32′51.91″。

3. 用 5800P/9750GⅡ“XY 程序”计算桥梁中轴线上各交点坐标

计算步骤简述如下,读者可据此练习操作。

(1)显示 H?,输入 12440;

显示 S?,输入 26.51=1.5+16.61+8.4;

显示 E?,输入-90°。

计算得 D 点坐标及 A 点坐标,计算结果见表 12-1。

K12+440 正交分离立交桥基础放样数据计算　　表 12-1

0 号桥台	X(m)	Y(m)	桥墩	X(m)	Y(m)	2 号桥台	X(m)	Y(m)
A	677.871	9096.018	C	702.422	9091.247	F	721.672	9087.506
B	686.117	9094.416	D	703.894	9090.961	G	731.881	9085.522
			E	705.367	9090.675			
①	676.446	9088.685	①	701.025	9084.061	①	720.247	9080.173
②	679.296	9103.351	②	703.818	9098.433	②	723.097	9094.839
③	684.692	9087.083	③	703.970	9083.489	③	730.456	9078.189
④	687.542	9101.748	④	706.763	9097.860	④	733.306	9092.855

起算要素:交点桩号 JD10　　Q=K12+340.275

交点坐标 $X=W=753.0$　　$Y=K=9186.0$

半径 $R=5000$　　缓和曲线长 $V=0.0$

转角 $N=-12°45'08.15''$　　控制转角条件 $G=-1$

前切线方位角 $F=266°32'51.91''$

(2)显示 H?,输入 12440;

显示 S?,输入 18.11=26.51−8.40;

显示 E?,输入−90°。

计算得 D 点及 B 点坐标,计算结果见表 12-1。

(3)显示 H?,输入 12440;

显示 S?,输入 1.5=26.51−8.4−16.61;

显示 E?,输入−90°。

计算得 D 点及 C 点坐标,计算结果见表 12-1。

(4)显示 H?,输入 12440;

显示 S?,输入 1.5;

显示 E?,输入 90°。

计算得 D 点及 E 点坐标,计算结果见表 12-1。

(5)显示 H?,输入 12440;

显示 S?,输入 18.11=1.5+16.61;

显示 E?,输入 90°。

计算得 D 点及 F 点坐标,计算结果见表 12-1。

(6)显示 H?,输入 12440;

显示 S?,输入 28.51=18.11+10.40;

显示 E?,输入 90°。

计算得 D 点及 G 点坐标,计算结果见表 12-1。

4.用 5800P/9750GII“ZXY 程序”计算桥中轴线左、右两边点的坐标

计算步骤简述如下,读者可据此练习操作。

(1)计算桥梁中轴线左、右两端点距离与中轴线的方位角。

显示 A?,输入 A 点 X 坐标:X=677.871;

显示 B?,输入 A 点 Y 坐标:Y=9096.018;

显示 C?,输入 G 点 X 坐标:X=731.881;

显示 D?,输入 G 点 Y 坐标:Y=9085.522。

计算得:

①K12+440 分离立交桥中轴线 A—G 间距离:S=55.020。

②桥中轴线方位角:349°00′09.13″。

(2)计算桥中轴线上 A、B、C、E、F、G 点两边点坐标。

①计算 A 点左、右两边点①及②的坐标。

显示 K?,输入 0.000;

显示 L?,输入 0.000。

计算得 A 点坐标:

X=677.871,Y=9096.018(与 XY 程序计算相等)

接着输入:

W? 输入 7.47,E? 输入−90°,计算 0 号桥台基础①点坐标;

W？输入 7.47，E？输入 90°，计算 0 号桥台基础②点坐标。

计算结果见表 12-1。

②计算 B 点左、右两边点②及③的坐标。

显示 W?，输入 −1，E？保留原输入，按两次 EXE 键程序自动重新显示；

显示 K?，输入 0.000；

显示 L?，输入 8.40。

计算得 B 点坐标，

$$X=686.117, Y=9094.416$$（与 XY 程序计算相等）

接着输入：

W？输入 7.47，E?，输入 −90°，计算 0 号桥台基础③点坐标；

W？输入 7.47，E?，输入 90°，计算 0 号桥台基础④点坐标。

计算结果见表 12-1。

③计算 C 点左、右两边点①及②点的坐标：

显示 W?，输入 −1，E？保留原输入，按两次 EXE 键，程序自动重新显示：

显示 K?，输入 0.000；

显示 L?，输入 25.01＝8.4＋16.61。

计算得 C 点坐标：

$$X=702.422, Y=9091.247$$（与 XY 程序计算相等）

接着输入：

W？输入 7.32，E？输入 −90°，计算桥墩基础①点坐标；

W？输入 7.32，E？输入 90°，计算桥墩基础②点坐标。

以下计算中轴线上 E 点、F 点、G 点左、右两边点坐标，操作方法步骤仿上述进行。

第三节　斜交分离立交桥平面位置放样数据计算 I

一、案例背景

以图 12-6 为例，该案例是厦昆高速公路江西境内赣州唐江段 K12＋009.00 叉塘村斜交分离立交桥施工放样设计图。

二、准备工作

现场测量员接受放样任务后，应做好下述准备工作。

(1)收集资料。

参照本章第一节进行。

(2)准备仪具。

参照本章第一节进行。

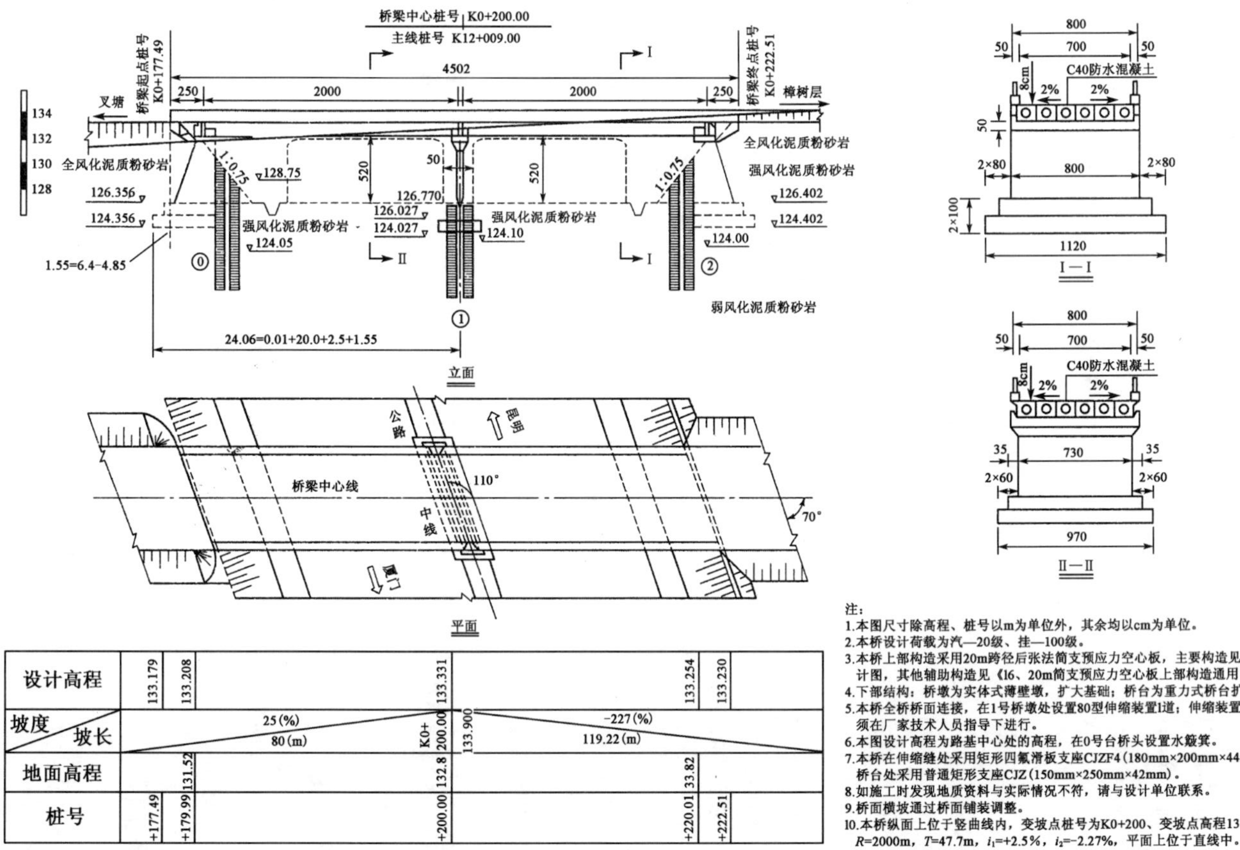

设计高程	133.179	133.208	133.331		133.254	133.230
坡度/坡长	25(%) 80(m)		K0+200.00	133.900	-227(%) 119.22(m)	
地面高程		131.52	132.8		33.82	
桩号	+177.49	+179.99	+200.00		+220.01	+222.51

注：
1.本图尺寸除高程、桩号以m为单位外，其余均以cm为单位。
2.本桥设计荷载为汽—20级、挂—100级。
3.本桥上部构造采用20m跨径后张法简支预应力空心板，主要构造见相关设计图，其他辅助构造见《16、20m简支预应力空心板上部构造通用图》。
4.下部结构：桥墩为实体式薄壁墩，扩大基础；桥台为重力式桥台扩大基础。
5.本桥全桥桥面连接，在1号桥墩处设置80型伸缩装置1道；伸缩装置施工时须在厂家技术人员指导下进行。
6.本图设计高程为路基中心处的高程，在0号台桥头设置水簸箕。
7.本桥在伸缩缝处采用矩形四氟滑板支座CJZF4(180mm×200mm×44mm)，桥台处采用普通矩形支座CJZ(150mm×250mm×42mm)。
8.如施工时发现地质资料与实际情况不符，请与设计单位联系。
9.桥面横坡通过桥面铺装调整。
10.本桥纵面上位于竖曲线内，变坡点桩号为K0+200、变坡点高程133.9m，R=2000m，T=47.7m，i_1=+2.5%，i_2=-2.27%，平面上位于直线中。

图12-6 斜交分离立交桥面、平面图

(3)分析设计图纸、掌握要点。

①叉塘村分离立交桥桩号，本例桩号是 K12＋009.000。

②夹角，本例是斜交，面向公路前进方向，右夹角为 110°，左夹角为－70°＝180°－110°。

③桥长：由图 12-6“立面”可知，桥左长 24.06＝0.01＋20.00＋2.5＋1.55，桥右长 24.06＝0.01＋20.00＋2.5＋1.55。

④0 号桥台下基础规格：11.92×6.81。

⑤2 号桥台下基础规格：11.92×6.81。

本节重点介绍台下基础平面位置放样数据计算。至于桥墩上、下基础以及桥台上基础、桥墩台位置放样数据计算，读者可根据设计图纸练习计算。见图 12-7。

值得提醒的是，本例是斜交，斜角 20°＝90°－70°，在计算基础四角点的坐标时，应用斜距。正交距离改算为斜距的计算公式是：

$$S = D \div \sin E = D \div \cos J$$

由图 12-7“立面”可知，桥台下基础长 11.20，这是正交距离，改算为斜距：

$$S = 11.20 \div \sin 70^\circ = 11.20 \div \cos 20^\circ = 11.92$$

同理，桥台下基础宽正交 6.40，改算为斜距：

$$S = 6.40 \div \sin 70^\circ = 6.40 \div \cos 20^\circ = 6.81$$

三、现场计算放样点坐标

1.绘放样草图

K12＋009.0 斜交分离立交桥放样草图如图 12-8 所示。

(1)C 为交点桩号：K12＋009.0。

(2)线路中线与桥轴线夹角，面向线路前进方向右夹角 110°，左夹角－70°。

(3)桥中轴线与桥基础长边线夹角，面向桥中轴线方向，右夹角 70°，左夹角－110°。

(4)A、B、D、E 点是桥中轴线与基础边交点，且 A 及 E 是桥左、右两端点。

(5)左①、②、③、④是 0 号桥台下基础放样点，右①、②、③、④是 2 号桥台下基础放样点。

(6)桥左长 CA＝24.06，AB＝6.81，CB＝17.25，①－A＝A－②＝5.96＝③－B＝B－④。

(7)桥右长 CE＝24.06，DE＝6.81，CD＝17.25，①－D＝D－②＝5.96＝③－E＝E－③。

(8)基础宽 6.81。

2.选用线路交点起算要素

本例交点标号是 K12＋009.00，在线路交点 JD_{10} 计算范围，所以选用交点 JD_{10}，其起算要素如图 12-8 所示。

3.用 5800P/9750GⅡ“XY 程序”计算桥梁中轴线上各交点坐标

计算步骤简述如下：

(1)计算 C、A 点坐标。

显示 H?，输入 12009.00；

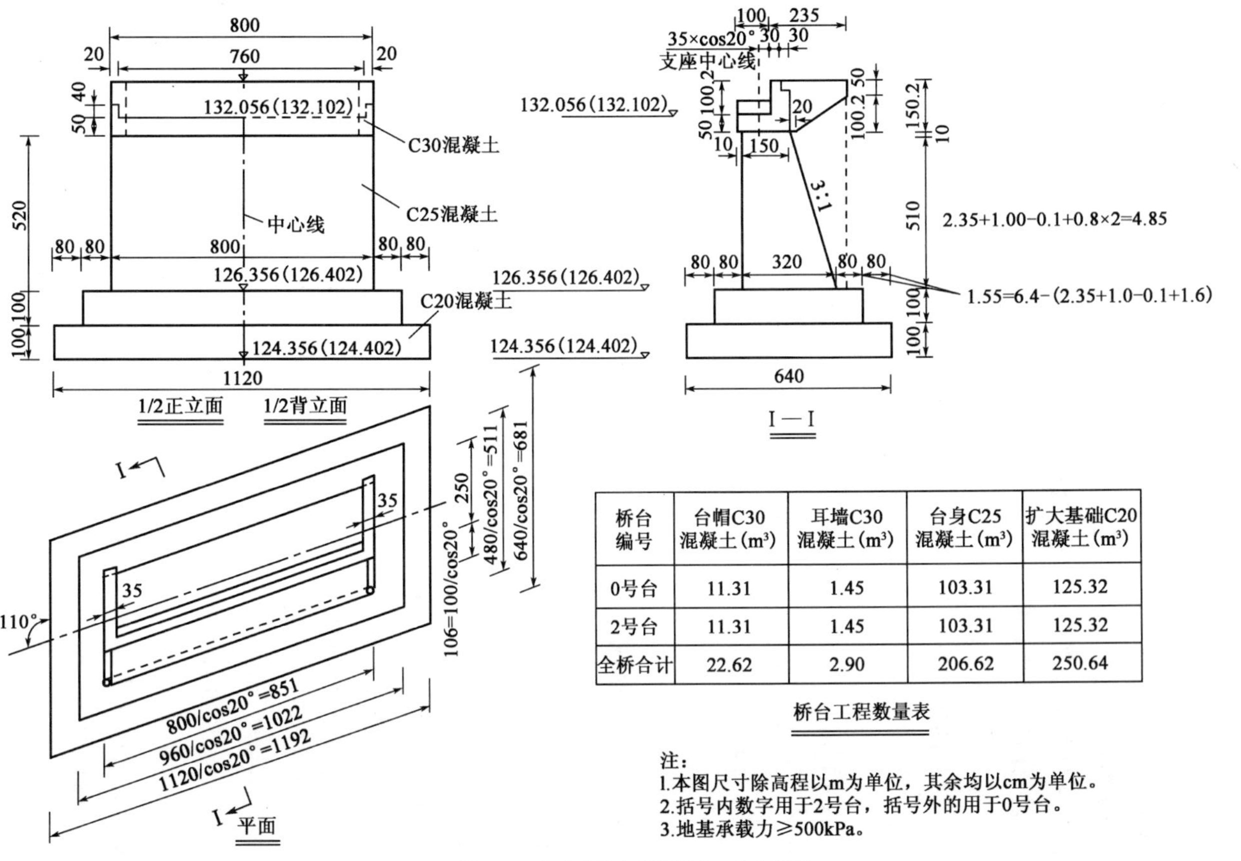

桥台编号	台帽C30混凝土(m^3)	耳墙C30混凝土(m^3)	台身C25混凝土(m^3)	扩大基础C20混凝土(m^3)
0号台	11.31	1.45	103.31	125.32
2号台	11.31	1.45	103.31	125.32
全桥合计	22.62	2.90	206.62	250.64

桥台工程数量表

注：
1.本图尺寸除高程以m为单位，其余均以cm为单位。
2.括号内数字用于2号台，括号外的用于0号台。
3.地基承载力≥500kPa。

图12-7　斜交分离立交桥桥台一般构造图

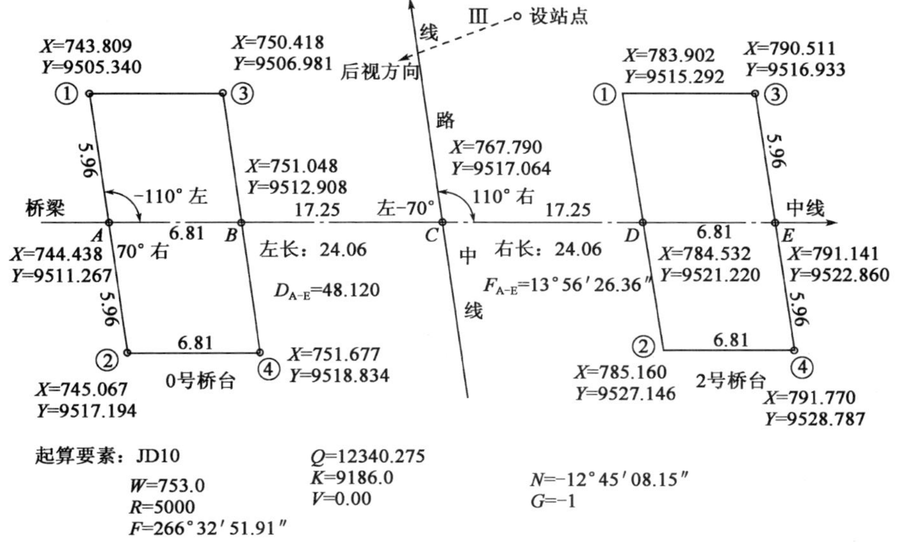

图 12-8　K12＋009.0 斜交分离立交桥放样示意图

显示 S?，输入 24.06；

显示 E?，输入－70°。

计算得：

C 点坐标：X＝767.790；Y＝9517.064；

A 点坐标：X＝744.438；Y＝9511.267；

计算结果抄录在图 12-8 该点位旁。

(2)计算 C、B 点坐标。

显示 H?，输入 12009.00；

显示 S?，输入 17.25＝24.06－6.81；

显示 E?，输入－70°。

计算得：

C 点坐标：X＝767.790；Y＝9517.064；

A 点坐标：X＝744.048；Y＝9512.908。

计算结果抄录在图 12-8 该点位旁。

(3)计算 C、D 点坐标。

显示 H?，输入 12009.00；

显示 S?，输入 17.25＝24.06－6.81；

显示 E?，输入 110°。

计算得：

C 点坐标：X＝767.790；Y＝9517.064；

D 点坐标：X＝784.532；Y＝9521.220。

计算结果抄录在图 12-8 该点位旁。

(4)计算 C、E 点坐标。

显示 H?,输入 12009.00;
显示 S?,输入 24.06;
显示 E?,输入 110°。
计算得:
C 点坐标:*X*=767.790;*Y*=9517.064;
E 点坐标:*X*=791.141;*Y*=9522.860。
计算结果抄录在图 12-8 该点位旁。

4.用 5800P/9750GⅡ“ZXY 程序”计算桥中轴线左、右两边点的坐标

计算步骤简述如下。
(1)计算桥中轴线左、右两端点间距离及中轴线的方位角。
显示 A?,输入 *A* 点 *X*=744.438;
显示 B?,输入 *A* 点 *Y*=9511.267;
显示 C?,输入 *E* 点 *X*=791.141;
显示 D?,输入 *E* 点 *X*=9522.860。
计算得:

$$D_{\mathrm{A-E}}=48.120$$
$$F_{\mathrm{A-E}}=13°56'26.36''$$

计算结果抄录在如图 12-8 所示的草图上。
(2)计算 *A* 点左、右①点及②点坐标。
显示 K?,输入 0.000;
显示 L?,输入 0.000。
计算得 *A* 点坐标:

$$X=744.438, Y=9511.267$$

计算结果与 XY 程序计算结果相等。
显示 W? 输入 5.96,E? 输入−110°,计算①点坐标;
显示 W? 输入 5.96,E? 输入 70°,计算②点坐标。
计算结果抄录在图 12-8 该点位旁。
(3)计算 *B* 点左、右③点及④点坐标。
显示 W?,输入−1,E? 保留原输入,按两次EXE键,程序重新显示;
显示 K?,输入 0.000;
显示 L?,输入 6.81。
计算得 *B* 点坐标:

$$X=751.047, Y=9512.908$$

计算结果与 XY 程序计算结果相等。
显示 W? 输入 5.96,E? 输入−110°,计算得③点坐标;
显示 W? 输入 5.96,E? 输入 70°,计算得④点坐标。
计算结果抄录在图 12-8 该点位旁。
(4)计算 *D* 点左、右两边点①及②点坐标。

显示 E?，输入－1，E? 保留原输入，按两次EXE键，程序重新显示；

显示 K?，输入 0.000；

显示 L?，输入 AD 距离 41.31＝24.06＋17.25。

计算得 D 点坐标：

$$X=784.531, Y=9521.219$$

计算结果与 XY 程序计算相等。

显示 W? 输入 5.96，E? 输入－110°，计算得①点坐标；

显示 W? 输入 5.96，E? 输入 70°，计算得②点坐标。

(5)计算 E 点左、右两边点③点及④点坐标。

显示 E?，输入－1，E? 保留原输入，按两次EXE键，程序重新显示；

显示 K?，输入 0.000；

显示 L?，输入 48.12＝41.31＋6.81。

计算得 E 点坐标：

$$X=791.141, Y=9522.860$$

计算结果与 XY 程序计算相等。

显示 W? 输入 5.96，E? 输入－110°，计算得③点坐标；

显示 W? 输入 5.96，E? 输入 70°，计算得④点坐标。

计算结果抄录在图 12-8 该点位旁。

上述两节介绍的正交、斜交分离立交桥平面位置放样数据计算，采用桥梁中轴线法。作者在《公路工程施工测量》、《测量员便携手册》中介绍的是交点桩号法。这两种方法，都可应用。

第四节　斜交分离式立交桥平面位置放样数据计算Ⅱ

一、案例背景

以图 12-9 为例，该案例是江西省德兴至南昌高速公路新建工程第 B4 合同段“南山里分离式立交桥(主线上跨)”施工放样设计图。

比较图 12-6 和图 12-9，这两个斜交分离式立交桥桥型布置不同的是：

(1)图 12-6 的桥中心线与公路中线斜交，而图 12-9 的桥中心线与公路中线平行。

(2)图 12-6 的 0 号桥台、2 号桥台在公路中线的左、右两侧，而图 12-9 的 0 号桥台、3 号桥台则与公路中线相交。

(3)图 12-6 的桥身横跨公路，而图 12-9 的桥身则与公路走向一致。

由图 12-9 可知，要把图 12-9 这种桥型放样到实地，就必须把 0 号桥台的 12 个桩基、1 号桥墩的 4 个桩基、2 号桥墩的 4 个桩基和 3 号桥台的 12 个桩基放到实地。

通常情况下，设计单位都会提供这些桥桩基的坐标。在这里，现场测量员的任务，就是在桥梁施工放样前，核算这些桩基的设计坐标。

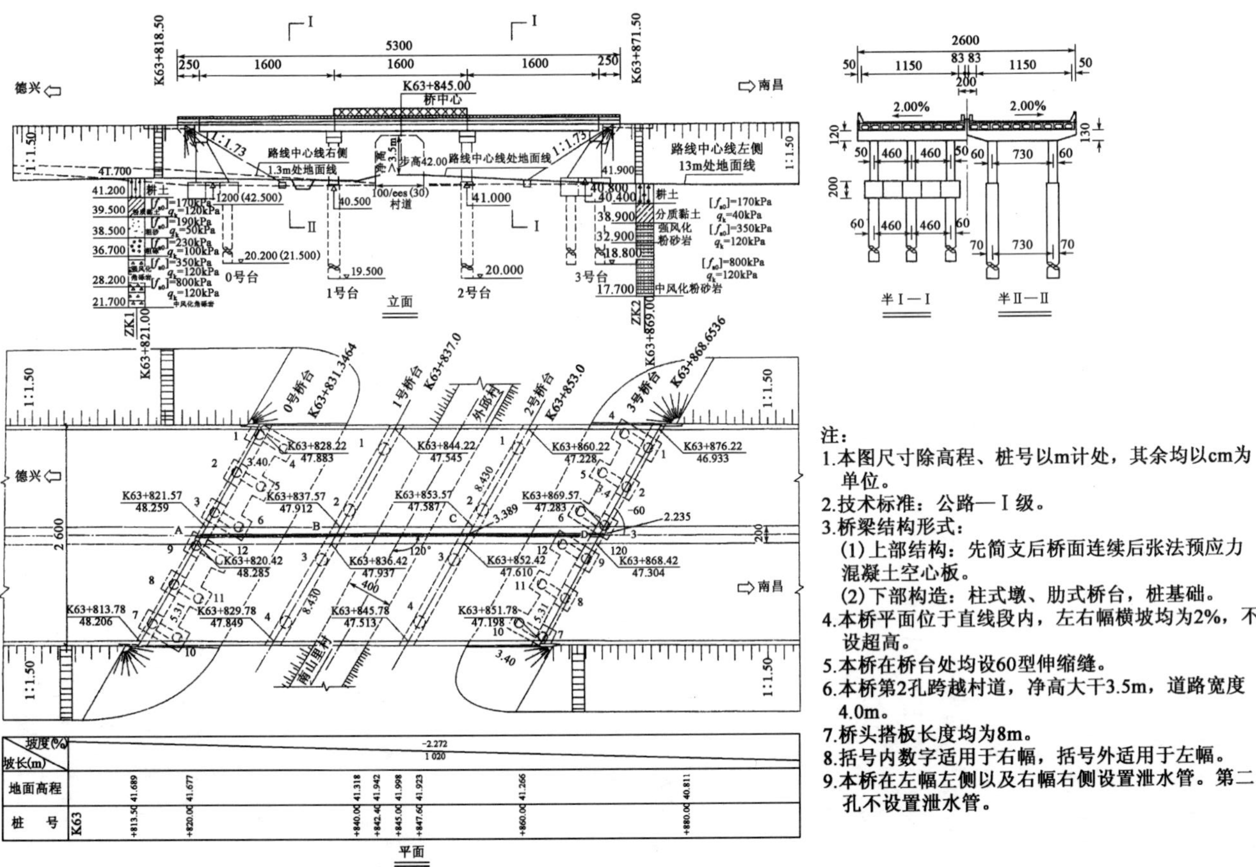

注：
1.本图尺寸除高程、桩号以m计处，其余均以cm为单位。
2.技术标准：公路—Ⅰ级。
3.桥梁结构形式：
(1)上部结构：先简支后桥面连续后张法预应力混凝土空心板。
(2)下部构造：柱式墩、肋式桥台，桩基础。
4.本桥平面位于直线段内，左右幅横坡均为2%，不设超高。
5.本桥在桥台处均设60型伸缩缝。
6.本桥第2孔跨越村道，净高大于3.5m，道路宽度4.0m。
7.桥头搭板长度均为8m。
8.括号内数字适用于右幅，括号外适用于左幅。
9.本桥在左幅左侧以及右幅右侧设置泄水管。第二孔不设置泄水管。

图12-9　南山里分离式立交桥(主线上跨)桥型布置图

二、准备工作

现场测量员接受放样任务后，应做好下述准备工作。

(1)收集资料

①南山里分离式立交桥桥型布置图(图 12-9)。

②南山里分离式立交桥桥台一般构造图(图 12-10)。

③南山里分离式立交桥桥墩一般构造图(图 12-11)。

④直线、曲线及转角表。

⑤导线点成果表。

(2)准备仪具

①全站仪、双叉式棱镜架及棱镜。

②5800P/9750GⅡ型计算器等。

③ZY 程序。

④ZXY 程序。

(3)分析设计图纸，掌握要点

①桩号。

桥中心桩号 K63＋845.00；

a.0 号桥台左排桩基中心连线与线路中线交点桩号。

(a)由图 12-9“立面”及“平面”可知，0 号桥台桥号：

$$63845.0-(16.00\div 2)-16.00=63821.000$$

(b)由图 12-10“平面”及图 12-9“平面”可知：

正交：0.70－0.40＝0.30

斜距：0.30÷cos(90°－60°)＝0.3464

所以，0 号桥台交点桩号是：

$$K63+821.0+0.346=K63+821.3464$$

b.1 号桥墩的桩基中心连线与线路中线交点的桩号：

由图 12-9“立面”及“平面”可知，1 号桥墩桩基交点桩号：

$$K63+845.0-(16\div 2)=K63+837.0$$

c.2 号桥墩桩基中心的连线与线路中线交点的桩号：

$$K63+845.0+(16\div 2)=K63+853.0$$

d.3 号桥台右排桩基中心连线与线路中线交点的桩号：

(a)由图 12-9“立面”及“平面”可知，3 号桥台交点桩号：

$$K63+845.0+(16\div 2)+16=K63+869.0$$

(b)由图 12-10“平面”及图 12-9“平面”可知：

正交：0.70－0.40＝0.30

斜距：0.30÷cos(90°－60°)＝0.3464

所以，3 号桥台交点桩号是：

$$K63+869.0-0.3464=K63+868.6536$$

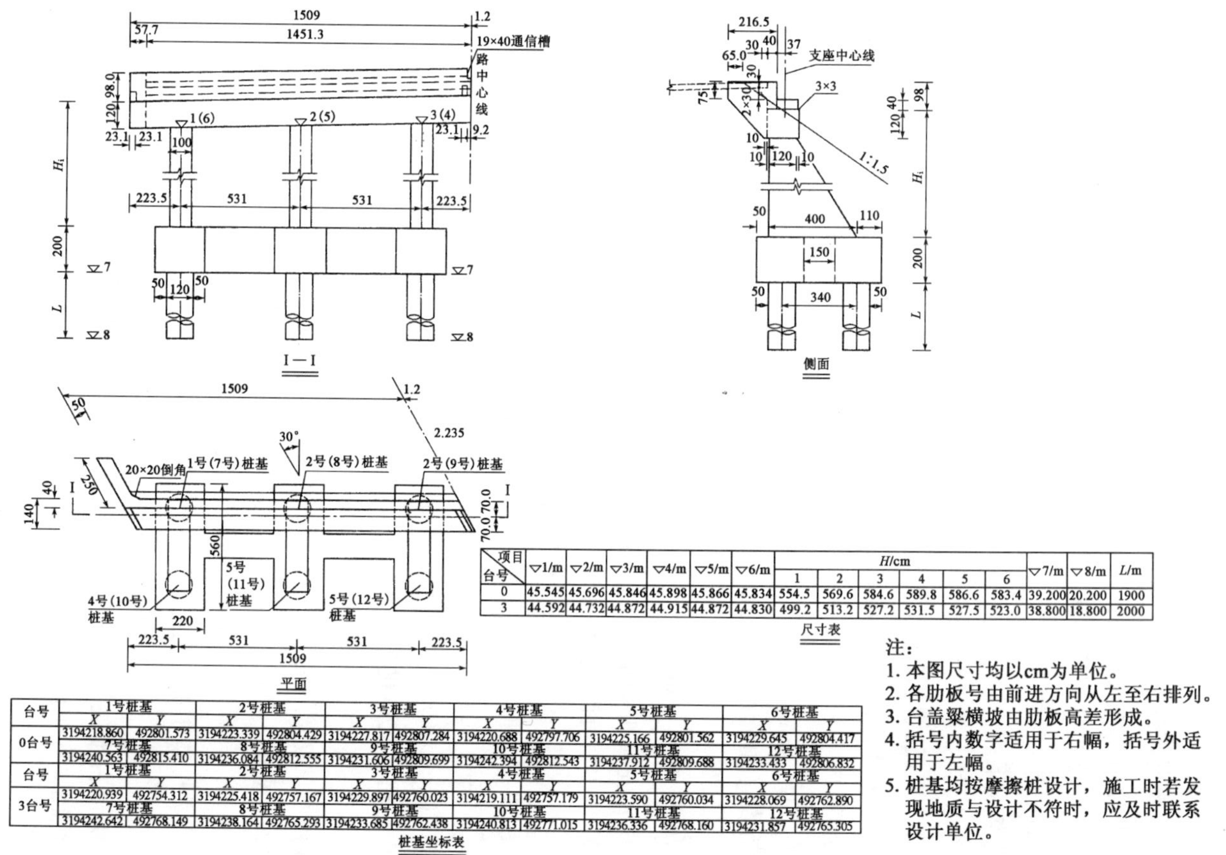

台号＼项目	▽1/m	▽2/m	▽3/m	▽4/m	▽5/m	▽6/m	H/cm 1	2	3	4	5	6	▽7/m	▽8/m	L/m
0	45.545	45.696	45.846	45.898	45.866	45.834	554.5	569.6	584.6	589.8	586.6	583.4	39.200	20.200	1900
3	44.592	44.732	44.872	44.915	44.872	44.830	499.2	513.2	527.2	531.5	527.5	523.0	38.800	18.800	2000

尺寸表

台号	1号桩基 X	1号桩基 Y	2号桩基 X	2号桩基 Y	3号桩基 X	3号桩基 Y	4号桩基 X	4号桩基 Y	5号桩基 X	5号桩基 Y	6号桩基 X	6号桩基 Y
0台号	3194218.860	492801.573	3194223.339	492804.429	3194227.817	492807.284	3194220.688	492797.706	3194225.166	492801.562	3194229.645	492804.417
	7号桩基		8号桩基		9号桩基		10号桩基		11号桩基		12号桩基	
	3194240.563	492815.410	3194236.084	492812.555	3194231.606	492809.699	3194242.394	492812.543	3194237.912	492809.688	3194233.433	492806.832
台号	1号桩基 X	1号桩基 Y	2号桩基 X	2号桩基 Y	3号桩基 X	3号桩基 Y	4号桩基 X	4号桩基 Y	5号桩基 X	5号桩基 Y	6号桩基 X	6号桩基 Y
3台号	3194220.939	492754.312	3194225.418	492757.167	3194229.897	492760.023	3194219.111	492757.179	3194223.590	492760.034	3194228.069	492762.890
	7号桩基		8号桩基		9号桩基		10号桩基		11号桩基		12号桩基	
	3194242.642	492768.149	3194238.164	492765.293	3194233.685	492762.438	3194240.813	492771.015	3194236.336	492768.160	3194231.857	492765.305

桩基坐标表

注：
1. 本图尺寸均以cm为单位。
2. 各肋板号由前进方向从左至右排列。
3. 台盖梁横坡由肋板高差形成。
4. 括号内数字适用于右幅，括号外适用于左幅。
5. 桩基均按摩擦桩设计，施工时若发现地质与设计不符时，应及时联系设计单位。

图12-10　南山里分离式立交桥(主线上跨)桥台一般构造图

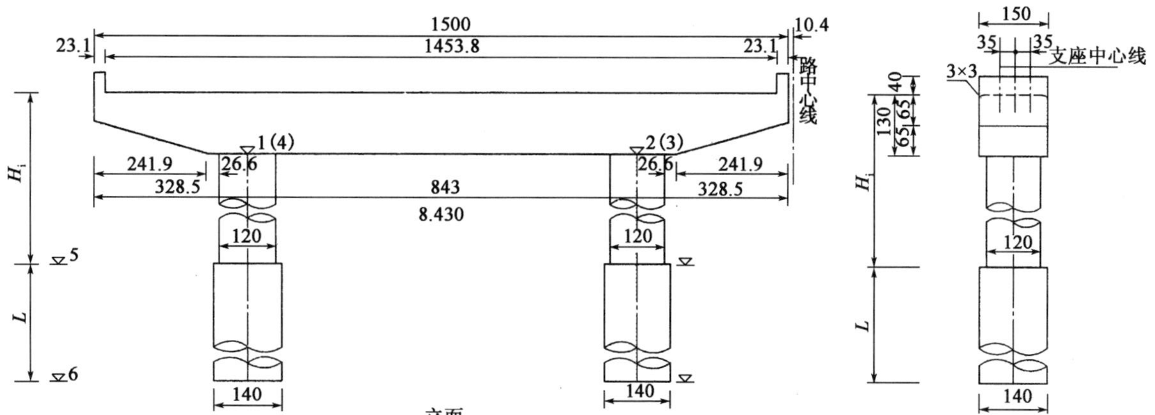

墩号	1号(4号)桩基		2号(3号)桩基	
	X	Y	X	Y
1号墩	3194220.434	492786.500	3194227.542	492791.031
	3194240.365	492799.206	3194233.257	492794.675
2号墩	3194221.137	492770.515	3194228.245	492775.047
	3194241.068	492783.222	3194233.960	492778.691

桩基坐标表

项目 / 墩号	▽1(m)	▽2(m)	▽3(m)	▽4(m)	H_i(cm) 1	2	3	4	▽5(m)	▽6(m)	L(cm)
1	45.137	45.370	45.442	45.386	593.7	617.0	624.2	618.6	40.500	19.500	2100
2	44.819	44.047	45.114	45.052	511.9	534.7	541.4	535.2	41.000	20.000	2100

尺寸表

注：
1.本图尺寸均以cm为单位。
2.各墩柱号由路线前进方向从左至右排列。
3.墩盖梁横坡由柱高差形成。
4.桩基均按摩擦桩设计，施工时若发现地质与设计不符时，应及时联系设计单位。

图12-11　南山里分离式立交桥(主线上跨)桥墩一般构造图

②夹角：由图 12-9 可知，0 号桥台、1 号桥墩、2 号桥墩、3 号桥台桩基中心连线与线路中线的夹角是 60°，面向南昌方向，左夹角－60°，右夹角 120°。

③交点至左、右桩基距离。

0 号桥台交点至左、右桩基距离：

由图 12-10 的“Ⅰ-Ⅰ”及“平面”可知，0 号桥台交点至左、右桩基距离是 2.235。

1 号墩交点至左、右桩基距离：

由图 12-11 的“立面”及“平面”可知，1 号墩交点至左、右桩基的距离是 3.285＋0.104＝3.389。

2 号墩交点至左、右桩基距离：

由图 12-11 的“立面”及“平面”可知，2 号墩交点至左、右桩基的距离是 3.285＋0.104＝3.389。

3 号桥台交点至左、右桩基距离：

由图 12-10 的“Ⅰ-Ⅰ”及“平面”可知，3 号桥台交点至左、右桩基距离是 2.235。

④桥桩基间距。

0 号、3 号桥台桩基中心纵向间距、横向间距：

由图 12-10 的“Ⅰ-Ⅰ”及“平面”可知，0 号、3 号桩基中心纵向间距是 5.31；由图 12-10“侧面”可知，桩基中心横向间距是 3.40。

1 号墩、2 号墩桩基中心纵向间距：

由图 12-11“立面”及“平面”可知，1 号及 2 号墩桥桩基中心纵向间距是 8.430。

三、核算平面位置放样数据

1. 复印图 12-9 平面图

在复印图上注明(图 12-12)：

(1)0 号桥台交点桩号、交点至桩基距离、桩基中心纵向及横向间距和夹角，并对桩基编号。

(2)1 号墩交点桩号、交点至桩基距离、桩基中心纵向间距和夹角，并对桩基编号。

(3)2 号墩交点桩号、交点至桩基距离、桩基中心纵向间距和夹角 ，并对桩基编号。

(4)3 号桥台交点桩号、交点至桩基距离、桩基中心纵向及横向间距和夹角，并对桩基编号。

2. 选用线路交点起算要素

本例桥中心桩号是 K63＋845.0，对照“直线、曲线及转角表”，该桥平面位于 K63＋746.508～K64＋772.504 直线段内。属线路交点 JD_{13} 与交点 JD_{14} 共用直线段，所以可选用交点 JD_{13}，也可选用交点 JD14 的起算要素。

本例选用 JD_{13}，其起算要素是：

(1)交点桩号：Q＝K62＋988.176。

(2)交点坐标：W＝4192.658，K＝3650.723。

(3)圆曲线半径：R＝5500。

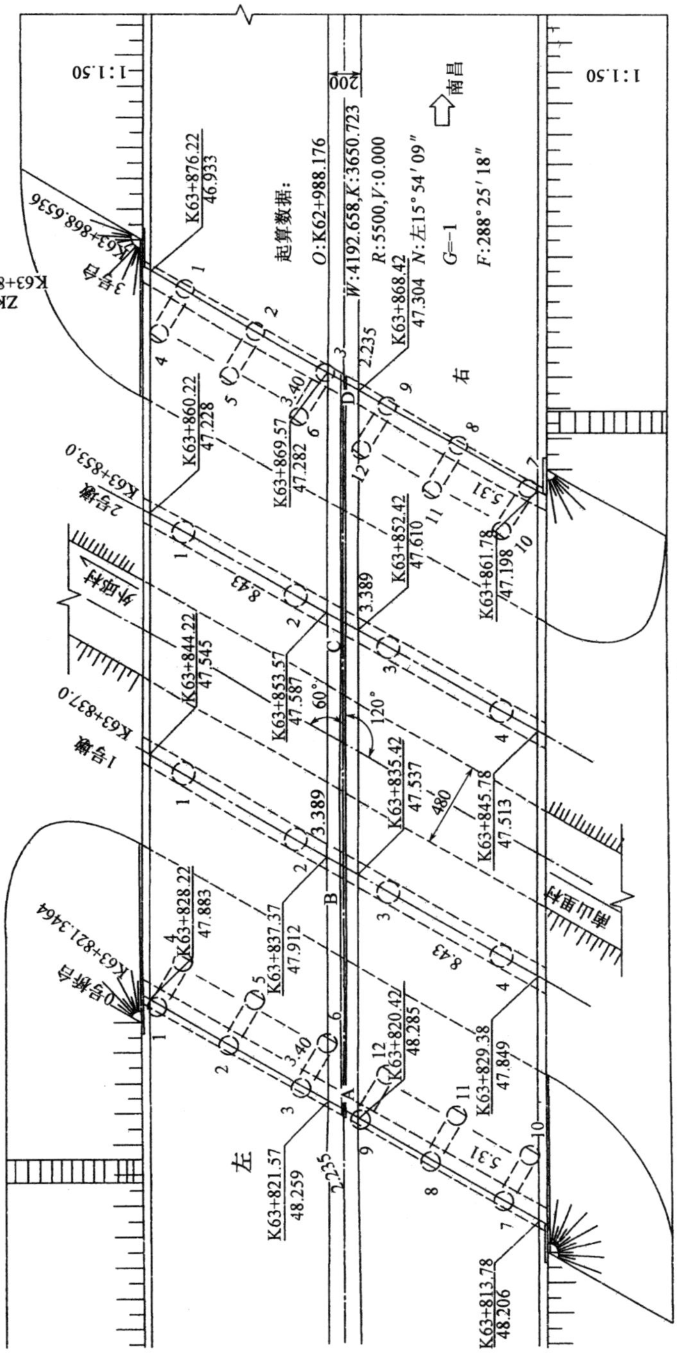

起算数据：

O:K62+988.176

W:4192.658, K:3650.723

R:5500, V:0.000

N:左15°54′09″

G=-1

F:288°25′18″

平面

图12-12　南山里分离立交桥放样示意图

(4)缓和曲线长：$V=0.000$。

(5)线路转角：$N=15°54'09''$(左)。

(6)控制转角条件：$G=-1$。

(7)前切线方位角：$F=288°25'18''$。

3. 选用5800P/9750GⅡ“XY程序”计算0号桥台、1号桥墩、2号桥墩、3号桥台各桩基中心点坐标

(1)计算0号桥台交点左、右两侧桩基中心坐标

程序执行，操作方法步骤简述如下：

①计算0号桥台3号、2号、1号桩基坐标。

显示H?，输入63821.3464；

显示S?，输入2.235；

显示E?，输入−60°。

计算得A及3号点坐标，计算结果见表12-2。

核算南山里分离式立交桥桩基坐标表 表12-2

项目	桩基号	核算		设计		项目	桩基号	核算		设计	
		X(m)	Y(m)	X(m)	Y(m)			X(m)	Y(m)	X(m)	Y(m)
0号桥台	1号	4218.873	2801.581	4218.860	2801.573	3号桥台	1号	4220.953	2754.319	4220.939	2754.312
	2号	4223.351	2804.436	4223.339	2804.429		2号	4225.430	2757.173	4225.418	2757.167
	3号	4227.828	2807.290	4227.817	2807.284		3号	4229.908	2760.028	4229.897	2706.023
	4号	4220.701	2798.714	4220.688	2798.706		4号	4219.125	2757.186	4219.111	2757.179
	5号	4225.178	2801.569	4225.166	2801.562		5号	4223.603	2760.040	4223.590	2760.034
	6号	4229.656	2804.423	4229.645	2804.417		6号	4228.080	2762.895	4228.069	2762.890
	7号	4240.552	2815.402	4240.563	2815.410		7号	4242.632	2768.140	4242.642	2768.149
	8号	4236.075	2812.548	4236.084	2812.555		8号	4238.154	2765.286	4238.164	2765.293
	9号	4231.597	2809.693	4231.606	2809.699		9号	4233.677	2762.431	4233.685	2762.438
	10号	4242.380	2812.535	4242.391	2812.543		10号	4240.804	2771.007	4240.815	2771.015
	11号	4237.902	2809.681	4237.912	2809.688		11号	4236.327	2768.152	4236.336	2768.160
	12号	4233.425	2806.826	4233.433	2806.832		12号	4231.849	2765.298	4231.857	2765.305
1号桥段	0号	$S_{7-1}=25.710$		F_{7-1}212°31′07.35″		2号桥墩	3号	$S_{7-1}=25.710$		F_{7-1}212°31′07.35″	
	1号	4220.435	2786.499	4220.434	2786.500		1号	4221.138	2770.515	4221.137	2770.515
	2号	4227.543	2791.031	4227.542	2791.031		2号	4228.247	2775.047	4228.245	2775.047
	3号	4233.259	2794.675	4233.257	2794.675		3号	4233.962	2778.690	4233.960	2778.691
	4号	4240.367	2799.207	4240.365	2799.206		4号	4241.070	2783.222	4241.068	2783.222
	A点	4229.713	2808.492				B点	4230.404	2792.853		
	C点	4231.104	2776.869				D点	4231.792	2761.229		

起算要素：交点JD13　$Q=K62+988.176$　$W=4192.658$　$K=3650.723$

$R=5500$　$V=0$　$G=-1$

$N=$左$15°54'09''$　$F=288°25'18''$

显示 H?,输入 63821.3464;
显示 S?,输入 2.235+5.31=7.545;
显示 E?,输入−60°。
计算得 A 及 2 号点坐标,计算结果见表 12-2。
显示 H?,输入 63821.3464;
显示 S?,输入 7.545+5.310=12.855;
显示 E?,输入−60°。
计算得 A 及 1 号点坐标,计算结果见表 12-2。
②计算 0 号桥台 7 号、8 号、9 号桩基坐标。
显示 H?,输入 63821.3464;
显示 S?,输入 12.855;
显示 E?,输入 120°。
计算得 A 及 7 号点坐标,计算结果见表 12-2。
显示 H?,输入 63821.3464;
显示 S?,输入 12.855−5.31=7.545;
显示 E?,输入 120°。
计算得 A 及 8 号点坐标,计算结果见表 12-2。
显示 H?,输入 63821.3464;
显示 S?,输入 7.545−5.31=2.235;
显示 E?,输入 120°。
计算得 A 及 9 号点坐标,计算结果见表 12-2。
(2)计算 1 号桥墩 1 号、2 号、3 号、4 号桩基中心坐标
①计算 1 号桥墩 1 号、2 号桩基坐标。
显示 H?,输入 63837.000;
显示 S?,输入 3.389;
显示 E?,输入−60°。
计算得 B 及 2 号点坐标,计算结果见表 12-2。
显示 H?,输入 63837.000;
显示 S?,输入 3.389+8.430=11.819;
显示 E?,输入−60°。
计算得 B 及 1 号点坐标,计算结果见表 12-2。
②计算 1 号桥墩 4 号、3 号桩基坐标。
显示 H?,输入 63837.000;
显示 S?,输入 11.819;
显示 E?,输入 120°。
计算得 B 及 4 号点坐标,计算结果见表 12-2。
显示 H?,输入 63837.000;
显示 S?,输入 11.819−8.43=3.389;

显示 E?,输入 120°。

计算得 B 及 3 号点坐标,计算结果见表 12-2。

(3)计算 2 号桥墩 1 号、2 号、3 号、4 号桩基中心坐标

①计算 2 号桥墩 1 号、2 号桩基坐标。

显示 H?,输入 63853.000;

显示 S?,输入 3.389;

显示 E?,输入－60°。

计算得 C 及 2 号点坐标,计算结果见表 12-2。

显示 H?,输入 63853.000;

显示 S?,输入 3.389＋8.43＝11.819;

显示 E?,输入－60°。

计算得 C 及 1 号点坐标,计算结果见表 12-2。

②计算 2 号桥墩 3 号、4 号桩基坐标。

显示 H?,输入 63853.000;

显示 S?,输入 11.819;

显示 E?,输入 120°。

计算得 D 及 4 号点坐标,计算结果见表 12-2。

显示 H?,输入 63853.000;

显示 S?,输入 11.819－8.43＝3.389;

显示 E?,输入 120°。

计算得 D 及 3 号点坐标,计算结果见表 12-2。

(4)计算 3 号桥台交点左、右两侧桩基中心坐标

①计算 3 号桥墩 1 号、2 号、3 号桩基坐标。

显示 H?,输入 63868.6536;

显示 S?,输入 2.235;

显示 E?,输入－60°。

计算得 D 及 3 号点坐标,计算结果见表 12-2。

显示 H?,输入 63868.6536;

显示 S?,输入 2.235＋5.31＝7.545;

显示 E?,输入－60°。

计算得 D 及 2 号点坐标,计算结果见表 12-2。

显示 H?,输入 63868.6536;

显示 S?,输入 7.545＋5.31＝12.855;

显示 E?,输入－60°。

计算得 D 及 1 号点坐标,计算结果见表 12-2。

②计算 3 号桥墩 7 号、8 号、9 号桩基坐标。

显示 H?,输入 63868.6536;

显示 S?,输入 12.855;

显示 E?,输入 120°。

计算得 D 及 7 号点坐标,计算结果见表 12-2。

显示 H?,输入 63868.6536;

显示 S?,输入 12.855－5.31＝7.545;

显示 E?,输入 120°。

计算得 D 及 8 号点坐标,计算结果见表 12-2。

显示 H?,输入 63683.6543;

显示 S?,输入 7.545－5.31＝2.235;

显示 E?,输入 120°。

计算得 D 及 9 号点坐标,计算结果见表 12-2。

4.选用 5800P/9750GⅡ“ZXY 程序”计算 0 号桥台右排桩基、3 号桥台左排桩基

(1)计算 0 号桥台右排桩基中心坐标

程序执行,操作方法步骤简述如下:

①计算左排桩基 7 号、1 号中心线距离及方位角。

显示 A? 输入 7 号桩基 X 坐标:X＝4240.552;

显示 B? 输入 7 号桩基 Y 坐标:Y＝2815.402;

显示 C? 输入 1 号桩基 X 坐标:X＝4218.873;

显示 D? 输入 1 号桩基 Y 坐标:Y＝2801.581。

计算得:

0 号桥台左排 7 号、1 号桩基中心间距:

$$S=25.710$$

检查设计图纸上 7 号、1 号中心距离:

$$2.235+2.235+5.31\times 4=25.710$$

0 号桥台左排 7 号、1 号桩基中心线方位角:

$$F=212°31'07.35''$$

②计算 0 号桥台右排桩基 4 号、5 号、6 号、10 号、11 号、12 号中心坐标。

显示 K? 输入 0.000;

显示 L? 输入 0.000;

显示 W? 输入 3.400;

显示 E? 输入 90°。

计算得 7 号桩基坐标,与 XY 程序相等,见表 7-2;10 号桩基坐标,计算结果见表 12-2。

显示 W? 输入－1,E? 保留原输入,按两次[EXE],程序重新显示;

显示 K?,输入 0.000;

显示 L? 输入 5.31。

计算得 8 号桩基坐标,与 XY 程序相等,见表 12-2。

显示 W?,输入 3.400;

显示 E? 输入 90°。

计算得 11 号桩基坐标,计算结果见表 12-2。

显示 W?,输入−1,E?,保留原输入,按两次EXE键,程序重新显示;

显示 K?,输入 0.000;

显示 L? 输入 5.31+5.31=10.62。

计算得 9 号桩基坐标,与 XY 程序相等,见表 12-2。

显示 W?,输入 3.400;

显示 E? 输入 90°。

计算得 12 号桩基坐标,计算结果见表 12-2。

显示 W?,输入−1,E?,保留原输入,按两次EXE键,程序重新显示;

显示 K?,输入 0.000;

显示 L? 输入 10.62+2.235+2.235=15.090。

计算得 3 号桩基坐标,与 XY 程序相等,见表 12-2。

显示 W?,输入 3.400;

显示 E? 输入 90°。

计算得 6 号桩基坐标,计算结果见表 12-2。

显示 W?,输入−1,E?,保留原输入,按两次EXE键,程序重新显示;

显示 K?,输入 0.000;

显示 L? 输入 15.090+5.31=20.400。

计算得 2 号桩基坐标,与 XY 程序相等,见表 12-2。

显示 W?,输入 3.400;

显示 E? 输入 90°。

计算得 5 号桩基坐标,计算结果见表 12-2。

显示 W?,输入−1,E?,保留原输入,按两次EXE键,程序重新显示;

显示 K?,输入 0.000;

显示 L? 输入 20.40+5.31=25.71。

计算得 1 号桩基坐标,与 XY 程序相等,见表 12-2。

显示 W?,输入 3.400;

显示 E? 输入 90°。

计算得 4 号桩基坐标,计算结果见表 12-2。

(2)计算 3 号桥台左排桩基中心坐标

程序执行,操作方法步骤基本上与 0 号桥台右排桩基坐标相同,读者可依据上述叙述自己演练,但是需要注意的夹角 E? 值应输入−90°。

提示:上述核算值,与 1 号墩及 2 号墩桩基中心坐标设计值较差小于 2mm,说明设计图纸数据正确,可用于现场放样。但是 0 号台及 3 号台,坐标较差 $X<14$mm,$Y<8$mm,这一误差现象,可向驻地测量监理汇报,并反映给设计单位。

一般来说,圆形桩基中心坐标误差在 15mm 以内,不影响现场放样。

第五节　中、大桥平面位置放样数据计算

一、案例背景

图 12-13 是江西省德兴至南昌高速公路新建工程第 B4 合同段“店上湖中桥”施工放样设计图。

图 12-17 是前述合同段“大门坂新村大桥”施工放样设计图。

比较图 12-9、图 12-13 和图 12-17，发现这三个桥的桥型布置是一样的，即：

(1)桥中心线与公路中线平行。

(2)桥台桩基中心连线与公路中线相交。

(3)桥墩桩基中心连线与公路中线相交。

(4)桥身与公路走向一致。

(5)桥台、桥墩的桩基都是圆形结构。

要把这种桥型放样到实地，现场测量员的任务，就是对设计单位提供的桥台桩基坐标及桥墩桩基坐标，经过核算，确认设计数据正确，然后才能实施放样。

二、核算准备

1. 核算桥墩、台桩基坐标的依据

(1)桥型布置图，如图 12-9、图 12-13、图 12-16、图 12-17 所示。

(2)桥墩一般构造图，如图 12-11、图 12-14、图 12-18 所示。

(3)桥台一般构造图，如图 12-10、图 12-15、图 12-19 所示。

(4)直线、曲线及转角表。

2. 核算的起算数据(已知数据)

(1)由桥型布置图可知：

①桥中心桩号。

②间距。

③桥桩基中心纵向连线与公路中线夹角，正交还是斜交。

(2)由桥墩一般构造图可知：

①线路中线至第 1 个桩基中心的距离。

②相互桩基中心间距离。

(3)由桥台一般构造图可知：

①线路中线至第 1 个桩基中心的距离。

②相互桩基中心纵向间距离。

③相互桩基中心横向间距离。

④桥台中心偏距。

(4)根据桥中心桩号，选用线路交点起算要素。

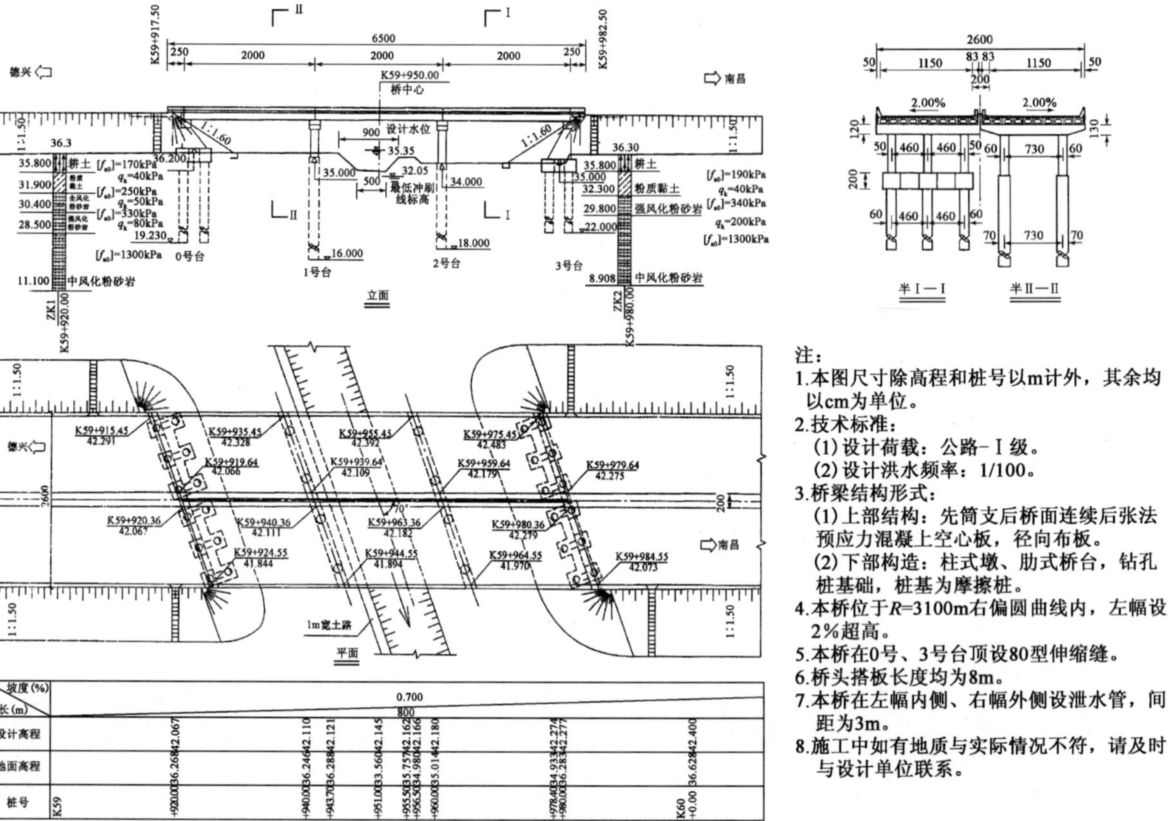

图12-13 店上湖中桥桥型布置图

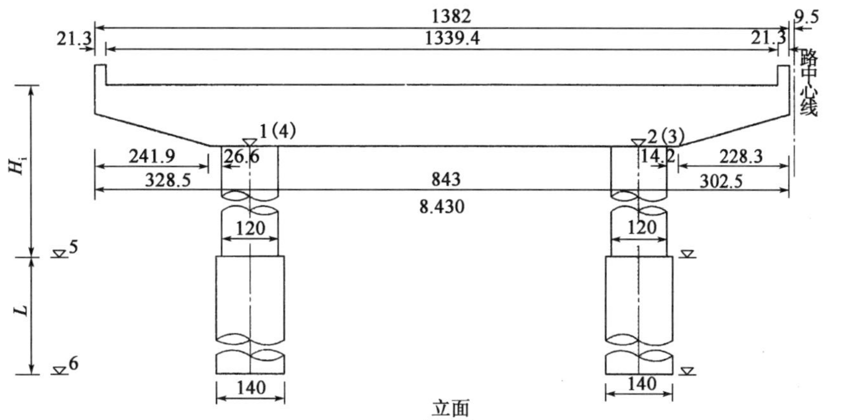

立面

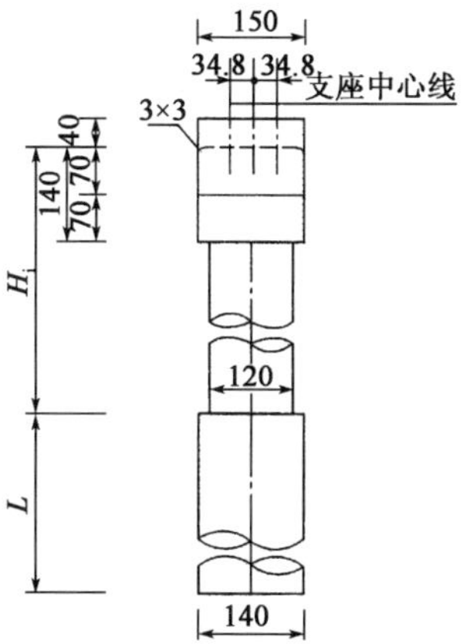

平面

侧面

注：
1.本图尺寸均以cm为单位。
2.各墩柱号由路线前进方向从左至右排列。
3.墩盖梁横坡由柱高差形成。
4.桥墩顶最大竖向力5100kN。

尺寸表

项目 / 墩号	▽1(m)	▽2(m)	▽3(m)	▽4(m)	H_i(cm) 1	2	3	4	▽5(m)	▽6(m)	L(cm)
1	39.535	39.396	39.325	39.187	593.5	579.6	572.5	558.7	35.000	16.000	1900
2	39.600	39.465	39.395	39.261	700.0	686.5	679.5	666.1	34.000	18 .00	1600

图12-14　店上湖中桥桥墩一般构造图

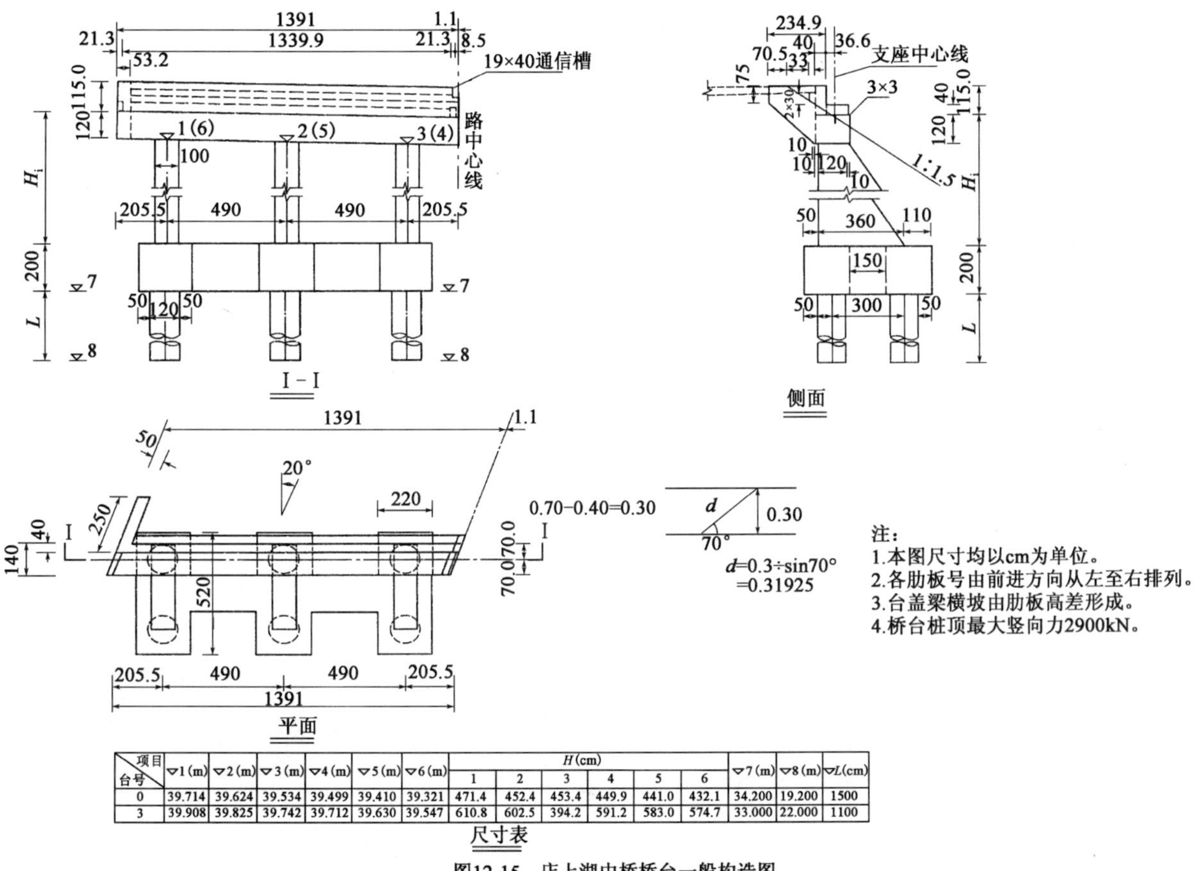

注：
1.本图尺寸均以cm为单位。
2.各肋板号由前进方向从左至右排列。
3.台盖梁横坡由肋板高差形成。
4.桥台桩顶最大竖向力2900kN。

台号＼项目	▽1 (m)	▽2 (m)	▽3 (m)	▽4 (m)	▽5 (m)	▽6 (m)	H (cm) 1	2	3	4	5	6	▽7 (m)	▽8 (m)	▽L (cm)
0	39.714	39.624	39.534	39.499	39.410	39.321	471.4	452.4	453.4	449.9	441.0	432.1	34.200	19.200	1500
3	39.908	39.825	39.742	39.712	39.630	39.547	610.8	602.5	394.2	591.2	583.0	574.7	33.000	22.000	1100

尺寸表

图12-15　店上湖中桥桥台一般构造图

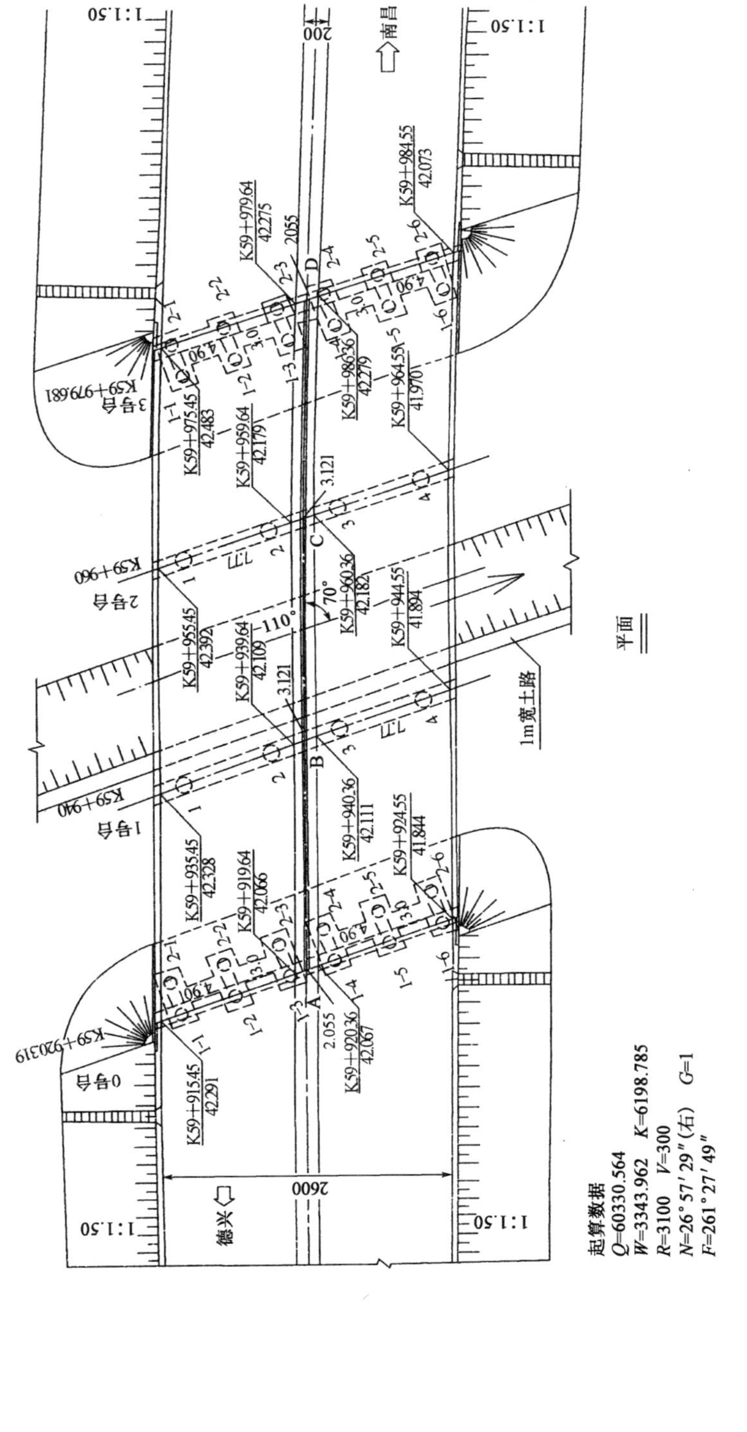

起算数据

Q=60330.564

W=3343.962　K=6198.785

R=3100　V=300

N=26°57′29″(右)　G=1

F=261°27′49″

平面

图12-16　店上湖中桥放样示意图

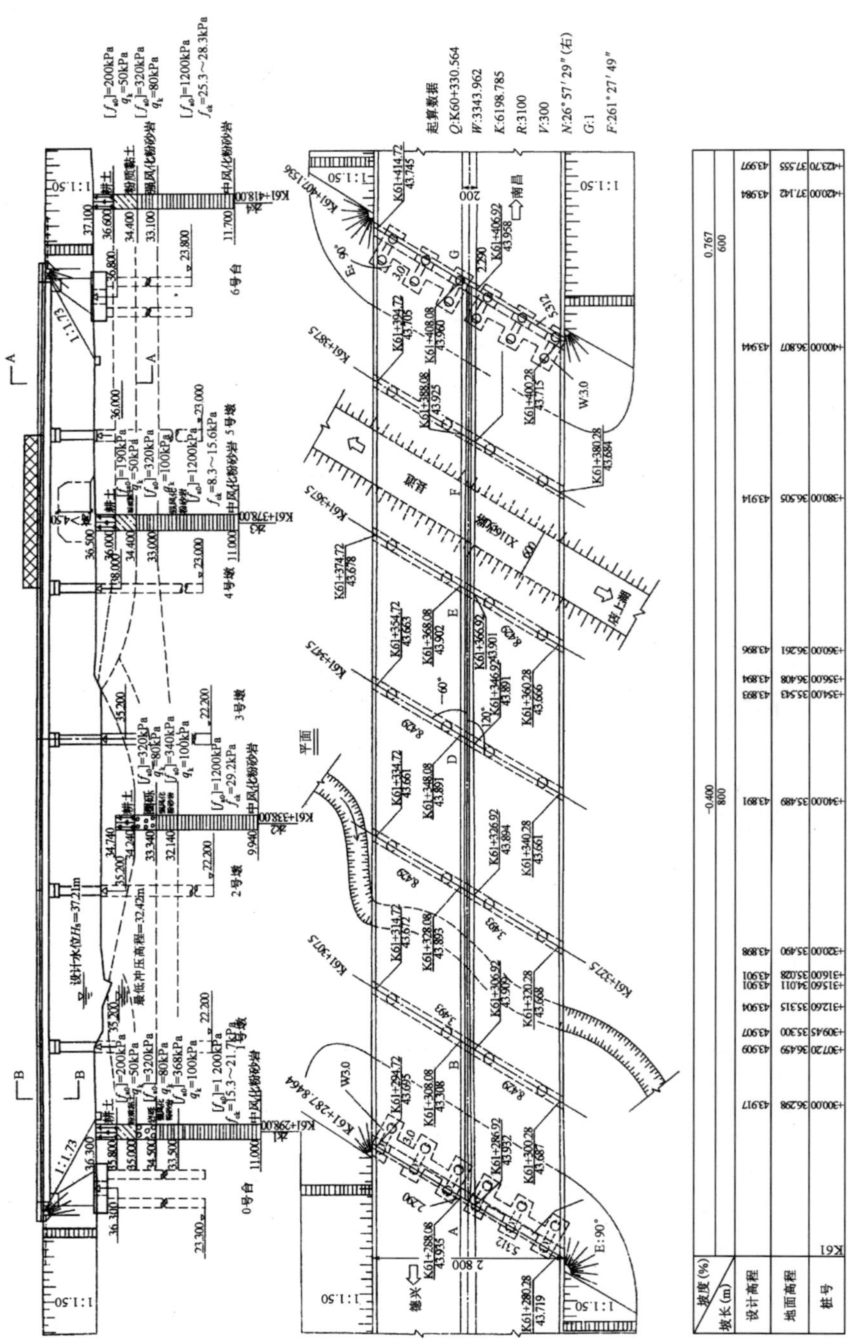

图12-17 大门坡新村大桥桥型布置图及放样示意图

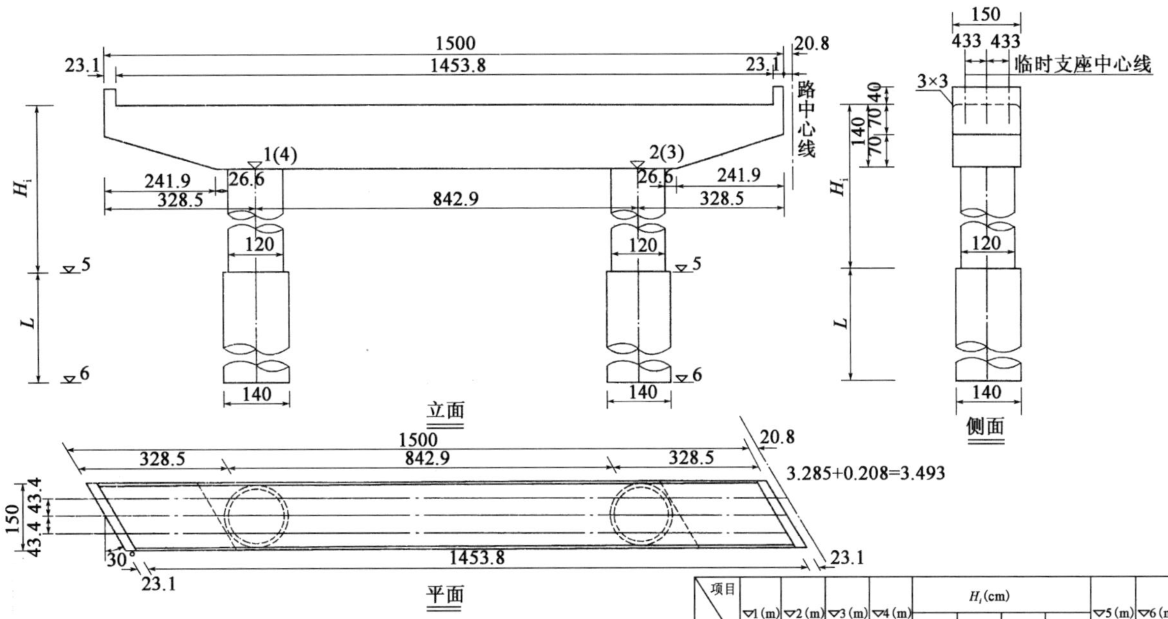

注：
1.本图尺寸均以cm计。
2.各墩柱号由路线前进方向从左至右排列。
3.墩盖梁横坡由柱高差形成。
4.单桩桩顶为5700kN。

尺寸表

项目 / 墩号	▽1(m)	▽2(m)	▽3(m)	▽4(m)	H_i(cm) 1	H_i(cm) 2	H_i(cm) 3	H_i(cm) 4	▽5(m)	▽6(m)	L(cm)
1	40.946	41.096	41.100	40.959	714.6	729.6	730.0	715.9	35.200	22.200	1300.0
2	40.935	41.082	41.082	40.940	713.5	728.2	728.4	714.0	35.200	22.200	1300.0
3	40.936	41.081	41.080	40.934	713.6	728.1	728.0	713.4	35.200	22.200	1300.0
4	40.950	41.092	41.090	40.941	635.0	649.2	649.0	634.1	36.000	23.000	1300.0
5	40.977	41.116	41.111	40.959	637.7	651.6	651.1	635.9	36.000	23.000	1300.0

图12-18　大门坂新村大桥桥墩一般构造图

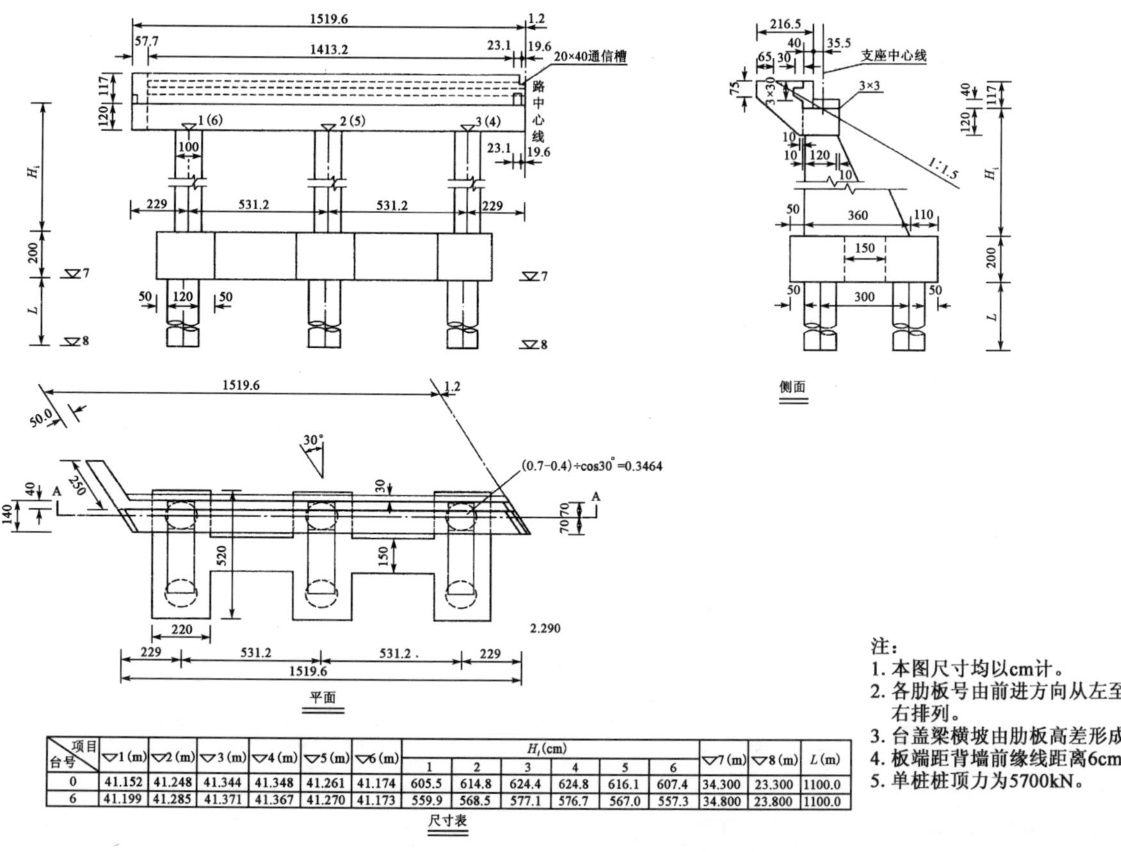

项目 台号	▽1(m)	▽2(m)	▽3(m)	▽4(m)	▽5(m)	▽6(m)	H_i(cm) 1	2	3	4	5	6	▽7(m)	▽8(m)	L(m)
0	41.152	41.248	41.344	41.348	41.261	41.174	605.5	614.8	624.4	624.8	616.1	607.4	34.300	23.300	1100.0
6	41.199	41.285	41.371	41.367	41.270	41.173	559.9	568.5	577.1	576.7	567.0	557.3	34.800	23.800	1100.0

尺寸表

注：
1. 本图尺寸均以cm计。
2. 各肋板号由前进方向从左至右排列。
3. 台盖梁横坡由肋板高差形成。
4. 板端距背墙前缘线距离6cm。
5. 单桩桩顶力为5700kN。

图12-19　大门坂新村大桥桥台一般构造图

3. 核算工具

5800P/9750GⅡ型计算器等。

4. 核算程序

(1)XY 程序。

(2)ZXY 程序。

三、核算

(一)案例Ⅰ

核算店上湖中桥桥台桩基中心坐标及桥墩桩基中心坐标。

1. 准备起算数据

(1)根据图 12-13"立面"中桥中心桩号和桥跨间距,计算桥墩交点桩号。

①计算 1 号墩交点桩号:

K59+950−(20÷2)=K59+940

②计算 2 号墩交点桩号:

K59+950−(20÷2)=K59+960

(2)根据图 12-13"立面"中桥中心桩号和桥跨间距、图 12-15"平面"中桥台桩基中心偏距,计算桥台交点桩号。

①计算 0 号台左排桩基交点桩号。

计算桥中心至桥台左排交点跨距:

(20÷2)+20=30.000

计算桩基中心偏距:

$$(0.700-0.400)\div\cos 20^{\circ}=0.31925$$

计算 0 号台交点桩号:

K59+950−30.000+0.31925=K59+920.319

②计算 3 号台右排桩基交点桩号。

与前述①同理:

K59+950+30−0.31925=K59+979.681

(3)根据图 12-14"立面"及"平面"计算线路中线至桥墩第 1 个桩基的距离及相互桩基间距。

①线路中线至第 1 个桩基中心的距离:

30.25+0.096=3.121

②相互桩基中心间距:7.77。

(4)根据图 12-15"Ⅰ-Ⅰ"及"平面"计算线路中线至桥台第 1 个桩基中心的距离及桩基中心间距。

①线路中线至桥台第 1 个桩基中心距离:2.055。

②桥台桩基中心相互间距:4.900。

(5)根据桥中心桩号,对照"直线、曲线及转角表",选用线路交点起算要素。

本例桥中心桩号是 K59＋950，位于半径 R＝3100m 的右偏圆曲线内，所以选用线路交点 JD12，其起算要素是：

①交点桩号：Q＝60330.564。

②交点坐标：W＝3343.962，K＝6198.785。

③圆曲线半径：R＝3100。

④缓和曲线长：V＝300.000。

⑤线路转角：N＝26°57′29″（右）。

⑥控制条件：G＝1。

⑦前切线方位角：F＝261°27′49″。

注意：为了方便使用，应将前述准备的起算数据抄写在放样示图上，如图 12-16 所示。

2. 进行核算

(1)在放样示意图上，对应放样的桩基进行编号。编号序码应与设计图提供的编号相同。

(2)根据桥台、墩交点的桩号，用 5800P/9750GⅡ“XY 程序”计算墩、台桩基中心的坐标。

①显示 H?，输入 5992.319；

显示 S?，输入交点 A 至左桩基中心距离；

显示 E?，输入－110°；

计算 0 的号台交点 A 及左侧桩基中心的坐标。交点 A 的 X＝3423.829，Y＝6602.2970。左侧各桩基中心坐标见表 12-3；

显示 H?，输入 59920.319；

显示 S?，输入交点 A 至右桩基中心距离；

显示 E?，输入 70°。

计算的 0 号台交点 A 及右侧桩基中心的坐标。交点 A 的 X＝3423.829，Y＝6602.2970。右侧各桩基中心坐标见表 12-3。

②显示 H?，输入 59940.000；

显示 S?，输入交点 B 至桩基中心距离；

显示 E?，输入－110°。

计算的 1 号台交点 B 及左侧桩基中心的坐标。交点 B 的 X＝3423.074，Y＝6582.631。左侧各桩基中心坐标见表 12-3；

显示 E?，输入 70°。

计算的 1 号台交点 B 及右侧桩基中心的坐标。交点 B 的 X＝3423.074，Y＝6582.631。右侧各桩基中心坐标见表 12-3。

③显示 H?，输入 59960.000；

显示 S?，输入交点 C 至桩基中心距离；

显示 E?，输入－110°。

计算的 2 号台交点 C 及左侧桩基中心的坐标。交点 C 的 X＝3422.435，Y＝6562.641。左侧各桩基中心坐标见表 12-3；

显示 E?，输入 70°。

计算的 2 号台交点 C 及右侧桩基中心的坐标。交点 C 的 $X=3422.435$，$Y=6562.641$。右侧各桩基中心坐标见表 12-3。

④显示 H?，输入 59979.681；

显示 S?，输入 3 号台交点 D 至桩基中心距离；

显示 E?，输入－110°。

计算的 3 号台交点 D 及左侧桩基中心的坐标。交点 D 的 $X=3421.932$，$Y=6542.966$。左侧各桩基中心坐标见表 12-3。

显示 E?，输入 70°。

计算的 3 号台交点 D 及右侧桩基中心的坐标。交点 D 的 $X=3421.932$，$Y=6542.966$。右侧各桩基中心坐标见表 12-3。

(3)根据 0 号台左排两端桩基中心已知坐标，用 5800P/9750GⅡ“ZXY 程序”计算 0 号台排桩基中心坐标。

显示 A?，输入 0 号台 1-6 桩基中心 $X=3434.791$；

显示 B?，输入 0 号台 1-6 桩基中心 $Y=6597.783$；

显示 C?，输入 0 号台 1-1 桩基中心 $X=3412.867$；

显示 D?，输入 0 号台 1-1 桩基中心 $Y=6606.811$。

计算得 0 号台左排：

$$S_{1\text{-}6}=23.710(\text{设计图为 } 4.90\times4+2.055\times2=23.710)$$

$$F_{1\text{-}6\ 1\text{-}1}=157°37'07.73''$$

显示 K?，输入 0.000；

显示 L?，输入 0 号台左排 1-6 桩基中心至各桩基中心距离，如 1-6 至 1-3 距离为 4.9×2+2.055×2=13.91，其余仿此；

显示 W?，输入 0 号左、右排垂距，本例中 $W=3.00$；

显示 E?，输入 90°。

计算 0 号台右排桩基中心坐标。

(4)根据 3 号台右排两端桩基中心已知坐标，用 5800P/9750GⅡ“ZXY 程序”计算 3 号台左排桩基中心坐标。

程序执行操作方法步骤与前述(3)同理，只是应注意 E? 值要输入－90°。此处不再赘述，读者可自行练习。核算计算结果见表 12-3。

(二)案例Ⅱ

核算大门坂新村大桥桥台桩基中心坐标及桥墩桩基中心坐标。

大门坂新村大桥设计图见图 12-17～图 12-19。

大门板新村大桥桥型布置与店上湖中桥桥型布置相同，所以核算桥桩基中心坐标工作与前述案例。同理，此处不再详述，只简述提示如下，读者可依据提示自己演练计算。

(1)大门坂新村大桥桥中心桩号：K61＋347.50。

(2)此桥斜交，夹角：左－60°，右 120°。

(3)桥跨间距 20m，共 6 跨。

(4)桥台、墩桩号。

店上湖中桥桩位坐标表

表 12-3

2.055+4.9 左-110 右70

1-6~1-1;
W=3.0 S=23.71
E=90° F=157° 37′ 07.73″

3.121+7.77 左-110 右70

核算			设计				设计			核算			表 12-3
桩号	X	Y	墩台号	桩基编号	X	Y	桩号	X	Y	墩台号	桩基编号	X	Y
K59+920.319	3412.867	6606.811	0	1-1	3193412.862	496606.814	K59+960	3412.312	6566.658	2	1	3193412.311	496566.659
	3417.398	6604.945		1-2	3193417.389	496604.950		3419.534	6563.792		2	3193419.532	496563.793
	3421.929	6603.080		1-3	3193421.915	496603.086		3425.336	6561.490		3	3193425.338	496561.489
	3425.729	6601.515		1-4	3193425.743	496601.509	K59+979.681	3432.558	6558.623		4	3193432.559	496558.623
	3430.260	6599.649		1-5	3193430.269	496599.645		3411.974	6550.064	3	1-1	3193411.968	496550.066
	3434.791	6597.783		1-6	3193434.795	496597.780		3416.540	6548.286		1-2	3193416.530	496548.290
	3411.725	6604.037		2-1	3193411.720	496604.040		3412.106	6545.507		1-3	3193421.091	496546.514
	3416.256	6602.171		2-2	3193416.246	496602.176		3424.935	6545.016		1-4	3193424.949	496545.011
	3420.787	6600.305		2-3	3193420.772	496600.312		3429.501	6543.237		1-5	3193429.510	496543.235
	3424.587	6598.741		2-4	3193424.600	496598.735		3434.067	6541.458		1-6	3193434.072	496541.459
	3429.118	6596.875		2-5	3193429.126	496596.871		3410.885	6547.269		2-1	3193410.880	496547.271
	3433.649	6595.009		2-6	3193433.653	496595.006		3415.451	6545.491		2-2	3193415.441	496545.495
K59+940	3412.977	6586.713	1	1	3193412.976	496586.714		3420.017	6543.712		2-3	3193420.003	496543.718
	3420.181	6583.801		2	3193420.178	496583.802		3423.847	6542.220		2-4	3193423.860	496542.216
	3425.968	6581.461		3	3193425.970	496581.460		3428.412	6540.442		2-5	3193428.422	496540.440
	3433.171	6578.548		4	3193433.172	496578.548		3432.978	6538.663		2-6	3193432.983	496538.663

3.121+7.77 左-110 右70

2.055+4.90 左-110 右70

起算要素：交点桩号：Q=60330.564
交点坐标：W=3343.962；K=6198.785
JD_{12} 半径：R=3100，缓和曲线长：V=300.000
线路转角：N=26°57′29″(右)控制条件：G=1
前切线方位角：F=261°27′49″

2－6～2－1：
S=23.71
F=158°43′02.42″
W=3.0
E=－90°

注：
1. 本表尺寸以 m 为单位。
2. 桩基编号以路线前进方向从左至右排列。
3. 对于桥台：小桩号侧为第 1 排，大桩号侧为第 2 排。

①0 号台交点 A 的桩号：

$$K61+347.50-(20\times3)+(0.3\div\cos30°)=K61+287.8464$$

②1 号墩交点 B 的桩号：

$$K61+347.50-(20\times2)=K61+307.5$$

③2 号墩交点 C 的桩号：

$$K61+347.5-20=K61+327.5$$

④3 号墩交点 D 的桩号，即桥中心桩号：

$$K61+347.5$$

⑤4 号墩交点 E 的桩号：

$$K61+347.5+20=K61+367.5$$

⑥5 号墩交点 F 的桩号：

$$K61+347.5+(20\times2)=K61+387.5$$

⑦6 号台交点 G 的桩号：

$K61+347.5+(20\times3)-(0.30\div\cos30°)=K61+407.1536$

(5)桥墩第 1 个桩基中心距线路中线距离：

$$3.285+0.208=30493$$

桥墩相邻桩基中心间距：8.429。

(6)桥台第 1 个桩基中心距线路中线距离：2.290；

桥台相邻桩基中心间距：5.132；

桥台左排桩基中心与右排桩基中心垂距：3.00。

(7)本桥平面位于直线段上，选用线路交点 JD_{12}，其起算要素：

①交点桩号：Q=60330.564。

②交点坐标：W=3343.962；K=6198.785。

③圆曲线半径：R=3100。

④缓和曲线长：V=300.000。

⑤线路转角：N=26°57′29″(右)。

⑥控制条件：G=1。

⑦前切线方位角：F=261°27′49″。

(8)计算工具及程序：

①5800P/9750GⅡ“XY 程序”。

②5800P/9750GⅡ“ZXY 程序”。

注意：作者已将前述数据抄录在大门坂新村大桥放样示意图上，供读者参考，如图 12-17 所示。

第六节　高架桥施工测量放样实操案例

一、高架桥施工测量的任务

高架桥施工测量的任务是随着高架桥各部结构施工现场的需求来进行工作。下面以广东省中山市东部快线工程榄横路右幅高架桥(以下简称榄右桥)各部结构施工流程来讲述高架桥施工测量的任务。详见表 12-4。

高架桥施工测量的任务　　表 12-4

榄右桥各部结构施工流程	施工测量的任务
一、下部结构施工(由下向上)	一、根据施工进度放样
1. 桩基础施工	1. 桩基础中心位置(圆形墩柱桩基)放样
(1)打桩机械定位	(1)一放桩基础中心点位(简称初放)
(2)埋设护筒并开孔	(2)二放桩基础中心点位并验护筒中心(简称验护筒)
(3)终孔下笼灌桩	(3)三放桩基础中心点位定钢筋笼中心(简称终孔)
2. 破桩头	2. 测灌桩顶面高程,计算下破深度基坑深度
3. 浇垫层吊竖焊接桥柱钢筋笼	3. 放破桩头后桩基顶中心,即系梁中心轴线(简称验桩头)
4. 扎系梁钢筋及安装钢模、浇筑系梁	4. 放系梁顶面高程
5. 吊装墩柱钢模浇灌墩柱	5. 在系梁面上放柱底中心点并测系梁面高程
6. 吊装盖梁支架	6. 放柱顶中心点位并检验柱顶中心(简称验柱顶)
7. 扎盖梁钢筋吊装盖梁铜模预扎支座垫石钢筋	7. 放盖梁中心线、放盖梁端点高程,放支座垫石中线
8. 浇灌盖梁安装支座垫石模板浇注垫石	8. 在盖梁上放支座垫石中心线,放垫石面高程
二、上部结构施工(由下向上)	二、根据施工进度放样
1. 吊装小箱梁	1. 吊装前放出盖梁支座垫石中心线及垂线,测出垫石面高程
	2. 吊装后测出小箱梁面高程
2. 桥面系下层钢筋混凝土铺装	放出每个横断面放样点,控制下层厚度和顶面高程
3. 边防撞墙吊装钢模浇筑防撞墙	放出防撞墙纵向轴线,控制防撞墙顶面高程
4. 桥面系上层沥青混凝土铺装	放出每个横断面控制点及设计高程,控制桥面上层厚度及顶面高程

由表 12-4 知,高架桥施工现场的测量员的主要任务就是放高架桥各部件的平面和高程位置。为了高架桥施工顺利进行,确保工程质量,在高架桥各部件施工前,现场测量员应详细认真阅读设计文件各相关图表,彻底弄清以下内容。

(1)施工标段高架桥起、终点里程桩号及桥墩柱的编号。

(2)高架桥桥型纵向布置情形及横向布置情形。

(3)高架桥上部结构各部件几何关系及尺寸。

(4)高架桥下部结构各部件几何关系及尺寸。

(5)桥墩柱与主设计线的几何关系及尺寸。

(6)主桥与匝道的布置情形。

(7)匝道桥的起、终点桩号及墩号。

(8)匝道路基的起、终点桩号。

(9)主线的直线、曲线及转角表上各交点的要素。

(10)主线的纵坡、竖曲线表上的各变坡点的要素。

(11)匝道的直线、曲线及转角表上各交点的要素。

(12)匝道的纵坡、竖曲线表上的各变坡点的要素。

在此基础上应准备好高架桥施工测量的各种资料：

(1)导线点成果表。

(2)水准点成果表。

(3)核算过的桩位坐标表。

(4)核算过的柱顶高程表。

(5)经二人对算的垫石高程表(设计单位没有提供垫石设计高程)。

(6)核算过的系梁顶及系梁底高程表。

(7)核算过的盖梁高程表。

(8)核算过的桥面高程表(榄右桥桥面设计高程点位设计单位提供的是距设计线 1.0m 位置)。

注意：核算过的是指设计单位提供的设计数据，经施工单位测量员又重新计算了一遍。

二、桥基场地清理工作中的测量放样

(一)桥基场地清理工作中的测量工作

(1)放出征地界桩实地位置(简称放红线)。

(2)放出桥基的实地位置。

为此，施工测量员应准备下述资料：

(1)业主、设计单位提供的征地界桩的坐标。

(2)业主、设计单位提供的桥墩桩位坐标表。

另外，还应准备下述材料：

(1)小竹竿(长 1m 以上)。

(2)竹桩或木桩。

(3)红草绳。

(4)红塑带。

(5)石灰。

(6)油性记号笔。

(7)铁锤等。

(二)桥基场地征地界桩放样

图 12-20 是中山东部快线工程榄右桥征地界桩平面图(局部示意)。由图知，业主、设计单位提供的征地红线是每隔 20m 的桩位坐标。现场施工测量员的任务是把这些桩位放到实地，并设立醒目的标志，以方便辨认。

为此，施工测量员可用全站仪“坐标放样方法”逐点把征地界桩放到实地，然后选用下述任一方法在放的桩位上设立醒目的标志。

(1)插小竹竿，其上扎红塑带，在红塑带上用记号笔写上桩号。

(2)用红草绳把小竹竿串连起来。

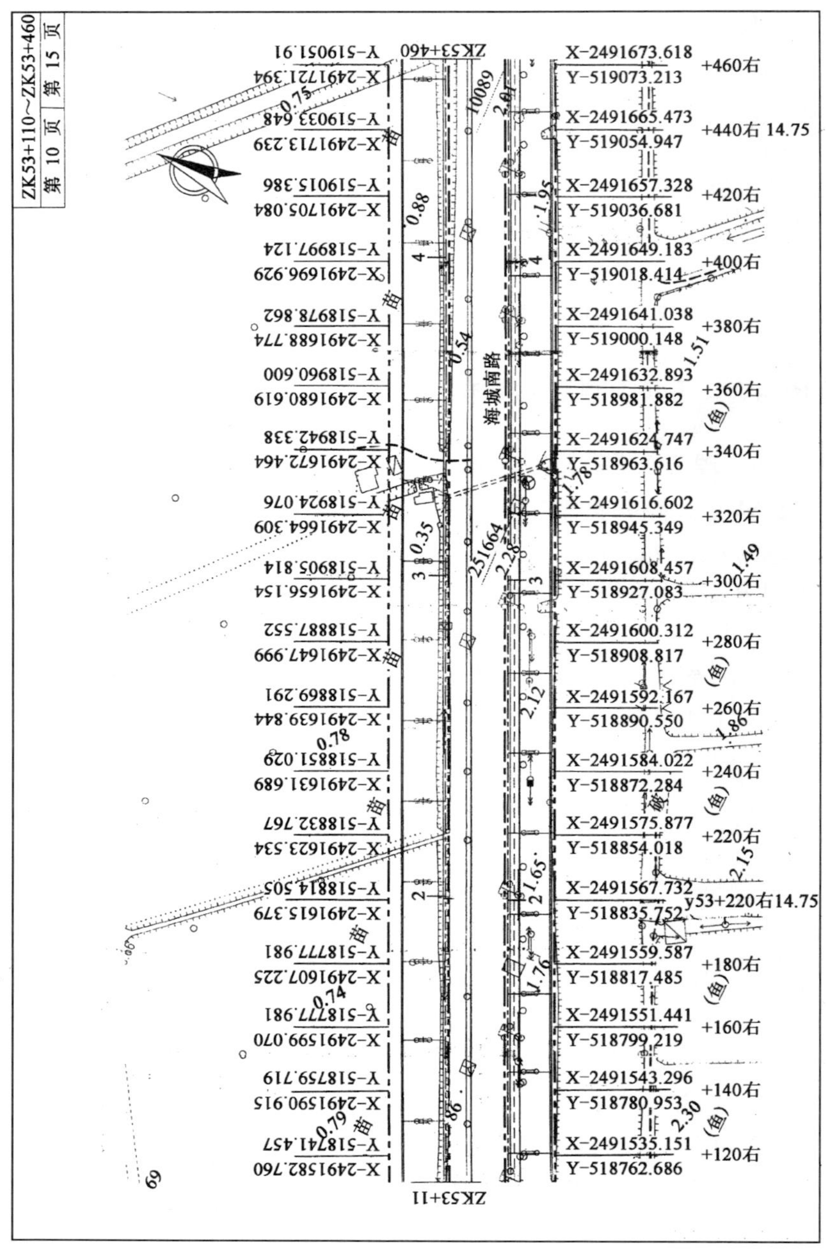

图12-20 榄横路高架桥右幅(左)征地红线图(局部示意)

(3)钉竹(木)桩，其上扎红塑带，红塑带上用记号笔写桩号，并用白石灰粉把竹(木)桩串连起来。

(三)桥基粗放

所谓桥基粗放，就是把桥桩基的大概位置放到施工场地，即实地上的桥桩基位置不是准确的位置。

施工场地放出这些不太准确的桥桩基位置，是为了方便施工场地上管线的迁移，指导施工场地内的建筑物、园林树木等拆迁。

例如，榄右桥施工场地上高压电缆线迁移方案就是查看了实地桥桩位后拟定的。他们决定把电缆线移到2号桥桩基2.5m以外埋设并根据场地桥桩基位置放出了埋设电缆线的石灰线，随后就开始了移线工作，为施工队提早开工争取了时间。可见桥基粗放的重要性，现场施工测量员应不怕麻烦，把这项工作做好。

进行桥基粗放的依据是：

(1)业主、设计单位提供的桥桩位坐标表。

(2)经过复测的导线点成果表。

桥基粗放的方法可从下述方法中任选一种：

(1)利用全站仪坐标放样功能将桥桩基逐桩放到实地。定桩时可前、后几公分，左、右几公分定桩。尽管这样，所放的桩位还是较正确的。

(2)利用"全站仪坐标放样"功能，只放出每个墩台1号桥基，其余桥基根据桥基间距，手工用卷尺拉距定出。例如，榄右桥Y22号放出Y22号-1，Y23号只放出Y23号-1，Y24号只放出Y24号-1，其余的桩基用人工拉尺放出。例如，Y22号-1与Y22号-2，用间距4.0m放桩，放桩时人工目估定向。Y23号-2、Y24号-2仿上定桩(表12-5和图12-21)，这样放的桩误差较大。但只要搞清设计线和桥基的关系(榄右桥设计线与桥桩基是垂直关系)，用人工目估拉尺定的桩，还是可以满足管线迁移精度要求的。

榄右桥部分桥桩基础坐标表　　表12-5

墩台编号	墩中心桩号	桩编号	桩中心桩号	离设计线距离(m)	坐标(X)(m)	坐标(Y)(m)
Y22号	Y50+644.6	Y22号-1	Y50+644.6	5.000	2490535.935	516497.898
		Y22号-2	Y50+644.6	9.000	2490532.281	516499.527
Y23号	Y50+669.6	Y23号-1	Y50+669.6	3.600	2490547.395	516520.161
		Y23号-2	Y50+669.6	11.903	2490539.811	516523.542
Y24号	Y50+694.6	Y24号-1	Y50+694.6	3.600	2490557.576	516542.994
		Y24号-2	Y50+694.6	8.503	2490553.099	516544.990
		Y24号-3	Y50+694.6	11.405	2490548.621	516546.987

(3)利用全站仪坐标放样功能，只放出墩中心桩号在设计线上的点位，然后用人工目估，拉设计线到桥桩基距离定桩。例如，榄右桥Y22号，只放出Y50+644.6号里程在设计线上的中点Y22号，然后人工目估在设计线垂直方向拉5m定Y22号-1，拉9m定Y22号-2。其余桩基仿此进行。例如，Y23号-1拉3.6m定桩，Y23号-2拉11.903m定桩等(表12-5和图12-11)。

(4)利用全站仪坐标放样功能，放出墩中心桩号在设计线上的点位，再放出桥基 1 号桩，然后人工在这两点连线上加放 2 号桩。例如，榄右桥 Y22 号墩，先放出设计线上 Y22 号和 Y22 号-1，然后在 Y22 号和 Y22 号-1 连线上人工加放 Y22 号-2(图 12-21 和表 12-5)。这种方法放出的桥桩基的大概位置还是较正确的。另外，这样放桩可将全线墩中心点位放出，只要在醒目的地方写清墩号，以后正式放桥桩基时查找位置非常方便。

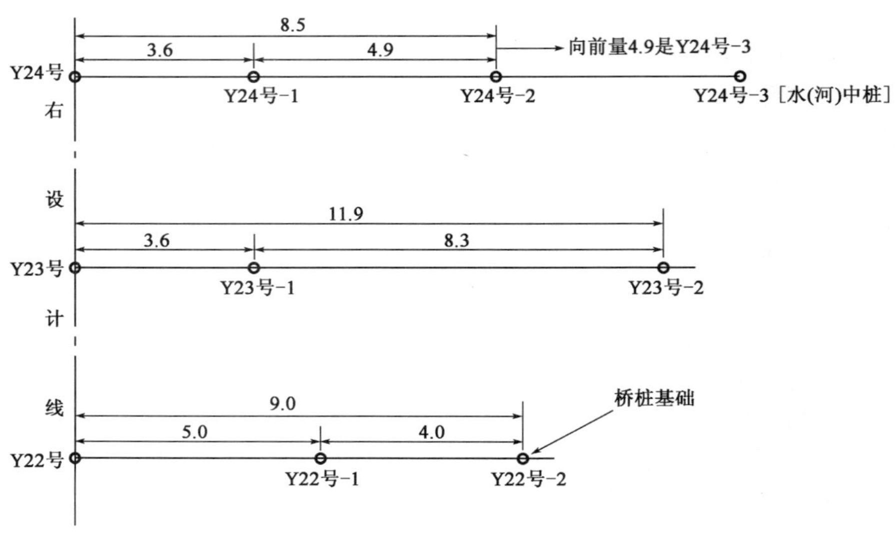

图 12-21　全站仪坐标放样粗放桥基示意图(尺寸单位：m)

对于水中桩(河中，鱼塘中等)，可在已放桩的标志上写明向前××m 即可。例如，Y24 号-3 是水中桩暂无法放出，可在 Y24 号-2 桩红塑带用油性笔写清“向前 4.9m 是 Y24 号-3 桩基”。

需要提醒的是，上述的方法中，提到“放出墩中心桩号在设计线上的点位”的坐标，设计单位没有提供。实践作业中，都是现场测量员根据墩中心的里程桩号，选用交点要素，利用 f_x—5800P 型计算器“XY 程序”，一边放样一边计算的。

三、高架桥下部结构施工测量放样

(一)桥桩基础施工测量放样

1. 桩基础放样的重要性

本节不用文字强调桩基础测量放样的重要性，而是以真实的错放桩基案例，说明现场测量员在高架桥施工中肩负的责任有多么重要。

图 12-22 是榄右桥 Y129 号墩 2 号桩基础错放示意图。图中，Y129 号-2′是错放的桩基，Y129 号-2 是正确的桩基。经实测，错放的 Y129 号-2′的坐标是：

$$X = 2491662.805; Y = 519035.881$$

而正确的 Y129 号-2 的设计坐标是：

$$X = 2491662.824; Y = 519034.887$$

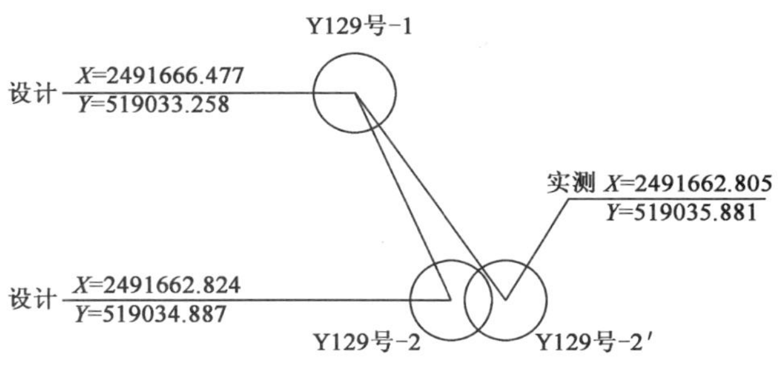

图 12-22　Y129 号-2 桩基础错放示意图

很显然，Y 坐标错放了 1.0m，造成 Y129 号-2 向东偏位 1m 的错误，而这一错误，在桩基础放样中是绝对不允许的！这也是作者主管测量工作以来第一次出的大错误！

这一错误是在挖机挖开桩头，准备破桩头时发现的。而现场放样记录却明白无误地记录着(见现场放样记录复印件：①、②、③)：

测站点 664-1

后视点 664 $\begin{cases}1628.654\\18942.819\end{cases}$ 2.229　测 $\begin{cases}1628.652\\18942.820\end{cases}$ 2.228

Y129-2 初放 $\begin{cases}1662.824\\19034.887\end{cases}$　测 $\begin{cases}1662.827\\19034.889\end{cases}$

现场记录复印件①：4/11 初放，测量坐标与设计坐标误差 2～3mm！

测站点 664-1

后视点 664 $\begin{cases}1628.652\\18942.819\end{cases}$　测 $\begin{cases}1628.653\\18942.820\end{cases}$

Y129-2 验 $\begin{cases}1662.824\\19034.887\end{cases}$　测 $\begin{cases}1662.825\\19034.888\end{cases}$　$H=2.411$

现场记录复印件②：5/11 验护筒，测量坐标与设计坐标误差 1mm！

Y129-2 终孔 $\begin{cases}1662.824\\19034.887\end{cases}$　测 $\begin{cases}1662.823\\19034.887\end{cases}$　$H=2.416$　11/11

测站点 665-1

后视点 665 测 $\begin{cases}1500.485 & +2\\18654.776 & +6\end{cases}$

现场记录复印件③：11/11 终孔，测量坐标与设计坐标误差 1mm！

三次放样记录的实测坐标数据都等于设计坐标数据，三次放样竟都没发现放错了点位！可见现场放样员多么麻痹大意和掉以轻心。

为了查明错误原因，也为了保障今后放样的精度，我们及时对全线导线点进行了检测，检测结果，导线点成果正确。证明 Y129 号-2 事故是放样员操作错误造成的。

作者借著书这一机会，将 Y129 号-2 事故公布于社会，本意不是追究放样员的责任，而是想借此事故案例，说明桥基础放样工作的重要性，提醒辛苦工作在一线的现场测量员，以此为

鉴,在桥基础施工放样工作中,注意如下几点:

(1)桥基础施工放样前,对平面控制导线点,必须认真进行复测,保证导线精度能满足桥基础放样精度。

(2)对设计单位提供的桥基础坐标数据,必须认真地逐一核算,保证放样点坐标数据正确无错。

(3)放样时,设站、后视定向,应认真进行,并认真检查后视定向的精度。

(4)输入放样点坐标数据时,应认真细心;输入完成,应再检查一次。确认输入数据正确无错,再开始放样。

(5)实地放出桩位后,应重新立镜于其上,测出该点实地坐标与设计坐标认真比较。确认无错后认真细心记录。在比较坐标数据时,不允许只看小数(小数点以后的三位数),不看大数(小数点以前米数)。杜绝凭回忆记录,杜绝造假数据记录!

2.桩基础放样实操案例

本节详细介绍作者在中山东部快线工程榄横路高架桥主持桥桩基础放样的全过程。

榄横路高架桥全桥桩基础均为钻孔灌注桩。桩基础为圆柱形(桩基础直径为 1.5m、1.6m、1.8m 不等),因此,这个工地的桥桩基础放样,实际上就是用全站仪坐标放样功能把设计的桩基础圆心放样到实地以供打桩机械钻孔。

本节以榄右桥 Y107 号-1、Y107 号-2 外业放样为例,说明圆桩基础放样的操作方法步骤。

1)准备放样资料

(1)准备放样导线点成果表

把全线核算过的导线点、加密的导线点打印成表。要求:字体稍大、字迹清楚、方便查看。

(2)准备桩位坐标表

把经过核算的设计单位提供的桩位坐标表复印装钉。要求:字体稍大、字迹清楚、方便查看。

本节示例 Y107 号-1、Y107 号-2 的桩位数据;详见图 12-23。

2)准备计算工具和计算程序

(1)准备外业现场用的计算工具,例如,卡西欧 5800P/9750GⅡ型计算器等。要求:体积小、易携带、操作方便、计算快捷准确。

(2)准备计算工具的计算程序,并把程序输入计算器,要求:计算程序经过生产现场检验,实践证明程序计算的数据准确可靠。作者推荐:“*XY* 程序”和“XL-XY-TS 程序”(详见第五章第三节八)。

(3)准备“直线、曲线及转角表”。

3)准备放样仪器和配件

(1)准备全站仪

用于桥桩基础放样的全站仪,精度要求:测角:±2″;测距:±(2mm+2ppm · *D*)(反映的是全站仪标称测距精度:2mm 代表仪器固定误差,2ppm×*D* 代表误差,其中 2 是比例误差系数,ppm 是百万分之几的意思,*D* 是全站仪实际测量的距离值,单位是 km。1km 为 2mm 测距误差)。

全站仪使用前,应经专业测量仪器鉴定部门鉴定,取得鉴定证书存档。

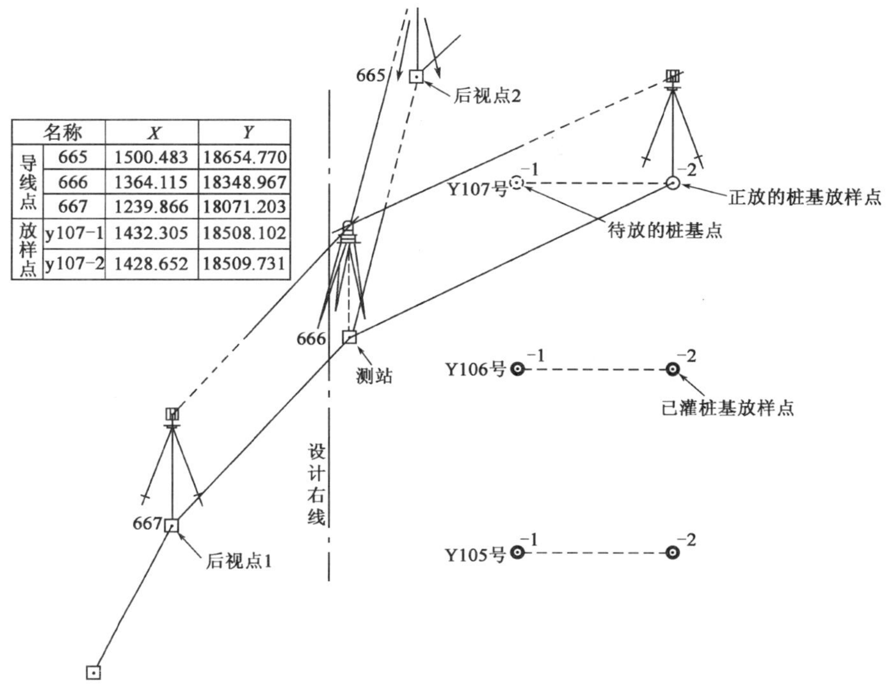

名称		X	Y
导线点	665	1500.483	18654.770
	666	1364.115	18348.967
	667	1239.866	18071.203
放样点	y107-1	1432.305	18508.102
	y107-2	1428.652	18509.731

图 12-23　全站仪坐标放样操作方法步骤示意图

中山东部快线工程二标使用的全站仪：一台是日本拓普康 GPT 700 型全站仪，另一台是日本索佳 230RK 型全站仪，两台全站仪都经过了鉴定。

(2)准备架置全站仪的脚架

用于架置全站仪的脚架，要求架头牢固、架腿伸缩自如，各部件螺钉应固紧，摆好架身，应稳固无晃动，架腿螺旋固紧后脚腿无滑动现象。

(3)准备双叉式中杆配棱镜

双叉式中杆配棱镜是全站仪测角、测距、点放样必不可少的重要配件。要求双叉式中杆固紧把手后无晃动，架腿调节升降自如。中杆杆身必须笔直无弯曲。禁用弯曲的中杆。在圆气泡居中后，中杆应和仪器望远镜竖丝重合，若偏离 3mm 以上，则应校正。

用于点放样的棱镜，应和全站仪配套。若发现棱镜和仪器不配套，则应测定棱镜的加常数后重新设置。测定棱镜加常数的方法，详见作者《测量员便携手册》(北京：人民交通出版社，2011 年 1 月第 3 次印刷)第三章第三节“四”4)全站仪测距。

(4)准备对讲机

对讲机是点放样的重要联络工具。要求对讲机质量好，音质清晰，无杂音，传呼都听得见，若只能呼不能收或只能收不能呼或声音细小听不清楚，则会为放样指挥带来很大不便。

4)准备材料和工具

(1)准备放样工具

用于放样的工具有：铁锤、油性号笔、小钢尺(5m)等。

(2)准备放样材料

用于放样的材料有:木(竹)桩、小铁钉、红塑带等。

5)现场放样

全站仪坐标放样操作方法步骤示意,详见图 12-23。图中,665、666、667 是导线点;Y105 号-1、Y105 号-2、Y106 号-1、Y106 号-2 是已灌注的桩基点;Y107 号-2 是正在放的桩基点;Y107 号-1 是还未放的桩基点。全站仪放样时,仪器架在 666,棱镜架在 667(或 665),实践作业中,习惯上把 666 称作"测站",把 667(或 665)称作"后视点"。在一个测站上用全站仪进行点放样的方法步骤如下。

(1)全站仪点放样的作业组织

全站仪点放样作业小组由 4 人组成,即:

①观测员 1 人,简称甲,负责操作仪器,现场指挥。

②架棱镜 1 人,简称乙,负责架立棱镜。

③打桩钉(或画点)1 人,简称丙,负责打桩钉钉或画点标志。

④打伞 1 人。

(2)全站仪外业点放样

①甲将全站仪架置于导线点 666 上,要求精确对中和整平。

②令乙将棱镜立于导线点 667(或 665)上,要求中杆下端尖准确立于导线点标志中心,圆气泡居中,双叉架腿稳固。棱镜头朝向测站方向。

③令丙与打桩钻孔师傅联系,准备护桩材料及拉绳。

④乙架好棱镜,用对讲机向甲汇报:"667 架好可以定向"。

⑤甲在乙立棱镜时,开机,选取"坐标放样",并根据提示输入测站点(666)的 X、Y 值,输入后视点(667)的 X、Y 值,待听到乙汇报后,精确照准后视点 667,进行后视点定向,检查定向精度,当后视点 X、Y 误差小于 1cm 时,便可用对讲机呼叫乙:"好","开始放样",接着输入待放样点 Y107 号-2 的 X、Y 值,准备放样。

⑥乙接到甲的命令,即赶到丙处,听从甲的指挥,前、后、左、右移动棱镜,在实地定出 Y107 号-2 桩基位置,由丙打木桩钉小铁钉,扎红塑带标志。

⑦丙指挥打桩钻孔师傅拉护桩,要求护桩拉线交叉点准确对准桩基础木桩上的小钉,并要把护桩打牢固。

(3)保证桥桩基放样精度的措施

规范及设计文件要求桩基中心偏位应小于 5cm。

实践作业中,桥桩基钻孔灌柱后中心偏位小于 5cm 的不多,而大于 5cm、小于 10cm 的则常见,大于 10cm、小于 15cm 的时常发生,大于 15cm、小于 20cm 的或越过 20cm 的屡有发生。

如何解决高架桥桩基钻孔灌注后中心偏位问题是个值得探讨的课目。作者经过半年(2010 年 7 月至 12 月)的实践调查研究,在测量放线方面推荐下述措施来保证钻孔灌注桩中心的精度满足规范及设计要求(图 12-23)。

①在同一测站,用第 2 后视点定向,再放一次。例如,图 12-23 中,在 666 设站,用后视点 1 定向,放出 Y107 号-2;随后,用后视点 2 定向,再放出 Y107 号-2。两个后视点定向,放出的同一桩基中心点应是同一点。若两次偏差小于 1cm,则取中数为该桩基中心点。

②在同一测站,由甲放样员用后视点 1 定向,放出桩基中心点,然后由乙放样员重新用

后视点 1 定向，再放出桩基中心点。这样由乙复核甲放的点位，其偏差小于 3mm，取中数为用。

③在同一测站，由甲放样员后视点 1 定向，放出桩基中心点，在丙作好中心标志后（例如，钉小铁钉或用油性记号笔画十字交叉标记），再令乙将棱镜位于丙作的标记上，顺时针转动仪器照准部三圈以上，然后照准棱镜，实测所放点的坐标，将实测坐标与设计坐标比较，其差值应小于 5mm。

④建立初放，验护筒放桩、终孔放桩制度根据作者实践经验，桥桩基中心点放样应遵循打桩机械的作业流程，即：

当桩机调整钻头中心对准实地桩中心时，应进行精确初放。此时放样员应配合现场施工员和打桩师傅拉好护桩，要求护桩拉线交叉点准确并且护桩要打牢固。在打桩过程中，不能损坏护桩。

当根据初放点位下好护筒后，应进行开孔放桩，也称“验护筒放样”。此时的桩基中心点放在护筒上的垫板（枕木）上，要求该点与初放护桩拉线交点重合。放样员应配合现场施工员和打桩师傅调整初放的护桩，确保护桩拉线交叉中心准确，护桩牢固以指导此后的打桩过程中钻头的中心位置。

当打到（钻到）设计深度终孔时，应进行终孔放桩。此时的桩基中心点也是放在护筒上的垫板（枕木）上。这个终孔桩中心是向桩孔中下钢筋笼时的依据，所以一定要做好护桩。实践中，可用四根废电焊条插在护筒外缘，并用红喷漆喷在护筒壁上标志（图 12-24）。

放样员配合现场施工员或打桩师傅做好终孔桩的护桩后，还必须做好下述两项重要的检查工作。

a. 检查终孔桩中心与初放或验护筒放桩中心偏差。

检查方法：令打桩师傅从初放或验护筒放桩的护桩上拉线，其交叉点理论上应与终孔桩中心点重合，实际上有偏差。一般情况下，只要原护桩未撞动移位，其偏差应小于 1cm（图 12-24）。

b. 检查桩机钻孔中心与终孔放桩中心偏差。

检查方法：令打桩师傅吊起钻头，要求吊钻头的钢丝绳拉紧垂直，此时钢丝绳位置就是桩机打孔的中心，这时只要量取钢丝绳中心到终孔桩中心距离，就可知桩基中心偏位多少。一般情况下，偏位小于 5cm 为合格；偏位大于 10cm，则令桩机师傅调整钻头中心刷孔补救，并将偏位数据记录在案，以备查证（图 12-25）。

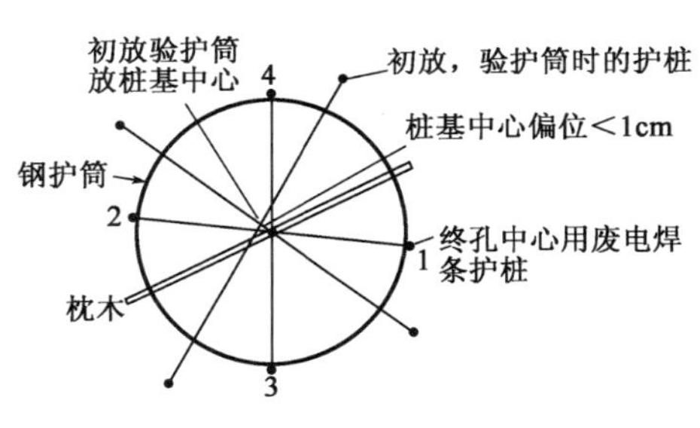

图12-24　检查终孔、初放验护筒放桩基中心偏位示意图

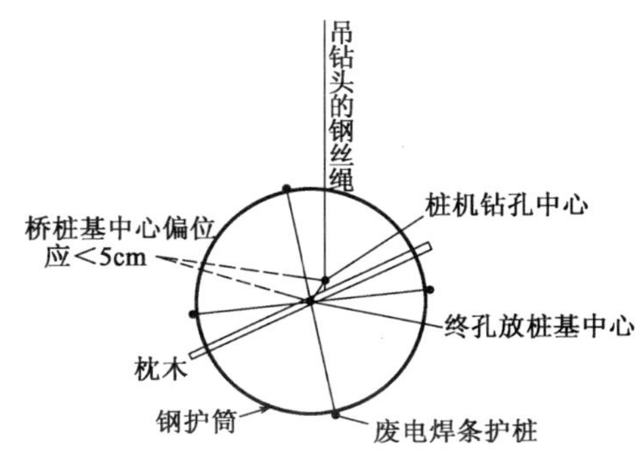

图 12-25　检验终孔中心、钻孔中心偏心示意图

上述两项检查，一可检查放样精度，二可检查打孔精度。将偏位数据记录在案，以防日后验桩头中心因偏心超限而互相推卸责任。实践中因桩基中心偏位超限，将责任推给测量放样的现象时有发生。由于放样员没有数据证明，往往是有口难辩。只有例行上述两项检查，才能有数据记录在案，双方责任明确，各负其责。

实践证明，造成桥桩基中心偏位有三大因素，即测量放样误差、打桩钻孔误差和下笼灌注误差。只要按照作者推荐的上述措施操作，就可保证桩基中心精度满足规范及设计要求。

(二)"破桩头"施工测量放样

1."破桩头"工作中的施工测量

破桩头即凿除桩头混凝土，其概念见图 12-26。图中 Y107 号-1 是未破桩头的浇灌后的桩基，Y107 号-2 是已破桩头且已立起桥柱钢筋笼的桩基。图中序号 1 是原地面，2 是基坑底，3 是基坑垫层(厚 10cm)，4 是浇灌后的桩基，5 是系梁高，6 是系梁顶设计高 1.0m，7 是系梁底设计高(−0.3m=1.0m−1.3m)，8 是浇灌后的桩顶，9 是破掉的桩头，10 是破桩头后竖立的桥柱钢筋笼。

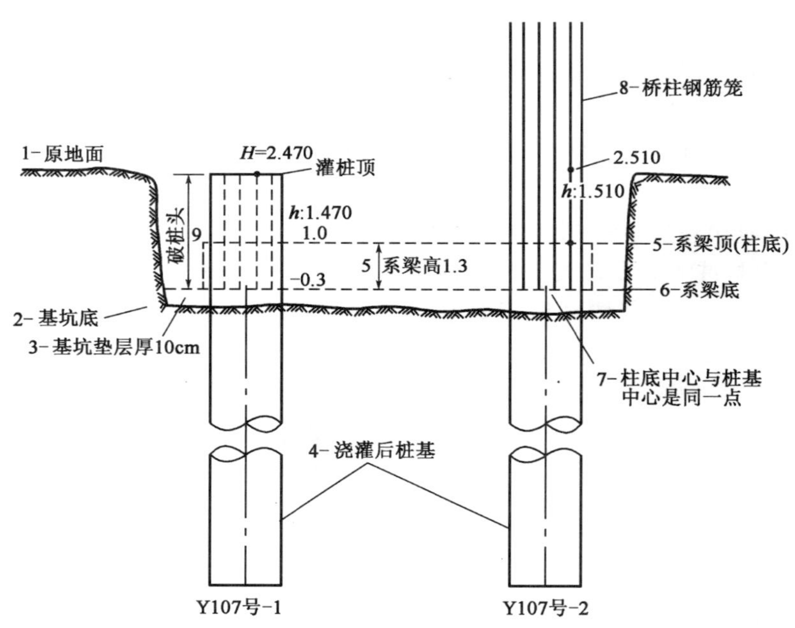

图 12-26　破桩头施工测量示意图

由图知，破掉的桩头是灌后的桩顶至系梁底那一部分的混凝土结构体，留下的是桩基钢筋，以便与桥柱钢筋笼相焊接。在这道工序中，施工测量的任务是：

(1)控制基坑下挖深度。

(2)控制桩头下破深度。

为此目的，施工测量员应做下述两项工作。

(1)用“水准前视法”测量浇灌后桩基顶面实地高程。关于“水准前视法”测高方法，详见第六章第三节。

(2)计算基坑下挖深度和桩头下破深度。

基坑下挖深度计算公式：

$$h_{坑底} = H_{灌桩顶} - H_{系顶} + H_{系高} + h_{垫层厚} = H_{灌桩顶} - H_{坑底} \tag{12-1}$$

桩头下破深度计算公式：

$$h_{破} = H_{灌桩顶} - H_{系顶} + h_{系高} = H_{灌桩顶} - H_{系底} \tag{12-2}$$

式中：$h_{坑底}$——基坑底下挖深度；

$h_{破}$——桩头下破深度；

$H_{灌桩顶}$——浇灌后桩基顶部(此点应选在桩基顶露出的钢筋头上)；

$H_{系顶}$——系梁顶设计高程(设计文件一般用 H_c 表示，可在设计文件桥墩构造参数表上查取，为方便查用可编制系梁设计高程表)；

$H_{坑底}$——桥桩基坑底设计高程：$H_{坑底} = H_{系底} + h_{垫层厚}$；

$H_{系底}$——系梁底设计高程：$H_{系底} = H_{系顶} - h_{系高}$；

$h_{系高}$——系梁高度(可在设计文件桥墩一般构造图上查取)；

$h_{垫层厚}$——基坑底垫层厚度，通常为 10cm。

2.“破桩头”施工测量实操案例

本节以榄右桥 Y107 号-1 破桩头为例，详述破桩头工作中施工测量的外业工作。

1)准备资料

(1)准备水准点成果表

把全线核算过的水准点、加密的水准点打印成表。要求：字体稍大，字迹清楚，方便查用。

(2)准备系梁高程表

把全线核算过的系梁高程编制打印成表，以方便现场查用。

一般情况下，设计单位并不提供系梁高程表，“系梁高程表”是现场测量员为了自己使用方便而编制的。设计单位提供的系梁高程可在桥墩一般构造图上查取，用 H_c 表示。

系梁设计高程很重要，它关系着桥墩柱的长短，系梁做高了，桥柱就短了；系梁做低了，桥柱就长了，这在设计上是绝不允许出现的错误。因此，应对设计的系梁高程进行核算。

核算系梁高程的计算公式是：

$$H_c = H_i - h_i \tag{12-3}$$

式中：H_c——系梁高程；

H_i——i 桥柱顶高程；

h_i——i 桥柱长度(在设计文件桥墩柱构造参数表上查取)。

例如，Z176 号-1(a)、-2(b)、-3(c)的 H_c：

$$H_c = H_3 - h_a = 8.842 - 5.516 = 3.33$$

$$H_c = H_4 - h_b = 8.719 - 5.393 = 3.33$$

$$H_c = H_5 - h_c = 8.595 - 5.269 = 3.33$$

注意：同一墩号的几个桩基的系梁应是同高的。

本例中 Y107 号桥墩系梁顶设计高程 $H_{c顶}$=1.0，系梁高度 h=1.3，系梁底设计高程 $H_{c底}$=−0.3=1.0−1.3(详见图 12-27 和表 12-6)。

编制的系梁高程表应有墩号、系顶设计高程、系底设计高程和系梁高度。打印的系梁高程表要求为：字体稍大、字迹清晰、数字正确、方便现场查用，其样表见表 12-7。

2)准备仪具

(1)S_3 型水准仪及脚架。

(2)塔尺。

(3)计算器：可编程式计算器，例如 f_x−5800P/9750GⅡ型计算器等。

(4)工具及材料：铁锤、钢钉、喷漆、油性记号笔、红塑带等。

(5)联络工具：对讲机 2 台。

(6)量具：5m 小钢尺。

3)外业施测(图 12-26Y107 号-1)

(1)作业组织。

①观测员(兼记录计算)1 人。

②立尺员 1 人。

③副工 1 人。

(2)测浇灌后桩基顶的实地高程。

①在桩基顶选点：水准测点应选在裸露的钢筋头上，若钢筋未露头，则在桩基顶适当位置钉一钢钉并用喷漆或红塑带醒目标志。

②用水准前视法测量桩基顶实地高程，手簿记录见表 12-8。本例中 Y107 号-1桩基顶实测高 $H_{灌桩顶}$=2.470。

(3)计算下破深度 $h_{破}$(表 12-8)。

本例中 Y107 号-1 下破深度：

$$h_{破} = 2.470 - 1.0 + 1.3 = 2.770$$

检查计算：

$$h_{破} = 2.470 - (-0.3) = 2.770$$

(4)计算基坑下挖深度(表 12-7)。

$$h_{坑底} = 2.470 - 1.0 + 1.3 + 0.1 = 2.870$$

检查计算：

$$h_{坑底} = 2.470 - (-0.3 - 0.1) = 2.870$$

(5)将基坑下挖深度和桩基下破深度，书面通知现场桩基施工员。

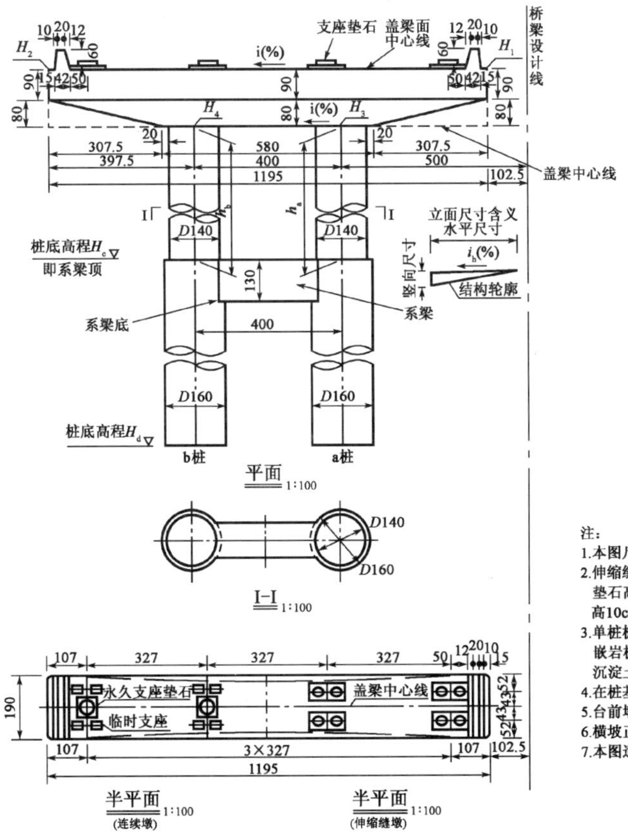

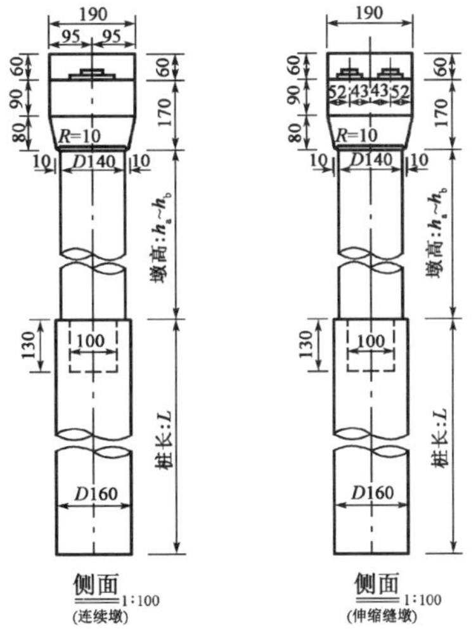

注：

1.本图尺寸除高程以m计外，其余均以cm计。

2.伸缩缝墩顶采用GYZD350圆板式橡胶支座，高9.6cm，支座垫石100cm×60cm，高度见相应垫石高度表；连续端支座采用GYZD650圆板式橡胶支座，高17cm，支座垫石85cm×85cm，高10cm。支座大样另详图。

3.单桩桩顶最大竖向力6900kN，基础采用钻孔灌注桩，各桥墩桩基类型见<桥墩构造参数表>。嵌岩桩要求桩底入微风化岩层不少于1.5D(D为桩径)，桩底沉淀土厚度不大于5cm。摩擦桩桩底沉淀土厚度不大于10cm。

4.在桩基施工过程中，有地质孔的桩先钻，若实际地质情况与本图不符应与设计单位联系。

5.台前墩的桩基须待台预压稳定后和桥台桩基一起施工。

6.横坡正负与约定：以图示箭头方向为正，否则为负。

7.本图适用于等宽段30cm小箱梁双柱式墩与小箱梁双柱式墩构造参数表(五)配合使用。

图12-27　槛横路高架桥　小箱梁双柱式墩一般构造图(二)

表 12-6

左幅等宽段 30m 小箱梁双柱式墩构造参数

桥名	里程桩号	设计高程	墩号		i (%)	H_1 (m)	H_2 (m)	H_3 (m)	H_4 (m)	H_c (m)	H_d (m)	h_a (cm)	h_b (cm)	L (cm)	桩基类型	使用图纸
中山东部快线工程榄右桥左幅	ZK51+023.500	13.156	Z38 号	连续墩	2	11.071	10.832	9.291	9.211	1.8	−34.00	719.1	741.1	3580	嵌岩桩	(二)
	ZK51+053.500	13.021	Z39 号	连续墩	2	10.936	10.697	9.156	9.076	1.9	−34.20	725.6	717.6	3610	嵌岩桩	(二)
	ZK51+083.500	12.886	Z240 号	伸缩缝墩	2	10.858	10.619	9.078	8.998	1.7	−34.20	737.8	729.8	3590	嵌岩桩	(二)
	ZK51+113.500	12.751	Z41 号	连续墩	2	10.666	10.427	8.886	8.806	1.0	−34.00	788.6	780.6	3500	嵌岩桩	(二)
	ZK51+143.500	12.616	Z42 号	连续墩	2	10.531	10.292	8.751	8.671	0.6	−34.00	815.1	807.1	3460	嵌岩桩	(二)
	ZK51+369.500	12.059	Z50 号	连续墩	2	9.974	9.735	8.194	8.114	0.1	−42.00	809.4	801.4	4210	嵌岩桩	(二)
	ZK51+399.500	12.105	Z51 号	连续墩	2	10.020	9.781	8.240	8.160	0.0	−42.00	824.0	816.0	4200	嵌岩桩	(二)
	ZK52+009.500	12.732	Z75 号	连续墩	2	10.647	10.408	8.867	8.787	1.4	−51.50	746.7	738.7	5290	摩擦桩	(二)
	ZK52+039.500	12.641	Z67 号	连续墩	2	10.556	10.317	8.776	8.696	0.6	−51.50	817.6	809.6	5210	摩擦桩	(二)
	ZK52+839.500	13.493	Z107 号	连续墩	2	11.408	11.169	9.628	9.548	0.2	−47.00	942.8	934.8	4720	嵌岩桩	(二)
	ZK52+869.500	13.485	Z108 号	连续墩	2	11.400	11.161	9.620	9.540	1.6	−47.00	802.0	794.0	4860	嵌岩桩	(二)
	ZK52+899.500	13.448	Z109 号	连续墩	2	11.363	11.124	9.583	9.503	0.1	−47.00	948.3	940.3	4710	嵌岩桩	(二)
	ZK53+884.500	13.576	Z148 号	连续墩	2	11.491	11.252	9.711	9.631	1.1	−26.00	861.1	853.1	2710	嵌岩桩	(二)
	ZK53+914.500	13.545	Z149 号	连续墩	2	11.460	11.221	9.680	9.600	1.3	−28.00	838.0	830.0	2930	嵌岩桩	(二)
	ZK54+999.500	13.653	Z191 号	连续墩	−2	11.569	11.808	9.948	10.028	4.4	−5.00	554.8	562.8	940	嵌岩桩	(二)
	ZK55+177.500	11.779	Z197 号	连续墩	−2	9.695	9.934	8.074	8.154	2.7	−19.50	537.4	545.4	2220	嵌岩桩	(二)
	ZK55+207.500	11.206	Z198 号	连续墩	−2	9.122	9.361	7.501	7.581	2.5	−20.00	500.1	508.1	2250	嵌岩桩	(二)

续上表

桥名	里程桩号	设计高程	墩号		i (%)	H_1 (m)	H_2 (m)	H_3 (m)	H_4 (m)	H_c (m)	H_d (m)	h_a (cm)	h_b (cm)	L (cm)	桩基类型	使用图纸
中山东部快线工程榄右桥右幅	YK50+614.600	14.344	Y21-1号	连续墩	2	12.259	12.020	10.479	10.399	1.0	−36.00	947.9	939.9	3700	嵌岩桩	(二)
	YK51+024.600	13.151	Y37号	连续墩	2	11.066	10.827	9.286	9.206	0.9	−40.00	838.6	830.6	4090	嵌岩桩	(二)
	YK51+054.600	13.016	Y38号	连续墩	2	10.931	10.692	9.151	9.071	0.9	−40.00	825.1	817.1	4090	嵌岩桩	(二)
	YK51+380.600	12.073	Y50号	连续墩	2	9.988	9.749	8.208	8.128	0.9	−43.00	730.8	722.8	4390	嵌岩桩	(二)
	YK51+410.600	12.130	Y51号	连续墩	2	10.045	9.806	8.265	8.185	0.7	−45.00	756.5	748.5	4570	嵌岩桩	(二)
	YK52+250.600	12.055	Y84号	连续墩	2	9.970	9.731	8.190	8.110	1.0	−27.00	719.0	711.0	2800	嵌岩桩	(二)
	YK52+280.600	12.030	Y85号	连续墩	2	9.945	9.706	8.165	8.085	0.7	−25.00	746.5	738.5	2570	嵌岩桩	(二)
	YK52+310.600	12.030	Y86号	连续墩	2	9.945	9.706	8.165	8.085	0.6	−32.00	756.5	748.5	3260	嵌岩桩	(二)
	YK52+845.600	13.494	Y107号	连续墩	2	11.409	11.170	9.629	9.549	1.0	−41.00	862.9	854.9	4200	嵌岩桩	(二)
	YK52+875.600	13.480	Y108号	连续墩	2	11.395	11.156	9.615	9.535	1.2	−46.00	841.5	833.5	4720	嵌岩桩	(二)
	YK52+905.600	13.437	Y109号	伸缩缝墩	2	11.410	11.171	9.630	9.550	1.1	−46.80	853.0	845.0	4790	嵌岩桩	(二)
	YK52+935.600	13.363	Y110号	连续墩	2	11.278	11.039	9.498	9.418	1.1	−47.00	839.8	831.8	4810	嵌岩桩	(二)
	YK52+965.600	13.262	Y111号	连续墩	2	11.177	10.938	9.397	9.317	0.3	−49.00	909.7	901.7	4930	嵌岩桩	(二)

表 12-7

榄横路高架桥右幅系梁设计高程表

墩号	系顶高(m)	系底高(m)	系梁高度(m)	墩号	系顶高(m)	系底高(m)	系梁高度(m)
Y107 号	1.0	−0.3	1.3	Y116 号	0.5	−0.7	1.2
Y108 号	1.2	−0.1	1.3	Y117 号	0.4	−0.8	1.2
Y109 号	1.1	−0.2	1.3	Y118 号	0.3	−0.9	1.2
Y110 号	1.1	−0.2	1.3	Y119 号	0.5	−0.7	1.2
Y111 号	0.3	−1.0	1.3	Y120 号	0.7	−0.5	1.2
Y112 号	0.7	−0.5	1.2	Y121 号	0.8	−0.4	1.2
Y113 号	0.2	−1.0	1.2	Y122 号	0.9	−0.3	1.2
Y114 号	0.3	−0.9	1.2	Y123 号	1.2	0	1.2
Y115 号	0.4	−0.8	1.2	Y124 号	1.0	−0.2	1.2

表 12-8

破桩头水准测量表

测点及桩号	后视读数	前视读数	高程(m)	系底高(m)	垫层厚(m)	下破深(m)	基坑深(m)
666	1.502		2.388				
Y107 号-1		1.420	2.470	−0.3	0.1	2.770	2.870
Y107 号-2		1.380	2.510	−0.3	0.1	2.810	2.910

(三)"验桩头"测量放样

当破桩头工作完成,并浇(铺)好基坑垫层后,测量放样员应会知测量监理工程师"验桩头"。

所谓"验桩头",实际上就是测量监理工程师检查验收浇灌混凝土后的桩基中心偏位精度。为此,现场测量放样员应在破桩头后的桩基上放出设计的桩基中心点位,并用小钢钉(或射钉)或涂改液(修正液)标志于实地。

这道工序中的测量放样工作与桥桩基础测量放样工作相同,此处不再叙述。读者可参阅本节"一-桥桩基础施工测量放样实操案例"。

(四)打(浇)系梁施工测量放样

1. 打(浇)系梁工作中的施工测量

当验桩头合格后,现场施工进入吊装焊接桥桩钢筋笼、扎系梁钢筋、安装钢模并浇灌系梁这道工序。

桥柱钢筋笼下端(柱底)中心与桥桩基顶部中心是同一点,吊装焊接桥柱钢筋笼时,可用验桩头时放的桩头中心点位定位(图 12-26 Y107 号-2)。

扎系梁钢筋的中心轴线是 Y107 号-1 与 Y107 号-2 桩基顶中心点连线,因此,可用验桩头时放的桩头中心点的连线控制系梁中心轴线(图 12-26 Y107 号-1、Y107 号-2)。

由以上分析知,打(浇)系梁工作中的施工测量的任务,主要是控制系梁顶面高度。

2. 打(浇)系梁施工测量实操案例

1)准备资料同本节三(二)2

2)准备仪具同本节三(二)2

3)外业施测

(1)作业组织,同本节三(二)2。

(2)施测方法(图 12-26 和表 12-27)。

①在破桩头后的钢筋头上选一点,并用喷漆作标记,用水准前视法测其高程,例如 Y107 号-1,$H_1=2.470$;Y107 号-2,$H_2=2.510$。将测得的高程数据及作了标志的钢筋头交给现场施工员,由现场施工员根据系梁设计高程控制系梁顶高度。

②根据上述①测得的钢筋头顶高程,用下式计算下量高度 h,并在下量处作一标记,控制系梁顶高度。

$$h_1 = H_{-1} - H_c = 2.470 - 1.0 = 1.470$$

$$h_2 = H_{-2} - H_c = 2.510 - 1.0 = 1.510$$

③用水准视线高法,直接在测高的钢筋上放出系梁顶高程,并作标记通知现场施工员。

关于水准视线高法放高的操作方法步骤,详见第六章第三节。

(五)吊装桥墩柱钢模施工测量放样

1. 吊装桥墩柱钢模工作中的施工测量

当系梁浇筑混凝土并经监理检验合格后,高架桥施工进入灌柱这道工序。

规范及设计要求:桥墩柱顶、底平面中心线与设计偏差不得大于 10mm;墩身垂直度允许偏差不得大于 1/1000。

要满足上述规定,关键是保证桥柱钢筋笼吊装焊接精度和安装桥柱钢模的精度,这就要求现场测量员要准确在系梁上放出桥柱底的中心点位,以作为现场吊装焊接钢筋笼和安装桥柱钢模的依据。

另外,灌柱时还要控制墩柱顶高程,为此,现场测量员还应准确地测定桥柱底在系梁面上的高程,作为上量桥柱高度的依据。

由以上分析知,吊装桥墩柱钢模工作中,现场施工测量的工作是:

(1)在系梁上准确放出桥墩柱底部中心点位。

(2)在系梁上准确测定桥墩柱底部高程。

2. 吊装桥墩柱钢模施工测量实操案例

1)准备资料

(1)桥墩柱底放样准备。

①导线点成果表。

②桥墩柱底中心坐标表:桥墩柱底中心与桥基础中心是同一点,因此,此表即是设计单位提供的并核算过的并核实过的高架桥桩位坐标表。

(2)桥墩柱顶高程放样准备。

①水准点成果表。

②系梁高程表(表 12-7)。

③桥墩柱顶高程表:设计单位没有提供该表,测量员可根据桥墩柱构造参数表编制,见表

12-6。

2)准备计算工具和计算程序

同上。

3)准备放样仪器和配件

(1)桥墩柱底中心放样仪器准备同上。

(2)柱顶高程放样,测系梁顶高程仪器准备同上。

4)准备材料和工具

同上。

5)现场施测

(1)墩柱底中心放样

当桥柱钢筋笼吊装焊接完成且浇筑系梁工作完成后,现场测量员根据现场施工员安排,进行桥墩柱底中心放样并测量系梁面高程。

如图 12-28 所示是榄右桥 Y107 号-1、Y107 号-2 吊装桥墩柱钢模工作中测量放桥柱底中心和测量系梁面高程示意图。

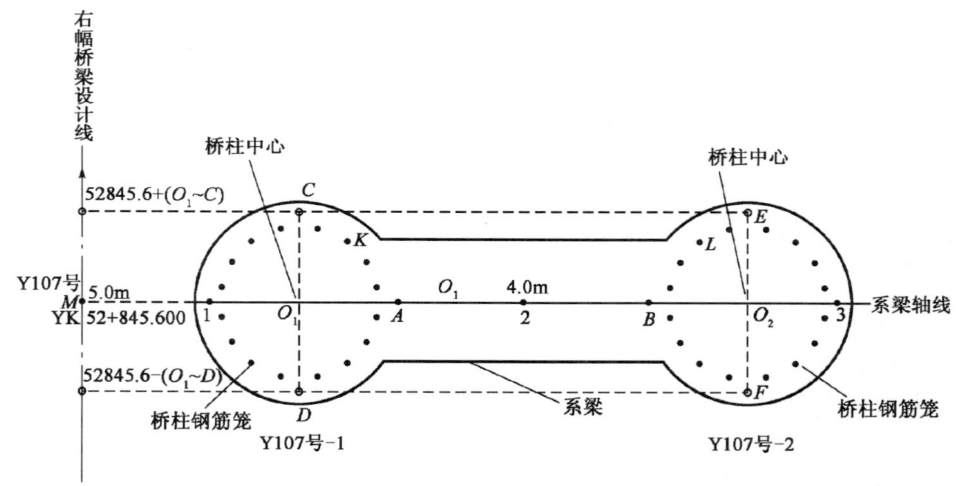

图 12-28　吊装桥墩柱钢模测量放样、测高示意图

图中 O_1 是 107 号-1 桥柱中心;O_2 是 Y107 号-2 桥柱中心。现场测量员要将 O_1、O_2 放到系梁上并作醒目标记,作为安装桥柱钢模的依据。为此,可考虑选用下述任一种方案。

方案 1　直接用全站仪坐标法放出 O_1 和 O_2。

这个方案的实行有一定困难。由于系梁上已竖立桥柱钢筋笼且桥柱钢筋笼高有数米以上,放样时立棱镜员要攀爬钢筋笼,有潜在的危险性。如采用此方案,则必须注意安全。

方案 2　在系梁轴线上,用全站仪坐标法放出 1、2、3 辅助点,根据 1-O_1 和 2-O_1 距离定出 O_1 点;根据 3-O_2 和 2-O_2 距离定出 O_2 点。

采用方案 2,必须现场计算出 1、2、3 点的坐标。要计算 1、2、3 点坐标,必须计算 Y107 号

(YK52+845.6)在设计线上中点M距1、M距2、M距3的距离,这可以根据它们之间的几何关系算出。例如M-1距离$=5.0-(O_1\sim1)$;M-2距离$=5.0+2.0$;M-3距离$=5.0+4.0+(O_2\sim3)$。

方案3 在系梁轴线上用全站仪坐标法放出A、2、B辅助点,在B-2-A延长线上,用A-O_1距离定出O_1点;在A-2-B延长线上,用B-O_2距离定出O_2点。

采用方案3,必须现场计算出A、2、B点的坐标。要计算A、2、B点坐标,必须计算Y107号(YK52+845.6)在设计线上中点M距A、M距2、M距B的距离。这可以根据它们之间的几何关系算出。例如M-A距离$=5.0+O_1\sim A$;M-2距离同上;M-B距离$=5.0+4.0-(O_2\sim B)$。

现场放样中,常采用方案2或方案3。除此之外,也有放出C、D、E、F点来确定O_1和O_2的。

综上所述,要放出O_1和O_2,必须能在现场迅速准确地用计算器程序计算出各辅助点的坐标。

(2)测量系梁面高程

系梁面高程点应选在桥柱钢筋笼钢筋近旁,例如图12-28中Y107号-1的K点、Y107号-2的L点。这样便于由底部顺钢筋向上量柱长,以标定桥墩柱面高程。

测量系梁面K和L点的高程,用水准前视法。计算出的高程应写在测点旁且应醒目。例如$K=1.005$,$L=1.003$。

另外,用式(12-4)计算上量长度:

$$h_i = H_{柱顶} - H_{系顶} \tag{12-4}$$

式中:h_i——桥柱由系梁面向上量的长度;

$H_{柱顶}$——桥柱顶面设计高程,例如Y107号-1$H_{柱顶}=H=9.629$;Y107号-2$H_{柱顶}=H_4=9.549$;

$H_{系顶}$——系梁顶实测高程:例如$K=1.005$,$L=1.003$。

则:

$$h_{Y107号\text{-}1} = 9.629 - 1.005 = 8.624$$

$$h_{Y107号\text{-}1} = 9.549 - 1.003 = 8.546$$

以上放样测高工作完成后,应在现场把放在系梁上的辅助点位和测定的高程点位以及计算的向上量的柱长等数据交给现场施工员。

现场施工员据此指挥上量柱长标定桥柱顶面位置,指挥吊装桥柱钢模并浇灌桥柱。

(六)吊装盖梁支架及"验柱顶"施工测量放样实操案例

当浇灌的桥柱拆模并经监理验收合格后,高架桥施工进入盖梁施工这道工序。

盖梁施工包括:吊装盖梁支架、扎盖梁钢筋、吊装盖梁钢模、浇灌盖梁等工序。

当吊装盖梁支架完成,现场测量员应会知测量监理工程师"验柱顶"。

所谓"验柱顶",实际上就是测量监理工程师检查验收浇灌后的桥墩中心偏位精度。为此,现场测量放样员应用全站仪坐标法把设计的桥柱中心位置放到浇灌好的桥柱上,并用小钢钉

(或射钉)或涂改液(修正液)作醒目的标志于实地。为了检查柱顶高程,测量员在放桥柱中心点的同时可用全站仪测出柱顶高程。

(七)扎盖梁钢筋吊装盖梁钢模施工测量放样

1. 控制盖梁中轴线(图 12-27 和图 12-29)

所谓盖梁中轴线,实际上就是桥柱顶中心连线。当测量监理工程师“验柱顶”合格后,即按设计坐标放出的柱顶中心与浇灌的桥柱实际中心偏心小于 10mm 时,此时在浇灌的桥柱上所放的设计中心点的连线就可作为盖梁的中心轴线。扎盖梁钢筋时,工人用“吊垂球法”对中桥柱顶中心钢钉来控制盖梁中轴线。

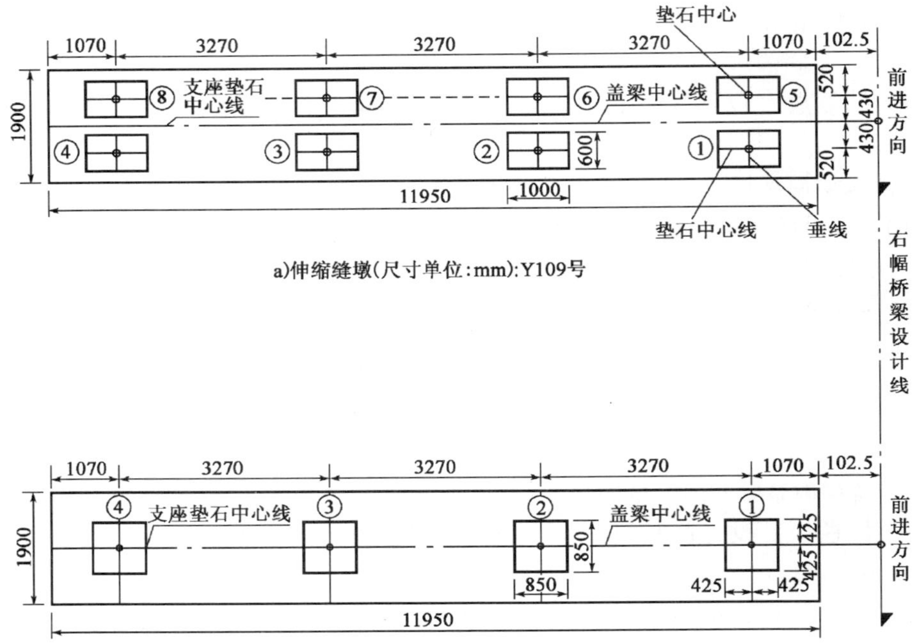

a)伸缩缝墩(尺寸单位:mm):Y109号

b)连续墩(尺寸单位:mm):Y21-1号、Y37号、Y38号、Y50号、Y51号、Y84号、Y85号、Y86号、Y107号、Y108号、Y110号、Y111号

图 12-29　盖梁、支座垫石平面图

2. 控制盖梁高度(图 12-27)

由图 12-27 知,Y107 号的盖梁高度为 0.8＋0.9＝1.7m。0.8m 是盖梁下部两端翘起高度。0.9m 是盖梁上部高度。扎盖梁钢筋时,可用 5m 小钢尺丈量法(由桥柱顶上量)控制这两个高度。

3. 控制支座垫石位置(图 12-27 和图 12-29)

规范及设计要求,施工时应注意各墩台支座的布置情况,确保支座位置规格准确无误。

在扎盖梁钢筋时,应放出支座垫石位置,以便预扎支座垫石的钢筋。

现场测量员在放样支座垫石位置时,应分清是连续墩支座还是伸缩缝墩支座。应注意支座间、支座与设计线的几何尺寸,并应在放样前准备好支座垫石放样数据。现场现算现放支垫石位置时，计算必须迅速准确无误。

(1)支座垫石中心坐标计算实操案例

支座垫石中心坐标计算见表 12-9。计算方法步骤如下。

①计算垫石中心离设计线距离(图 12-29)。

a. 计算连续墩垫石中心离设计线距离，以 Y107 号为例，见图 12-29b)和图 12-27。

(a)垫石中心离设计线距离：

$$1.025+1.070=2.095$$

(b)垫石中心离设计线距离：

$$2.095+3.270=5.365$$

(c)垫石中心离设计线距离：

$$5.365+3.270=8.635$$

(d)垫石中心离设计线距离：

$$8.635+3.270=11.905$$

b. 计算伸缩缝墩垫石中心离设计线距离，以 Y109 号为例，见图 12-29a)和图 12-27。

伸缩缝墩垫石分前排和后排，Y109 号是等宽段，前、后排垫石各四个。其垫石中心离设计线距离计算与连续墩垫石中心离设计线距离计算相同。

c. 在计算变宽段、过渡墩、三柱式墩、四柱式墩或者现浇墩等，由于垫石中心间距不同，在计算垫石中心离设计算线距离时，应根据桥墩一般构造图具体分析。

②判定取用支座垫石中心线的里程桩号(表 12-6)。

垫石中心线的里程桩号在桥墩构造参数表中查取。

对于连续墩，垫石中心线的里程桩号直接在桥墩构造参数表中查取，例如 Y107 号，其垫石中心线的里程桩号是：Y52＋845.6。

对于伸缩缝墩，则要结合图 12-27 构造图的侧面图分析取用，例如 Y109 号的前排(大号侧)垫石中心线的里程桩号是：

$$Y52905.6+0.43=Y52906.03$$

Y109 号的后排(小号侧)垫石中心线的里程桩号是：

$$Y52905.6-0.43=Y52905.17$$

③选用计算器和程序。

作者推荐 f_x—5800P/9750GⅡ型计算器及其“线路中边桩坐标计算程序”(XY 程序)或“线路中边桩坐标计算全线通程序”(XL-XY-TS 程序)计算支座垫石中心坐标。前述两程序清单详见第六章第三节八。

(2)支座垫石中心现场放样

垫石中心放样采用全站仪坐标法点放样功能，通常情况下，现场在盖梁钢筋上只放出前、后端垫石的中心点，其余垫石中心点是现场施工员会同扎钢筋工人根据垫石间距、几何关系加放的。

表 12-9

榄横路高架桥右幅支座垫石坐标表(等宽段 30m 小箱梁)

桩号	墩号	形式	离设计线距离(m)	坐标(m)		离设计线距离(m)	坐标(m)		离设计线距离(m)	坐标(m)		离设计线距离(m)	坐标(m)	
				X	Y		X	Y		X	Y		X	Y
YK50+614.6	Y21-1 号	连	2.095			5.365			8.635			11.905		
YK51+024.6	Y37 号	连	2.095			5.365			8.635			11.905		
YK51+054.6	Y38 号	连	2.095			5.365			8.635			11.905		
YK51+380.6	Y50 号	连	2.095			5.365			8.635			11.905		
YK51+410.6	Y51 号	连	2.095			5.365			8.635			11.905		
YK52+250.6	Y84 号	连	2.095			5.365			8.635			11.905		
YK52+280.6	Y85 号	连	2.095			5.365			8.635			11.905		
YK52+310.6	Y86 号	连	2.095			5.365			8.635			11.905		
YK52+845.6	Y107 号	连	2.095	$^{249}1434.958$	$^{51}8506.919$	5.365	$^{249}1431.971$	$^{51}8508.251$	8.635	$^{249}1428.984$	$^{51}8509.583$	11.905	$^{249}1425.998$	$^{51}8510.914$
YK52+875.6	Y108 号	连	2.095	$^{249}1447.175$	$^{51}8534.319$	5.365	$^{249}1444.189$	$^{51}8535.650$	8.635	$^{249}1441.202$	$^{51}8536.982$	11.905	$^{249}1438.216$	$^{51}8538.314$
大 YK52905.6+0.43	Y109 号	伸	2.095	$^{249}1459.568$	$^{51}8562.111$	5.365	$^{249}1456.582$	$^{51}8563.442$	8.635	$^{249}1453.595$	$^{51}8564.774$	11.905	$^{249}1450.608$	$^{51}8566.106$
小 YK52905.6−0.43				$^{249}1459.218$	$^{51}8561.325$		$^{249}1456.231$	$^{51}8562.657$		$^{249}1453.245$	$^{51}8563.989$		$^{249}1450.258$	$^{51}8565.320$
YK52+936.6	Y110 号	连	2.095			5.365			8.635			11.905		
YK52+965.6	Y111 号	连	2.095			5.365			8.635			11.905		

注:1. 大-大桩号;小-小桩号;连-连续墩;伸-伸缩缝墩。

2. 此表坐标选用 XY 程序计算时,其起算要素选用右线交点 11 或交点 12(表 1-4)。

(3)注意事项

①支座垫石中心点离设计线距离必须计算正确;可用下式检验:盖梁长=设计线距最后一个垫石中心距离+最后一个垫石中心距盖梁末端距离-设计线距盖梁前端距离=11.905+1.07-1.025=11.950(图 12-29)。

②垫石中心线的里程桩号必须取用正确。

③采用全站仪坐标法放样垫石中心点时,由于是在盖梁钢筋上立棱镜,又是高空作业,此种情况下应特别注意安全。

(八)安装垫石模板及浇注垫石施工测量放样

当盖梁浇灌完成并经监理检验合格后,高架桥施工便进入安装支座垫石模板、浇筑垫石这道工序。在这道工序中施工测量的任务是:

(1)在盖梁上放支座垫石中心线,标定垫石中心点位。

(2)放垫石面高程,控制垫石高度。

1. 支座垫石放样实操案例

图 12-30 是支座垫石现场放样示意图。图中 a)双柱式是连续墩支座垫石放样示意图;b)是双柱式伸缩缝墩支座垫石放样示意图。

对于连续墩支座垫石放样,采用全站仪坐标法时,只要放出前、后两个垫石的四个角,例如图 12-30a)中的①和②、③和④,现场施工员便可会同装模板工人根据支座垫石间几何关系,实地标定出各垫石的位置。

对于伸缩缝墩支座垫石放样,采用全站仪坐标法时,前排(大桩号)只要放出①、②、③、④,后排(小桩号)只要放出⑤、⑥、⑦、⑧点,就可根据其几何关系,实地标定出垫石位置。

上述放样点①、②、③、④、⑤、⑥、⑦、⑧等点的坐标,设计单位并没有提供,而是现场测量员在现场放样时现算现放的,这就要求这些点的坐标一定要计算正确。为此,需在现场放样前准备好以下资料(图 12-30)。

(1)这些放样点离设计线的距离。

(2)这些点的连线,例如①—③、②—④、⑤—⑦、⑥—⑧连线的里程桩号。

(3)计算这些点坐标的交点要素,交点桩号及 X、Y 坐标;圆曲线半径;缓和曲线长;前切线方位角;转角方向及转角值等。

(4)绘制支座垫石放样略图。图 12-30 是作者在中山东部快线高架桥施工放样时用的略图,供读者参考。值得提醒注意的是,在绘制略图时,应注意墩柱盖梁上的支座垫石的个数、间距、几何关系等。本例是双柱式四个支座垫石,还有三柱式、四柱式、变宽段、过渡段等多种支座垫石,在计算垫石中心连线桩号时要计算正确,垫石离设计线的距离也必须计算正确。

2. 控制支座垫石高程实操案例

规范及设计要求:支座垫石顶面必须水平,图中给出了支座垫石厚度及控制点高程,施工支座垫石时应以垫石顶面高程控制。

墩台帽顶的支座垫石顶面高程,施工前认真核对无误后,方可施工。在施工墩柱及垫石前,施工方应提交复核以上设计高程的书面资料,并严格按照设计高程设置垫石,以保证桥面高程的准确。

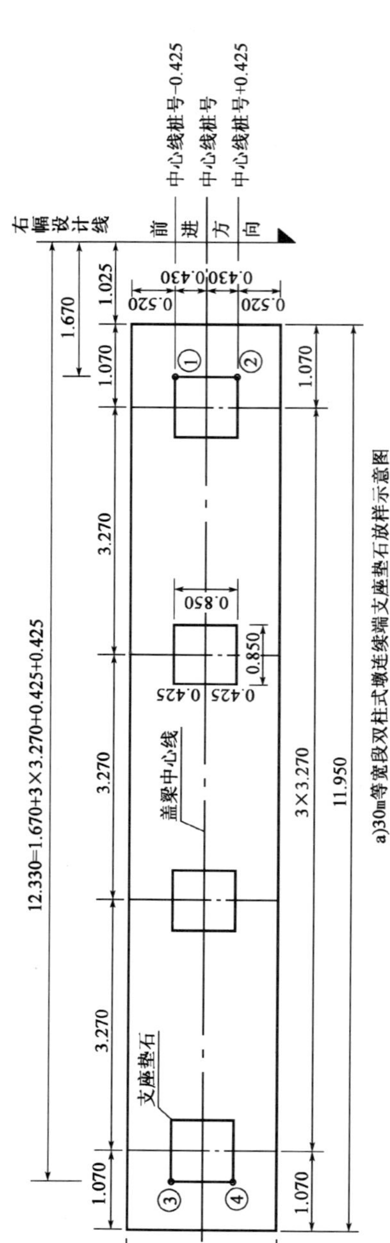

a)30m等宽段双柱式墩连续端支座垫石放样示意图

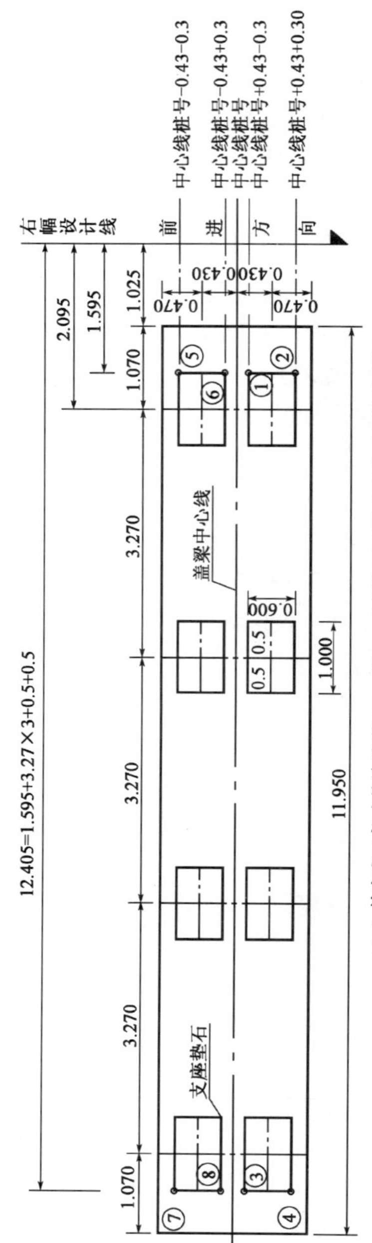

b)25m等宽段双柱式伸缩缝墩及25m接30m小箱梁过渡墩支座垫石放样示意图

图12-30　支座垫石放样示意图(尺寸单位:m)

根据上述规定，结合支座顶石放样实践。现场控制支座垫石高程的操作方法步骤如下。

1)计算支座垫石顶面设计高程，编制支座垫石高程放样表

中山东部快线高架桥工程，设计单位没有提供支座垫石顶面设计高程，施工方无法在施工前核对。为了方便支座垫石高程现场放样，施工方必须亲自计算支座垫石顶面设计高程并要求二人对算或一人用两种方法核算，下面介绍作者计算支座垫石高程的两种方法，供读者参考。

(1)由桥面向下算至盖梁上的垫石顶面(简称由上往下算)。

(2)由桥柱顶面向上算至盖梁上的垫石顶面(简称由下向上算)。

方法1　由上往下算计算公式及实例

①计算公式。

图12-31是桥梁各结构体关系示意图，也可视为支座垫石高程计算示意图。图中，H_1、H_2是盖梁顶面前端和后端高程；H_3、H_4是经算后的桥柱顶面高程，这几个高程可从桥墩构造参数表中查取。其余如铺装层、小箱梁高、盖梁高、调平块高、橡胶支座高、支座垫石高、横坡度i以及支座垫石间距、离设计线距离等需从设计图中查取。

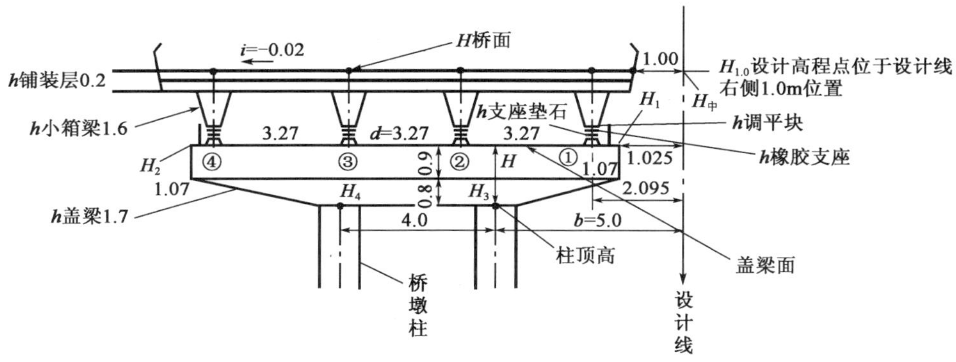

图12-31　支座垫石高程计算示意图(桥梁各结构体关系示意图)(尺寸单位:m)

由图知支座垫石高程$H_{垫}$:

$$H_{盖}=H_{桥面}-h_{铺}-h_{小}-h_{调}-h_{橡}-h_{垫} \tag{12-5}$$

$$H_{垫}=H_{盖}+h_{垫} \tag{12-6}$$

式中:$H_{桥面}$——与垫石中心同一垂线桥面点的高程:$H_{桥面}=H_{中}+(D_i-1.0)i$(D_i:所求点离设计线距离;i:桥面横坡带符号);

$h_{铺}$——桥面铺装层厚度;

$h_{小}$——小箱梁高度;

$h_{调}$——调平块高(厚)度;

$h_{橡}$——橡胶支座高(厚)度;

$h_{垫}$——支座垫石高(厚)度。

注意:此公式垫石高先减后加，这样可以先计算出盖梁上高程，便于检查H_1和H_2。

②算例(图12-31)。

由表12-6“右幅等宽段30m小箱梁双柱式墩构造参数”知：Y107号，桩号是YK52+845.6，$H_{中}$=13.494，H_1=11.409，又从设计图中查得$h_{铺}$=0.2、$h_{小}$=1.6、$h_{调}$=0.015、$h_{像}$=0.17、$h_{垫}$=0.10，i=−0.02。计算Y107号盖梁上②支座垫石设计高程，并核算H_1。

手算：

a.②垫石。

$$D_i=2.095+3.27=5.365$$

则：

$$H_{桥} = 13.494+(5.365-1.0)\times(-0.02) = 13.407$$

b.②垫石。

$H_{垫}=13.407-0.2-1.6-0.015-0.17-0.1+0.1$

$\quad=13.407-2.085+0.1=11.322+0.1=11.422$

由于铺装层、小箱梁、调平块、橡胶支座、垫石等构件设计图已给出数据并在核算柱顶高程时用过这些数据，所以事先可先算出其累计和，本例中：

$$\sum h = 0.2+1.6+0.015+0.17+0.1 = 2.085$$

Y107号连续墩盖梁上其余①、③、④垫石高程，可仿上计算。

c.核算H_1，由图12-31知：

$$H_1 = 11.322+0.02\times(3.27+1.07) = 11.409$$

方法2 由下往上算计算公式及实例

①计算公式。

由图12-30知：

$$H_{盖} = H_{柱}+h_{盖} \tag{12-7}$$

$$H_1 = H_{盖}+(b-c)\times i \tag{12-8}$$

$$H_{垫} = H_1+a\times i+h_{垫} \tag{12-9}$$

式中：$H_{盖}$——与桥柱中心同一垂线上盖梁面高程；

$H_{柱}$——经过核算后的桥柱顶设计高程；

$h_{盖}$——盖梁高(厚)度，可从设计图上查取；

b——桥柱中心离设计线距离；

c——盖梁前端离线距离；

$h_{垫}$——同上。

②算例。

由表12-6“右幅等宽段30m小箱梁双柱式墩构造参数”知：Y107号桩号YK52+845.6，H_3=9.629，H_4=9.549，H_1=11.409，H_2=11.170；又从设计图中查得：$h_{盖}$=1.7，b=5.0，c=1.025，i=−0.02，a=1.07+d，计算Y107号盖梁上②支座垫石设计高程，并核算H_2。

手算：

a. $H_{盖}=9.629+1.7=11.329$

b. $H_1=11.329+(5.0-1.025)\times 0.02=11.409$(注意 i 的符号)

c. ②垫石高：

$H_{垫}=11.409+(3.27+1.07)\times(-0.02)+0.1$

$=11.422$

d. 核算 H_2，由图 12-30 知：

$$H_2=H_1+(1.07\times 2+3.27\times 3)\times(-0.02)=11.170$$

方法 3　计算器程序计算垫石高程

前述手算支座垫石高程，费时费力、量大麻烦、速度又慢又易出错。一般情况下，高架桥线路都较长，盖梁上的支座垫石数量都很大。作者所在中山东部快线工地，榄横路高架桥左、右幅共有 405 排桥墩柱，每排盖梁上平均 4～5 个垫石，共有 1620～2025 个垫石。用手算这么多垫石高程，可见任务多么艰巨。因此，应改手算为计算器程序计算。实践中，作者是用直竖联算程序(ZFLS)或用“线路高程计算全线通程序(XL-GC-TS)”计算支座垫石高程。关于这两个程序详见第五章第二节。下面介绍 f_x—5800P/9750GⅡ计算器程序计算支座垫石高程的实操案例。

(1)用直竖联算程序(ZFLS 程序)计算支座垫石高程时，应先根据桥墩柱里程桩号选用竖曲线起算要素。例如上例 Y107 号的桩号是 YK52＋845.6，根据右线纵坡、竖曲线表或右线纵坡、竖曲线示意图知，Y107 号墩在(7)号竖曲线内，其起算要素是：变坡点桩号 $B=$ YK52＋850，变坡点高程 $H=13.667$；竖曲线半径 $R=30000$；前纵坡度 $i=0.330\%$；后纵坡度 $J=-0.35\%$。

用“线路高程计算全线通程序”(XL-GC-TS 程序)，计算支座垫石高程，由于全线路的竖曲线相关要素已存入程序中，所以只要输入所求点桩号、所求点中桩至边桩距离等有关数据，就可迅速算出垫石高程。

(2)编制支座垫石高程计算表。

支座垫石高程计算应在计算表中进行，这样便于现场放样时查用。表 12-10 是作者在中山东部工程计算支座垫石高程时编制的。表中第 1 列是桩号，第 2 列是墩号，第 3、4 列是盖梁前端 H_1 高程、后端 H_2 高程，以后各列是离设计线距离及支座垫石高程。

(3)用上述两程序计算支座垫石高程时，同时可检查计算：

①计算所求桩号设计线上高程和桥面上任一点的高程，此时 N 应输入 0；M 输入任一点离设计线距离。

②核算盖梁 H_1 和 H_2 高程，此时 N 应输入桥面至盖梁面的厚度；M 输入 H_1 或 H_2 离设计线的距离。

③核算桥柱顶 H_3 和 H_4 高程，此时 N 应输入桥面至桥柱顶的厚度，M 输入 H_3 或 H_4 离设计线的距离。

上述第②项检查 H_1 和 H_2 计算很重要，这样可用 H_1 核算用上述程序计算的支座垫石高程。等于是 2 人对算或是 1 人用两种方法计算，从而保证支座垫石计算正确无误。

(4)实操案例。

①算例见表 12-10。

榄横路高架桥右幅支座垫石高程

表 12-10

桩号	墩号	H_1	H_2	垫石①(m)		垫石②(m)		垫石③(m)		垫石④(m)		垫石⑤(m)		垫石⑥(m)		垫石⑦(m)	
				距设计线	H	距设计线	H	距设计线	H	距设计线	H	距设计线	H	距设计线	H	距设计线	H
右幅等宽段 30m 小箱梁(设计图 S-4(1)-38-2,表 S-4(1)-39-5																	
Y50+614.0	Y21-1 号连	12.259	12.020	2.095	12.337	5.365	12.272	8.635	12.207	11.905	12.142						
Y51+024.6	Y37 号连	11.066	10.827	2.095	11.145	5.365	11.080	8.635	11.015	11.905	10.950						
Y51+054.6	Y38 号连	10.931	10.692	2.095	11.010	5.365	10.945	8.635	10.880	11.905	10.815						
Y51+380.6	Y50 号连	9.988	9.749	2.095	10.666	5.365	10.001	8.635	9.936	11.905	9.871						
Y51+410.6	Y51 号连	10.045	9.806	2.095	10.123	5.365	10.058	8.635	9.993	11.905	9.928						
Y52+250.6	Y84 号连	9.970	9.731	2.095	10.049	5.365	9.984	8.635	9.919	11.905	9.854						
Y52+280.6	Y85 号连	9.945	9.706	2.095	10.023	5.365	9.958	8.635	9.893	11.905	9.828						
Y52+310.6	Y86 号连	9.945	9.706	2.095	10.023	5.365	9.958	8.635	9.893	11.905	9.828						
Y52+845.6	Y107 号连	11.409	11.170	2.095	11.487	5.365	11.422	8.635	11.359	11.905	11.292						
Y52+875.6	Y108 号连	11.395	11.156	2.095	11.473	5.365	11.408	8.635	11.343	11.905	11.278						
Y52+905.6	Y109 号伸	11.410	11.171														
905.6−0.43 小	+102			2.095	11.491	5.365	11.425	8.635	11.360	11.905	11.294						
905.6−0.43 大	+100			2.095	11.489	5.365	11.423	8.635	11.358	11.905	11.292						
	Y110 号连	11.278	11.039	2.095	11.356	5.365	11.291	8.635	11.226	11.905	11.161						
	Y111 号连	11.177	10.938	2.095	11.256	5.365	11.191	8.635	11.126	11.905	11.061						
左幅 25m 小箱梁三柱式过渡墩(设计图 S−4(1)−43)见第一章图 1-6 和图 1-7、图 1-8																	
Z54+594.5	Z176 号伸	10.508	10.130	(小号垫石间距:3.3586;大号垫石间距:6.541)													
594.5−0.43 小	+100+S			2.095	10.755	5.4518	10.688	8.8086	10.621	12.1654	10.554	15.5222	10.487	18.879	10.420		
594.5+0.43 大	+103			3.950	10.552	10.491	10.421	17.032	10.291								

注:1. 连:连续墩。
2. 伸:伸缩缝墩。
3. 小:小桩号。
4. 大:大桩号。
5. +0.102、+0.100:小、大桩号垫石高,从第一章表 1-2 查取。

②程序执行操作方法步骤如下。

a. 用“ZFLS 程序”计算垫石高程，程序执行操作方法步骤，略。计算时应注意：

(a)N 应输入桥面至盖梁的厚度及垫石的高度。

(b)M 应输入垫石至设计线距离－1.0。

(c)E 应输入桥面横坡度，输入时应带符号。

b. 用“XL-GC-TS 程序”计算垫石高程，程序执行操作方法步骤(以 Y107 号垫石高程计算为例)：

(a)按AC键，开机，清除屏幕上次保留的内容。

(b)按FLE EXIT ▼键，选择文件名：XL-GC-TS。

(c)按EXE键，显示：L＝？，输入 Y107 号桩号：52845.6。

(d)按EXE键，显示：N＝？，计算 Y107 号设计线上中点高程输入：0。

(e)按EXE键，显示：M＝？，输入 0。

(f)按EXE键，显示：E＝？，输入 0。

(g)按EXE键，显示：G＝13.494，Y107 号设计线上高程，见表 12-6。

(h)按EXE键，显示：U＝13.494(边桩高程，边距 M＝0，所以等于中桩高程)。

(i)按EXE键，显示：L＝52845.6，继续计算下去，保留不变。

(j)按EXE键，显示：N＝？，输入桥面至盖梁面厚度：2.085。

(k)按EXE键，显示：M＝？，计算 H_1，输入 1.025－1.0＝0.025(图 12-31)。

(l)按EXE键，显示：E＝？，输入桥面横坡度－0.02(图 12-27)。

(m)按EXE键，显示：G＝11.4087，Y107 号盖梁面设计线上中点高程(下同)。

(n)按EXE键，显示：U＝11.4082，Y107 号盖梁面前端高程。

(o)按EXE键，显示：L＝？ 52845.6，继续计算下去，保留不变(下同)。

(p)按EXE键，显示：N＝？ 2.085，继续计算盖梁垫石高程，保留不变(下同)。

(q)按EXE键，显示：M＝？，计算 Y107 号盖梁上①垫石高程，输入 M＝2.095－1.0＝1.095(图 12-30)。

(r)按EXE键，显示：E＝？，盖梁横坡＝桥面横坡，输入－0.02(下同)。

(s)按EXE键，显示：G＝11.4087。

(t)按EXE键，显示：U＝11.387，①垫石下盖梁面高程，加上盖梁厚：0.10，即 11.387＋0.1＝11.487 就是①垫石顶面高程(下同)。

(u)按EXE键，显示：L＝？ 52845.6(同上)。

(v)按EXE键，显示：N＝？ 2.085(同上)。

(w)按EXE键，显示：M＝？，计算垫石②高程，输入②离设计线距离－1.0：5.365－1.0＝4.365。

(x)按EXE键，显示：E＝？ －0.02(同上)。

(y)按EXE键，显示：G＝11.4087(同上)。

(z)按EXE键，显示：U＝11.321，②垫石面高程：11.321＋0.1＝11.421。

以下重复计算。只要给 M 输入 8.635－1.0＝7.635，就可计算出③垫石高程 11.256＋0.1＝11.356，M 输入 11.905－1.0＝10.905 就可计算出④垫石高程 11.191＋0.1＝11.291。

(5)注意事项：

①垫石中心离设计线距离，必须计算正确。计算时应认真分析图 12-27、图12-30、图 12-31 和第一章图 1-6～图 1-8，把垫石间距离取用正确。例如表 12-10 中，Z176 号伸缩缝墩，小号垫石间距 C 值查取为：$C=3.3568$；大号垫石间距 C 值查取为：$C=6.541$。

设计单位提供的“C”值是否正确？可用下述方法核算：

由第一章图 1-6 知：

$$B' = K_1 + C \times n + K_2 \tag{12-10}$$

式中：B'——计算的盖梁长度；

n——C 值个数；

K_1、K_2——盖梁挡墙等间距，此数已知，从盖梁平面图中查取；

C——支座垫石间距，从小箱梁横断面布置图或箱梁支座布置图中查取。

则：

$$B' = B \tag{12-11}$$

式中：B——设计单位提供的盖梁长度，即设计的盖梁长度。

若 C 值正确，则计算的盖梁长度应等于设计的盖梁长度；若 C 值不正确，则计算的盖梁长度不等于设计的盖梁长度。例如图 1-6 中，左幅 Z176 号设计的盖梁长度 $B=18.924$；小号侧的 $K_1=K_2=1.07$，$C=3.3568$，$n=5$，则：

$$B' = 1.07 + 3.356 \times 5 + 1.07 = 18.924$$
$$B' = B$$

而大号侧的 $K_1=K_2=2.925$，$d=6.541$，$n=2$，则：

$$B' = 2.925 + 6.541 \times 2 + 2.925 = 18.932$$

$$B' \neq B$$

即 18.932≠18.92，计算的盖梁长度比设计的盖梁长度长了 8mm，此种情况下，应向监理汇报，若要纠正 d 值，则可按下式计算：

$$d' = \frac{B - K_1 - K_2}{n} \tag{12-12}$$

例如此例：

$$d' = \frac{18.924 - 2.925 - 2.925}{2}$$
$$= 6.537$$

②计算盖梁上垫石高程时，垫石中心离设计线距离应减 1.0m，这是由于桥面设计高程点位于设计右(左)侧 1.0m 处。这一点应特别注意。

③计算伸缩缝墩垫石面高程时，桩号应用中心桩号，例如 Y109 号应用 52905.6；Z176 号应用 54594.5；但是向上加垫石厚度时，应小号、大号分别来加。例如 Y107 号小号应加0.102，大号应加 0.100；Z176 号小号应加0.100，大号应加 0.103。

④计算伸缩缝墩垫石面高程时，除了垫石高度，还应加垫石错位差 S，例如 Y109 号垫石前排与后排没有错位差 S，而 Z176 号，$S=0.169$。

(6)垫石高程核算(图 12-31 和表 12-10)。

为了保证垫石高程正确,应二人对算或一人用两种方法计算。

当用上述程序核算盖梁前端 H_1 高程后,可用前述公式:

$$H_{垫} = H_1 + a \times i + h_{垫} \tag{12-13}$$

来核算垫石高程。例如 Y107 号①垫石高程,程序计算:$H_{①}=11.487$;核算:$H_{①}=11.409+1.07\times(-0.02)+0.1=11.488$,计算误差 1mm 是四舍五入造成的。

当核算①垫石高程后,由于垫石间距是等量,此例中 $d=3.27$,因此可先计算出垫石,间距间的常数高差:

$$3.27\times(-0.02)=-0.0654$$

然后逐次计算余下垫石高程:

$$H_{②} = H_{①} - 0.0654 = 11.423$$
$$H_{③} = H_{②} - 0.0654 = 11.358$$
$$H_{④} = H_{③} - 0.0654 = 11.292$$

2)支座垫石高程现场放样实操案例

当装好垫石模板后,现场测量员把垫石设计高程放在模板上,作为浇筑垫石控制高程的依据。

实践中,在盖梁上控制垫石高程的方法步骤是:

(1)把地面水准高程引测到盖梁上。

(2)在盖梁垫石模板上用水准前视法或视线高法,放出垫石设计高程的位置。

①把地面水准高程引测到盖梁上的操作方法步骤(图 12-32)。

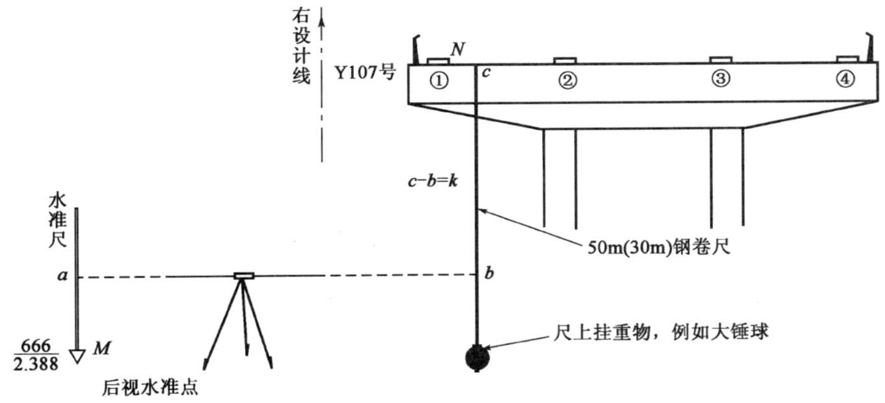

图 12-32　用水准测量把地面水准高程引测到盖梁上示意图

a. 在盖梁边选一点 N,并用油性记号笔做一醒目标志。

b. 由 N 处吊下钢尺,尺下端挂重物(例如大垂球等),将尺吊垂直,并读取 N 处钢尺读数 C。

c. 在桥墩柱适当位置架置水准仪;读取后视水准点上水准标尺读数 a;读取前视钢尺读数 b。

d. 用下述公式计算盖梁上 N 点高程:

$$H_{盖}=H_{后}+a+\text{Abs}(c-b)$$
$$=H_{后}+a+K \tag{12-14}$$

式中：K——钢尺上下两端间的尺长；

Abs——绝对值符号。

e. 上述操作应进行两次。第二次应将钢尺掉头。两次测得的 $H_{盖}$，较差小于 3mm，取中数。

f. 实操案例。

榄右桥 Y107 号墩要浇垫石，要求测量放出垫石设计高程。为此，现场测量员要把地面水准高程引测到盖梁上，现场测得的两次数据如下：

第 1 次：后视点 666，a 读数 1.681，b 读数 0.703，c 读数 8.0；$K=\text{Abs}(8.0-0.703)=7.297$；

第 2 次：后视点 666，a 读数 1.682，b 读数 8.296，c 读数 1.00；$K=\text{Abs}(1.0-8.296)=7.296$。

则：

$$H_{107盖\text{-}1}=2.388+1.681+7.297=11.366$$

$$H_{107盖\text{-}2}=2.388+1.682+7.296=11.366$$

$$H_{107盖中}=(11.366+11.366)\div 2=11.366$$

②在盖梁垫石模板上放出垫石设计高程位置的操作方法步骤如下。

方法一 用"水准前视法"测量盖梁垫石前、后模板（面向桥梁前进方向，大号方为前，小号方为后）顶面高程，减去垫石设计高程，用其差值下量画线即是垫石面设计高程位置[图 12-33a)]。

实操案例：

榄右桥 Y107 号垫石高程放样采用水准前视法测量模板顶高程，其现场实测数据及计算的下量数据详见表 12-11。

方法二 用"水准前视法"测量垫石前、后模板底部盖梁面高程，然后用垫石设计高程减去垫石模板底部高程，用其差值上量画线即是垫石面设计高程位置[图 12-33b)]。

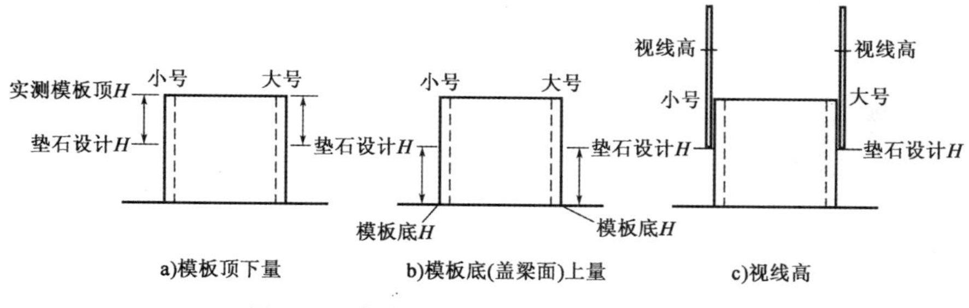

图 12-33 支座垫石设计高程水准仪放样示意图

Y107 号垫石高程水准前视法(测模板顶)放样记录　　表 12-11

桩号	后视(m)	前视(m)	$H_{顶}$(m)	$H_{设}$(m)	下量(m)	备　注
Y107 号	$H_{107号}$					
①大	11.366	0692	11.535	11.487	−0.048	
小	a:0861	0690	11.537	11.487	−0.050	
②大		0756	11.471	11.422	−0.049	
小		0754	11.473	11.422	−0.051	
③大		0822	11.405	11.357	−0.048	
小		0820	11.407	11.357	−0.050	
④大		0885	11.342	11.292	−0.050	
小		0887	11.340	11.292	−0.048	

实操案例：

榄右桥 Y107 号墩垫石高程放样采用水准前视法测量模板底高程，其实测数据及计算的上量数据详见表 12-12。

Y107 号垫石高程水准前视法(测模板底)放样记录　　表 12-12

桩号	后视(m)	前视(m)	$H_{顶}$(m)	$H_{设}$(m)	上量(m)	备　注
Y107 号	$H_{107号}$					
①大	11.366	0842	11.385	11.487	0.102	
小		0839	11.388	11.487	0.099	
②大	b:0861	0907	11.320	11.422	0.102	
小		0906	11.321	11.422	0.101	
③大		0972	11.255	11.357	0.102	
小		0970	11.257	11.357	0.100	
④大		1035	11.192	11.292	0.100	
小		1037	11.190	11.292	0.102	

方法三　用水准仪“视线高法”将垫石设计高程直接放样到垫石前、后模板侧面[图 12-33c)]。

实操案例：

榄右桥 Y107 号垫石高程放样采用水准仪“视线高法”，其放样数据计算详见表 12-13。

上述三种方法现场操作方法步骤，读者可参阅第六章第三节。

Y107 号垫石高程视线高法放样记录 表 12-13

桩 号	后 视		垫石设计高程(m)	视线高(前视读数)	备 注
	点号及高程	后视读数			
Y107 号	$H_{107号}$	0861			大:大号模板侧面
①大	11.366		11.487	0740	小:小号模板侧面
小			11.487	0740	
②大			11.422	0805	
小			11.422	0805	
③大			11.357	0870	
小			11.357	0870	
④大			11.292	0935	
小			11.292	0935	

③注意事项。

规范及设计强调严格按照设计高程设置垫石。为了保证垫石高程精度,现场测量员放样垫石高程时,应注意:

a. 从地面向盖梁上引测高程时,必须正确无错。为此,可从地面上两个已知水准点向盖梁上引测同一个点。例如前述由 666 向 Y107 号盖梁上引测的 *N* 点,可再从 667 或 668 引测到 *N* 点。若另一水准点较远,可先向桥墩附近支一个临时水准点。若支临时水准点困难时,可用前述介绍的两次挂尺法,但是,前后两次挂尺一定要调换尺头。

b. 当在垫石模板上用上述方法划出垫石设计高程面时,令立尺员将标尺零端立在标志上,测出模板标志高程与设计高程比较,其较差应小于3mm。

c. 用水准前视法测垫石模板顶部、底部高程,计算下量、上量数据或用水准视线高法计算垫石高程视线读数时,可用常规手算,但现场作业证明,手算速度慢、出错不易发现。为了计算正确快捷,作者推荐用 f_x—5800P/9750GⅡ型计算器程序计算。

(a)测量垫石模板顶部、底部高程,计算下量、上量数据的程序是:

文件名:H

```
"A="? A:"B="? B ↵
LbI 0 ↵
"C"? C ↵
If C≤0: Then GOTO 1: If End ↵
A+B−C→H ↵
"H=":H ◢
"K"? K ↵
K−H→V ↵
```

```
"V=":V◢
GOTO 0↵
LbI 1↵
"A="? A:"B="? B↵
Goto 0
```

程序中:A——后视已知水准点高程;

B——后视已知水准点上标尺读数(即后视读数);

C——前视任一点上标尺读数(即前视读数);

H——任一点实测高程(例如垫石模板顶底高程);

K——任一点的设计高程(例如垫石设计高程);

V——任一点的 K－H 之差,正为上量,负为下量。

(b)采用水准视线高法计算垫石标高视线读数的程序是:

文件名:SXG

```
"A="? A:"B="? B↵
LbI 0↵
"H"? H↵
If H≤0: Then Goto 1: If End↵
A+B−H→C↵
"C=":C◢
"K"? K↵
K−H→V↵
"V=":V◢
GOTO 0↵
LbI 1↵
"A="? A:"B="? B↵
Goto 0LbI 1↵
"A="? A:"B="? B↵
Goto 0
```

程序中符号意义同上。

上述两程序操作方法步骤,略。读者可用前述表 12-11～表 12-13 中的数据核算。

四、高架桥上部结构施工测量放样

高架桥上部结构施工,即桥面系施工。从测量角度来讲,主要工序是:

(1)吊装预制小箱梁桥箱。

(2)铺装桥面混凝土铺装层即下层铺装,榄右桥小箱梁下层为平均 10cm 钢筋厚 C50 钢筋混凝土整体化铺装层。

(3)吊装边防撞墙钢模,浇筑边防撞墙。

(4)桥面沥青混凝土摊铺,即上层摊铺,榄右桥上层为 10cm 沥青混凝土铺装。

根据桥面系施工工序,现场测量员的任务是配合现场施工员,做好下述工作(图 12-34):

(1)放出盖梁上支座垫石中心线与垂线,控制吊装小箱梁的纵、横方向。

(2)测出支座垫面高程,控制小箱梁面纵、横坡度。

(3)测量小箱梁面高程,控制下层铺装厚度和顶面高程。

(4)放出边防撞墙点位,控制边防撞墙线形;测出边防撞墙所放点位桥面高程,控制边防撞墙高度。

(5)控制桥面上层铺装设计高程。

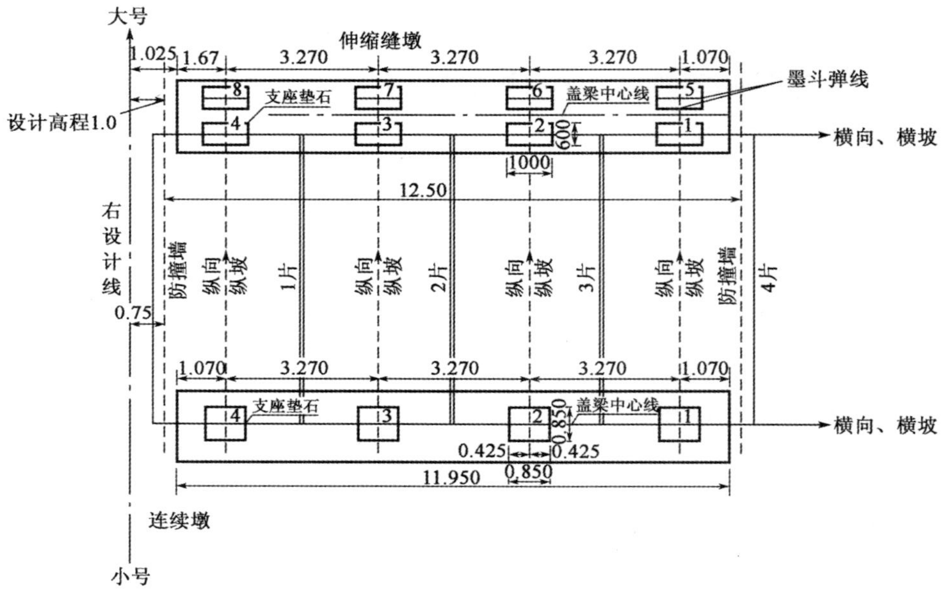

图 12-34　吊装小箱梁测量放样示意图(尺寸单位:m)

(一)吊装预制小箱梁测量放样实操案例

当盖梁上支座垫石浇筑完成并经监理验收合格后,高架桥现场施工进入吊装小箱梁桥箱这道工序。

为了保证小箱梁桥箱吊装准确到位,现场测量员应在桥箱吊装前,认真做好下述工作:

(1)用全站仪坐标法放样功能,把垫石中心线放出并配合现场施工员用墨斗弹线法,把垫石中心线垂线弹在垫石面上。此墨线是安放橡胶支座的依据,也是吊装安放桥箱的依据。因此,应在桥箱吊装前不怕麻烦,做好这项工作。

现场放支座垫石中心线实操案例:

①对于伸缩缝墩。

如图 12-29a)所示，前排（大号侧）只要放出⑤和⑧，后排（小号侧）只要放出①和④垫石中心点，然后用墨斗线用穿线法弹出垫石中心线和垂线（图 12-34）。

②对于连续墩。

如图 12-29b)所示，只要放出①和④垫石的中心点，然后用墨斗线用穿线法弹出垫石中心线和垂线（图 12-34）。

注意：现场现放现算支座垫石中心点坐标时，可参阅本章第三节表 12-9：支座垫石坐标计算。

(2)用水准仪前视法复测垫石面实际高程与垫石面设计高程比较，其较差低于设计高程 1cm 以上者，应采取措施垫高；较差高于设计高程 1cm 以上者，应考虑凿除。垫石面设计高程计算详见本章第三节支座垫石高程计算表 12-10。

(3)必要时，应编制前、后墩支座垫石中心间距，支座垫石面水准实测高程一览表为吊装小箱梁提供资料。

(二)摊铺钢筋混凝土整体化层（下层）测量放样

榄右桥桥面下层为 10cm 厚 C50 钢筋混凝土整体化层。测量放样的任务是控制该层的厚度和顶面高程。为此，现场测量员应按下述顺序操作。

1. 准备资料

(1)施工导线点成果表。

(2)施工水准点成果表。

前已述及，吊装小箱梁前，水准点已由地面引测到盖梁上。当吊装小箱梁后，水准点应引测到桥面上。因此，此处的水准点成果，应是桥面上水准点高程。

(3)桥面放样点设计坐标表（表 12-14）。

此处的桥面放样点是指在桥面铺装上层沥青混凝土、下层钢筋混凝土时，各横断面高程点的平面位置。铺装前，要先在小箱梁放出这些点位，测出实地高程，才能根据设计高程，指挥铺装作业。

图 12-35 是榄右桥 Y108（YK52＋875.6）桥面横断面图（30m 跨先简支后连续小箱梁）。图中：A 是左防撞墙内侧点，C 是右防撞墙内侧点（铺装下层桥面时，防撞墙尚未浇筑），B 是桥面中点。桥面铺装时，只要把每个横断面的 A、B、C 放到实地并测出其实地高程，便可根据设计高程，控制桥面的纵向、横向及高程。

这里的 A、B、C 三点，设计图纸上并没有提供设计坐标和设计高程，它是现场测量员为了桥面铺装施工，自己设计的控制点。因此，桥面铺装前，应事先准备好“桥面放样点设计坐标表”。

(4)桥面放样点设计高程表（表 12-14）。

如前所述，桥面放样点是指图 12-35 中的 A、B、C 点。因此，在桥面铺装前，应事先准备好“桥面放样点设计高程表”。

(5)榄右桥线路纵断面图。

由图可知榄右桥每相隔 20m 桥面的设计高程以及榄右桥纵向走向线形（图 12-36）。

榄横路高架桥右幅桥面点坐标及高程表

表 12-14

里程桩号	墩号	离设计线距离（m）	坐标（m）		高程	离设计线距离（m）	坐标（m）		高程	离设计线距离（m）	坐标（m）		高程
			X	Y	H(m)		X	Y	H(m)		X	Y	H(m)
Y52＋845.6	Y107	0.75	1436.187	8506.372	13.499	7.0	1430.479	8508.917	13.374	13.25	1424.770	8511.462	13.249
Y52＋875.6	Y108	0.75	1448.404	8533.771	13.485	7.0	1442.695	8536.316	13.360	13.25	1436.987	8538.861	13.235
Y52＋1905.6	Y109	0.75	1460.621	8561.170	13.442	7.0	1454.913	8563.716	13.317	13.25	1449.205	8566.261	13.192
Y52＋935.6	Y110	0.75	1472.839	8588.570	13.368	7.0	1467.131	8591.115	13.243	13.25	1461.423	8593.660	13.118
Y52＋965.6	Y111	0.75	1485.057	8615.969	13.267	7.0	1497.348	8618.514	13.142	13.25	1473.640	8621.060	13.017
Y52＋980		0.75	1490.921	8629.121	13.217	7.0	1485.213	8631.666	13.092	13.25	1479.505	8634.211	12.967
Y53＋000		0.75	1499.066	8647.387	13.147	7.0	1493.358	8649.932	13.002	13.25	1487.650	8652.478	12.897
Y53＋020		0.75	1507.211	8665.653	13.077	7.0	1501.503	8668.199	12.952	13.25	1495.795	8670.744	12.827

注：1. 桥面铺装放样点横断面间距，根据施工要求、监理要求确定，一般情况下，直线段断面间距可大些，可选用整桩距 20m、25m、30m 等；也可直接选用墩号断面间距，在曲线段，断面间距可短些，例如 10m、12.5m、15m 等。

2. 本例坐标计算，起算要素是：交点 JD11、交点桩号：K50＋204.118，X＝2400361.074，Y＝516093.4782，半径 R＝4500，转角：3°36′24.6″(Z)、方位角：69°34′27.3″、缓和曲线 V＝0.0（表 1-4）。

3. 本例高程计算，起算要素是：(7)号竖曲线、变坡点桩号 B＝52850、变坡点高程 H＝13.667、前纵坡 I＝0.330％、后纵坡 J＝－0.350％、半径 R＝30000（图 4-6）。

4. 主线路设计高程指左（右）设计线外侧 1m 处。

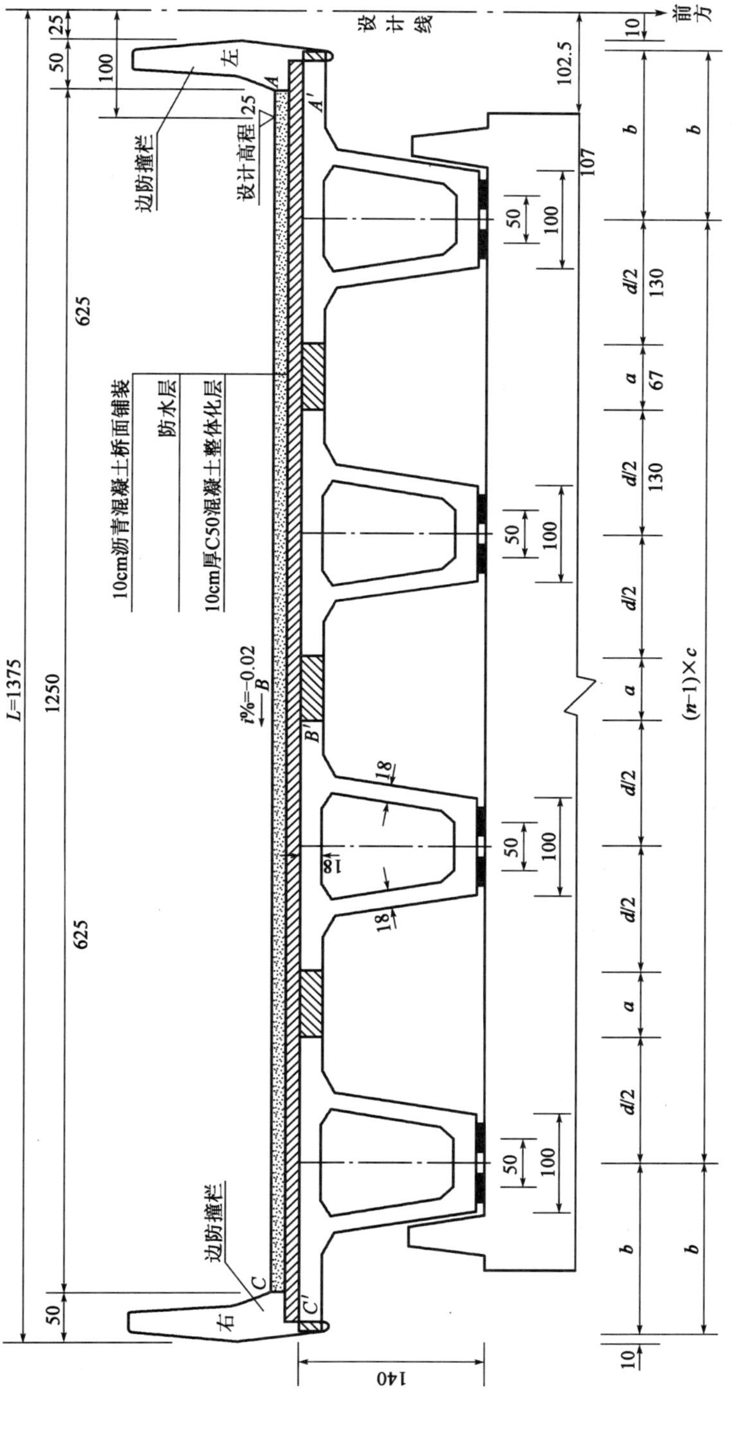

25m跨先简支后连续小箱梁横断面　1:50

图12-35　y108(yk52+875.6)桥面横断面图(尺寸单位:cm)

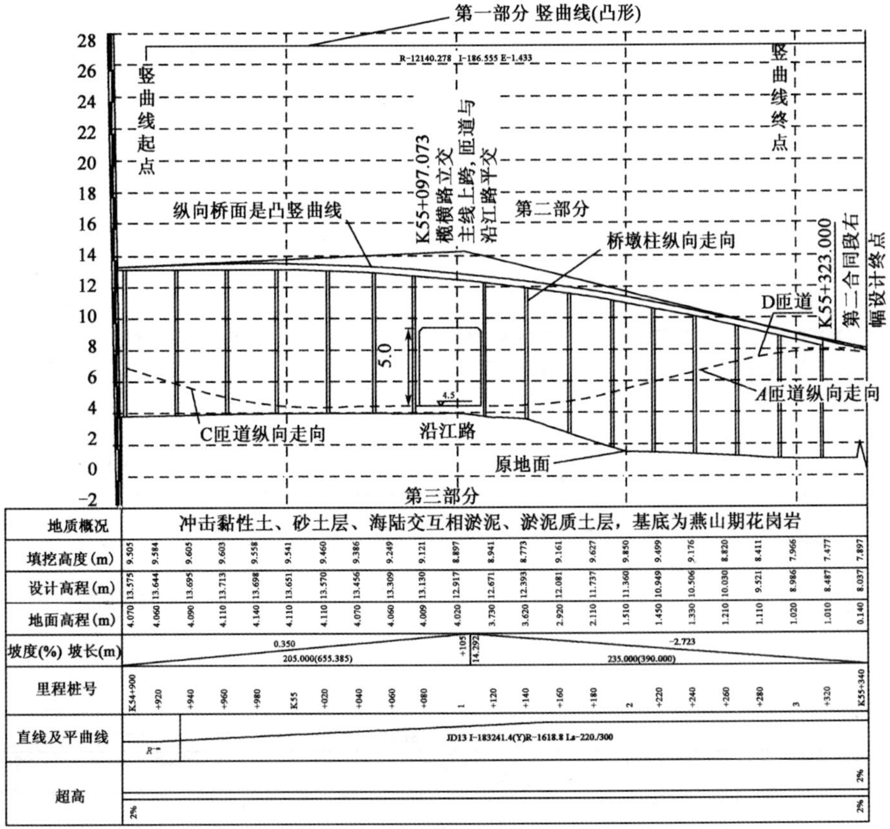

第一部分 竖曲线(凸形)

R-12140.278 I-186.555 E-1.433

竖曲线起点

竖曲线终点

纵向桥面是凸竖曲线

K55+097.073 横路立交 主线上跨，匝道与沿江路平交

第二部分

桥墩柱纵向走向

K55+323.000 第二合同段右幅设计终点

D匝道

5.0

4.5

A匝道纵向走向

C匝道纵向走向

沿江路

原地面

第三部分

地质概况：冲击黏性土、砂土层、海陆交互相淤泥、淤泥质土层，基底为燕山期花岗岩

里程桩号	填挖高度(m)	设计高程(m)	地面高程(m)
K54+900	9.505	13.575	4.070
+920	9.584	13.644	4.060
+940	9.605	13.695	4.090
+960	9.603	13.713	4.110
+980	9.558	13.698	4.140
K55	9.541	13.651	4.110
+020	9.460	13.570	4.110
+040	9.386	13.456	4.070
+060	9.249	13.309	4.060
+080	9.121	13.130	4.009
1	8.897	12.917	4.020
+120	8.941	12.671	3.730
+140	8.773	12.393	3.620
+160	9.161	12.081	2.920
+180	9.627	11.737	2.110
2	9.850	11.360	1.510
+220	9.499	10.949	1.450
+240	9.176	10.506	1.330
+260	8.820	10.030	1.210
+280	8.411	9.521	1.110
3	7.966	8.986	1.020
+320	7.477	8.487	1.010
K55+340	7.897	8.037	0.140

坡度(%) 坡长(m)：0.350，205.000(655.385)；+105 14.292；-2.723，235.000(390.000)

直线及平曲线：R-∞；JD13 I-183241.4(Y)R-1618.8 Ls-220./300

超高：2%；2%；2%

图12-36　路线纵断面图(右幅局部示意)

注：

1.本图尺寸单位均以m计。

2.本图比例：横向为1:2000；纵向为1:200 。

3.本图高程系统采用1985国家高程基准。

4.设计高程点位于设计线右侧1.0m位置。

(6)榄右桥桥型横断面图。

由图知：

①桥面铺装上层、下层关系及厚度。

②横坡：−0.02。

③桥面宽度。

④防撞墙结构尺寸。

⑤前述 A、B、C 三点离设计中线距离。这个距离是计算这些点的坐标和高程的必备条件。

由于桥墩台立柱个数不同(双柱、三柱、四柱等)，桥渐变段小箱梁片数不同(有 4 片、5 片、6 片、7 片等)，桥面放样点 A、B、C 三点距设计线距离不等(图 12-37)。

例如图 12-35，双柱式小箱梁：A 离设计线距离为 0.75；B 为 7.0；C 为 13.25。

图 12-37 中，三柱式小箱梁：A 离设计线距离为 0.75；B 为 9.101；C 为 17.452。

图 12-37 中，四柱式小箱梁：A 离设计线距离为 0.75；B 为 12.302；C 为 23.853。

(7)直线、曲线及转角表。

此表是计算线路上任一点中、边桩的起算数据。只要根据此表以及桥面放样点离设计线距离、夹角、里程桩号，就可计算出桥面上任意一点的坐标。

(8)纵坡、竖曲线表。

此表是计算线路上任意一点的高程的起算数据。只要根据此表以及桥面放样点的里程桩号、离设计线距离，就可计算出桥面上任意一点的高程。

2. 准备仪具

(1)全站仪、双叉式中杆棱镜。

(2)水准仪、塔尺。

(3)f_x—5800P/9750GⅡ型计算器及计算坐标、高程程序。

(4)铁锤、钢钉、油性记号笔、红塑带等。

3. 现场放样

(1)用全站仪坐标放样功能把各横断面的 A、B、C 三点放到小箱梁钢筋网上，扎红塑带醒目标志(图 12-35A'、B'、C')。

注意：全站仪测站点，尽可能利用地面导线点；若通视困难，可用支导线法把测站点引测到小箱梁桥面上。

(2)用水准前视法，测出放样点 A'、B'、C'实地高程与其相应的设计高程比较，计算下层摊铺高度。

注意：表 12-14A、B、C 设计高程是桥面上层顶面高程，应减 10cm 才是下层顶面设计高程。

(3)将下层计算的摊铺高度，书面通知现场施工员。

(三)防撞墙施工测量放样

当桥面下层钢筋混凝土整体化层摊铺完成并经监理验收合格后，桥面系工程便进入边防撞墙施工阶段。

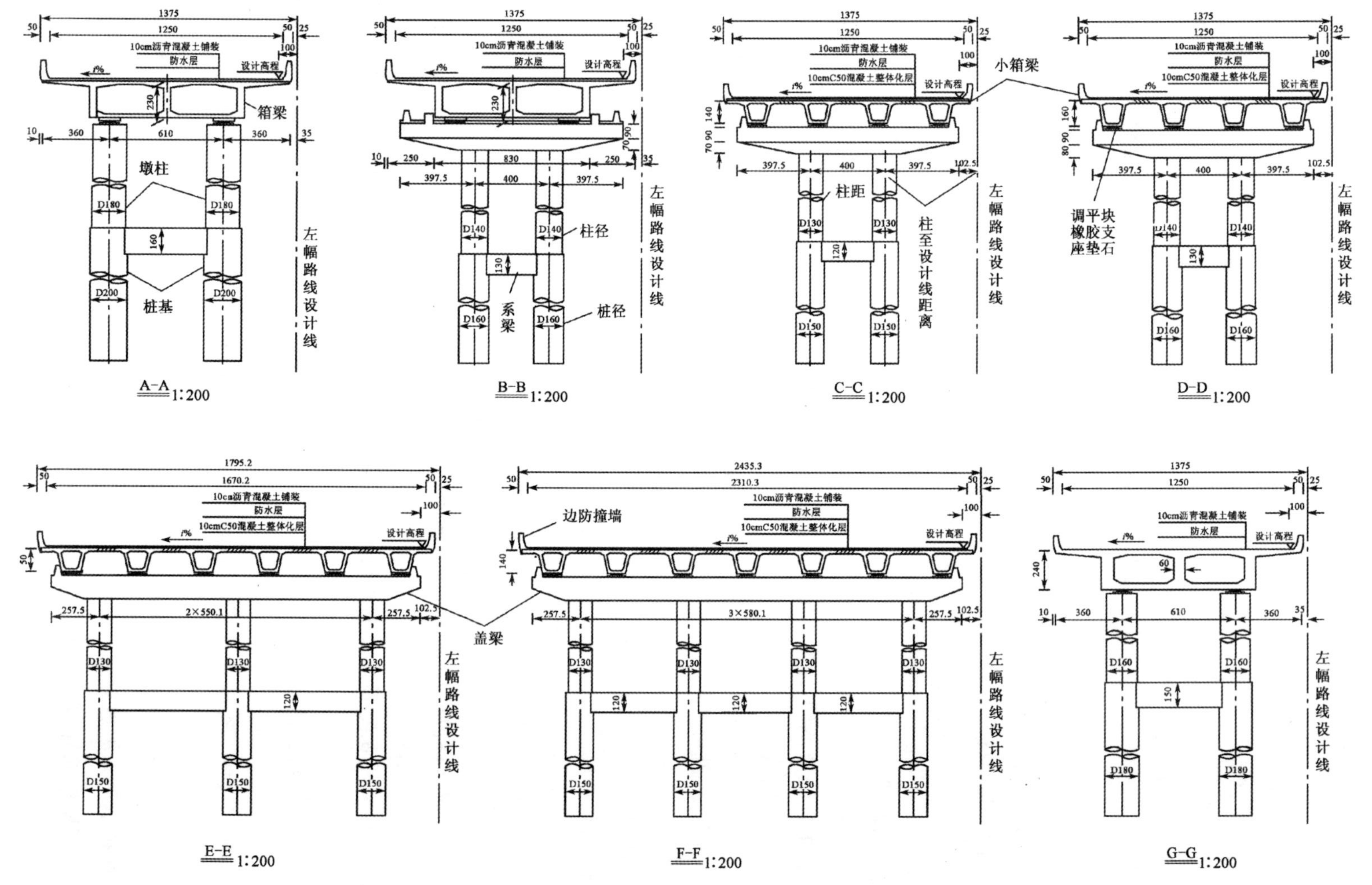

图12-37　桥型横向剖面图(尺寸单位:mm)

防撞墙是最终展现桥梁线形的主体部位，要求线条平顺圆滑。施工时中心轴线点的间距要同定型钢模一致，要注意将对应主梁伸缩缝的位置留出。

防撞墙的线形要以桥中线为依据，用弹线法加以控制。测量放样纵向点间距离，可按施工要求进行。为了曲线部分线形圆滑，应放出曲线主特征点 ZH、HY、QZ、YH、HZ 等。其间点间距应短些。

防撞墙施工中，测量放样的任务：

(1)控制防撞墙线形，在下层桥面上放出防撞墙线形点位。

(2)控制防撞墙顶面高程。

实践中，测量只要放出图 12-35 中(YK52＋875.6 横断面)下层顶面上 A'和 C'，并测出 A'和 C'实地高程，然后将每个横断面的 A'和 C'实地位置及高程，现场移交给现场施工员，由其指挥弹线、装钢模、量高、浇筑防撞墙。

为此，现场测量员应在防撞墙施工放样前准备好如下资料：

(1)直线、曲线及转角表。

(2)纵坡、竖曲线表。

(3)桥面横断面图。

现场放样防撞墙点位时，只要：

(1)准确判断，计算出每个放样点的里程桩号。

(2)准确判断，计算出每个放样点离设计线的距离。

就可采用 f_x—5800P/9750GⅡ型计算器 XY 程序和 ZFLS 程序，计算出每个放样点的坐标和高程，然后利用全站仪坐标法放样功能，放出所需点位并用全站仪测高功能，直接测出所放点位实地高程(由于是控制防撞墙顶面高程，所以用全站仪测高可满足精度)。

(四)摊铺桥面沥青混凝土层(上层)测量放样实操案例

榄右桥桥面上层为 10cm 沥青混凝土铺装。摊铺桥面上层的测量放样任务、操作顺序、资料准备、仪具准备等与桥面下层铺装测量放样作业相同。

需要特别补充的是，在控制上面层顶面设计高程时，除用水准仪前视法测出放样点实地高程外，还可用：

(1)水准仪视线高法，将放样点上层设计高程，直接放到防撞墙上。

(2)水准仪前视法测出放样点相对应的防撞墙顶面高程，下量控制上面层顶面设计高程。

第十三章

排水沟(边沟)工程施工测量

第一节　排水沟(边沟)工程施工测量概述

公路工程有其完整的排水系统。沟渠、管道、桥涵构成的排水系统,应尽可能地排除水对公路造成的危害。尤其是在路基施工期间,为了保持路基经常处于干燥、坚固和稳定状态,必须将影响路基稳定的地面水予以拦截,并排到路基范围之外,防止漫流、聚积和下渗。对于影响路基的地下水,应予以截断、疏干、降低水位,并引导到路基范围以外。为此,规范规定:路基施工中,必须按设计要求首先修建好排水工程以及施工场地附近的临时排水设施,然后再做主体工程。在无条件时,排水工程可与路基同步施工,并使其随施工进度逐步成型。

实践中,线路的排水沟(边沟)、防护工程是在路基工程基本成型后,即路堑、路堤边坡基本成型后才进行排水沟(边沟)的施工。

设计文件中,路基挖方段的排水沟称为边沟,路基填方段的称为排水沟,习惯上统一称为排水沟。

排水沟(边沟)的施工质量,《规范》规定:各类排水设施的位置、断面、尺寸、坡度、高程及使用材料应符合设计图纸要求,其外观质量应符合下列规定:

(1)线形美观,直线线形顺直、曲线线形圆滑。

(2)沟壁平整、稳定、无贴坡。

(3)纵坡顺直,沟底平整,排水畅通,无冲刷和阻水现象。

(4)施工质量,对于土质边沟、截水沟、排水沟应符合表13-1的规定。

土质边沟、截水沟、排水沟施工质量标准　　表13-1

项　次	检查项目	规定值或允许偏差	检查方法和频率
1	沟底纵坡	符合设计要求	水准仪:每200m测8点
2	沟底高程(mm)	+0,−30	水准仪:每200m测8点
3	断面尺寸	不小于设计要求	尺量:每200m测8处
4	边坡坡度	不陡于设计要求	每50m测2处
5	边棱顺直度(mm)	50	尺量:20m拉线,每200m测4处

对于浆砌排水沟、截水沟、边沟，应符合表13-2的规定。

浆砌排水沟、截水沟、边沟施工质量标准　　表13-2

项　次	检查项目	规定值或允许偏差	检查方法和频率
1	砂浆强度	符合设计要求	同一配合比，每台班2组
2	轴线偏位(mm)	50	经纬仪：每200m测8处
3	墙面直顺度(mm)或坡度	30，符合设计要求	20m拉线，坡度尺：每200m测4处
4	断面尺寸(mm)	±30	尺量：每200m测4处
5	铺砌厚度	不小于设计值	尺量：每200m测4处
6	基础垫层宽、厚度	不小于设计值	尺量：每200m测4处
7	沟底高程(mm)	±15	水准仪：每200m测8点

根据排水沟(边沟)施工需求和规范质量标准规定，施工测量在此工作中的主要任务应是：

(1)进行排水沟(边沟)位置放样。

(2)控制排水沟(边沟)线形及外形尺寸。

(3)进行排水沟(边沟)沟底高程放样。

(4)控制排水沟(边沟)沟底高程及纵坡。

第二节　排水沟(边沟)施工放样的依据

排水沟(边沟)现场施工作业中，施工测量放样的依据是：

(1)设计单位提供的“边沟(排水沟)设计表”(表13-3)。

(2)设计单位提供的路基路面排水工程设计图：边沟、排水沟、截水沟(图13-1)。

从上述图表中，可以获取如下资料：

(1)排水沟(边沟)起点桩号、终点桩号及排水沟(边沟)长度。

(2)沟底设计高程。

(3)沟中心至中桩距离。

(4)沟底纵坡坡度及流向。

(5)排水沟(边沟)断面规格：上宽、下宽及高度。

(6)沟墙面与坡脚面之坡度等。

表 13-3

边沟(排水沟)设计表

序号	起讫号右中心桩号	主要尺寸及说明	长度(m)	起点				终点				沟底纵坡		备注
				地面高程(m)	设计高程(m)	沟底设计高程(m)	沟中心至中桩距离(m)	地面高程(m)	设计高程(m)	沟底设计高程(m)	沟中心至中桩距离(m)	坡度(%)	方向	
1	K11+905.5～K11+985.0	梯形排水沟 60cm×80cm(左)	79.50	120.93	125.93	120.63	22.50	126.39	126.39	125.59	13.50	−6.24	↑	沟底纵坡为“+”时水流与路线方向相同用“(↑)”表示 沟底纵坡为“−”时水流与路线方向相反用“(↓)”表示
2	K11+905.5～K11+960.0	梯形排水沟 60cm×80cm(右)	54.50	121.93	125.93	121.63	21.00	126.24	126.24	125.44	13.50	−6.09	↑	
3	K11+985.0～K12+50.0	梯形边沟 50cm×100cm(左)	65.00	126.39	126.39	125.39	13.50	126.75	126.75	125.75	13.50	−0.55	↑	
4	K11+960.0～K12+50.0	梯形边沟 50cm×100cm(右)	90.00	126.24	126.24	125.24	13.50	126.75	126.75	125.75	13.50	−0.57	↑	
5	K12+50.0～K12+141.3	梯形排水沟 60cm×80cm(左)	91.30	126.75	126.75	125.95	13.50	122.26	127.26	121.96	22.50	4.37	↑	
6	K12+50.0～K12+141.3	梯形排水沟 60cm×80cm(右)	91.30	126.75	126.75	125.95	13.50	123.26	127.26	122.96	21.00	3.27	↑	
7	K12+150.7～K12+220.0	梯形排水沟 60cm×80cm(左)	69.30	122.32	127.32	122.02	22.50	127.61	127.61	126.81	13.50	−6.91	↑	
8	K12+150.7～K12+205.0	梯形排水沟 60cm×80cm(右)	54.30	123.32	127.32	123.02	21.00	127.56	127.56	126.76	13.50	−6.89	↑	

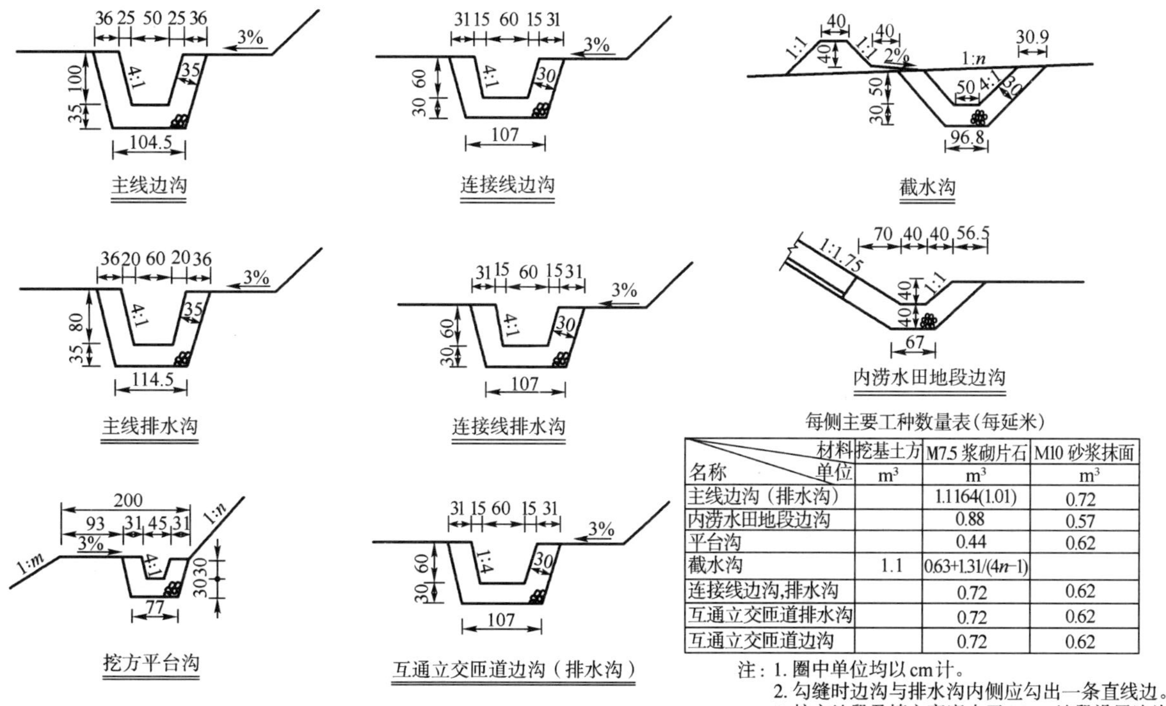

每侧主要工种数量表(每延米)

名称 \ 材料 / 单位	挖基土方	M7.5 浆砌片石	M10 砂浆抹面
	m^3	m^3	m^3
主线边沟（排水沟）		1.1164(1.01)	0.72
内涝水田地段边沟		0.88	0.57
平台沟		0.44	0.62
截水沟	1.1	$0.63+1.31/(4n-1)$	
连接线边沟,排水沟		0.72	0.62
互通立交匝道排水沟		0.72	0.62
互通立交匝道边沟		0.72	0.62

注：1. 圈中单位均以cm计。
2. 勾缝时边沟与排水沟内侧应勾出一条直线边。
3. 挖方地段及填方高度小于80cm地段设置边沟，其余填方路段设置排水沟。

图13-1 路基路面排水工程设计图(边沟、排水沟、截水沟)

第三节　排水沟(边沟)施工放样的实施

一、排水沟(边沟)施工放样的器具及材料

1. 器具

全站仪、水准仪、塔尺、钢尺(皮尺)、计算机、坡度尺等。

2. 材料

竹(木)桩等、铁锤、油性号笔、线绳等。

二、排水沟(边沟)施工放样数据的准备

(一)边沟施工放样数据的准备

设计文件中,路基挖方段的排水沟称为边沟(实践习惯上称排水沟)。边沟施工放样数据准备工作按下述步骤进行:

1. 根据"边沟(排水沟)设计表",搞清楚本施工段的相关数据和资料

(1)边沟起点里程桩号、终点里程桩号及边沟长度。

(2)边沟起点沟底设计高程、终点沟底设计高程。

(3)沟底纵坡度,流水方向。

(4)起点沟中心至中桩距离,终点沟中心至中桩距离。

在此基础上,还要弄清楚该边沟在实地的确切位置。

2. 计算边沟沟底各加桩的设计高程

计算公式:

$$H_i = H_0 + D_i \cdot I \tag{13-1}$$

式中:H_0——边沟起(终)点设计高程;

D_i——边沟沟底任一加桩至起(终)点之间距离;

I——沟底纵坡度,注意流向符号;

H_i——边沟沟底任一加桩的设计高程。

3. 计算边沟沟底加桩设计高程。

【算例 13-1】　××高速公路×标段 K11+960.0～K12+050.0 段右边沟,起点桩号:K11+960.0,沟底设计高程 $H_{起}=125.24$m;终点 K12+050.0,沟底设计高程 $H_{终}=125.75$m;其沟长度为 90m;沟底纵坡为−0.57%;水流与路线方向相反。计算的沟底加桩设计高程见表 13-4。

4. 边沟沟中心平面位置放样数据准备

从"边沟(排水沟)设计表"可知,边沟沟中心至中桩距离在路堑段都是等距离。上例起点 K11+960.0 沟中心至中桩距离为 13.50m;终点 K12+050.0 沟中心至中桩距离也为13.50m。放样时,如果用钢尺拉距法,则此段平面位置放样数据无需准备。如果用全站仪坐标法放沟中心点位,则要用前述第五章第三节坐标计算 xy 程序计算出沟底各加桩点的坐标。

(K11＋960～K12＋050)**边沟设计高程计算**　　表 13-4

桩　号	间距 (m)	沟底纵坡 (%)	沟底设计高程 (m)	沟底中心至中桩距离 (m)
K11＋960.0	0.00	－0.57	125.24	13.50
K11＋975	15.00	－0.57	125.33	13.50
K12＋000	40.00	－0.57	125.47	13.50
K12＋025	65.00	－0.57	125.61	13.50
K12＋050	90.00	－0.57	125.75	13.50

(二)排水沟施工放样数据的准备

设计文件中，路基填方段的水沟叫排水沟。填方排水沟沟底设计高程计算，方法与挖方边沟设计高程计算相同。只是由于排水沟起点与终点的沟中心至中桩距离不相等，据此而放出的排水沟与线路方向斜交(图 13-2)。

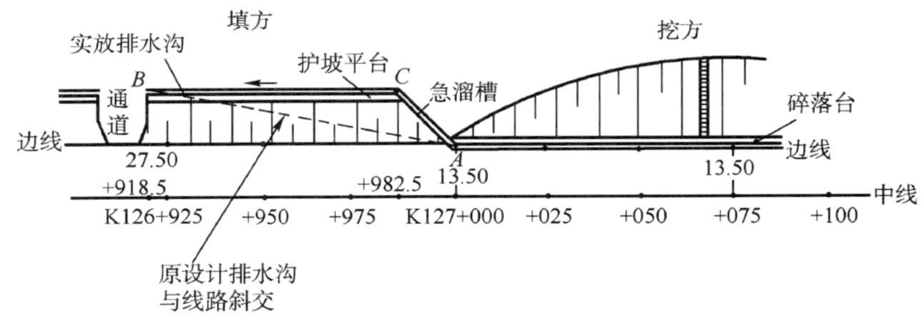

图 13-2　边沟、排水沟放样示意图

图 13-2 中，K127＋000 排水沟起点沟中心至中桩距离为 13.50m，K126＋918.50m 排水沟终点沟中心至中桩距离为 27.50m。据此放出的排水沟 AB 与公路路基方向斜交，造型外观不美观。

实践中是把排水沟中心 AB 放成 CB 位置，再用溜水槽把 A、C 连接。这样根据实地情况放出的排水沟，造型美观，排水功能好，非常实用。

由于填方段实际填后的边坡坡脚与设计的边坡坡脚高程相差较大(往往是填高了)，所以按排水沟设计高程进行沟底中心高程放样不实际。此种情况下，实践中常根据实地情况进行排水沟施工，其沟底高程放样技术详见本节“六”。

三、边沟施工放样的实施

(一)路堑边沟实地放样技术

1. 用钢尺(或皮尺)拉距法标定边沟中心点位——边沟中心平面位置放样

在直线段：

由于边沟中心至中桩距离在每一横断面都相等(例如表 13-1 中边沟中心至中桩距离都是

13.50m)，所以一般情况下，只要放出边沟起点和终点，然后在其间拉一条直线(要求用力均匀拉紧)，每间隔一等距(应与线路中桩间距相同)，加一桩位。如果边沟较长，可 50m 或每百米放一桩，然后拉线加桩。放样方法：

(1)用钢尺(皮尺)自边沟起点(终点)的中桩，沿中桩—边桩方向线均匀用力拉紧尺子，按设计的沟中心至中桩距离定点打桩标志，并在桩侧面用油性号笔书写桩号。

(2)在百米处的中桩，用(1)同样方法标定出沟中心点位。

(3)在相邻沟中心桩间拉一条直线，自边沟起点沿直线用线路中桩间距加桩，并在桩侧书写桩号。

如线路是曲线，此段边沟应与主线路曲线弯向一致。此段边沟放样，仍可用钢尺拉距法标定沟中心点位，只是由于是曲线，应在每个中桩沿边桩方向拉距定桩。且在施工铺砌时，注意交点处应圆滑顺适。

上述边沟中心点位放样，若施工单位有全站仪，也可用全站仪坐标法放出。

2. 用水准前视法标定边沟中心点设计高程——边沟沟底中心设计高程位置放样

(1)用水准前视法测量边沟沟底中心点实地高程 H_i，例如 K11＋975 实地高程 $H=125.46$m。

(2)根据边沟沟底中心点设计高程(表 13-4)及该点的实地高程计算该点应填挖的高度。

计算公式：

$$h = H_{设} - H_i \tag{13-2}$$

式中：$H_{设}$——边沟沟底中心点设计高程；

H_i——与设计高程同一桩位的实地高程。

计算结果为正，应填；为负，应挖。

例如 K11＋975 设计高程 $H_{设}=125.33$m(表 13-4)，则：

$$h = 125.33 - 125.46 = -0.13\text{m}$$

(3)根据计算的 h，在桩位上标出沟底中心点设计高程面。

此例中 $h=-0.13$m，说明该点应下挖 0.13m 才是该点设计高程面。

为了控制下挖深度，作业中是把该点实地测点标定在沟内侧碎落台的帮壁上(图 13-3)。

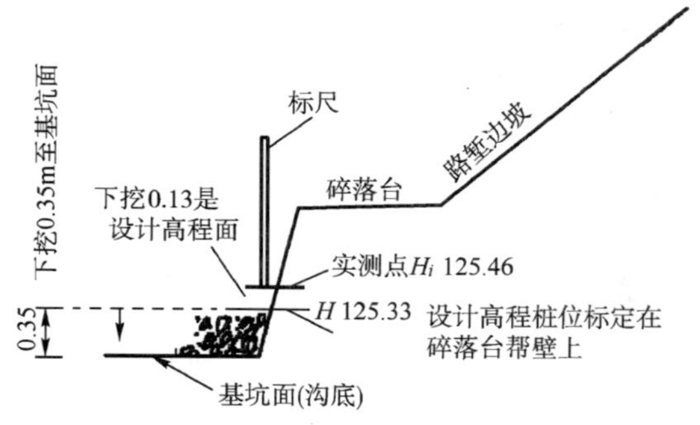

图 13-3 边沟沟底中心点设计高程放样

（4）根据实地沟底中心点设计高程面，控制边沟沟底基础面。从边沟设计图知，边沟基础厚 0.35m，就是说，应从边沟沟底设计高程面下挖 0.35m 才是基础坑面（图 13-3）。

（二）边沟沟底设计高程放样注意事项

在线路直线段进边沟沟底设计高程放样时，不需对每个桩位都标定沟底设计高程面。实践作业中是每隔 50m 标定一个沟底设计高程面，然后将相邻两点设计高程面用线绳连接拉紧（注意线绳不能下垂），以指示下挖基础坑并指导铺砌基础面至拉绳高度。

在曲线段进行边沟沟底设计高程放样时，应将每个沟底中心点都放出来，然后将相邻两点用线绳连接拉紧，以指导下挖基础坑及铺砌基础面至拉绳高度。

四、排水沟施工放样的实施

1. 根据实际地形选定排水沟位置

如前所述，路堤排水沟的起点与终点的中桩至沟中心的距离不相等，排水沟的位置将与线路斜交（图 13-2AB 排水沟）。此种情况下，在征得项目部、监理实地勘察同意后，可根据需要结合现场地形另行进行排水沟选址，选定的排水沟离路基要尽可能远一些，避免水溢流到路基上。在平面上要力求直接，需拐弯时要尽可能做成弧形，尽量圆顺，使排水顺畅。

实践中，排水沟的位置多以路线构造物（例如盖板涵、通道等）八字口的外边缘而定，并使排水沟与线路走向基本平行（图 13-2 排水沟 CB）。

2. 排水沟沟底高程放样技术

由于排水沟的位置是根据实地条件而选定的，因此排水沟沟底高程需重新测量设计。其方法步骤如下。

（1）实测排水沟两端点实地高程，并用皮尺丈量沟基长度，计算沟底纵坡坡度。

例如图 13-2 中，C 点桩号为 K126＋982.5，其实测高程 H_C＝117.80m；B 点桩号为 K126＋918.5，其实测高程 H_B＝116.76m；CB 间长度为 K126＋982.5－K126＋918.5＝64m（实际丈量也是 64.0m）。据此，用下式计算 CB 纵坡坡度：

$$i=\frac{H_c-H_B}{D} \tag{13-3}$$

此例：

$$i=\frac{117.80-116.76}{64}=0.01625$$

根据设计图及实地地形，决定其流向为由 C 流向 B，然后由通道排出，因此，CB 纵坡坡度为－0.01625。

（2）根据排水沟两端点实测高程及其纵坡坡底和沟中心点间距，计算沟面设计高程（表 13-5 第 1、2、3、4 列）。

（3）根据沟面设计高程及排水沟设计图中的深度（一般为 0.80～1.00m），计算沟底设计高程（表 13-5 第 5、6 列）。

（4）实地标定沟底各桩位，并用水准前视法测出各桩位实地高程（表 13-5 第 7 列）。

（5）根据沟底设计高程、同桩位的实地高程及沟基础厚度，计算下挖深度（表 13-5 第 6、7、8、9 列）。

排水沟沟底设计高程及下挖深度计算　　表 13-5

桩　号	间距(m)	纵坡	沟面设计高程(m)	设计沟深(m)	沟底设计高程(m)	实地高程(m)	沟基厚(m)	下挖深(m)
	D_i	%	$H_上=H_0+D\cdot I$	V	$H_下=H_上-V$	$H_测$	N	$h=H_测-H_下+N$
K126+918.5	0	1.625	116.76	0.8	115.96	116.76	0.35	1.15
K126+925	6.5	1.625	116.87	0.8	116.07	116.90	0.35	1.18
K126+950	31.5	1.625	117.27	0.8	116.47	117.32	0.35	1.20
K126+975	56.5	1.625	117.68	0.8	116.88	117.57	0.35	1.04
K126+982.5	64	1.625	117.80	0.8	117.00	117.80	0.35	1.15

注：下挖深还可按公式：$h=H_测-(H_下-N)$检查计算。

(6)将下挖深度用书面形式通知施工人员开挖排水沟沟基。

(7)沟基挖成后，在沟基边墙上用水准“视线高法”放出沟底设计高程位置(直线每隔 50 放一点，曲线每桩都放)，用竹签标出。或实测沟壁竹签高程，计算出沟底设计高的位置，详见图 13-4。

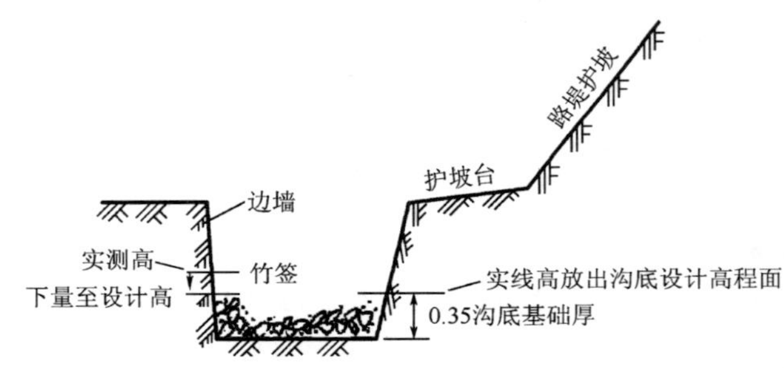

图 13-4　排水沟沟底设计高程放样图

第十四章

改路工程施工测量概述

第一节　改路工程施工测量概述

在公路建设中，经常遇到新建公路与原公路、乡村公路、乡村便道、小路相交叉的问题。在此种情况下，通常是用桥梁、通道、盖板涵之类的构造物来解决。由于新建公路的桥涵选址因素较复杂，使得桥涵新址与原公路、乡村公路、便道、小路的地址不一致，这就要求原公路、乡村公路等要服从于新建公路的走向，使乡村路线位置服从新建公路的桥涵位置，因此，就需要原公路、乡村公路改道通过新建公路的桥涵。因为新建公路的桥涵而使原乡村公路改线的工作，称之为改路(道)工程，习惯上称为“支线”工程。

支线一般长度在500m以下，属普通公路等级。实践施工中，“支线工程”有下述两种情况：

(1)有设计资料的改路工程。

(2)没有设计资料的改路工程。

在改路工程施工中，施工测量的任务主要是：

1. 对于有设计资料的改路工程，施工测量的主要任务

(1)根据改路设计图的要求，控制改路线形及走向，并结合实地现状，接顺原有道路。

(2)根据改路设计图的要求，控制改路的路面高程。

2. 对于没有设计资料的改路工程，施工测量的主要任务

(1)根据原有道路与新建公路桥涵位置之间的关系，结合实际地形，选择改路线形及走向。

(2)测量实地选定的改路纵向高程，进行线路纵向高度设计，并付诸实施。

第二节　有设计资料的改路工程施工测量的实施

一、收集改路工程设计资料及实地勘察

改路工程设计图件与主线路设计图件是由同一设计部门设计，并同时一并下达给施工单位的。一般情况下，改路设计图件主要有：

①改路平面总体设计图(图 14-1)。
②改路纵断面图(图 14-2)。
③改路直线、曲线及转角表(表 14-1)。
④改路横断面结构图(图 14-3)。

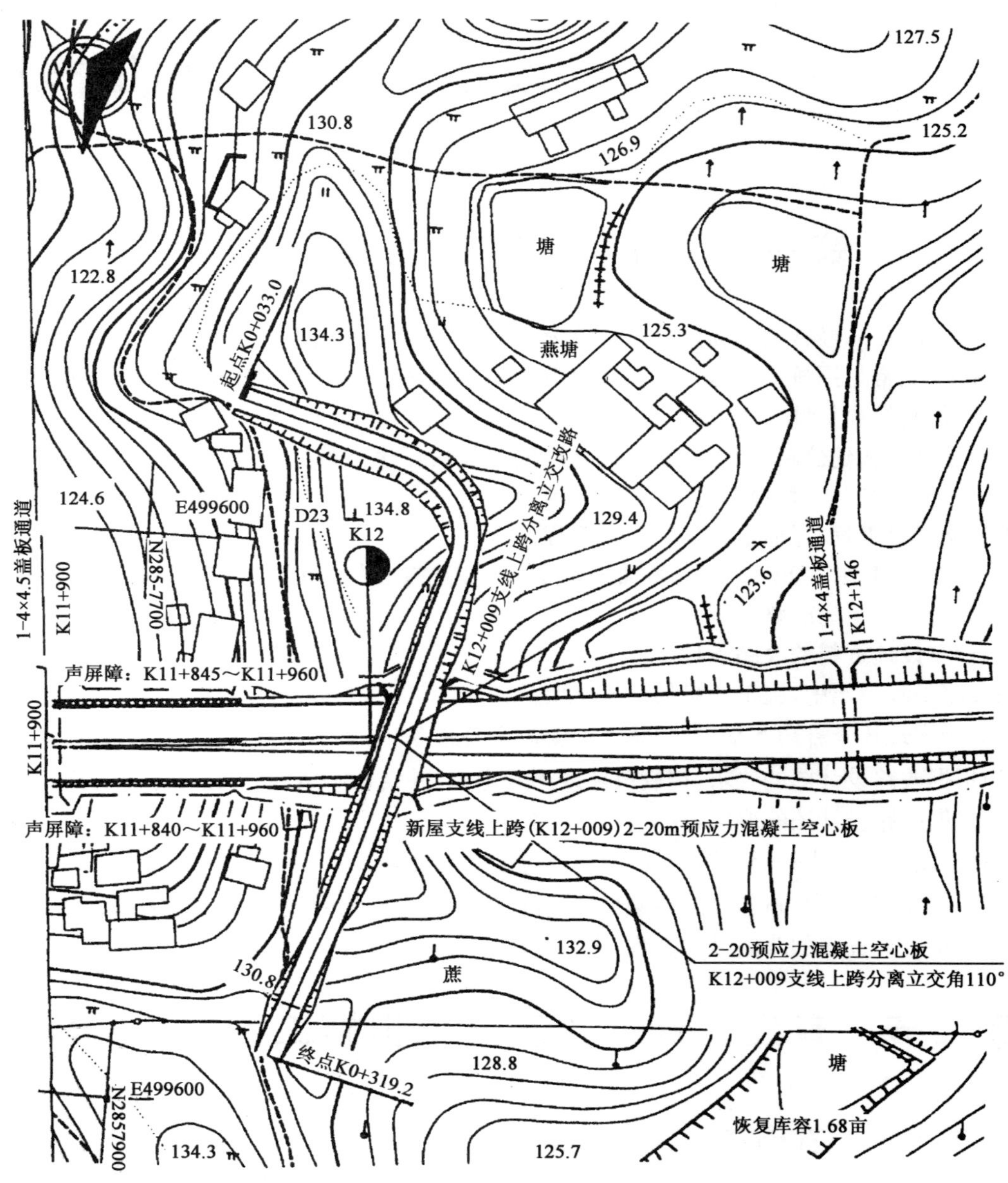

图 14-1 改路平面总体设计图

表 14-1

直线、曲线及转角表(分离立交)

交点号	交点坐标		交点桩号	转角值	曲线要素值(m)						曲线位置					直线长度及方向			测量断链		备注
	X	Y			半径	缓和曲线长度	切线长度	曲线长度	外距	校正值	第一缓和曲线起点	第一缓和曲线终点或圆曲线起点	曲线中点	第二缓和曲线或圆曲线终点	第二缓和曲线起点	直线长度(m)	交点同距(m)	计算方位角(°′″)	桩号	增减长度(m)	
	K12+009 支线上跨分离立交交角 110° K12+009=支线 K0+200																				
起点	2857650	499573	K0+033.02																		
JD_1	2857675.594	499494.173	K0+033.02	右 85°57′18″	30	0	27.953	45.006	11.005			K0+087.945	K0+110.447	K0+132.950		99.405	144.995	13°56′34″			
JD_2	2857816.317	499529.11	K0+249.992	右 04°29′19″	450	0	17.636	35.255	0.345			K0+232.356	K0+249.983	K0+267.610		51.598	69.235	18°25′54″			
终点	2857882	499551	K0+319.209																		施工时要注意与老路接顺
	K12+440 支线上跨分离立交交角 90° K12+440=支线 K0+200.236																				
起点	2857576	499079	K0+069.20													59.554	80.802	15°34′11″			
JD_1	2857653.837	499100.688	K0+150.002	左 26°34′03″	90	0	21.248	41.732	2.474			K0+128.754	K0+149.620	K0+170.486		60.375	153	349°00′08″			
JD_2	2857804.027	499071.5	K0+302.238	右 89°30′14″	72	0	71.379	112.474	29.385			K0+230.858	K0+287.095	K0+343.332		134.244	205.624	78°30′22″			
终点	2857845	499273	K0+477.577																		

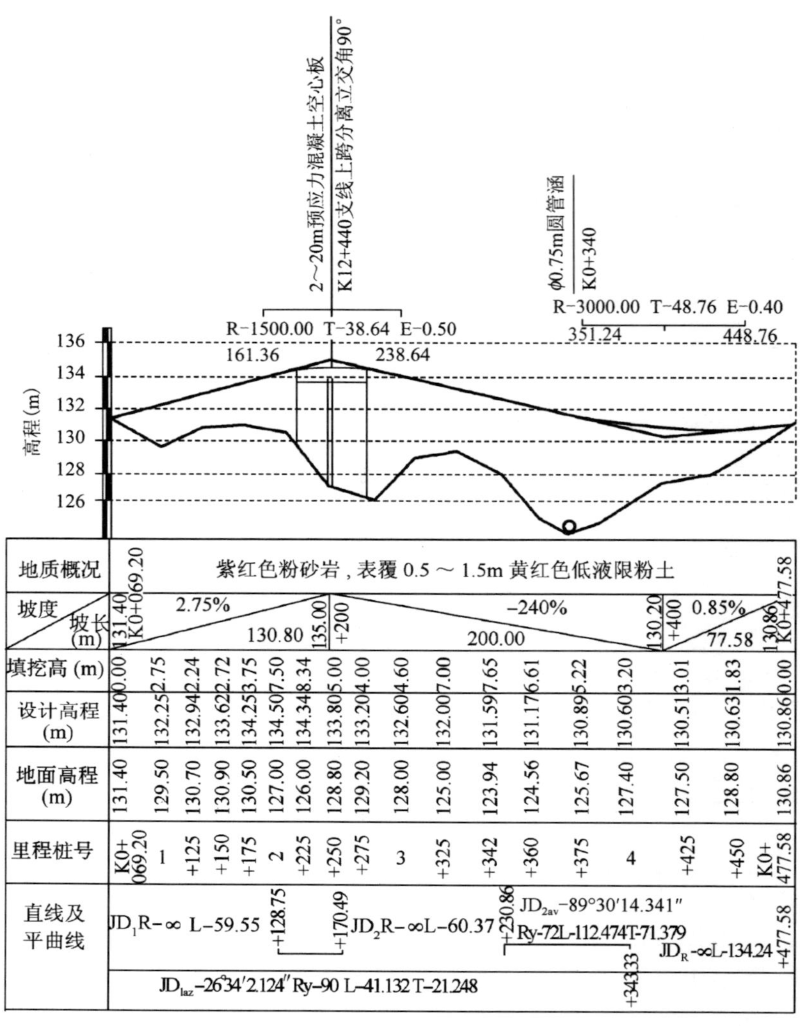

图 14-2　改路纵断面图

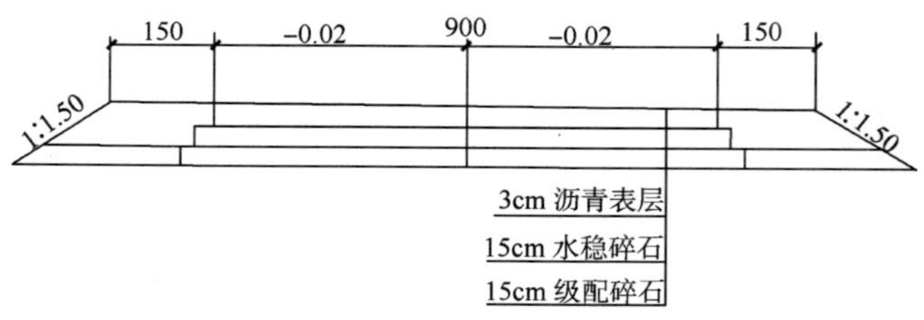

图 14-3　改路横断面结构图(尺寸单位:cm)

在取得改路工程有关设计图件并全面熟悉后，还应到改路实地现场进行勘察，弄清以下内容：

(1)改路线路实地起点、终点位置，考虑与原有老路接顺方案。

(2)改路线路概貌。沿线农田、作物、植被、水沟、鱼塘、通信设施等分布情况，考虑施工方案。

(3)附近已知导线点、水准点情况，考虑施工放样方案。

二、准备改路工程放样数据

1. 计算改路支线中桩坐标 X 与 Y。

改路中桩坐标 X、Y 值计算的依据是：改路直线、曲线及转角表。

从该表中，查取改路线路交点元素：交点的里程桩号、交点的 X、Y 坐标值：转角、半径，缓和曲线长以及前直线段的方位角，以此作为计算改路线路上任一点坐标的起算数据。

(1)绘制交点示意图，掌握计算坐标所需要素，弄清计算范围。

绘制交点示意图的依据：

①直线、曲线及转角表。

②线路平面总体设计图。

交点示意图见图 14-4。

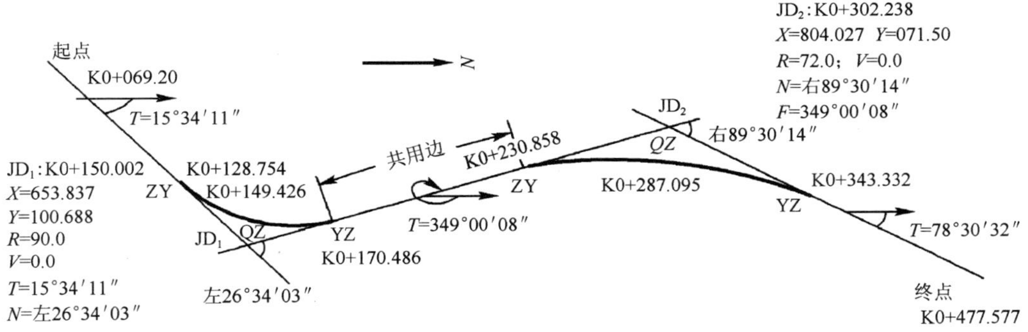

图 14-4　改路线路交点示意图

此交点示意图，是××高速公路某分离立交改路工程 K0＋069.2～K0＋477.577 线路示意图。

由图知：

①依 JD_1 为起算点，计算线路任一点 x 与 y 坐标值时，其计算起算要素是：

JD_1 的里程桩号　　Q＝K0＋150.002

JD_1 的 X 坐标值　　W＝653.837

Y 坐标值　　K＝100.688

JD_1 处的曲线半径　　R＝90

前直线段的方位角(即起点至 JD_1 边的方位角)：

$F=15°34'11''$

JD$_1$ 的转角　　$N=$左 $26°34'03''$

缓和曲线长度　　$V=0.000$

计算范围是：

线路起点 K0＋69.20 至 JD$_2$ 处曲线 ZY 点(K0＋230.858)之间的直线段和曲线段上任意一点的 x、y 值。

②以 JD$_2$ 为起算点，计算线路任一点 x 与 y 坐标值时，其起算要素是：

JD$_2$ 的里程桩号　　$Q=$K0＋302.238

JD$_2$ 的 x 坐标值　　$W=804.027$

y 坐标值　　$K=71.50$

JD$_2$ 处的曲线半径　　$R=72$

前直线段方位角(即 JD$_1$～JD$_2$ 边方位角)：

$F=349°00'08''$

JD$_2$ 的转角　　$N=$右 $89°30'14''$

缓和曲线长度　　$V=0.000$

计算范围是

JD$_1$ 处曲线 YZ(K0＋170.486)至线路终点 K0＋477.577 之间的直线段和曲线段上任意一点的 x、y 值。

③相邻两交点之间的直线段是共用边，例如图 14-4 中的 YZK0＋170.486～ZYK0＋230.858，在此共用边上，用相邻两交点分别计算同一点的坐标值应相等。这一特征可用来检验坐标计算过程中的正确性。在用一个交点的要素计算坐标时，应先计算一个共用点的坐标，以此来保证计算坐标的准确无误。

例如图 14-4 中，前 YZ：K0＋170.486 至 ZY：K0＋230.858 共用边上，YZ：K0＋170.486 的 $X=674.695$，$Y=096.634$；ZY：K0＋230.858 的 $X=733.958$，$Y=085.117$，由 JD$_1$、JD$_2$ 分别计算，其值相等，说明计算正确。

(2)采用 f_x—5800P/9750GⅡ型计算器“坐标计算程序”，计算改路线路上任一点的 x、y 坐标值，将计算数据填入“坐标放样数据表”。

“坐标放样数据表”是外业用全站仪进行点位平面位置放样的依据，一定要数字工整、清晰、记录正确无错。

“坐标放样数据表”样式见表 14-2，也可根据使用方便，自行编制。

表中所举示例，是××高速公路××分离立交改路工程 K0＋069.20～K0＋477.577 段线路平面坐标放样数据计算成果。

用 f_x—5800P/9750GⅡ型计算器坐标计算程序计算点位坐标的方法步骤详见第五章第三节八。

如果使用 f_x—5800P/9750GⅡ型计算器，全站仪技术熟练，放样经验丰富，可在测站上一边计算，一边输入，一边放样，不必事先计算坐标放样数据。

如果使用经纬仪配测距仪进行改道线路平面放样，则要在放样前事先准备好极坐标放样点位平面位置数据，其计算方法详见第五章第三节七。

坐标放样数据表(采用 f_x—5800P 型计算器)　　表 14-2

<table>
<tr><th>桩　号</th><th>X(m)</th><th>Y(m)</th><th colspan="4">说　明</th></tr>
<tr><td>K0+069.20</td><td>576.000</td><td>079.000</td><td colspan="4" rowspan="13"> 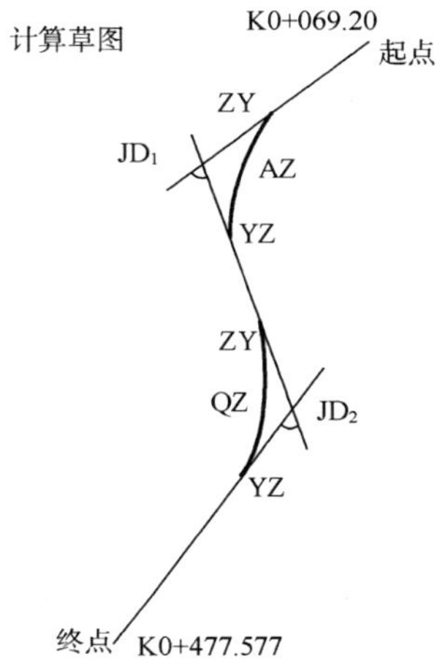计算草图
K0+069.20
起点
ZY
JD₁
AZ
YZ
ZY
QZ
JD₂
YZ
终点
K0+477.577</td></tr>
<tr><td>+075</td><td>581.587</td><td>080.557</td></tr>
<tr><td>+100</td><td>605.670</td><td>087.267</td></tr>
<tr><td>+125</td><td>629.752</td><td>093.977</td></tr>
<tr><td>ZY+128.754</td><td>633.369</td><td>094.985</td></tr>
<tr><td>QZ+149.620</td><td>653.936</td><td>098.216</td></tr>
<tr><td>+150</td><td>654.316</td><td>098.230</td></tr>
<tr><td>YZ+170.486</td><td>674.695</td><td>096.634</td></tr>
<tr><td>+175</td><td>679.126</td><td>095.773</td></tr>
<tr><td>+200</td><td>703.667</td><td>091.004</td></tr>
<tr><td>+225</td><td>728.208</td><td>086.235</td></tr>
<tr><td>ZY+230.858</td><td>733.958</td><td>058.117</td></tr>
<tr><td>+250</td><td>753.010</td><td>083.991</td></tr>
<tr><td>+275</td><td>777.127</td><td>090.085</td><td>起算要素</td><td>程序符号</td><td>JD₁</td><td>JD₂</td></tr>
<tr><td>QZ+287.095</td><td>787.699</td><td>095.931</td><td>交点里程桩号</td><td>Q</td><td>K0+150.002</td><td>K0+302.238</td></tr>
<tr><td>+300</td><td>797.730</td><td>104.022</td><td>交点 x 坐标</td><td>W</td><td>653.837</td><td>804.027</td></tr>
<tr><td>+325</td><td>812.362</td><td>124.139</td><td>交点 y 坐标</td><td>K</td><td>100.688</td><td>071.50</td></tr>
<tr><td>YZ+343.332</td><td>818.250</td><td>141.447</td><td>半径</td><td>R</td><td>90</td><td>72</td></tr>
<tr><td>+350</td><td>819.579</td><td>147.981</td><td>方位角</td><td>F</td><td>15°34′11″</td><td>349°00′08″</td></tr>
<tr><td>+375</td><td>824.560</td><td>172.480</td><td>转角</td><td>N</td><td>左 26°34′03″</td><td>右 89°30′14″</td></tr>
<tr><td>+400</td><td>829.542</td><td>196.979</td><td>缓和曲线长</td><td>V</td><td>0.00</td><td>0.00</td></tr>
<tr><td>+425</td><td>834.524</td><td>221.477</td><td>转角条件</td><td>$G^{左-1}_{右1}$</td><td>−1</td><td>1</td></tr>
<tr><td>+450</td><td>839.505</td><td>245.976</td><td>中至边桩距离</td><td>S</td><td>0</td><td>0</td></tr>
<tr><td>+475</td><td>844.487</td><td>270.475</td><td>所求点桩号</td><td>H</td><td></td><td></td></tr>
<tr><td>K0+477.577</td><td>845.000</td><td>273.00</td><td>夹角</td><td>$E^{右+}_{左-}$</td><td>0</td><td>0</td></tr>
</table>

由于改道支线路面不宽，一般为4～12m，所以外业通常只放中桩，边桩则要现场测量员放出，因此一般不准备边桩坐标数据。

2. 计算改路支线高程放样数据

计算改路支线各桩位的设计高程的依据：

①改路纵断面图。

改路纵断面图给出了如下数据(图14-2)：

a. 改道支线每隔一定间距的中桩设计高程。

b. 改道支线变坡点的里程桩号及高程。

c. 变坡点两侧的纵坡度。

d. 竖曲线的要素等。

②改路横断面结构图。

改路横断面图给出了如下数据(图14-3)：

a. 路面各结构层的厚度。

b. 路面横坡度。

c. 路基边坡坡度。

d. 路面宽度。

依据图14-2和图14-3给出的要素数据，可以计算改路支线上任意一点的中桩、左右边桩的设计高程。其方法步骤是：

(1)绘制竖曲线示意图，掌握计算高程所需要素，弄清计算范围。

依据“线路纵断面图”，绘制竖曲线示意图。

竖曲线示意图图例见图14-5。将竖曲线图绘制在“高程数据记录簿”前页，用起来非常方便。

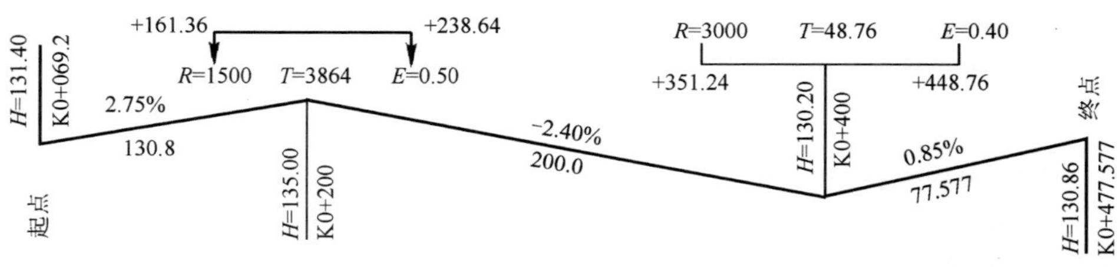

图14-5　竖曲线示意图(注：H为路面设计高程)

此竖曲线示意图，是××高速公路××分离立交改路工程K0＋069.2～K0＋477.577线路竖曲线示意图。

①该改路线路有两个竖曲线。

用第一个竖曲线计算线路上任意一点的设计高程时，其计算要素是：

变坡点的高程　　　　H＝135.00m

变坡点的里程桩号　　B＝K0＋200m

竖曲线半径　　　　R＝1500m

前纵坡坡度　　　　I＝2.75%

后纵坡坡度　　　　　　　　　$J=-2.40\%$

计算范围是：线路起点 K0＋069.20 至第二个竖曲线起点 K0＋351.24 之间的直线段、圆曲线、竖曲线上任意一点的中桩设计高程。

用第二个竖曲线计算线路上任意一点的设计高程时，其计算要素是：

变坡点的高程　　　　　　　　$H=130.20\text{m}$

变坡点的里程桩号　　　　　　K0＋400m

竖曲线半径　　　　　　　　　$R=3000\text{m}$

前纵坡坡度　　　　　　　　　$I=-2.40\%$

后纵坡坡度　　　　　　　　　$J=0.85\%$

计算范围是第一个竖曲线的终点（K0＋238.64）至改路线路终点（K0＋477.577）之间的直线段、图曲线、竖曲线上任意一点的中桩设计高程。

②相邻两竖曲线之间的直线段是共用边，例如图 14-5 中第一个竖曲线的终点（K0＋238.64）至第二个竖曲线的起点（K0＋351.24）。在此共用边上任意一点的设计高程由两相邻竖曲线要素计算应相等，这一特征可用来检验设计高程计算过程中的正确性。在用一个竖曲线的要素计算设计高程时，应先计算一个共用点的设计高程，以此来保证计算设计高程的准确无错。

例如图 14-5 中，K0＋238.64（第一个竖曲线终点）：$H_{基中}=133.743\text{m}$；K0＋351.24（第二个竖曲线起点）：$H_{基中}=131.040\text{m}$；用第一个竖曲线和第二个竖曲线分别计算，其值相等，说明计算正确。

(2)计算改路各结构层中边桩设计高程。

计算改路各结构层中边桩设计高程的依据是：改路横断面结构图；改路纵断面图。

图 14-3 是××高速公路××分离支线“改路横断面图”，由图知，该支线各结构层：

①3cm 沥青表层。

②15cm 水稳碎石（水稳层或称基层）。

③15cm 级配碎石（底基层）。

④其最下层是路基。

据此可知各结构层设计高程是：

水稳层（基层）　　$H_{稳}=H_{沥面}-0.03$

碎石层（底基层）　$H_{底}=H_{沥面}-(0.03+0.15)$

路基　　　　　　　$H_{路基}=H_{沥面}-(0.03+0.15+0.15)$

式中：　$H_{沥面}$——改路沥青路面中桩设计高程，在“改路纵断面图”设计高程栏查取；

0.03——沥青路面至水稳层（基层）的厚度（cm）；

(0.03＋0.15)＝0.18——沥青路面至底基层的厚度；

(0.03＋0.15＋0.15)＝0.33——沥青路面至路基的厚度。

施工单位根据自己所做的层面，选用所需厚度，计算自己所做层面的设计高程。本节算例是计算改路路基的设计高程。

(3)计算改路各结构层中桩至边桩的宽度。

计算改路各结构层中桩至边桩的宽度，必须先计算路面的宽度，然后根据路面至各结构层的厚度及边坡坡度来计算各结构层的中桩至边桩的宽度。

由“改路横断面结构图”(图 14-3)知：

①路面宽度 B。

$B=9.00+(1.5\times2)=12.00$m(含土路肩，路面施工时应减去土路肩；$1.5\times2=3.0$m)；

则半幅路面宽 b：$b=B/2=6.0$m(含土路肩 1.5m)。

②路面至各结构层厚。

至水稳层：0.03m；

至底基层：0.03＋0.15＝0.18m；

至路基：0.03＋0.15＋0.15＝0.33m。

③边坡坡度 I。

$$I=1:1.5$$

④路面横坡度 i。

$$i=-0.02$$

根据上述①、②、③数据，计算改路各结构层的中心至边桩的距离是：

水稳层

$b_{稳}=\dfrac{b}{2}+h_{\mathrm{i}}\cdot I$

$=6.0+(0.03\times1.5)=6.05$m(施工中要减去土路肩宽 1.5m)

底基层

$b_{底}=\dfrac{b}{2}+h_{\mathrm{i}}\cdot I$

$=6.0+(0.18\times1.5)=6.27$m(施工中要减去土路肩宽 1.5m)

路基

$$b_{路基}=\frac{b}{2}+h_{\mathrm{i}}\cdot I=6.0+(0.33\times1.5)=6.50\mathrm{m}$$

计算改路各结构层的中桩至边桩距离的目的作用是：

①施工中控制各结构层路幅宽度。

②便于计算各结构层边桩坐标。

③便于计算各结构层边桩的设计高程。

(4)采用 f_x—5800P/9750GⅡ型计算器“直竖联算程序”，计算改路线路上任意一点的中桩，左右边桩的设计高程，将计算数据填入“高程放样数据表”。

“高程放样数据表”是外业用水准仪进行线路点位高程位置放样的依据，一定要计算正确，记录无错误，数字要工整、清晰。其样式见表 14-3。

表中所举算例，是××高速公路××分离立交改路工程 K0＋069.20～K0＋477.577 段路基设计高程放样计算成果。

用 f_x—5800P/9750GⅡ型计算器“直竖联算程序”计算线路上任意一点的中桩，左右边桩设计高程的操作方法步骤详见第五章第二节三。

××改路工程路基设计高程计算表　　表 14-3

竖曲线示意图	计 算 要 素	K0+200 竖曲线	K0+400 竖曲线
前纵　起　终　后纵(前纵)　起　终　后纵(前纵)　H B　H B 凸形　凹形	变坡点高程 H	135.00	130.200
	变坡点桩号 B	K0+200	K0+400
	竖曲线半径 R	1500	3000
	前纵坡度 I	2.75%	−2.40%
	后纵坡度 J	−2.40%	0.85%
	路面至路基厚 N	0.33	0.33
	半幅路宽 M	6.50	6.50
	横坡度 E	−0.02	−0.02
	所求点桩号	L	L

$H_{(左)}$(m)	横坡边距(m)	桩号	$H_{中}$(m)	横坡边距	$H_{右}$(m)
130.943	6.50	K0+069.20	131.073		
131.103		+075	131.233		
131.790		+100	131.920		
132.478		+125	132.608		
132.581		ZY+128.754	132.711		
133.155		QZ+149.620	133.285		
133.165		+150	133.295		
133.701		YZ+170.486	133.831		
133.791		+175	133.921		
134.043		+200	134.173		
133.878	横坡度−0.02	+225	134.008		
133.779		ZY+230.858	133.909		
133.340		+250	133.470		
132.740		+275	132.870		
132.450		QZ+287.095	132.580		
132.140		+300	132.270		
131.540		+325	131.670		
131.100		YZ+343.332	131.230		
130.940		+350	131.070		
130.434		+375	130.564		
130.136		+400	130.266		
130.047		+425	130.177		
130.165		+450	130.295		
130.378		+475	130.508		
130.399		K0+477.577	130.529		

注：1. 本例计算的是××改路线路路基设计高程。

2. 路面至路基厚 N=0.33m。

3. 本例 $H_{左}=H_{右}$，所以只计算 $H_{左}$。

4. 注意计算范围。

5. 本例采用 f_x—5800P/9750GⅡ型计算器“直竖联算程序”计算。

三、增设改路工程线路施工导线点和施工水准点

(1)增设改路工程线路施工导线点

增设施工导线点的目的作用是为了方便线路平面位置放样。增设施工导线点应考虑下述因素：

①主线路已知导线点分布情况。据此考虑拟定增设施工导线的布设方案。

②改路工程施工现场需要。据此考虑选择布设施工导线点的地点。

③施工导线点应设在能够通视(控制)全线路，且地点牢固又便于架设仪器，不受施工影响的地方。

④施工导线点密度，宜布设两点。一点放样，一点检核。

改路工程施工导线点的测设方案，实践中常采用支导线方法。

支导线测量施工导线点可用全站仪“坐标测量”功能直接测出点位坐标。也可用经纬仪配测距仪或经纬仪配钢尺，观测水平角和距离，通过计算求得点位的坐标。

关于支导线测量外业工作、内业计算、程序清单、算例及操作方法步骤，详见第三章。

(2)增设改路工程线路施工水准点

增设施工水准点的目的作用是为了方便线路高程位置放样。增设施工水准点应考虑下述因素：

①主线路已知水准点分布情况。据此考虑拟定增设施工水准点的布设方案。

②改路工程施工现场需要。据此考虑选择布设施工水准点的地点。

③施工水准应设在便于测设全线中、边桩高程，且地点牢固，又不受施工影响的地方。

④施工水准点的密度，应根据改路线路长度来决定，一般情况下 500m 左右宜布设 2～3 点。原则上是一站到位，尽量避免转点。

改路工程施工水准点的测设方案，视其主线路上水准点的远近而选用：

①若附近有两个以上一级水准点，则应用附合水准路线。

②若附近只有一个上一级水准点，可选用闭合水准路线或复测支水准路线。

改路工程水准线路的测设方法及水准点高程计算方法，详见第四章。

四、改路工程实地中线放样及边线加桩

实地标定改路工程中线桩位的依据、仪具器材、放样方法及操作步骤详见第六章第二节“公路工程施工测量平面位置放样技术”。

(1)中桩保护

实地标定的改路线路的中线桩位应妥善保护。实践中，常用以下方法护桩：

①延长直线法。

②交会法。

在图 14-6 中，要保护 K0＋400 中桩，可将 K0＋400 中—边桩连线延长至征地界桩外 A 和 B 点，并用皮尺拉出中、边桩至 A 及 B 桩距离，记录于记录簿草图上。复桩时，根据草图所示，及 A、B 至中边桩距离，在 A、B 延长线上定出 K0＋400 中、边桩即可。此法护桩，在直线段根据实地现状保护2～3个中桩，复桩时，根据这 2～3 个中桩用经纬仪定向法即可恢复其他中桩。

在弯道尽可能多保护几个中桩，尤其是要保护好弯道主点：ZY、QZ、YZ。

用“交会法”保护中桩，只要用皮尺分别量出 C 至 K0＋450，K0＋475 距离，量出 D 至 K0＋450、K0＋475 距离（注意，不要忘了将丈量的数据记录于草图上），则复桩时，以 C、D 为圆心，以各自距离为半径画弧交出中桩（图 14-6）。

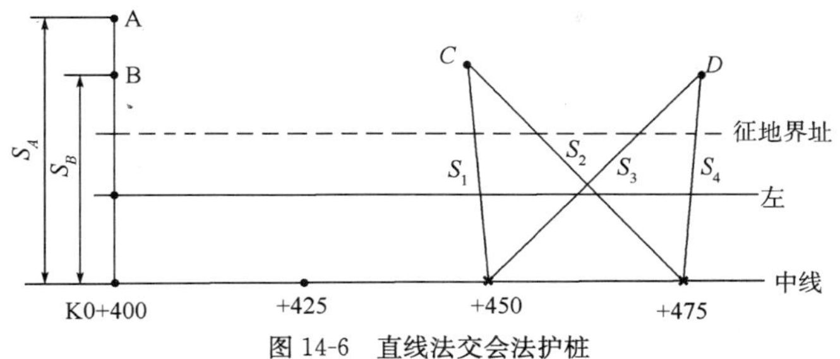

图 14-6　直线法交会法护桩

应说明的是，上述护桩复位之法，只可应用于施工初期及中期，施工后期则要用仪器重新放桩。

施工初期中桩的主要作用是：

①在实地标示改路工程总体线形外貌及走向。

②依据实地中桩位置及中桩设计的填、挖高度，计算填方坡脚、挖方堑顶放样距离及征地边距，并实地放桩，以便施工场地清理。

a. 计算并标定填方坡脚，挖方堑顶的方法，详见第七章第三节“路堤底层坡脚放样实用技术”及第七章第二节“路堑堑顶放样实用技术”。

b. 征地界址计算及放桩。

征地界址宽度根据设计文件在坡脚外再加水沟宽（0.6～1.0m）及护坡平台宽（0.5～1.0m），即在坡脚外加放 1.5～2.0m。

(2)依据中桩加放边桩的实用技术

实践作业中，改路线路边桩、坡脚桩、界桩常用皮尺、十字架、三角样板、丁字尺等放桩，其方法如下。

①在直线段。

a. 用皮尺交会放桩，详见第八章第三节“线路直线段皮尺（钢尺）交会法加桩”。

b. 用十字架或三角样板或丁字尺标向放桩方法见图 14-7。

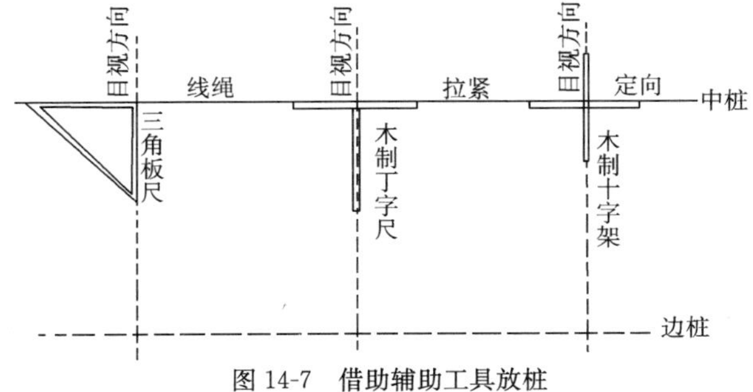

图 14-7　借助辅助工具放桩

②在曲线段。

若实地只放出中桩桩位，则可用“中央纵距法”加放左右边桩。其操作方法步骤，详见第八章第三节“线路曲线段中央纵距法加桩”。

在前述改路示例（××高速××分离立交改路工程 K0＋069.20～K0＋477.577 段）中，有两个圆曲线，其要素是（图 14-4 及表 14-1）：

第一个圆曲线：

直圆（ZY）：K0＋128.754m；

曲中（QZ）：K0＋149.620m；

圆直（YZ）：K0＋170.486m；

半径（R）：R＝90m；

切线长度：T＝21.248m。

第二个圆曲线：

直圆（ZY）：K0＋230.858m；

曲中（QZ）：K0＋287.095m；

圆直（YZ）：K0＋343.332m；

半径（R）：R＝72.0m；

切线长：T＝71.379m。

以第二个圆曲线为例，说明左、右边桩加桩方法。

在图 14-8 中，K0＋250（A）、K0＋275（K）、K0＋300（B）、K0＋325（D），为实地所放中桩，为了方便施工，需加放左、右边桩，其方法步骤如下：

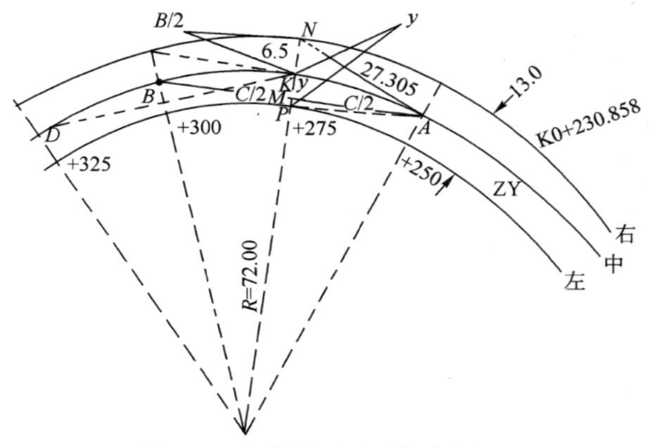

图 14-8　曲线皮尺交会法加放边桩

a. 用 14-1 计算中央纵距 Y。

$$
\begin{aligned}
Y &= R-\sqrt{R^2-\left(\frac{C}{2}\right)^2} \\
&=72-\sqrt{72^2-\left(\frac{50}{2}\right)^2} \\
&=4.480\text{m}
\end{aligned}
\tag{14-1}
$$

式中：R——半径，第二个圆曲线 R＝72m；

C——即 AB，两里程桩间距 $C=AB=50$m。

用式(14-2)检核：

$$Y=\frac{C^2}{8R}=\frac{50^2}{8\times72}=4.34\text{m(近似值)} \tag{14-2}$$

取用 Y=4.48m。

b. 用式(14-3)计算右桩放样数据(外圆)。

$$\begin{aligned}AN&=\sqrt{\left(\frac{AB}{2}\right)^2+\left(\frac{B}{2}+Y\right)^2}\\&=\sqrt{\left(\frac{50}{2}\right)^2+\left(\frac{13}{2}+4.48\right)^2}\\&=27.305\text{m}\end{aligned} \tag{14-3}$$

式中：B——改路线路路基宽度，本例 B=13.00m；

AB——含义同上。

c. 以 A(K0+250)为圆心，以 AN=27.305m 为半径画弧与以 K(K0+275)为圆心，以 KN=6.5m(半幅路宽)为半径画弧相交于 N 点，即 K0+275 的右桩。

d. 以 N 为零，在 NK 方向上置尺量 B=13.00m(全幅路基宽)，获取 P 点，即 K0+275 左边桩。

e. 同法可放出 K0+300、K0+325 等左右边桩。

f. 检查。以 A 为圆心，以 AP 为半径画弧与以 K 为圆心，以 KP=6.5m 为半径画弧相交于 P' 点，应与 P 重合，并且 PKN 在一条直线上。其中：

$$\begin{aligned}AP&=\sqrt{\left(\frac{AB}{2}\right)^2+\left(\frac{B}{2}-Y\right)^2}=\sqrt{\left(\frac{50}{2}\right)^2+\left(\frac{13}{2}-4.48\right)^2}\\&=25.081\text{m}\end{aligned}$$

五、改路线路施工中高程放样

改路工程线路施工中高程放样方法：

(1)实测点位地面高程进行高程放样。

(2)实测点位桩顶高程进行高程放样。

(3)用待放样点“视线高法”进行高程放样。

施工进行中，具体选用哪一种方法，应依据施工进度实际现状而选用。实践中，施工初、中期，由于填、挖高度大，宜选用(1)法；在施工后期，尤其是路基上路床(0～0.30m)施工，宜选用(2)或(3)法。

用上述(1)、(2)、(3)法进行高程放样的方法步骤，详见第六章第三节“二、公路施工高程位置放样技术”。

第三节　没有设计资料的改路工程施工测量的实施

没有设计资料的改路工程，应依据主体线路桥涵的实地位置与原道路的实地位置之间的关系，进行实地选线、定线和铺筑。

一、实地选线定桩

实地选线时，项目部、监理、现场施工员及测量员，应会同当地乡村负责人和村民代表进行实地勘察，在现场根据主体线路桥涵等构造物的位置与原道路位置之间的相互关系，商讨改路方案，并用竹(或木等)桩将改路线路标定出来，并进行调整，使其线形直顺、圆滑。

所选定的线路应尽量少占耕地、农田，尽量避开房屋、鱼塘、电杆等。在征得当地政府及村民同意后，随即进行线路定桩及里程编号。

图 14-9 是××高速公路 K130＋620 中桥南北两端便道实地选定线路。北端 110m，南端 129m；南端因避一高压电杆而使线路弯曲，因此段全是稻田，所选便道只好穿越农田。为了少占农田，线路应尽量顺直，且路面不可过宽；根据当地人流、车流情况，此段便道定为 6.0m 宽。这个实地选定的线路就是改道工程线路的平面位置。

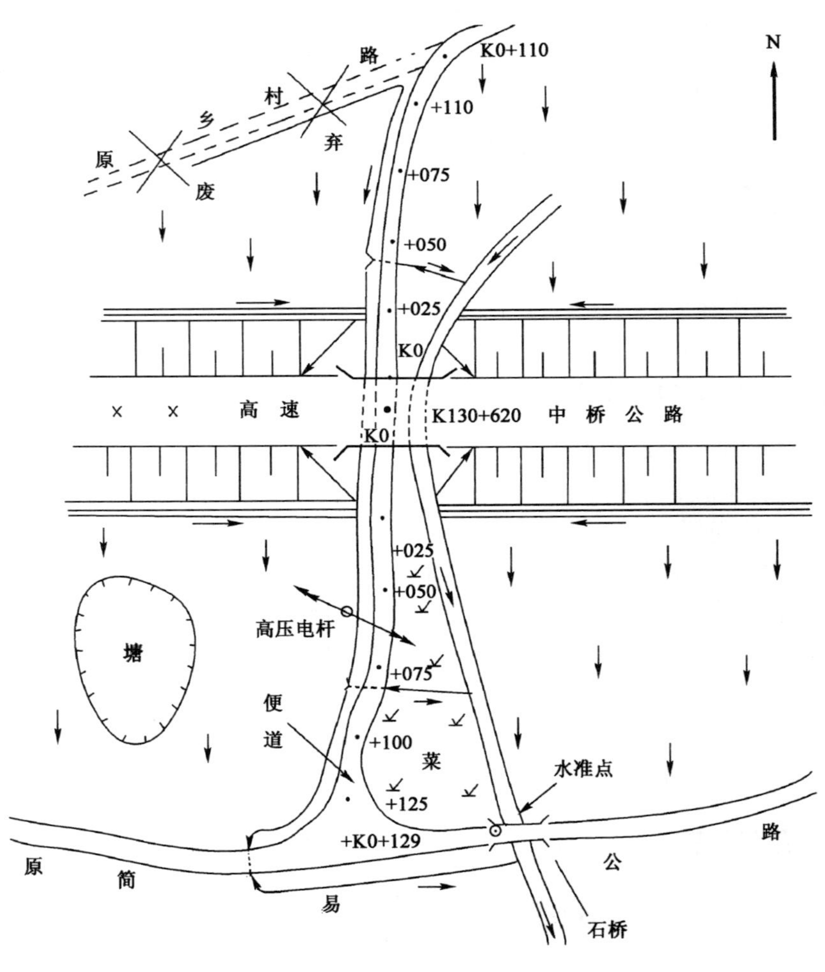

图 14-9 便道实地选线

二、测量选线中桩实地高程，进行高程设计

(1)增设施工水准点

进行选线中桩实地高程测量，应就近利用附近的水准点。若线路附近没有施工水准点，则应先进行增设施工水准点工作。此例原简易公路石桥东端有一水准点，所以不需进行增设水准点工作。

若要增设施工水准点，可用复测水准支线路方法。关于增设施工水准点的方法和步骤，可参阅第四章“水准点的复测和加密”。

(2)用水准测量“前视法”测量选线中桩实地高程

用水准“前视法”测量点位高程的方法详见第五章第三节。

桥南支线中桩实测高程见表14-4。

桥北支线中桩实测高程：略。

改道选线实地中桩高程设计计算表　　表14-4

后视水准点	BMC46：H=108.01m	后视读数	1.922	设计高程(m)	+填-挖
桩号	前视读数	实测高程(m)	纵坡(%)		
K0+000	0632	109.300	-0.01471 ↓	109.300	0.000
+025	2220	107.712		108.932	+1.220
+050	1680	108.252		108.565	+0.313
+075	1690	108.242		108.197	-0.045
+100	2847	107.085		107.829	+0.744
+125	2830	107.102		107.461	+0.359
+129	2530	107.402		107.402	0.000

注：1.实践中，水准测量前视读数不读出“小数点”。

2.本例主线挖方大于填方，故要求改道应为填方。这样可用弃土(石)填改道路基。

(3)选线路面高程设计

由表14-4知：

①桥南支线起点路面高：K0=109.30m。

②桥南支线终点原路面高：K0+129=107.402m。

③桥南支线全长：$\sum D$=129.00m。

据此，用下式计算桥南中线纵坡度i：

$$i=\frac{h}{D}=\frac{109.30-107.402}{129}=0.01471$$

根据纵坡度i和各中桩点到线路起点之距离D，用下式计算各中桩点设计高程：

$$H_{i设}=H_{起}+D_i$$

计算结果见表14-4第五列。

(4)实地选线路面中线高程设计的几种类型

改道工程实地选线路面中线纵坡，根据实地地形起伏现状，一般有下述几种类型：

①地形起伏不大，路线较平坦[图14-10a)]。

②地形一端高，一端低；例如上例中，地形地势是北高南低[图 14-10b)]。

③地形中间高两侧低[图 14-10c)]。

④地形中间低两侧高[图 14-10d)]。

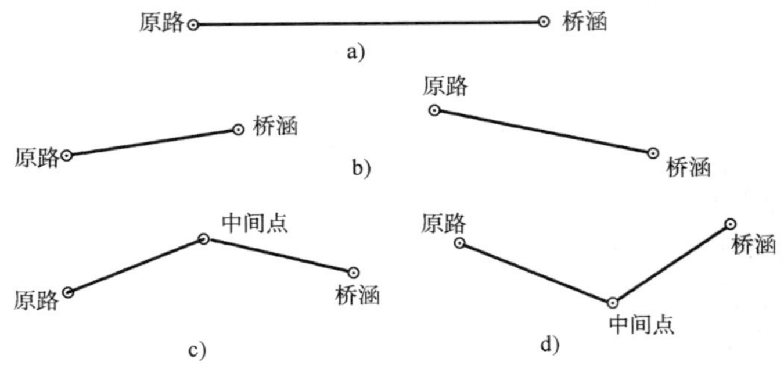

图 14-10　实地选线中线纵坡类型

在进行实地选线中桩高程设计时，遇到图 14-10a)、b)两种地形，选线路面中线纵坡可根据实地采用一路上坡或一路下坡；但最大纵坡应不大于 6%，以保证车辆安全顺利行驶为准则。

遇到图 14-10 中 c)、d)两种地形，实质上中间高（或低）处就是变坡点，此时可采用设置竖曲线方法来处理。

(5)设置竖曲线方法

举例说明设置竖曲线方法，见图 14-11（由于改路支线较短，实地地形一目了然，在进行中线纵坡设计时，一般不需绘线路纵剖面图，只要绘草图就可满足设计需要）。

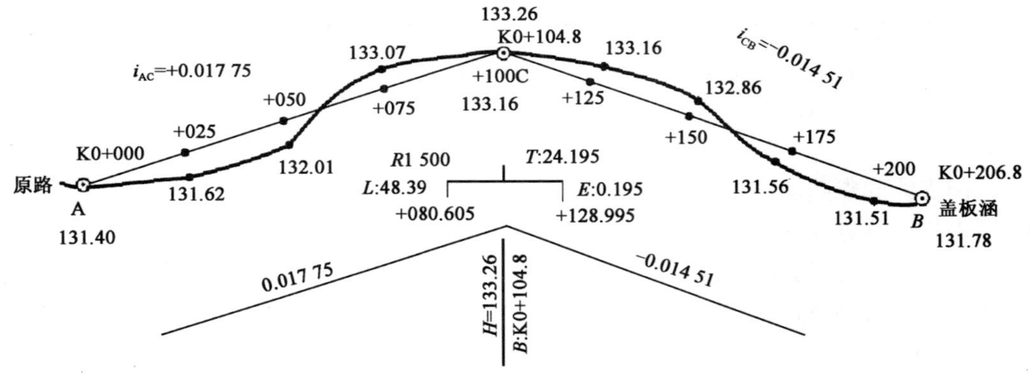

图 14-11　竖曲线设置示意图

图中原路 A 与盖板涵 B 间一条便道，C 为便道实地坡顶处（即变坡点）。K0、K0＋025、K0＋050……K0＋104.8……K0＋206.8 为实地选线标定中桩。为进行中线高程设计，应做如下工作：

①用水准“前视法”测出选线中桩实地高程。

②将原路 A、变坡点 C、盖板涵 B 实测高程抄写于草图点旁。

③在草图上计算变坡点两侧纵坡坡度。

AC 纵坡坡度：

$$i_{AC}=\frac{133.26-131.40}{104.8-0}=0.01775$$

CB 纵坡坡度：

$$i_{CB}=\frac{131.78-133.26}{206.8-104.8}=-0.0145$$

此纵坡坡道为实地地面坡度。如果此坡度可满足行车行人需要，则可按此考虑设置竖曲线方案，如果此坡度不适应行车，则可适当调整。例中 i_{AC}、i_{CB}实地纵坡坡度可满足行车需求不需调整。

④竖曲线要素计算：

a. 竖曲线的半径。

《公路工程技术标准》(JTG B01—2003)规定：各级公路在纵坡变坡处均应设置竖曲线，竖曲线的半径和竖曲线的最小长度规定见表 14-5。通常应采用表中“一般最小半径值”。

各级公路竖曲线半径和最小长度　　表 14-5

公路等级		高速公路		一级公路		二级公路		三级公路		四级公路	
地形		平原微丘	山岭重丘	平原微丘	山岭重丘	平原微丘	山岭重丘	平原微丘	山岭重丘	平原微丘	山岭重丘
凸形竖曲线半径(m)	极限最小值	11000	3000	6500	1400	3000	450	1400	250	450	100
	一般最小值	17000	4500	10000	2000	4500	700	2000	400	700	200
凹形竖曲线半径(m)	极限最小值	4000	2000	3000	1000	2000	450	1000	250	450	100
	一般最小值	6000	3000	4500	1500	3000	700	1500	400	700	200
竖曲线最小长度(m)		100	70	85	50	70	35	50	25	35	20

本例属微丘地形，属四级公路，考虑到变坡点两侧纵坡较缓，以及竖曲线最小长度限制，本例中竖曲线半径 *R* 选用 1500m。

b. 竖曲线曲线长度 *L* 计算。

$$L=R\cdot(i_1-i_2)=1500\times[0.01775-(-0.01451)]=48.39\text{m}$$

c. 竖曲线切线长 *T* 计算。

$$T=\frac{L}{2}=\frac{1}{2}[R\cdot(i_1-i_2)]=\frac{1}{2}\{1500\times[0.01775-(-0.01451)]\}$$

$$=24.195\text{m}$$

d. 竖曲线外距 E 计算。

$$E=\frac{T^2}{2R}=\frac{24.195^2}{2\times1500}=0.195\text{m}$$

本例为凸形竖曲线设置方法介绍，凹形竖曲线设置同理。

(6)实地选定的支线设置竖曲线后其中线桩位设计高程的计算

实地选定的支线，在设置竖曲线后，中线桩位设计高程计算，采用 f_x—5800P/9750GⅡ型计算器“直竖联算程序”计算。计算的结果及线路铺筑施工时应填、挖的高度见表 14-6。

自选支线上设置竖曲线后中桩设计高程计算

（采用 f_x—5800P/9750GⅡ型计算器） 表 14-6

K0+080.605 起点 K0+128.995 终点 I J		计算要素	变坡点高程	H	133.26
			变坡点桩号	B	K0+104.8
			竖曲线半径	R	1 500
			前纵坡度	I	0.017 75
			后纵坡度	J	−0.014 51
			切线	T	24.195
$H_{边}$ 设计(m)	横坡边距	桩号	$H_{中}$ 设计(m)	$H_{中}$ 实测(m)	+填−挖
131.340	M=3.0	K0+000	131.40	131.40	0.00
131.784	E=−0.02	+025	131.844	131.62	+0.224
132.227		+050	132.287	132.01	+0.277
132.671		+075	132.731	133.07	−0.339
132.989		+100	133.049	133.16	−0.111
133.005		+104.8	133.065	133.26	−0.195
132.902		+125	132.962	133.16	−0.198
132.544		+150	132.604	132.86	−0.256
132.181		+175	132.241	131.56	+0.681
131.819		+200	131.879	131.51	+0.369
131.72		K0+206.8	131.78	131.78	0.00

关于直竖联算程序计算线路桩位设计高程的方法步骤详见第五章第二节“三”。

三、没有设计资料的改路工程施工进行中的测量工作

由于没有设计资料的改路工程，其线路走向及外形是结合实际地形自选的，所以在施工进行中不需进行平面位置放样，只要在自选时所标定的线路红线内进行填、挖工作就行了，因此

改路工程施工中测量的主要任务是控制线路的高低。

实际作业中，是把中桩填、挖高度书面通知现场施工员，由其指挥挖掘机、推土机等机械进行填挖工作。当填、挖高度估计基本到位时，由改路起点，视线路实际走向重新定出中桩(此时可用上述护桩草图数据恢复线路中桩)，并测出其实地高程。与设计高程比较，算出还需填或挖的高度(用水准前视法“H 程序”计算)，通知现场施工员继续指挥填或挖，当至路基面 0～30cm 时，则应进行设计高程放样作业，使其路基面达到设计高程。

第十五章

山区乡村公路改建工程施工测量

第一节　山区乡村公路改建工程施工测量概述

所谓山区乡村公路，就是沟通县与乡、县与村、乡与乡或是沟通乡与村、村与村的山区公路，按国家公路分级为四级公路，实属支线公路。

这种山区公路路况差，路面填料不是河中沙砾，就是岩石碎粒，或是土砂混料，遇有恶劣气候，通行相当困难，严重影响山区农村经济发展。

山区公路改建的目的主要是改善路面现状，将路面加铺为沥青路面或水泥混凝土路面；其次是改善线形，加宽路基，尽可能地改单行道为双行车道；再次是改善纵坡，尽量减缓大陡坡。通过改建，使其逐步提高使用质量和通行能力，以达到国家规定的等级标准。

在这种山区公路改建工程中的施工单位应向业主(通常情况下业主是乡政府或村政府，而县交通局是主管部门)收集如下资料：

(1)公路改建工程路面横断面结构图。

(2)公路改建工程平面控制数据：交点及中桩控制数据中线测量记录。

(3)公路改建工程高程控制数据：线路纵剖面图；路基设计表；水准点成果表。

(4)公路改建工程横断面设计图。

(5)弯道超高数据表。

(6)弯道加宽数据表。

(7)路基土石方数量计算表。

(8)线路构造物(圆管涵、盖板涵、小桥、挡土墙等)设计图。

(9)线路构造物(圆管涵、盖板涵、小桥、挡土墙等)工程数量计算表。

注：上述图表数据、通常情况下，由县公路设计部门设计。

施工测量员在取得上述资料后，应对其进行全面熟悉。

随后，应会同业主、县交通局技术人员、现场施工员一同到施工现场沿线进行实地勘察。通过实地勘察，应彻底弄清以下内容：

(1)改建公路的实地起、终点及其桩号。

(2)沿线交点实地位置、里程桩号、交点编号及其保护交点的方法及实地标记。

(3)沿线实地中桩标志完好程度。

(4)沿线水准控制点实地位置及编号。

(5)沿线构造物(圆管涵、盖板涵、挡土墙等)实地位置及里程桩号。

(6)沿线需爆破石方段起、终点实地位置及里程桩号。

(7)沿线纵向挖、填段实地位置及其桩号。

(8)沿线填方取土实地位置,挖方弃土实地位置。

(9)沿线通信、电信线路,电杆影响施工情况。

(10)沿线横断面挖、填方实地对照等。

经实地勘察,弄清改线工程现状情况后,施工测量员应会同现场施工员,依据上述设计图表数据,结合山区公路特点来制订施工方案和施工测量方案(山区公路特点见本章第二节)。

实践经验证明,山区公路改建工程中施工测量员的主要任务是:

(1)根据设计单位提供的交点中桩测量数据,控制改线工程的纵向平面位置。

(2)根据设计单位提供的横断面图,控制改线工程的横向平面位置。

(3)根据设计单位提供的路基中桩设计高程,控制改线工程的纵向高程位置。

(4)根据路基中桩设计高程、路宽和路拱坡度,控制改线工程横向高度。

第二节　山区乡村公路的特点

本节所述的山区乡村公路的特点,是从施工测量角度来讲述的。

在山区乡村公路进行施工测量,必须考虑乡村山区公路的如下特点。

(1)公路线形弯曲弯多弯小弯短,呈S形或"之"字形。在这种路形测设的交点每弯一点,交点与交点之间长度较短;弯处曲线的半径较短,交点两侧切线较短;曲线全长较短。

笔者曾在江西省××县××乡—××乡间公路改建工程中搞施工测量。线路全长4.23km,其间路弯有91个,交点就有91个。弯处曲线最小半径13.44m,最大半径300m,15～30m的半径居多。切线最长为25.03m,最短切线为4.6。曲线全长最长为46.41m,最短为9.05m。外距最长5.91m,最短0.39m。

交点多、切线短、线路中桩数量增多,为施工测量保护交点桩位,恢复中线桩位,增大了工作量(前述线路4.2km,中桩点共319个)。

另外,线路一弯接一弯,弯与弯之间的直线短,弯处要设超高,而相邻两弯间又无法加设缓和曲线,施工中只有凭经验控制弯道超高变化。

(2)线路纵向坡较陡,纵坡坡度偏大,纵坡长度则较短。这样纵坡变化点增多,竖曲线增多,而竖曲线长度较短。

前例4.23km改建线路,纵坡最大为－11%,最小为＋0.68%;全线变坡点25个,竖曲线25处。平均每公里6个竖曲线。竖曲线长度T最大为15.12m,最小为8.25m。

线路坡陡,高程变更处多,竖曲线长度偏短,使线路水准高程测量,计算工作量增大,施工水准点增多,施工水准控制高程量大而繁,稍有不慎,极易出错,这一点是很值得注意的。为了不测错桩位,并提高工效,应考虑增多施工水准控制点,前例4.23km,布设施工水准点53个,平均80m一个水准控制点。

(3)线路两侧地势险峻,靠山边是悬岩,邻沟边是峭壁。前例4.23km改建线路,有近一半是这样艰巨的路段。横断面测量相当困难,只能评估。施工中,挖方(实际是爆破)堑顶放线相当困难，填方(实际是砌挡土墙)坡脚(挡土墙基础边线)放线更是困难。设在此弯处的交点桩位极难保护，护桩位置难寻，设置的护桩不是被爆破飞石炸掉，就是在挖机、推土机作业中被毁埋掉，为线路施测恢复中桩带来很大不便。在此种地段，只有先设法恢复被破坏掉的交点桩位，才能恢复线路中桩。

(4)线路横向宽度较窄(路基一般为4.5～6.0m)，放样桩位很容易被毁掉，为线路施工带来很大的不便。为此须经常复桩，这就要求妥善保护交点实地的桩位。

第三节　山区乡村公路改建线路中线测设

山区乡村公路改建工程施工测量的主要任务是恢复线路中桩位置。为了能够顺利而熟练地进行此项工作，应了解并掌握山区乡村线路交点、中线测量方法和技术。下面介绍两种方法技术，供选用。

一、根据外距 E 和转角 N 测设交点和中桩的方法技术

1.测设器具

(1)仪器：J_6 型经纬仪及脚架。

(2)量具：皮尺(30m或50m)1个。

(3)工具及材料：花杆四根、铁锤1个、铁钉(根据需要准备)和红塑料袋(做标志)，竹签若干、红油漆、毛笔或油性记号笔等。

(4)计算工具：中线记录簿、f_x—4500P/9750GⅡ型计算器等。

2.施测组织

共六人，三人一组，分两组：选线组和施测组。

选线组(选点组)任务：选交点位置；

施测组任务：量外距 E，测转角 N，计算曲线要素、桩号里程、中桩里程定线打桩等。

3.根据外距 E、转角 N 测设交点及中桩的方法概念

图15-1是改建线路原线路一处弯道。我们只要用皮尺量出该弯道外距 E，用经纬仪测出夹角 B，则可依据下述公式计算出该弯道曲线的要素 R、T、L、P 和主点的里程桩号。

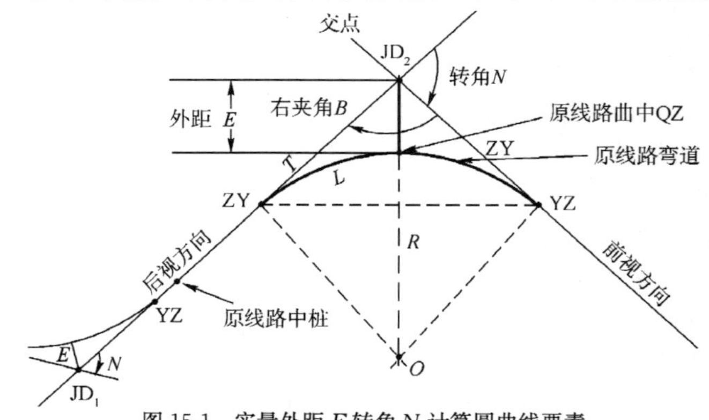

图15-1　实量外距 E 转角 N 计算圆曲线要素

(1)根据夹角 B 计算转角 N

$$\left.\begin{aligned}&\text{右转角：}\quad N=180^\circ-B\qquad(B<180^\circ)\\&\text{左转角：}\quad N=B-180^\circ\qquad(B>180^\circ)\end{aligned}\right\}\tag{15-1}$$

(2)根据外距 E 转角 N 计算 R、T、L 和 D

计算圆曲线半径 R：

$$R=\frac{E}{\frac{1}{\cos\frac{N}{2}}-1} \tag{15-2}$$

计算切线长 T：

$$T=R\cdot\tan\frac{N}{2} \tag{15-3}$$

计算曲线长 L：

$$L=\frac{N}{180^{\circ}}\cdot\pi R=\frac{NR}{57.2958} \tag{15-4}$$

计算切曲差 D：

$$P=2T-L \tag{15-5}$$

(3)计算圆曲线主点桩号里程

计算 ZY 的桩号：

$$\text{ZY}=\text{JD 的桩号}-T \tag{15-6}$$

计算 QZ 的桩号：

$$\text{QZ}=\text{ZY 的桩号}+\frac{L}{2} \tag{15-7}$$

计算 YZ 的桩号：

$$\text{YZ}=\text{QZ 的桩号}+\frac{L}{2} \tag{15-8}$$

检查计算：

$$\text{YZ}=\text{JD 的桩号}+T-D \tag{15-9}$$

4. 实地外距 E 的选测方法

实地外距 E 的选测方法有以下两种。

方法一　(图 15-1)目估外距 E 法。

(1)在实地用目估方法选定原线路弯道中线曲中点 QZ。

(2)目估原线路弯道外距 E 方向线。

(3)在该 E 方向线上移动花杆，后视 JD_1 花杆。

(4)当原线路多数中线点大致在 JD_1～JD_2 交点连线上，即确定 JD_2 点。

(5)用皮尺丈量曲线中点至 JD_2 间平距，即实地弯道的 E 值。

注：此法简单，但精度低。所选 E 很难判定是在过曲中的半径方向上。

方法二　(图 15-1)外距 E 垂直弦线法。

此法容易掌握，且精度较方法一高，所选曲线半径基本上与实地弯道的半径一致，线路的线形更顺适，实践中宜推广应用。其法操作步骤如下：

(1)在实地用目估方法判断选定原线路弯道中线直线变曲线处 ZY 点以及曲线变直线处 YZ 点，并用铁钉标志(铁钉上应扎红塑袋，以便辨认)。

此时 ZY 与 YZ 连线，即可视为实地曲线的弦线，通过该弦线中点的垂线，一定通过圆心，在该垂线上选定 E 和交点，理论上应在通过圆心的半径上。实际上由于目估所选 ZY 与 YZ

点有误差，所以所选外距 E 方向线也有误差，但较方法一精度还算是高的。

(2)用皮尺连接 ZY 与 YZ 点，量出该弦线长度，并在该弦长 1/2 处钉一铁钉标志。

(3)通过该弦线 1/2 处，用小钢尺(或花杆等)作弦线的垂线，即外距 E 的方向线。

(4)在弦线的垂线(即 E 方向线)上移动花杆，后视 JD_1 花杆。

(5)当原线路多数中线点大致在 JD_1～JD_2 交点连线上，即确定 JD_2 点。

(6)在弦线垂线上目选原线路中线曲中 QZ 点。

(7)用皮尺丈量曲中点至 JD_2 间平距，即实地弯道的 E 值。

5. 外业实测的方法步骤

以图 15-2 为例，说明外业选线的方法步骤。

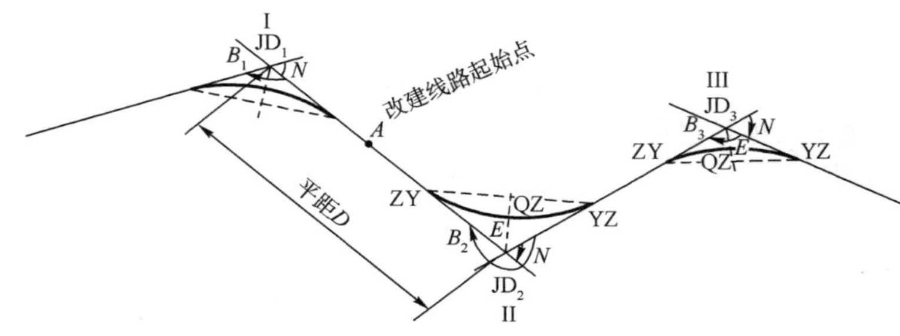

图 15-2　山区乡村公路改建线路选线示意图(EN 法选线)

图中，Ⅰ、Ⅱ、Ⅲ弯道是××—××改建线路中线三个相邻的弯道。第 I 弯道是改建线路起始点 A 前的弯道，选线前应收集该弯道交点 JD_1 的桩号里程，或是选线前设计线路时，根据原线路里程，确定 JD_1 里程或 A 点里程。

实地选线时，作业组织分两组同时进行工作。

第一步：选外距 E，定交点 JD。

选点组(甲组)在弯道 I，施测组(乙组)在弯道 II，用前述方法一或方法二，选定外距 E 方向线，在 E 方向上用铁钉标志 JD_1 和 JD_2 两交点，并在点上树立花杆，用皮尺量出 JD_2 处的 E 值。

第二步：量 JD_1～JD_2 间平距 D，计算 JD_2 交点的里程桩号：

$$JD_2 = JD_1 + D - P_1 \tag{15-10}$$

方法：

甲乙两组用花杆进行直线定向，然后由 JD_1 逐段量出平距至 JD_2，则：

$$D = D_1 + D_2 + \cdots + D_i$$

注意 JD_1 至 A 点的平距，以便求出改建线路起始点的桩号里程：

$$\left.\begin{aligned} A &= JD_1 + D_{JD_1-A} \\ \text{或}\quad A &= JD_2 - D_{JD_2-A} \end{aligned}\right\} \tag{15-11}$$

注意：丈量 JD_1～JD_2 平距时，应往返量取，当两次差值 ΔD 满足式 $\Delta D \leqslant S/1000 + 0.1\text{m}$，则取两次平均值。这样做的目的是为了保证量距精度，以防止以后再次用此数据恢复交点时发生错误。实践中多有因距离错误而造成恢复交点困难，应引起足够重视。

第三步：甲组前进至第 III 个弯道，选外距 E，定交点 JD_3，并在点处树立花杆。

第四步：测夹角 B_2，计算转角 N。

乙组在 JD_2 架设经纬仪，测出夹角 B_2，按式(15-1)计算转角 N。

经纬仪测角方法：

线路选线规定观测前进方向的右角。

方法：半测回法，盘左进行：

(1)照准前视方向花杆底部尖端，置 0°00′00″。

(2)照准后视方向花杆底部尖端，读取后视方向值。

右夹角 B＝后视方向值－前视方向值

为了保证测角精度，应再测左夹角 C，则：

$$B + C = 360°$$

若 $B+C\neq360°$ 但 $|B+C-360°|\leqslant1'$，则进行测站平差，取用 B 的平均值。

注意：测左角的目的，是为了防止右角测错而未发现，造成以后用此数值再次放线恢复中桩而发生错误。实践中多有此种现象发生，应在第一次测角时持细心慎重态度。

第五步：根据外距 E，转角 N 计算弯道圆曲线要素及主点桩号里程。

当甲组在第 III 弯道定出交 JD_3，乙组在第 II 弯道测出夹角 B_2，并计算出转角 N_2 后，则可用式(15-2)～式(15-9)在测站上立即计算出弯道 II 处的圆曲线要素及主点的桩号里程，并可根据 JD_2～JD_3 的平距设计 JD_2～JD_3 连线上中桩的里程桩号。

过去这一计算工作，是靠翻查曲线测设表查出曲线各要素，结合手算的，这种翻表加手算的方法，速度慢，又易出错。

为了提高计算工效，保证计算结果准确可靠，作者在《公路工程施工测量常用公式程序编写及应用》一书中编辑设计了一种程序计算，现介绍如下，供参用。

(1)程序清单。

文件名：　EN－RTL

```
1. LbI 0 ↵                                  (转角输入时不考虑符号)
2. "E"? E:"N"? N:"Q"? Q ↵                   (半径计算值)
3. "R=":E÷(1÷cos(N÷2)-1)→R ↵                (切线长计算值)
4. "T=":Rtan(N÷2)→T ↵                       (切线长计算值)
5. "L=":RNn÷180→L ↵                         (曲线长计算值)
6. "P=":2T-L→P ↵                            (切曲差计算值)
7. "ZY=":Q-T→z ↵                            (直圆点桩号计算值)
8. "QZ=":z+L÷2→k ↵                          (曲中点桩号计算值)
9. "YZ=":K+L÷2 ↵                            (圆直点桩号计算值)
10. "YZ2=":Q+T-P ↵                          (yz 桩号检查计算:yz=yz2 计算正确)
11. Goto 0
```

程序中：E——实地量取的弯道的外距值；

N——实地选定交点处测量的线路转角值，输入时不考虑符号；

Q——实地选定的交点的里程桩号。

当计算出的弯道曲线半径尺值，需调整时，则应将上述程序修订为：

文件名：RN－E　T　L

```
1. LbI 0 ↵
2. "R"? R:"N"? N:"Q"? Q ↵
3. "E=":R(1÷cos(N÷2)-1)↵
4. "T=":Rtan(N÷2)→T ↵
5. "L=":RNπ÷180→L ↵
6. "P=":2T-L→P ↵
7. "ZY=":Q-T→z ↵
8. "QZ=":z+L÷2→k ↵
9. "YZ=":k+L÷2 ↵
10. "YZ2=":Q+T-P ↵
11. Goto 0
```

程序中：R——将前述程序计算的尺值调整后的值；

N——前述转角值；

Q——前述交点的里程桩号。

依据调整后的 R 值及原测转角值 N，采用修订后的程序，重新计算弯道处圆曲线要素及主点的里程桩号。

(2)算例及操作方法步骤。

外业测量数据记录和计算在表 15-1 中进行。

交点及中线记录表　　表 15-1

线 路 名 称	××线××段　　日期　年　月　日		
交点编号	2	从 YZ 拉 22.41m	备注
前视方向值	JD_3　0°00′	打 K11+740	后视方向值：0°00′
后视方向值	JD_1　235°05′	+760	前视方向值：124°55′
$\beta_{右}$=后－前	235°05′	+	+$\beta_{左}$=前－后
转角 N 左(右)	左 55°05′	+	=124°55′
交点里程	K11+700		
外距 E	5.11		
半径 R	39.98		
切线长 T	20.85		

续上表

线　　路	××线××段　　　　日期　年　月　日		
曲线长 L	38.44		
切曲差 P	3.262		
曲线起点 ZY	K11+679.15		
曲线中点 QZ	K11+698.37		
曲线终点 YZ	K11+717.59		

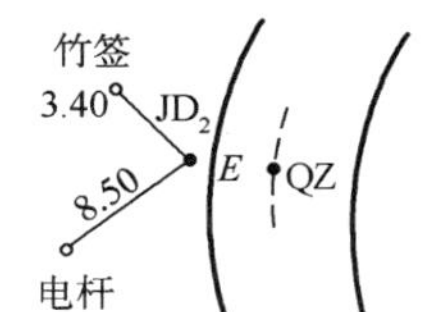

注:电杆 8.50m 竹签 3.40m
为交点 JD_2 的护桩

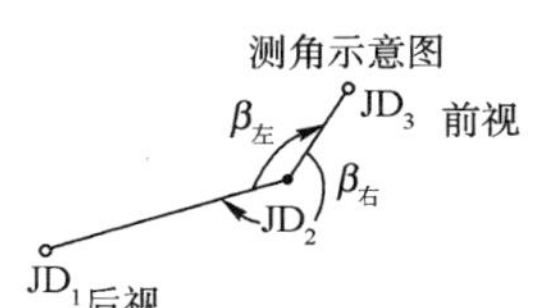

注:39.25m 是+760 至 JD_3 的距离

余头距离		39.25	JD_3 的距离

观测:×××　　　　记录:×××　　　　计算:×××

【算例 15-1】 ××县××乡公路改建工程线路中线测量时，在 JD_2 弯道处，选测外距 E=5.11m，转角 N=左 55°05′，JD_2 桩号里程是 Q=K11+700，据此，采用 EN—RTL 程序计算的该弯处圆曲线要素及主点桩号结果见表 15-1。

程序执行操作方法步骤：

①开机。按 FILE 键，选择文件名：EN—RTL。

②按 EXE 键　显示　E?　输入实量 E 值 5.11。

③按 EXE 键　显示　N?　输入转角 N=55°05′。

④按 EXE 键　显示　R =E/[1/(cosN/2)]−1)
=39.98(圆曲线半径)。

⑤按 EXE 键　显示　T =Rtan(N/2)，
=20.85　(切线长)。

⑥按 EXE 键　显示　L =RNπ/180
=38.44　(曲线长)。

⑦按 EXE 键　显示　P =2T−L
=3.262(切曲差)。

⑧按 EXE 键　显示　Q?　输入交点桩 11 700。

⑨按 EXE 键　显示　ZY=11679.15　(ZY 桩号)。

⑩按 EXE 键　显示　QZ＝11698.37　（QZ 桩号）。

⑪按 EXE 键　显示　YZ＝11717.59　（YZ 桩号）。

⑫按 EXE 键　显示　YZZ＝11717.59　（检查计算：YZ＝YZZ）。

⑬按 EXE 键　显示　E?　输入下弯道实量 E 值。

以下重复计算，略。

第六步：放线路中线桩位。

方法一　边定向边拉距边钉桩边编号，见图 15-3。

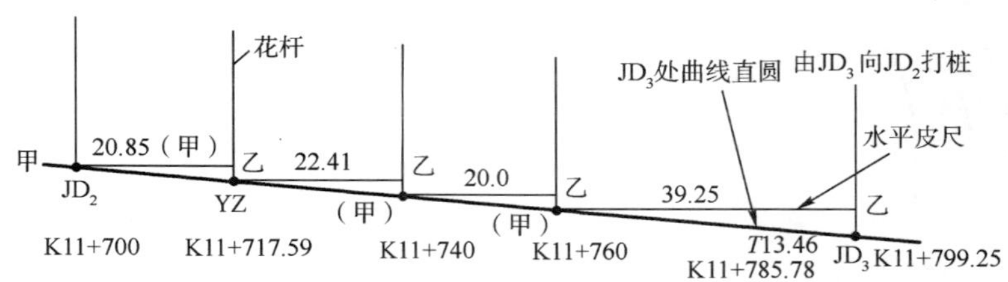

图 15-3　定向拉距钉桩放中桩

(1)在 JD_2、JD_3 交点树立花杆，要求垂直。

(2)定向拉距钉桩编号，由甲乙丙三人进行。甲持尺 0 端在后，乙持尺在前，另外，甲乙还应各持一花杆，丙负责钉桩编号。

甲在 JD_2 花杆后目瞄指示乙的花杆位于 JD_2～JD_3 方向线上，并拉紧尺（注意尺面水平）使尺读数为 $T_2=20.85$，乙的花杆下尖端处即 YZ＝K11＋717.59 桩位；丙在其尖端处钉下铁钉标志（铁钉上应扎红塑袋，以便辨认，下同），并在竹签上编写 YZK11＋717.59 钉于路边。

(3)甲乙持尺前进，甲至 YZ 处立直花杆，目瞄指示乙的花杆位于 JD_2～JD_3 方向线上，并拉紧尺（注意尺面应水平），使尺读数为 22.41m，乙的花杆下尖端处即中桩 K11＋740 桩位；丙在其尖端处钉下铁钉标志，并在竹签上编写 K11＋740 钉于路边。

(4)同前述方法，钉出线路中桩 K11＋760。

(5)甲乙持尺前进，甲至 K11＋760 处，乙至 JD_3 处，拉紧皮尺至水平量出余头距离为 39.25m，计算 JD_3 桩号里程。

$$JD_3 = JD_2 + (20.85 + 22.41 + 20 + 39.25) - P_2$$
$$= 11700 + 102.51 - 3.26 = 11799.25\text{m}$$

或

$$JD_3 = 11760 + 39.25 = 11799.25\text{m}$$

(6)甲组（选线组）前进至 JD_4，乙组（施测组）前进至 JD_3，重复以上操作。当计算出 JD_3 曲线元素及主点桩后，则由 JD_3 向 JD_2、JD_4 两侧放桩。

方法二　经纬仪定向皮尺拉距放桩，见图 15-4。

此法拉距定桩方法基本上同方法一，所不同的是将人为定向改为经纬仪定向。

将经纬仪架置于 JD_2，照准 JD_3，固定制动钮，用望远镜竖丝指挥乙花杆立于望远镜视线方向上逐桩拉距打桩编号。

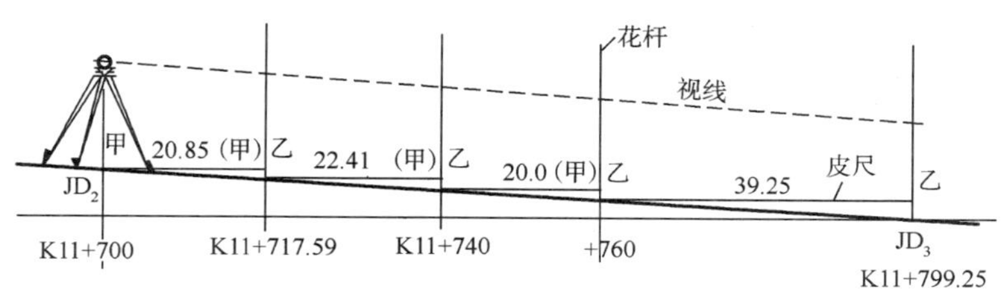

图 15-4　经纬仪定向皮尺拉距放中桩

6. 根据外距 E、转角 N 测设交点及中桩应注意事项

（1）由实测的弯道处曲线的外距 E 和线路转角 N，计算的弯道圆曲线半径、圆心等，从理论上分析，与实地圆曲线的半径、圆心等存有误差，我们的工作是尽量减小这种误差，从而使计算的圆曲线要素与实地圆曲线要素基本一致，这样线路线形才符合实地地形。因此，我们应选用精度较高的方法二——外距 E 垂直弦线法来施测。

（2）根据实测外距 E 选定的交点点位，是改建线路放线以及施工中恢复中线的关键。因此实地在 E 方向上选定交点时应认真慎重，多方案比较，考虑改建线路的目的要求、资金等情况，并能使原线路中桩的大多数桩位位于相邻两交点连线上时再定桩。

（3）选定的交点，应保证施测精度，才能发挥其重要的作用。

保证交点精度的两大要素是：夹角 B 和交点间距离 D。如果这两大要素在手簿记录上有没发现的人为误差，则在第一次放桩后的施工中，是无法恢复原交点点位的。这一点应特别引起施测者的重视和注意。

为了保证交点精度，提供正确可靠的数据，在中线选线施测中应采取如下措施。而这些措施往往因施测者怕麻烦，不愿增加工作量而被忽视，造成施工中复桩的误工误时误进度。这一点应特别引起反省和注意。

现将保证交点精度的措施，列述于下，供参考：

（1）测左，右夹角

若 $\Delta\beta=\beta_{左}-\beta_{右}\leqslant1'$，则用测站平差值，即：

$$\beta_{平}=\frac{\beta_{左}+\beta_{右}}{2} \tag{15-12}$$

（2）量往、返距离

方法：由 JD_2 定线拉距钉桩到交点 JD_3，为往测；再由 JD_3 定线拉距钉桩到交点 JD_2，为返测。

若 $\Delta D=D_{往}-D_{返}\leqslant D/1000+0.1\text{m}$，则用往返平均值，即：

$$D_{平}=\frac{D_{往}+D_{返}}{2} \tag{15-13}$$

（3）计算交点边磁方位角

方法：利用罗盘仪测第一条交点边磁方位角，随后每一公里加测一条交点边的磁方位角，最后再测最后一条交点边的磁方位角。

用下式计算出交点各边的方位角：

$$\left.\begin{aligned}T_{磁2\text{-}3} &= T_{磁1\text{-}2} - \beta_{右2} + 180^\circ \\ T_{磁3\text{-}4} &= T_{磁2\text{-}3} - \beta_{右3} + 180^\circ \\ &\vdots \\ T_{后} &= T_{前} + \beta_{右后} - 180^\circ\end{aligned}\right\} \tag{15-14}$$

当计算至测了磁方位角的那条交点边时，比较计算值与测定值，当较差 $\Delta T \leqslant 2'$时，则认为在此以前的夹角测量正确。如相差较大时，应查明原因纠正。一直计算至最后一条交点边，与测量的磁方位角比较，分析取用。

二、根据弦长 C 和中央纵距 Y 测设交点和中桩的方法技术

1. 测设器具

(1)量具：皮尺(30m 或 50m)一个；小钢尺(3～5m)。

(2)计算工具：中线记录簿，f_x—5800P19750GⅡ型计算器 2 部。

(3)工具及材料：花杆 4 根、铁锤、铁钉、红塑料袋、竹签、红油漆或油性号笔等。

2. 施测组织

共六人，三人一组，分两组。

3. 根据弦长 C 和中央纵距 Y 测设交点及中桩的方法概念

见图 15-5。该图是原线路一处弯道。我们只要用皮尺量出该弯道实地曲线的弦长 C 和中央纵距 Y，则可依据下述公式计算出该弯道曲线的要素 R、N、T、L、P 和主点的里程桩号。

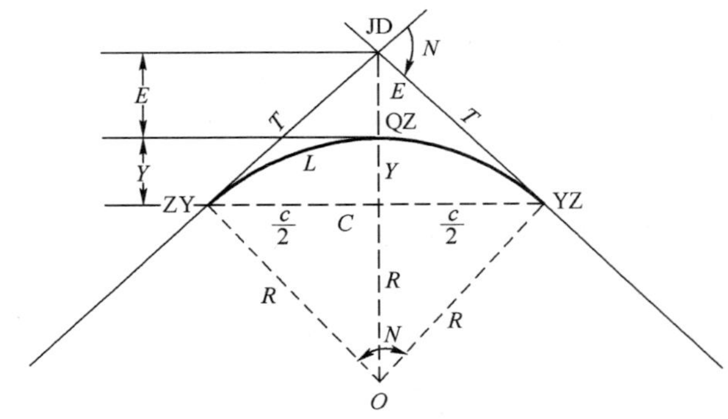

图 15-5　弦长 C 中央纵距 Y 计算圆曲线要素

图中，C 为弦长，即直圆和圆直两点间距离。Y 为中央纵距。

所谓中央纵距，就是曲线上任意两点的弦长中点至曲线中点的距离。在这里我们给中央纵距的特定含意是：ZY 和 YZ 两点弦线中点至 QZ(曲中)的距离。

知道了弦长 C 和中央纵距 Y，我们可计算出曲线半径 R：

$$R = C^2(8Y) \tag{15-15}$$

根据弦长 C 和半径 R，我们可计算出圆心角，即转角 N：

$$N = 2 \cdot \sin\frac{C}{2R} \tag{15-16}$$

知道了 N、R，则可计算出外距 E，切线长 T、曲线长 L 和切曲差 P：

$$E = R\left(\frac{1}{\cos\frac{N}{2}} - 1\right) \tag{15-17}$$

$$T = R\tan\frac{N}{2}$$

$$L = \frac{N}{180}\cdot \pi R$$

$$P = 2T - L$$

然后根据交点的桩号，用式(15-6)～式(15-8)计算圆曲线主点里程桩号。

4.根据弦长 C，中央纵距 Y 计算圆曲线要素 R、N、E、T、L、P 和圆曲线主点里程桩号的程序计算

为了在实地量出 C 和 Y 后，能够快速而准确地计算出圆曲线要素和主点里程桩号，我们根据式(15-3)～式(15-18)及式(15-15)～式(15-17)，编辑设计成程序计算，其程序清单如下。

文件名：C　Y—RNE　T　L　P

```
LbI 0 ↵
"C"? C:"Y"? V:"Q"? Q ↵
"R=":C²÷(8Y)→R ◢                      (圆曲线半径位计算)
C÷(2R)→N ↵                             (转角计算)
"N=":2sin⁻¹N→N
"E=":R÷(1÷cos(N÷2)-1) ◢                (外距计算值)
"T=":Rtan(N÷2)→T ◢                     (切线长计算值)
"L=":NRπ÷180→L ◢                       (曲线长计算值)
"P=":2T-L→P ◢                          (切曲差计算值)
"ZY=":Q-T→Z ◢                          (zy 桩号计算值)
"QZ=":Q-T→Z ◢                          (曲中桩号计算值)
"YZ=":K+L÷2                            (圆直桩号计算值)
"YZ2=":Q+T-P ◢                         (检查计算:yz=yz2)
Goto 0
```

程序中：C——弯道处圆曲线实地 ZY 点和 YZ 点间距离，即弦长；

Y——中央纵距；

Q——交点里程桩号。

【算例 15-2】××县××乡公路改建工程线路中线测量时，在 JD_{30} 弯道处，选测弦长 C=18.25m，中央纵距 Y=1.60m，JD_{30} 桩号里程是 K13＋346.55，据此，采用 CY—RNETL 程序计算的该弯处圆曲线要素及主点桩号里程结果见表 15-2。

程序执行操作方法步骤

(1)开机。按 FILE 键，选择文件名：F_iCY—RNETL。

(2)按 EXE 键　显示　C?　输入实量弦长 C=18.25m。

交点及中线记录表　　表 15-2

<table>
<tr><td>线 路 名 称</td><td colspan="3">××线××段</td></tr>
<tr><td>交点编号</td><td>30</td><td>从 YZ 拉 4.55m</td><td>备注</td></tr>
<tr><td>交点里程</td><td>K13+346.55</td><td>打+360</td><td></td></tr>
<tr><td>实量弦长 C</td><td>18.25</td><td colspan="2">+380</td></tr>
<tr><td>实量中央纵距 Y</td><td>1.6</td><td colspan="2"></td></tr>
<tr><td>半径 R</td><td>26.02</td><td colspan="2"></td></tr>
<tr><td>转角 N(左)右</td><td>左 41°04′</td><td colspan="2" rowspan="8">松树咒
13.60
JD30
21.00
松树
交点护桩图</td></tr>
<tr><td>外距 E</td><td>1.77</td></tr>
<tr><td>切线长 T</td><td>9.74</td></tr>
<tr><td>曲线长 L</td><td>18.65</td></tr>
<tr><td>切曲差 P</td><td>0.84</td></tr>
<tr><td>曲线起点 ZY</td><td>+336.81</td></tr>
<tr><td>曲线中点 QZ</td><td>+346.13</td></tr>
<tr><td>曲线终点 YZ</td><td>+355.45</td></tr>
<tr><td></td><td></td><td></td><td></td></tr>
<tr><td></td><td></td><td></td><td></td></tr>
<tr><td></td><td></td><td></td><td></td></tr>
<tr><td></td><td></td><td></td><td></td></tr>
<tr><td></td><td></td><td></td><td></td></tr>
<tr><td></td><td></td><td></td><td></td></tr>
<tr><td>余头距离</td><td></td><td>24.67m</td><td></td></tr>
</table>

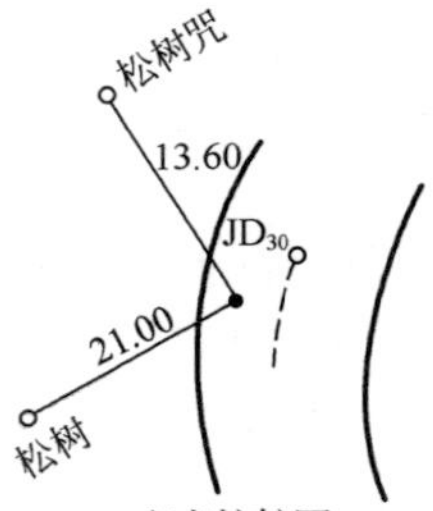

(3)按 EXE 键　显示　Y?　输入实量中央纵距 Y=1.60m。

(4)按 EXE 键　显示　R=26.02　(圆曲线半径值)。

(5)按 EXE 键　显示　N=41.058　接着按 SHIFT °′″ 键,显示

N=41°03′30″　(转角值)。

注:判断转角左或右转,按实地线路前进方向弯道在切线左侧,N 为左偏,弯道在切线右侧,则 N 为右偏。

(6)按 EXE 键　显示　E=1.765　(外距值)。

(7)按 EXE 键　显示　I=9.744　(切线长)。

(8)按 EXE 键　显示　L=18.646　(曲线长)。

(9)按 EXE 键　显示　P=0.841　(切曲差)。

(10)按 EXE 键　显示　Q?　输入交点桩号 346.55。

(11)按 EXE 键　显示　ZY=336.806　(ZY 桩号)。

(12)按 EXE 键　显示　QZ=346.129　(QZ 桩号)。

(13)按 EXE 键　显示　YZ=355.453 (YZ 桩号)。

(14)按 EXE 键　显示　YZ2=355.453 (检查计算:YZ=YZ2)。

(15)按 EXE 键　显示　C?　输入下一弯道曲线实量弦长 C。

以下重复计算,略。

5.外业实测的方法步骤

以图 15-6 为例,说明依据弦线 C 和中央纵距 Y 选测线路中线的方法步骤。

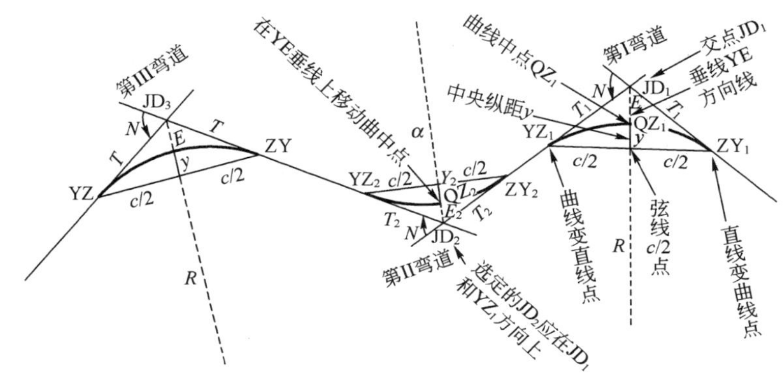

图 15-6　用 CY 选测改建线路交点和测设改建线路中桩图

图中 I、II、III 弯道是××—××改建线路中线三个相邻的弯道。外业选测中线时,关键是在弯道实地选定交点桩,然后根据交点桩再选定线路中线桩位。前一节介绍的是依据外距 E 和转角 N,选定交点和测设圆曲线要素及主点桩位的方法技术,这种方法要用经纬仪测角。本节介绍的是不用经纬仪,只用普通皮尺选测交点和标定中线桩位的方法技术。

实地选线时,作业组织分甲乙两组同时进行工作。

第一步:选弦线 C,定曲中 QZ 点,丈量弦线 C 和中央纵距 Y,采用 CY—R-N-E-T-L 程序计算圆曲线要素:R、N、E、T、L、P;然后根据外距 E 值,在 YE 方向方线上标定交点 JD_1。

(1)甲组在第一弯道,用前述方法二——外距 E 垂直弦线法,在实地根据车轮轨迹和弯道现状判定原线路中线直线变曲线处 ZY_1 点以及曲线变直线处 YZ_1 点。

(2)用皮尺量出 ZY_1 点至 YZ_1 点弦线 C 长度,并通过该弦线 1/2 处用小钢尺作弦线垂线 YE。

(3)在 YE 垂线上根据车轮轨迹,弯道现状,考虑改建线路宽度,左、右两边挖填现状等因素标定曲中 QZ_1 点。

(4)用小钢尺(或皮尺)量出曲中(QZ)至弦线中点间距离 Y,即中央纵距。

(5)依据实地量出的弦长 C 和中央纵距 Y,采用 CY—RNETL 程序计算圆曲线要素:R、N、E、T、L 和 P。

(6)在 YE 方向线上,自曲中(QZ_1)点量 E 值即可标定交点 JD_1。JD_1 桩号里程可依据原线路公里数推算或假定。

(7)根据 JD_1 桩号里程,采用 CY—RNETL 程序计算圆曲线主点 ZY_1、QZ_1 和 YZ_1 的桩号

里程。

至此，甲组在第一弯道选定交点工作结束。随即在 JD_1 点和 YZ_1 点树立花杆，以便乙组在第 II 弯道选点。

乙组在第 II 弯道的工作：

在甲组在第 I 弯道选点的同时，乙组在第 II 弯道勘查现场，根据改建线路宽度，弯道实地地形考虑选点方案，当甲组在交点 JD_1 和圆直点 YZ_1 树立花杆，便开始选定第 II 弯道的直圆点 ZY_2 和 YZ_2。

选定第 II 弯道直圆点 ZY_2 应满足下述条件：

(1)第 II 弯道的 ZY_2 点，应与第 I 弯道的 YZ_1 点和交点 JD_1 大致在同一方向上，即 ZY_2、YZ_1、JD_1 基本是一直线。

(2)原线路中点大多数应在 ZY_2、YZ_1、JD_1 直线上。

(3)根据改建后线路设计宽度，结合原线路中点左右地形现状，尽可能少挖少填；在大填方段(一般是深沟)，应尽可能考虑向内挖，尽可能避免高填方做挡土墙。

在选定第二弯道圆直点 YZ_2 时，在上述条件下主要观察原线路中点以及第 III 弯道交点应选定的位置，为甲组前进到第 III 弯道选点做准备。

在选定第 II 弯道 ZY_2、YZ_2 弦线中点 YE 垂线后，用逐渐趋近法选定第 II 弯道的曲中点 QZ_2。

由于第 II 弯道的交点 JD_2 点，从理论上讲应是弦线垂线 Y_2E_2 与 JD_2 和 JD_1 方向线交点处，但是由于实地选定的弦线中点，曲中点 QZ_2 有误差，这样用皮尺量出的 C_2、Y_2 距离就有误差，而用 C_2、Y_2 为起算数据计算的 E_2 值定出的交点也就有误差；为了减小这种误差，我们用逐渐趋近的方法❶选定 JD_2 点，当用 Y 值确定的 JD_2 在 JD_1～YZ_1 方向上时，即认为 JD_2 是正确位置。

当乙组用上述方法选定第 II 弯道交点 JD_2 后，即可采用 CY—RNETL 程序计算第 II 弯道圆曲线要素。

第二步：放线路中线桩位，计算第 II 弯道交点 JD_2 桩号里程。

此步操作方法同用外距 E，转角 N 测设线路中线方法。不再重复。

当用下式计算出第 II 弯道交点 JD_2 桩号里程后，采用 CY—R N E T L 程序计算出圆曲线主点桩号。

$$JD_2 = JD_1 + \sum D_{JD_1-JD_2} - P(\text{切曲差}) \tag{15-18}$$

或

$$JD_2 = \text{前切线最后中点桩号} + \text{余头里程}$$

第三步：甲组前进至第 III 弯道，用第 II 弯道选定交点方法继续作业。

以后各弯道仿上第二步和第三步。

---

❶逐渐趋近法选定交点的方法：在弦线中点 YE 垂线上移动曲中点，每移动一次曲中点，就相应地有个 Y 值和 E 值，也就相应地定出一个交点，当定出的交点在前曲线交点和圆直方向上时，即认为该曲中点是最佳点位。一般情况下，移动曲中点是根据每次选定的交点偏离前曲线交点和圆直方向左或右，而指导曲中点向内或向外移动，凭经验 2～3 次就可移动到正确位置。

6.根据弦长 C 和中央纵距 Y 测设线路交点和中桩应注意事项

用CY选测线路中线的方法是笔者在××—××山区乡村公路改建工程施工测量实践中总结的，并用此法成功地对原设计错误部分予以现场纠正，使其改建线路线形更顺适，更符合实地要求。实践证明，此法可用于山区乡村低等级公路改建线路测设中线。由于此法不用经纬仪，只用皮尺，既经济又灵活方便，速度快效率高，且可满足山区公路改建线路精度要求，所以笔者认为在山区公路改建线路工程中应推广使用，今介绍出来，供参用。

在用CY选测线路交点时，为了使所选圆曲线更符合实地弯道，作业中应注意以下几点。

(1)实地选定圆变直(ZY)和直变圆(YZ)时应考虑如下因素：

①弯道实地车轮碾压痕迹。

②弯道实地地形。

③弯道实际宽度。

④弯道设计宽度。

⑤断面两侧挖、填工程量比较，尽可能少挖少填，在填方是陡壁阶段，尽可能避免做挡土墙。

(2)用逐渐趋近法选定交点桩位时，关键是选定弯道曲中QZ点。选定QZ点时，除应考虑前述(1)各因素外，还应满足QZ必须在弦线中点垂线上移动这一条件。

每移动一次曲中(QZ)点，就有一个新的Y值，也就可选一个新的交点位置，当选定的新交点在前弯道曲线交点和圆变直(YZ)点连线的延长线上时，且原线路中桩多数也在该方向线上时，即认为是最佳位置。

(3)交点是测设改建线路中线桩位的依据，为了保证交点正确，除前述因素要考虑外，还应满足两交点之间距离必须丈量正确这一条件。

为此，可用往、返量距这一措施来解决。这一工作，千万不可因怕麻烦而不做。

三、交点桩位的保护

用前述方法测设的改建线路的交点的实地桩位是进行线路中线测量的根据，也是改建线路施工测量中恢复线路中桩唯一的根据。

山区乡村公路改建工程中，恢复线路中桩工作是在两相邻交点实地连线上进行的(详见第四节—“中线放样及边桩放样技术”)。

如果实地交点桩位被破坏，在没有恢复交点实地桩位前，恢复线路中桩工作则根本无法进行，可见交点实地桩位是改建线路进行平面控制放样的关键，因此对交点实地桩位进行保护是非常必需和必要的。如果交点实地桩位被破坏(拔掉、推掉、挖掉、埋掉、炸掉)，则应及时恢复交点实地桩位。

1.交点实地桩位护桩方法

(1)选择护桩位置

山区乡村公路交点实地桩位护桩是件很麻烦的事情，这是山区地形客观造成的。我们知道，山区乡村公路大多都是两边陡峭，不是左上陡右下陡，就是右上陡左下陡。加上路宽偏窄，因此护桩位置很难选觅。实践中，护桩位置只有选在路旁树干、树桩或路旁石头或涵洞盖帽或路旁石壁等物体上。

(2)护桩标示应明显醒目

护桩的作用是恢复交点实地位置，因此要求其点位牢固，便于量距，且点位醒目，容易发现。实践中多用红漆、铁钉扎红塑袋或扎红布条标志。

(3)交点实地桩位护桩方法

实践中，也采用“皮尺交会法”保护交点的实地桩位。

图 15-7 中，JD_1 是交点实地桩位，树干 1、树桩 2 是两个护桩。只要用皮尺分别量出树干 1、树桩 2 至 JD_1 的距离，则复桩时以树干 1、树桩 2 为圆心，以各自距离为半径画弧交出交点桩即可。

实践中，也常采用下法恢复交点桩位：

①甲持尺 0 端于树干 1。

②乙持尺 $d=d_1+d_2$ 于树桩 2。

③丙持花杆(或其他物件)于皮尺读数 d_1 处，用力拉紧皮尺，则花杆下部尖端即交点桩位。

2. 关于护桩至交点桩量距方法

实践中，常见量斜距来护桩的。例如笔者在××—××乡村公路改建线路施工中，业主提供的交点护桩距离全是斜距。

斜距保护的交点桩位若在路宽外侧，不受路基填高或下挖影响，则用斜距恢复的交点实地桩位是正确的。如是交点实地桩位在路宽内，则用斜距恢复的交点实地桩位，随着路基填高或下挖降低，而不在同一铅垂线上，从而使点位位移。这样会造成路基、垫层、路面中桩每放样一次，就错位一次，使路线线形变样，为施工带来困难。

在图 15-8 中，在路床填高的情况下，用护桩 M 的斜距 d_M 恢复的路基、垫层、基层交点桩位分别是 A、B、C 三点。很显然，用 A、B、C 三点放出的线路中桩都错位了。

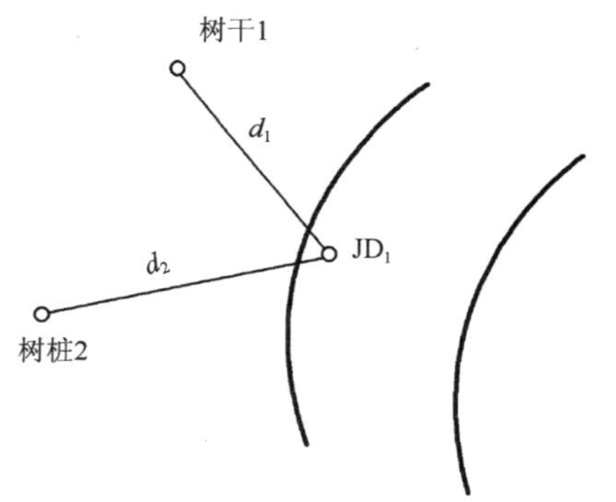

图 15-7　交点实地桩位护桩方法

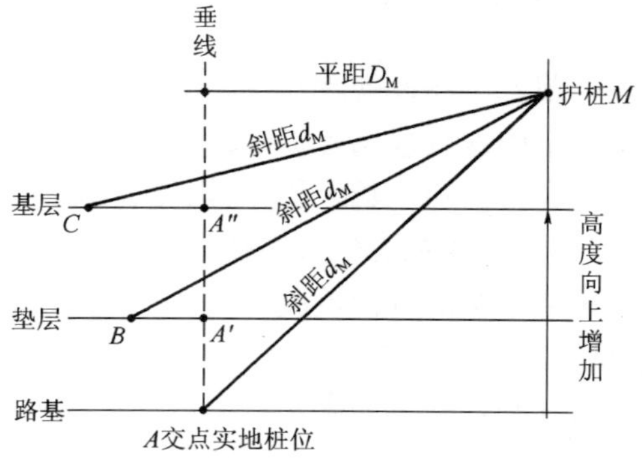

图 15-8　用斜距复桩交点实地点位随高度增加向外移

在图 15-9 中，在路床下挖降低情况下，用护桩 N 的斜距 d_N 恢复的各降低层的交点桩位分别是 E、F、P 三点。很显然，用 E、F、P 三点放出的线路中桩都错位了。

为了使交点实地桩位，不论在路床填高还是下降的情况下，恢复的实地桩位在同一铅垂线

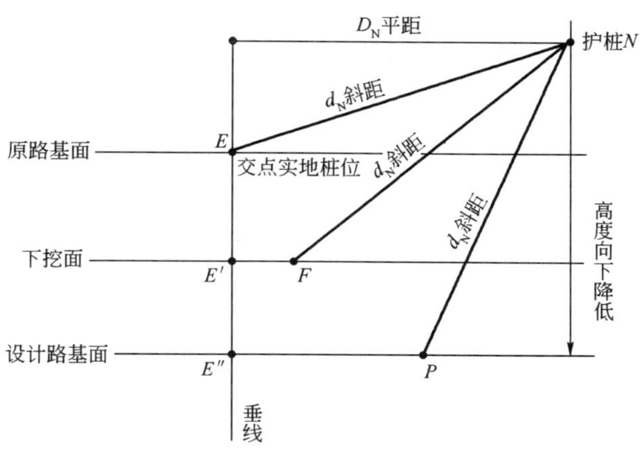

图 15-9　用斜距复桩交点实地点位随高度下降向内移

上，则必须用平距。见图 15-8 中用平距 D_M 放出的 A、A'和 A''，图 15-9 中用平距 D_N 放出的 E、E'和 E''。

理论和实践都证明，用斜距放桩，桩位随高度增加而向外移位，如果高度下降变化，则桩位向内移位。只有用平距放桩，桩位在高度变化下，才始终都在同一垂线上。

为了保证改路线形满足设计要求，笔者建议用平距护桩。

第四节　山区乡村公路改建工程施工测量的实施

一、中线放样及边桩放样技术

(一)交点复桩和保护

山区乡村公路改建线路交点的实地桩位，是在设计勘测阶段布设的。施工单位进驻工地后，应到实地对沿线交点逐点勘察核实。一般来说，由业主提供的交点要素有：

(1)交点及其护桩的实地桩位和标志，交点用木桩或竹签标志，护桩常用红油漆(或铁钉)标志。

(2)中线测量记录手簿里记载的交点编号，交点里程桩号(详见表 15-1、15-2 备注列)。

(3)中线测量记录手簿里绘制的交点护桩略图(详见表 15-1、表 15-2 备注列)。

实地勘察核实交点时，一看交点实地标志是否完好无损；二看交点的护桩在何处，其完好程度如何，施工中交点桩、护桩会不会被破坏。

实践证明，交点在路宽度以内的，施工中都会被毁掉，但是只要护桩在，恢复交点则是很容易的。若是护桩被破坏了，那恢复交点就麻烦了。因此，在勘察核对中，若发现护桩易被破坏，则要根据现场实地情况，将交点护桩移到能长久保存且不易毁坏的地方，且要绘制新的护桩略图。

对于交点桩。护桩都被破坏的情况，则要用本节“三”介绍的方法恢复交点桩位，并重新护桩，绘制护桩略图。

(二)放样、复桩仪具及材料

(1)经纬仪 1 台，脚架 1 付。

(2)30m 或 50m 皮尺 1 个。

(3)花杆 4 根。

(4)竹签、小木桩、铁钉、红塑袋或红布条、铁锤、红漆、毛笔或油性号笔等。

(三)交点复桩技术

1. 用EN法测设的交点复桩技术

(1)实地交点、护桩被破坏，要想恢复交点原桩位，必须知道下述数据(图 15-10)。

①本交点前：后两交点实测的夹角 $\beta_{前}$ 和 $\beta_{后}$。

②前交点至本交点之间的平距，或本交点至后交点之间的平距。

③前交点的前视边必须已知，或后交点的后视边必须已知。

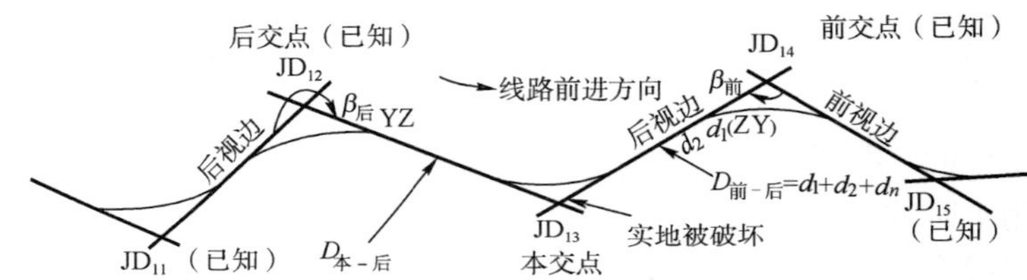

图 15-10　EN 法恢复实地交点桩位的数据和方法示意图

(2)仪具和材料。

①仪器：经纬仪；计算器。

②量具：皮尺(30m 或 50m)；视距尺。

③材料：花杆、铁钉、铁锤、竹签、红塑袋或红布条、红油漆、毛笔等。

(3)实地复桩。

①作业组织：3～4 人，称为甲乙丙(丁)。

②复桩资料：线路中线记录中的夹角、交点编号、相邻两交点间平距。

③复桩方法步骤。

以图 15-10 为例，说明实地恢复交点桩的操作技术，方法步骤。

当以前交点已知数据复桩时：

a. 甲置经纬仪于 JD_{14}，对中精密整平。

b. 乙立花杆于 JD_{15}。

c. 甲盘左位置照准 JD_{15} 花杆底部尖端，置水平度盘读数为 0°00′00″，拔夹角 $\beta_{前}$；$\beta_{前}$ 后视边即 JD_{14}～JD_{13} 方向线。

d. 丙持花杆和皮尺零端，听从甲的指挥立花杆于前交点后视边方向线上；乙持尺后端于 JD_{14} 桩上，使尺读数为 d_1(恢复交点桩位时，可同时恢复线路中桩位置和圆曲线主点桩位，令 $d_1=T_{前}$，即是前交点处圆曲线的直圆点 ZY)此时丙花杆底部尖端就是 ZY 点桩位，丁持铁锤

钉桩标志(一般用扎有红塑袋的铁钉标志)。

e. 甲指挥乙丙丁前进;乙前进至 d_1(ZY)点,使尺读数为 d_2,丙丁前进至 d_2,听从甲指挥,立花杆于前交点后视边方向线上,拉紧皮尺,丁钉标志即是 d_2 点。

f. 重复前述操作,致使 $d_1+d_2+\cdots+d_n=D_{JD_{14}-JD_{13}}$,此时花杆底部尖端即是交点 JD_{13} 的实地桩位。钉木桩或竹桩标志,并用红漆编号记录。

g. 交点实地桩位恢复后,即用第三节“三”的方法护桩,并绘制护桩略图。

当用后交点已知数据复桩时,经纬仪是架置在后交点 JD_{12} 上,照准后交点后视边 JD_{11},拨角 $\beta_{后}$,然后用前述方法立杆、拉尺、钉桩、编号。

当用经纬仪视距法恢复交点位置时,此时只要将上述方法中用皮尺拉距,改用视距标尺测距即可。

2. 用 CY 法测设的交点复桩技术

(1)复桩已知条件(图 15-11)

①本交点前的前交点的实地桩位 JD_1 和圆直点(YZ_1)的实地桩位应已知,即实地该两点应完好无损,例如图 15-11 中的 JD_1 和 YZ_1 两点。

②或本交点后的后交点的实地桩位 JD_3 和直圆点(ZY_3)的实地桩位应完好无损,例如图 15-11 中的 JD_3 和 ZY_3 两点。

③前交点至本交点,或后交点至本交点间距离应已知(其数据可从用 CY 法测设交点的中线测量记录中查取)。

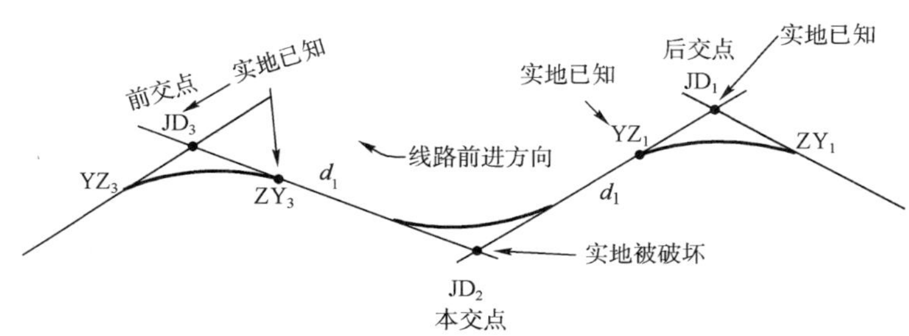

图 15-11　CY 法交点恢复实地桩位的条件和方法示意图

(2)仪具和材料

用本方法复桩不用经纬仪。视距尺,只用皮尺、花杆,其他材料同上。

(3)实地复桩

①作业组织:3～4 人,称为甲乙丙(丁)。

②复桩资料:线路中线记录中的交点编号、交点桩位,相邻两交点间平距。

③复桩方法步骤。

以图 15-11 为例,说明实地恢复交点桩的操作技术、方法步骤。

当用后交点已知数据复桩时:

a. 甲持花杆和尺后端,将花杆立于后交点 JD_1 上。

b. 乙持花杆和尺零端,将花杆立于后交点处圆曲线的 YZ_1 点上。

c. 甲乙用平距法丈量 JD_1-YZ_1 距离,与中线记录簿上 T_1 比较,检查 YZ_1 点的正确性。

d. 当确信 YZ_1 点实地点位正确,甲将尺交于丙,指挥丙将花杆立于 JD_1-YZ_1 方向线上。

e. 乙、丙量平距 d_1，丁在丙花杆底部尖端钉标志，编写桩号。

f. 乙、丙持花杆和尺前进，甲继续瞄向工作，当乙前进至 d_1 点，将花杆立于 d_1 点上，甲指挥丙将花杆立于 JD_1-YZ_1-d_1 方向线上；乙、丙量平距，丁将 d_2 标志于实地。

g. 继续前进，重复上复操作，当 $d_1+d_2+\cdots+d_n=JD_1-JD_2$ 时，其花杆底部尖端即本交点 JD_2 实地桩位，丁钉桩标并编写桩号；然后护桩，绘护桩草图。

当用前交点 JD_3 已知数据复桩时，其操作方法步骤同上。略。

(四)中线复桩及边桩放样技术

1. 中线复桩的依据

山区乡村公路改建工程中线复桩是根据业主提供的中线记录来进行的。中线记录样式详见表 10-1 和表 10-2。

中线复桩时用到中线记录的数据有：

(1)交点里程桩号，交点编号。

(2)切线长 T。

(3)圆曲线主点：ZY、QZ、YZ 的里程桩号。

(4)从 YZ 的拉距。

(5)中线桩位里程桩号及相邻桩间的距离。

(6)余头距离。

实地进行中线复桩是依据前述数据在相邻两交点连线上进行的，因此实地交点桩位是中线复桩的又一重要依据。

2. 中线复桩的实施

山区乡村公路改建工程在勘察设计阶段测设交点时，便同时进行了中线测量，在实地已标志了线路中桩。由于路基施工是在经过一段时间后进行的，原布设交点、中线桩难免被破坏，因此，路基施工开始前首先要进行交点的复桩和保护(详见前节 3)工作，然后要进行线路中线复桩工作。

(1)中线复桩的仪具和材料

山区乡村公路改建工程中线复桩时所用仪器，工具和材料参阅前节 3。

(2)中线复桩的作业组织

山区乡村公路改建工程中线复桩时作业组织人员组成同前节 3。

(3)中线复桩的方法步骤(图 15-12)

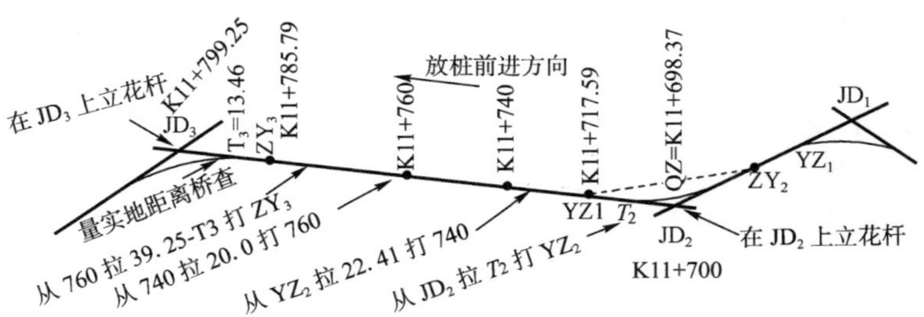

图 15-12　在交点连线上恢复线路中桩示意图

下面用表 15-1 中记载的数据，以图 15-12 为例说明山区乡村公路改建工程中线复桩的方法和步骤。

外业恢复中桩的方法和步骤详见第三节山区乡村公路改建线路中线测设“一”中第 5 小节外业实测的方法步骤中的第六步：放线路中线桩位，方法一和方法二。

这里需要补充说明的是，当用前述第六步恢复了 K11＋760 后，在余头距离 39.25 间恢复 ZY_3 的方法。

方法一　①计算 K11＋760 至 ZY_3 的距离。

$$D=39.25-T_3=39.25-13.46=25.79\text{m}$$

②从＋760 用皮尺拉平距 25.79m 放出实地 ZY_3 打桩，编号。

③检查校核：用皮尺量出 ZY_3 至交点 JD_3 的实地距离，应等于交点 JD_3 处曲线的切线 T_3 的设计值：即 $D_{JD_3-ZY_3实}=T_3=13.46$，其较差应满足$\Delta d\leqslant S/1000+0.1$（$S$ 为实量间距）。

方法二　①在交点 JD_3-JD_2 方向线上，用上述方法从 JD_3 拉距 $T_3=13.46$ 放出 ZY_3 打桩编号。

②检查校核：用皮尺量出 ZY_3 至＋760 的实地距离，应等于 ZY_3 至＋760的计算距离。即：

$$D_{ZY3-760实}=D_{ZY3-760计}=39.25-T_3=25.79\text{m}$$

其较差 $\Delta d=D_{ZY_3-760实}\neq D_{ZY3-760计}$ 且 $\Delta d\leqslant s/1000+0.1\text{m}$（$S$ 为 ZY_3 至＋760 间距）。

关于曲中（QZ）复桩，实践中，常用目估法直接复桩，也可用下法复桩（图 15-12）：置皮尺于 ZY_2、YZ_2 连线上；在垂直于 ZY_2、YZ_2 连线中点垂线上，从交点 JD_2，量外距 E 放出 QZ 桩编号。

3. 山区乡村公路改建线路的边桩放样

山区乡村公路由于路宽较窄，为了方便施工而放出的桩位很易被破坏，根据实践经验，宜采用前边放桩后边施工的方法加放边桩。

施工现场边桩放样方法，可参阅第八章第五节改路工程施工测量二中的第 4 小节。

二、高程放样技术

（一）高程放样的依据

山区乡村公路改建工程线路高程放样的依据是：

（1）线路纵剖面图中下方表中的“设计高程”。

（2）路基设计表中的设计高程。

（3）水准点成果表。

（二）水准点的复测和加密

山区乡村公路改建线路的高程控制依据的是沿线所布设的水准点，这些水准点是在勘察设计阶段时测设的。由于路基施工是在经过一段时间后进行的，所以原布设的水准点难免被破坏，因此，路基施工前，应实地勘察这些水准点的实地点位完好程度，并对这些水准点进行复测。若实地地形条件许可，应用混凝土对这些水准点进行加固护桩。

公路施工实践证明，勘察设计阶段所布设的水准点在线路沿线分布和密度都不能满足施工现场高程放样的需要。一般来说，勘察设计单位提供的水准点，是1km左右一个点，这对线路纵向坡较陡、纵坡坡度偏大、又弯多弯小弯短的山区乡村公路进行高程放样造成诸多不便和困难。在这种地形进行水准测量，一个测站满尺读数(例如前视读数为0.100～0.300m，后视读数为4.900m以上)前后视距和平均是15～25m，这对于1km一个水准点来说，是远远不能满足施工现场的需要的。因此，施工单位必须根据现场实际需要、实际地形来加密施工水准点。施工水准点间距应以能便于高程放样，能保障跟上施工速度、满足施工精度为原则。笔者在××—××山区乡村公路改建线路施工测量中，曾在4.2km上布设53个施工水准点，平均80m左右一个施工水准点，这样布点即使转站测高，也不会超过2～3站。

选用什么施测方案进行山区乡村公路水准点复测和加密？应考虑如下因素：

(1)线路沿线已知水准点分布情况。

(2)线路实地地形情况。

(3)施工中高程放样的需求。

(4)施工中高程放样的精度要求。

一般情况下，在山区乡村公路宜选用复合水准测量方法进行水准点的复测和加密。

关于水准点的复测和加密，详见第四章公路工程施工控制点的复测和加密第三节水准点的复测和加密。

(三)山区乡村公路施工中的高程放样技术

山区乡村公路改建线路各结构层面(路基、底基层、面层等)的设计高程放样，可根据现场条件、使用仪器、自身经验选用下述三种方法中任一方法：

(1)实测点位地面高程进行高程放样。

(2)实测点位桩顶高程进行高程放样。

(3)待放样点视线高法进行高程放样。

上述三种高程放样技术操作方法步骤详见第六章公路工程施工测量的放样技术第三节公路施工高程放样方法。

第五节　山区乡村公路改建线路施工测量常遇到的几个问题

一、圆曲线中线加桩

通常情况下，山区乡村公路改建线路圆曲线部分只设计了圆曲线主点的桩号里程和设计高程，但是在实际施工中，为了在圆曲线部分合理地设置加宽和超高，则必须在实地对圆曲线中线加桩，然后根据中桩再加放左右边桩。很显然，圆曲线中线加桩的目的是为了方便弯道加宽超高放样。当挡土墙设计在弯道部分，圆曲线中线加桩，则为挡土墙放样提供了便利。

施工实践中，山区乡村公路改建线路圆曲线加放中桩，常采用简易切线支距法或短弦支距法。

1. 简易切线支距法

所谓简易切线支距法，即是以圆曲线直圆点(ZY)或圆直点(YZ)为直角坐标原点，切线方向为 x 轴，过 ZY(或 YZ)的半径方向为 y 轴的直角坐标系统。给 x 一个定值，例如 2m、4m、6m 等，采用下述简易公式计算出曲线上各点相对应的 y 值，来加放曲线上各点的桩位。其计算公式是：

$$y=\frac{x^2}{2R} \tag{15-19}$$

式中：x——切线 T 上随机给出的定值 x，一般为整倍数 2m、4m、6m、8m 等；

R——圆曲线半径(m)；

y——垂直于切线 T 定值(x)的 y 坐标值。

采用简易切线支距法加放圆曲线中线桩位的仪具只需一把皮尺(30～50m)和一个小钢尺(3～5m)，作业组织 3 人，称为甲乙丙。现场操作方法步骤见图 15-13。

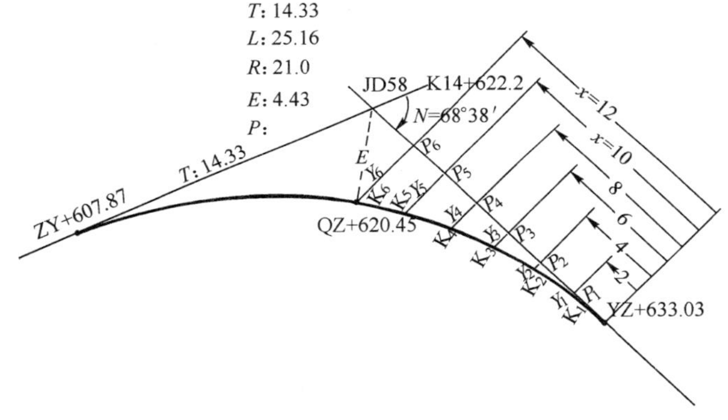

图 15-13 简易切线支距法加放曲线桩示意图

现场放样时、是把一条圆曲线分成两个半圆曲线来操作的。即从 ZY 放至 QZ，再从 YZ 放至 QZ。下面以 YZ 放至 QZ 为例说明放样方法步骤。

(1)依据公式(15-19)计算的放样数据见表 15-3(若操作熟练，可在现场一边计算一边放样，不需准备此放样数据表)。

简易切线支距法放样数据计算表 表 15-3

圆曲线要素	交点编号	交点桩号	R(m)	T(m)	L(m)	E(m)	P(m)
	JD_{58}	K14＋622.2	21.0	14.33	25.16	4.43	3.5
x(m)	2	4	6	8	10	12	
y(m)	0.10	0.38	0.86	1.52	2.38	3.42	

注：此法适用于低等级公路圆曲线加桩。

(2)甲持尺零端，将尺置于圆直点(YZ)，乙持尺后端，将尺置于交点 JD58，量实地距离与切线长 T 比较，校核其正确性。

(3)丙持小钢尺，在皮尺 2m 处定出皮尺垂直方向，量取 y_1(此例 y_1＝0.1m)，定出 K_1 点。

(4)丙持小钢尺，在皮尺 4m、6m…12m 处分别定出垂直方向，量取 y_2、y_3…y_6，即可定出 K_2、K_3…K_6 各点。

注意：在丙量取 y_i 值过程中，甲或乙可过来帮其钉桩标志。

2.短弦支距法

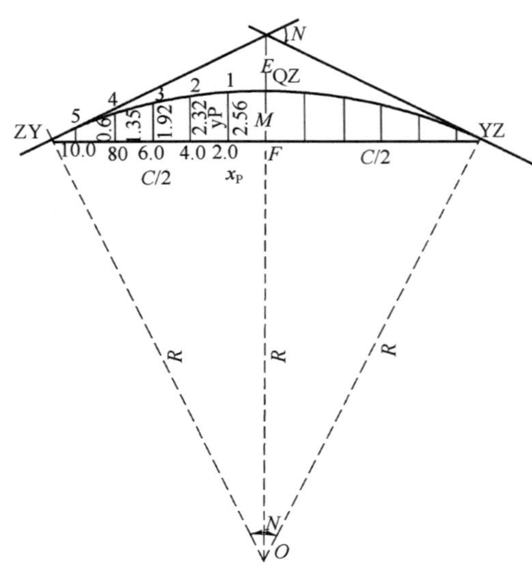

图 15-14　短弦支距法加放曲线中桩示意图（尺寸单位：m）
C-弦长，即直圆点（ZY）与圆直点（YZ）两点间距离；M-中央纵距；x_P-任意点 P 距弦中点距离；y_P-垂直于弦线的支距；R-圆曲线半径；N-转角

所谓短弦支距法，即用短弦上任意点 P 距弦中点距离的垂线 YP 加放曲线点的方法。如 7 图 15-14 所示。

用短线支距法加放曲线上点位时，是把一条圆曲线分成两个半圆曲线来操作的，即从弦中点放至直圆点，再从弦中点放至圆直点。

下面以弦中点 Q 放至直圆点（ZY）点为例说明放样方法步骤。

（1）用前述第四节的方法定出曲线的直圆点（ZY）和圆直点（YZ），然后用公式（15-20）计算设计的弦长，与实量弦长比较，当两者较差：

$$\Delta C \leqslant \frac{S}{1000} + 0.1 \qquad (S\text{ 为实量弦长})$$

$$C = 2R\sin\left(\frac{N}{2}\right) = 22.61\text{m} \tag{15-20}$$

式中：R——圆曲线半径，例中 $R=25.58$m；

N——转角，例中 $N=52°28'$。

（2）用下式计算中央纵距 M。

$$M = R - \sqrt{R^2 - \left(\frac{c}{2}\right)^2} \tag{15-21}$$

式中：R——圆曲线半径；例中 $R=25.58$m；

c——弦长，即 ZY 点至 YZ 点间平距，例中 $c=22.61$m。

则：

$$M=2.63\text{m}$$

（3）计算弦线上任意一点 P 距弦中点距离 x_P 的支距 y_P［式（15-22）及表 15-4］。实践中 x_P 常取用 P 点距弦中点 2m、4m、6m、8m 等整距离。

$$y_p = \sqrt{R^2 - x_P^2} + M - R \tag{15-22}$$

短弦线支距法放样数据计算　　表 15-4

放样要素 \ 圆曲线要素	交点编号	交点桩点	R(m)	T(m)	L(m)	E(m)	N(°′)
	JD_{31}	K12+404.67	25.58	12.61	23.42	2.94	52°28′
x_P(m)	2	4	6	8	10	12	14
y_P(m)	2.56	2.32	1.92	1.35	0.6		
计算公式	弦长 $C=2R\sin(N/2)=22.61$ 中央纵距 $M=R-\sqrt{R^2+(C/2)^2}=2.63$ 弦线垂距 $y_p=\sqrt{R^2-x_p^2}+M-R=2.63$						

注：由于弦中点两侧对称只需计算 ZY 至中点或 YZ 至中点的 y_P。

为了在现场放样时方便、快速、准确地计算出弦线 C、中央纵距 y 和弦线垂距 y_p 值，可用 f_x—5800P/9750GⅡ型计算器程序计算，其程序清单如下。

文件名：DXZG

```
LbI 0 ↵
"R"? R："N"? B："N"? N ↵
"C="：2RSin(N÷2)→C ◢                              (弦长)
"M="：R-√(R²-(C÷2²))→M ◢                          (中央纵距)
"X"? X ↵
"yp=":√(R²-X²)+M-R ◢                               (弦线重距)
Goto 0
```

程序中：R——圆曲线半径；

N——曲线转角，输入时不考虑符号；

X——ZY、YZ 连线(弦线)上任意一点 P 距弦线中点之距离一段取用 2m、4m、6m、8m、10m 等。

C——计算的弦长。

M——中央纵距，即弦中点的重距 y_p。

yp——垂直于弦线上任意点 P 的垂线支距。

××乡—××乡山区乡村改建线路 JD31 弯道处圆曲线半径 $R=25.58$m，曲线转角 $N=52°28'$，由于该弯道外侧要做挡土墙，为了方便放样，需对曲线中线加桩。根据实地地形条件，采用短弦线支距法加放曲线中桩。现场用 f_x—5800P/9750GⅡ计算放样数据——Y_P 操作方法步骤如下：

(1)开机，选择文件名：F_i　DXZG。

(2)按 EXE　显示：R?　输入 $R=25.58$m。

(3)按 EXE　显示　N?　输入 $N=52°58'$。

(4)按 EXE　显示　$C=2R\sin(N/2)=22.61$(弦长：即 ZY、YZ 间距离)。

(5)按 EXE　显示　$M=R-\sqrt{(R-C/2)(R-C/2)}=2.63$　(中央纵距：即垂直于弦中点的支距)。

(6)按 EXE　显示　X?　输入弦线上任一点距弦中点距离 $x=2.0$。

(7)按 EXE　显示　YP=2.56　(距弦中点 2.0 处的支距)。

(8)重复上述操作：(略)。

实际作业中，用短弦线支距法加放曲线中桩方法很简便：只要把皮尺置于弦线 F—ZY 上，令 $F=0.0$m，然后在 2m、4m、6m、8m、10m 处用小钢尺分别量出垂距 $M=2.63$，$y_P=2.56$、2.32、1.92、1.35、0.6 各点，钉出 QZ、1、2、3、4、5 各点即半边曲线了。同法放出另半弧各点。

二、山区乡村公路改建线路弯道加宽

《公路工程技术标准》(JTG B01—2003)规定:平曲线半径等于或小于250m时,应在平曲线内侧加宽。按照这一规定,山区乡村公路改建线路的弯道处一般都要加宽,这是由于山区公路弯小、半径短、受地形限制之故。

现场施工中,山区乡村路弯道加宽是件困难的事情。一方面是因为地形困难,弯道内侧山坡较陡,沙、土质山坡挖去较易,逢到岩石山坡,挖(打)进很困难;另一方面的原因是资金短缺,山坡向内挖(打)进要增大费用开支,而县、乡、村财政较困难,一般情况下,是保主线宽度,对于加宽,则是根据地形尽力而为。在这样的情况下,山区乡村公路弯道加宽是很难满足规范有关规定的。尽管如此,我们还是强调应按规范要求进行弯道加宽。为了方便现场施工,下面将曲线加宽值列于表15-5,供参考。

圆曲线加宽值　　表15-5

加宽类别	加宽值(m) / 圆曲线半径(m) / 汽车轴距加前悬(m)	250～200	<200～150	<150～100	<100～70	<70～50	<50～30	<30～25	<25～20	<20～15
1	5	0.4	0.6	0.8	1.0	1.2	1.4	1.8	2.2	2.5
2	8	0.6	0.7	0.9	1.2	1.5	2.0	—	—	—
3	5.2+8.8	0.8	1.0	1.5	2.0	2.5	—	—	—	—

注:1. 本表为双车道路面的加宽值;单车道路面加宽值将表中数值折半。

2. 四级公路和山岭、重丘区的三级公路采用表中第1类加宽值。

3. 二级公路以及三级公路平原,微丘区应采用第3类加宽值,对不经常通行集装箱运输的半挂车的公路,可采用第2类加宽值。

山区乡村公路改建线路施工实践中,弯道实地加宽是根据上表第1类加宽值规定,结合实地地形地质条件,凭施工经验,并征得业主同意来实施的。

三、山区乡村公路改建线路弯道超高

《公路工程技术标准》(JTG B01—2003)规定,山岭、重丘的四级公路,圆曲线半径小于"不设超高最小半径150m时,应在曲线上设置超高"。按照这一规定,山区乡村公路改建线路施工中几乎是逢弯都要设置超高。但是如何在山区乡村公路弯道处设置合理的超高是个值得探讨的课题。

笔者在前述第二节山区乡村公路的特点中曾说山区乡村公路弯多弯小弯短,半径小,且弯道是一弯接一弯,弯与弯之间的直线段很短。在这样的情况下,弯道设置超高缓和段很困难,实际施工中只能凭经验控制弯道超高变化。

通常情况下,业主提供的由勘测设计部门设计的线路纵剖面图上都未设计超高和超高缓和段,只是提供下表(表15-6)供施工单位施工中按实际地形条件、相邻两弯道实际情况来调整弯道超高。

山岭重丘的四级公路弯道超高值　　表 15-6

半径(m)	<150～95	<95～60	<60～40	<40～25	<25～15
超高(%)	2	3	4	5	6

笔者在实践中，是将超高设置在圆曲线内，即由直圆点至曲中点，再由曲中点向圆直点逐渐按比例变化。在直圆、圆直两侧直线段视其长度作适当调整。

四、扩挖边坡增加工程量计算

山区乡村公路弯道内侧山坡向外凸出，影响行车视线，又看不见对方来车，只有靠鸣喇叭示警。为了方便行车，保障安全，业主要求将内侧凸出山坡向内挖进，致使工程量增加。这种向内扩挖情况如图 15-15～图 15-17 所示。

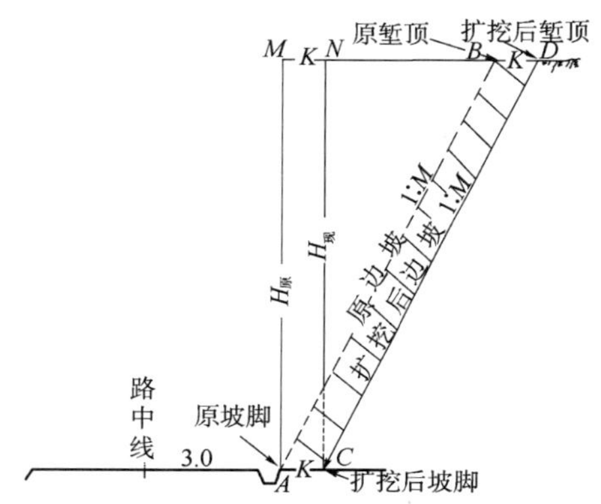

图 15-15　扩挖边坡增挖面积计算示意图

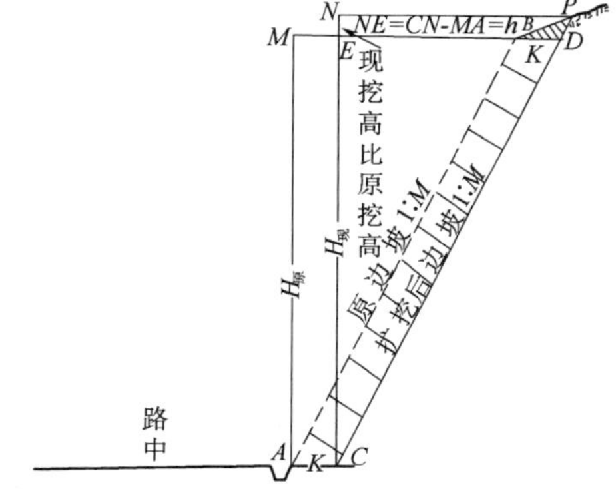

图 15-16　$H_{现}>H_{原}$ 扩挖边坡增挖面积计算示意图

在图 15-15 中，AB 为扩挖前原边坡，CD 为扩挖后现边坡，$ABCD$ 为扩挖的断面面积，$H_{原}$ 为扩挖前边坡高度，$H_{现}$ 为扩挖后边坡的高度，$H_{原}=H_{现}$，AC 为扩挖宽度，1∶M 为扩挖前、扩挖后边坡坡度。则扩挖后增挖的面积 S 等于 $MDCA$ 的面积减去 MBA 的面积。即：

(1)$MDCA$ 梯形面积

$$=\frac{MD+AC}{2}\times H=\frac{MB+K+K}{2}\times H=\frac{HM+2K}{2}\times H=\frac{H(HM+2K)}{2} \tag{15-23}$$

式中：H——边坡扩挖的高度，扩挖前 $H_{原}$＝扩挖后 $H_{现}=H$；

K——坡脚处扩挖的宽度，$AC=K$；

M——扩挖前，扩挖后边坡坡度比。

(2)MBA 三角形面积

$$=\frac{MB\times H}{2} \tag{15-24}$$

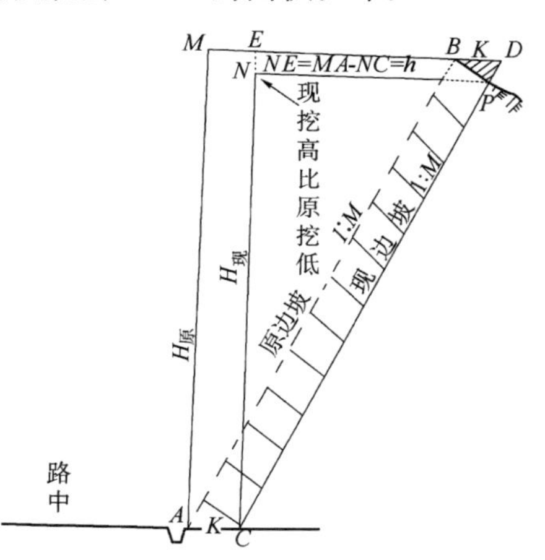

图 15-17　$H_{现}<H_{原}$ 扩挖边坡增挖面积计算示意图

$$=\frac{HM\cdot H}{2}$$

$$=\frac{H^2M}{2}$$

(3)扩挖后增挖的面积$ABCD$

$$\begin{aligned}\Delta S &= \text{式(15-22)} - \text{式(15-23)}\\ &= \frac{H(HM+2K)}{2}-\frac{H^2M}{2}\\ &= \frac{1}{2}H(HM-HM+2K)\\ &= HK\end{aligned} \tag{15-25}$$

式中:H——扩挖后堑顶至坡脚实量高度(m);

K——扩挖后坡脚处向内挖的高度。

由式(15-24)知,当扩挖的堑顶处山坡缓平,则 $H_{原}=H_{现}$,此时扩挖增加面积等于扩挖高度乘以扩挖宽度之积。

当扩挖后堑顶到坡脚高度 $H_{现}$ 高于原堑顶至坡脚高度 $H_{原}$ 时,扩挖后增加面积 $ABDC$ 应加 BDP 的面积,见图 15-15。此时,扩挖后增挖面积:

$$\Delta S = H_{原} K+\frac{Kh}{2} \tag{15-26}$$

式中:$H_{原}$——扩挖前原边坡堑顶至坡脚高度,可从横断面图量取数据;

K——扩挖后坡脚处向内挖的宽度;

h——$H_{现}-H_{原}$,即扩挖后堑顶至坡脚高度减扩挖前堑顶至坡脚高度之差;

$Kh/2$——图 15-16 应加 BDP 面积的近似面积,实践中 $H_{现}$ 实量高度是近似值,当坡很陡,$H_{现}$ 实量高度是目估值,且原边坡面、扩挖后边坡面的边坡 1 : M 也是近似值,因此 BDP 用近似公式计算。

当扩挖后堑顶到坡脚高度 $H_{现}$ 低于原堑顶至坡脚高度 $H_{原}$ 扩挖后增加面 $ABDC$ 应减 BDP 的面积,见图 15-17。此时,扩挖后增挖面积:

$$\Delta S = H_{原} K-\frac{Kh}{2} \tag{15-27}$$

式中:$H_{原}$——含义同上;

K——含义同上;

h——$H_{原}-H_{现}$,即扩挖前堑顶至坡脚高度减去扩挖后堑顶至坡脚高度之差;

$Kh/2$——含义同前。

综前所述,扩挖边坡处地形有三种情形:山坡平缓,山坡向上陡,山坡向下降。

我们在讨论扩挖增加面积时,是以山坡平缓为基础的。在计算增挖面积时,只要取得如下数据,就可用式(15-25)~式(15-27)分别视情况算出:

①$H_{原}$:边坡扩挖前原堑顶至坡脚处高度,此数据从原断面图上量取。

②$H_{现}$:边坡扩挖后堑顶至坡脚处高度,此数据是实地测量的:当实地便于丈量,则用皮尺

直接量高；当实地不便丈量，可设法测出堑顶高度(例如用经纬仪视距法，全站仪测高法等)，通过计算求得 $H_{现}$。

③K：坡脚处用皮尺实量的扩挖宽度。

④h：通过计算求得，$h = \mathrm{Abs}(H_{原} - H_{现})$。

由上分析知，用式(15-25)～式(15-27)计算扩挖边坡断面面积，可省去绘制断面图这一工序，减少了工作量，且计算方便，提高了工效。

当各断面边坡扩挖面积计算出后，再按第八章第一节填、挖方工程量计算介绍的方法计算出边坡扩挖的工程量。

【算例 15-3】 ××乡－××乡改建线路，JD_{31} 弯道处内侧山坡扩挖数据见表 15-7 第 2、3、4 列，用式(15-22)计算的扩挖增加面积见第 5 列，用式(15-20)、式(15-21)计算的梯形面积。三角形面积见第 6、第 7 列。第 6 列减第 7 列应等于第 5 列，以资检核。

边坡扩挖增挖面积计算　　表 15-7

桩　　号	$H_{原}$(m)	$H_{现}$(m)	打进(m)	面积(m^2)	$S_{梯}$(m^2)	S_{Δ}(m^2)
K15＋712.88	11.3	11.3	1.1	12.43	44.35	31.92
＋722.83	11.7	11.7	2.5	29.25	63.47	34.22
＋732.78	10.3	10.3	1.45	14.94	41.46	26.52

注：边坡比为：1∶0.5。

根据相邻断面间距，断面面积计算的边坡扩挖工程量见表 15-8。

边坡扩挖增加工程量计算　　表 15-8

桩　　号	横断面面积(m^2)	平均面积(m^2)	间距(m)	工程量(m^3)
K15＋712.88	12.43			
		20.84	9.95	207.36
＋722.83	29.25			
		22.095	9.95	219.84
＋732.78	14.94			
		Σ	19.90	427.20

第十六章

铁路线路施工放样数据计算

第一节　铁路线路施工平面位置设计数据

一、设计单位提供的设计资料

(1)曲线表(沈丹客专线左线),见表16-1。

(2)交点坐标表(沈丹客专线)。

①DK83+700～DK97+500段,见表16-2。

②DK97+500～DK116+000段,见表16-3。

(3)逐桩坐标表(部分),见表16-4。

上述几种设计表,由湖南省湘西土家族苗族自治州龙山县杨良义工程师提供。

二、熟悉设计资料

由上述图纸可知:

(1)该施工段是沈阳至丹东客运专线:

①DK83+700～DK97+500段,全长13.80km,其间有两个带有缓和曲线的圆曲线。

②DK97+500～DK116+000段,全长18.50km,其间有两个带缓和曲线的圆曲线。

③DK83+700～DK116+000段,全长32.30km,内有四个带缓和曲线的圆曲线,且其中两个带缓和曲线的圆曲线是同向圆曲线,即是带缓和曲线复曲线。

(2)该施工段由四个交点控制,即JD_{17}、JD_{18}、JD_{31}和JD_{32}。

(3)由"曲线表"可知,设计单位只提供了:

①交点号。

②曲线里程,只知起点ZH里程桩号和终点HZ里程桩号。

③左、右偏角。

④曲线半径。

⑤前、后缓和曲线长度,且相等,属对称缓和曲线。

⑥前、后切线长度,且相等。

曲　线　表

沈丹客运专线左线　施工图

表 16-1

交点号 JD	曲线里程		偏角		曲线半径 R(m)	前缓和曲线长度 L(m)	后缓和曲线长度 L(m)	前切线长度 T(m)	后切线长度 T(m)	曲线长度 L(m)	夹直线长度(m)	备注
	起点 ZH 或 ZY	终点 HZ 或 YZ	左$_{\alpha z}$	右$_{\alpha y}$								
改 JD_{15}	改 DK74＋577.299408	改 DK75＋934.577414	6°48′09.3668″		10000	170	170	679.344282	679.344282	1357.2788006	2343.780538 932.006254	
JD_{16}	DK76＋866.587118	DK78＋747.823091		9°48′16.7756″	10000	170	170	942.722184	942.722184	1881.235973	6769.702893	
JD_{17}	DK85＋517.525984	DK87＋655.036680		15°31′52.8109″	7000	240	240	1074.653526	1074.653526	2137.510696	3503.126989	
JD_{18}	DK91＋158.163669	DK96＋740.105722	43°43′27.8061″		7000	240	240	2928.754657	2928.754657	5581.942053	2248.829626	
JD_{31}	DK98＋987.141372	DK100＋262.711170	8°28′35.5148″		7000	240	240	638.755547	638.755547	1275.569798	6505.210840	
JD_{32}	DK106＋767.698327	DK108＋277.264266		8°24′02.2236″	9000	190	190	755.979381	755.979381	1509.565939	9106.643065	
JD_{33}	DK117＋293.808290	DK119＋132.937095	8°44′45.9252″		11000	160	160	921.205739	921.205739	1938.128805	1532.927778	
JD_{34}	DK120＋665.789724	DK121＋802.239970		5°32′14.4673″	1000	170	170	568.607214	568.607214	1136.450246	2273.667769	

续上表

交点号 JD	曲线里程		偏角		曲线半径 R(m)	前缓和曲线长度 L(m)	后缓和曲线长度 L(m)	前切线长度 T (m)	后切线长度 T (m)	曲线长度 L(m)	夹直线长度 (m)	备注
	起点 ZH 或 ZY	终点 HZ 或 YZ	左$_{az}$	右$_{ay}$								
改 JD_{35}	改 DK124＋075.907739	改 DK127＋337.435149		30°44′50.2235″	5500	310	310	1667.426671	1667.426671	3261.527410	2302.909262	
改 JD_{36}	改 DK129＋639.343103	改 DK131＋931.743838	20°39′05.3643″		5500	310	310	1157.201111	1157.201111	2292.400735	7194.833795	
JD_{37}	DK139＋087.787592	DK142＋363.613449	17°47′42.2569″		10000	170	170	1650.536207	1650.536207	3275.825857	11593.711735	
JD_{38}	DK153＋957.194854	DK157＋149.966677		17°19′09.1444″	10000	170	170	1608.018311	1608.018311	3192.771823	7057.13370	
JD_{39}	DK164＋206.536499	DK167＋425.580226	21°33′02.4777″	·	8000	210	210	1627.557135	1627.557135	3219.043727	5321.107340	
JD_{40}	DK172 746.687566	DK173＋899.353725		6°07′42.6832″	9000	190	190	576.801113	575.801113	1152.666159	2891.025323	
JD_{43}	DK176＋747.829119	DK180＋486.543689		28°38′14.5262″	7000	240	240	1906.795182	1906.795182	3738.714572	3196.561940	
JD_{44}	DK183＋682.255551	DK187＋352.429462	28°04′34.8796″		7000	240	240	1870.335636	1870.335636	3670.173911	5479.124990	
JD_{45}	DK192＋830722384	DK193＋724.993960	3°36′04.9734″		12000	140	140	447.262065	447.262065	894.271576	2563.885141	

交 点 坐 标 表

沈丹客专线 DK83＋700～DK97＋500 段施工图　沈丹第二施工坐标系　　表 16-2

序 号	交 点 编 号	X 坐标(N)	Y 坐标(E)	附　注
1	DK83＋700.000000	4556204.092490	499095.781727	
2	JD_{17}	4553311.968100	499077.925900	
3	JD_{18}	4546092.087614	497023.322274	
4	DK97＋501.793973	4542828.773900	498746.735300	DK97＋501.793973＝DK97＋500 长链 1.793973m
沈丹第二施工坐标系 L_0＝123.75°, 投影面大地高＝260m,高程异常 15m (2000 国家大地坐标系椭球)				

⑦曲线长度。

⑧夹直线长度,即两圆曲线间直线长度。

(4)由“交点坐标表”可知,设计单位只提供了:

①交点编号。

②交点 X、Y 坐标值。

三、设计单位没提供的数据

(1)交点的里程桩号。

(2)切线方位角。

(3)曲线主要点缓圆(HY)、圆缓(YH)的里程桩号及坐标。

交点坐标表

沈丹客专线 DK97＋500～DK116＋000 段施工图　第三施工坐标系　　表 16-3

序号	交点编号	X 坐标（N）	Y 坐标（E）	附注
1	DK97＋500.000000	4542891.517100	494540.917400	
2	JD_{31}	4541011.101700	495532.620800	
3	JD_{32}	4534642.904900	500207.576700	
4	DK116＋000.000000	4527148.384060	504172.730779	
沈丹第三施工坐标系 L_0＝123.8°， 投影面大地高＝345m，高程异常 15m （2000 国家大地坐标系椭球）				

逐桩坐标表

沈丹客专线 DK83＋700～DK97＋500 段施工图　沈丹第二施工坐标系　　表 16-4

序号	交点编号	X 坐标（N）	Y 坐标（E）	附注
342	DK93＋540.000000	4546556.534158	497532.485116	
343	DK93＋560.000000	4546536.556535	497533.430788	
344	DK93＋580.000000	4546516.581695	497534.433534	
345	DK93＋600.000000	4546496.609802	497535.493347	
346	DK93＋620.000000	4546476.641018	497536.610219	
347	DK93＋640.000000	4546456.675507	497537.784139	
348	DK93＋660.000000	4546436.713431	497539.015099	
349	DK93＋680.000000	4546416.754954	497540.303088	
350	DK93＋700.000000	4546396.800238	497541.648096	
351	DK93＋720.000000	4546376.849446	497543.050112	
352	DK93＋740.000000	4546356.902742	497544.509124	
353	DK93＋760.000000	454336.960288	497546.025121	
354	DK93＋780.000000	4546317.022247	497547.598090	
355	DK93＋800.000000	4546297.088781	497549.228019	
356	DK93＋820.000000	4546277.160053	497550.914893	
357	DK93＋840.000000	4546257.236227	497552.658700	

续上表

序号	交点编号	X坐标(N)	Y坐标(E)	附注
358	DK93+860.000000	4546237.317464	497554.459425	
359	DK93+880.000000	4546217.403927	497556.317053	
360	DK93+900.000000	4546197.495779	497558.231569	
361	DK93+920.000000	4546177.593182	497560.202958	
362	DK93+940.000000	4546157.696299	497562.231203	
363	DK93+949.134696	4546148.610646	497563.176484	QZ(JD18)
364	DK93+960.000000	4546137.805293	497564.316289	
365	DK93+980.000000	4546117.920324	497566.458197	
366	DK94+000.000000	454098.041557	497568.656910	
367	DK94+020.000000	4546078.169153	497570.912411	
368	DK94+040.000000	4546058.303274	497573.224681	
369	DK94+060.000000	4546038.444083	497575.593700	
370	DK94+080.000000	4546018.591742	497578.019451	
371	DK94+100.000000	4945998.746412	497580.501913	
372	DK94+120.000000	4545978.908256	497583.041065	

第二节　计算线路施工平面位置中、边桩坐标的方案

一、线路中、边桩坐标计算方案

现代公路、铁路线形施工，可供现场测量员计算线路中、边桩坐标的方案主要包括：

(1)交点法。可计算对称，或不对称曲线中、边桩坐标。

(2)线元法。可计算任意线形的中、边桩坐标。

(3)辛普森法。可计算任意线形的中、边桩坐标。

二、选用线路中、边桩坐标计算方案的条件

1.选用交点法的条件

应已知要素：

(1)交点的里程桩号。

(2)交点的 X、Y 坐标值。

(3)圆曲线半径。

(4)缓和曲线长。

(5)线路转角(偏角)。

(6)线路转向：左转还是右转。

(7)前切线方位角。

2. 选用线元法的条件

应已知要素:

(1)线元起点桩号。

(2)线元终点桩号。

(3)线元起点 X、Y 坐标值。

(4)线元起点切线方位角。

(5)计算段长度。

(6)起点半径。

(7)终点半径。

(8)线路转向条件:是否直线,左转还是右转。

3. 选用辛普森法的条件

应已知要素:

(1)线元起点桩号。

(2)线元终点桩号。

(3)线元起点的 X、Y 坐标值。

(4)线元起点的方位角。

(5)线元起点的曲率。

(6)线元终点的曲率。

第三节　沈丹客运专线线路中、边桩坐标计算方法步骤

一、计算方案选择

比较前述三种计算线路中、边桩坐标方案,结合沈丹客专线设计单位提供的设计数据,显然应选用"交点法"来计算该线路施工放样的中、边桩坐标。

由于沈丹客专线设计单位没有提供该线路线元段(直线段、缓和曲线段、圆曲线段等)起点的方位角,而计算线路上任意点的切线方位角比较困难,所以计算该线路中、边桩坐标不宜选用"线元法"或"辛普森法"。

二、"交点法"计算沈丹客运专线线路上任意一点中、边桩坐标方法步骤

(一)计算交点桩号

计算公式为:

交点桩=ZH 点桩号+前切线 T=HZ 点桩号-后切线长 T+切曲差

式中,ZH 点及 HZ 点桩号已知,前、后切线长已知,切曲差=$2T-L$。

本例中：

(1)交点 JD_{17}的桩号。

DK85＋517.5260＋1074.6535＝DK86＋592.1795

检查：

DK87＋655.0367－1074.6535＋(2×1074.6535－2137.5107)＝中86＋592.1795

(2)交点 JD_{18}的桩号。

DK91＋158.1637＋2928.7547＝DK94＋086.9184

检查：

DK96＋740.1057－2928.7547＋(2×2928.7547－5581.9420)＝DK 94＋086.9184

(3)交点 JD_{31}的桩号。

DK98＋987.1414＋638.7555＝DK99＋625.8969

检查：

DK100＋262.7112－638.7555＋(2×638.7555－1275.5698)＝DK 99＋625.8969

(4)交点 JD_{32}的桩号。

DK106＋767.6983＋755.9794＝DK107＋523.6777

检查：

DK108＋277.2643－755.9794＋(2×755.9794－1509.5659)＝DK107＋523.6778

(二)计算 ZH 点切线方位角(即前切线方位角)

1.计算公式及程序清单

$$F=\tan^{-1}(C-A)\div(D-B)$$

式中：A、B——直线段一端点的 X、Y 坐标；

C、D——直线段另一端点的 X、Y 坐标。

根据此式编辑的 5800P“ZFS 程序”清单如下：

文件名：ZFS(坐标反算)

程序清单：

```
"A"? A:"B"? B ↵
LbI 0 ↵
"C"? C:"D"? D ↵
Pol (C－A,D－B)↵
L→S ↵
"S＝":S ◢
J→F ↵
If J<0:Then J＋360→F:Else J→F:IfEnd ↵
"F＝":F▶DMS ◢
Goto 0
```

程序中：

A、B——直线段一端点的 X、Y 坐标；

C、D——直线段另一端点的 X、Y 坐标；

S——直线段两端点间距离；

F——直线段的方位角。

程序功能及注意事项：

(1)本程序可计算已知坐标的两点间平距及方位角。

(2)注意方位角方向。M 点坐标为 A、B，N 点坐标为 C、D，则本程序计算的方位角是 $M-N$边的方位角，反之为 $N-M$ 边的方位角。

2.检查计算

后切线方位角＝前切线方位角±转角

式中：右转角用“＋”，左转角用“－”。

3.本例中切线方位角计算

(1)DK83＋700～DK97＋500 段切线方位角计算。

①用 DK83＋700 及 JD_{17} 的坐标，反算交点 JD_{17} 前切线方位角，得：

$$F_{JD_{16}-JD_{17}}=180°21'13.45''$$

②用 JD_{17} 及 JD_{18} 的坐标，反算交点 JD_{18} 的前切线方位角，得：

$$F_{JD_{17}-JD_{18}}=195°53'06.26''$$

③用 JD_{18} 及 DK97＋501.7940 的坐标，反算 JD_{18} 的后切线方位角，得：

$$F_{JD_{18}-DK97+501.7940}=152°09'38.46''$$

检查：

$$\begin{aligned}F_{JD_{17}-JD_{18}}&=F_{JD_{16}-JD_{17}}+15°31'52.81''\\&=180°21'13.45''+15°31'52.81''=195°53'06.26''\end{aligned}$$

$$\begin{aligned}F_{JD_{18}-DK97+501.7940}&=F_{JD_{17}-JD_{18}}-43°43'27.81''\\&=195°53'06.26''-43°43'27.81''=150°09'38.45''\end{aligned}$$

(2)DK97＋500、DK116＋000.0 段切线方位角计算。

①用 DK97＋500 及 JD_{31} 的坐标，反算 JD_{31} 的坐标，反算 JD_{31} 前切线方位角，得：

$$F_{DK97+500-JD_{31}}=152°11'36.58''$$

②用 JD_{31} 及 JD_{32} 的坐标，反算 JD31 的后切线方位角，得：

$$F_{JD_{31}-JD_{32}}=143°43'02.07''$$

③用 JD_{32} 及 DK116＋000 的坐标，反算 JD_{32} 后切线方位角，得：

$$F_{JD_{32}-DK116+0}=152°07'04.29''$$

检查：

$$\begin{aligned}F_{JD_{31}-JD_{32}}&=F_{DK97+500-JD_{31}}-8°28'34.51''\\&=152°11'36.58''-8°28'34.51''=143°43'02.07''\end{aligned}$$

$$F_{JD_{32}-DK116+0}=143°43'02.07''+8°24'02.22''=152°07'04.29''$$

(三)用交点法 5800P/19750GⅡ“XY 程序”计算沈丹客专线线路上任一点中、边桩坐标

(1)5800P/19750GⅡ“XY 程序”清单、程序功能及注意事项，详见本书第三章。

(2)绘沈丹客专线线路示意图，将交点法“XY 程序”的起算要素抄录在示意图上，它将方便外业务现场计算线路上任意点的中、边桩坐标，如图 16-1、图 16-2 所示。

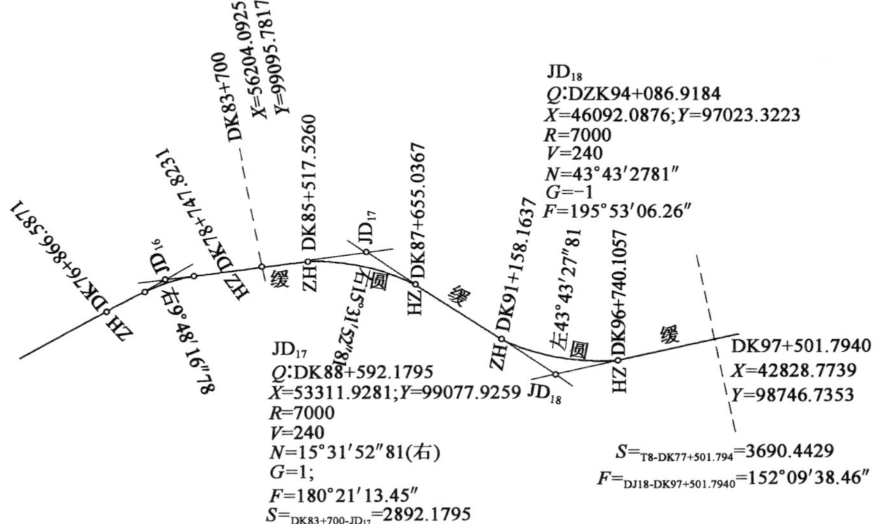

图 16-1　沈丹客专线 DK83＋700、DK97＋500 段线路示意图

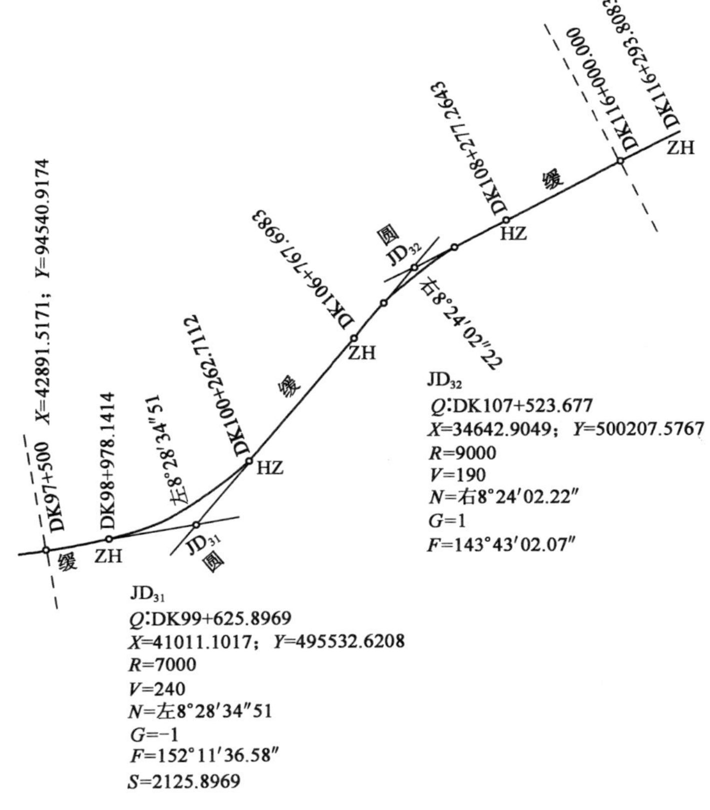

图 16-2　沈丹客专线 DK97＋500、DK116＋000 线路示意图

(3)5800P/19750GⅡ“XY程序”执行操作方法步骤。

①按AC键,开机,清除屏幕上上次关机时保留的内容。

②按FILE▲▼键,选择文件名XY。

③按EXE键,执行程序,按照屏幕提示输入:

显示Q?,输入JD_{18}的桩号:94086.9184;

显示W?,输入JD_{18}的X坐标:46092.0876;

显示K?,输入JD_{18}的Y坐标:97023.3223;

显示R?,输入半径:7000.000;

显示V?,输入缓和曲线长:240.000;

显示N?,输入转角(不带符号):43°43′27.81″;

显示G?,输入控制转角条件:-1;

显示F?,输入前切线方位角:195°53′06.26″。

至此,XY程序的常量(起算数据)输入完成。在程序执行过程中,这些常量只需输入一次。以下按EXE键,只要给变量H? 输入所求点的里程桩号S? 输入中桩至边桩距离E? 输入夹角(左边桩输入$-E$,右边桩输入E),就可迅速地计算出所求点中、边桩坐标。

④按EXE键,按照屏幕提示输入:

显示H?,输入所求点里程桩号:93540(表16-4);

输入S?,输入中—左边距,令S=5.0m;

显示E?,计算左边桩,输入-90°。

⑤按EXE键,显示计算结果:

XY=46556.53422(设计值X=46556.534158);

YY=97532.48516(设计值Y=97532.485116);

MY=46556.76351(左5.0m边桩X值);

MY=97537.47990(左5.0m边桩Y值)。

⑥按EXE键,输入:

显示H?,前述计算左边桩,现在计算右边桩,输入不变;

显示S?,输入中—右边距:5.0;

显示E?,输入90°(计算右边桩)。

⑦EXE键,显示计算结果:

XY=46556.53422(重复显示桩X值);

XY=97532.48516(重复显示中桩Y值);

MY=46556.30494(右5.0m边桩X值);

NY=97527.49042(右5.0m边桩Y值)。

以下只要给H?、S?、E? 输入另一个所求点桩号、中—边桩距离和夹角,就可计算另一个点的中、边桩坐标。

经过核算比较,用XY程序计算结果与设计资料提供的数据相等。证明类似沈丹客专线的铁路线形平面位置X、Y计算,可采用作者上述介绍的方法,也可采用作者推荐工具和编写的XY程序。

第四节　沪宁城际高速铁路(客运专线)江苏常州段坐标计算案例

一、案例背景

本案例选自覃辉编著的《公路与铁路测量程序》(北京:人民交通出版社,2012)。

图 16-3 为沪宁城际高速铁路江苏常州段部分平曲线交点设计资料。

沪宁城际高速铁路位于现有沪宁铁路的北侧,与沪宁铁路基本平行,路线全长 297km,其中江苏境内长 269km。本案例计算 JD_{31}～JD_{35}。

作者选用此案例,采用作者编辑的“单交点法计算线路任一点的中、边桩坐标程序:XY 程序”和“线路坐标计算全线通程序:XL-XY-TS 程序”,计算该段线路平曲线主点桩号、中桩坐标,与覃辉老师程序计算的结果比较,证明作者前述两程序在铁路线路施工中计算放样点坐标具有可行性、实用性、通用性及适用性。

二、计算准备

(一)全面熟悉图 16-3 所示平曲线设计资料

(1)设计单位提供的数据。

①交点名称,如 JD_{31}、JD_{32}、JD_{33}、JD_{34}、JD_{35} 等。

②交点的里程桩号,如 K112+300.229 等。

③交点的坐标 X 与 Y 值。

④线路转角 Δ。

⑤圆曲线半径 R。

⑥缓和曲线参数 A(或叫回旋线参数)。

⑦夹直线长度,即两曲线间直线的长度。

⑧路线走向:上海→南京方向。

(2)设计单位没有提供,但又是“XY 程序”及“XL-XY-TS 程序”必备的数据。

①缓和曲线长 V。

②前切线正方位角 F,即 ZH 点切线方位角。

(二)准备起算数据

1.“XY 程序”及“XL-XY-TS 程序”的起算数据

(1)交点的里程桩号 Q。

(2)交点的坐标:$X=W$,$Y=K$。

(3)圆曲线半径 R。

(4)缓和曲线长度 V。

(5)线路转角 N。

(6)线路转向 G。

(7)线路前切线方位角 F。

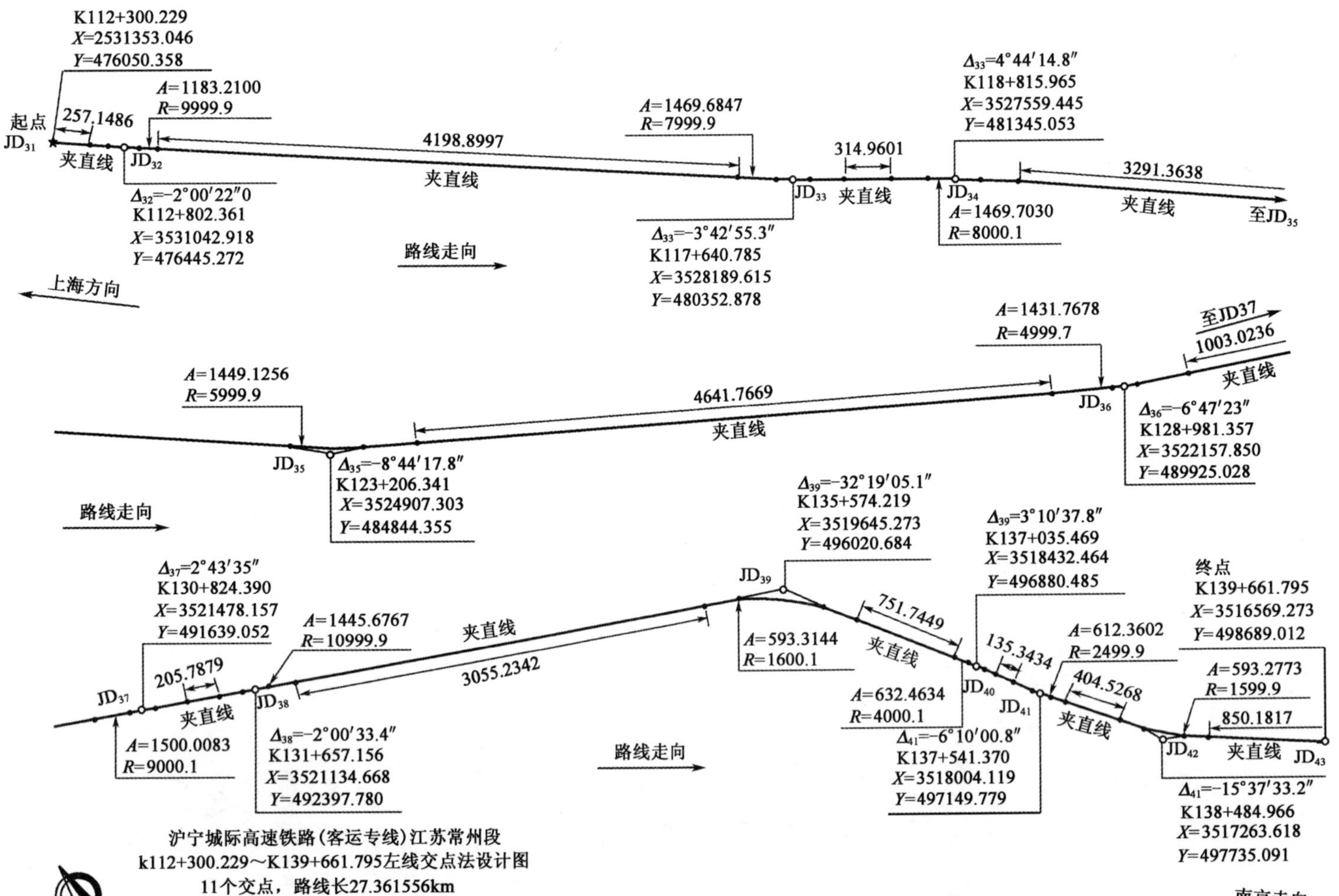

图16-3　沪宁城际高速铁路江苏常州段左线JD_{31}～JD_{43}平面线设计资料

据此可知，设计单位没有提供缓和曲线长 V 和前切线方位角 F。

因此，必须自己计算出缓和曲线长 V 及前切线方位角 F。

2. 计算缓和曲线长 V

缓和曲线长 V 的计算公式：

$$V=\frac{A^2}{R} \tag{16-1}$$

式中：A——缓和曲线参数；

R——圆曲线半径。

根据式(16-1)计算的 JD_{31}～JD_{35} 的缓和曲线长见表 16-5 及图 16-4。

3. 计算前切线方位角 F

此例切线方位角计算有两种方法。

方法 1：根据前切线方位角、转角计算后切线方位角，其计算公式为：

$$F_{后}=F_{前}\pm N \tag{16-2}$$

式中：$F_{后}$——交点前切线方位角；

N——线路转角，左转用加，右转用减。

例如：本例中 JD_{31}～JD_{32} 的方位角 $F_{31\text{-}32}=128°08'33.83''$ 是交点 JD_{32} 的前切线方位角(可用 JD_{31}～JD_{32} 的坐标反算求得)，线路转角 $N=\Delta_{32}=-2°00'22.0''$，则 JD_{32}～JD_{33} 的方位角：

$$F_{32-33}=F_{31-32}-N=128°08'33.83''-2°00'22.0''=126°08'11.83''$$

方法 2：根据切线两端点的坐标，用坐标反算程序(ZFS 程序)计算切线正方位角。

例如，本例中：交点 JD_{32}，$X=3531042.918$，$Y=476445.272$；交点 JD_{33}，$X=3528189.615$，$Y=480352.878$，用 ZFS 程序计算得：

JD_{32}～JD_{33} 的间距：$S=1175.38311$

JD_{32}～JD_{33} 边方位角：$F_{33-33}=126°08'11.84''$

本例交点的前切线方位角，可选用前述任一方法计算。计算结果整理见表 16-5 及图 16-4。

缓和曲线长及方位角表　　表 16-5

交点号	缓和曲线参数 A	圆曲线半径 R	缓和曲线长 V	前切线方位角
JD_{31}				128°08′33.83
JD_{32}	1183.2100	9999.9	140.000	126°08′11.84
JD_{33}	1469.6847	7999.9	270.000	
JD_{34}	1469.7030	8000.1	270.000	122°25′16.53
JD_{35}	1449.1256	5999.9	350.000	127°09′31.34

4. 整理交点法计算线路任一点坐标的起算数据

为了方便现场查用，应将上述准备的交点要素整理成表，见表 16-6 或直接抄录在图 16-4 交点旁。

单交点计算沪宁城际高速铁路任一点中、边坐标的起算数据表　　表 16-6

交点号	O	W	K	R	V	N	G	F
JD_{31}								
JD_{32}	112802.361	3531042.918	476445.272	9999.9	140.000	2°00′22.0″	−1	128°08′33.83″
JD_{33}	117640.785	3528189.615	480352.878	7999.9	270.000	3°42′55.3″	−1	126°08′11.84″
JD_{34}	118815.965	3527559.445	481345.053	8000.1	270.000	4°44′14.8″	1	127°09′31.34″
JD_{35}	123206.341	3524907.303	484844.355	5999.9				
JD_{36}	128981.357	3522157.850	489925.028	4999.9	410.000	6°47′23″	−1	118°25′13.6″

提示：当采用“线路坐标计算全线通：XL-XY-TS 程序”时，还应准备缓直（HZ）点或圆直（YZ）点的里程桩号，并抄记在图 16-4 相应点旁。

HZ 点或 YZ 点的桩号，可用 XY 程序计算。

三、案例计算

（一）绘放样草图

为了方便现场放样，建议草绘一放样示意图，示意图样如图 16-4 所示。示意图上应注意：

（1）交点要素：桩号、坐标、转角、半径；计算的缓和曲线长、前切线方位角、切线长、曲线长等。

（2）线路主点：桩号、桩名等。

（二）案例计算步骤方法

根据前述准备的交点法计算线路坐标的起算数据，采用“XY 程序”或“XL-XY-TS 程序”计算 JD_{31}～JD_{35}线路上点位坐标的数据如下：

（1）线路平曲线主点标号及坐标见表 16-7，覃辉老师计算的见图 16-5、图 16-6。

沪宁城际高速铁路江苏常州段线路平曲线主点坐标计算　　表 16-7

交点名	桩名	桩号	X(m)	Y(m)	备　注
JD_{31}（起点）	起点	K112+300.229	3531353.046	476050.3579	
JD_{32}	ZH	K112+557.2773	3531194.287	476252.5199	圆曲线段
	HY	K112+697.2773	3531108.077	476362.8276	
	YH	K112+907.4063	3530981.212	476530.3322	
	HZ	K113+047.4063	3530898.389	476643.2048	
	任一点	K112+800	3531045.619	476444.3800	

续上表

交点名	桩名	桩号	X(m)	Y(m)	备　注
JD_{33}	ZH	K117+246.3051	3528422.245	480034.2909	夹直线段
	HY	K117+516.3051	3528264.253	480253.2358	
	YH	K117+765.0609	3528124.154	480458.7758	
	HZ	K118+035.0609	3527978.119	480685.8699	
	任一点	K118+280	3527846.797	480892.6301	
JD_{34}	ZH	K118+350.0219	3527809.256	480951.7369	夹直线段
	HY	K118+620.0219	3527663.220	481178.8310	
	YH	K119+011.5022	3527439.875	481500.3017	
	HZ	K119+281.5022	3527278.004	481716.3936	
	任一点	K118+280	3527846.797	480892.6294	
JD_{35}	ZH	K122+572.8645	3525289.939	484339.496	圆曲线段
	HY	K122+922.8645	3525081.260	484620.4656	
	YH	K123+487.9196	3524775.364	485095.3122	
	HZ	K123+837.9196	3524605.808	485401.4842	
	任一点	K123+200	3524925.643	484849.7556	

(2)线路交点平曲线要素计算见图 16-4,覃辉老师计算的见图 16-6。

(3)比较表 16-7 及图 16-5、图 16-6,X 较差最大 1.0mm(个别),最小0.0mm(多数);Y 较差最大 1.0mm(个别),最小 0.0mm(多数);主点桩号较差最大 0.4mm,最小 0.4mm。

由前述比较知,用"XY 程序"及"XL-XY-TS 程序"计算高速铁路施工段放样点位坐标的精度,完全可满足高铁线路施工的规范要求。

提示:用"XY 程序"及"XL-XY-TS 程序"计算线路平曲线主点里程桩号、切线长、曲线长时,应将程序中下述语句修改为:

```
"L=":RN÷180+V→L ◢                (曲线长计算)
"T=0":(R+P)tan(N÷2)+M→T ◢        (切线长计算)
"A=":Q-T→A ◢                     (ZH 点桩号计算)
"B=":A+V→B ◢                     (HY 点桩号计算)
"D=":A+L→D ◢                     (HZ 点桩号计算)
"C=":D-V→C ◢                     (YH 点桩号计算)
```

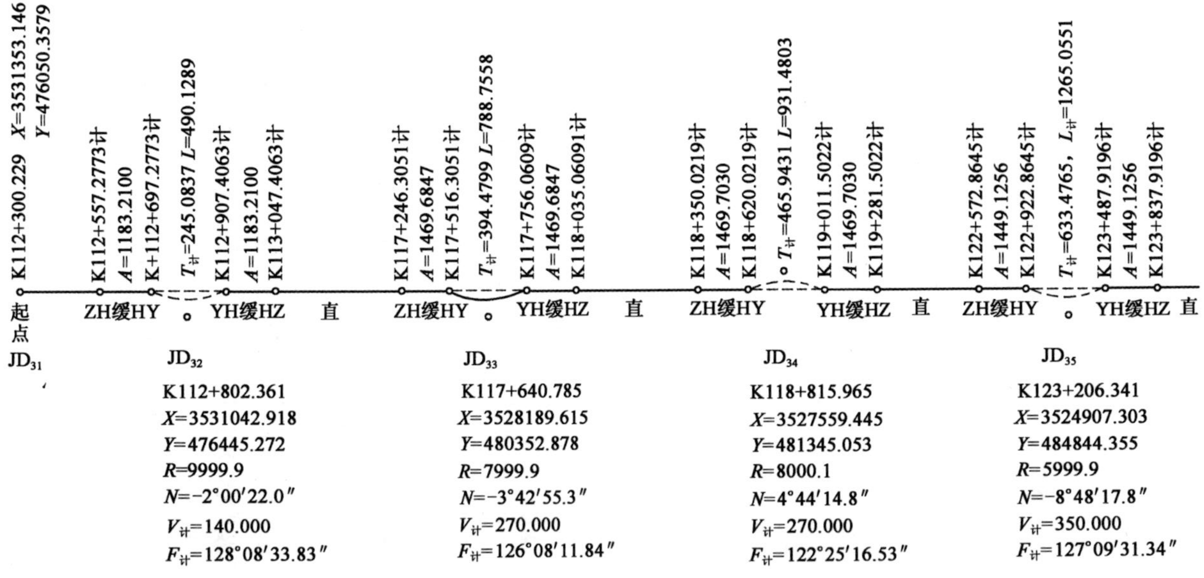

起点 JD$_{31}$ K112+300.229 X=3531353.146 Y=476050.3579

ZH缓HY K112+557.2773计 A=1183.2100 K+112+697.2773计 $T_{计}$=245.0837 L=490.1289 YH缓HZ K112+907.4063计 A=1183.2100 K113+047.4063计 直

JD$_{32}$
K112+802.361
X=3531042.918
Y=476445.272
R=9999.9
N=−2°00′22.0″
$V_{计}$=140.000
$F_{计}$=128°08′33.83″

ZH缓HY K117+246.3051计 A=1469.6847 K117+516.3051计 $T_{计}$=394.4799 L=788.7558 YH缓HZ K117+756.0609计 A=1469.6847 K118+035.06091计 直

JD$_{33}$
K117+640.785
X=3528189.615
Y=480352.878
R=7999.9
N=−3°42′55.3″
$V_{计}$=270.000
$F_{计}$=126°08′11.84″

ZH缓HY K118+350.0219计 A=1469.7030 K118+620.0219计 $T_{计}$=465.9431 L=931.4803 YH缓HZ K119+011.5022计 A=1469.7030 K119+281.5022计 直

JD$_{34}$
K118+815.965
X=3527559.445
Y=481345.053
R=8000.1
N=4°44′14.8″
$V_{计}$=270.000
$F_{计}$=122°25′16.53″

ZH缓HY K122+572.8645计 A=1449.1256 K122+922.8645计 $T_{计}$=633.4765，$L_{计}$=1265.0551 YH缓HZ K123+487.9196计 A=1449.1256 K123+837.9196计 直

JD$_{35}$
K123+206.341
X=3524907.303
Y=484844.355
R=5999.9
N=−8°48′17.8″
$V_{计}$=350.000
$F_{计}$=127°09′31.34″

注：1.计：自己计算值，图中除“计”外，都是设计资料提供值。
2.缓：缓和曲线段。
3.缓：直线段。
4. 圆曲线段。

图16-4 沪宁城际高速铁路江苏常州段部分路线示意图

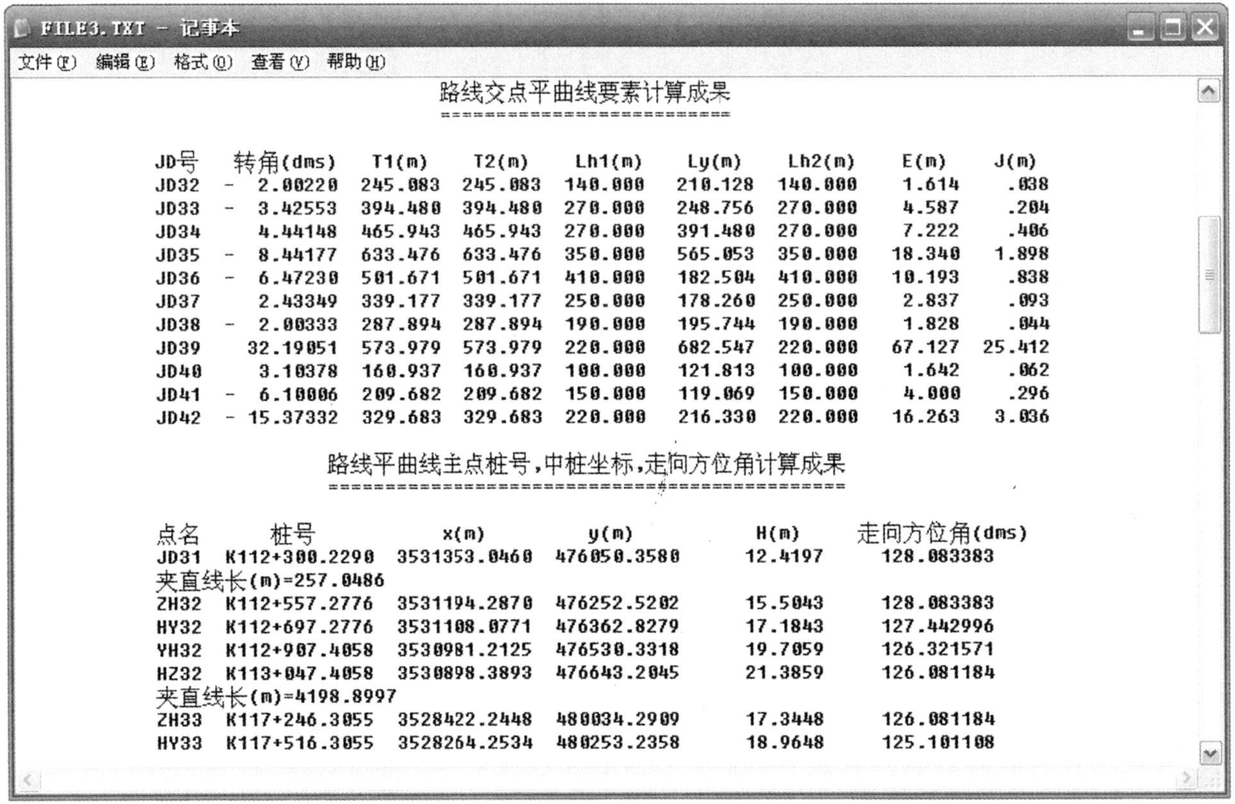

FILE3.TXT - 记事本

文件(F)　编辑(E)　格式(O)　查看(V)　帮助(H)

路线交点平曲线要素计算成果

JD号	转角(dms)	T1(m)	T2(m)	Lh1(m)	Ly(m)	Lh2(m)	E(m)	J(m)
JD32	- 2.00220	245.083	245.083	140.000	210.128	140.000	1.614	.038
JD33	- 3.42553	394.480	394.480	270.000	248.756	270.000	4.587	.204
JD34	4.44148	465.943	465.943	270.000	391.480	270.000	7.222	.406
JD35	- 8.44177	633.476	633.476	350.000	565.053	350.000	18.340	1.898
JD36	- 6.47230	501.671	501.671	410.000	182.504	410.000	10.193	.838
JD37	2.43349	339.177	339.177	250.000	178.260	250.000	2.837	.093
JD38	- 2.00333	287.894	287.894	190.000	195.744	190.000	1.828	.044
JD39	32.19051	573.979	573.979	220.000	682.547	220.000	67.127	25.412
JD40	3.10378	160.937	160.937	100.000	121.813	100.000	1.642	.062
JD41	- 6.10006	209.682	209.682	150.000	119.069	150.000	4.000	.296
JD42	- 15.37332	329.683	329.683	220.000	216.330	220.000	16.263	3.036

路线平曲线主点桩号,中桩坐标,走向方位角计算成果

点名	桩号	x(m)	y(m)	H(m)	走向方位角(dms)
JD31	K112+300.2290	3531353.0460	476050.3580	12.4197	128.083383
夹直线长(m)=257.0486					
ZH32	K112+557.2776	3531194.2870	476252.5202	15.5043	128.083383
HY32	K112+697.2776	3531108.0771	476362.8279	17.1843	127.442996
YH32	K112+907.4058	3530981.2125	476530.3318	19.7059	126.321571
HZ32	K113+047.4058	3530898.3893	476643.2045	21.3859	126.081184
夹直线长(m)=4198.8997					
ZH33	K117+246.3055	3528422.2448	480034.2909	17.3448	126.081184
HY33	K117+516.3055	3528264.2534	480253.2358	18.9648	125.101108

图16-5　平竖曲线成果文件的平曲线部分内容

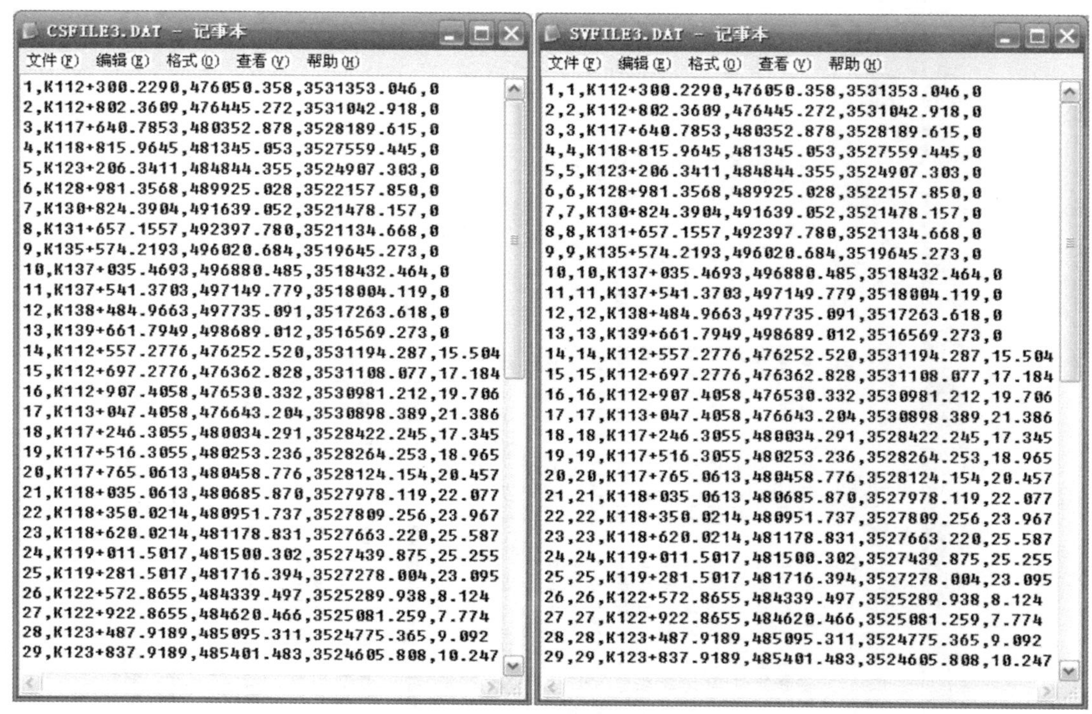

CSFILE3.DAT - 记事本

文件(F) 编辑(E) 格式(O) 查看(V) 帮助(H)

```
1,K112+300.2290,476050.358,3531353.046,0
2,K112+802.3609,476445.272,3531042.918,0
3,K117+640.7853,480352.878,3528189.615,0
4,K118+815.9645,481345.053,3527559.445,0
5,K123+206.3411,484844.355,3524907.303,0
6,K128+981.3568,489925.028,3522157.850,0
7,K130+824.3904,491639.052,3521478.157,0
8,K131+657.1557,492397.780,3521134.668,0
9,K135+574.2193,496020.684,3519645.273,0
10,K137+035.4693,496880.485,3518432.464,0
11,K137+541.3703,497149.779,3518004.119,0
12,K138+484.9663,497735.091,3517263.618,0
13,K139+661.7949,498689.012,3516569.273,0
14,K112+557.2776,476252.520,3531194.287,15.504
15,K112+697.2776,476362.828,3531108.077,17.184
16,K112+907.4058,476530.332,3530981.212,19.706
17,K113+047.4058,476643.204,3530898.389,21.386
18,K117+246.3055,480034.291,3528422.245,17.345
19,K117+516.3055,480253.236,3528264.253,18.965
20,K117+765.0613,480458.776,3528124.154,20.457
21,K118+035.0613,480685.870,3527978.119,22.077
22,K118+350.0214,480951.737,3527809.256,23.967
23,K118+620.0214,481178.831,3527663.220,25.587
24,K119+011.5017,481500.302,3527439.875,25.255
25,K119+281.5017,481716.394,3527278.004,23.095
26,K122+572.8655,484339.497,3525289.938,8.124
27,K122+922.8655,484620.466,3525081.259,7.774
28,K123+487.9189,485095.311,3524775.365,9.092
29,K123+837.9189,485401.483,3524605.808,10.247
```

SVFILE3.DAT - 记事本

文件(F) 编辑(E) 格式(O) 查看(V) 帮助(H)

```
1,1,K112+300.2290,476050.358,3531353.046,0
2,2,K112+802.3609,476445.272,3531042.918,0
3,3,K117+640.7853,480352.878,3528189.615,0
4,4,K118+815.9645,481345.053,3527559.445,0
5,5,K123+206.3411,484844.355,3524907.303,0
6,6,K128+981.3568,489925.028,3522157.850,0
7,7,K130+824.3904,491639.052,3521478.157,0
8,8,K131+657.1557,492397.780,3521134.668,0
9,9,K135+574.2193,496020.684,3519645.273,0
10,10,K137+035.4693,496880.485,3518432.464,0
11,11,K137+541.3703,497149.779,3518004.119,0
12,12,K138+484.9663,497735.091,3517263.618,0
13,13,K139+661.7949,498689.012,3516569.273,0
14,14,K112+557.2776,476252.520,3531194.287,15.504
15,15,K112+697.2776,476362.828,3531108.077,17.184
16,16,K112+907.4058,476530.332,3530981.212,19.706
17,17,K113+047.4058,476643.204,3530898.389,21.386
18,18,K117+246.3055,480034.291,3528422.245,17.345
19,19,K117+516.3055,480253.236,3528264.253,18.965
20,20,K117+765.0613,480458.776,3528124.154,20.457
21,21,K118+035.0613,480685.870,3527978.119,22.077
22,22,K118+350.0214,480951.737,3527809.256,23.967
23,23,K118+620.0214,481178.831,3527663.220,25.587
24,24,K119+011.5017,481500.302,3527439.875,25.255
25,25,K119+281.5017,481716.394,3527278.004,23.095
26,26,K122+572.8655,484339.497,3525289.938,8.124
27,27,K122+922.8655,484620.466,3525081.259,7.774
28,28,K123+487.9189,485095.311,3524775.365,9.092
29,29,K123+837.9189,485401.483,3524605.808,10.247
```

图16-6 坐标文件的部分内容

第五节　铁路线路施工高程数据计算

铁路线路施工点位高程数据计算与公路线路施工点位高程计算相同，详见本书第五章第二节。

第十七章

公路工程施工测量常遇到的几个问题

第一节　线路填、挖方计算公式

一、线路填、挖方量计算公式

公路施工实践中，计算土石方体积，最常用的方法是根据线路横断面面积计算每段工程量。习惯上将工程量称为方量。

常用计算土石方体积公式是：

$$V=\frac{A_1+A_2}{2}\cdot L \tag{17-1}$$

式中：V——相邻两横断面间的填（或挖）方土（石）方体积，即方量（m^3）；

A_1、A_2——相邻两横断面的填（或挖）方面积（m^2）；

L——相邻两横断面的间距（m）。

二、线路填、挖方横断面面积计算公式

线路结构层横断面面积计算公式是（图 17-1）：

$$A=\frac{1}{2}[(h_1+h_2)G+(h_2+h_3)D+mh_1^2+nh_3^2] \tag{17-2}$$

式中：A——线路结构层横断面面积（m^2）；

h_1、h_2、h_3——线路横断面左、中、右桩位实测地面高程与其设计高程之差（m）；

G、D——线路左、右半幅路宽（m）；

m、n——线路左、右边坡坡度。

三、线路方量计算程序清单

线路方量计算分两步进行，第一步计算横断面面积，第二步计算方量。其程序清单如下。

1. 计算横断面面积程序清单

文件名：WTMJ

```
LbI 0 ↵
"A"? A:"B"? B:"C"? C:"G"? G:
"D"? D:"M"? M:"N"? N↵
"S=":0.5((A+B)G+(B+C)D+MA²+MC²)◢
Goto 0
```

程序中:A、B、C——线路横断面左、中、右桩位实测高程与设计高程之差;

G、D——线路横断面左、右半幅路宽;

M、N——线路左、右边坡坡度;

S——线路横断面面积。

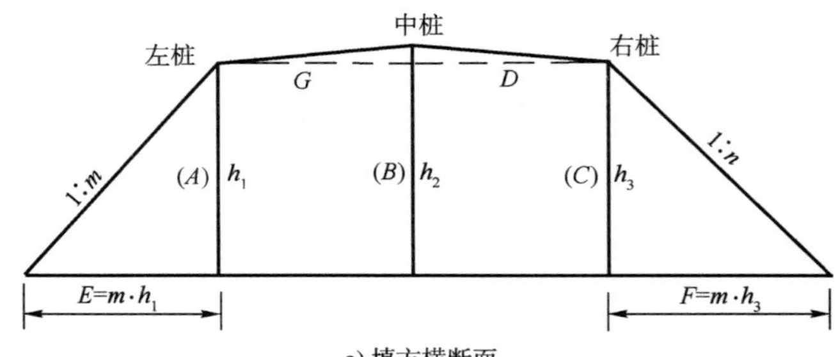

a) 填方横断面

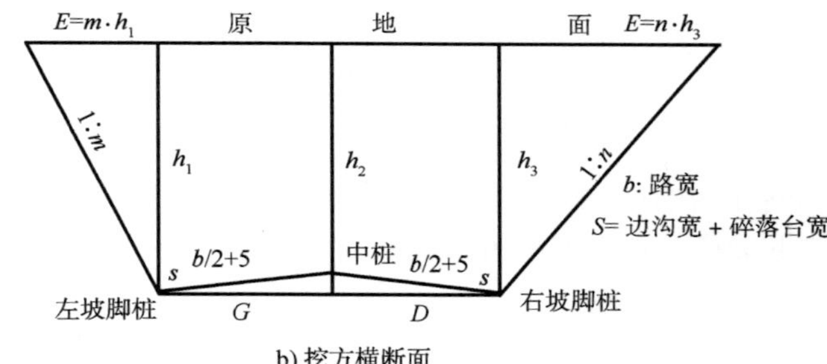

b) 挖方横断面

图 17-1　线路结构层横断面几何图形

2. 线路填、挖方量计算程序清单

文件名:FL

```
LbI 0 ↵
"A"? A:"B"? B:"S"? S↵
"K=":(A+B)÷2→K ◢
"V=":KS ◢
Goto 0
```

程序中:A、B——线路两相邻横断面的面积;

S——线路两相邻横断面间距;

K——线路两相邻横断面的平均面积;

V——线路两相邻横断面间的填(挖)方工程量。

四、算例及计算方量的方法步骤

【算例 17-1】 交工中的方量计算

××高速公路××施工段，甲施工队因工作需要，将正在填土的 K129＋325～K129＋500 段路基移交给乙施工队继续上填。为此，两施工队会同监理人员对此段路基实地恢复桩位和测高工作，并以实地测高结果为据，计算此段剩余工程量(表 17-1、表 17-2)。

K129＋325～K129＋500 段实测高程及应填高度计算　　表 17-1

桩　号	后视读数	前视读数	实测高程(m)	设计高程(m)	(＋)填	(－)挖
左	$H_{后}$:112.333	4461	109.011	114.661	＋5.65	(A)
K129＋325 中	a:1139	4131	109.341	114.944	＋5.60	(B)
右		4023	109.449	114.661	＋5.21	(C)
左		3271	110.201	114.801	＋4.60	
K129＋350 中		3117	110.355	115.084	＋4.73	
右		3091	110.381	114.801	＋4.42	
左		2179	111.293	114.973	＋3.68	
＋375 中		2000	111.472	115.256	＋3.78	
右		2021	111.451	114.973	＋3.52	
左		1182	112.290	115.176	＋2.89	
＋400 中		1070	112.402	115.459	＋3.06	
右		1273	112.199	115.176	＋2.98	
左		0436	113.036	115.410	＋2.37	
＋425 中		0310	113.162	115.694	＋2.53	
右		0497	112.975	115.410	＋2.44	
左	$H_{后}$:112.333	3348	113.887	115.676	＋1.79	
＋450 中	a4902	2150	115.085	115.959	＋0.87	
右		1448	115.787	115.676		－0.111
左		1919	115.316	115.973	＋0.66	
＋475 中		0981	116.254	116.256	0	
右		(堆料)		115.973	0	
左		1036	116.199	116.301	＋0.10	
＋500 中		0744	116.491	116.584	＋0.09	
右		(堆料)		116.301	0	

观测者：彭刚(甲方)　　记簿者：彭刚(甲方)　　2003.6.11

××(乙方)　　××(乙方)　　监理：×××签字

K129+325～K129+500 填方段剩余工程量计算 表 17-2

桩　号	横断面积 (m^2)	平均面积 (m^2)	间距 (m)	工程量 (m^3)	备　注
K129+325	200.48				甲方于 2003 年 6 月 11 日 交于乙方施工 计余方量：14882.9m^3 监理： ×××签字
		180.920	25.00	4523.00	
+350	161.36				
		142.655	25.00	3566.38	
+375	123.95				
		110.880	25.00	2772.00	
+400	97.81				
		88.185	25.00	2204.62	
+425	78.59				
		52.98	25.00	1324.50	
+450	27.40				
		16.20	25.00	405.00	
+475	5.00				
		3.495	25.00	87.38	
+500	1.99				
		小计	175.00	14882.88	

计算：　　　　　　甲方：×××签字　　　　　　　　乙方：×××签字

计算方法步骤：

(1)计算实测高程与设计高程之差：

$$h = H_{设} - H_{实}$$

比项计算，用前述“H”程序，在实地测高时，与高差一并算出，见表 17-1 第 4 列及第 6 列。

(2)根据应填高度、路宽及边坡比，采用 WTMJ 程序计算 K129+325～K129+500 段每一横断面的面积，见表 17-2 第 2 列。

WTMJ 程序机行操作方法步骤：

①开机，按[FILE][▼]键，将光标移至文件名 WTMJ 旁。

②按[EXE]键，显示 A?，输入左边桩应填高度 A=5.65m。

③按[EXE]键，显示 B?，输入中桩应填高度 C=5.60m。

④按[EXE]键，显示 G?，输入中桩—左边桩距离(左半幅路宽)14.16m。

⑤按[EXE]键，显示 C?，输入右边桩应填高度，C=5.21m。

⑥按[EXE]键，显示 D?，输入中桩—右桩距离(右半幅路宽)14.16m。

⑦按[EXE]键，显示 M?，输入左侧边坡坡度：1.5。

⑧按[EXE]键，显示 K?，输入右侧边坡坡度：1.5。

⑨按[EXE]键，显示 S=200.48m^2(K129+325 横断面面积)。

⑩重复②～⑨步操作，计算其余横断面面积。

(3)根据(2)计算的横断面面积，两相邻横断面间距。采用“FL”程序计算方量见表 17-2 第 5 列。

FL 程序执行操作方法步骤，略。

【算例 17-2】根据“路基横断面图”计算线路挖、填方量

通常情况下，设计单位提供的“路基横断面图”已计算了每个横断面的面积，在“路基横断

面图”下方用 $\overline{W}_A$ 表示挖方横断面面积，用 T_A 表示填方横断面面积。施工单位在核算本施工段工程量时，只要把本施工段内各相邻横断面的填、挖方体积按式(17-1)计算出来，加以汇总就可求得本施工段的总工程量。

例如××高速公路 K129＋500，K129＋525，K129＋550，K129＋571，K129＋575 横断面图已知其填、挖面积(图 17-2)，求 K129＋500～K129＋575 段填、挖方工程量。

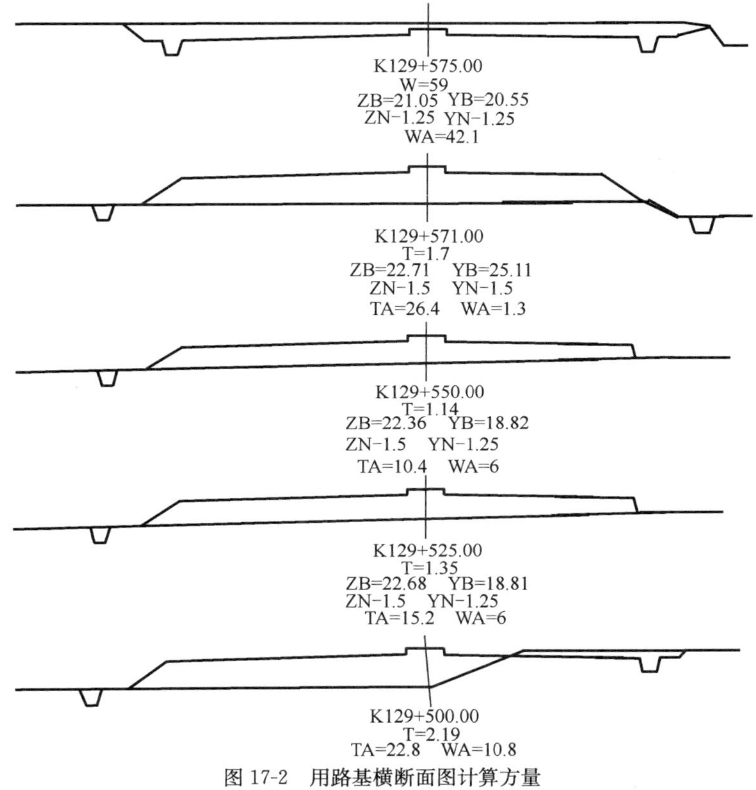

图 17-2　用路基横断面图计算方量

计算方法步骤：

(1)用公式$(A_1+A_2)/2$计算相邻两横面的平均面积。

(2)计算相邻两横断面的间距 L，如(K129＋525)－(K129＋500)＝25.00m。

(3)用式(17-1)计算相邻两横断面间方量，并加以累计。

计算是在设计好的表格上进行，见表 17-3。

一般来说，施工段少则 1km，多则几公里，每 25m 一个横断面，每公里 40 多个横断面，虽然计算简单，但量大而繁。为了准确快速地运算，应用前述“FL”程序计算。其程序执行操作方法步骤如下：

(1)开机，按 FILE ▼ 键，将光标移至 FL 旁。

(2)按 EXE 键，显示 A?，输入 22.80。

(3)按 EXE 键，显示 B?，输入 15.20m。

(4)按 EXE 键，显示 K＝19.00(相邻两横断面平均面积)。

(5)按[EXE]键,显示 S?,输入间距,25.00m。

(6)按[EXE]键,显示 V=475m³(相邻两横断面间方量)。

(7)同法继续操作下去。

K129+500~K129+575 填方方量计算 表 17-3

桩 号	横断面积(m²)	平均面积(m²)	间距(m)	工程量(m³)	备 注
K129+500	22.8				用横断面图上填、挖方面积核算施工段方量
		19.00	25.00	475.00	
+525	15.2				
		12.80	25.00	320.00	
+550	10.4				
		18.40	21.00	386.40	
+571	26.4				
		13.20	4.00	52.80	
+575	0.0				
		Σ	75.00	1234.20	
K129+500~K129+575 挖方方量计算					
K129+500	10.8				
		5.70	25.00	142.50	
+525	0.6				
		0.60	25.00	15.00	
+550	0.6				
		0.95	21.00	19.95	
+571	1.3				
		21.70	4.00	86.80	
+575	42.1				
		Σ	75.00	264.25	

五、TMJ 程序,FL 程序计算范围及注意事项

$\overline{W}$TMJ 程序的功能是计算线路横断面面积,适用于线路结构层横断面积和挖方面积计算。

应用此程序必须已知线路中桩、左及右边桩应填的高度;挖方应已知线路中桩、左及右坡脚桩应挖的高度。此高度可以实测线路各桩位实地高程,通过与其相对应之设计高程计算求得。

如果是计算横断面设计图之方量,则此高度可从横断面图上按比例尺量取。

另外应用此程序还必须已知路宽及填(挖)方两侧之边坡比。

FL 程序的功能是根据相邻横断面面积和相邻两横面的间距计算线路填(挖)方工程量。

第二节 路堑边坡改坡工程量计算

一、根据实量边坡斜距计算修坡工程量

挖方路基施工中,发现路堑边坡不稳固,易滑坡或塌方,为了安全,将原设边坡改缓(只是坡面改缓,而原坡脚位置不动),此时修坡的工程量,可根据实量改后边坡的斜距计算出每一横

断面的面积，然后用前述“FL”程序计算修改工程量。其方法步骤如下。

由图 17-3 知，AE 是改后边坡，其边坡坡度实测为 1∶n=1∶1.5；AJ 是改前边坡，其边坡坡度为 1∶m=1∶1.25；改后坡角 $\alpha=33°44'$。A 是坡脚，改后边坡坡脚与改前坡脚是同一位置。

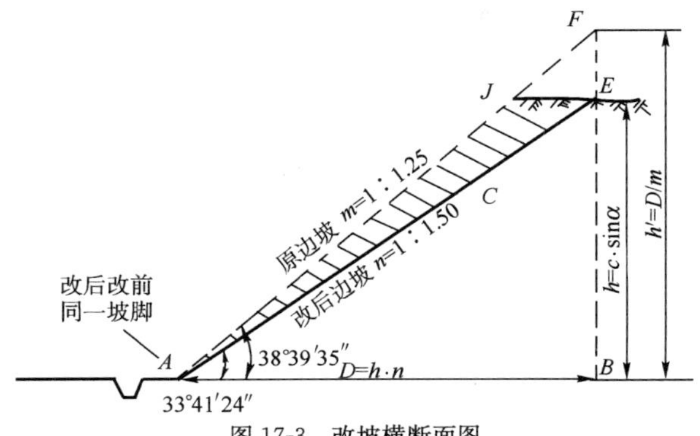

图 17-3　改坡横断面图

我们只要用皮尺在实地量出改后边坡坡面斜距 AE，则可用下式计算因改坡而挖去的面积：

$$A=\frac{1}{2}C^2\sin^2\alpha(n-m) \tag{17-3}$$

式中：A——因改坡而挖去部分的截面积；

C——改后边坡坡面斜距，可用皮尺在现场直接量取；

α——改后坡面与水平面夹角，即坡角；边坡坡度不同，坡角不同，坡角可根据边坡坡度求得；为了方便计算，下面将“边坡坡度及坡角表”列出，供查用，见表 17-4；

n——改后边坡坡度；

m——改前边坡坡度。

边坡坡度及坡角表　　表 17-4

坡度比	坡角 α	坡度比	坡角 α
1∶0.75	53°07′48″	1∶1.50	33°41′24″
1∶1.0	45°00′00″	1∶1.75	29°44′42″
1∶1.25	38°39′35″	1∶2.00	26°33′54″

依据式(17-3)，我们可将其编写成程序计算，其程序清单如下。

文件名：GP-WMJ

```
"I"? I："N"? N："M"? M↵
LbI 1↵
"C"? C↵
"A="：0.5C²(sin(I))²(N−M)◢
Goto
```

程序中：I——改后边坡坡角；

N——改后边坡坡度；

M——改前边坡坡度；

C——改后边坡面斜距，即用皮尺实地量取的改后边坡堑顶至坡脚的斜距。

用 GP—$\overline{W}$MJ 程序计算出各横断面因改坡而挖去的面积后，再用“FL”程序计算出因改坡而挖修的工程量。

GP—$\overline{W}$MJ 程序使用范围及注意事项：GP—$\overline{W}$MJ 程序可计算路堑边坡因改坡而挖去部分的截面积，但要求改后边坡与改前边坡的坡脚应是同一位置。

【算例 17-3】××高速公路××施工段 K128＋985～K129＋075 段左侧路堑边坡，因放炮震边坡面，有下滑趋势。为了消除隐患，经业主驻地办、监理、项目部、施工队四方现场勘察，决定将原边坡 1∶1.25 改为 1∶1.5。按照这一决定，施工队重新挖修了这段边坡。为了计量，需计算改坡挖修的工程量。为此：

(1)现场用皮尺丈量各横断面的坡脚至堑顶的斜距，计入表 17-5 第 2 列。

(2)根据各断面实地斜距，改前及改后边坡坡度，改后的坡角，用 GP—WMJ 程序计算的改坡段各横断面挖去的面积见表 17-5 第 3～6 列。

(3)根据(2)计算的面积，用 FL 程序计算的改坡修挖工程量见表 17-6。

改坡修挖面积计算表　　　　表 17-5

桩　号	斜距 C(m)	改角坡度 M	改后坡度 N	改后坡角 I (°　′)	面积 A(m²)	略图及计算公式
K128＋985	6.40	1∶1.25	1∶1.50	33　41	1.57	
K129＋000	9.80	1∶1.25	1∶1.50	33　41	3.69	
＋025	18.00	1∶1.25	1∶1.50	33　41	12.46	F J E 1∶m C 1∶n A I
＋050	16.40	1∶1.25	1∶1.50	33　41	10.34	
＋075	7.30	1∶1.25	1∶1.50	33　41	2.05	$A=0.5C^2\sin^2 I(n-m)$

工 程 量 计 算 表　　　　表 17-6

桩　号	横断面积 (m²)	平均面积 (m²)	间距 (m)	工程量 (m³)	计 算 公 式
K128＋985	1.57	2.63	15.00	39.45	
K129＋000	3.69	8.08	25.00	201.88	
＋025	12.46	11.40	25.00	285.12	$V=\frac{1}{2}(A_1+A_2)\cdot L$
＋050	10.35	6.20	25.00	155.00	
＋075	2.05				
		Σ	90.00	681.5m³	

二、用“路基横断面图”计算改坡挖方工程量

路堑边坡是根据“路基横断面图”设计数据挖修的。当边坡因故改坡时，亦可直接从“路基

横断面图”上量取挖方面积而计算方量。其方法介绍如下(图 17-4)。

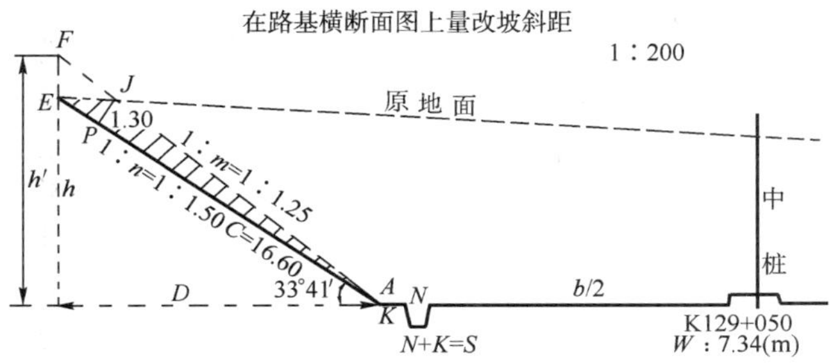

图 17-4　图解法计算改坡挖方

方法一　图量改坡后的斜距,用 GP—WMJ 程序计算挖方面积。

方法步骤:

(1)在“路基横断面图”上作改后斜坡线。

例如改后斜坡度比为 1∶1.5,则坡角为 33°41′,用此坡角在图 17-4 作斜坡线 AE。

(2)用“路基横断面图”比例尺 1∶200,量取斜坡 AE 长度,精确至 cm,例如此例中 AE=16.60m。

(3)用 GP—$\overline{\text{W}}$MJ 程序计算此横断面挖修面积 $S=10.60\text{m}^2$。

(4)同法求得其余各横断面因改坡而挖修的面积。

方法二

(1)用“方法一”的①和②步骤量取斜坡 AE 长度。

(2)自原边坡堑顶向改后斜坡 AE 作垂线 JP,并量取长度,例如此例 $JP=1.30\text{m}$。

(3)用公式 $S_{\triangle ABJ}$=(底×高)/2 计算改坡挖去面积 $S_{\triangle AEJ}$:

$$S_{\triangle AEJ}=\frac{(16.60\times1.30)}{2}=10.79\text{m}^2$$

由于作图误差、量图误差、实地量距误差,用前述解析法、图解法算得的挖修面积不等,但用于土石方量计算精度已够。相对来说,用实地丈量改后斜坡斜距的方法计算路堑,因故改坡的挖修面积精度更高。

第三节　压实度的测定和计算方法

路基压实度是反映路基每一压实层的紧密强度,只有使每一压实层的紧密强度都符合规定,才能使路基的整体强度、稳定性和耐久性满足要求。如某一层压实度不合格就填筑上一层,则路基的整体强度、稳定性和耐久性将受到影响,此时再进行返工处理,则造成浪费且严重影响施工进度,延误工期。

为了保证路基的整体强度,稳定性和耐久性满足要求,《公路路基施工技术规范》(JTG F10—2006)规定:路基“施工过程中,每一压实层均应检验压实度”,合格后方可填筑其上一层,否则应查明原因,采取措施进行补压。“检测频率为每 1000m^2 至少检验 2 点,不足 1000m^2

时检验2点，必要时可根据需要增加检验点。”检验标准，土质路基压实层应符合表17-7的规定。

土质路基压实度标准　　表17-7

填挖类型		路床顶面以下深度(m)	压实度(%)		
			高速公路、一级公路	二级公路	三、四级公路
路堤	上路床	0～0.3	≥96	≥95	≥94
	下路床	0.3～0.8	≥96	≥95	≥94
	上路堤	0.8～1.5	≥94	≥94	≥93
	下路堤	>1.5	≥93	≥92	≥90
零填及挖方路基		0～0.3	≥96	≥95	≥94
		0.3～0.8	≥96	≥95	—

公路路基施工测定压实度的方法有灌砂法、灌水法(水袋法)、环刀法、核子仪法、钻芯法等，而最常用的方法是挖坑灌砂法。

下面介绍挖坑灌砂法实践中的操作方法。这是现场测量员应掌握的方法，因为在小规模施工队是要经常做这一工作的。

1.仪具与材料

(1)灌砂筒：有大小两种，根据需要采用。

(2)金属标定罐。

(3)基板。

(4)玻璃板。

(5)试样盘。

(6)天平或台秤。

(7)含水率测定器具：如铝盒等。

(8)酒精。

(9)量砂、(标准砂)。

(10)盛砂的容器：塑料桶等。

(11)其他：凿子，改锥，铁锤，长把勺，长把小簸箕，毛刷，筛子，塑料袋等。

2.操作方法步骤

(1)选择取样地点(按《规范》要求选取)。

(2)打坑：按照基板中心圆大小打坑，打坑深度至底面位置为每一压实层底部，一般为15cm深。

(3)取湿试样：即将坑内填料取出，并全部装入塑料袋内或试样盘内。

(4)称湿试样重并记录，单位为g。

(5)向坑内灌砂前称筒+砂重取至g；一般为9000g左右。

(6)向坑内灌砂、灌入过程中不准敲击灌砂筒，顺其自然灌入坑内，待砂停稳后，关闭留口，轻取下砂筒。

(7)称灌砂后筒+砂质量，取至 g。

(8)将坑内砂、取出筛净留存。

以上为打坑取样灌砂阶段，目的是取得湿试样重和坑内砂重。

以下介绍做样阶段：

(1)称盒重：取用两个铝盒，分别编号称重记录，单位 0.1g。

(2)称盒重+湿试样质量：将不少于 300g 的湿试样重放入盒内，称重记录，取至 0.1g。

(3)烧烤盒内湿试样：分别向两个盒内倒入酒精，烧烤试样，至火熄样干为止。

(4)称盒+干样质量：精确至 0.1g，记录。

3. 程序计算压实度

做样阶段完毕，即可计算压实度。

灌砂法压实度检测计算在表 17-8 中进行。

表中最大干密度、标准砂密度、最佳含水率、要求压实度为已知数据，向项目部索取。其测定方法按有关规程进行，见《公路土工试验规程》(JTG E40—2007)。

表中锥体内砂重测定方法如下：

(1)称灌砂筒+砂重。

(2)将其放在玻璃板上，打开留口，向玻璃板留砂、待筒内砂稳定不留时，关掉留口。

(3)将筒拿开，玻璃板留有锥体砂体。

(4)精确称此锥体质量。

(5)以上(1)～(4)步反复操作数次，则锥体砂重为：

$$m_{平} = \frac{m_1 + m_2 + m_n}{n}$$

式中：n——操作次数。

压实度计算方法步骤表中以序号写明，此处不再表述。

为了快捷而准确地计算压实度，可将表中计算方法步骤编成程序，其程序清单如下：

文件名：GS

```
"A"? A："C"? C："P"? P："N"? N↵
LbI 0↵
"B"? B："F"? F："M"? M↵
"D3="：A−B−C→D◢
"V4="：D÷P→V◢
"G6="：F÷V→G◢
"W15="：G÷(1+M÷100)→W◢
"I17="：(W÷N)×100◢
Goto 0
```

程序中：A?——灌砂前筒重+砂重，g(表中以序号 1 表示)；

C?——锥体内砂重，g(表中以 m_2 表示)；

P? ——标准砂密度,g/cm³(表中以 ρ_s(g/cm³)表示);
N? ——最大干密度,g/cm³;
B? ——灌砂后筒重+砂重,g(表中以序号 2 表示);
F? ——湿试样重,g(表中以序号 5 表示);
M? ——平均含水率,%;平均含水率计算见 GS-M 程序清单(表中以序号 14 表示);
D3 ——灌入试坑砂重,g(表中以序号 3 表示);
V4 ——试坑体积,cm³(表中以序号 4 表示);
G6 ——湿密度,g/cm³(表中以序号 6 表示);
W15 ——干密度,g/cm³(表中以序号 15 表示);
I17 ——压实度,%(表中以序号 17 表示)。

平均含水率 *M* 计算程序清单:

文件名:GS-M

```
LbI 0 ↵
"K"? K : "E"? E : "Z"? Z ↵
"X11=" : Z-K→X ◢
"Y12=" : E-Z→Y ◢
"Q13=" : (Y÷X)×100 ◢
Goto 0
```

程序中:Z? ——盒重+干土重,g(表中以序号 10 表示);
K? ——盒重,g(表中以序号 8 表示);
E? ——盒重+湿土重,g(表中以序号 9 表示);
X11 ——干土重,g;
Y12 ——水重,g;
Q13 ——含水率,%。

灌砂法压实度计算程序适用范围及注意事项:

(1)灌砂法压实度计算程序只适用于采用挖坑灌砂法检测路基、底基层、基层、路面压实度计算压实度。

(2)程序中 A,C,P,N 是常量。即在一个测段计算每一测点的压实度,A,C,P,N 都是同一个数值(不变量),因此,在计算下一个测点的压实度,只要输入本测定所测定的 B?、F?、M? 就可计算出该算点的 D、V、G 和 I。

(3)在用 GS 程序计算压实度前,先用 GS—M 程序计算出平均含水率 M。

(4)本程序计算结果以数字号码显示,其数字号码与表 17-8 序号相对应,例如显示:"3=3975",就是说灌入砂坑砂重计算结果等于 3975g,其余仿此。

算例及程序执行操作方法步骤:

算例见表 17-8。

程序执行操作方法步骤:略。

灌砂法压实度检测记录表　　表 17-8

<table>
<tr><td colspan="2">项目名称</td><td colspan="2"></td><td colspan="2">施工单位</td><td></td><td>合同段</td><td colspan="2"></td></tr>
<tr><td colspan="2">监理单位</td><td colspan="2"></td><td colspan="2">单项工程名称</td><td></td><td>范围</td><td colspan="2"></td></tr>
<tr><td colspan="2">层次</td><td colspan="2"></td><td colspan="2">锥体内砂重：m_2(g)</td><td>730</td><td>标准砂密度 ρ_s(g/cm^3)</td><td colspan="2">1.426</td></tr>
<tr><td colspan="2">最大干密度(g/cm^3)</td><td colspan="2">2.320</td><td colspan="2">最佳含水率(%)</td><td>5.4</td><td>要求压实度(%)</td><td colspan="2">96</td></tr>
<tr><td rowspan="2">序号</td><td rowspan="2">试验项目公式</td><td colspan="6">试验位置(桩号)</td></tr>
<tr><td colspan="2">K225+840</td><td colspan="2">+790</td><td colspan="2">+740</td></tr>
<tr><td>1</td><td>灌砂前筒+砂重(g)</td><td colspan="2">9 000</td><td colspan="2">9 000</td><td colspan="2">9 000</td></tr>
<tr><td>2</td><td>灌砂后筒+砂重(g)</td><td colspan="2">4 295</td><td colspan="2">4 905</td><td colspan="2">4 500</td></tr>
<tr><td>3</td><td>灌入试坑砂重(g)：(1)－(2)－(m_2)</td><td colspan="2">3 975</td><td colspan="2">3 365</td><td colspan="2">3 770</td></tr>
<tr><td>4</td><td>度坑体积(cm^3)：(3)/ρ_s</td><td colspan="2">2 788</td><td colspan="2">2 360</td><td colspan="2">2 644</td></tr>
<tr><td>5</td><td>湿试样重(g)</td><td colspan="2">6 705</td><td colspan="2">5 580</td><td colspan="2">6 295</td></tr>
<tr><td>6</td><td>湿密度(g/cm^3)：(5)/(4)</td><td colspan="2">2.405</td><td colspan="2">2.365</td><td colspan="2">2.381</td></tr>
<tr><td>7</td><td>盒号</td><td>1号</td><td>2号</td><td>1号</td><td>2号</td><td>1号</td><td>2号</td></tr>
<tr><td>8</td><td>盒重(g)</td><td>65</td><td>70</td><td>65</td><td>70</td><td>65</td><td>70</td></tr>
<tr><td>9</td><td>盒+湿土重(g)</td><td>565</td><td>570</td><td>565</td><td>570</td><td>565</td><td>570</td></tr>
<tr><td>10</td><td>盒+干土重(g)</td><td>541</td><td>547</td><td>542</td><td>548</td><td>540</td><td>545</td></tr>
<tr><td>11</td><td>干土重(g)：(10)－(8)</td><td>476</td><td>477</td><td>477</td><td>478</td><td>475</td><td>475</td></tr>
<tr><td>12</td><td>水重(g)：(9)－(10)</td><td>24</td><td>23</td><td>23</td><td>22</td><td>25</td><td>25</td></tr>
<tr><td>13</td><td>含水率(%)：(12)/(11)·100</td><td>5.0</td><td>4.8</td><td>4.8</td><td>4.6</td><td>5.3</td><td>5.3</td></tr>
<tr><td>14</td><td>平均含水率 w(%)</td><td colspan="2">4.9</td><td colspan="2">4.7</td><td colspan="2">5.3</td></tr>
<tr><td>15</td><td>干密度(g/cm^3)(6)/(1+0.01w)</td><td colspan="2">2.293</td><td colspan="2">2.259</td><td colspan="2">2.261</td></tr>
<tr><td>16</td><td>最大干密度(g/cm^3)</td><td colspan="2">2.32</td><td colspan="2">2.32</td><td colspan="2">2.32</td></tr>
<tr><td>17</td><td>压实度(15)/(16)·100%</td><td colspan="2">98.8</td><td colspan="2">97.3</td><td colspan="2">97.5</td></tr>
<tr><td>18</td><td>压实层厚度(cm)</td><td colspan="2">17.0</td><td colspan="2">16.0</td><td colspan="2">16.50</td></tr>
</table>

第四节　弯沉检验现场随机取样测定位置的计算

一、弯沉检验现场测试随机选点方法

路基路面的弯沉值是反映路基路面的整体强度。弯沉检验的目的，是评定路基路面整体承载能力。交通运输部有关公路施工规范规定，路基路面压实完成后应进行弯沉检验。

关于弯沉检测方法，详阅《公路路基路面现场测试规程》(JTG E60—2008)第 9 章“承载能力”。

施工单位现场施工测量员在弯沉检测工作中的主要任务是计算本测段弯沉随机取样测定

位置，并在现场弯沉检测工作中协助工作。

弯沉检验现场测点位置不应带任何倾向性，应该根据随机数来确定。《公路路基路面现场测试规程》(JTG E60—2008)规定：测点位置的选择除连续测定或另有规定者外，应遵照本规程附录A随机取样选点方法确定(附录A“公路路基路面现场测试随机选点方法”附本节后)。其方法归纳如下：

1. 确定检测总段长

作为一个检测评定对象，它可以是一个作业段，一天完成的路段或路线全程，一般情况下以1km为一个检测路段。例如检测路段为K250＋240～K251＋000，则该检测段总长为：

(K251＋000)－(K250＋240)＝760m

该段起点桩号为K250＋240。

2. 计算该段检测点数量

弯沉值检验频度，每一评定段不超过1km，每车道40～50个测定点，平均45个测定点。则K250＋240～K251＋000；检测段测点数为n：

n＝0.760×45＝34个

注意：当检验总量n大于30时，应分段进行。

3. 随机取样位置的确定

随机取样点位的确定是用“一般取样的随机数表”中的“栏号数”下的ABC三个子栏与检测段总长计算得出的。

(1)栏号：表中共有28个栏号，从栏号1至栏号28，它是供抽栏号用的：用28块边长2.5cm的方硬纸块，编上1～28个号，放入容器摇动，打乱次序，从中抽出一块，纸块上的号即为所要的栏号。

(2)表中每一个栏号下有A、B、C三个子栏。

A子栏：选取检测段测点个数，A子栏共30个数，从0～30不按顺序排列，而是随机的，但是选取检测段测点数时，必须按A子栏从上至下顺序选取。例如栏号6，测点为20个，则只能选≤20的号，其A子栏顺序是10,20,14,01,06,02,05,17,09,04,13,15,11,16,19,07,08,18,12,03共20个数。

B子栏：用于计算检测点的纵向距离或桩号。共30个数，其排列顺序与A子栏的数相对应，例如6栏A子栏10所对应的B子栏数必是0.100。

计算检测点纵向距离或桩号公式是：

B子栏系数×检测段长度(m)＋该段起点桩号

例如6栏A子栏10对应B子栏系数0.100×600＋250240＝250300，即该点纵向距离为K250＋300处。

C子栏：用于计算检测点的横向距离。共30个数，其排列顺序与A子栏的数相对应，例如6栏A子栏10所对应的C子栏数必是0.161。

计算检测点的横向距离(即检测点纵向距离车道中心向左或向右量的距离)。公式是：

$$\text{C 子栏系数} \times \text{每一车道路宽} - \frac{1}{2}\text{每一车道路宽}$$

例如栏号 6，A 子栏 10 对应的 C 子栏系数 0.161×(26/2)－(13/2)＝－4.41m

此计算值有正负，如是正值(＋)，表示在车道中线右侧；如是负值(－)，表示在车道中线左侧。

二、弯沉检验现场测试随机选点步骤

当某一施工段要检测弯沉时，现场随机选点按下列步骤进行：

(1)计算检测段总长度，测点数，确定该检测段起点里程桩号。

(2)抽栏号。

(3)抄、录抽中栏号的 A、B、C 三子栏中相对应的数值。

(4)计算测点纵向里程桩号和横向距离。

(5)在测试路段布置测点，用石灰或白粉笔画上标记。

三、弯沉检测点计算程序清单及算例

侧点纵向里程桩号及横向距离计算在表 17-9 中进行。此计算虽然简单，但是如检测段多而且线路长，则计算起来量大而繁，耗时费力，为了方便计算并提高工效，实践中，我们将计算测点纵向里程桩号，横向距离编入 f_x—5800P/9750GⅡ型计算器进行计算，其程序清单如下。

弯沉检测随机取样测点位置计算表　　表 17-9

栏号	检测路段		总长(m)	检测点数计算		每一车道宽:7.5m
6	K250＋240～K250＋700		460	0.46×45＝21(个)		1/2 车道宽:3.75m
测点序号	A 子栏	B 子栏	纵向里程桩号(m)	C 子栏	横向距车道中线距离(m)	备注
1	21	0.096	K250＋284.2	0.198	－2.265	1. 检测段起点桩号:K250＋240 2. 计算的横向距离 为正(＋)，在车道中线右侧； 为负(－)，在车道中线左侧
2	10	0.100	＋286	0.161	－2.543	
3	20	0.168	＋317.3	0.564	＋0.480	
4	14	0.259	＋359.1	0.217	－2.123	
5	01	0.275	＋366.5	0.195	－2.288	
6	06	0.277	＋367.4	0.475	－0.188	
7	02	0.296	＋376.2	0.497	－0.023	
8	05	0.351	＋401.5	0.141	－2.693	
9	17	0.370	＋410.2	0.811	＋2.333	
10	09	0.388	＋418.5	0.484	－0.120	
11	04	0.410	＋428.6	0.073	－3.203	
12	13	0.486	＋463.6	0.779	＋2.093	
13	5	0.515	＋476.9	0.867	＋2.753	
14	11	0.618	＋524.3	0.502	＋0.015	

续上表

栏号	检 测 路 段		总长(m)	检测点数计算		每一车道宽:7.5m
6	K250+240～K250+700		460	0.46×45=21(个)		1/2 车道宽:3.75m
测点序号	A 子栏	B 子栏	纵向里程桩号(m)	C 子栏	横向距车道中线距离(m)	备注
15	16	0.711	+567.1	0.508	+0.060	
16	19	0.778	+597.9	0.812	+2.340	
17	07	0.804	+609.8	0.675	+1.313	
18	08	0.806	+610.8	0.952	+3.390	
19	18	0.841	+626.9	0.414	-0.645	
20	12	0.918	+662.3	0.114	-2.895	
21	03	0.992	+696.3	0.399	-0.758	

文件名:WC

```
"S"? S:"D"? D:"M"? M↵
LbI 0↵
"B"? B:"C"? C↵
"E=":BS+D◢
"F=":CM-M÷2◢
Goto 0
```

程序中:S? ——弯沉检测段总长(m);

D? ——检测段起点里程桩号(m);

M? ——检查段每一车道路宽(m);一般为路面宽为 1/2,即半幅路宽;

B? ——同一栏号下 A 子栏中相对应的 B 子栏数值;

C? ——同一栏号下 A 子栏中相对应的 C 子栏数值;

E? ——程序计算的检测点的纵向里程桩号;

F? ——程序计算的检测点的横向距离。计算值为正,表示检查点在车道中线右侧;计算值为负,表示检测点在车道中线左侧。

【算例 17-4】 ××一级公路××段中 K250+240～K251+160 基层完工,要进行弯沉检测,检测段每一车道路宽 7.50m,随机抽栏号 6。计算在表 17-9 中进行,程序执行操作方法步骤:略。

该检测段总长:(K251+160)-(K250+240)=920m,检测点:0.920×45=41(个),超过 30 个,因此应分两段检测,第一段为 K250+240～K250+700,第二段为 K250+700～K251+160。此例只计算第一段的随机测点。

附:《公路路基路面现场测试规程》(JTG E60—2008)附录A

附录A　公路路基路面现场测试随机选点方法

1. 目的与适用范围

1.1　随机取样选点的方法是按数理统计原理在路基路面现场测定时决定测定区间、测定断面、测点位置的方法。

1.2　本方法适于公路路基路面各个层次及各种现场测定时,为采取代表性试验数据而决定测定区间、测定断面、测定位置时使用。

2. 仪具及材料技术要求

本方法需要下列仪具及材料:

(1)量尺:钢尺,皮尺等。

(2)硬纸片:编号从1~28共28块,每块大小2.5cm×2.5cm,装在一个布袋中。

(3)骰子,2个。

(4)其他:毛刷、粉笔等。

3. 测定区间或断面决定方法

3.1　路段确定。根据路面施工或验收、质量评定方法等有关规范决定需要检测的路段,它可以是一个作业段、一天完成的路段或路线全程。在路基路面工程检查验收时,通常以1km为一个检测路段。此时,检测路段的确定也按本方法的步骤进行。

3.2　将确定的测试路段划分为一定长度的区间或按桩号间距(一般为20m)划分若干个断面,将其编号为第n个区间或第n个断面,其总的区间数或断面数为T。

3.3　从布袋中随机摸出一块硬纸片,硬纸片上的号数即表A-1上的栏号,从1~28栏中选出该栏。

3.4　按照测定区间数、断面数的频度要求(总的取样数n,当$n>30$时应分次进行),依次找出与A列中01、02、…、n对应的B列中的值,共n对对应的A、B值。

3.5　将n个B值与总的区间数或断面数T相乘,四舍五入成整数,即得到n个断面的编号,与A样的1、2、…、n对应。

例如:按照有关规范规定,拟从K36+000~K37+000的1km检测路段中选择20个断面测定路面宽度、高程、横坡等外形尺寸,断面决定方法如下。

(1)1km总长的断面数$T=1000/20=50$个,编号1,2,…,50。

(2)从布袋中摸出一块硬纸片,其编号为14,即使用表A-1的第14栏。

一般取样的随机数　　表A-1

栏号1			栏号2			栏号3			栏号4			栏号5		
A	B	C	A	B	C	A	B	C	A	B	C	A	B	C
15	0.033	0.578	05	0.048	0.879	21	0.013	0.220	18	0.089	0.716	17	0.024	0.863
21	0.101	0.300	17	0.074	0.156	30	0.036	0.853	10	0.102	0.330	24	0.060	0.032
23	0.129	0.916	18	0.102	0.191	10	0.052	0.746	14	0.111	0.925	26	0.074	0.639
30	0.158	0.434	06	0.105	0.257	25	0.061	0.954	28	0.127	0.840	07	0.167	0.512
24	0.177	0.397	28	0.179	0.447	29	0.062	0.507	24	0.132	0.271	28	0.194	0.776

续上表

栏号 1			栏号 2			栏号 3			栏号 4			栏号 5		
A	B	C	A	B	C	A	B	C	A	B	C	A	B	C
11	0.202	0.271	26	0.187	0.844	18	0.087	0.887	19	0.285	0.899	03	0.219	0.166
16	0.204	0.012	04	0.188	0.482	24	0.105	0.849	01	0.326	0.037	29	0.264	0.284
08	0.208	0.418	02	0.028	0.577	07	0.139	0.159	30	0.334	0.938	11	0.282	0.262
19	0.211	0.798	03	0.214	0.402	01	0.175	0.647	22	0.405	0.295	14	0.379	0.994
29	0.233	0.070	07	0.245	0.080	23	0.196	0.873	05	0.421	0.282	13	0.394	0.405
07	0.260	0.073	15	0.248	0.831	26	0.240	0.981	13	0.451	0.212	06	0.410	0.157
17	0.262	0.308	29	0.261	0.037	14	0.255	0.374	02	0.461	0.023	15	0.438	0.700
25	0.271	0.180	30	0.302	0.883	06	0.310	0.043	06	0.487	0.539	22	0.453	0.635
06	0.302	0.672	21	0.318	0.088	11	0.316	0.653	08	0.497	0.396	21	0.472	0.824
01	0.409	0.406	11	0.376	0.936	13	0.324	0.585	25	0.503	0.893	05	0.488	0.118
13	0.507	0.693	14	0.430	0.814	12	0.351	0.275	15	0.594	0.603	01	0.525	0.222
02	0.575	0.654	27	0.438	0.676	20	0.371	0.535	27	0.620	0.894	12	0.561	0.980
18	0.591	0.318	08	0.467	0.205	08	0.409	0.495	21	0.629	0.841	08	0.652	0.508
20	0.610	0.821	09	0.474	0.138	16	0.445	0.740	17	0.691	0.583	18	0.668	0.271
12	0.631	0.597	10	0.492	0.474	03	0.494	0.929	09	0.708	0.689	30	0.736	0.634
27	0.651	0.281	13	0.498	0.892	27	0.543	0.387	07	0.709	0.012	02	0.763	0.253
04	0.661	0.953	19	0.511	0.520	17	0.625	0.171	11	0.714	0.049	23	0.804	0.140
22	0.692	0.089	23	0.591	0.770	02	0.699	0.073	23	0.720	0.695	25	0.828	0.425
05	0.779	0.346	20	0.604	0.730	19	0.702	0.934	03	0.748	0.413	10	0.843	0.627
09	0.787	0.173	24	0.654	0.330	22	0.816	0.802	02	0.781	0.603	16	0.858	0.849
10	0.818	0.837	12	0.728	0.523	04	0.838	0.166	26	0.830	0.384	04	0.903	0.327
14	0.905	0.631	16	0.753	0.344	15	0.904	0.116	04	0.843	0.002	09	0.912	0.382
26	0.912	0.376	01	0.806	0.134	28	0.969	0.742	12	0.884	0.582	27	0.935	0.162
28	0.920	0.163	22	0.878	0.884	09	0.974	0.046	29	0.926	0.700	20	0.970	0.582
03	0.945	0.140	25	0.939	0.162	05	0.977	0.494	16	0.951	0.601	19	0.975	0.327
栏号 6			栏号 7			栏号 8			栏号 9			栏号 10		
A	B	C	A	B	C	A	B	C	A	B	C	A	B	C
30	0.030	0.901	12	0.029	0.386	09	0.042	0.071	14	0.061	0.935	26	0.038	0.023
21	0.096	0.198	18	0.112	0.284	17	0.141	0.411	02	0.065	0.097	30	0.066	0.371
10	0.100	0.161	20	0.114	0.848	02	0.143	0.221	03	0.094	0.228	27	0.073	0.876
29	0.133	0.388	03	0.121	0.656	05	0.162	0.899	16	0.122	0.945	09	0.095	0.568
24	0.138	0.062	13	0.178	0.640	03	0.285	0.016	18	0.156	0.430	05	0.180	0.741

续上表

栏号 6			栏号 7			栏号 8			栏号 9			栏号 10		
A	B	C	A	B	C	A	B	C	A	B	C	A	B	C
20	0.168	0.564	22	0.209	0.421	28	0.291	0.034	25	0.193	0.469	12	0.200	0.851
22	0.232	0.953	16	0.221	0.311	08	0.369	0.557	24	0.224	0.672	13	0.259	0.327
14	0.259	0.217	29	0.235	0.356	01	0.436	0.386	10	0.225	0.223	21	0.264	0.681
01	0.275	0.195	28	0.254	0.941	20	0.450	0.289	09	0.233	0.338	17	0.283	0.645
06	0.277	0.475	11	0.287	0.199	18	0.455	0.789	20	0.290	0.120	23	0.363	0.063
02	0.296	0.497	02	0.336	0.992	23	0.488	0.715	01	0.297	0.242	20	0.364	0.366
27	0.311	0.144	15	0.393	0.488	14	0.498	0.276	11	0.337	0.760	16	0.395	0.363
05	0.351	0.141	19	0.437	0.655	15	0.503	0.342	19	0.389	0.064	02	0.423	0.540
17	0.370	0.811	24	0.466	0.773	04	0.515	0.693	13	0.411	0.474	08	0.432	0.736
09	0.388	0.484	14	0.531	0.014	16	0.532	0.112	30	0.447	0.893	10	0.475	0.468
04	0.410	0.073	09	0.562	0.678	22	0.557	0.357	22	0.478	0.321	03	0.508	0.774
25	0.471	0.530	06	0.601	0.675	11	0.559	0.620	29	0.481	0.993	01	0.601	0.417
13	0.486	0.779	10	0.612	0.859	12	0.650	0.216	27	0.562	0.403	22	0.687	0.917
15	0.515	0.867	26	0.673	0.112	21	0.672	0.320	04	0.566	0.179	29	0.697	0.862
23	0.567	0.798	23	0.738	0.770	13	0.709	0.273	08	0.603	0.758	11	0.701	0.605
11	0.618	0.502	21	0.753	0.614	07	0.745	0.687	15	0.632	0.927	07	0.728	0.498
28	0.636	0.148	30	0.758	0.851	30	0.780	0.285	06	0.707	0.107	14	0.745	0.679
26	0.650	0.741	27	0.765	0.563	19	0.845	0.097	28	0.737	0.161	24	0.819	0.444
16	0.711	0.508	07	0.780	0.534	26	0.846	0.366	17	0.846	0.130	15	0.840	0.823
19	0.778	0.812	04	0.818	0.187	29	0.861	0.307	07	0.874	0.491	25	0.863	0.568
07	0.804	0.675	17	0.837	0.353	25	0.906	0.874	05	0.880	0.828	06	0.878	0.215
08	0.806	0.952	05	0.854	0.818	24	0.919	0.809	23	0.931	0.659	18	0.930	0.601
18	0.841	0.414	01	0.867	0.133	10	0.952	0.555	26	0.960	0.365	04	0.954	0.827
12	0.918	0.114	08	0.915	0.538	06	0.961	0.504	21	0.978	0.194	28	0.963	0.004
03	0.992	0.399	25	0.975	0.584	27	0.969	0.811						

栏号 11			栏号 12			栏号 13			栏号 14			栏号 15		
A	B	C	A	B	C	A	B	C	A	B	C	A	B	C
27	0.074	0.779	16	0.078	0.987	03	0.033	0.091	26	0.035	0.175	15	0.023	0.979
06	0.084	0.396	23	0.087	0.056	07	0.047	0.391	17	0.089	0.363	11	0.118	0.465
24	0.098	0.524	17	0.096	0.076	28	0.064	0.113	10	0.149	0.681	07	0.134	0.172
10	0.133	0.919	04	0.153	0.163	12	0.066	0.360	28	0.238	0.075	01	0.139	0.230
15	0.187	0.079	10	0.254	0.834	26	0.076	0.552	13	0.244	0.767	16	0.145	0.122

续上表

栏号 11			栏号 12			栏号 13			栏号 14			栏号 15		
A	B	C	A	B	C	A	B	C	A	B	C	A	B	C
17	0.227	0.767	06	0.284	0.628	30	0.087	0.101	24	0.262	0.366	20	0.165	0.520
20	0.236	0.571	12	0.305	0.616	02	0.127	0.187	08	0.264	0.651	06	0.185	0.481
01	0.245	0.988	25	0.319	0.901	06	0.144	0.068	18	0.285	0.311	09	0.211	0.316
04	0.317	0.291	01	0.320	0.212	25	0.202	0.674	02	0.340	0.131	14	0.248	0.348
29	0.350	0.911	08	0.416	0.372	01	0.247	0.025	29	0.353	0.478	25	0.249	0.890
26	0.380	0.104	13	0.432	0.556	23	0.253	0.323	06	0.359	0.270	13	0.252	0.577
28	0.425	0.864	02	0.489	0.827	24	0.320	0.651	30	0.387	0.248	30	0.273	0.088
22	0.487	0.526	29	0.503	0.787	10	0.328	0.365	14	0.392	0.694	18	0.277	0.689
05	0.552	0.571	15	0.518	0.717	27	0.338	0.412	03	0.408	0.077	22	0.372	0.958
14	0.564	0.357	28	0.524	0.998	13	0.356	0.991	27	0.440	0.280	10	0.461	0.075
11	0.572	0.306	03	0.542	0.352	16	0.401	0.792	22	0.461	0.830	28	0.519	0.536
21	0.594	0.197	19	0.585	0.462	17	0.423	0.117	16	0.527	0.003	17	0.520	0.090
09	0.607	0.524	05	0.695	0.111	21	0.481	0.838	20	0.531	0.486	03	0.523	0.519
19	0.650	0.572	07	0.733	0.838	08	0.560	0.401	25	0.678	0.360	26	0.573	0.502
18	0.664	0.101	11	0.744	0.948	19	0.564	0.190	21	0.725	0.014	19	0.634	0.206
25	0.674	0.428	18	0.793	0.748	05	0.571	0.054	05	0.787	0.595	24	0.635	0.810
02	0.697	0.674	27	0.802	0.967	18	0.587	0.584	15	0.801	0.927	21	0.679	0.841
03	0.767	0.928	21	0.826	0.487	15	0.604	0.145	12	0.836	0.294	27	0.712	0.368
16	0.809	0.529	24	0.835	0.832	11	0.641	0.298	04	0.854	0.982	05	0.780	0.497
30	0.838	0.294	26	0.855	0.142	22	0.672	0.156	11	0.884	0.928	23	0.861	0.106
13	0.845	0.470	14	0.861	0.462	20	0.674	0.887	19	0.886	0.832	12	0.865	0.377
08	0.855	0.524	20	0.874	0.625	14	0.752	0.881	07	0.929	0.932	29	0.882	0.635
07	0.867	0.718	30	0.929	0.056	09	0.774	0.560	09	0.932	0.206	08	0.902	0.020
12	0.881	0.722	09	0.935	0.582	29	0.921	0.752	01	0.970	0.692	04	0.951	0.482

栏号 16			栏号 17			栏号 18			栏号 19			栏号 20		
A	B	C	A	B	C	A	B	C	A	B	C	A	B	C
19	0.062	0.588	13	0.045	0.004	25	0.027	0.290	12	0.052	0.075	20	0.030	0.881
25	0.080	0.218	18	0.086	0.878	06	0.057	0.571	30	0.075	0.493	12	0.034	0.291
09	0.131	0.295	26	0.126	0.990	26	0.059	0.026	28	0.120	0.341	22	0.043	0.893
18	0.136	0.381	12	0.128	0.661	07	0.105	0.176	27	0.145	0.689	28	0.143	0.073
05	0.147	0.864	30	0.146	0.337	18	0.107	0.358	02	0.209	0.957	03	0.150	0.937
12	0.158	0.365	05	0.169	0.470	22	0.128	0.827	26	0.272	0.818	04	0.154	0.867

续上表

栏号 16			栏号 17			栏号 18			栏号 19			栏号 20		
A	B	C	A	B	C	A	B	C	A	B	C	A	B	C
28	0.214	0.184	21	0.244	0.433	23	0.156	0.440	22	0.299	0.317	19	0.158	0.359
14	0.215	0.757	23	0.270	0.849	15	0.171	0.157	18	0.306	0.475	29	0.304	0.615
13	0.224	0.846	25	0.274	0.407	08	0.220	0.097	20	0.311	0.653	06	0.369	0.633
15	0.227	0.809	10	0.290	0.925	20	0.252	0.066	15	0.348	0.156	18	0.390	0.536
11	0.280	0.898	01	0.323	0.490	04	0.268	0.576	16	0.381	0.710	17	0.403	0.392
01	0.331	0.925	24	0.352	0.291	14	0.275	0.302	01	0.411	0.607	23	0.404	0.182
10	0.399	0.992	15	0.361	0.155	11	0.297	0.589	13	0.417	0.715	01	0.415	0.457
30	0.417	0.787	29	0.374	0.882	01	0.358	0.305	21	0.472	0.484	07	0.437	0.696
08	0.439	0.921	08	0.432	0.139	09	0.412	0.089	04	0.478	0.885	24	0.446	0.546
20	0.472	0.484	04	0.467	0.266	16	0.429	0.834	25	0.479	0.080	26	0.485	0.768
24	0.498	0.712	22	0.508	0.880	10	0.491	0.203	11	0.566	0.104	15	0.511	0.313
04	0.516	0.396	27	0.632	0.191	28	0.542	0.306	10	0.576	0.859	10	0.517	0.290
03	0.548	0.688	16	0.661	0.836	12	0.563	0.091	29	0.665	0.397	30	0.556	0.853
23	0.597	0.508	19	0.675	0.629	02	0.593	0.321	19	0.739	0.298	25	0.561	0.837
21	0.681	0.114	14	0.680	0.890	30	0.692	0.198	14	0.748	0.759	09	0.574	0.699
02	0.739	0.298	28	0.714	0.508	19	0.705	0.445	08	0.758	0.919	13	0.613	0.762
29	0.792	0.038	06	0.719	0.441	24	0.709	0.717	07	0.798	0.183	11	0.698	0.783
22	0.829	0.324	09	0.735	0.040	13	0.820	0.739	23	0.834	0.647	14	0.715	0.179
17	0.834	0.647	17	0.741	0.906	05	0.848	0.866	06	0.837	0.978	16	0.770	0.128
16	0.909	0.608	11	0.747	0.205	27	0.867	0.633	03	0.849	0.964	08	0.815	0.385
06	0.914	0.420	20	0.850	0.047	03	0.883	0.333	24	0.851	0.109	05	0.872	0.490
27	0.958	0.356	02	0.859	0.356	17	0.900	0.443	05	0.859	0.835	21	0.885	0.999
26	0.981	0.976	07	0.870	0.612	21	0.914	0.483	17	0.863	0.220	02	0.958	0.177
			03	0.916	0.463	29	0.950	0.753	09	0.883	0.141	27	0.961	0.980

栏号 21			栏号 22			栏号 23			栏号 24		
A	B	C	A	B	C	A	B	C	A	B	C
01	0.010	0.946	12	0.051	0.032	26	0.051	0.187	08	0.015	0.521
10	0.014	0.939	11	0.068	0.980	03	0.53	0.256	16	0.068	0.994
09	0.032	0.346	17	0.089	0.309	29	0.100	0.159	11	0.118	0.400
06	0.093	0.180	01	0.091	0.371	13	0.102	0.465	21	0.124	0.565
15	0.151	0.012	10	0.100	0.709	24	0.110	0.316	18	0.153	0.158
16	0.185	0.455	30	0.121	0.744	18	0.114	0.300	17	0.190	0.159

续上表

栏号 21			栏号 22			栏号 23			栏号 24		
A	B	C	A	B	C	A	B	C	A	B	C
07	0.227	0.277	02	0.166	0.056	11	0.123	0.208	26	0.192	0.676
02	0.304	0.400	23	0.179	0.529	09	0.138	0.182	01	0.237	0.030
30	0.316	0.074	21	0.187	0.051	06	0.194	0.115	12	0.283	0.077
18	0.328	0.799	22	0.205	0.543	22	0.234	0.480	03	0.286	0.318
20	0.352	0.288	28	0.230	0.688	20	0.274	0.107	10	0.317	0.734
26	0.371	0.216	19	0.243	0.001	21	0.331	0.292	05	0.337	0.844
19	0.448	0.754	27	0.267	0.990	08	0.346	0.085	25	0.441	0.336
13	0.487	0.598	15	0.283	0.440	27	0.382	0.979	27	0.469	0.786
12	0.546	0.640	16	0.352	0.089	07	0.387	0.865	24	0.473	0.237
24	0.550	0.038	03	0.377	0.648	28	0.411	0.776	20	0.475	0.761
03	0.604	0.780	06	0.397	0.769	16	0.444	0.999	06	0.557	0.001
22	0.621	0.930	09	0.409	0.428	04	0.515	0.993	07	0.610	0.238
21	0.629	0.154	14	0.465	0.406	17	0.518	0.827	09	0.617	0.041
11	0.634	0.908	13	0.499	0.651	05	0.539	0.620	13	0.641	0.648
05	0.696	0.459	04	0.539	0.972	02	0.623	0.271	22	0.664	0.291
23	0.710	0.078	18	0.560	0.747	30	0.637	0.374	04	0.668	0.856
29	0.726	0.585	26	0.575	0.892	14	0.714	0.364	19	0.717	0.232
17	0.749	0.916	29	0.756	0.712	15	0.730	0.107	02	0.776	0.504
04	0.802	0.186	20	0.760	0.920	19	0.771	0.552	29	0.797	0.548
14	0.835	0.319	05	0.847	0.925	23	0.780	0.662	14	0.823	0.223
08	0.870	0.546	25	0.872	0.891	10	0.924	0.888	23	0.848	0.264
28	0.871	0.539	24	0.874	0.135	12	0.929	0.204	30	0.892	0.817
25	0.971	0.369	08	0.911	0.215	01	0.937	0.714	28	0.943	0.190
27	0.984	0.252	07	0.946	0.065	25	0.974	0.398	15	0.975	0.962
栏号 25			栏号 26			栏号 27			栏号 28		
A	B	C	A	B	C	A	B	C	A	B	C
02	0.039	0.005	16	0.026	0.102	21	0.050	0.952	29	0.042	0.039
16	0.061	0.599	01	0.033	0.886	17	0.085	0.403	07	0.105	0.293
26	0.068	0.054	04	0.088	0.686	10	0.141	0.624	25	0.115	0.420
11	0.073	0.812	22	0.090	0.602	05	0.154	0.157	09	0.126	0.612
07	0.123	0.649	13	0.114	0.614	06	0.164	0.841	10	0.205	0.144
15	0.261	0.928	30	0.405	0.273	25	0.333	0.633	26	0.385	0.111

续上表

栏号 25			栏号 26			栏号 27			栏号 28		
A	B	C	A	B	C	A	B	C	A	B	C
10	0.301	0.811	06	0.421	0.807	28	0.348	0.710	30	0.422	0.315
24	0.363	0.025	12	0.426	0.583	20	0.362	0.961	17	0.453	0.783
22	0.378	0.792	08	0.471	0.708	14	0.511	0.989	02	0.460	0.916
27	0.389	0.959	18	0.473	0.738	26	0.540	0.903	27	0.467	0.841
03	0.625	0.777	26	0.703	0.622	18	0.670	0.904	16	0.689	0.339
08	0.651	0.790	29	0.739	0.394	11	0.711	0.253	06	0.727	0.298
12	0.715	0.599	25	0.759	0.386	01	0.790	0.392	04	0.731	0.814
23	0.782	0.093	24	0.803	0.602	04	0.813	0.611	08	0.807	0.983
20	0.810	0.371	27	0.842	0.491	19	0.843	0.732	15	0.833	0.757
05	0.126	0.658	20	0.136	0.576	07	0.197	0.013	03	0.210	0.054
14	0.161	0.189	05	0.158	0.228	16	0.215	0.363	23	0.234	0.533
18	0.166	0.040	10	0.216	0.565	08	0.222	0.520	13	0.266	0.799
28	0.248	0.171	02	0.233	0.610	13	0.269	0.477	20	0.305	0.603
06	0.255	0.117	07	0.278	0.357	02	0.288	0.012	05	0.372	0.223
19	0.420	0.557	19	0.510	0.207	27	0.587	0.643	14	0.483	0.095
21	0.467	0.943	03	0.512	0.329	12	0.603	0.745	12	0.507	0.375
17	0.494	0.225	15	0.640	0.329	29	0.619	0.895	28	0.509	0.748
09	0.620	0.081	09	0.665	0.354	23	0.623	0.333	21	0.583	0.804
30	0.623	0.106	14	0.680	0.884	22	0.629	0.076	22	0.587	0.993
01	0.841	0.726	21	0.870	0.435	03	0.844	0.511	19	0.896	0.464
29	0.862	0.009	28	0.906	0.367	30	0.858	0.289	18	0.916	0.384
25	0.891	0.873	23	0.948	0.367	09	0.929	0.199	01	0.948	0.610
04	0.917	0.264	11	0.956	0.142	24	0.931	0.263	11	0.976	0.799
13	0.958	0.990	17	0.993	0.989	15	0.939	0.947	24	0.978	0.636

(3)从第 14 栏 A 列中挑出小于或等于 20 所对应的 B 列数值，将 B 与 T 相乘，四舍五入得到 20 个断面号，并得到 20 个断面的桩号，如表 A-2 所列。

4. 测点位置确定方法

4.1　从布袋中任意取出一块硬纸片，纸片上的号数即为表 A-1 中的栏号，从 1～28 栏中选出该栏。

4.2　按照测点数的频度要求(总的取样为 n)依次找出栏号的取样位置数，每个栏号均有 A、B、C 三列。根据检验数量 n(当 $n>30$ 时应分次进行)，在所定栏号的 A 列，找出等于所需取样位置数的全部数，如 01、02、…、n。

4.3　确定取样位置的纵向距离，找出与 A 列中相对应的 B 列中数值，以此数乘以检测区间的总长度，并加在该段的起点桩号上，即得出取样位置距该段起点的距离或桩号。

路面宽度、高程、横坡检测断面随机选点计算表　　表 A-2

断面编号	14 栏 A 列	B 列	$B\times T$	断面号	桩　号
1	17	0.089	4.45	4	K36+080
2	10	0.149	7.45	7	K36+140
3	13	0.244	12.2	12	K36+240
4	08	0.264	13.2	13	K36+260
5	18	0.285	14.25	14	K36+280
6	02	0.340	17.05	17	K36+340
7	06	0.359	17.95	18	K36+360
8	20	0.387	19.35	19	K36+380
9	14	0.392	19.60	20	K36+400
10	03	0.408	20.40	20	K36+420
11	16	0.527	26.35	26	K36+520
12	05	0.797	39.85	40	K36+800
13	15	0.801	40.05	40	K36+820
14	12	0.836	41.8	42	K36+840
15	04	0.854	42.7	43	K36+860
16	11	0.884	44.2	44	K36+880
17	19	0.886	44.3	44	K36+900
18	07	0.929	46.45	46	K36+920
19	09	0.932	46.6	47	K36+940
20	01	0.970	48.5	49	K36+980

4.4　确定取样位置的横向距离，找出与 A 列中相对应的 C 列中的数值，以此数乘以检查路面的宽度，再减去宽度的一半，即得出取样位置离路面中心线的距离。如差值是正（+），表示在中心线的右侧；如差值是负（一），表示在中心线的左侧。

例如：按照有关规范规定，检查验收时拟在 K36+000～K37+000 的 1km 检测路段中选择 6 个测点进行钻孔取样检验压实度、沥青用量和矿料级配等，钻孔位置决定方法如下。

(1)选定的随机栏号为 3。

(2)栏号 3 中 A 列从上至下小于或等于 6 的数为 01、06、03、02、04 及 05。

(3)表 A-1 的 B 列中与这 6 个数相应的 6 个小数为 0.175、0.310、0.494、0.699、0.838 及 0.977。

(4)取样路段长度 1000m，计算得出 6 个乘积（取样位置与该段起点的距离）分别为 175m、310m、494m、699m、838m、977m。

(5)表 A-1 的 C 列中与这 6 个数相应的 6 个小数为 0.647、0.043、0.929、0.073、0.166 及 0.494。

(6)路面宽度为 10m，计算得 6 个乘积分别是 6.47m、0.43m、9.29m、0.73m、1.66m 及 4.94m。再减去路面宽度的一半，6 个取样的横向位置分别是右侧 1.47m、左侧 4.57m、右侧4.29m、左侧 4.27m、左侧 3.34m 及左侧 0.06m。

上述计算结果可采用表 A-3 的方式表示。

钻孔位置随机取样选点计算表　　表 A-3

栏　号 3			取样路段长 1000m			路面宽度 10m	测点数 6 个
测点编号	A列	B列	距起点距离(m)	桩号	C列	距路边缘距离(m)	距中线位置(m)
NO.1	01	0.175	175	K36+175	0.647	6.41	右 1.47
NO.2	06	0.310	310	K36+310	0.043	0.63	左 4.57
NO.3	03	0.494	494	K36+494	0.929	9.29	右 4.29
NO.4	02	0.699	699	K36+699	0.073	0.73	左 4.27
NO.5	04	0.838	838	K36+838	0.166	1.66	左 3.34
NO.6	05	0.977	977	K36+977	0.494	4.94	左 0.06

第五节　路面宽度、高程、横坡检测断面现场随机选点计算

当按《路基路面几何尺寸测试方法》(T 0911—2008)检测路基路面宽度、高程、横坡时，应按其附录 A 公路路基路面现场测试随机选点方法，在一个检测路段内选取测定的断面位置及里程桩号，并在测定断面作上标记。通常将路面宽度、高程、横坡选取在同一断面位置，且宜在整桩号上测定。

下面介绍在一个检测路段内选取测定断面位置及里程桩号的方法步骤。

1. 确定检测段总长

作为一个检测评定对象，它可以是一个作业段，一天完成的路段或路线全程，在路基路面工程检查验收时，通常以 1km 为一个检测路段，例如K253+000～K254+000=1000m=1km。

2. 确定检测段桩号间距

通常情况下，路基桩号间距为 25m，路基层、路面层桩号间距为 20m。

3. 确定检测段断面数 T

断面数 T 计算公式：

$$T=\frac{\text{检测段总长}}{\text{桩号间距}}$$

例如 1km 总长的断面数 T=1000/20=50 个，其断面编号为 1,2,3,…,50。

4. 计算断面号

计算公式：

$$\text{断面号}=B\text{系数}\times T$$

将其乘积四舍五入得到断面号。

式中，B 为“一般取样的随机数”中 A 子栏相对应的 B 子栏系数。其中 AB 子栏的选定方法参考本章第四节。

5.计算断面的里程桩号

计算公式：

$$断面的里程桩号=检测段起点桩号+断面号\times桩距$$

6.程序计算检测段断面位置及里程桩号

程序清单

文件名:KGHDZ

```
"L"? L："K"? K："D"? D↵
"T="：L÷K→T↵
LbI 0↵
"B"? B↵：↵
"P"? P
"N="：BT◢
"Z="：D+PK◢
G oto 0
```

程序中:L? ——检测路段总长；

K? ——路基路面桩号间距；

D? ——检测段起点桩号；

B? ——《一般取样的随机数》中B子栏系数；

T? ——检查段断面数编号；

N? ——BT乘积数,即没有四舍五入的断面数；

P? ——BT乘积经四舍五入后的断面数；

Z? ——检测点断面位置的里程桩号。

【算例17-5】算例见本章第四节附录A表A.0.3.2。

算例用f_x—5800P/9750GⅡ"KGHDZ"程序计算结果见前节附录A表A.0.3.2。程序执行操作方法步骤如下。

(1)开机。

(2)按FILE键,将光标移至文件名KGHDZ旁。

(3)按EXE键,显示L?,输入检测段总长1000m。

(4)按EXE键,显示K?,输入检测段桩号间距20m。

(5)按EXE键,显示D?,输入检查段起点桩号:D=36000。

(6)按EXE键,显示B?,输入B子栏系数,例如B=0.970。

(7)按EXE键,显示N=48.5,(将此数四舍五入填入)断面号栏,N≈49。

(8)按EXE键,显示P?,输入N≈P=49。

(9)按EXE键,显示Z=36980检测点断面的里程桩号。

以下只要输入B?,P?,即可计算N及Z。

附录一

《公路路基施工技术规范》(JTG F10—2006)有关测量的规定

3.2 测　　量

3.2.1 控制性桩点,应进行现场交桩,并保护好交桩成果

3.2.2 控制测量

1 各级公路的平面控制测量等级应符合表 3.2.2-1 的规定。

平面控制测量等级 表 3.2.2-1

公路等级	平面控制网等级
高速公路、一级公路	一级小三角、一级导线、四级 GPS 控制网
二级公路	二级小三角、二级导线
三级及三级以下公路	三级导线

2 三角测量技术要求应符合表 3.2.2-2 的规定。

三角测量技术要求 表 3.2.2-2

等级	平均边长(m)	测角中误差(″)	起始边边长相对中误差	最弱边边长相对中误差	三角形闭合差(″)	测回数	
						DJ_2	DJ_6
一级小三角	500	±5.0	1/40000	1/20000	±15.0	3	4
二级小三角	300	±10.0	1/20000	1/10000	±30.0	1	3

3 导线测量技术要求应符合表 3.2.2-3 的规定。

导线测量技术要求 表 3.2.2-3

等级	附合导线长度(km)	平均边长(m)	每边测距中误差(mm)	测角中误差(″)	导线全长相对闭合差	方位角闭合差(″)	测回数	
							DJ_2	DJ_6
一级	10	500	17	5.0	1/15000	$\pm10\sqrt{n}$	2	4
二级	6	300	30	8.0	1/10000	$\pm16\sqrt{n}$	1	3
三级	—	—	—	20.0	1/2000	$\pm30\sqrt{n}$	1	2

4　四级 GPS 控制网的主要技术参数应符合表 3.2.2-4 的规定。

四级控制网技术参数要求　　表 3.2.2-4

级　别	每对相邻点平均距离 d (m)	固定误差 a (mm)	比例误差系数 b (10^{-6})	最弱相邻点点位中误差 m (mm)
四级	500	≤10	≤20	50

注：每对相邻点间最小距离应不小于平均距离的 1/2，最大距离不宜大于平均距离的 2 倍。

5　各级公路的水准测量等级应符合表 3.2.2-5 的规定。

水 准 测 量 等 级　　表 3.2.2-5

公 路 等 级	水准测量等级	水准路线最大长度(km)
高速公路、一级公路	四等	16
二级及二级以下公路	五等	10

6　公路高程测量应采用水准测量。在水准测量确有困难的地段，四、五等水准测量可以采用三角高程测量。采用三角高程测量时，起讫点应为高一个等级的控制点。

7　水准测量精度应符合表 3.2.2-6 的规定。

水准测量精度要求　　表 3.2.2-6

等级	每公里高差中数中误差(mm)		往返较差、附合或环线闭合差(mm)		检测已测测段高差之差(mm)
	偶然中误差 M_Δ	全中误差 M_W	平原微丘区	山岭重丘区	
三等	±3	±6	$\pm 12\sqrt{L}$	$\pm 3.5\sqrt{n} \pm 15\sqrt{L}$	$\pm 20\sqrt{L_i}$
四等	±5	±10	$\pm 20\sqrt{L}$	$\pm 6.0\sqrt{n} \pm 25\sqrt{L}$	$\pm 30\sqrt{L_i}$
五等	±8	±16	$\pm 30\sqrt{L}$	$\pm 45\sqrt{L}$	$\pm 40\sqrt{L_i}$

注：1. 计算往返较差时，L 为水准点间的路线长度(km)。
2. 计算附合或环线闭合差时，L 为附合或环线的路线长度(km)。
3. n 为测站数，L_i 为检测测段长度(km)。

8　路基施工与隧道、桥梁施工共用的控制点，应分别满足《公路隧道施工技术规范》(JTG F60—2009)、《公路桥涵施工技术规范》(JTG/T F50—2011)的规定。

9　路基施工期间应根据情况对控制桩点进行复测。季节性冻土地区，在冻融以后应进行复测。

10　其他方面应符合《公路勘测规范》(JTG C10—2007)的规定。

3.2.3　导线复测

1　导线测量精度应符合表 3.2.2-3 的规定。

2　原有导线点不能满足施工需要时，可增设满足相应精度要求的附合导线点。

3　同一建设项目内相邻施工段的导线应闭合，并满足同等级精度要求。

4　对可能受施工影响的导线点，施工前应加以固定或改移，从开工至竣工验收的时间段内应保证其精度。

3.2.4　水准点复测与加密

1　水准点测量精度应符合表 3.2.2-6 的规定。

2 沿路线每500m宜有一个水准点。在结构物附近、高填深挖路段、工程量集中及地形复杂路段，宜增设水准点。临时水准点应符合相应等级的精度要求，并与相邻水准点闭合。

3 当水准点有可能受到施工影响时，应进行处理。

3.2.5 中线放样

1 路基开工前，应进行全段中线放样并固定路线主要控制桩，高速公路、一级公路宜采用坐标法进行测量放样。

2 中线放样时，应注意路线中线与结构物中心、相邻施工段的中线闭合，发现问题应及时查明原因，进行处理。

3 设计图纸和实际放样不符时，应查明原因后进行处理。

3.2.6 路基放样

1 路基施工前，应对原地面进行复测，核对或补充横断面，发现问题时，应进行处理。

2 路基施工前，应设置标识桩，对路基用地界、路堤坡脚、路堑坡顶、取土坑、护坡道、弃土堆等的具体位置标识清楚。

3 对深挖高填路段，每挖填3～5m或者一个边坡平台(碎落台)应复测中线和横断面。

4 高速公路和一级公路施工中，高程控制桩间距不宜大于200m。

5 施工过程中，应保护好所有控制桩点，并及时恢复被破坏的桩点。

3.2.7 每项测量成果必须进行复核，原始记录应存档

附录二

f_x—5800P 型计算器程序编写及操作实例——施工支导线点的测设及程序编写计算方法

公路工程线路构造物施工中，为了方便放样，常采用支导线法（或叫引点法）测设施工导线点（或叫引点，也叫测站点）。

支导线法测设施工导线点的概念详见附图 2-1。

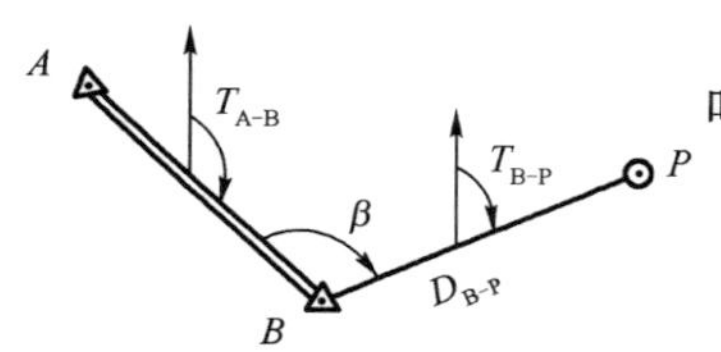

附图 2-1　支导线法概念图

图中，A、B 是已知控制点，P 是施工支导线点，即未知点，也叫所求点。

为了求得未知点 P 的坐标，必须知道以下数据。

(1)已知数据。

①A、B 点的坐标 x、y 值。

②AB 边的方位角 T_{A-B}。如果 T_{A-B}未知，则用 A、B 坐标反算求得。

(2)观测数据。

①B 点（即设站点，下同）处的水平角 β。

②B 点（即设站点，下同）至 P 点的平距 D_{B-P}。

由此可知，支导线法的外业工作就是：

(1)测角，即测 β 角。

(2)测距，即测 D_{B-P}。

测角可采用经纬仪，也可利用全站仪测水平角功能。

测距可采用测距仪，也可利用全站仪测距功能。要求测平距。若测斜距，则要测取垂直角，改算成平距。

对于没有测距仪或全站仪的施工单位，可用钢卷尺量取平距。

外业测角，测距、设站及施测方法、步骤详见本书第三章第四节“三”。

本节重点讲述 CASIO f_x—5800P 型计算器计算支导点的程序编写方法及程序执行操作方法步骤。

一、支导线点坐标计算常规公式

1. 方位角计算公式

$$T_{B-P} = T_{A-B} + \beta - 180° \tag{1}$$

式中：T_{A-B}——已知控制边AB的方位角；

β——已知边与未知边之夹角；一般情况下，测左角。

2. P点坐标计算公式

$$\begin{aligned} x_P &= x_B + D_{B-P} \cdot \cos T_{B-P} \\ y_P &= y_B + D_{B-P} \cdot \sin T_{B-P} \end{aligned} \tag{2}$$

式中：x_B、y_B——已知控制点B的x、y坐标值；

D_{B-P}——已知点B至未知点P间的平距；

T_{B-P}——BP边的方位角，公式(1)的计算值。

计算P点坐标时，第一步依据公式(1)计算方位角T_{B-P}；第二步依据公式(2)计算P点的x_P、y_P坐标值。

二、支导线点坐标计算程序的编辑

前述用式(1)及式(2)手算施工导线点x、y坐标值的方法，速度慢，效率低，又易出错；在现场实际施工中需要一边加密施工导线点，一边立即放样，这种手算就更是难以满足现代化施工的要求。为了解决这一难题，我们可利用可编程式科学计算机的“程序计算”功能，将支导线点坐标的计算编成程序，这样在测站上就可快速、准确地计算出施工导线点的坐标，以满足现场放样需要。

下面详细讲述CASIO f_x—5800P计算器程序计算支导线点坐标的程序编辑方法、步骤。

第一步：把支导线点坐标计算常规公式改写成计算器认可的公式。

(1)改写方位角计算公式

常规公式为式(1)：

$$T_{B-P} = T_{A-B} + \beta - 180°$$

计算机认可公式：

$$T = F + B - 180° \tag{1}$$

式中：F——已知边的方位角；

B——已知边与未知边的夹角(左夹角)，即在已知点B设站所观测的水平角；

T——所求点边的方位角。

(2)改写P点坐标计算公式

常规公式为：

$$x_P = x_B + D_{B-P} \cdot \cos T_{B-P}$$
$$y_P = y_B + D_{B-P} \cdot \sin T_{B-P}$$

计算机认可公式：

$$\begin{aligned} X &= W + D\cos T \\ Y &= K + D\sin T \end{aligned} \tag{2}$$

式中：　X、Y——支导线点(所求点)的坐标值；

W、K——已知控制点(即设站点，下同)的 X、Y 值；

T——改后方位角，即公式(1)计算的未知边的方位角；

$D\cos T$、$D\sin T$——已知点 B 与所求点 P 间纵，横坐标增量。

程序中，纵横坐标增量可用公式 $D\cos T$、$D\sin T$ 计算，也可用计算机“坐标变换”功能计算。

f_x—5800P 型计算器“坐标变换”功能计算的坐标增量，用英文字母 I、J 表示。

利用计算机“坐标变换”功能计算坐标增量的公式是：

$$\mathrm{Rec}(D,T)$$

式中：D——已知点与所求点间平距；

T——该两点所构成边的方位角。

程序中，若用“坐标变换”功能计算坐标增量，则所求点 P 的坐标计算公式可写成：

$$\mathrm{Rec}(D,T)$$

$$\left.\begin{aligned}X &= W + I\\ Y &= K + J\end{aligned}\right\} \tag{3}$$

式中：D、T、W、K——意义同前；

I、J——f_x—5800P 型计算器计算的坐标增量。此值在计算器内部运算。

第二步：编辑程序清单。

依据计算机认可式(1)、式(2)及式(3)，编辑支导线点坐标计算程度清单如下。

ZDXJS(支导线计算)

```
①"M"? M:"N"? N:"W"? W:"K"? K ↵
②pol(W−M,K−N)↵
③"I=":I ◢
④If J<0:Then J+360→J:Else
J→J:Ifend ↵
⑤"J=":J▶DMS ◢
⑥L6I 0 ↵
⑦"B"? B:"D"? D ↵
⑧If J+B>180:Then
J+B−180→T:Else J+B+180→
T:If End ↵
⑨"T=":T▶DMS ◢
⑩"X=":W+DCOS(T) ◢
⑪"y=":K+Dsin(T) ◢
⑫Go to D
```

程序中：M? N? ——已知点(后视点)的 x、y 值；

W、K——已知点(设站点)的 x、y 值；

I——已知边距离；

J——已知边方位角；

B——已知边与未知边之夹角；

D——已知点与所求点间平距；

T——未知边方位角；程序中不显示，若要显示，则需在最后加显示符号◢；

X、Y——所求点坐标值。

程序中：M、N；W、K：已知导线边(即后视定向边)两端点的 x、y 坐标，见附图 2-1，M、N 是 A 点的 x、y，W、K 是 B 点的 x、y；

I：后视导线边 AB 的距离(附图 2-1)；

J：已知导线边 AB 的方位角(附图 2-1)；

B：已知导线边与支点边之夹角；

D：已知点(测站)与支点之平距；

T：已知点与支点边之方位角；

X、Y：支点的坐标。

程序功能及注意事项：

(1)本程序可计算支导线点的坐标；

(2)当由一个测站支设 n 个支导线点时，程序中 M、N、W、K 为定值常量，计算下一个支点时，不需重新输入这些数据，此时只要输入下一个支点夹角 B? 边长 D? 就可计算出支点的 x、y值。

第三步：向计算器输入程序清单。

依据程序清单向 f_x—5800P 型计算器输入的方法，详见作者著作《公路工程施工测量现导播实用程序计算技术》(下同)第一章第二节、第三节和第七节。

在向计算机输入程序内容时，如果按错字符键，此时可按[DEL]键，删除错误字符，重新输入正确字符。

在程序输入过程中，如果要更改文件名，修改程序内容，详见作者上述著作第九节。

当程序清单内容输入完毕，按退出键[EXIT]两次以储存程序。接着按[EXE]键执行程序，以检查程序能否正常执行。如果输入有错，则会显示错误信息，此时应对错处修正，直至正常执行。

三、支导线点坐标程序计算算例及操作方法步骤

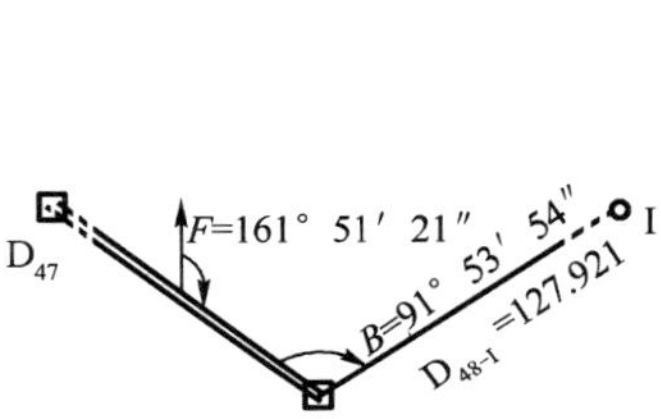

【算例】××高速公路在 K12＋009 分离立交桥施工中，为了方便桥基础放样，采用支导线法在施工现场附近加密一施工导线点 I，其施测方案详见附图 2-2。

附图 2-2 支导线外业草图

在附图 2-2 中，D_{47}—D_{48}是一条已知导线边，其方位角 $F=161°51'21''$，D_{47}点坐标为 $X=533.526$m，$Y=624.215$m；D_{48}点坐标为 $X=327.782$m，$Y=691.638$m。在 D_{48}设站后视 D_{47}测得水平角 $B=91°53'54''$，平距

D_{48-I}=127.921m。为了及时算出加密点 I 的坐标，在现场（测站上）采用 f_x－5800P 型计算器程序进行支导线点坐标计算，其操作方法步骤如下（附图 2-2）：

①按 AC 键开机、清除屏幕上次保留的内容。

②按 FILE ▼ 键，选择文件名：ZDXJS。

③按 EXE 键，显示：M？输入 D_{47}点的 x 值：533.526。

④按 EXE 键，显示：N？输入 D_{47}点的 y 值：624.215。

⑤按 EXE 键，显示：W？输入测站点 D_{48}点的 x 值：327.782。

⑥按 EXE 键，显示：K？输入测站点 D_{48}点的 y 值：691.638。

⑦按 EXE 键，显示：I＝216.5097（D_{47}－D_{48}间平距）。

⑧按 EXE 键，显示：J＝161°51′21″08（D_{47}～D_{48}边的方位角）。

⑨按 EXE 键，显示：B？输入支导线水平角：91°53′54″。

⑩按 EXE 键，显示：D？输入测站至支导线点间平距：127.921。

⑪按 EXE 键，显示：T＝73°45′15″08（测站～支导线点边的方位角）。

⑫按 EXE 键，显示：X＝363.569（支导线点 I 的 Y 值）。

⑬按 EXE 键，显示：Y＝814.451（支导线点 I 的 Y 值）。

⑭按 EXE 键，重复显示：B？计算另一个支导点的水平角。

以下重复计算，略。

参 考 文 献

[1] 交通运输部. JTG F10—2006 公路路基施工技术规范[S]. 北京:人民交通出版社,2006.

[2] 交通运输部. JTG/T F50—2011 公路路面基层施工技术规范[S]. 北京:人民交通出版社,2000.

[3] 交通运输部. JTG E60—2008 公路路基路面现场测试规程[S]. 北京:人民交通出版社,2008.

[4] 交通运输部. 公路工程竣(交)工验收办法[Z]. 北京:人民交通出版社,2004.

[5] 聂让,付涛. 公路施工测量手册[M]. 2 版. 北京:人民交通出版社,2008.

[6] 韩山农. 公路工程施工测量[M]. 北京:人民交通出版社,2004.

[7] 韩山农. 测量员编写手册[M]. 北京:人民交通出版社,2009.

[8] 韩山农. 公路工程施工测量现场实用程序[M]. 北京:人民交通出版社,2010.

[9] 韩山农. 公路工程施工测量现场实操实例[M]. 北京:人民交通出版社,2012.

[10] 韩山农. 公路与铁路施工测量现场现算现放实操实例[M]. 北京:中国建材工业出版社,2013.